阮元研究國際學術研討會論文集

揚州博物館　編

文物出版社

圖書在版編目（CIP）數據

阮元研究國際學術研討會論文集／揚州博物館編．
—北京：文物出版社，2016.2

ISBN 978－7－5010－4423－8

Ⅰ.①阮…　Ⅱ.①揚…　Ⅲ.①阮元（1764～1849）
－人物研究－國際學術會議－文集　Ⅳ.①K827＝52

中國版本圖書館CIP數據核字（2015）第256915號

阮元研究國際學術研討會論文集

編　　者：揚州博物館

責任編輯：智　樸
封面設計：程星濤
責任印製：張　麗

出版發行：文物出版社
社　　址：北京市東直門内北小街2號樓
郵　　編：100007
網　　址：http：//www.wenwu.com
郵　　箱：web@wenwu.com
經　　銷：新華書店
印　　刷：北京京都六环印刷廠
開　　本：787mm×1092mm　1/16
印　　張：36.5
版　　次：2016年2月第1版
印　　次：2016年2月第1次印刷
書　　號：ISBN 978－7－5010－4423－8
定　　價：188.00圓

目　録

引　言

生平與學術研究

阮元、梁章鉅交游考 ………………………………………… 趙昌智（003）

清代幕府與其學術機能——以阮元幕府爲考察中心 ……［日本］水上雅晴（020）

阮元經濟經世落實的研究 ……………………………… 吴德玲　侯玉松（044）

論阮元的禮學研究對清中後期禮學及實學思潮興盛的影響 ………… 林久貴（066）

論“器學”——從阮元的治經與編纂動機談起 ……………………… 林俞佑（079）

從方東樹批評阮元看漢宋學兼采的現實背景 ……………………… 鍾玉發（096）

區域貢獻研究

阮元與兩浙學術文化 ………………………………………… 陳東輝（121）

由朔暨南——阮元、學海堂與晚清嶺南學術 ………………［美國］麥哲維（138）

阮元指導的三部廣東著述 …………………………………… 李緒柏（152）

阮元督滇政績及文化貢獻 …………………………………… 高静錚（166）

儒宦阮元雲南諸事述評 ……………………………………… 梁鈺珠（180）

阮元在揚州事迹述略 ………………………………………… 曾學文（193）

略述阮元丁憂期間考揚州古迹事 …………………………… 黄繼林（204）

阮元與儀徵縣學——阮元與儀徵研究之一 ………………………… 巫　晨（211）

文化教育研究

阮元及《積古圖》——中國前現代化時期私人收藏的代表性映射
……………………………………［法國］易 凱 著 章 文 譯（223）
阮元文物收藏的種類与特點……………………………………汪杏莉（241）
科考與經解——詁經精舍、學海堂的設置與運思………………於梅舫（248）
詁經精舍與學海堂文學教育制度論述……………………………宋巧燕（271）

文學研究

阮元的文學思想和詩歌創作……………………………………郭明道（287）
阮元在揚州學派文論中的獨特貢獻………………………………李貴生（302）
于古有徵乎？——阮元溯文統宗于《易》之探究………………邱培超（315）

金石學研究

阮元與《山左金石志》…………………………………………孟凡港（335）
金石考史——"金石"在清代的學術分類與阮元《南北書派論》研究
…………………………………………………………………高明一（354）
阮元、阮福父子與雲南的金石之緣………………………………李曉帆（377）

書學研究

從"二論"看阮元的書學思想……………………………………金 丹（387）
阮元《南北書派論》的執筆背景……［日本］草津祐介 著 王力軍 譯（398）
阮元"二論"與其書法實踐的依存關係…………………………王章濤（413）
阮元書文藝術探索——以山東存六件阮元精品爲例……………鮑豔囡（430）
從《浯溪題名殘石拓本》中阮元的題跋探討阮元的
書法理論和實踐……………………………………………徐忠文（442）
阮元《摹朱珪篆書十言聯》解析…………………………………宗蘇琴（447）
阮元與萬柳堂——揚州博物館館藏阮元相關書法作品解讀
………………………………………………………田 野 封 冰（455）

阮元研究述評（1803～2013年）…………………………伍野春 阮 榮（464）
阮元研究文獻索引（1803～2013年）………阮 榮 陳東輝 伍野春輯（488）

Contents

The Study on the Communications between Ruan Yuan and Liang Zhangju ······ Zhao Changzhi (003)

The Private Secretariats in the Qing Era and Its Academic Function: Focusing on the Private Secretariat of Ruan Yuan ······ MIzukami Masaharu (020)

A Study of Ruan Yuan's Practice at Statecraft in Sciences Economics ······ Wu Deling, Hou Yusung (044)

The Influence of Ruan Yuan's Ritual Studies Research on the Ritual Studies in the Middle and Late Qing Dynasty and on the Prosperity of Practical Academic Trend ······ Lin Jiugui (066)

A Study of "Qi Xue", with Regard to Ruan Yuan's Researching and Editing Motivation of the Sacred Books of China ······ Lin Yuyou (079)

A Study of the Realistic Background of the Debate between the Han Learners and Song Learners in the Perspective of Fang Dongshu's Criticism for Ruan Yuan ······ Zhong Yufa (096)

Ruan Yuan Together with Academic and Culture of Zhejiang ······ Chen Donghui (121)

From the North to the South: Ruan Yuan, the Sea of Learning Hall, and Learning in Nineteenth – Century Guangzhou ······ Steven B. Miles (138)

The Three Important Books Directed by Him about Guangdong ······ Li Xubai (152)

Ruan Yuan's Remarkable Achievements in Yunnan ······ Gao Jingzheng (166)

The Comments of Ruan Yuan' Accomplishment in Yunnan Province ······ Liang Yuzhu (180)

The Brief Narrate of Ruan Yuan's Experience in Yangzhou ······ Zeng Xuewen (193)

Briefly on Ruan Yuan Conducted Textual Researches on Cultural Relics and Historic Sites of Yangzhou be in Mourning for Parent's Death ········ Huang Jilin (204)

The Relation between Ruan Yuan and Yizheng County School ········ Wu Chen (211)

Ruan Yuan's "Image of accumulated antiques", the Representation of a Private Collection in pre – modern China ························ Eric Lefebvre (223)

Types and Characteristics of Ruan Yuan Antiques Collection ········ Wang Xingli (241)

Imperial Examination and Interpretation of Confucian Classics: Establishment and Conception of GuJing JingShe and XueHaiTang ················· Yu Meifang (248)

The Study on Literature Education System of the Academies GuJing JingShe and XueHaiTang ··· Song Qiaoyan (271)

Ruan Yuan's Literary Thought and Poem Creation ················· Guo Mingdao (287)

The Unique Contributions of Ruan Yuan's Prose Theory in Yangzhou School ·· Li Guisheng (302)

Are There Signs from History? Ruan Yuan's Tracing of the Literary Tradition in *I – Ching* ··· Qiu Peichao (315)

Ruan Yuan and *ShanZuo JinShiZhi* ······························· Meng Fangang (335)

Verifying History through Metal and Stone: A Study of Academic Categorization of "Metal and Stone" (*Jin Shi*) in the Qing Dynasty and Ruan Yuan's "The Discourse of Southern and Northern School of Calligraphy" (NanBei ShuPaiLun) ·· Gao Mingyi (354)

Ruan Yuan, Ruan Fu and Yunnan Epigraphy ························ Li Xiaofan (377)

From the "Two Discussions" to See Ruan Yuan's Calligraphy Thoughts ·· Jin Dan (387)

The Background of Ruanyuan's "NanBei ShuPaiLun" Wrote ·· Yusuke Kusatsu (398)

The Interdependence between Ruan Yuan's "Er Lun" and His Calligraphy Practice ··· Wang Zhangtao (413)

Ruan Yuan Texts Explore: Art in Shandong to Save Six Ruan Yuan High Quality Works ·· Bao Yannan (430)

A Study on Ruan Yuan's Calligraphy, Based on Ruan Yuan's Postscript to the Rubbing of Wuxi Timing Residual Stone ······················· Xu Zhongwen (442)

Ruan Yuan's Seal Character Couplets Facsimiled from Zhu Gui's Calligraphy
·· Zong Suqin (447)
Ruan Yuan and the Wanliu Mansion: an Interpretation of Ruan Yuan's
Calligraphy Preserved by Yangzhou Museum ········ Tian Ye, Feng Bing (455)
An Overview of the Research of Ruan Yuan (1803 ~ 2013)
·· Wu Yechun, Ruan Rong (464)
Ruan Yuan Literature Index (1803 ~ 2013)
···································· Ruan Rong, Chen Donghui, Wu Yechun (488)

引　言

揚州是一座歷史文化名城，人才輩出，清代名宦兼學界領袖阮元就是其中傑出的代表。以阮元爲首的揚州學派，是乾嘉學派的核心人物，爲揚州文化的瑰寶與揚州人民的共同記憶。2014 年，適逢阮元誕生 250 周年，揚州舉辦一系列的紀念活動，11 月 14～16 日在揚州會議中心召開的“大雅芸臺——阮元學術研究國際學術研討會”就是該系列活動的重要組成部分。

阮元的學術研究領域寬廣，由揚州文化研究會、揚州博物館、揚州市邗江區公道鎮政府、揚州學派研究會、揚州市博物館協會等聯合舉辦的阮元研究國際學術研討會，邀請美國、法國、日本，以及中國内地、臺灣、香港等國家和地區的高校、博物館、研究團體的專家學者近六十人參會，深入探討阮元的生平、著述、經學、文學、思想，特別着重其在書學方面的議題。本研討會是對近年阮元學術研究成果的一次重要的總結和交流，堪稱阮元學術研究史上的盛會，必將對今後的阮元研究産生積極而深遠的影響。

主辦單位體認通過阮元研究，能够進一步推動阮元學術思想及揚州學派的發揚光大，讓更多人由瞭解阮元，進而認識揚州學派，對于豐富揚州人文精神、推動地方文化研究、體現歷史古都風采、促進文化名城建設、發掘傳統文化内涵，皆具有至爲重要的意義與影響。

我們將本研討會的主要成果集結出版，希望能够繼續弘揚阮元各方面的研究成果，并期盼得到專家學者們的批評斧正。

編　者

2015 年元月

生平與學術研究

阮元、梁章鉅交游考

趙昌智

内容摘要：阮元、梁章鉅俱爲清中期的一代名臣、著名學者、傑出文人。阮元長梁章鉅十一歲，出仕亦早于梁，而同卒于道光二十九年（1849 年）。二人爲官并無交集，而師友情誼却成學壇佳話。梁堅拜阮爲師，阮謙弗肯受。本文以時間爲經、事件爲緯，考述了二人相識相交過程；以阮元給梁章鉅的一封書信爲切口，剖析二人相知之深；同時考究二人交好的原因，在于有共同的學術追求、共同的文化意趣、共同的經世抱負，但同中有异。考察阮梁交游，對瞭解當時政治、經濟、社會生態大有價值，對今日爲政、爲學亦不無裨益。

關鍵詞：阮元；梁章鉅；交游

阮元、梁章鉅均爲清中期顯赫高官、著名學者、傑出文人。阮元年長梁章鉅十一歲，出道亦早于梁。二人爲官少有交集，然梁章鉅堅稱阮爲師，阮元則謙辭不受，在學壇上留下了一段師友佳話。考察阮、梁交游經歷，研究其内在原因，對于瞭解當時政治、經濟、社會生態大有價值，即對今日爲政、爲學者亦不無裨益。

一

阮元（1764～1849 年），字伯元，號雲臺，江蘇揚州人，占籍儀徵。乾隆五十一年（1786 年）江南鄉試中舉，乾隆五十四年（1789 年）恩科會試登進士第。先後任禮部、兵部、户部、工部侍郎，山東、浙江學政，浙江、江西、河南巡撫及漕運總督、湖廣總督、雲貴總督等職。歷乾隆、嘉慶、道光三朝，授體仁閣大學士、太傅，謚號文達。其著述甚豐，尤以主編的《經籍籑詁》《十三經注疏》《皇清經解》三部巨著，最爲嘉惠學林。個人著作則有《揅經室集》等傳世。

梁章鉅（1775～1849年），字閎中，一字茝林，晚號退庵。原籍福建長樂。清初，其祖遷居福州。乾隆五十九年（1794年）成舉人，嘉慶七年（1802年）登進士第。歷任禮部員外郎、荆州知府、山東按察使兼布政使、廣西巡撫、江蘇巡撫、署理兩江總督等職。有《論語集注旁證》《孟子集注旁證》《三國志旁證》《文選旁證》《夏小正經傳通釋》《倉頡篇校證》《稱謂録》及《退庵隨筆》《楹聯叢話》《浪迹叢談》《歸田瑣記》《樞垣紀略》等八十餘種著作，其中《三國志旁證》《文選旁證》爲其精心結撰，至今仍有很高學術價值。

從總體上看，兩人都是少年得志，仕途比較順暢。他們之間的關係形成，當在嘉慶四年己未（1799年），阮元充會試副總裁，是科得人甚夥。阮元此時才三十六歲，已任過山東、浙江兩省學政，入京時先後任兵部右侍郎、禮部右侍郎、兼署兵部左侍郎、户部左侍郎、隨朱珪在南書房恭掌御製詩文稿本，充經筵講官。可謂風光之至。加上會試，名滿天下。這次入京也就一年時間，又去任浙江巡撫了。梁章鉅之兄梁運昌，字曼雲，亦在此榜，入翰林。章鉅也曾參加是科考試，惜薦而不售。嘉慶六年（1801年），運昌應浙江學政文幹之招入幕，運昌往來兩節署，請業請益，所學愈進，梁章鉅當在此時認識阮元，“兄弟之師，例亦稱師，然初不過識而已。”[1]這是實話。

嘉慶七年（1802年），梁章鉅自己也成了進士，授翰林苑庶吉士。兄弟同在翰林，想來學壇也當傳爲佳話的。嘉慶十四年（1809年），阮元奉旨入京祝嘏，實際是因劉鳳誥案牽連被免職來京聽候部議，皇上網開一面，阮元獲嘉慶帝恩賞編修銜，就是又退回到入仕的原點上了。但皇上壽誕總是大事，阮元想找一個能代筆作《九夏頌》的人，其門生程春廬便推薦梁章鉅，大概梁所作很切合阮元的身份和實際，阮元很滿意，“呈稿時盛叨獎借”[2]。這可能是阮梁直接交往之始，梁章鉅給阮元留下了一個比較深而且比較好的印象，此後交往漸多。

嘉慶十九年（1814年），阮元在漕運總督任上，賦春草詩寄阮亨，梁章鉅適經淮上，拜望阮元，有《舟泊淮上和漕帥阮芸台先生春草韻》，從詩題看，梁章鉅在此稱阮元先生，以示敬意，并無特别稱“師”之意。

---

〔1〕［清］梁章鉅：《師友集》，《浪迹叢談》卷二。

〔2〕［清］梁章鉅：《師友集》，《浪迹叢談》卷二。據有關資料，梁于嘉慶十年（1805年）任禮部主事，嘉慶十三年（1808年）便入福建巡撫張師誠幕府。梁爲阮代撰《九夏頌》在京還是在閩？似應在京爲便，待考。

道光初，梁章钜即由京官外放，由府道漸至督撫。道光十五年（1835 年），阮元由兩廣移節雲貴已八年了，官拜體仁閣大學士，奉召入都，旋兼署都察院左都御史。冬，阮元應湯金釗、梁章钜之請，爲西嶽新立華山碑題識。文曰：

> 漢蔡中郎華山碑久毁。元所藏四明全碑舊拓，海内僅此一本，殘字以長垣本補之，刻于揚州北湖。陝西錢布政使寶甫從元本雙勾勒石華廟，以還舊觀。道光十四年吏部湯尚書金釗、廣西梁巡撫章钜過華山，讀碑謂：當題識，碑中碑，知古今。[1]
>
> 大學士阮元題，户部右侍郎程恩澤書，湖南巡撫吴榮光察書。

這段題識，不僅把華山碑的前世今生講清楚了，也把由碑而聯繫起來的人際關係道明白了。湯、梁、錢雖均嗜好金石，而題碑尤其是華山碑，阮元無疑是最適合的了。共同的興趣使阮、梁友誼更進一步。

道光十六年（1836 年），梁章钜由甘肅布政使擢爲廣西巡撫兼學政，入覲京師，將出京，阮元忽向梁章钜傳遞一個信息："昨聞關中本《華山碑》現將出售，似應歸君，其勉爲之。"梁章钜遂將此本借來觀看，但聽説議價甚昂，而且已有廣東洋商看中了。這時阮元又不停催促，梁章钜不忍辜負阮元之意，在十天内，咬咬牙花大價錢買下了，洋商聞之大詫。這本册頁本有阮元題字，所以又呈送阮元閲題。阮元題："此本嘉慶十五年與長垣本、四明本皆在京師。冬日，余以三本聚于城南龍泉寺，校讀竟日。今長垣本歸諸城劉太守，此本于今年歸長樂梁中丞。前數年，盧敏肅又刻全碑立于華陰廟中。道光十六年丙申五月，阮元識于節性齋。"從嘉慶十五年到道光十六年，歷二十六年，華山碑存世的三個拓本都得到妥善保管，阮元很欣慰，這是梁章钜所做很得阮元之心的一件事。

從道光六年起，到道光十二年，梁章钜任江蘇布政使，其間曾四次代理巡撫，道光十二年（1832 年）因病回籍養病，道光十五年（1835 年）奉詔復出。病中成《退庵隨筆》，"過關中遽爲友人付梓，攜至日下，同人皆以爲有用之書，非説部雜家比，爰質之儀徵師相。承爲增删數事，題字卷端"。阮元題識云："《隨筆》一書，較桂林相國五種有其過之，真名臣言論也。執事以心得之學筆之于書，可坐而言，起而行，于世道人心所裨不淺，時賢著作如此可貴耳。前贈《樞垣紀略》，掌故所係是樞廷不可少之書，至今繙讀不倦。今復得此編，耳目又爲之一

---

〔1〕 梁章钜過華山時，當在由甘藩擢桂撫入覲京師途中。而阮元題識時，梁的身份已是桂撫，故言。

新，所論皆平允通達之至。弟之拙著亦有與尊説暗合者，中間并無剌謬，可傳之書也。……謹當置座右，以爲晚節之助云。道光十六年夏六月，愚兄阮元識。”[1]從題詞看出，阮元直引梁章鉅爲同道了。

道光十八年（1838 年）三月，阮元因年老病足，已在考慮致仕了，春三月望日特地爲梁章鉅《文選旁證》作序。五月十三日再次奏請解任休致，獲准。十月中旬回到揚州。

與之同時，梁章鉅正在廣西任上配合林則徐禁煙。道光二十一年（1841 年）調任江蘇巡撫，同年八月，因兩江總督裕謙自殺，奉命署理兩江總督兼兩淮鹽政。十一月病發，專折奏請開缺調理。次年，梁章鉅僑寓揚州，與阮元關係揭開新的一頁，并臻高峰。

梁章鉅在《師友集》卷一中云：“道光壬寅，余僑寓邗江，始屢通謁于里第，請業請益，真爲著録弟子者三月有餘。師初謙弗肯受，繼乃相悦以解。時師已七十有九，而余亦六十有八，遲暮之年，爲我師弟補此一段良緣，非偶然也。”壬寅即道光二十二年（1842 年），梁章鉅二月二十七日抵揚，五月底離揚，寓居張氏容園三月有餘。這段時間，二人時相過從，梁自稱屢登門請教，堅持拜阮元爲師，而阮元謙弗肯受。這種師友關係完全超越了功利目的，顯示了二人的高尚品格。何謂“相悦以解”，依我之見，即不必定在名分上争執，各依各叫罷了。

梁章鉅到揚州，阮元是先去拜訪梁的。并對梁説：“容園，爲吾揚州園亭第一所，此池寬廣，亦合郡所無。本江畹香中丞舊宅，余初以少賤，不得其門而入。及爲張觀察所得，又以素無謀面之雅，裹足不前。今聞足下寓此，樂得藉開眼福。”梁因問阮元府中之園如何，阮元笑答：“我本無買園之力，即有資亦斷不買園。”“因爲揚郡有園者，人即以其姓名之，若我有園，則必被呼爲阮園，是誠不可以乎。”相視一笑。阮元在公道有別墅名南萬柳堂，爲之繪圖作詩者甚多，因近復得清湘道人《柳魚》小幅，借裝爲《南萬柳堂堤外漁莊圖》，自題七律二首，邀友人和之，梁章鉅、陳文述、王開益等人奉和，梁之和詩極得阮元賞識。四五月間，阮元與梁章鉅、錢泳、朱蘭坡、王子卿、黄右原多有交游，黄氏个園是常遊之地，詩歌唱和幾無虚日。一日，阮元折柬請梁章鉅，席設文選樓，梁爲之狂喜，因爲阮元所藏鐘鼎古器，悉庋于此。是日，飲于樓下，縱觀之時，無雜客，而錢泳適至，因同入座，阮元大喜，曰：“似此三老一堂，而所摩挲皆三代法物，人間此會，能有幾回，不可無以紀之也。”當時錢泳八十四歲，阮元七十九歲，梁

[1] 王章濤：《阮元年譜》，合肥：黄山书社，2003 年，第 906 頁。

章鉅年最少，但阮元推之上座，可見阮元并未將他真當學生看待。隔了一天，原右春坊、右贊善、歷主鍾山書院的朱蘭坡（名珔）來了，又隔了幾天，退休的原徐州知府王子卿（名澤）來，朱七十五歲，王八十四歲，阮元打算再聚一次，作五老會，因英船警報日迫，人員分散，梁亦携眷匆匆渡江返閩，事遂寢。梁在揚三個月中，除詩文酒會外，阮元曾爲梁章鉅篆書"天下太平"四字，用松江花絹方箋，字如秦漢瓦當體，書楹帖"難進易退，易事難悦；先勞後禄，後樂先憂。"

道光二十六年（1846 年），梁章鉅在家鄉浦城住了四年，又重返揚州。這一次住了近一年，直到道光二十七年其三子署理温州知府，梁隨往。五月二十日梁章鉅卸裝揚城，第二日便去拜訪阮元。二十五日阮元邀請梁章鉅泛舟湖上，飲于長春橋畔之邗上農桑，梁歸輿率成一律奉謝。

此後的日子裏，二人或互邀游覽，詩歌唱和。三十日，阮元復招同梁章鉅、王望湖、阮慎齋、孟玉生、僧小支游雙樹庵。阮元有詩示章鉅，章鉅步其韻奉和。閏五月，阮元邀同梁章鉅、阮亨、阮先、孟玉笙、王望湖、僧小支、僧樹庵諸人在湖上小集，在雙樹庵聽琴。

或共同接待遠方來客。夏日，梁章鉅的同鄉御史陳頌南解組歸里，舟過揚州，拜訪阮元和梁章鉅。陳頌南曾上疏彈劾琦善、奕經、文蔚禍國殃民，而朝廷猶重用之，"九重爲之動容，天下想見風采"。阮元與陳頌南是老友，數年前曾寄一古器拓紙給陳令訂釋之。章與陳并未見過面，忽把臂暢叙，如舊相識。翼日羅茗香設饌招飲于天寧門外之玉清宫，一時名流不期而會。九月，彭蕴章視學福建，途經揚州，拜謁阮元，梁章鉅作爲福建人，理當接待。

或共賞古玩，品鑒文物。梁章鉅收藏有元代鮮于樞《揚州五言四十韻》狂草手卷，阮元過去雖然見過石刻本，但并未見過真迹。揚州休園重葺，因有關邗上故實，阮元想勾勒刻石置休園，向梁借閲，但找不到勾勒好手，怕損壞原件，留觀日久，衹好繳還。阮元特地題識。黄右原得知此事後，熱心市石察書，選工鐫勒，置之阮元别業邗上農桑的亭壁，公諸同好，使遠近觀者皆可椎拓。成就了一段愛護文物、保護文物的美事。梁章鉅的次子丁辰從吴門以重價購得《瘞鶴銘》舊拓本，有翁方綱題跋，梁認爲楮墨未精，神采不足，還不如他自己舊藏的一紙殘拓。這次帶到揚州，請阮元鑒定，阮認爲這是真舊拓。可惜衹有七個字。未幾，又從寓居揚州的著名畫家、篆刻家、收藏家如皋人孟玉生處購得一册，存二十五字，册前有姜鏞題八分字，像是康熙年間所作。是年六月他們還應棣園主人之邀爲之書園額題字。

或恭賀喜事，分享快樂。當年，阮元遇上一件大喜事，六月，安徽巡撫王植以阮元中試已經周甲，例應奏請赴鹿鳴筵宴。道光帝准奏，稱讚阮元品端學醇，勛勤懋著，年逾八秩，重遇鹿鳴，洵屬熙朝盛事，著加恩晋加太傅銜，准其重赴鹿鳴宴，并在籍支食全俸。梁章鉅以一聯相賀："异數超七階，帝眷東山謝太傅；嘉賓佇三肄，天留南國魯靈光。"因爲阮元以太子太保晋太傅，超了七級，把阮元比作隱于東山的謝安，歷劫不廢的魯靈光殿，是很貼切的。又，阮元老妻劉文如七十壽辰，文如係嫡配江夫人之媵，阮元兩次斷弦，得其内助甚多。生子祜，舉人，官刑部山西司郎中，劉也因此得封四品恭人，阮元邀同人爲之製錦稱觴，梁章鉅製一聯往賀，第二天阮元還親來謝步。

梁章鉅在揚期間，與阮元交往甚密，而且看得出來大都是以阮元爲中心的，説話、作文都以師相稱。從梁的角度講，符合尊師之道；而從阮元角度講，却從不視之爲弟子、後學，概以中丞稱之，不僅把梁章鉅當作致仕的父母官，而且是把梁當作可以一吐心曲的老朋友來對待的。

二

阮元是一個極富涵養、寵辱不驚、喜怒不形于色的人。遇到再大的喜事不會"漫捲詩書喜欲狂"，遇到再大的挫折也不會"白髮三千丈，緣愁似個長"。但從他的詩文特别是書信中還是可以感受到他的心情、觸摸到他的脉搏的。我想就梁章鉅《師友集》卷一所載《阮元答書一首，壬寅春日寄蘇州》作些剖析。原信如下，筆者按内容分成七句，標出序號以便分析：

(1) 伻來，接到手函并詩箋，捧讀如晤芝儀，曷勝戀惜甘棠之歸也。(2)《楹聯叢話》外間索讀者甚多，書坊欲翻刻而不敢，曷不將兩部賞與蘇州書坊，以一部翻，留一部校，則洛陽之紙不貴矣。(3) 昨日有人自江西來，言胡果泉先生所刻之《文選》、《通鑑》，書坊竟無一部，爲其家將板分房收貯，不能合印也。《通鑑》聞祁春圃先生將翻之，《文選》則無人過問矣。(4) 讀《紀恩》四律，同此懷抱，昔戊戌亦有五古一章，今寄請正，極欲和尊作，而老衰不能矣。(5) 又有阮樓别話一紙，亦附呈覽。(6)《四書文話》稿，收之廿年，未能成功，所欠者嶺雲編大部第一要采，今以奉呈訂證，或可慶此書之成耶。(7) 弟生平最怕八股，聞人苦讀聲謂之爲唱文，心甚薄之。故不能以此教子弟，子弟竟以不能攻此，未有科名。然又以爲取士之道，不可不用此事，于拙集中三致意焉。但近來文風日清日薄，衹是童生伎倆便可登進士；供事筆墨，便可中狀元，奈之何哉，想同此慨也。肅此，復請鈞安不備。

（1）句，講阮元接到梁章鉅的手函和詩箋，捧讀如晤芝儀。甘棠之歸，用召公之典，或者説用謝安築埭典，更切。既可以理解成阮元對梁任職江蘇八年特别是任職江蘇巡撫政績的肯定，也可以理解成希望他能留任，還可以理解成歡迎梁致仕後到揚州居住。梁章鉅在道光二十一年辛丑冬引疾奏請開缺，歲除尚在節署候旨，臨時代理江蘇巡撫的是程晴峰，也與同僚商量想在元旦拜年時當面奉勸梁銷假。元旦，到梁章鉅卧室一看，見几上有紅箋，楷書“元旦開筆，歸田大吉”八字，默然而出，對同行説：“看來巡撫去意已决，不要再多費口舌了。”梁章鉅給阮元的信當爲告知阮元，自己决定退休，并擬住到揚州。

（2）句，勸説梁章鉅在蘇州翻刻《楹聯叢話》，因爲索閲者多，實際後來此書還是在揚州翻刻的。

（3）句，講江西胡刻《文選》，書坊已無一部，而無人過問，爲之嘆息。因爲阮元與梁章鉅對《文選》都有特殊的感情。阮元對《文選》多有論述，且在建家廟時特在廟西隙地建“隋文選樓”，把自家的刻書名爲《文選樓叢書》。梁章鉅則集二十年之精力作《文選旁證》。此事是江西來人告訴阮元的，之所以轉告梁章鉅，因爲同好，故發浩嘆。

（4）句，梁章鉅寄《紀恩》四首，阮元抄寄昔戊戌五古一章，以代和作。梁所作詩當爲奏請開缺獲准後所作。阮元昔作即道光十八年戊戌致仕時所作，其心是相通的。故阮元講“同此懷抱”。

（5）句，有阮樓别話一紙，亦附呈覽。此當指道光二十一年冬，阮元遊公道橋湖光山色阮公樓，作《九窗九咏并序》。阮樓實際是指阮公在公道的别業珠湖草堂和雷塘墓廬。焦循《北湖小志·珠湖草堂記》載：“珠湖草堂在公道橋東北八里許，倪家嘴之西，爲阮昭勇將軍（阮元祖父）釣游之地。將軍子光禄公（阮元父）建亭于草堂上，曰‘三十六陂’……有樓曰‘湖光山色樓’。”可是幾十年後，因洪澤湖下泄之水，漫浸成一片澤國，樓莊傾圮，“湖光山色樓”亦難逃此厄運。嘉慶年間，阮元在北湖新構二樓，一在雷塘墓廬，焦循題曰“阮公樓”；一在公道橋家祠之右，是樓“乃北渚二叔（阮鴻）親視結構，樓方四丈餘，四面共九窗。二叔與星垣侄擬分景：一東南曰曉帆古渡，二南東曰隔江山色，三南西曰湖角歸魚，四西南曰墓田慕望，五西中曰松楸叠翠，六西北曰花莊觀獲，七北西曰夕陽歸市，八北東曰桑榆别業，九東北曰齋心廟貌。”故稱“九窗樓”。樓上匾額乃借雷塘阮公樓珠湖草堂處湖光山色樓之稱謂，合題曰“湖光山色阮公樓”。阮元在《九窗九咏并序》中《花莊觀獲》之夾注云：“今日游樓西二里花園莊，莊乃千户公田，叔曾祖頤庵公别業。頤庵公康熙癸未武進士，工詩翰。昔之池亭花木頗佳，荒廢七八十年矣。以木彴過濠，有蔬田十畝，老農餉茶果，曰耕阮府田十一代矣。余家至我爲九代，吾孫亦十一代矣。此田百餘畝，頤庵老人後人賣于族中，嘉慶間余又買于族中，未入异姓手。今與少林侄分耕之，余耕三十餘畝。”這裏也就是阮元常游的南萬柳堂。阮元呈覽的目的在于間接告訴梁章鉅怡志志泉之樂。

（6）句，將《四書文話》奉呈訂證。道光四年（1824 年）冬，阮元爲造就兩廣人才，建學海堂于粤秀山，親撰聯曰：“公羊傳經，司馬記史；白虎德論，雕龍文心”，申明辦學宗旨。但四書作爲求取功名的敲門磚，也不能不學，遂命學海堂諸生編成《四書文話》，“諸生共議，分二十門編之。一原始，二功令，三格式，四法律，五體裁，六命題，七程文，八稿本，九選本，十墨卷，十一社稿，十二元鐙，十三名譽，十四考核，十五師承，十六風氣，十七興廢，十八流弊，十九起衰，二十假借，二十一咎毁，二十二談藪，二十三軼事，二十四五經文。雖未甚精詳，然已積卷帙矣。録成兩部，一存粤東學海堂，一攜歸江南。蓋江南遺文舊説爲嶺南所無者尚多，俟再令家塾子弟補成之。”[1]但收之廿年，未能成功，之所以寄給梁章鉅，因爲梁章鉅曾編過《制義叢話》，制義即八股文，是明清士子應試文體，書中叙述了制義文的宗旨源流、體裁典制，以及舊聞逸事，録存了有關史料。“奉呈訂證，或可慶此書之成耶。”有希望梁章鉅助成之意，但梁章鉅似未就此事作回應。

（7）句，是由《四書文話》引申出來的話題，也是阮元隱藏在心中想找人傾訴的一段話，甚至可以説是牢騷。阮元講自己最怕八股，“聞人苦讀聲謂之爲唱文，心甚薄之”。所以他也不逼自己的兒孫去攻八股。阮福《揅經室訓子文筆跋》云：道光甲申，福年二十四歲，隨侍先文達公粤督署中，習制舉也不工。先公諭之曰：“我幼時即不喜作時文。塾師曰：‘此功令也，欲求科第不得不爾’。俗喻謂之敲門磚，門開則棄之，自獲解後即不恒作。爾既不能爲此，亦不能閑居食粟，當改學經史詩文，命對學海堂策問。”這裏可看出阮元的開明和無奈。確實他的子孫都不是由科舉正途進。但那個時候制義又是“取士之道，不可不用”，自己子弟可以放棄，不能讓一個地區所有的士子都放棄，故“于拙集中三致意焉”。表明阮元對用人制度的不滿。由此不能不聯想到他兩任會試副總裁的情況。第一次是嘉慶四年己未，三月初，上諭吏部尚書朱珪爲會試正考官，阮元充會試副總裁。朱珪本是阮元丙午鄉試座主，對他既賞識，又信任。是科

[1] ［清］阮元：《四書文話序》，《揅經室續集》卷三，北京：中華書局，第 1069 頁。

二三場文章，朱公皆屬阮元一人批閲，選出長策一千三百餘卷，窮三日夜之力，再選出二百卷，分爲三等，以觀頭場，名士經生多從此出，狀元姚文田、榜眼蘇兆登、探花王引之、武進張惠言、全椒吴鼒、歙縣鄒桂星等皆在此榜，論者謂得士如博學鴻詞科，洵空前絶後也。《清史稿》云，是科取士“一時樸學高材，收羅殆盡”，“人咸以元爲知人”。阮元善于識人，一是在于他的學問和見識，二是在于朱珪的放手，福建陳壽祺會試中，其卷爲人所遏，阮元就向朱珪進言：“老師不是想得到像博學鴻詞科一樣的名士嗎？福建某卷經策就是。”同考官中遏制陳壽祺者挑出四書文中語説事，阮元説此語出《白虎通》，于是朱珪把陳壽祺的名字提到前面了，以後實踐證明，陳壽祺確實學才俱佳。還有很重要的一點是朱珪、阮元的做法有所本。乾隆九年就有過上諭，“近日文風未見振起，且内簾專意頭場，而不重後場。頭場之中，又專意《四書》，而不重經文（今制文在二場），自今以後，司文衡者務思設立三場之本意，于經策逐一詳加校閲，毋得軒輊其間。”[1]可見乾隆年間鴻才碩學，升冕古今，實由上之主持風氣也。按理，嘉慶四年己未科得人之盛，應當繼續發揚光大。其實不然，當年充任同考官的汪鏞便對朱、阮二公不滿，十年上奏告狀，云“主試先閲三場試卷，即胸有成見，同考官或藉以迎合，致開倖進。”皇上認爲“所奏甚是，嗣後著考試官恪遵實例，選閲頭場，後閲二三場”。自此天下士子咸以通經博士爲諱。道光年間更甚。道光十三年癸巳（1833年），阮元再充會試副總裁，正考官爲大學士曹振鏞。黟縣俞理初應禮部試，諸钜公相與賀曰：“理初入彀矣”。阮元素慕其名，必欲得之，每遇三場五策詳贍者，必以爲理初也。及榜發，不見名，通搜落卷，也不得，很驚訝。曹振鏞則慢騰騰地取出一卷，説“此殆君所謂佳士乎，吾平生最惡此瑣瑣者，已擯之矣。”拆封一看，果然。原來此卷由禮部主事王藻閲，也極力推薦，而曹振鏞視爲迂誕，束之高閣。此事對阮元的刺激可知。所以他憤憤地寫道：“近來文風日清日薄，祇是童生伎倆便可登進士；供事筆墨，便可中狀元，奈之何哉？想同概也。”可見牢騷還不僅于此，阮元從雲南入閣後即主要配合曹，曹處處掣肘，很難有所作爲。屢請致仕可能不僅僅是身體因素。

短短一函三百二十餘字，説了這麼多事，更重要的是吐露了心聲。這是因爲阮元找到了知音。爲什麼梁章钜一到揚州，阮元即上門拜訪，這不僅因爲梁曾作過父母官，因爲知音來了。

---

〔1〕［清］文廷式：《純常子枝語·閲科場案例》，轉引自王章濤《阮元年譜》，第174頁。

三

梁章鉅說他與阮元遲暮之年的師弟良緣，非偶然也。是爲確論。究其原因，在于他們有共同的學術追求，共同的文化意趣，共同的經世抱負。當然同中有异，而异不礙同。試分述之：

一是他們有共同的學術追求。

有清一代學術思想以樸學爲主流，即所謂漢學；但官方意識形態中占據統治地位的還是程朱理學，即所謂宋學。而進入清代中葉，許多有識之士，則强調漢宋兼融。阮元《揅經室集自序》開宗明義地說："余之說經，推明古訓，實事求是而已，非敢立异也。"他在治學中十分重視"通"。《傳經圖記》云："有陋儒之學，有通儒之學。何謂陋儒之學？宋一先生之言，不能變通，其下焉者，則惟習詞章，攻八比之是務，此陋儒之學也。何謂通儒之學？篤信好古，實事求是，匯通前聖微言大義，而涉其樊籬，此通儒之學也。"這個"通"字就有兼采漢宋之意。嘉慶二十五年（1820年），他在廣州建學海堂，也有紀念今文學家何休之意。在《學海堂集序》中說："昔者何邵公學無不通，進退忠直，聿有學海之譽，與康成并舉。惟此山堂，吞吐潮汐，近取于海，乃見主名。"

梁章鉅出生于理學大本營福建，少時在鰲峰書院讀書，山長即程朱學者孟超然，孟超然對學生說："吾儒學向主于經世，故聖賢教人莫不先窮理，道理不明，有不知不覺墜于小人之歸者，可畏可畏。"十八到二十八歲從鄭光策學，也强調經世致用。後又入翁方綱門下，也是理學大師。但梁氏一門在學術倒是開明的，漢宋相容，其叔上國，即著名經學家。其少年到中年的朋友陳壽祺是阮元的得意門生。梁章鉅結識阮元，極其佩服阮元的學問，受阮元的影響很大。他在《歸田瑣記》中谈到道光二十二年（1842年）在揚州時，阮元曾篆書"天下太平"方箋贈他。并講到一件逸事。阮元在相位時，每于歲除前用松江花方箋篆書"天下太平"，分貽知好。潘芝軒以四字所出問翰林諸公，皆不知，阮元說"此《五經》中句耳"。梁章鉅的學術傾向也是調和漢宋，但偏于宋。他的一些重要著作如《夏小正經傳通釋》《倉頡篇校證》《論語集注旁證》《孟子集注旁證》都體現了這一學術思想。

而《文選旁證》的治學方法則以考證爲重要手段。如王粲《登樓》涉及一個問題，所登之樓在當陽還是在襄陽，梁章鉅說："予考之，當陽爲的。賦云：'挾清漳，倚曲沮。'按漳水出于南漳，沮水出于房陵，而當陽適漳沮之會。又西接昭丘，即楚昭王墓。康熙初，士人曾掘得之，有碣可考。距昭丘二十里有山名玉陽，一名仲宣臺，謂即當年登臨處也。"所以梁章鉅審慎地得出結論，王粲登樓在當陽，很有説服力。阮元應邀爲《文選旁證》作序，説："閩中梁茝林中丞乃博采唐宋元明以來各家之説，計書一千三百餘種，旁搜繁引，考證折衷，若有獨見，復下已意，精心鋭力，捨易爲難，著《文選旁證》一書四十六卷，沉博美富，又爲此書之淵海矣。"他又講自己"余昔得宋本，即欲重刻之，且欲匯萃諸本爲校勘記，以證晋府汲古之誤。而胡中丞已刻尤本，是以輟作。"也曾想重校重刻，因爲有胡刻尤本，因而未作。再談到現在的感受，"今又讀梁中丞此書刻本，得酬夙願，使元爲校勘記，亦必不得如此精博也。"阮元發出這樣的感慨是不容易的。他一向主張古人古文小學與詞賦同源，認爲"漢之相如、子雲，無不深通古文雅訓。至隋時，曹憲在江淮間，其道大明，馬、揚之學，傳于《文選》，故曹憲既精雅訓，又精《選》學，傳于一郡。公孫羅等皆有《選》注，至李善集其成"。并説"元幼時即爲《文選》學，既而爲《經籍籑詁》二百十二卷，猶此志也。"[1]表明阮元對梁章鉅治《文選》的認同。

二是他們有共同的文化意趣。

阮元、梁章鉅都工詩善文，嗜好金石，取向未必一致，但相互欣賞。

以詩論之。阮元少時即攻詩文，通籍後不僅以學問名，亦以詩名。阮元没有集中論述過詩，衹在爲他人詩集作序時零星談及，不過從中也可看出他的詩學傾向。他在爲其師大興朱珪所作《知足齋詩集後序》中説："《詩》三百篇雅、頌之作，皆古名臣大儒之所爲也。唐宋以來，名臣大儒多有詩集。詩者，志也，可以覘其志也不能掩。詩者，持也，可以驗其所持而不可拔。性情、心術、政績、遭遇，皆可于詩見之。"[2]爲袁枚弟子孫蓮水《春雨樓詩序》云："吾觀蓮水之爲詩清麗，有則唐人正軌也。且不苟作，不多作，意必新警，語必遒峭，一字未安，吟想累日。所以性情正而詞氣醇，與其肆于詩之外，無寧有所蓄于詩之中，吾固曰此唐人正軌而善學隨園者也。"[3]而在《群雅集序》中指出："近今詩家輩出，選録亦繁，終以宗伯去淫濫以歸雅正爲正宗。與其出奇標异于古人之外，無寧守此近雅者爲不悖于三百篇之旨也。"[4]有清一代，詩的流派甚多，王士禛倡"神韻説"，袁枚倡"性靈説"，沈德潛倡"格調説"，翁方綱倡"肌理説"，而阮元不主一説，以雅正爲宗。所以王昶輯《湖海詩選》，録阮元詩二十餘首，云："讀之

〔1〕［清］阮元：《揚州隋文選樓記》，《揅經室集》二集卷二。
〔2〕［清］阮元：《揅經室二集》卷七。
〔3〕［清］阮元：《揅經室三集》卷五。
〔4〕［清］阮元：《揅經室三集》卷五。

已覺根柢槃深”。同時代的舒位撰《乾嘉詩壇點將録》，將阮元定爲第七位，“掌管詩壇錢糧頭領一員，小旋風阮元。”康發祥《伯山詩話》云：“儀徵阮太傅伯元研精經史，因文見道，仰之者爲泰山北斗。”吴嵩梁評阮元詩“從經術性情處流出，金和玉節，卓然正聲。”

梁章鉅于詩曾入翁方綱門下，翁對其也頗爲期許。説“余與海内才士以詩相切劘者垂五十年，其就吾齋學詩稱著録弟子者，亦不下百十輩。茝林最後至，而手腕境界迴异時流，又最篤信余説”，“蓋不名一家而能奄諸家之美者也。”他自己也説：“某平生精力，半耗于仕宦，半耗于詩。”寓揚時，梁章鉅的詩也多次得到阮元的稱揚。梁章鉅《歸田瑣記·南萬柳堂》寫到應邀游南萬柳堂時，阮元以清湘子畫片爲南萬柳堂第四圖，并題二律于其上，要衆人奉和，章鉅首題，阮甚稱賞之。朱蘭坡也對梁説：“我適晤閣老，極折服此詩，謂次韻之作，能如無縫天衣，自非老手莫辨。我謂此詩選辭沉著，托興遙深，已如崔顥題詩在上頭，繼聲必難見好，不如善刀而藏也。閣老亦以爲知言。”可見梁自己也比較得意。道光二十六年（1846 年）夏，梁卜居揚州南河下之支氏空宅中，雖無園圃而高梁廣厦，倒也凉快，而家人仍感若熱，遂口占一律，示之。“借人廣厦樂棲遲，隨分都忘故土思。但舍高官何必隱，弗耽佳句易成詩。縱横鉛槧家人笑，脱略衣冠過客疑。衹惜萬方同苦熱，清厦心地有何裨。”嘗録呈芸臺師，謂末聯别出一意，必如此詩方非空作。適修林少穆中丞信，亦附呈此詩，中丞回信云：“讀寄詩，甚羡甚愧，末二句尤覺深人無淺語耳。”[1]阮元對梁章鉅的文章也十分欣賞。梁撰《師友集》成，請阮元作序。阮元欣然爲之，云：“丙午歲除前，梁茝林大中丞送到《師友集》，讀之竟日不倦。古人云，老見异書猶眼明，夫以日接紅紙細書之函，老目更昏，對此安得不頓明也？歷數六十年間舉世交遊，有一人能詩能筆，議論又皆公允如此者乎？勝于良史，勝于佳集，此他日必傳之作也，因喜而綴言于簡端。道光二十六年，頤性老人阮元識。”[2]

梁章鉅的《稱謂録》也是在阮元鼓勵下寫成。此前他有《稱謂拾遺》，零零碎碎，搜集資料歷四十年。一次談藝及之，阮元笑道：“但恐細碎不成書，何不試爲之？非足下之博綜宏覽，又將誰屬乎?”于是成之。

梁章鉅的强項是製聯，有《楹聯叢話》行于世。書中有關阮元的聯話很多，對阮元極爲讚賞。他舉例説，芸臺師以今年丙午鄉試重宴鹿鳴，大吏奏入，得優

〔1〕［清］梁章鉅：《廣厦》，《浪迹叢談》卷二。
〔2〕［清］梁章鉅：《師友集》，《浪迹叢談》卷二。

旨，晋加太傅銜，并有三赴鹿鳴之望，榮寵極矣。梁章鉅贈聯爲賀（見前述），自認爲“但求切，不求工也”。是年江南副考官黄徵三也是阮元門下士，由金陵闈中寄聯相賀云：“鸞詔親褒，歷相三朝賢太傅；鹿鳴重宴，同年一榜小門生。”梁認爲亦工不足而切有餘也。而山西平定州張石洲集杜句相賀，云：“從來謝太傅，祇似魯諸生。”阮元大爲讚賞，認爲既切又工，而外人多不以爲工。梁章鉅經過考證，弄懂了。杜詩《奉觀嚴鄭公廳事岷山沲江畫圖詩》末聯云：“從來謝太傅，邱壑道難忘。”又《奉送郭中丞兼太僕卿充隴右節度使詩》中聯云：“爲齊説客，祇似魯諸生。”因此，他説：“不稽其出典，不知其渾成也。”〔1〕

梁章鉅還舉阮元作聯的例子説，乾隆五十六年（1791年），阮元以大考第一，升少詹事，例應觴客，因邀同銜坊局諸君在一枝軒看菊。坐中文遠皋庶子舉一句云：“牆上竹枝書個個”，請諸公對之，阮元應聲云：“盒中棗子叱來來”。大家開始都不以爲工。隔一天查檢《漢書》，才知爲東方朔故實，于是極口稱之。實際上梁章鉅所講就是要求作聯要有學問，要貼切，讀聯的人也要如此，才能體味得到佳聯的妙處。

再如，對金石，二人也有同好。阮元金石十事，衆所周知。而梁章鉅也酷愛金石書畫的鑒定與收藏。他著有《退庵題跋》和《退庵金石書畫題跋》是對其畢生藏品的整理、鑒賞與總結。他在自序中提到：“余少治舉子業，無他俗嗜，稍長始知好書畫。乾隆末以公車詣京師，日詣琉璃廠肆，縱觀古近人墨迹，心焉慕之。然本窶人子，徒飽眼福而已。”後來在叔父、堂兄、翁方綱等師長影響下漸漸入門，收藏漸豐。他懂得“天下長物無聚而不散之理”，故着力對藏品進行整理。這與阮元還是有點區别。阮元重在學，重在經史。梁章鉅重在文，重在藝。

二人在文化趣味上還有個相似之處，兩個家庭的女眷都愛好詩文。

三是有着共同的經世抱負。

阮元、梁章鉅生活在清代由鼎盛轉向衰落的年代，對于懷有“治國平天下”抱負的士子、官員，他們不能不常有憂國憂民之感，努力竭平生之所學，盡臣子之責任。阮元在《疇人傳·蔡邕傳》中提出：“使不效于今即合于古，無益也。苟有效于今，即不合于古，無傷也。”學爲世用、古爲今用的宗旨十分明確。梁章鉅在《退庵隨筆·讀經·一》中申明：“治經者，不拘漢學宋學，總以有益身心，有裨實用爲主。否則無論漢學無益，即宋學亦屬空洞。”

阮元揚歷中外，三朝閣老，九省疆臣，從政務崇大體，有守有爲。特别是在浙江靖海、兩廣治夷、雲貴定邊中可以看出他的幹練。梁章鉅在福建撫衙作幕時，

〔1〕［清］梁章鉅：《太傅銜》，《浪迹叢談》卷一。

正當阮元受命主持閩浙兩省聯合剿滅海盜；任廣西巡撫時對阮元在兩廣的政績耳聞目睹；在江蘇八年對阮元的作爲感同身受，所以他在許多場合都對阮元極力推崇。他在廣西任上積極配合林則徐禁煙，支持三元里抗英。第一次鴉片戰争後他調任江蘇巡撫，全力支持陳化成在吴淞口抗擊英軍，對兩江總督牛鑒等臨陣脱逃的行爲表示極大憤慨。

《浪迹叢談》卷三《英夷》一節談到道光二十年（1840 年）以來，英夷驕肆之態，阮元深爲扼腕，詳述嘉慶二十二年（1817 年）在兩廣總督任上嚴馭夷商洋商事，説："我一人力持，以謂國體爲重，貨税爲輕，索凶理長，斷不可受其欺脅。""自我去粤後，兵船復來，門人盧厚山亦仿我之意行之，時有褒嘉之旨云：'玩則懲之，服則舍之，尚合機宜，不失國體也。'聞此後惟林少穆督部亦守此法，而情事頓殊，爲之慨然而已。"清代揚州之富在于鹽，而道光十一年後揚州之衰亦在于鹽。我曾經很感奇怪的一件事，阮元在文章中幾乎不涉及两淮鹽政，他在浙江有鹽政，在雲南也理鹽政，何獨對家鄉之鹽政不聞不問呢？《浪迹續談》卷一《淮鹽情形》透露了信息，阮元很關心鹽政。梁章鉅講"自十八年始定爲驗貲之法。令各票販將鹽價成本若干引先行呈驗，統交分司收存，其有貲浮于鹽者，將銀登時發還，將鹽均攤折扣，每年四十六萬引，一齊開局，而請托争競截然不行矣。惟是近年驗貲，必于歲暮集舊城前鹺政署内，以數間之廢廨，聚億萬之巨貲，數日間民間白鏹爲之一空，士民嘖有繁言，儀徵師相每至夜不能寐，和余喜雪詩有'漫藏誨盗'之語，誠可寒心。去冬余在揚州度歲，目擊驗貲之舉，亦頗切杞人之憂。聞江、浙之以貲至者，竟有千余萬之多，乃知東南財力尚裕，將可憂者又轉爲可喜，故余喜雪叠韻詩云：'朱提甫散祥霙至，且喜財源萬里寬。'誠有慨乎其言之也。又問近聞揚州商人有欲撼動票鹽局者，其説云何？余于鹺政，未嘗涉手，而道聽途説，亦復時爲講求，曩嘗私録爲書，今則参以近時聞見，頗能言其梗概。竊謂两淮鹽務，南北雖同一課運，而輕重懸殊，南鹽原額一百三十餘萬引，正雜捐帶共課五百餘萬兩，北鹽原額二十八萬餘引，正課三千餘兩。其行銷之地，南北犬牙相錯，南鹽課賦重于北鹽九倍，場鹽運脚經費，亦數倍于北鹽。故口岸售價貴于北鹽，而小民趨賤避貴，越境侵占，最爲便捷，此北鹽銷運愈暢，南鹽銷運愈絀之所由來也。然多銷十萬引北鹽，衹多十餘萬兩之課，多銷十萬引南鹽，即多五十萬兩之課，此則必急求南銷暢旺，方于國課有裨也審矣。"細審全文，實際上是對陶澍的票鹽法提出質疑，而此話阮元是不能説的，這中間有隱情。

在揚州徐凝門外有康山，係明永樂年間，平江伯陳瑄修浚運河棄土堆成。傳明弘治十五年狀元康海曾築居于此，在此撰成著名雜劇《中山狼》。後來姚忠孝回揚州，在此築園，因係康海舊居址，遂得名康山。清乾隆年間已歸江春。自陶澍清欠帑後，康山被充公。阮元在詩中自注云“陶澍追欠帑時，各大商皆有預墊錢糧，江墊足抵欠數，不料陶不准抵，抄江方伯（春）孫爲首，將及其餘各商，通城嘩噪不服，令不能行，是以中止，然江已奏抄，又自回護，江孤弱不能辯，遂成此局。官估定價，王姓領得，乃遠宦粵西十餘年，不交價，督撫查例，延不交價者另召變賣。乃癸卯二月十二日召變文到出示，三月初三日，我家被火，遂應召認買，此似有數存乎其中。”説明阮元住進康山的原委，是官府指定他買的。是年小暑前，阮元有遊北湖詩四律。第四首中自注云：“徐林門新第，即舅祖江鶴亭方伯未葺康山以前舊宅。今與康山隔絶，此堂堅爽，稱奉天題，勝于北第。方伯乃祖姚妣江太夫人共祖弟。”阮元對鹽法改革有微詞，現在梁章钜看出來也説出來了。其實他們都不是從自我出發，而且希望國家富强，地方繁盛。

等到英國殖民者再次侵入長江航道中，沿江各地一片驚慌混亂，英夷初犯京江，揚郡人家已紛紛逃竄，賴但雲湖都轉竭力防堵，加意撫循，不一月即各安其居。揚人甚德之。值都轉九月誕辰，各製楹帖以致頌禱之忱，然語或過當，甚至有比之爲郭汾陽、李西平者。惟阮元撰七字聯云“菊花潭裏人同壽，揚子江頭海不波。”梁章钜認爲落落大方，恰如身份，不能不推爲大手筆也。

梁章钜有《題雪舟籌海畫卷》詩，其四云：“時君已晋秩，雄真度支府。軍儲堪挹注，煮海本列溥。通才得藉年，長袖乃善舞。上紓宵曠勤，下壯風聲樹。廢艦柵可貴，捆徒賈足勇。仍願備不虞，芻蕘幸俯取。”

第一句講但明倫手中有軍權；第二句講揚州富庶有資本抗英；第三句誇但之才幹；第四句講這套措施既讓上放心，對下也是鼓舞；第五句是在爲但出謀劃策，以漕船塞江，再以鐵鏈鎖江，船上藏兵；最後是自謙，芻蕘之見。

阮元論評：“此崇論宏議，不當僅以詩論也。”在抗英問題上，阮、梁意見多有一致。

在其他許多問題上，他們也多有相同見解。比如阮元對道、釋兩家一向不以爲然，家中人也不與之交往。但對釋、道的藝術品等則很重視。薛壽《真一堂黄籙記》中提到一件事，揚州南門外真一堂道觀創于康熙六年，民人楊日堯、張蕙等共建。今掌觀道士徐問松主之，自道光二十年（1840 年）後，陸續收得道教畫像黄籙一百八軸，其中有款者十軸，下方右題崇禎十年六月初六日造立，左題恭據前軍都督府右都督田宏遇、妻一品夫人吴民同造。儀徵阮相國爲考其創造原始、作記題于觀音畫側，并手札示余曰：“真一堂道士壇有明崇禎間水陸道教畫像，工力甚巨，元昨捐錢二萬稍整之。前過壇，見其款爲崇禎時田都督之物。田爲椒房親，即今田家巷。都督陝西人，其妻女何以又在揚州，且此籙斷非民間所能創爲。元昨作記未晰也。希略考之。"于是薛壽偕問松至天寶觀訪其原始，見真武殿前楹之東有石碑上標全堂黄籙一百四十六軸，字徑二寸，横書于上。碑爲順治庚子年立，核之乾隆縣志，其數適合。先是問松于市中獲得一幅，由是布市數幅而賫送者，有于質庫贖數十幅而供奉于堂者，始則以爲散失既久，難復舊觀，乃日積月累，不數年而獲十之九焉。[1]可見阮元看重的是其文物價值和藝術價值。

後，梁章鉅也提到這件事。他説中秋後一日，羅茗香招同黄右原、巫小咸在真一壇看桂花，并觀吴道子畫軸、趙松雪行書卷，各道教皇籙畫像不下百十軸，末皆題"崇禎十年右都督田弘遇同妻一品夫人吴氏造"。然此醮籙多軸，亦非田氏夫妻所能創爲，蓋道教盛于嘉靖，京師道藏殿觀必多傳流，田氏所奉最夥，後載回揚州，又經流落各處，今問松道士陸續收回，故成此大觀，遂爲邗城一巨迹也。梁章鉅與阮元的見解何其相似乃爾。

嘉慶十年乙丑（1805 年），張鑒在阮元幕中見其所獲《華嚴經音義》，抄録之。阮元搜《四庫》未收書，進呈應撰《一切經音義》而未呈釋，慧苑撰《華嚴經音義》。韋應書兼音群經，書簡；慧苑書專音一經，書繁。張之洞《書目答問》將兩書附經部小學類，以爲"二書所引古書及字書，古本甚多，可資考證，故國朝經師多取資焉，于彼教無與也。"

"可資考證"，"于彼教無與也"，阮元對佛經這種態度對梁章鉅也有影響。梁章鉅《浪迹叢談》卷十有篇《禪語翻進一層》，説"詩文之訣，有翻進一層法，禪家之書亦有之，即所謂機鋒也。"把佛家自認爲講經説法的一套納入到語言技巧中去了。

阮元、梁章鉅由相識、相知到相契。而梁對阮尤爲崇拜，離揚時有《毗陵舟中有懷邗上諸君子，人係以詩，皆一年中往來至熟者也，即以代柬奉寄》二十四首，第一首便是《阮太傅師》。詩云："吾師藴名德，時方杜德機。曠典無若縱，達君今所稀。巋然魯靈光，照耀桑榆暉。尚餘老門生，惜别增依依。"梁氏乃閩中旺族，梁章鉅以一代名流真心拜阮元爲師，擴大了阮元在理學重鎮福建的影響，其學誠可謂衣被天下矣。

作者簡介：趙昌智，江蘇江都人。揚州文化研究會、揚州學派研究會會長，揚州大學藝術學院兼職教授。中國書法家協會會員。曾任中共揚州市委常委、宣

[1] ［清］薛壽：《學詁齋文集》卷上。

傳部部長，揚州市政協副主席。著有《揚州文化叢談》《文化揚州》《中國篆刻史》（合作），主編《江澤民重要思想研究》《揚州學派人物評傳》《揚州學派研究論文選》《揚州文化通論》《揚州文化研究論叢》（已出版 15 輯），合作主編《揚州八怪傳記叢書》《揚州文化叢書》《揚州學派叢書》等。曾獲中國圖書獎、江蘇省社科獎、江蘇省“五個一工程獎”、華東地區社科圖書獎等。

The Study on the Communications between Ruan Yuan and Liang Zhangju

Zhao Changzhi

Abstract: Both Ruan Yuan and Liang Zhangju were famous secretaries, scholars and literati of middle Tsing Dynasty. Ruan was 11 years older than Liang and secured his official position earlier, but they both died in 1849, the 29th year of Taoguang. They never occurred simultaneously when in official, however, their teacher and friend relation became a much told tale of educational circles. Liang insisted on Ruan being his master, while Ruan persist in refusing him. Within the timeline and different affairs, this article studied the process of the two literati' s association; analysed their deep comprehension to each other by a letter from Ruan to Liang; researched the reason of their great friendship, which was their similar feature on aspirations after academy, interests of culture, ambitions of management and also differences among these. Studies on the communications between Ruan and Liang had significant values on understanding the political, economic and social modes of that time, and also brought advantages on learning and governing today.

Keywords: Ruan Yuan, Liang Zhangju, communication

清代幕府與其學術機能

——以阮元幕府爲考察中心[1]

［日本］水上雅晴

内容摘要：幕府與清代學術的關係，現在還有許多問題等待解决。本文首先對幕友的生存情况加以考察，從而闡明他們地位和住處都不安定，其境遇不容許實行“合則留，不合則去”這個理想。接着關注幕府内學術活動，一般説來，具有人才吸引力的幕府實施編纂工程，幕友從事實際業務。編纂工作含有凡例、組織、調查、校勘四個項目，幕友的活動均與此有密切關係。在四個項目中，調查和校勘占據清代考據學的重要部分，從此可知幕友的活動支撑清代學術的發展。最後討論代撰問題，雖然幕府學術活動中代撰現象十分廣泛，這個問題却不太引起學術界的關心，因此對有關資料加以分析，從而推測出自作和代作的界限。本文在討論的過程中，再三講到阮元幕府，因爲有關幕府學術機能的資料最爲豐富。

關鍵詞：阮元；幕府；考據學；編纂；著作權

一　前　言

考據學在清代達到高峰，阮元（1764～1849年）《皇清經解》可算其精華之一。這套叢書一共收録73位學者的著作，利用年譜和碑傳對這些學者的履歷加以

---

〔1〕 本文爲2014年度日本學術振興會科學研究費基盤研究（B）（項目批准號：23320009）的階段性成果之一。

調查，就可以知道，至少41位學者，即56%擁有游幕經驗。

擁有游幕經驗的學人：

1 程瑤田	2 崔應榴	3 戴　震	4 段玉裁	5 馮　景	6 杭世駿	7 洪震煊
8 胡　渭	9 惠　棟	10 江　藩	11 江　聲	12 江　永	13 姜宸英	14 焦　循
15 李　惇	16 李黼平	17 梁玉繩	18 凌　曙	19 凌廷堪	20 劉台拱	21 馬宗璉
22 毛奇齡	23 齊召南	24 錢大昕	25 全祖望	26 阮　元	27 邵晋涵	28 沈　彤
29 孫星衍	30 王鳴盛	31 王　崧	32 王引之	33 王念孫	34 汪　中	35 武　億
36 嚴　杰	37 閻若璩	38 臧　庸	39 張惠言	40 趙　坦	41 朱　彬	

没有游幕經驗的學人：

1 陳懋齡	2 陳啓源	3 翟　灝	4 方觀旭	5 顧炎武	6 郝懿行	7 胡匡衷
8 胡培翬	9 惠士奇	10 惠周惕	11 蔣廷錫	12 金　榜	13 孔廣森	14 劉逢禄
15 劉履徇	16 劉玉麐	17 盧文弨	18 秦蕙田	19 錢　塘	20 任大椿	21 阮　福
22 盛百二	23 宋翔鳳	24 孫志祖	25 萬斯大	26 王懋竑	27 吴廷華	28 許鴻磐
29 許宗彦	30 臧　琳	31 張敦仁	32 莊存與			

56%這個數目與尚小明利用《清代樸學大師列傳》《清代學者生卒年及著述表》《清史列傳·儒學、文學》等三種文獻而算出的數字，即分别是38.6%、40.7%、35.7%相比相當高[1]，這大概是因爲他所據的文獻均是對傳記資料加以加工、節録而成的。

每三年左右反復調動的官員在治所設置幕府，就清代幕府而言，除了擔任輔助政務的幕友以外，不少幕府内還有一類幕友專門輔助幕主的學術活動，他們可謂相當程度上支撑清代學術的發展，上列41名學人是顯著的例子。管見所及，幕友與清代學術的關係，尚小明《學人游幕與清代學術》一書問世之後，引起學術界的廣泛關注，但是值得探討的課題涉及很多方面，還有許多問題等待解决。本文有鑒于此，對清代幕友的境遇以及清代幕府的學術機能進行探討。在討論的過程中，再三講到阮元幕府，因爲根據尚小明的調查，121名游幕學人曾在阮元幕府，這個人數超過其他所有"清代重要學人幕府"的游幕人數[2]，因而有關幕府機能的資料最爲豐富。

---

[1] 尚小明：《學人游幕與清代學術》，北京：中華書局，1999年，第31頁所揭《康熙中期至嘉慶末期游幕學人數量統計表》。

[2] 尚小明：《清代重要學人幕府表》，《學人游幕與清代學術·附録》，第255～317頁。

二　幕友的身份和就職

（一）境遇不安定的幕友

幕友由官員個人雇用，幫助雇主執行業務，工作的有無和內容決定于雇主的意志。由于官員頻繁調動，幕友的境遇自然受到雇主職位流動性的影響〔1〕。幕友不僅身份不安定，住處也不安定，因爲回避制度涉及幕友，他們難以在本地作幕〔2〕，所以一般説來，游幕伴隨客游，幕友將家屬們留在故鄉而單身赴任。儘管境遇如此不安定，許多清代士人選擇幕友爲職業的理由在于收入比較高。例如，陽湖洪亮吉（1746～1809年）在仲姊出嫁的汪氏宅内授經繼續舉業，中鄉試的翌年即乾隆三十六年（1771年）十一月，“以館穀不足養親，親買舟至安徽太平府”。他是打算入安徽學政朱筠（1729～1781年）幕府的，朱筠是以誘掖後進而聞名的幕主〔3〕。

不少士人從事游幕，從而支撑長期應考科舉的生活。再以洪亮吉爲例而言，他以朱筠幕府爲起頭，二十年間繼續游幕生活，其間從乾隆四十六年（1781年）到五十三年（1788年）在畢沅（1730～1797年）幕府度過八年之後，終于結束了游幕生活，這是因爲他“擢第”，即考中會試〔4〕。與此相反，汪中（1745～1794年）由于乾隆三十三年（1768年）鄉試不第，失去了繼續應考生活的動力，以後頻繁出入幕府，一些士人“絶意進取”開始游幕如此。總之，士人游幕的理

〔1〕清代幕府的“流動性”，參考尚小明《學人游幕與清代學術》，第173～175頁。

〔2〕雍正元年（1723年）以後回避制度涉及幕友，見魏秀梅《清代之回避制度》第四章第一節《回避游幕地方》，臺北：中央研究院近代史研究所，1992年。但是，幕友的回避規定當初似乎没被嚴格遵守。以紹興府蕭山汪輝祖（1730～1807年）爲例而言，他乾隆二十六年（1761年）在秀水縣，乾隆三十三年（1768年）在烏程縣，均在浙江省内游幕。他在乾隆三十八年（1783年）游幕在海寧縣，由于下了“禁延本省幕賓”的“新例”，立即“辭館”。從這個時候起，大概對幕友的回避規定嚴格適用起來。待考。汪輝祖的游幕紀録見《病榻夢痕録》卷上。

〔3〕［清］吕培等編：《洪亮吉年譜》，收入陳祖武選《乾嘉名儒年譜》第9册，北京：北京圖書出版社，2006年，第210頁。勤奮好學的士人雲集朱筠幕府的情况，參照［日］河田悌一《清代學術の一側面—朱筠，邵晋涵，洪亮吉そして章學誠—》，《東方學》第57輯，東京：東方學會，1979年。清代幕友的收入情况，參考拙稿《清代の幕府と學術交流—許慎の官銜をめぐる議論を中心として—》，《北海道大學大學院文學研究科紀要》第107號，2002年，第115～117頁。

〔4〕洪亮吉回憶説：“余與孫兵備星衍，留幕府最久，皆擢第後，始散去。”［清］洪亮吉《書畢宫保遺事》，《更生齋文甲集》卷四，收入《續修四庫全書》第1468册，上海：上海古籍出版社，1995年，第42頁。

由因人而异，不能硬塞進一個模式中〔1〕。

許多清代士人雖然從事游幕，衹是幕友并不是值得大書特書的經歷，因此，年譜、文集以及地方志等所收士人的傳記中未必會記録游幕經驗〔2〕。尚小明根據龐大的傳記資料，對士人游幕情况進行梳理而圖表化，從而編成《清代士人游幕表》一書〔3〕，雖然清代士人的游幕情况絶非一書所能涵蓋，實際上，現在不能得到更爲詳細的資料集。查看同書中“游幕經歷”項目的内容，就容易把握清代幕友移動的概況。例如，汪中的游幕情况可以圖示爲：①沈業富（1770年）→②朱筠（1771～1773年）→③馮廷丞（1774～1775年）→④江寧府（1776年）→⑤總督某公、巡撫某公（1777年）→⑥江寧府（1779～1780年）→⑦畢沅（1789～1790年）→⑧戴全德（1790～1791年），很多時間作幕，至少身留八個幕府〔4〕。至于章學誠（1738～1802年），青年時期以後，到晚年幾乎一直游幕，其情況可以圖示爲：①沈業富（1765年）→②朱筠（1766～1768年）→③朱筠（1771～1772年）→④寧紹台道署（1773年）→⑤劉長城（1773年）→⑥馮廷丞（1773年）→⑦和州（1774年）→⑧寧波道（1774年）→⑨周震榮（1777～1778年）→⑩張維祺（1781年）→⑪陳琮（1783～1784年）→⑫畢沅（1787～1788年）→⑬畢沅（1788年）→⑭裴立綱（1789年）→⑮裴振（1789～1790年）→⑯畢沅（1790～1794年）→⑰朱珪（1796～1977年）→⑱曾燠（1797年）→⑲謝啓昆（1798年），至少移動十九次〔5〕。

（二）作幕并不容易，欲當西席的人需要推薦

汪、章二氏的例子似乎表明幕友的工作容易找到，事實則否。章學誠長期游幕，因而熟悉幕友的生活，他寫了題爲《記館穀二事》的文章，生動描寫幕友的生活實狀〔6〕。其中有一段説：

> 桐城有老明經，久困京師。惘惘不知世事，久益爲人所厭，輒行街市見

〔1〕 前人對士人游幕的理由之研究以及其中問題，參照拙稿《清代知識人の游幕と科舉に關する初步的考察》，《中國哲學》第33號，札幌：北海道中國哲學會，2005年。

〔2〕 關于這個問題，參照拙稿《清代知識人の游幕と科舉に關する初步的考察》第一節《游幕の實態とその知り難きこと》。

〔3〕 尚小明：《清代士人游幕表》，北京：中華書局，2005年。

〔4〕 尚小明：《清代士人游幕表》，第116～117頁。出處是汪喜孫《容甫先生年譜》。

〔5〕 尚小明：《清代士人游幕表》，第112～113頁。出處是胡適、姚名達《章實齋先生年譜》。朱筠和畢沅的名字連續出現是因爲章學誠陪同他們前往新任地。

〔6〕 山口久和已經關注這篇文章，對幕友的境遇進行分析，值得參考。［日］山口久和：《立身出世の階梯を諦めた人々—章學誠の“紹興師爺”像を中心に—》，《都市文化研究》第9號，大阪：大阪市立大學大學院文學研究科都市文化研究センター，2007年。

負販騶僕之流，亦拱揖求薦館穀。市兒大揶揄玩弄之，亦不覺也。[1]

這個例子暗示，幕友的工作并不是任何士人都容易找到的。上面提到的汪中累次出入幕府，他在找雇主的時候感到困難與否？邀聘汪中爲幕友的朱筠在乾隆三十八年（1773 年）被解任安徽學政之職，他立即給馮廷丞（1728～1784 年）寫信，推薦汪中，説："汪生，通人也。其學知經傳之義，而達于史事，又善爲古文詞。……筠去，恐遂窮以死，其才當爲世愛惜之"[2]。朱筠對汪中掛念如此就是因爲他認爲汪中拙于世事不能自己找到雇主。

從這些事例可以看出，作幕的人基本上需要推薦，爲了具體瞭解此點，章學誠撰寫的文章又可當參考。他在嘉慶二年（1797 年）正月，將書信寄給幕主安徽巡撫朱珪（1731～1806 年），説：

昨桐城胡太學（虔）有書來，伊不日赴浙，且云："阮學使將與謝方伯合夥輯《兩浙金石考》，又將西湖設局借看《四庫》秘副補朱竹垞《經義考》中未輯之《小學》一門。"又胡君未來時，杭城原有修《鹽法志》之議，運使張君尚稱好尚文事，因勸小子謀浙江文墨生涯。蓋小子自終《史考》之役，胡君自補《經考》諸書，同看《四庫》秘副，便取材料，彼此互收通力合作之益。……但胡君應聘而去，自不患無安頓，而小子未與諸公交涉，必須閣下專書托阮學使爲之地步。阮雖素知小子，而未知目下艱難，又未悉伊等所辦之事于《史考》有互資之益。……若囑阮公以此義歆動諸公，度必可動。但學使不時出巡，必須及早致書俾得與司道諸公相商（二月中旬出按外郡），而小子此間他無可圖，藉看一兩棚考卷以作盤費。彼時阮公正可有回書，便于作進止矣。惟閣下即圖之。[3]

章學誠的書信，不僅請求介紹新的幕主，而且考慮到（擬定的）新幕主的工作内容和日程，據此提出具體建議，可謂用意周密。他在這個時候已經出入過十幾個幕府，儘管如此，爲了找到新的幕主，仍然需要推薦函。作幕的人需要適合的介紹人，這表明幕友的地位并不是人人都容易得到的。

---

〔1〕［清］章學誠：《記館穀二事》，《章氏遺書·外集一》卷二八，臺北：漢聲出版社，1973 年，第 704 頁。

〔2〕［清］汪喜孫：《容甫先生年譜》，楊晉龍主編《汪喜孫著作集》，臺北：中央研究院中國文哲研究所，2003 年，第 1096 頁。

〔3〕［清］章學誠：《又上朱大司馬書（其二）》，《章氏遺書·補遺》，第 1364 頁。

(三) 主客之間，“合則留，不合則去”？

尚小明對幕主和幕友的關係進行考察，認爲雙方間的關係基本上是平等的，其平等關係依靠“合則留，不合則去”的原則來維持。换言之，幕主向幕友表露出輕慢的態度，則幕友離開幕主，表示抗議之意，從而糾正幕主的行爲[1]，尚氏似乎認爲幕友地位不安定的另一面是可以保障選擇職場的權利。“合則留，不合則去”一句，見于代表“紹興師爺”的汪輝祖（1731～1807年）《佐治藥言》中[2]，尚氏將之看作是幕友的“武器”。這個“武器”發揮多少功能？對此的探討大概幫助瞭解幕友地位的高下以及幕友與幕主的關係。

戴震（1723～1777年）應直隸總督方觀承（1698～1768年）之聘，從事《直隸河渠書》一百一十卷的編纂工作。未完成之前，幕主突然故世，後任總督楊廷璋（1689～1772年）不加以禮遇，戴氏就辭去幕府，這可算是實行“不合則去”的實例。但是正如戴震自己説“吾固樂此不疲，惜未能竟”，他留戀未完成的編纂事業而離去，而楊廷璋則邀聘余蕭客（1729～1777年）繼續編纂工作，似乎無關痛癢。余蕭客作爲後任的消息令戴震覺得窩心说：“恐其才不足。”[3]

根據洪亮吉的回憶，同在畢沅幕府的孫星衍，事不如意，就謾罵人，同事嫉他如仇，導致衆人出榜説：“如有留孫某者，衆即卷堂大散。”畢沅對此顯出不高興的神色，説：“我所延客，諸人能逐之耶？必不欲與共處，則亦有法。”然後他别構一室處孫氏，館穀倍豐于前。諸人益不平，毫無辦法[4]。畢沅的幕友們使用了“合則留，不合則去”的“武器”，完全無效，相反的，罷免人物的待遇却提高了。幕友們面對譏笑的結果，没人走出幕府。

從兩個例子來看，經常被邀聘的汪輝祖可能主張“合則留，不合則去”而實行之，就一般寒士而言，失館即刻招致生活困難，自然對使用這個“武器”不得不感到躊躇。儘管實行“不合則去”，幕主則容易補充空額，對幕主來説，“合則留，不合則去”僅是一場虛張聲勢。幕主和幕友的關係并不是對等的，雇主還是站在壓倒性優勢地位上。

---

〔1〕 尚小明：《學人游幕與清代學術》，第48～49頁。

〔2〕 ［清］汪輝祖：《不合則去》《勿過受主人情》《佐治藥言》，收入《叢書集成新編》第30册，臺北：新文豐出版公司，1985年，第713、717頁。“合則留，不合則去”一句大概源自蘇軾《范增論》。

〔3〕 ［清］段玉裁：《東原年譜》乾隆三十三年條，《戴震全書》第6册，合肥：黄山書社，1995年，第680頁。

〔4〕 ［清］洪亮吉：《書畢宫保遺事》，《更生齋文甲集》卷四，第42頁。

三　士人集中的幕府以及特徵

（一）具有人才吸引力的幕府

對尚小明《清代士人游幕表》加以調查，就可以知道，乾嘉期身歷幾個幕府而且撰寫學術著作的幕友集中于特定幕府。

戴　震：紀昀→秦蕙田→王安國→盧見曾→方觀承→朱珪→孫和→李侯復

王　昶（1725～1806年）：秦蕙田→盧見曾→梁詩正→阿桂→温福→阿桂→和浙撫→阮元

莊　炘（1736～1818年）：朱筠→畢沅→宜錦

章學誠：沈業富→朱筠→寧紹台道署→劉長城→馮廷丞→周震榮→張維祺→陳琮→畢沅→裴立綱→裴振→畢沅→朱珪→曾燠→謝啓昆

邵晋涵（1743～1796年）：朱筠→邵齊然→唐若瀛→鄭沅→畢沅

錢　坫（1744～1806年）：朱筠→畢沅→王燧→畢沅

汪　中：沈業富→朱筠→馮廷丞→江寧府某→總督某公、巡撫某公→畢沅→戴全德→杭州

武　億（1745～1799年）：朱筠→畢沅→阮元

洪亮吉：朱筠→沈業富→朱筠→袁鑒→陶易→王杰→劉權之→黄澤定→孫溶→畢沅→畢沅→李廷敬→李德淦→魯銓

王聘珍（1746～?）：翁方綱→謝啓昆 阮元

胡　虔：翁方綱→畢沅→謝啓昆→秦瀛→謝啓昆

孫星衍：劉權之→章攀桂→畢沅→阮元→張祥雲→阿克當阿

凌廷堪（1757～1809年）：伊齡阿章→京師→翁方綱→何某→畢沅→海州分司何某→謝啓昆→阮元

錢　泳（1759～1844年）：畢沅→李亨→張映璣→秦震鈞→鄭親王→成親王、劉鐶之→馮馨→師禹門→斌良→張井

臧　庸（1767～1811年）：畢沅→阮元→孫星衍→覺羅桂芳→伊秉綬→劉

鳳誥→阮元→章子卿→孫星衍→吴煊[1]

加上方框的可謂是對士人极富吸引力的幕府，將這些幕府按照時間系列排序就可以圖示爲：秦蕙田（刑部尚書，1754 年）→盧見曾（兩淮鹽運使，1758 年）→沈業富（太平知府，1773 年）→朱筠（安徽學政，1771～1773 年）→畢沅（陝西巡撫、河南巡撫、湖廣總督，1774～1794 年）→翁方綱（江西學政、山東學政，1786～1791 年）→謝啓昆（江南河庫道、浙江布政使、廣西巡撫，1792～1802 年）→阮元（山東學政、浙江學政、浙江巡撫，1794～1817 年），而不少幕友都出入幾個幕府。

（二）幕府學術活動的特徵

士人匯集的幕府有共同特徵，即此類幕府開展編纂型學術事業。就上列幕府而言，秦蕙田幕府則編纂《五禮通考》二百六十二卷，盧見曾幕府則編纂《雅雨堂叢書》一百三十七卷，畢沅幕府則編纂《經訓堂叢書》一百六十二卷、《續資治通鑒》二百二十卷，謝啓昆幕府則編纂《廣西通志》二百七十九卷，都編纂了叢書和地方志等個人難以完成的大規模文獻。尤其開展大規模編纂活動的阮元幕府，編纂了《十三經注疏并經典釋文附校勘記》四百十六卷、《經籍籑詁》一百六卷、《皇清經解》一千四百卷、《道光雲南通志》二百十六卷、《道光雲南通志稿》二百十六卷、《宛委別藏》一百六十種等。

清代取得卓越成果的輯佚、校勘和小學方面的研究在幕府内大爲開展[2]，畢沅《經訓堂叢書》給我們提供恰好例子。就這套叢書所收文獻而言，輯佚方面則收録《晋書地道記》一卷和《晋太康三年地記》一卷等，校勘方面則收録《山海經》十八卷、《老子道德經考异》二卷、《墨子》十六卷、《晏子春秋》七卷、《吕氏春秋》二十六卷、《三輔黄圖》六卷、《長安志》二十卷等，小學方面則收録《釋名疏證（正字本）》八卷、《釋名疏證（篆字本）》八卷、《音同義异辨》一卷、《説文解字舊音》一卷、《經典文字辨證書》五卷等。爲了編成一套叢書無疑需要大量時間和精力。例如，祇有一卷的《晋書地道記》是從劉昭《集注後漢》、酈道元《水經注》、歐陽詢《藝文類聚》、司馬貞《史記索隱》、樂史《太平寰宇記》、李昉等《太平御覽》、宋敏求《長安志》，以及“十八家晋史”之一

[1] 這些士人游幕的資料，收載于尚小明《清代士人游幕表》，第 98～145 頁。

[2] 皮錫瑞説：“國朝經師有功于後學者有三事。一曰輯佚書……一曰精校勘……一曰通小學……。”［清］皮錫瑞：《經學歷史》，北京：中華書局，1989 年，第 330～331 頁。

的王隱《晋書》等文史圖書收集了有關地志的佚文，儘管幕主在“政務之暇”盡力從事編纂工作，祇能承擔整體工作中的一部分，大部分的編輯工作自然是由幕友擔任。其實，對《經訓堂叢書》的編纂有證言，說：“其校正多出洪稚存、孫淵如之手。”[1]

四 幕府内編纂工作的實態

中國有組織編纂文獻的悠久歷史，其工作内容似乎早已格式化，宋代編纂的《景定建康志》提供一個參考例子。景定二年（1261 年），知建康軍府事馬光祖（1200～?）認識到六十年以上没有續纂府志的情况，委托“幕客周君應合”編纂新志。周應合（1213～1280 年）曾經應過馬氏的要求從事《江陵志》編刊工作[2]。他以“時有疾未愈”而且以“非郡人”，“願寬以歲月，廣招局官與郡之士而共成之”，而馬公却“不許”。周氏在很困難的情况下，從三月甲子之日開始編纂工作，到七月甲子之日編成了《景定建康志》五十卷。他將進行編纂工作的要点歸納爲“定凡例”“分事任”“廣搜訪”“詳參訂”四個項目[3]。這些項目又可以簡稱爲“凡例”“組織”“調查”“校勘”，很可能均是構成清代幕府内編纂工作的基本程序，下面對實際情况進行討論。

（一）凡例

章學誠屢次參與地方志的編纂工作，他根據自己的經驗指出，編纂者必須不僅具備“足以决去取”的“明”和“足以絶請托”的“公”，還要兼備“足以斷凡例”的“識”[4]。凡例是具體規定編輯工作内容和程序的，編纂者的見識就在此發揮。就《景定建康志》而言，馬光祖在序文中說明他與周應合商量而編定凡例，而周應合則說明，馬氏對周氏所提案的内容構成和編輯方針祇有“公皆可之”的回應[5]。如此看來，所編纂的文獻水平，大概與其說是取决于名義上編纂者即幕主的見識，不如說是取决于實質上編纂者即幕友的見識。清代始終到處進行編

---

[1] ［清］法式善：《陶廬雜録》卷四，北京：中華書局，1997 年，第 127 頁。

[2] ［宋］馬光祖：《景定建康志序》，《景定建康志》卷首，收入《中國方志叢書·華中地方》第 416 號，臺北：成文出版社，1983 年，第 670 頁。

[3] ［宋］周應合：《景定修志本末》，《景定建康志》卷首，第 683～685 頁。

[4] ［清］章學誠：《修志十議》，《章氏遺書·方志略例二》卷一五，第 313 頁。他參與地方志編纂的情况與其方志學之關係，參閲［日］稻葉一郎《中國史學史の研究》第六部《章學誠と〈文史通義〉》，京都：京都大學出版會，2006 年。

[5] ［宋］馬光祖：《景定建康志序》，《景定建康志》卷首，第 670 頁。［宋］周應合：《景定修志本末》，第 685 頁。

纂工作，幕友在多大程度上參與凡例的編定，這個問題現在難以全面解決，暫且對兩個例子加以探討，作爲以後研究的基礎。

1. 朝官圍繞製定《乾隆石經》校勘凡例的領導權之争

乾隆五十六年（1791 年）十一月二十一日的上諭要求朝臣以蔣衡（1672～1742 年，雍正朝權臣年羹堯的幕友）在乾隆九年（1744 年）奉獻的楷書《十三經》爲底本校勘經文。校定經文的刻石工作從五十七年開始，稍後《石經考文提要》的編纂工作又開始，此書是校出所謂《乾隆石經》的這套石經與國子監本、坊刻本之文字异同的，刊石和編校的目的在于統一科舉考試中使用的經文文字[1]。石經館副總裁王杰（1725～1805 年）的幕友江藩（1761～1831 年）接受石經館收掌及詳覆官洪亮吉（王杰的以前幕友）的委托，將二十四條凡例呈交王杰[2]。王杰認爲洪亮吉所構思的凡例妥當，轉給石經官總裁彭元瑞（1731～1803 年）做參考，彭氏却不采納，自編凡例。江藩應王杰的要求對彭氏的凡例進行調查，指出數十條錯誤，彭氏對此大怒[3]。彭元瑞歷來是屬于和珅派（王杰則屬反和珅派），和珅（1750～1799 年）即乾隆後期無與倫比的權臣，他是由于彭氏向乾隆帝推薦而特任石經館總裁的。《石經考文提要》完成之後，衹有彭氏得邀“太子少保”的官銜，和珅對此妒嫉，爲了辯駁彭氏的校勘内容，令人編成《石經考文舉正》，以此爲自作而進獻乾隆帝，竟然不被答理。于是密派人“將碑字從古者一夜盡挖改之”[4]。

乾隆後期，朝廷内圍繞官撰圖書的領導權之争不斷，高官們十分關注誰的凡例被采用。甚至受到乾隆帝寵愛的和珅也積極參與這種争鬥，表明在標榜“稽古右文之治”的當時，高官們需要具備學識的幕友編成官撰書的凡例或者可以批評對手編成的凡例。

2. 阮元《國史儒林傳》和《經郛》的凡例與幕友

修纂有清一代歷史的國史館在乾隆三十年（1765 年）成爲常設機構，準備編修本紀、志、列傳各類书卷。阮元在嘉慶十五年（1810 年）十月任爲國史館總

[1] ［清］慶桂：《石刻》，《國朝宫史續編》卷九五，北京：北京古籍出版社，1994 年，第 923～926 頁。阮元參與石經編校工作的情况，參照拙稿《阮元と〈十三經注疏校勘記〉—〈儀禮〉の校勘を中心に—》，《中國哲學》第 32 號，2004 年。

[2] “經注參錯宜正也”以下的凡例草案，見于［清］洪亮吉《上石經館總裁書》，《卷施閣文甲集》卷七，收入《續修四庫全書》第 1468 册，第 307～309 頁。

[3] ［清］江藩：《洪亮吉》，《漢學師承記》卷四，北京：三聯書店，1998 年，第 86 頁。

[4] ［清］姚元之：《竹葉亭雜記》卷四，北京：中華書局，1997 年，第 94 頁。

輯，開始編寫《儒林傳》，他在任兩年内，以“集句之法”撰寫了一百名以上學人的傳記，這些傳記編爲《儒林傳稿》四卷[1]。阮元之所以當時處在翰林院就是因爲受到劉鳳誥（1760～1830年，乾隆五十四年會試的同年）科場案的牽連，被革除浙江巡撫之職。

阮元打算編成《儒林傳》，從而恢復嘉慶帝的信賴，收回失地[2]。對他來説，這就是衹能成功不許失敗的事業，無疑謹慎製定凡例即《擬儒林傳稿凡例》（《揅經室續集》卷二），在完成這篇凡例之前，阮元至少與兩名幕友進行商量。焦循（1763～1820年）撰寫《國史儒林文苑傳議》（《雕菰集》卷一二），臧庸（1767～1811年）撰寫《上阮芸台先生論儒林傳書》（《汪氏學行記》卷三所收），兩篇文章顯然是回答阮元的詢問而提出的凡例草案。衹是，在兩篇中幾乎不能看到與《擬儒林傳稿凡例》重復的記載，從此又可知阮元僅是參閱兩篇草案，均不采用。根據王章濤的研究，朱筠的長子朱錫庚寫過題爲《與阮伯元閣學論脩儒林傳書》的書信[3]，則除了焦、臧二氏以外，阮元似乎還有學人可以徵求意見。

阮元在嘉慶十五年又製定《十三經經郛》（《皇清經解》的前身）編纂事業計劃。這項事業由幕友陳壽祺（1771～1834年）負責，他原來打算廣泛調查唐以前諸書，匯集有關十三經經義的諸説而編成古經説資料集。陳壽祺在凡例草案即《經郛條例》中詳細説明編纂工作的具體内容和程序，《經郛條例》是由十條大綱和二十五條條例而構成的[4]。《經郛》在嘉慶十六年（1811年）四月完成，卷數超過一百，但是内容遠未達到阮元滿意的水平，加之難以補訂，結果没有刊行[5]。值得指出的是，除了陳壽祺以外，阮元似乎還要求其他幕友提出《經郛》凡例草案。臧庸《拜經堂文集》卷二收録《纂十三經集解凡例（庚午季夏。代）》，《十三經集解》無疑是《經郛》的异稱，篇名注記中的“代”字是表示代作的常用詞，在此場合表示是爲阮元代撰的。

---

[1] ［日］近藤光男：《清朝考證學の研究》第一編《清朝漢學のかたち》、《汪中と〈國史儒林傳稿〉》，東京：研文出版，1987年。

[2] 戚學民：《阮元〈儒林傳稿〉研究》，北京：生活·讀書·新知三聯書店，2011年，第17～35頁。

[3] 王章濤：《阮元年譜》，合肥：黄山書社，2003年，第527～528頁。朱錫庚《與阮伯元閣學論脩儒林傳書》著録于傅增湘《朱少河雜著稿本跋》，《藏園群書題記》卷一七，上海：上海古籍出版社，1989年，第880～881頁，但是原文没有收録。

[4] ［清］陳壽祺：《左海文集》卷四，收入《續修四庫全書》第1496册，第137～142頁。

[5] ［清］張鑒、阮常生：《雷塘庵主弟子記》卷四，北京：中華書局，1995年，第97頁。凌曙（1775～1829年）應阮元的邀請參與《經郛》的編纂，見包世臣《清故國子監生凌君墓表》，《藝舟雙楫》卷四，收入《續修四庫全書》第1812册，第660頁。

從兩個例子可以瞭解，幕友對官員所實行的編纂事業之參與始于制定凡例即基本方針的起頭階段，并不罕見。官員在處理一般政務的時候，首先要求幕友提出"擬批"[1]，幕友在編纂工作第一階段提出的凡例相當于"擬批"，幕主有時采納，有時駁回，有時參考，有時修改，從而進行工作。

（二）組織

動員大量人員形成組織，才可以編纂大部頭的著作。浙江學政阮元在嘉慶二年（1797 年）着手編纂的《經籍籑詁》可算是一個典型例子。此書是古籍訓詁的集大成，搜集訓詁的工作由 33 名"分纂"擔任，例如歸安丁授經擔任《周禮》和《儀禮》的鄭注，臨海洪頤煊（1765 ~ 1833 年）擔任劉熙《釋名》和孔鮒《小爾雅》。"分纂"分别進行搜集工作，而兩名"總校"核對"分纂"的工作内容，在他們之上還有兩名"總纂"統括整體編纂工作[2]。由于幕府内的編輯工作是有組織進行的，所以一共有一百零六卷的大著僅一年多就完成。

錢大昕（1728 ~ 1804 年）爲《經籍籑詁》寫了序文，説："往歲，休寧戴東原在書局，實剙此議"[3]，則早在阮元之前，戴震就製定了匯集古籍訓詁的計劃。再據段玉裁（1735 ~ 1815 年）的説明，戴氏原有編寫具有體系的經學研究書《七經小記》的構思，其中包含《詁訓篇》[4]，但是正如段氏所説"先生欲作此書而未及爲"[5]，則阮元《經籍籑詁》可以看作是實現戴震構思的。戴、阮兩氏招致相反結果的主要理由，就在于戴震不能設立幕府，而阮元則可能設立，動員人力的多寡大有懸隔。

再就章學誠而言，他雖然在乾隆四十三年（1778 年）成進士，不久因爲自己的性格在官界裏并不合適，于是絶意進取，一生游幕謀生。章氏打算用畢生心血編成一大史籍解題目録即《史籍考》一書，他的游幕就是尋找能够提供優良環境的雇主之歷程，衹是最終未能完成《史籍考》[6]。如果他能够在官界顯達，設立

〔1〕［日］宮崎市定：《清代の胥吏と幕友—特に雍正朝を中心として—》，《宮崎市定全集》第十四卷，東京：岩波書店，1991 年，第 181 頁。

〔2〕《經籍籑詁》的編纂組織，參照《經籍籑詁姓氏》，［清］阮元《經籍籑詁》卷首，臺北：宏業書局，1986 年。

〔3〕［清］錢大昕：《經籍籑詁序》，收入［清］阮元《經籍籑詁》卷首。

〔4〕［清］段玉裁説："《七經小記》者，先生朝夕常言之，欲爲此以治經也。……治經必分數大端以從事，各究洞原委，始于六書、九數，故有《詁訓篇》，有《原象篇》。"［清］段玉裁《東原年譜・附著述輯要》，第 705 頁。

〔5〕［清］段玉裁：《東原年譜・附著述輯要》，第 705 頁。

〔6〕《史籍考》的編纂和章學誠的游幕之關係，詳論于羅炳錦《清代學術論集》第一部分（1）《史籍考修纂的探討》，臺北：食貨出版社，1978 年。

幕府的話，或許可能完成《史籍考》。至于錢大昕，他對平水韻始于劉淵《壬子新刊禮部韻略》的通説抱有疑念，希望目睹原典重新探討。該書是罕覯的珍本，不著録于《四庫全書總目》，五十年間，他遍訪南北藏書家，没有找到。于是，寫信寄給浙江布政使謝啓昆（1737～1802年），請求幫助調查。錢氏在文中寫道："浙中博洽之彦，多在閣下幕府，試一爲咨訪，順風之呼，或可得此書下落，以訂向來沿習之訛"[1]，表示期待。有些士人認識到動員幕友進行組織調查的有效性，打算自己利用這個機構。

編纂事業，并不是組織了人員就容易完成，以廬州太守張祥雲所編纂的《廬州府志》五十四卷爲例，説明此點。當初，十餘名幕友從事這項編纂事業，不過兩年間衆議紛紜，凡例也懸而未定。幕主對此抱有危機感，在嘉慶七年（1802年）七月邀請孫星衍。孫氏入幕之後，向幕友們出示所録古書，并招書院生童十餘人，自定凡例，僅在一個月内完成[2]。孫氏有過在畢沅幕府等從事編纂事業的經驗，不僅如此，他早已成進士，正在守制期滿之後待補。雖然同樣被稱爲"幕友"，他的處境與待考科舉的一般幕友大不相同。小規模的編纂事業姑且不論，爲了完成相當規模的編纂事業，需要起主導作用的適合人物，如幕主自己，或者幕主做後盾的人，或者具有較高的社會地位或是學識足以統領組織成員。由于不能得到適合的負責人，不少學術事業大概半途而廢。

（三）調查

爲了開展大規模的編纂事業，不僅需要動員大量人員，更必須準備適合的環境，人員可以藉此進行調查。就藏書規模而言，畢沅擁有八十萬卷以上的藏書，"其書每部均有楠木夾板及簽，裝潢極精，而重複之書，板木不同，及宋元本甚夥"，超過常格，不少清代幕主屬于藏書家[3]。不僅如此，他們又可以接觸到一般士人難以目睹的官方秘籍。例如，揚州文匯閣、鎮江文宗閣、杭州文瀾閣各藏一套《四庫全書》，這些圖書原來是以嘉惠士林爲目的而抄寫的，其實，一般士人

---

[1] ［清］錢大昕：《與謝方伯論平水韻書》，《潛研堂文集》卷三六，陳文和編《嘉定錢大昕全集》第9册，南京：江蘇古籍出版社，1997年，第609～610頁。

[2] ［清］張紹南《孫淵如先生年譜》，收入陳祖武選《乾嘉名儒年譜》第10册，第70～71頁。

[3] 畢沅的藏書規模，參照［清］劉聲木《國朝藏書宏富諸家》，《萇楚齋三筆》卷一〇，北京：中華書局，1998年，第687頁。清代幕主的藏書規模，參考拙稿《〈全上古三代秦漢三國六朝文〉の編纂について―清代幕府の學術機能の一端―》第一節《幕友の藏書と幕主の藏書》，《日本中國學會報》第五十七集，東京：日本中國學會，2005年。范鳳書《中國私家藏書史》第二編第五章第二節收録《清代收藏萬卷以上藏書家簡表》（鄭州：大象出版社，2001年），其中列名的不少藏書家是設立幕府的士人。

不能利用這座寶藏，如上面所提到的，章學誠表示希望參與阮元利用《四庫全書》進行的學術事業，從而請求朱珪向阮元推薦他，這個事情暗示一般士人利用官方藏書之難。反之，朝廷大員及地方官，特别是地方大員，可以設立幕府的官員則隨意利用[1]。

與幕友相比，幕主有利于接受學術資訊，翁方綱（1733～1818年）收集金石資料的情況可以作爲好的例子。他是乾嘉時期的金石大家，編成了《兩漢金石記》二十二卷，其文集《復初齋文集》卷一八以下收録的文章均是跋文，一些跋文中説明他如何得到金石資料，如："孫淵如于陝西得'高克尊'，尺度輕重、銘文字畫，悉與《博古圖》所載'周高克尊'無异，惟少兩耳。"[2]"宋明經芝山遊秦中得古瓦。……乾隆四十七年（1782年）歲次壬寅中秋日，宋君持以爲贈。"[3]"庚戌（1790年）春，于曲阜宿顔六運生家，見此拓本，至濟寧宿黄九秋（1744～1802年）衙齋，又見一拓本，俱攜以北歸。"[4]"右'嶧山碑'舊本，朝鮮進士金秋史（1786～1856年）寄贈日本國所重刻，云：'相傳爲棗木傳刻以前本'。"[5]"此篆刻在諸城縣海濱懸崖，極難拓。有段生松苓（1745～1800年）善氊蠟，諾爲予拓之，時以夏秋海水盛長不可往。明年，予北歸以語學使阮梁伯，至甲寅夏，阮公寄來者，前後凡十三行。"[6]

翁方綱曾任廣東、江西、山東三省的學政，在公務之餘踏訪金石文字，但是不少石碑，包含摩崖石刻，往往處于山上，難以獨力實地采訪拓墨[7]。除了翁方綱以外，畢沅、王昶、孫星衍、阮元等愛好金石的幕主，不僅委托幕友進行搜訪，而且由知友贈送而來，從而不斷擴大收藏[8]。畢沅《中州金石記》《山左金石志》，王昶《金石萃編》，孫星衍《寰宇訪碑録》《京畿金石考》《平津館金石萃編》，阮元《兩浙金石志》《積古齋鐘鼎彝器款識》等，均是由幕主即在取得相關

---

[1] 尚小明：《學人游幕與清代學術》，第207頁。

[2] ［清］翁方綱：《跋周伯克尊》，《復初齋文集》卷一九，收入《續修四庫全書》第1455册，第534頁。

[3] ［清］翁方綱：《跋延年益壽瓦》，《復初齋文集》卷一九，第540頁。

[4] ［清］翁方綱：《跋窆石字》，《復初齋文集》卷二〇，第542頁。

[5] ［清］翁方綱：《跋嶧山碑》，《復初齋文集》卷二〇，第544頁。

[6] ［清］翁方綱：《跋琅邪臺秦篆》，《復初齋文集》卷二〇，第545～546頁。

[7] 翁方綱蒐集金石資料的狀況，詳論于劉仲華《漢宋之間翁方綱學術思想研究》第八章《以金石證書法及其尚古質厚的書法思想》，北京：中國人民大學出版社，2010年。［清］黄易《嵩洛訪碑日記》幫助我們具體瞭解拓碑工作所伴隨的各種困難。

[8] 焦循説："乾隆乙卯，余在山左，學使阮公修《山左金石志》，州縣各以碑本來"（焦循《劇説》卷二之二），此其一例。

資料上具備有利條件的士人之學術成果。梁啓超所講“自金文學興，而小學起一革命”[1]那樣的金石學的發展尤其呈現于幕府即學術資訊的集積地。金石學是清代學術的一個組成部分，從此一端可以推測，幕府制度促進清代各種學術領域的發展。

（四）校勘

校勘提高編纂書文本的可靠性，占據編纂工作的重要部分，校勘學在清代高度發展“形成了以版本、目録、文字、音韻、訓詁諸學爲依據的一般理論、方法和通例的體系。”[2]根據梁啓超的看法，下列諸書均是清人校勘文獻的卓越成果。

> 汪中、畢沅校《大戴禮記》，周廷寀、趙懷玉校《韓詩外傳》，盧文弨校《逸周書》，汪中、畢沅、孫詒讓校《墨子》，謝墉校《荀子》，孫星衍校《孫子》《吴子》，汪繼培、任大椿、秦恩復校《列子》，顧廣圻校《國語》《戰國策》《韓非子》，畢沅、梁玉繩校《吕氏春秋》，汪繼培校《慎子》《商君書》，畢沅校《山海經》，洪頤煊校《竹書紀年》《穆天子傳》，丁謙校《穆天子傳》，戴震、盧文弨校《春秋繁露》，汪中校賈誼《新書》，戴震校《算經》十書，戴震、全祖望校《水經注》，顧廣圻校《華陽國志》。[3]

對上列諸書，畢沅、謝墉（1719～1795年）、孫星衍則作爲幕主；戴震、汪中、梁玉繩（1745～1819年）、秦恩復（1760～1843年）、孫星衍、顧廣圻（1770～1839年）、嚴可均（1762～1843年）、洪頤煊、汪繼培則作爲幕友，一律參與編校，從此可以確認，清代的校勘事業，多在幕府内開展。除了上列例子以外，正如倪其心所講的，“有清一代的校勘成就輝煌，阮元《十三經注疏校勘記》是明顯標志”，值得特别關注[4]。

---

〔1〕梁啓超：《清代學術概論》第十六章，《梁啓超論清學史二種》，上海：復旦大學出版社，1985年，第48頁。

〔2〕倪其心：《校勘學大綱》，北京：北京大學出版社，2004年，第70頁。

〔3〕梁啓超：《清代學術概論》第十六章，第49頁。

〔4〕倪其心：《校勘學大綱》，第70頁。學術界對阮元《十三經注疏校勘記》的研究成果極爲豐富，兩篇拙稿《〈十三經注疏校勘記〉的編纂以及段玉裁的參與》（《中國經學》第六輯，桂林：廣西師範大學出版社，2010年）、《顧廣圻與〈十三經注疏校勘記〉——以〈毛詩釋文校勘記〉爲考察中心》（北京大學國際漢學研修基地編《國際漢學研究通訊》第六期，北京：北京大學出版社，2013年）可算一例。

以《四庫全書》編纂爲代表的“右文稽古”之文治政策産生校勘學的需要〔1〕，但是清代校勘學的發展不能僅靠一個因素説明，幕主的任職形態和幕友的雇用形態也可算是一個因素。一般而言，校勘事業比較容易算出整體工作數量和分擔工作，對任職時間有限的官員來説，適于令短期雇用人員的幕友在所需要的時間内完成工作，制定規劃上很方便。

五　幕府和著作權問題——自作與代作之間

通過幕府的學術活動産生了不計其數的文獻和文章，幕友代行幕主的工作而領取報酬，所以在通常場合，其所編寫文獻和文章的著作權歸于幕主。幕府内産生的學術文獻和文章的編撰者或者主要編撰者究竟是誰，這個問題比較複雜，尚小明分爲三種情形進行探討。第一是“編撰者或于書之序中，或于賓主詩文、書箋、傳記、年譜中有明確記載”；第二是“序中未明言代撰者，……實際撰著者不易爲人所知，謎底往往由同時或稍後之人揭破”；第三是“著作成于數人之手，或撰著之人有多種説法。”〔2〕尚氏所討論的問題涉及清代不少撰作的歸屬，他對三種情形衹徵引兩三個例子，論據似乎不够全面，加深研究的餘地仍然很大。

（一）闡明代作實態之困難

謝啓昆是邀聘很多士人的幕主之一，他編纂了《小學考》五十卷、《粤西金石略》十五卷、《西魏書》二十四卷、《廣西通志》二百七十九卷等，這些文獻不能僅由一個人完成是合理的推測，其實，根據方東樹的説法，“謝所纂《西魏書》《小學考》《廣西通志》，皆出君手”〔3〕，方氏所提的“君”是指桐城諸生胡虔。他以游幕爲業，大半時間處在謝啓昆的幕府，還出入翁方綱、畢沅以及秦瀛的幕府〔4〕。根據《廣西通志》卷首所録《重修廣西通志銜名》，胡氏擔任總纂〔5〕，與胡氏同鄉的後學蕭穆（1834～1904年）又説明《廣西通志》的“體例”是由

---

〔1〕［清］章學誠説：“自四庫館開，寒士多以校書謀生”，指出《四庫全書》編纂事業産生了校勘的巨大需要。［清］章學誠《丙辰札記》“古人著述”云云條，《章氏遺書外編》卷三，第874頁。［日］内藤湖南同樣認爲“乾隆時代對《四庫全書》的編纂，還影響了考證校勘機運的發動，使其越發興盛起來”。内藤湖南著，馬彪譯：《清朝的史學》，《中國史學史》第十二章，上海：上海古籍出版社，2008年，第339頁。

〔2〕尚小明：《著作權問題》，《學人游幕與清代學術》第三章第二節第五項。

〔3〕［清］方東樹：《先友記》，《考槃集文録》卷九，收入《續修四庫全書》第1497册，第408頁。

〔4〕尚小明：《清代士人游幕表》，第124～125頁。

〔5〕《重修廣西通志銜名》，嘉慶《廣西通志》卷首，收入《續修四庫全書》第677册，第4頁。

胡虔手定的[1]。謝氏在《小學考》的序文中寫著："助爲輯録者，桐城胡徵君虔及海寧陳鱣"[2]，則胡虔對此書的參與也很清楚，衹是《西魏書》則否。

列在二十四史的《魏書》是由北齊魏收以東魏爲正統的立場而編纂的。其後，隋代魏澹又以西魏爲正統的立場編纂了《後魏書》，衹是魏收《魏書》已經行世，不久亡佚。謝啓昆編纂《西魏書》是出于繼承魏澹之志而補正北魏歷史的意旨。内藤湖南對《西魏書》評爲"其編纂方法與宋明人那種僅僅將以往史書同樣的材料用正統論予以改寫的做法不同，而是采取了金石文等新材料，形成的具有考證結果的著作。"[3]《西魏書》卷首所録錢大昕和姚鼐的序文，卷尾所録凌廷堪的後序，均不提及胡氏的參與。不僅如此，卷尾又收録胡氏的較長跋文，其中没有提到自己的參與。甚至他在乾隆六十年（1795 年）寫的這篇跋文中說："先生之爲是書也，自正史、傳記、輿地、金石之文，以及郡邑之志，流覽者殆數千卷。……先生創稿于丁未秋，時虔主蘇潭。今來武林，復樂見其書之成也"[4]，説明謝啓昆煞費苦心，獨力完成《西魏書》。

《西魏書》和胡虔的關係，經由袁行雲的考證終于釐清了。謝啓昆的詩集《樹經堂詩初集》卷四收録《贈胡雒君二首》，乾隆五十二年（1787 年）所賦的兩首詩之中，第一首末尾有"時與君有補《魏書》之約"的小字注[5]，幕主自己提到胡氏對《西魏書》的參與。胡虔在《補史亭草集序》又說："虔侍先生十餘年，《西魏書》之作，虔實佐之"，則胡氏對本書的貢獻無可置疑[6]。胡虔自己的著作衹有留下《柿葉軒筆記》一卷，則其學識和精力可謂用盡于幕主的著作中。這個例子屬于尚小明所提到的第二種情形，通過這個例子可以瞭解，爲了維護幕主的面子，幕友不敢聲張自己的貢獻，因此幕府内撰作書籍之實際撰著者不易爲人所知。

（二）幕府内如何對待代撰文章

以書畫著名的趙之謙（1829～1884 年）終身不中進士，嘗以舉人資格任江西

---

[1] ［清］蕭穆：《記廣西通志謝中丞啓昆所修本》，《敬孚類稿》卷八，收入《續修四庫全書》第 1561 册，第 52 頁。

[2] ［清］謝啓昆：《小學考序》，《小學考》卷首，收入《續修四庫全書》第 922 册，第 5 頁。

[3] ［日］内藤湖南著，馬彪譯：《清朝的史學》，《中國史學史》第十二章，第 276 頁。

[4] ［清］胡虔：《西魏書跋》，謝啓昆《西魏書》，收入《叢書集成新編》第 113 册，第 785～786 頁。

[5] ［清］謝啓昆：《贈胡雒君二首》，《樹經堂詩初集》卷四，收入《續修四庫全書》第 1458 册，第 71 頁。

[6] 袁行雲：《謝啓昆〈西魏書〉等書爲胡虔代撰》，《文史》第 14 輯，北京：中華書局，1982 年。

知縣，在大半時間作幕謀生[1]。他所寫的文章均收入《悲盦居士文存》一卷，排列所録十六篇文章的篇名，則令人不禁感到奇异。

重建滕王閣記（代撰），十三經注疏校勘記識語序（代撰），劉母胡太夫人八十五歲壽序（代撰），繆母王太夫人七十壽序（代撰），喬勤恪公緯攟序（代撰），喬勤恪公緯攟序（代撰），伊墨卿先生遺稿序（代撰），汪漢郊先生燼餘集序（代撰），重刻陳文恭公五書遺規序（代撰），孟伍司先生刑案成式序（代作），大生要旨序（代撰），改建王文成公新祠啓（代撰），重脩江西按察使署記（代撰），重建山陝會館記（代撰），陽湖莊君墓志銘（代撰），吴縣潘公墓碣銘（并書）

除了最後一篇，都是代撰的文章，序文占大半，下劃綫的兩篇《喬勤恪公緯攟序（代撰）》是爲喬松年（1815～1875年）《緯攟》撰寫的序文，内容彼此不同。《緯攟》是緯書佚文集成，在本書卷首所收四篇序文之中，劉秉璋（1826～1905年）的序文與前者，任道鎔（1823～1906年）的序文與後者，互相一致[2]。幕友爲同一文獻代撰幾篇序文并不罕見[3]，對幕友來説，代撰序文屬于日常業務。

與趙之謙一樣的極端例子難以找到，而在文集所録文章的篇名中找到"代"字則相當容易。管見所及，代撰文章在游幕經歷者的文集之中占的比例很高，例如，在葉昌熾（1849～1917年）文集《奇觚廎文集》卷上所收三十四篇文章之中，十三篇的篇名含有"代"字[4]。這些"代"字衹表示是代撰的，不表示是爲何人代撰的，這種措置大概出于幕友對幕主體面的考慮。一篇文章作爲委托者的作品流通，同時也作爲代撰者之作品流通，頗不體面，幕主和幕友相當注意以免顯出這種問題。莊述祖（1750～1816年）《珍蓺宧文鈔》卷五《任子田小學鉤沈序（代王懷祖侍御作）》顯然是爲王念孫代撰的序文，不過任大椿《小學鉤沈》（《續修四庫全書》第201册所收嘉慶二十二年汪廷珍刻本）没有收載王念孫名義

[1] 葉昌熾《趙之謙益甫事實》説："屢試春官不第，以江西一縣令終。"閔爾昌《碑傳集補》卷二五，《清碑傳合集》，上海：上海書店，1988年，第3385頁。趙氏的游幕情况，參照尚小明《清代士人游幕表》，第220～221頁。

[2] ［清］喬松年《緯攟》卷首，收入《續修四庫全書》第184册，第475～479頁。

[3] 例如，錢儀吉（1783～1850年）《衎石齋記事續稿》卷四收録道光年間浙江書局重刊李顒（1627～1705年）《四書反身録》的三篇序文，都是由他代作的，篇名分别有"代牛中丞"、"代鄂布政"、"代成按察"等小字注記。見《續修四庫全書》第1509册，第121～124頁。

[4] 葉昌熾的游幕情况，參照尚小明《清代士人游幕表》，第258～925頁。

的序文。黄彭年（1823～1891年）《陶楼文鈔》卷四收録《詩小學序（代）》，這篇文章是爲某人代撰的序文，不過吴樹生《詩小學》（《四庫未收書輯刊·第三輯》第7册所收同治七年壽光官廨刻本）卷首衹收吴氏的自序，内容與《詩小學序（代）》不同。根據拙見，兩位委托者到底没有使用代撰的序文，因此兩篇序文分别收録于原撰者即代撰者的文集之内。

文集所録一些文章的題名明示爲誰代撰，焦循《雕菰集》卷十五收録《代阮侍郎撰萬氏經學五書序》《代阮撫軍作喪服足徵録序》《代阮撫軍作春秋上律表序》，這些文章按序爲萬斯大（1633～1683年）《經學五書》、程瑤田（1725～1814年）《儀禮喪服文足徵記》、范景福《春秋上律表》寫的序文，無疑均是由阮元委托代撰的。阮元《揅經室集》將三篇代序都没有收録，他對這三篇文章尊重焦循的著作權，結果同一文章同時收録于兩個人文集内這種不體面没有出現。就焦循撰寫的所有文章而言，并不都收録于《雕菰集》内，其佚文由徐乃昌（1868～1943年）采集，題爲《焦里堂先生軼文》刊行。其中收録爲毛奇齡《西河合集》代撰的序文《代阮撫軍撰毛西河全集序》，與此多有重複的《毛西河檢討全集後序》却收入阮元《揅經室二集》卷七。這篇序文没有收入《雕菰集》内或許是因爲如後面所講，阮元對焦循撰寫的文章加以相當修改而完成，以此文看作自撰。阮元對這篇文章則主張自己的著作權。

從上面討論可以瞭解，我們應該留意代撰者爲一書撰寫的序文没有收入于委托者文集内的場合。例如，劉毓崧（1818～1867年）《通義堂文集》卷五收録《舊唐書逸文序（代阮文達公作）》，阮元掛名的同文收載于岑建功《舊唐書逸文》卷首，但是該文没有收入阮元《揅經室集》。《通義堂文集》卷五又收録《舊唐書逸文自序（代甘泉岑紹周提舉作）》，這篇文章與岑建功自序不异，則劉毓崧確是受到委托爲同一書籍代撰兩篇序文。這個事情不易察知，在一本清代學術研究書内，將劉毓崧的兩篇代序錯認爲分别是由岑建功和阮元寫的，從而對《舊唐書逸文》進行評論[1]。《通義堂文集》還收録爲阮元代撰的序文，即卷四《蜚雲閣叢書序（代阮文達公作）》，卷七《輿地紀勝序（代阮文達公作）》，卷一二《太上感應篇許注序（代阮文達公作）》，卷一三《抱冲齋詩集序（代阮文達公作）》等四篇。其中，《蜚雲閣叢書序（代阮文達公作）》和《抱冲齋詩集序（代阮文達公作）》，也均没有收入《揅經室集》。這些文章曾經收入在以收集《揅經室集》未收阮元

---

〔1〕王雪玲：《岑建功〈舊唐書逸文〉》，《清儒整理唐代文獻研究》第二章第一節第五項，北京：中國社會科學出版社，2013年。

遺文爲目的編纂的資料集之内[1]。

（三）自作和代作之界限

上面已經指出，焦循爲阮元代撰的四篇序文中，三篇則阮元掛名揭載于所推薦的書籍卷首，這些序文没有收入阮元的文集而收入焦循的文集，焦循在題名中注記爲阮元代撰的，至于焦循代撰的《代阮撫軍撰毛西河全集序》則題爲《毛西河檢討全集後序》收入阮元的文集而没有收入焦循的文集。爲毛奇齡全集寫的序文呈現不同情形的理由仍然不明，因此對《代阮撫軍撰毛西河全集序》和《毛西河檢討全集後序》的文字加以分析。兩篇序文較長，將之平行排列加以對比很難，于是爲了容易把握兩者之間的差异，衹見于焦循序文中的文字則用（ ）括起，衹見于阮元序文中的文字則用〔 〕括起且用黑體顯示。去掉〔 〕内的文字則成爲焦循的序文，去掉（ ）内的黑體文字則成爲阮元的序文。

蕭山毛檢討以鴻博儒臣著書（數）〔**四**〕百〔**餘**〕卷，後之儒者（每薄）〔**或議**〕之。（薄）〔**議**〕之者，以檢討好（罵人）〔**辨善詈**〕，且以所引證索諸（原）〔**本**〕書，（多）〔**間有**〕不合，（謂其杜撰以欺世）也。余謂善論人者，略其短而著其功，表其長而正其誤。（益之治水也，先以烈山澤，倉公之治疾也，輒以火齊、莨菪諸下法。仲春之月，生機萌芽，雷霆震之，而稊者出，句者達，蓋晦塞之後，運會初昌，非有以鼓動之，未足决其滯也。）〔**若苛論之，雖孟荀無完書矣。**〕有明三百年，以時文相尚，其弊庸陋譾僿，至有不能舉經史名目者。國朝經學盛興，檢討首出（於）〔**于**〕東林、蕺山〔**空文**〕講學（標榜）之餘，以經學自任，大聲疾呼，而一時之（廢疾）〔**實學**〕頓起。當是時，充宗（名）〔**起**〕（於）〔**于**〕浙東，朏明（名）〔**起**〕（於）〔**于**〕浙西，寧人、百詩（名）〔**起**〕（於）〔**于**〕江淮之間。檢討以博辨之（材）〔**才**〕，睥睨一切，論不相下而道實相成。迄今學者日益昌明，大江南北著書授徒之家數十，視檢討而精核者固多，謂非檢討開始之功〔**則**〕不可。（漢孟喜改師法，梁邱賀疏通證明，以辨其僞，乃虞仲翔五世傳孟氏易，至今賴之。唐孔穎達稱，二劉負恃才氣，輕鄙先達，同其所异，异其所同。然《毛詩正義》終藉之爲嚆矢不能舍，何也？以其謬於己者小而有

[1] 陳鴻森：《阮元揅經室遺文輯存（三）》（《大陸雜志》第103卷第3期，臺北：大陸雜志社，2001年）原來收録兩篇代序，但是同氏《阮元揅經室遺文輯存〔增訂本〕》（楊晋龍編《清代揚州學術》，臺北：中央研究院中國文哲研究所，2005年）則不録，大概後來察知代撰的事實而删除。

功於人者大也。）檢討（《推易始末》）〔推溯太極河洛在胡朏明之先〕發明荀、虞、干、侯之易在（元和）惠（氏易學）〔定宇〕之先，（於）〔于〕詩駁申（培）〔氏〕之僞，（於）〔于〕春秋指胡氏之偏，（於禮明再嫁句讀之誤，斥繼嗣爭訟之非，類皆有益聖經，裨於風俗。）〔三禮、四書所辨正尤博，至于古文詩詞，後人得其一已足以自立于千古，而檢討猶不欲以留于世，則其長固不可以一端盡矣。至于引證間有訛誤，則以檢討强記博聞，不事翻檢之故，恐後人欲訂其誤，畢生不能也。〕（本）〔我〕朝開四庫館，凡檢討所著述，（等）〔皆〕分隸各門，（固未嘗屏其書而廢之也。）〔蓋重之也。〕余督學兩浙，按試紹興府（屬），説經之士雖不乏人，而格（於）〔于〕庸近者，（十之八九）〔不少〕。（適諸生陸某以）〔陸生成棟家藏〕西河全集〔刻版〕請序（於）〔于〕余。因發其（端）〔誼〕（於）〔于〕卷（首）〔末〕，俾浙（之）士知鄉先生之書有以（益）〔通〕神智而開蒙塞。人蓄一編以教子弟，（比之王氏《論衡》，當不僅爲譚助也。至於引證中間有譌誤，則或撰自客中，或録諸日説，趙邠卿復壁著書，儒者所諒，又何問焉。）〔所藉以興起者，較之研求注疏，其取徑爲尤捷。余曩喜觀是集，得力頗多。惟願諸生共置案頭讀之，足勝名師十輩矣。〕[1]

一看就可以看出，阮元在不少地方僅對焦循序文中的一兩個字加以改寫或者增損，這些修改屬于“潤色”。兩文之間的較大區别在于劃下綫的兩個部分，出入數十字，但是這些差异不太影響全文大意。阮元將幾乎改頭换面的這篇文章作爲自作，收入自己的文集，這個措置大概出于時人的共同感覺。他尊重代撰者著作權的另外文章，則自然没有呈現很大差异。例如，程瑶田《儀禮喪服文足徵記》卷首所載阮元序與焦循《代阮撫軍作喪服足徵録序》之間幾乎没有差别，由于紙幅有限，徵引從略[2]。阮元修改的文字極少的部分理由是因爲焦循在文中屢次引用經傳文字，經傳文字非有誤寫，就不可以改變。

段玉裁《春秋左傳校勘記目録序》（《經韵樓集》卷四）與阮元《春秋左傳注

---

〔1〕［清］焦循《代阮撫軍撰毛西河全集序》，徐乃昌《焦里堂先生軼文》，收入《叢書集成續編》第193册，臺北：新文豐出版公司，1983年，第126頁。［清］阮元《毛西河檢討全集後序》，《揅經室二集》卷七，阮元撰，鄧經元點校《揅經室集》，北京：中華書局，1993年，第543～544頁。

〔2〕將焦循《代阮侍郎撰萬氏經學五書序》與嘉慶刻本《經學五書》所載阮元序（《中國教育大系·歷代教育論著選評》，武漢：湖北教育出版社，1944年，第1566頁所引）進行比較，還是難以看出明顯差异。

疏校勘記序》（《揅經室集》卷一一）大有相同，少有异同，這個例子已經由汪紹楹用以與上面類似方式來提示而加以考察[1]。將他所引兩篇文章進行比較，就容易瞭解阮元對段玉裁撰寫的草稿略加修整作爲自己作品的情況。段玉裁應浙江巡撫阮元的邀聘，從嘉慶六年（1801 年）以後主導《十三經注疏校勘記》的編纂工作，《春秋左傳校勘記目録序》是嘉慶八年（1803 年）即身在阮元幕府的時間内寫的[2]。跟焦循的例子不同的是，段玉裁代撰的序文和阮元修改的序文分别收入各自的文集，這個差异或許出于文集是自編還是他編。焦循《雕菰集》是自編文集，根據目次末尾的識語，在嘉慶二十二年（1817 年）即他五十五歲的時候已經完成。至于段玉裁《經韵樓集》，正如劉盼遂説明"此書出後人編，故多有篇録無文"[3]，文集編纂者對段氏代撰文章没有適當處理，也不足以爲怪。

分别自作和代作的基準仍然不太明白，但是有關阮元的情形給我們提供一條綫索，在此梳理一下。阮元對幕友撰寫的草稿幾乎不加修改，就尊重幕友的著作權爲代作，儘管對幕友代撰的序文自己掛名用以推薦書籍，但是不收録自家的文集，幕友則可以將代撰文章收録自己的文集。反之，對幕友撰寫的草稿加以相當程度的修改，具體説來，不管文章大意有所變化與否，加以數十字規模的修整，就優先自己的著作權而視爲自作，收録自家的文集，幕友則不敢將代撰文章收録自己的文集。清代幕主和幕友之間似乎有著這種不成文規定，爲了確認規定的存在，等待深入調查和考察。

六 結 論

過半數的清代士人大概經歷游幕，在幕府内從事學術活動，學術界對幕府以及幕友的關注逐漸提高，但是相關研究還不算足够。因此，本文首先對幕友的生存情況加以考察。作幕伴隨長距離移動，加之，雇用并不安定，一般士人不太希望游幕，但是幕友的收入比較高，所以未得科名的不少士人，選擇游幕爲業，從而維持應考科舉的生活。衹是爲了獲得西席，需要合適人物的推薦，則作幕并不是容易的事，所以一般幕友不能實行"合則留，不合則去"這個理想。

接著關注幕府的學術活動，具有人才吸引力的幕府一般進行編纂工程，幕友

---

〔1〕 汪紹楹：《阮氏重刻宋本十三經注疏考》，《文史》第 3 輯，1963 年，第 59～60 頁。

〔2〕 段玉裁與《十三經注疏校勘記》編纂的關係，參照拙稿《〈十三經注疏校勘記〉的編纂以及段玉裁的參與》。

〔3〕 劉盼遂：《段玉裁先生年譜·先生著述考略》，段玉裁：《段玉裁遺書》，臺北：大化書局，1986 年，第 1187 頁。

從事實際業務。編纂工作含有凡例、組織、調查、校勘四個項目，幕友的活動均與此有密切關係。就凡例而言，其構成編纂工作的基本方針，幕友制定編纂書的凡例并不罕見，他們有關凡例的工作甚至影響到朝廷内高官之間的領導權之争。就組織而言，動員大量人員形成組織，就可以在短時間内編纂大部頭的著作，清代學人能否編成自己希望編纂的文獻相當程度在于其人可以設立幕府與否。就調查而言，一般幕主富有藏書，不僅如此，他們的地位容許其利用一般士人不能接近的文獻，又容許其入手難以得到的貴重資料和學術資訊。幕主利用這種有利條件，大力進行編纂工作。就校勘而言，其在清代高度發展，始終産生卓越成果，與幕府的特徵有關。校勘事業容易算出整體工作數量而且容易分擔工作，制定規劃很方便，而由短期雇用的人員構成的幕府，適于在所需要時間内確保所需要數量的人員從事校勘工作。在四個項目中，調查和校勘占據清代考據學的重要部分，可知幕府制度與清代學術的發展具有密切關係。

幕府内寫成了很多文章，在不少場合，幕主先請幕友撰寫草稿，然後自己對此加以修整，作爲自作發表。雖然幕府學術活動中代撰和自撰的情况相當複雜，這個問題却不太引起學術界的關心，因此本文進行分析，從而闡明當時似有一種不成文規定，自作和代作以幕主加筆削的程度分别。幕主加筆削的程度很大的場合，例如加以數十字規模的修整，則看作是自作，主張自己的著作權，不問文章大意有無變更，反之，加筆削的程度很小的場合，則看作是代作，尊重代撰者的著作權。

本文在進行討論的過程中，往往提到阮元幕府。阮元幕府就是清代最吸引人才的幕府，所以從過去到現在，以及從現在到未來，繼續給我們提供無盡的有益資料，有助深入研究。

作者簡介：水上雅晴，男，1963 年生，日本北海道人，日本中央大學文學部教授。主要研究領域爲：清代學術史，日本漢學（包含琉球漢學）。近三年用漢語刊行的論文有：《顧廣圻與〈十三經注疏校勘記〉——以〈毛詩釋文校勘記〉爲考察中心》（《國際漢學研究通訊》第 6 期），《清原家〈論語〉抄物中的經説——以清原宣賢〈論語聽塵〉爲中心》（劉玉才主編《從抄本到刻本：中日〈論語〉文獻研究》），《日本中世時代〈尚書〉學——以清原家的經學爲考察中心》（《揚州大學學報（人文社会科學版）》第 17 卷第 4 期），《琉球士人漢籍學習舉隅：以漢籍中寫入的訓點和注記爲考察中心》（《復旦學報（社会科學版）》2013 年第 6 期）等。

The Private Secretariats in the Qing Era and Its Academic Function: Focusing on the Private Secretariat of Ruan Yuan

MIzukami Masaharu

Abstract: The relationship between the private secretariats (*mufu*) and the scholarship in the Qing era is a topic which some scholars have already examined, but still necessary for further discussion. This paper first paying attention to the living condition of the secretaries in the private secretariats, through investigation, it became clear that they were migrant workers and their employment was unstable, therefore it was difficult for them to put into practice the ideal that "stay if the condition is agreeable, and leave if it's otherwise". Secondly, paying attention to the projects performed in the private secretariats, it can be easily understood that many of the private secretariats attractive to the literati compiled and published voluminous books. There are four aspects in the compilation of books, namely legend, organization, exploration, and collation, the activities of the secretaries are closely related to each of them. Among these four aspects, exploration and collation especially played important roles in the philological scholarship in the Qing era, therefore it is obvious that the private secretariats and the activities of the secretaries supported the development of philological scholarship in the Qing era. Finally, paying attention to the authorship of the works completed in the private secretariats, through examination, it was revealed that there could be an unwritten rule to decide the originator of the works written or compiled in the private secretariats. Throughout the discussion, this paper referring to Ruan Yuan is mainly because the textual materials about the private secretariat of him is more than any other private secretariats.

Keywords: Ruan Yuan, private secretariat, philological scholarship, compilation, authorship

阮元經濟經世落實的研究

吴德玲　侯玉松

内容摘要：莊子曰："春秋經世，先王之志。"經世或可詮釋成經國濟世、經世濟民、經世致用、經劃世務。"經世"思想展現了積極的社會參與，將個人與社會視爲一個整體，個人的完成必須經由社會的實踐而達成。綜觀清代，能落實經世致用的理念，尤推阮元。阮元乃一代儒宗是也，少負絶异之姿，于學無所不窺，留心經世致用，標舉行己有耻，故博贍通貫，卓然特立，彬彬而爲後世崇仰之典範也。

阮元身爲清乾嘉年代高官，在漕運、鹽務、運河的改革謀劃中相當用心，從漕政的謀劃、鹽政的促進、治河的問題、人才的拔擢、財政的宣導等等，阮元都提出了相當切中時弊的改革方案。阮元在經濟經世方面的作爲，雖然大都是遇事才被動處理，但他都能結合過去經驗，用心治理。本文便想由經濟經世此角度切入仔細還原阮元在經濟範疇内的所作所爲，探究其經濟致用的思想及其關心民生的具體改革。

關鍵詞：阮元；經世

一　緒　論

自古以來衆所皆知，不論是朝廷當局或是現代國家，衹要在工、商、農、林、漁、牧業等方面多加努力，就有機會牽動大環境的蓬勃發展，這不僅可以締造舉世欽羡的經濟奇迹，亦能以經濟實力奠定了生存發展的命脉，由此可知經濟的問題古今皆不容忽視。

近年來隨着全球國際化的快速發展，以及科技創新的日新月异，國際競争的壓力也愈見激烈。在此“高速企業”的時代，創備一個適合企業成長發展的經營環境，將是現代政府責無旁貸的任務與使命。然而爲何有如此先進的經濟觀？除了是時代潮流因素的刺激外，追本溯源則是時代的進化或演化，這是無可厚非的。尤其是在傳統保守的中國，是如何打開視聽，接受先進的經濟政策？回顧歷史，清代占有關鍵性的位置，其門户開放除了受西方先進國家的壓迫外，筆者認爲還有許多身處清代有志或有識之士本身的努力。

阮元，乾嘉道時期的重要官宦和學者，處于西方經濟和中國傳統觀念的衝擊時代，在他實事求是、福惠人民的處事原則及務實行政的自我勉勵下，且戰且走，掌理地方行政運作，歷年來皆配合着朝廷各階段的發展所需及人民百姓實際生活上的需要，策訂不同的政策及措施，以因應當代發生或面臨的問題。或許談不上有緊密的組織、施政願景或政策方針及未來展望，然而在其處理過的衆多事件中，我們尋求軌迹，還原歷史，不難發現阮元已在水利、漕運、海運、盤倉、財政等經濟範疇内做出他的努力和貢獻。本論文便想由此角度切入仔細還原阮元在經濟範疇内的所作所爲，探究其經濟致用的思想及其關心民生的具體改革。

二　研究動機

所謂“歷史不能遺忘，經驗必須記取”，知識和經驗可以給我們警示和借鑒，却不能一味套用。我們應該吸取其精華的成分，在教學活動中傳承學生，讓學生在日常生活中活用。如此，不但可以學習前人，而且還能够超越。以下是經濟方面阮元帶給現代學子的省思：

1. 個人好，社會才會好

入世是阮元經世致用的前提，亦是學生應該學習的。人都不能離群索居，故而人群便組織社會。而人爲社會中一分子，是故，個人成敗，亦關係到社會成敗。個人與社會關係是如此密不可分，因此，唯有個人獲得成長，社會才會進步。個人之于社會，猶如齒輪之于機器；無齒輪零件之運作，機器便無法發揮正常功能。由于個人對社會影響是如此之大，個人成就便是社會成就。

阮元經世致用的前提正是入世，入世精神則是經世致用的一個基本精神。從學術上講，入世和出世是兩條不同的學術路綫和學風，一是面對現實，投身于社會；一是逃避現實，脱離社會。從人生觀來講，入世是一種積極的樂觀的人生觀，也是儒家一以貫之的人生觀。持這種人生觀的人認爲，現實社會是現實一個人價值的唯一舞台，誰要想使自己的生命過得有意義、有價值，誰就必須面對現實，積極地投身于社會生活；出世則基本上是一種消極的悲觀的人生觀，持這種人生觀的人想超脱人世，逃避現實。所以説入世是經世致用的前提條件，主張經世致用的人，如阮元一般都要具有積極入世的人生觀和面對現實的性格。

2. 學生須具有類似阮元觀察敏鋭、積極進取的人生態度

自古以來，人對待社會、對待人生有兩種不同的態度：一是樂觀入世，積極進取；一是悲觀厭世，消極無爲。阮元繼承發揚了歷史上的積極進取精神，强調“憂”與“憤”。“憂”指“憂患”，“憤”指“憤悱”和“發憤”，這一概念本身就包含有積極進取的精神。正是這種“憂”與“憤”才成了催人奮進的精神動力。阮元生在清代，經歷乾隆、嘉慶、道光三代，對于時代由盛轉衰的時局，絶對不是置身事外，或憂民生之艱辛、憤軍事之衰弱、憂人才之空乏和虛患、憤吏治之腐敗、憂自然災害之迫害等朝廷社會亂像，皆能觀察入微，念兹在兹，藉其在學術及官務的地位，尋求解決之道，絶對是坐而言、進而起而力行的人，一路走來，始終如一。

因此觀察敏鋭、積極進取的精神是現代人需要學習的人生態度，如此才能强化現代人才的憂患意識教育，培養他們對國家和民族命運及前途的牽掛和責任，進而激發人民的愛國主義。愛國主義的憂患意識是讓人民以忘我、不自私爲特徵的，帶有强烈的歷史使命感和社會責任感，如此一來才能積極參與社會變革，增進民族競争力。

3. 經濟方面：期待學生瞭解阮元利民經濟的用心，未來能督促政府提高人民生活水準

時代若從變易觀念出發，因時制宜進行興利除弊的改革，以達到有益于國計民生的目的，這是阮元等經世思想家們的革新精神邏輯和歸宿。這種革新精神，不但爲我們今天的各項改革提供了寶貴的經驗教訓，而且激勵我們繼續爲己爲家爲國爲民向前邁進。

阮元在經濟經世方面的作爲，雖然大都是遇事才被動處理，但睿智如他都結合過去經驗用心治理：諸如水利方面則浚深西湖、清淮刷黄，漕運方面則指揮調度、杜絶貪污、主張漕糧倉儲，海運方面則預籌海運、觀察情勢，另外還修建海塘、處理過山西吉蘭泰鹽事件及雲南鹽務，甚至堅持門户開放政策，發展對外貿易等。以上種種，都是爲了保障人民安全、提高生活水準

所作的努力。所以現今社會應該傳承阮元利民的經濟建設或政策，妥善規劃，以利民生。

21 世紀的政府需要的是一個創新、彈性、負責及不斷應變的政府團隊。期待政府能發揮積極創新、勇于任事的精神，扮演企業導航角色，發展與民間企業更積極的夥伴關係，增進國家整體資源運用及效益的最適化，并以提高行政效能、改善國内投資環境，導引經濟發展透過公平的競争走向國際化等方向，讓民間活力蓬勃興盛。并藉由經濟建設或政策，期待帶來經濟的輪動，以符合現今人民“經濟起飛、人民有錢”的期望。

三　前人的研究

阮元的重要性毋庸置疑，所以歷來學者有關阮元之研究頗多，然仔細觀察可分爲五類：

1. 生平資料：黄毅譯注《阮元傳》〔1〕；張鑒等撰、黄愛平點校《阮元年譜》〔2〕；王章濤《阮元傳》〔3〕；王章濤《阮元年譜》〔4〕；陳鴻森《阮元揅經室遺文輯存》〔5〕。

2. 著述研究：黄慶雄《阮元輯書刻書考》〔6〕；祁龍威《讀阮元〈揅經室集〉札記》〔7〕；楊錦富《阮元經學之研究》〔8〕。

3. 學術總論：劉德美《阮元學術之研究》〔9〕；李成良《阮元思想研究》〔10〕；王章濤《阮元評傳》〔11〕；郭明道《阮元評傳》〔12〕。

4. 專題研究：陳鴻森《阮元刊刻〈古韻廿一部〉相關故實辨正——兼論〈經義

〔1〕 黄毅譯注：《阮元傳》，《清史稿選譯》，成都：巴蜀書社，1994 年。

〔2〕 ［清］張鑒等撰、黄愛平點校：《阮元年譜》，北京：中華書局，1995 年。

〔3〕 王章濤：《阮元傳》，合肥：黄山書社，1994 年。

〔4〕 王章濤：《阮元年譜》，合肥：黄山書社，2003 年。

〔5〕 陳鴻森：《阮元揅經室遺文輯存》（一）～（六），《大陸雜志》（臺北）第 103 期第 1～6 卷，2001 年。

〔6〕 黄慶雄：《阮元輯書刻書考》，臺灣東海大學中文碩士論文 1996 年。

〔7〕 祁龍威：《讀阮元〈揅經室集〉札記》，臺北：《清代揚州學派學術研討會論文集》，2001 年 5 月 3～4 日。

〔8〕 楊錦富：《阮元經學之研究》，臺灣高雄師範大學國文博士論文，2001 年。

〔9〕 劉德美：《阮元學術之研究》，臺灣師範大學歷史博士論文，1986 年。

〔10〕 李成良：《阮元思想研究》，成都：四川人民出版社，1997 年。

〔11〕 王章濤：《阮元評傳》，揚州：廣陵書社，2004 年。

〔12〕 郭明道：《阮元評傳》，北京：社會科學文獻出版社，2005 年。

述聞〉作者疑案》[1]、陳東輝《阮元與段玉裁之恩怨探析》[2]、羅中琦《阮元〈疇人傳〉之科學思想論析》、張立《從傳統走向近代——中國科學文化史上的阮元》[3]。

5. 阮元相關研究總整理：宋巧燕《20 世紀的阮元研究》[4]、孫廣海《阮元研究回顧》[5]、蔣秋華《大陸學者對清乾嘉揚州學派的研究》[6]、楊晋龍《台灣學者研究"清乾嘉揚州學派"述略》[7]。

上述衹是舉例説明無法一一羅列，關于阮元的研究，阮元的第八代孫女阮榮女士及其夫婿伍野春先生《港臺與國外學者的阮元研究述評（1904～2012 年）——以博士學位論文和專著爲中心》[8]，以及趙昌智主編的《揚州文化研究論叢》都詳盡的收集有關阮元研究的論文或著作……然前輩學者較少專論研究阮元在經濟範疇内的所作所爲，因此本文便以探究阮元經濟致用的思想及其關心民生的具體改革爲研究重點。

四　阮元經濟的經世落實

（一）經世思想

1. 實地勘查、博訪輿情

中國以農立國，人民生活是以此爲生，所以阮元不僅關心一些大工程，更關心人民農作物的栽種，對與老百姓生活相關的一些小事也頗爲留心。他在廣東時曾作《惠潮海邊四咏》，其中三首（《薯畦》《蔗林》和《榕村》）所咏都是與老百姓生活相關的農作物或樹種。他更在《薯畦》一詩後作注説："秋冬之薯，收抵晚稻"；在《蔗林》一詩後作注説："兩粤不種棉花，棉花自西洋來，而蔗田糖霜出海者甚多，交易相等"；在《榕村》一詩後作注説："嶺南多暑，

---

〔1〕陳鴻森：《阮元刊刻〈古韻廿一部〉相關故實辨正——兼論〈經義述聞〉作者疑案》，《中央研究院歷史語言研究所集刊》（臺北），76：3，2005 年。

〔2〕陳東輝：《阮元與段玉裁之恩怨探析》，《浙江大學學報》（人文社會科學版）2005 年第 3 期。

〔3〕張立：《從傳統走向近代——中國科學文化史上的阮元》，合肥：安徽教育出版社，2005 年。

〔4〕宋巧燕：《20 世紀的阮元研究》，《中州學刊》，2003 年第 4 期。

〔5〕孫廣海：《阮元研究回顧》，《漢學研究通訊》（臺北）25－3 期（總 99 期），2006 年 8 月。

〔6〕蔣秋華：《大陸學者對清乾嘉揚州學派的研究》，《漢學研究通訊》（臺北），76 期，2000 年 11 月。

〔7〕楊晋龍：《臺灣學者研究"清乾嘉揚州學派"述略》，《漢學研究通訊》（臺北），76 期，2000 年 11 月。

〔8〕趙昌智主編：《揚州文化研究論叢》第 13 輯，揚州：廣陵書社，2014 年。

春秋皆熱，多借其陰，即冬日偶寒，亦足禦風”。這些注文基本上就是詩的主旨的詮釋。

《薯畦》花蔓滿寒畦，甘瓜地中結。（俗名地瓜）穰穰抵晚秔，綿綿勝生䅵。（秋冬之薯，收抵晚稻）

《蔗林》高蔗若蘆林，霜譜甘且白。海外多棉花，有無正相易。（兩粵不種棉花，棉花皆自西洋來，而蔗田糖霜出海者甚多，交易相等）

《榕村》村村有大榕，一榕蔭數畝。愛此村中人，冬温夏無暑。（嶺南多暑，春秋皆熱，多借其陰，即冬日偶寒，亦足禦風）

我們從這些詩和注中不僅看出一個責任感極强的父母官，還可從阮元深入瞭解農作的特性，更可見其真心愛民的務實態度。另外，阮元的考證研究不僅注重文獻考證，而且還强調親臨實地考察和親自動手實踐。又如：阮元在浙江任職期間，對《禹貢》中提到的“三江”和當時的“浙江”等河流的古今水道的變遷、名稱的變化進行了詳細考證。阮元任浙江學政時，屢屢往返于杭州與家鄉揚州之間，于水道多所考察，“七八年來，博稽古籍，親履今地，引證諸説”[1]，曾親自察看浙江境内諸水道流向，及河流入海口的沙質，以判斷是否爲古河道淤積所致。這就是他“參稽經史，測量水土”，做了大量的文獻考證和實地考察工作，并精心繪製了十幅示意圖，最後撰寫成數萬字的《浙江圖考》。

2. 延聘專家、薦舉賢能

依照清代朝廷慣例，遇到大汛海塘坍損過多之年，修復海塘之工程責成各州縣幫辦，每縣攤派若干丈。各縣縣令因不熟悉水利工程，乃拿出銀兩委托塘工廳營承辦，而貼費甚重，廳營幕吏從中漁利。阮元經過調查瞭解狀況，決意革除這一弊端。他委派精熟水利工程之人將修復兩塘的柴石工料等一切細爲核算，去掉浮費，認爲在例貼之銀中即可支出。因責成一道二廳守備、千總等官，以後若遇大工修復之年，皆永除州縣幫辦之例，杜絶了塘官漁利公款的管道。

嘉慶六年七月，阮元定海塘工程不得派地方官幫辦之例。按例，海塘之工，向遇大汛坍損太多之年，則派各大縣幫辦，每縣若干丈。各縣不諳工程，仍出銀托塘工廳營承辦，而貼費甚重，幕吏緣以爲利。又柴塘之柴向采于富

[1]《浙江圖考》上，《揅經室一集》卷一二，第265頁。

陽以上，若遇工多，亦派大縣采買。縣官不諳柴價、船價，亦多賠累；又交柴至塘，塘官以意稱收輕重之，此二事皆浙省虧空之一大端也。先生以柴石工料一切細爲核算，去其浮費，于例貼之銀可敷支用，因全責成于一道、二廳及守備、千總等。歷年有大工，皆永除州縣幫辦之例。[1]

阮元認爲，選擇廉潔官員主持治理工程非常重要。所謂："任事在于得人，有治人有治法。"于是他選用廉潔官員管理水利工程，如年譜所述：

嘉慶十年春夏間，朱文治受阮元委托，助賑災及水利建設事。乙丑，飢，中丞阮文達委監于硤石之惠力寺。甫開廣，貧民乞糴潮湧來，無賴乘機攫奪，市中大擾，賴（朱）文治先請于州牧，取胥徒之壯者十二人，以行嚴爲彈壓，得無恙。

例如委托賢才朱文治助賑災及水利建設等事獎勤懲惰[2]，懲治貪污，加强對工程質量的管理。對所挖工地尺寸一一標明，定海塘工程不得派地方官幫辦之例。

3. 捐金倡修、争取資源

落實福國利民的事業，除了人力的投入外，更需資金的支持，正所謂"有錢出錢，有力出力"。所以推動經濟政策除了觀察精準外，更需大量資金的支持，例如阮元對于修建海塘一事，詳細考察仔細評估外，對于資金的争取或籌措更是不留餘力。例如嘉慶九年（1804 年）疏浚，阮元不但首捐廉俸，更邀請官士商各界人士出資。

甲子春，余首捐廉俸，官士商亦各出資，計銀四千八百餘兩，計開廣學士港十五丈六尺，自學士港、流福溝至三橋址……由是清波門首受湖水，清清泠泠入流福溝，過運司前，會環帶溝，至三橋址，會湧金水門水入滿營城，暢通無泛濫之苦。藩司前諸山水亦入太平溝暢流無阻。[3]

疏浚結束後，阮元更别具文案備考，并頒令以後每年十一月疏浚一次，强調不准偷工减料，不准增加民衆負擔，也就是興修水利而不擾民。"自兹以後，每歲

[1] 嘉慶六年（1801 年）七月，阮元定海塘工程不得派地方官幫辦之例。《雷塘庵主弟子記》嘉慶六年譜。

[2] 嘉慶十年（1805 年）春夏間，朱文治受阮元委托，助賑災及水利建設事。《光緒餘姚縣志·朱文治傳》卷二三。

[3] 《嘉慶九年重濬杭城水利記》，《揅經室三集》卷四。

十一月濬治一次，毋减工，毋累民。是役也，杭州人候銓同知邱基知水之理，身任其事，經營十閱月，工乃畢。刻碑記之，并刻圖于記文之後，且載捐銀人名于碑陰，置碑于吴山海會寺。”[1]總之，阮元處理事件的步驟，除了親自視察、延聘專家外，更知没錢萬事不行之理，正所謂好的建設須以充足資金爲後盾，故每每抛磚引玉，號召捐俸，以收事半功倍、天時地利人和之效。

4. 親自督導、經驗傳承

衆所皆知，縝密的思考及有效的做法固然是成功的關鍵。然而當下的成功經驗，若無傳承或記録，不但無法達成“前人種樹，後人乘凉”的願景，更有寶貴經驗灰飛煙滅的感慨。阮元亦知此理，故爲官多年的經驗并不藏私，他會適時傳承下位繼任者。李坦出任杭嘉湖道台任，主管三郡水利諸事時，阮元已卸浙撫改任京職，他擔心現任和繼任者失誤，特地在嘉慶十五年秋日致函李坦，傳授治沙經驗，免蹈覆轍。如《致杭嘉湖道李坦書》[2]中所述：

> 乾隆五十年間，有不諳塘工水性者，以牛舌尖沙爲可惡，若截而直之，則中段亦望護沙之漲。于是截牛舌，開引河，導水刷沙一空，孰知不但中段不生護沙，并兩頭護沙全失，杭城烏龍廟外全受頂衝潮撲，民居之簷塘外桑田盡爲滄海，海寧鎮海塔以下亦皆一片大海矣。余保障危險調劑水性者數年，至嘉慶十一年以後，兩頭漲沙復生，則以南岸漸復尖沙之故。元方以爲深幸，但恐將來復有惡尖沙不直者，故以奉告耳。

另外，治海、修築海塘，歷代相沿并無定法，好的經驗也没有總結和整理。阮元于是感嘆道：“治河有書，而治海無書。”時至嘉慶七年（1802 年）阮元節鉞浙江閱三年，他親自参加各處治海、修築海塘的工程，親履各塘勘查實況，經驗日豐，有關知識結累日多，又博覽群籍，徵求地方水文地理資料，與門生陳壽祺合作，精心結撰《海塘新志》三十卷。

（二）經濟措施

1. 水利

水是人類生存和發展的命脉。打開人類文明發展史，水一直占有重要的地位，從逐水草而居到農業社會到現在高度發展的工商社會，水也從民食問題變成重要生産要素甚至成了人們競相搶奪的寶貴資源，可見水利發展與社會、經濟變遷息

[1] 《嘉慶九年重濬杭城水利記》，《揅經室三集》卷四。
[2] 《致杭嘉湖道李坦書》，《揅經室二集》。

息相關。因此有史以來，國家社會經濟的發展都和治水活動密切相關。于是防洪與治河在古代是直接相關的兩個概念。治河的最終目的是要控制洪水泛濫。古代治河工程包括疏浚河道，修建堤防，堵塞決口，興建蓄滯洪區等。

另一方面，治河技術需要研究水流運動規律，以保障建築物的安全。針對中國河流多泥沙的特點，還需要研究水流挾沙力，據以設計合理的河道斷面，防止泥沙淤積河床或管道。而且需要儘可能早地得到水情漲落的資訊，以做好防汛搶險的準備。阮元鑒往知來，深知“水能載舟，亦能覆舟”之理，所以特別對防洪與治河有其憂患意識，例如：

（1）浚深西湖。杭州西湖，往往衹給人們留下訪古尋幽、欣賞湖光山色的美好印象。實際上西湖于國計民生關係極大，從飲用水、農田灌溉、洩洪排澇到舟船航運，無不對杭州地區的經濟有著極大的影響。入清後的雍正二年（1724年）時任浙江巡撫的李衛和浙江鹽驛道副使王鈞曾疏浚過一次。到嘉慶五年（1800年）阮元任浙江巡撫時，已經過了八十年，由于長年失修，西湖堤岸坍毀，湖中長滿葑草，大量雜物、泥沙填充湖中，而城中入湖之水道又大多淤塞，每當遇到大雨水，城内泛濫成災，居民多被水困，如入澤國。

嘉慶九年（1804年）春阮元首倡捐金，僚屬、士紳及商賈紛紛響應，集資銀四千八百餘兩。阮元委派水利專家杭州人邱基主持疏浚工程。邱基立即召集民工，疏通了學士港、流福溝等水道，計新開河道十五丈六尺，挖掘土方近萬方。并在涌金、清波、興隆、聖塘等處澗水石函六閘，設金木水火土五閘板，視西湖水盛衰增減啓閉，控制西湖水位，如《嘉慶九年重濬杭城水利記》中述[1]。正因阮元興修農田水利，惠及地方，遺愛兩浙，浙江人十分崇敬他，如年譜所述：

> 嘉慶十四年（阮元46歲）二月，重浚西湖，以備農田水利。按：是時阮元有奏摺，摺略云：西湖自嘉慶二年咨部動款稍爲開挖之後，迄今又逾十年，現在港道淤積，甚或湖底顯露，葑草高出水面，遇旱則涸，遇雨則溢，逐段估計，需土方夫工銀四千五百兩。奉批准辦。至是興工浚成，别聚土墩于湖心亭之西，至今人稱之爲“阮公墩”。

後來才有在西湖紀念他的“阮公墩”。

（2）積極治江。在治水過程中，阮元積極將歷史上行之有效的治水經驗和方

[1] 《嘉慶九年重濬杭城水利記》，《揅經室三集》卷四。

法運用于治水實踐。期待將承襲傳統的治水方法，變水患爲水利。面對大海的侵擾，則實事求是修築海塘以防護；相對地對于江流的潰決，則主張修築堤防加以維護。修築海塘或堤防等防洪設施不僅可保障人民生命財産安全，同時也影響朝廷商業與農業的經濟發展，具有公共衛生、災害防治、社會安全等功能，絶對有建造之必要，建造的同時更要有縝密的規劃。正如考工記所云："修築溝渠一定要順水勢，修築堤防一定要順地勢。"阮元治江之法如下説明：

其一，築堤束水、防止氾濫。對于洪水溢堤肆虐，歷史上多用築堤束水之法。阮元在治水實踐中也常采用此法。例如荆州窖金阻遏江流潰決事件。如《揅經室二集·荆州窖金洲考》中所述："荆州江陵縣南門之外，大江之中有洲，俗名'窖金'。……議者多所策，余曰：無庸也，惟堅峻兩岸隄防而已。此洲自古有之，人力不能攻也，豈近今所生可攻而去之者耶?"[1]另外，阮元認爲，治水要有實效，應當"相水之宜而不强以制之"。他認爲"相機宜，度形勢"，以仔細評估，實事求是爲原則。如《江隄説》中所述[2]。

其二，修築板閘、控制水量。微山湖水長期實因湖底節次淤高，邳、宿用水太費，而且雨水太短，以致造成微山湖水淺，不敷濟運，所以阮元在實地探勘後嘉慶十八年建議增加石漕閘板（堤閘）。

> 嘉慶十八年（阮元50歲）二月，阮元又奏微山湖水淺，不敷濟運，請加堤閘，從知。二月，微山湖水淺不敷濟運，條奏請加堤閘一丈二尺爲一丈四尺。奉旨議行。[3]

阮元提議增高石漕閘板一至二尺，其閘相沿相接運河的各堤岸，無論石砌工程，還是土壘工程，凡地勢低窪者一律加高，即以湖面加高之尺寸抵算湖底受淤之尺寸，待盛漲時多蓄一至二尺水，不但可以暢濟重運，兼可浮送空回；不但足灌東河，兼可運濟邳州、宿遷。照上所議，衹要蓄足湖水，雖然歲有盈虚，但足可保證數年不絀。阮元重申：與其臨渴掘井，不如未雨綢繆。

（3）實地勘察。阮元非常重視水利建設，他不但進行實地勘察，更積極進行理念研究。在浙江巡撫任上，他曾以史學家的視角，考證浙江水文地理的歷史，寫有專論《浙江圖考》三卷。專論内容廣徵博引，從大量的歷史文獻中勾沉出

---

〔1〕《荆州窖金洲考》,《揅經室二集》。

〔2〕《江隄説》,《揅經室二集》。

〔3〕《雷塘庵主弟子記》嘉慶十八年譜。

重要的水文地理資料。阮元的考證研究不僅注重文獻考證，而且還强調親臨實地考察。阮元任浙江學政時，屢屢往返于杭州與家鄉揚州之間，于水道多所考察，“七八年來，博稽古籍，親履今地，引證諸説，圖以明之，告學者請勿復疑。”[1]例如，阮元在浙江任職期間，對《禹貢》中提到的“三江”和當時的“浙江”等河流的古今水道的變遷、名稱的變化進行了詳細考證。三江之考，歷代學者皆有論述，衹是鮮有發明，而未及落到實處，阮元撰《浙江圖考》三卷，綜括一切。

2. 漕運

（1）南糧轉運。中國的漕運制度創立于秦漢王朝，隨後爲歷朝統治者所采用，是中國歷史最悠久的制度之一。而且中國歷代政治中心多在北方，但北地糧食匱乏，而江、浙、湖、廣糧食豐盛，出于政治和經濟的目的，歷代統治者對南糧北調視爲大事。例如京杭大運河是南糧北運的主要航道。千百年來中國北方的政治中心都依賴這條命脉，得到以糧食爲主的大量物資的供給。

清代漕運[2]制度的恢復，起先是繼承明代漕運制度的一種延伸，但是隨著社會、政治、經濟局勢的變遷，清代漕運亦産生其獨特需求，這兩種力量的激盪融合，演化爲清代漕運的深層結構，牽動著往後漕運制度的發展變遷。中國傳統以漕糧給軍的方式乃爲清朝所繼承，清廷乃改變圈地養兵的思維，而規定以漕糧的正兑米作爲八旗三營兵食之用。而八旗爲清朝軍事打擊能力的最後憑藉，清廷自不願冒任何風險，故徵收漕糧的政策乃相沿如故，徵收額度亦不願縮減。另一個造成清代漕運需求變化的深層因素，是財政方面的考量。而乾隆以後人口增加，漕糧實徵所得數額却開始下降，京師倉儲餘額亦日益減少，京城已不時爲缺糧所苦，而糧價則開始緩步升高[3]。隨著朝廷徵糧的減少，意味著必須增加采購數額，可是此時清廷財政已捉襟見肘，根本無力也無法大規模購糧，衹得力守實徵漕糧政策。

在京城缺糧、實徵漕糧的前提下，阮元身處的乾隆、嘉慶年代，遂實施南糧轉運的朝廷政策。而位居漕運總督的阮元，除了克盡職守外，更在配合皇帝政令下積極權變調整。另外，糧食轉運的過程中，一定會有所折損，然而若在中途爲

---

[1] 嘉慶七年（1802 年）正月，撰《浙江圖考》成（《雷塘庵主弟子記》嘉慶七年譜）。元七八年來，博稽古籍，親履今地，引證諸説，圖以明之，告學者請勿復疑。嘉慶七年，撰于杭州使院（《浙江圖考》引言，《揅經室一集》卷一二）。

[2] 《賦役》，《清史稿校注》卷一二八《志一〇三·食貨二》，第 3478 ~ 3479 頁。

[3] 《京通糧儲》，《欽定户部漕運全書（乾隆朝）》卷六〇，第 1 頁。

了盤點而進行拆卸，一來一往中必有不必要的折損，正如年譜所述“南糧轉運應盡先到幫船赴楊村寄剥，將在後各幫截卸北倉，若此時概行截卸，露囤堆貯，將來又將于米迎剥，多此一番輾轉，既虞折耗，復慮稽延”[1]。所以爲了避免這些不必要的虧損，阮元檢討運送過程，提出明確作法，“除現已開斛起卸米石即在北倉收貯外，未經起卸者，均仍催赴楊村寄剝，勿得頻番改易，致有遲逾。”[2]由此事件的原委，更可知阮元實事求是、小心謹慎的處事態度。

（2）杜絶貪污。嘉慶十七年（1812 年），漕運面臨兩大困難：一是積弊日益加深，漕運中中飽營私之情事屢禁不止。加之沿途關卡盤剥，運丁、水手多有所累。二是黄河淤積，河道管理不善，運道常常梗阻。再加上當時銀錢兑换比值上升，漕運費用驟增，而這些費用最終都轉嫁到老百姓的頭上，使廣大人民陷入更深的災難中。其中因運道梗阻，大批漕船不能及時過黄河，往往阻舟月餘，甚至斷航，這樣必然給舟師、船夫帶來巨大的直接的經濟損失，人民百姓苦不勘言。漕運成爲清廷倍感頭痛之事。這年嘉慶帝召見漕督許兆椿，對其幹練不够、辦事不力似有不滿，又念及他年老體弱，諭命他與阮元互調職位。嘉慶十七年（1812 年）九月初，阮元走馬上任前，特奉諭赴張三營接駕受訓。嘉慶帝向阮元强調：漕督管理七省漕糧，事務繁劇，當竭智盡忠、兢兢業業，以求弊除風清[3]。阮元領命，隨即于九月十三日馳抵天津接印任事。阮元一方面按照虧欠漕糧數清單，查明實在緣由，照例治以應得之罪；另一方面則飭令所隸漕官及所屬漕幫運丁、水手，不許玩忽職守，如有違紀當嚴懲不貸。經打擊不法份子後，風氣爲之一變。

（3）指揮運輸。阮元綜合歷年觀察黄河挾泥沙入海，年復一年，泥沙沉積于入海口，越積越多，越墊越遠，陸地向東延伸的實况，證實今日入海口早非昔日入海口，然而運河與黄河交匯之地并未改變。昔日運河水位高于黄河水位，今日黄河高于運河，正是入海口日遠之緣故。從阮元的推論，我們可以窺視其已具有現代科學家的客觀態度，他嘗試將實際的地理現况用數學結構或幾何圖形來説明，

[1] 嘉慶十九年（1814 年）八月十八日，嘉慶帝諭命榮麟遵照阮元等先前籌議的南糧寄剥截卸章程，催趲南糧轉運。南糧轉運應盡先到幫船赴楊村寄剥，將在後各幫截卸北倉，若此時概行截卸，露囤堆貯，將來又將餘米迎剥，多此一番輾轉，既虞折耗，復慮稽延，著榮麟仍遵照原議章程，將在後之江西八幫半米石照數截卸，其在前幫船，除現已開斛起卸米石即在北倉收貯外，未經起卸者，均仍催赴楊村寄剥，勿得頻番改易，致有遲逾。（《仁宗實録》卷二九五）

[2] 郭明道：《阮元評傳》，北京：社會科學文獻出版社，2005 年。

[3] 《仁宗實録》卷二六〇；《清史稿》卷一八六。

藉由簡單的圖形説明歷代演化現象，并由此幾何圖形推衍結果回溯自然現況，驗證他個人寶貴的意見推論。

就在運輸日益困難的條件變化下，灾民糧食和其他物品的價格都因而暴漲，從事各種經濟活動的民夫也是入不敷出，生活十分痛苦。阮元不但察覺出此一事實外，更要替百姓解决問題，于是積極禀報朝廷盡力爲人民請命，提供有力的幫助。例如嘉慶六年（1801 年）歲末因漕丁生活窘困，阮元便奏請“暫緩漕幫扣項，以紓丁力而濟運務。”[1]阮元除了體恤人民外，嘉慶十八年更積極主張以續代賑，招募大批災民服務于漕運。如《揅經室四集》詩卷一〇中所述[2]。

（4）漕糧倉儲。政府漕糧倉儲的重要性無非是透過糧食的吞吐調節供需，進而保持糧價的穩定，避免劇烈的波動，達到物價平衡的效果。然如何將漕糧倉儲完全上軌道，達到穩定糧價的功效，則與漕糧倉儲的地點和儲藏方式休戚相關。阮元深知其理，便藉由實務經驗來就事論事，建議朝廷福慧百姓。

首先，在漕糧倉儲地點的問題，阮元發現倉儲在城外和城内的成效不同，設置城外不但比城内不易管理而且耗損更多。例如雲南省雲南府昆明縣有兩所糧倉。基于上述的理由，阮元建議朝廷可依需要將漕糧倉儲設置城内，杜絶一切不必要的耗損。其次，關于怎樣的儲存方式能使米粒不易變質或腐爛？阮元回憶起在廣東時，檢查倉儲見有儲藏已數十年之穀，那些糧倉雖地處海洋潮濕之所，仍能保持顆粒不朽，説明稻穀較米易貯。道光八年（1828 年）秋阮元頒發一米换兩穀法。此法誠爲久貯無虞的良策。雲貴總督阮元偕同雲南巡撫伊里布及司道各員，選擇昆明城大西門内府署西邊的高燥地段，建新倉五十間，名曰：“大平倉”。不數年，積穀即滿十萬石，可謂有備無患，當地士紳、民衆皆稱讚爲儲糧之良策[3]。

3. 海運

運道梗阻，漕糧無法河運是隨時隨地都會發生的事。針對國脉不暢，并將會斷航的情况，議行海運是很正常的事。清廷所施行的漕運政策，在嘉道時期已經弊端重生，積重難返，很難維繫下去。如此上下交困，日甚一日，南糧北運陷入停滯的窘境。也正因爲有了以上諸多問題，才使海運在清代的漕糧運輸體系中，

---

〔1〕 王章濤：《阮元年譜》嘉慶六年。

〔2〕《續代賑》：“嘉慶十八年六月，阮元提出以續代賑，招募大批災民服務于漕運。旋賦五古四十三韻，記其顛末。”《揅經室四集》詩卷一〇

〔3〕 王章濤：《阮元年譜》道光八年。

成爲必須考量的方法。

（1）預籌海運。入清至嘉慶年間，一直未行海運，而漕運的梗阻，又時刻牽扯著海運事。嘉慶八年（1803 年）九月河南省衡家樓决口之後，黄河下游經山東張秋穿運河而行，對運道大有妨礙，當局就有關應行事宜，即爲籌劃。嘉慶八年（1803 年）十一月阮元接到嘉慶帝批發的蕭芝《陳請采實海運折》爲預籌海運一事。立即與僚屬盡心集議，外訪之社會通達之士，内稽查于古文獻資料，知數百年來國計民生，時有籌海運之舉措。

> 嘉慶八年十一月，欽奉上諭，爲預籌海運一事，即與僚屬盡心集議，外訪之于人，内稽之于古，知數百年來，民生國計，籌之未嘗無人，徒以目前牽率之時，萬不敢以待供之度支，取嘗試于一旦，故入告之章曾有"海運非必不可行之事，然非萬不得已而後行之"之語，蓋不敢决然行之，亦不敢决然不行之也。後得皇上福庇，河流順軌，其議亦寢然。[1]

阮元衡量利弊，首先清楚知曉京師糧食儲備不豐，萬一漕糧不能即時運達後果則不堪設想。而在目前牽率之時，以待供之度支，輕試海濤，亦覺不妥。同時也想到一當行海運，數萬丁伍水手失業無依賴，會成爲嚴重的社會問題，若不預先設法解决其出路，釀成禍害亦難收拾。所以他提出"海運非必不可行之事，然非萬不得已而後行之事"的建議。

（2）修建海塘。海塘是濱海地區防禦潮患的堤防，有另一個别稱叫做基塘或塘埔。基塘的名稱是以海平面（基面）爲準而建造的，塘埔是古代對于海塘的别稱。海塘是人工修建的擋潮堤壩，亦是中國東南沿海地帶的重要屏障。治海修築海塘，爲當務之急的頭等大事，阮元特别强調"以修築工程爲要"，主張治水求實，不尚浮華。嘉慶四年（1799 年）十一月阮元署浙江巡撫任，下車伊始即親臨海塘，查詢汛兵及當地鄉民，集思廣益。綜合措施，加緊修築海塘，防患于未然。"嘉慶五年九月，阮元奏建念里亭汛魚鱗石塘及修坦水。""嘉慶六年十月初一日，嘉慶帝就阮元奏八月份海塘沙水情形及築復潑損工一折，諭令阮元于新舊掃工加意防護，以求堅固。"[2]

（3）觀察情勢。阮元除了仔細觀察，修築海塘護民防灾外，更積極將經驗書寫傳承下來，故嘉慶八年修成《兩浙海塘新志》。嘉慶十一年（阮元 43 歲），楊

---

〔1〕《海運考跋》，《揅經室二集》卷八，第 577 ~ 578 頁。

〔2〕王章濤：《阮元年譜》嘉慶四年、嘉慶五年、嘉慶六年。

鏷遣人赴揚，向阮元求其編成的《兩浙海塘新志》稿。隨楊鏷擴而續成《海塘攬要》。當楊鏷將《兩浙海塘新志》稿擴寫續成《海塘攬要》後，嘉慶十三年（阮元45歲）四月，楊鏷便將《海塘攬要》呈請阮元鑒定，由阮元命人刻印。嘉慶十四年八月，阮元爲楊鏷序《海塘攬要》[1]。

4. 鹽務

（1）處理山西鹽事。清雍正以後，鹽政弊端日積，私鹽泛濫，鹽引滯銷，鹽課欠徵，改革鹽務是朝野的一致呼聲[2]。阮元最早接觸鹽務，當在出任浙江巡撫時期。依職務分工，鹽務由鹽政主之，關榷由巡撫主之，但是鹽政十分仰仗阮元，遇事皆與之商議。嘉慶七年（1802年）十一月針對南沙情況，阮元與鹽政延豐會奏《南沙收鹽章程》，提出“化私煎以爲官竈，安貧民以裕國帑，目前之利弊所宜熟籌，創始之章程尤宜詳慎。”[3]特地派員勘查，曉諭“私煎草寮願交鹽者准其入册，不願者聽其拆毀，另圖生業。”[4]并仿照帑鹽定例，爲章程如帑本、配遠、帑息、鹵耗、引目等十二條。經宣傳、推行，有棚户六百二十餘家劃編入册。自此，南沙二百里民安物阜，既無逃亡盜賊，亦無販賣私鹽違礙官引之情節。

另外，阮元還曾經處理過山西吉蘭泰鹽池事件。清乾隆年間山西鹽課改歸地丁，不由商辦，商累暫蘇，而田賦加重。嘉慶年間，有所謂的吉蘭泰鹽池事件[5]。然何謂吉蘭泰鹽池？當代蒙古阿拉善部落有吉蘭泰鹽池，歷來任意由鹽販分銷山西各地，衹是嚴禁遠銷下游其他省份。日後，實因而稽察漸懈，竟侵及長蘆、兩淮引地，河東解州池鹽爲之不行。嘉慶十一年（1806年）復將此地丁改辦鹽課，設官、設商辦理，然而積重難返，未得安妥。嘉慶十七年四月初十命欽差阮元偕同文孚赴山西查辦。阮元曾就處理此事的決策和感受草成《吉蘭泰鹽池客難》一文[6]。

（2）處理雲南鹽務。清代鹽政，大率循明制而增損之。時至嘉慶相交之際，井鹵短絀，煎辦不敷，鹽斤日少，而課必取盈，以致管鹽各官無能爲力，不知所措。道光二年（1822年），因各井短課，廣覓子井，曾有他郎、寧洱等處采獲鹽

---

〔1〕王章濤：《阮元年譜》嘉慶十一年、嘉慶十三年、嘉慶十四年。
〔2〕鄭天挺：《清史簡述》，北京：中華書局，2005年。
〔3〕《雷塘庵主弟子記》，第297頁。
〔4〕《雷塘庵主弟子記》，第297頁。
〔5〕《雷塘庵主弟子記》，第548～553頁。
〔6〕《吉蘭泰鹽池客難》，《揅經室二集》卷八，第583頁。

礦，呈請認課開采。隨後，因擔心妨礙石膏井的官鹽銷路而封閉。道光四年，滇省各井員賠課款倍增，其應賠課款金額數，各員雖多寡不等，但依一年之限完繳實難執行。同年八月，雲貴總督明山奏請分限勒追完繳。雲南鹽務弊端百出，官府催徵難以落實，課款短缺。城門失火，殃及池魚，民衆身受其苦。

道光六年（1826 年），阮元調任雲貴總督，知悉鹽務之弊，立命屬員查實各鹽井衰旺之别，以旺補衰，實行以溢銷之井代徵抵補，并提成以充公費的鹽務法。道光七年三月，阮元奏曰："滇省安寧、雲龍、抱母、香鹽、恩耕五井，鹵衰課絀，酌減課銀二萬七千七百一十餘兩，在于溢銷較多之石膏、元興、永濟三井溢課項下抵補。通計額課，仍無短絀。"又奏："新開子井，向于試辦三年後咨部定額，未定額以前，零星銷售鹽款，除添撥衰井缺額外，餘以津貼本省公費等用。"〔1〕另外，曾任雲貴總督的阮元在雲南鹽政上實行以徵抵補，提成以充公費的鹽務法，不但解决了歷年欠缺鹽課（指鹽業所交納的賦税），而且溢餘之銀日增，足以酌撥款額以濟邊費。

5. 財政

（1）界定年限。財政虧空，錢糧積欠，已經造成朝廷很大的困擾，阮元清查浙省各屬倉庫，虧缺銀竟達 467. 8499 萬兩，經前撫在漕羨采實項下設法彌補 280 萬兩，尚虧缺 187. 8499 萬兩。阮元分析虧損的原因，主要在兩個方面：一是出于上司收受陋規〔2〕。二是用庫銀支付一切因公不能開銷之項。爲此，阮元在奏摺中説："臣蒙高厚天恩，界以封疆重任，于熟籌彌補之法，因不敢督責太迫，致州縣擾婪索滋擾閭閻；更不敢查辦遷延，致國帑久懸，復滋影射。"〔3〕基于這些反復思考，認真分析了導致虧空的原因，提出清查彌補解决問題的方法。

阮元爲徹底解决虧欠，經調查研究指出按常規無法盡善。所以"因其有挪新掩舊之弊，定以本年爲斷，以本年徵銀勒清本年之款，使舊款無從掩飾。"〔4〕阮元即是針對挪新掩舊之弊，定以本年爲斷，劃清界限。根據本年徵銀勒清本年之款，

---

〔1〕《雷塘庵主弟子記》道光七年譜。

〔2〕"上官既甘其餌，明知之而不能問。且受其挾制，無可如何。間有初任官員，天良未泯，小心畏咎，不肯接受。上官轉爲説合，懦者千方抑勒，强者百計調停，務使受代而後已。一縣如此，各縣皆然；一省如此，天下皆然。于是大縣有虧空十餘萬者。一遇奏銷，横徵暴斂，挪新掩舊。小民困于追呼，而莫之或恤。靡然從風，恬不爲怪。名爲設法彌補，而彌補無期。清查之數，一次多于一次。寬繳之銀，一限不如一限。輾轉相蒙，年復一年，未知所底。"蕭一山：《清代通史》，北京：中華書局，1986 年，第 280 頁。

〔3〕《雷塘庵主弟子記》嘉慶五年校條。

〔4〕《雷塘庵主弟子記》嘉慶五年校條。

使舊有虧缺之款無從掩飾。

（2）懲罰獎勵。阮元上任後雖嚴整吏治，清除陋規實行興革措施，不允許再出現新虧，但前虧的籌補終究是十分棘手的事。阮元爲徹底解决虧欠，經調查研究指出按常規無法盡善。比如若將前任各官案虧欠屬嚴加勒追，但虧空多在十餘年之前，其中降職、革職、問罪，以及故世者、破産者不在少數，算來可資追究補繳款項者十不得二三。况且前欠的勢難追究于後任，轉致帑項無法著落。若新任已經出結責令彌補舊款，又擔心遇上清釐漕務、禁派采買之時，勢必無力償還。至于緝匪兵勇口糧等事，歷來依照先例靠捐廉辦給，亦是一筆可觀的費用。故而擔心彌補既不能多，又難得快速。所以如何彌補虧缺之銀？阮元仔細評估後，認爲應采取：宜緩不宜急，于官有益，于民無損的原則。切實可行的辦法，如年譜所述：

> 惟是清查彌補，其法有三，而皆不能兼善。一則徑行奏明，將前任各官按數嚴參勒追，但虧空在十餘年前，其中降革問罪，人亡産絶者實屬不少，恐可咨追完繳者，十不得二三，而以後之彌補勢難切責後任之員，轉致帑項無著。一則因新任已經出結，責令彌補歸款。又恐見當清釐漕務、禁派采買之時，且緝匪兵勇口糧之事，向系捐廉辦給，恐彌補不能多而且速。一則因其有挪新掩舊之弊，定以本年爲斷，以本年徵銀勒清本年之款，使舊款無從掩飾。則上年徵解不及分數之處，一經奏銷之後，通省官員革職者十居八九，于吏治帑項似仍有礙。[1]

其一，以本年爲斷，劃清界限：針對挪新掩舊之弊，定以本年爲斷，劃清界限。根據本年徵銀勒清本年之款，使舊有虧缺之款無從掩飾。

其二，消極做法是貪污之官參革問罪（治標）：對挪用貪污之官分别咨追，情節嚴重者，參革問罪，堅决打擊擅權納賄、貪污挪用之風。嚴申督撫司道絲毫無取州縣。

其三，積極作法是宣導"崇儉黜奢"的聖諭（治本）：現任各官自到任之後，即向他們宣布"崇儉黜奢"的聖諭。各州縣必須痛改前非，摒除浪費，處處節省開支，將節省之費按月解交藩庫，以補本縣之虧。本縣補畢，劃補同府之縣。同府之縣補畢，劃補通省最苦之縣。

（3）對外貿易。阮元堅持門户開放政策，他的原則衹要夷商不販賣鴉片、不

---

〔1〕《雷塘庵主弟子記》嘉慶五年校條。

配備兵船，能遵守中國法律，一切正當貿易都是歡迎的。當然對于進口西方的產品，阮元的立足點并非爲了滿足有閒階級的消費和貴族、達官、富商的奢侈，而是著眼于國計民生，富國强民。阮元目睹“西洋夷船來”，以爲呢絨毛製品之屬的“毛毳可衣服，其餘多奇巧，價貴甚珠玉。持貨示貧民，其貨非所欲。”告誡人們抵制這類奢侈品。對于代表先進科技的西方產品，阮元則不排斥，親自使用，并鼓勵中國人士學習西洋先進科技。例如阮元對西方的自鳴鐘、望遠鏡[1]，他都十分欣賞，并進行了認真的研究。更利用望遠鏡觀察月亮，測月亮和地球的距離。甚至分析自鳴鐘何以能自動的機械原理，在當代其鑽研之精深，實在是令人驚嘆。透過奇器的欣賞觀察，進而能自動拆組，達到物盡其用之效。

五　小　結

所謂“冰凍三尺，非一日之寒”，同樣地朝廷政府想要改善已經惡化的財務體制，絶對没一夕之間徹底改善的妙方，而是必須一點一滴的努力。阮元深知必須建議朝廷秉持財政的自我負責態度，努力開闢財源，并讓人民納税的每一分錢發揮最大的效用，才能建構可以永續經營、具有競争潛力、高度彈性與適應力的朝廷。

河工、漕運、鹽務、財政是當時影響國計民生經濟的主要範疇，乾隆後期的社會危機直接表現爲河工、漕運、鹽務、財政等方面的“疲蔽之極”。改革大政成爲解决社會危機的關鍵，一時間社會上改革的主張不絶如縷。阮元身爲高官在漕運、鹽務、運河的改革謀劃中自然相當用心，其最基本的立足點，除了利國之外還是在于利民。且從漕政的謀劃、鹽政的促進、治河的問題、人才的拔擢、財政的宣導等等，阮元都提出了相當切中時弊的改革方案，現綜述如下。

1. 水利：治水求實、不尚浮華

阮元對于水利建設，往往是帶頭捐金，讓僚屬、士紳及商賈紛紛響應，并委派水利專家主持西湖疏浚工程。疏浚結束後，往往别具文案備考，并頒令以後每年疏浚一次，强調毋减工，毋累民，興修水利而不擾民，可見阮元治水求實、不尚浮華的處事態度。

當阮元再度撫浙查勘西湖，發覺葑草高出水面，湖底積沙甚厚時，更毫不遲疑招集民工浚湖。掘出的淤泥堆積在湖心亭的西北面，築成一個小島，便是後人紀念阮元疏浚西湖功績的“阮公墩”。另外，阮元興修農田水利，惠及地方，在蕭

---

[1] 《望遠鏡中觀月歌》，《揅經室四集》卷一一。

山西江塘亦有紀念他的“阮懷碑”。此外，阮元還曾經命令海塘兵剪柳三千餘枝，插柳遍西湖，不但重視水土保持，亦可以增加環境美觀。更可見阮元治水務實、利國利民的處事態度。

在治水過程中，阮元認爲治水要有實效，認爲“相機宜，度形勢”，仔細評估、實事求是爲原則，積極將歷史上行之有效的治水經驗和方法運用于治水實踐。期待將承襲傳統的治水方法，變水患爲水利。面對大海的侵擾，則實事求是修築海塘以防護；相對地對于江流的潰决，則主張築堤束水或修築板閘（水閘、石閘）加以維護。例如荆州窖金阻遏江流潰决事件，阮元就曾當機立斷堅浚兩岸隄防而已。

阮元亦非常重視水利建設，他不但進行實地勘察，更積極進行理念研究。在浙江巡撫任上，他曾以史學家的視角，考證浙江水文地理的歷史，寫有專論《浙江圖考》三卷。廣徵博引，從大量的歷史文獻中勾沉出重要的水文地理資料。

2. 漕運：面對問題、未雨綢繆（徵糧、運送、倉儲）

漕運是利用天然或人工河道來供給首都糧食，包括徵糧、運送、倉儲等複雜程式，京杭間溝通五水的大運河的開挖，正是爲了漕運（用水道調運糧食）這個目的。清代漕運制度的恢復，起先是繼承明代漕運制度的一種延伸，但是隨著社會、政治、經濟局勢的變遷，清代漕運亦産生其獨特需求。在京城缺糧、實徵漕糧的前提下，阮元身處的乾隆、嘉慶年代，遂實施南糧轉運的朝廷政策。而位居漕運總督的阮元，除了克盡職守外，更在配合皇帝政令下積極權變調整。

時至嘉慶十七年（1812 年），漕運面臨兩大困難：一是積弊日益加深，漕運中中飽營私之情事屢禁不止。加之沿途關卡盤剥，運丁、水手多有所累。二是黄河淤積，河道管理不善，運道常常梗阻。阮元接任漕運總督（嘉慶十七年，阮元 49 歲）後，一方面親自視察、奏撥經費、捐金倡修、延聘專家（王宗炎、孫上驤），修《兩浙海塘新志》及序《海塘攬要》外；另一方面實際措施則是加石漕閘板（堤閘）、挖梗塞運河、添建水閘、招募灾民服務于漕運；對于漕運中中飽營私之情事一方面按照虧欠漕糧數清單，查明實在緣由，照例治以應得之罪。阮元更飭令所隸漕官及所屬漕幫運丁、水手，不許玩忽職守，如有違紀當嚴懲不貸。積極落實漕督與地方官員共同盡心籌劃漕河事宜等的嘉慶命令。

此外，阮元更有獨到的眼光，關心到漕糧倉儲的問題。首先，在漕糧倉儲地點的問題，阮元發現倉儲在城外和城内的成效不同，設置城外不但比城内不易管理而且耗損更多。其次，關于怎樣的儲存方式能使米粒不易變質或腐爛？阮元發現稻穀較米易貯遂偕同雲南巡撫伊里布及司道各員，選擇昆明城大西門内府署西邊的高燥地段，建新倉五十間，名曰："大平倉"。

上述種種便是阮元面對漕運，深謀遠慮的發現問題和實事求是的務實作風。

3. 海運：保障民生、目光遠大

清代曾有"海運非必不可行之事，然非萬不得已而後行之"之語，蓋不敢决然行之，亦不敢决然不行之也。然近年河運屢屢梗塞，又因洪澤湖水低弱，力不足以刷黄，以致河口淤沙，七省糧船全不能渡，于是用小船以萬計方可達淮，然浙省尤少船，須向外江争先封僱，費尤巨，勢難全漕皆歸駁運，不得已，阮元乃暗籌海運一法，海運不但一年可以往返三次，較河運省費三分之二。所謂"爲千慮一得之效，而以臣子過計之心，夫亦何所不至。故不忍棄去，綜而述之，或用此法，分江、浙全漕十分之幾，試而行之，可乎？"以海運易河運，實爲阮元保障民生、目光遠大的策略。

另外，海塘則是濱海地區防禦潮患的堤防，可説是人工修建的擋潮堤壩，亦是中國東南沿海地帶的重要屏障。阮元當時爲了防治潮灾，就曾奏建念里亭汛魚鱗石塘及修坦水。浙江海塘，爲杭州、嘉慶、湖州、蘇州、松江、常州六郡民用廬舍之保障，于國計民生至關重要。因此治海修築海塘，爲當務之急的頭等大事，所以阮元特別强調"以修築工程爲要"，奏請修建范公塘掃工及東西石柴塘坦水。

阮元常年勘查海塘，指導施工，不計個人得失。他强調修海塘"但求有益于國與民，何必功名自我出也"。然治海、修築海塘，歷代相沿并無定法，好的經驗也没有總結和整理。阮元感嘆道："治河有書，而治海無書。"遂與門生陳壽祺合作，精心結撰《海塘新志》三十卷，此書"真防海之圭臬"。阮元除了仔細觀察，修築海塘護民防灾外，更積極將經驗書寫傳承下來，故修成《兩浙海塘新志》并爲楊鑅序《海塘攬要》。上述種種，皆是阮元預籌海運所做的努力，可惜的是河道復通後，海運遂不復用。

4. 鹽務：全盤考量、因地制宜

清雍正以後，鹽政弊端日積，私鹽泛濫，鹽引滯銷，鹽課欠徵，改革鹽務是朝野的一致呼聲。阮元最早接觸鹽務，當在出任浙江巡撫時期。所謂私鹽係爲未按照國家法律規定進行生産和運銷，特别是未納税的鹽，使得官鹽不暢，國家税收因而受到折損的鹽。面對私鹽泛濫，嘉慶七年（1802 年）十一月針對南沙情况，阮元與鹽政延豐會奏《南沙收鹽章程》，提出"化私煎以爲官竈，安貧民以裕國帑，目前之利弊所宜熟籌，創始之章程尤宜詳慎。"一月，阮元與鹽政延公豐會奏《南沙收鹽章程》。

阮元還曾經處理過山西吉蘭泰鹽池事件。方法步驟爲：一、查清楚商人賠累、誤運、虧課的緣由；二、否决河東道茅豫“停止水運，無需吉鹽協濟”議；三、將吉鹽改爲活數，盡銷盡徵。停止官運，仍歸商辦。立場上絶對不偏坦任何一方，也就是説位居高官但不以官方課税爲主要考量，也不會讓商人一昧地抬高鹽價牟取暴利，更不會忘記平穩鹽價照顧人民的生活。方法上是在全盤考量後，劃地爲界采取限制區域内水運行銷吉蘭泰鹽，平潞鹽、土鹽或鄂爾多斯鹽之價，一方面用市場自由機制調配平穩鹽價，福惠位居消費者的人民百姓；另一方面更可維護吉鹽産地北方少數民族和塞外貧民的利益，同時也達到物産開發和利用的目的。

另外，道光六年（1826 年），阮元調任雲貴總督，知悉鹽務之弊，立飭屬員查實各鹽井衰旺之别，以旺補衰，實行以溢銷之井代徵抵補，并提成以充公費的鹽務法。曾任雲貴總督的阮元在雲南鹽政上實行以徵抵補，提成以充公費的鹽務法，不但解决了歷年欠缺鹽課（指鹽業所交納的賦税），而且溢餘之銀日增，足以酌撥款額以濟邊費。阮元不但以身作則，更命令吏治、井員、井丁實心實力辦理，自然上下肅清，官課充裕。

5. 財政：懲治貪官、彌補虧空（宜緩不宜急）

初任浙江巡撫的阮元從省屬各倉庫虧缺情况中已感到財賦問題到了積重難返的地步。當時，浙江全省的倉庫虧空“達四百數十萬之多”，形成了財政上的重大難題。阮元清查賬目，發現省屬倉庫虧欠竟多達白銀四百多萬兩，雖經前任巡撫在漕羨、采買項下設法彌補二百八十餘萬兩，尚虧欠一百八十七萬八千四百多兩。

阮元在處理浙江倉庫事宜明確提出的“年清年款”一法時，既要使“國帑日有起色”又要“于民生不致擾累”。方法爲：一是徑行奏明，將前任各官按數嚴參勒追；二是因新任已經出結，責令彌補歸款；三是因其有挪新掩舊之弊，定以本年爲斷，以本年徵銀勒清本年之款，使舊款無從掩飾。可見阮元發現“倉庫虧空－年清年款”的弊端，積極改善，既要使“國帑日有起色”，又要“于民生不致擾累”，實須卓越遠見、豐富閱歷及行政經驗的支持。就在阮元務實的作風領導下，清財政、除陋規、平虧欠施行後可見成效。

總之，阮元一生以興利除弊、濟世救民爲己任，對于天下利用厚生之事、民間疾苦利病之情尤其關心。故其對水利、漕運、海運、鹽務、財政等有關“國家治亂之源，生民根本之計”者，皆想疏通其利弊得失，而提出其對策舉措。或許方法不盡周嚴完美，但其關心百姓的心是不容忽視的，因此阮元在經濟經世各方面的努力是具有時代意義的。

作者簡介：吴德玲，1970 年 1 月生，臺灣臺中人。東吴大學中文所博士班畢業。長庚科技大學通識教育中心專任副教授及兼任人文社會學科召集人。致力于清代學術及國文教學研究，著有《洪亮吉意言研究》，曾發表的論文：《洪亮吉的無神論思想》《從師説、進學解看韓愈的教育思想》《柳宗元永州八記的寫作特色》《洪亮吉人口論研究》《阮元教育經世之研究》《阮元科技經世之研究》《阮元社會經世落實研究》《接受美學對國文教學的啓發》《活化國文教學研究——以“文學營養花饗宴”爲例》等等。

侯玉松，中華大學生物資訊系助理教授。

A Study of Ruan Yuan's Practice at Statecraft in Sciences Economics

Wu Deling, Hou Yusung

Abstract: In economic aspect: Ruan Yuan concerned the economic reform of people's livelihood. Ruan Yuan, a chief in Ching dynasty, worked hard on some plans, such as the canal transport, salt work, and the reform of the canal. Ruan Yuan put forward trenchant suggestions, including the promotion of salt government, the problem of canal reform, the promotion of the talented people, and the advocates of public fiance. Ruan - Yuan's economic thoughts and economic implementation: explain Ruan Yuan's thoughts for caring people and for economic reforms.

Keywords: Ruan Yuan, statecraft

論阮元的禮學研究對清中後期禮學及實學思潮興盛的影響

林久貴

内容摘要：本論文分爲兩大部分，第一部分主要論述清中前期禮學研究的基本情况，并歸納總結出清中前期禮學研究的三個特點：第一，清初以顧炎武爲代表的禮學研究有明確的經世目的；第二，乾嘉考證時代的禮學研究有明顯的“復古”特點；第三，嘉慶時代以阮元、凌廷堪爲代表的禮學研究開始將考證與義理結合。第二部分主要論述阮元禮學研究的情况、特點及其對清中後期禮學及實學思潮興盛的影響。阮元禮學思想有這樣幾個特點：第一，阮元認爲“禮學與理學异”、“理必附于禮以行”；第二，阮元提出“性”本天成，“情發于性”、“欲生于情”，但“欲在有節”，“須治之以禮”；第三，阮元認爲“器者所以藏禮”，强化“器”的社會功能；第四，阮元强調“禮”的踐履特性，突出“禮”的社會效應。清中後期的禮學研究者承續了阮元治禮强調禮的踐履性和社會性特點，體現出學者對現實的關懷，使禮學研究成爲當時興起的經世實學的重要組成部分。他們共同推動此期禮學的發展，使禮學研究呈現出一些新的氣象。

關鍵詞：阮元；清中後期；禮學；實學

禮學研究是傳統經學的重要内容，禮制建設又是維護統治秩序的重要手段。禮學研究與禮制建設緊密結合，禮學研究極力爲禮制建設服務。因此，各朝各代無不重視禮學的研究及禮制的建設。但是，《禮記・禮器》説：“禮，時爲大。”故各朝禮制研究及建設要合時趨，衹有符合社會發展與時代變遷的禮制才有生命力。阮元的禮學研究有其自身的特點，在一定時期内符合時代的要求，因而對清中後期禮學研究的走向甚至實學思潮的興盛，都有一定的影響。

一　清中前期禮學研究的基本情況及特点

（一）清中前期禮學研究的基本情況

由于清中前期的禮學研究與清中後期禮學研究既有聯繫又有區别，故先簡述清中前期禮學研究的基本狀况。

從禮學研究的歷史看，清代無疑是禮學復興的時代。顧炎武被公認爲是清初經世實學的肇始者，他對禮學研究的倡導是其經世實學的重要内容。顧氏看到當時社會“禮儀淪亡，盜賊競作”[1]的現狀，痛心疾首，説：“然則周公之所以爲治，孔子之所以爲教，舍禮其何以焉?”[2]“少習舉業，多用力于四經，而三《禮》未之考究。年過五十，始知‘不學禮無以立’之旨。”[3]又説：“聖人之道，未有不始于灑掃應對進退者也，故曰‘約之以禮’。”[4]顧炎武企望通過對禮學的研究及禮制建設的倡導，引起社會形成重禮的風氣，從而達到興教化、純風俗、正人心的“以禮經世”的目的。

清朝廷也日漸認識到禮制建設對穩定社會及鞏固國基的重要性。康熙帝就確立了“崇儒重道”的基本國策，將程朱理學作爲官方的統治思想；乾隆帝曾明確地説，五經是政教的本源，而“禮經更切于人倫日用”[5]。乾隆元年（1736年），朝廷設立“三禮館”，編修《三禮義疏》；乾隆二十一年（1756年），《大清通禮》修撰完畢。

在朝廷的重視與號召下，禮學研究宛成風氣，尤其是被視爲“禮之本經”的《儀禮》受到空前關注，迎來了此領域遲到的繁榮，有關著述的數量遠超宋、元、明三代。

張爾岐（1612～1678年）是清初禮學研究的名家，他絶意仕進，沉潛經籍，尤重《禮》書的研究，著有《儀禮鄭注句讀》，“被譽爲開清代《禮》學研究之先

[1]［清］顧炎武：《言利之臣》，《日知録集釋》卷一二，《續修四庫全書》1144册，第166頁。
[2]［清］顧炎武：《義理鄭注句讀序》，《亭林文集》卷二，《續修四庫全書》1402册，第84頁。
[3]［清］顧炎武：《答汪苕文書》，《亭林文集》卷三，《續修四庫全書》1402册，第98頁。
[4]［清］顧炎武：《有始有卒者其爲聖人乎》，《日知録集釋》卷七，《續修四庫全書》1144册，第68頁。
[5]《清高宗實録》卷二一，乾隆元年丙辰六月乙卯條。

河"[1]。顧炎武對他稱賞有加，以爲"獨精'三《禮》'，卓然經師，吾不如張若稷"[2]。徐乾學（1631～1694年）是清初又一位《禮》學名家，他關于歷代喪禮研究的《讀禮通考》[3]，達一百二十卷之巨。之後的秦蕙田（1702～1764年）撰《五禮通考》，"徵引通博，考據精純"[4]，深受徐乾學的影響。

乾嘉時期，由于考證學的興盛，禮學經典更受到學者關注，考禮、釋禮、注禮的著作紛紛涌現，僅《皇清經解》著録的禮學著作就有萬斯大（1633～1683年）的《學禮質疑》、惠士奇（1671～1741年）的《禮説》、江永（1681～1762年）的《周禮疑義舉要》及《深衣考證》、吴廷華的《儀禮章句》（成書于1749年）、沈彤（1688～1752年）的《儀禮小疏》、齊召南（1703～1768年）的《周官録田考》、王鳴盛（1722～1797年）的《周禮軍賦説》、程瑤田（1725～1814年）的《宗法小記》及《儀禮喪服足徵記》、胡匡衷（1728～1808年）的《儀禮釋官》、段玉裁（1735～1815年）的《周禮漢讀考》及《儀禮漢讀考》、任大椿（1738～1789年）的《弁服釋例》、金榜的《禮箋》、汪中（1745～1794年）的《大戴禮正誤》、孔廣森（1752～1786年）的《禮學卮言》及《大戴禮記補注》、凌廷堪（1755～1809年）的《禮經釋例》、焦循（1763～1820年）的《禮記補疏》、阮元（1764～1849年）的《周禮校勘記》《儀禮校勘記》及《禮記校勘記》、凌曙（1775～1829年）的《禮説》等，還有很多涉及禮學的經義總論及文集、筆記、札記類著述，其數量遠遠超過其他經典研究著作[5]。

《皇清經解續編》還收有：萬斯大的《禮記偶箋》、江永的《儀禮釋宫增注》《儀禮釋例》及《禮記訓義擇言》、惠棟的《明堂大道録》、莊存與的《周官記》及《周官説》、褚寅亮的《儀禮管見》、胡匡衷的《鄭氏儀禮目録校正》、任大椿的《深衣釋例》、張惠言的《儀禮圖》及《讀儀禮記》、胡承珙的《儀禮古今文疏義》及《儀禮今古文疏證》、王聘珍的《周禮學》及《儀禮學》、金日追的《儀禮經注疏正譌》、胡培翬的《禮記正義》等。由此看來，清中前期的禮學研究，承前啓後，不絶如縷。

---

[1] 許道勛等：《中國經學史》，第225頁。

[2] ［清］顧炎武：《廣師》，《亭林文集》卷六，《續修四庫全書》1402册，第132頁。

[3] ［清］梁啓超在《中國近三百年學術史》中稱《讀禮通考》"全部由季野（萬斯同）捉刀"，還説秦蕙田的《五禮通考》"恐怕多半也是偷季野的"，見該書第110頁。

[4] ［清］沈豫：《皇清經解提要》，第110頁。

[5] 據張壽安統計，《皇清經解》中有關三《禮》的專著占所有專著的20%，見其《以禮代理——凌廷堪與清中葉儒學思想之轉變》之《緒論》，第5頁。

（二）清中前期禮學研究的特點

縱觀清中前期的禮學研究，具有這樣幾個特點：

第一，清初以顧炎武爲代表的禮學研究有明確的經世目的。顧炎武研究學問强調"明道"及"救世"，他把禮、義、廉、耻看成是國之四維，非常看重"禮"在治國中的作用。他的禮學研究是其經世實學的重要内容。顧炎武研究經學及禮學的方法是"以復古作維新"，故汪中説："古學之興也，顧氏始開其端。"[1]乾嘉諸儒承其"復興古學"一端發展乃有考證學之興，而顧炎武的治學宗旨及"以復古作維新"的方法在清中後期又有繼起之勢。

第二，乾嘉考證時代的禮學研究具有明顯的"復古"特點，學者企望通過"復禮"來填補宋、明以來"理"的虚空，但更多的是注重考證，而缺乏思想的探討。此期禮學研究諸家注重三《禮》古本及鄭注、孔疏的探究，其考證涉及禮制、宫室、器物、度數、服飾、儀文等各個方面，并重視條例、義例的總結。如萬斯大的《學禮質疑》，將《儀禮》與《禮記》對考，又證以《春秋》，使古代帝王制度約略可見；惠士奇的《禮説》，對古音古字分别疏通，并旁引經史，以證鄭注及漢制[2]；江永的《周禮疑義舉要》，融匯鄭注，參以己説，考證精詳；吴廷華的《儀禮章句》，"于一事一物、空曲交會之際，莫不字字探索，乃章分而句釋，務體其義理之確當、儀節之詳備，而以簡明之筆出之"[3]；段玉裁"研摩經籍，甄綜百氏"[4]，成《周禮漢讀考》，總結出漢人注釋《周禮》的"讀爲"、"讀如"、"當爲"義例，使"學者凡讀漢儒經、子、《漢書》注，如夢得覺，如醉得醒"[5]，"倘由此引申，則天下之書無不可讀矣。通一經而群經賅，會一義而群經合。其有功于古訓，豈小補哉"[6]。

第三，嘉慶時代以阮元、凌廷堪爲代表的禮學研究開始將考證與義理結合。受戴震影響的凌廷堪雖然聲稱"以古人之義釋古人之書，不以己見參之，不以後世之意度之"[7]，在考釋古禮的基礎上提出"復禮"的主張，但又提出由禮以推

---

[1] 汪中曾擬作《國朝六儒頌》，未成。其言見梁啓超《清代學術概論》引凌廷堪《校禮堂文集》"汪容甫墓志銘"。《清代學術概論》，第13頁。

[2] ［清］沈豫：《皇清經解提要》，第49頁。

[3] ［清］沈豫：《皇清經解提要》，第51頁。

[4] ［清］阮元：《漢讀考周禮六卷序》，《揅經室集》，第241頁。

[5] ［清］阮元：《漢讀考周禮六卷序》，《揅經室集》，第242頁。

[6] ［清］沈豫：《皇清經解提要》，第85頁。

[7] ［清］凌廷堪：《戴東原先生事略狀》，《校禮堂文集》卷三五，《續修四庫全書》1480册，第346頁。

之于德性，進而探天命之原的主張，并注重禮與情之關係的探討，顯示出其在考證的基礎上開始探求“義理”的禮學研究特點。阮元的禮學研究深受凌廷堪的影響。

二　阮元的禮學研究與清中後期禮學及實學思潮的興盛

（一）阮元的禮學研究

阮元的學術生涯真正開始于乾隆五十六年（1791 年）。此年，阮元二十八歲，他被朝廷聘爲石經校勘官，而他的工作是分校石經《儀禮》，其學術生命一開始就與“禮”結下情緣。

阮元非常珍惜這次鍛煉的機會，在校勘過程中，他博訪通儒，綜核諸本，反復經義，悉心校理，擇善而從，寒暑無歇，赢得了較高的學術聲譽。焦循稱其所校《儀禮》十七篇“博綜約取，祛其成見，不期駭俗，擇善惟公，學者得此，藉以貫通此經不爲難矣。”[1]

嘉慶年間，阮元校刻《十三經注疏》，就將其《儀禮石經校勘記》作爲成例“衡之群經”[2]。而且，據阮元之子阮福説，《十三經注疏校勘記》中的《儀禮注疏校勘記》均采録《儀禮石經校勘記》的成果[3]。

阮元曾經對《大戴禮記》也進行過注釋工作，而且提出了自己的一些看法。後來，孔廣森撰《大戴禮記補注》成，阮元爲之作《序》，并稱自己的一些看法與孔廣森有同有异[4]。

阮元的禮學研究深受有“一代禮宗”[5]之稱的凌廷堪的影響。凌廷堪（1755～1809 年）比阮元大七歲，但比阮元早逝四十年，兩人同出朱珪門下，“交久且深……合志同方，宜若兄弟”[6]。乾隆四十六年（1781 年），二人于揚州初次見面并訂交，相互問學，各期以束身修行。正是在凌廷堪的影響下，阮元十九歲時即決定“究心經學”，而凌廷堪也盛讚阮元的學問識見，將他與當時的大儒汪中、江藩并舉。乾隆五十二年（1787 年），阮元二十四歲時，凌廷堪曾致書阮元，

---

〔1〕［清］焦循：《儀禮石經校勘記後序》，《儀禮石經校勘記》卷末。

〔2〕［清］段玉裁：《十三經注疏釋文校勘記序》，《經韵樓集》卷一，《續修四庫全書》1434 册，第 571 頁。

〔3〕［清］阮元：《儀禮石經校勘記序》後阮福案語，《揅經室集》，第 41 頁。

〔4〕［清］阮元：《孔檢討廣森大戴禮記補注序》，《揅經室集》，第 249 頁。

〔5〕［清］江藩：《校禮堂文集序》：“（次仲）精于三《禮》，專治十七篇……豈非一代之禮宗乎！”凌廷堪：《校禮堂文集》卷首，《續修四庫全書》1480 册，第 103 頁。

〔6〕［清］阮元：《凌母王太孺人壽詩序》，《揅經室集》，第 679～680 頁。

討論三《禮》問題[1]。嘉慶二年（1797年），三十四歲的阮元爲凌廷堪的《校禮圖》賦詩稱：

> 君之入京師，以禮爲履蹈。始知士相見，盡化怨與暴……凌君發禮例，楊（復）李（如圭）不屑冒。金（輔之）程（易田）及劉（端臨）盧（召弓），相見互不傲……手此十七篇，怡然志無悔。[2]

從詩句"凌君發禮例"看，凌廷堪《禮經釋例》可能已經寫成（嘉慶十四年才得以刊刻行世），并附有《校禮圖》。而阮元對《禮經釋例》是十分稱許的，以爲凌廷堪的成就不僅在楊復[3]、李如珪[4]之上，而且不亞于當代的金榜、程瑤田、盧文弨。凌廷堪在《禮經釋例》中提出的"以禮代理"、"以禮節欲"[5]等觀點爲阮元推服。凌廷堪另著《復禮》上、中、下三篇，阮元稱其"尤卓然可傳"，爲"唐、宋以來儒者所未有"[6]。

嘉慶十三年（1808年），阮元、凌廷堪兩人相互致書，討論《論語》中的"克己復禮"問題[7]。阮元《論語論仁論》引凌廷堪關于"克己復禮"的大段論述文字證明自己的"仁"爲"相人偶"之義及"克己"爲"修身"之義[8]。

直到凌廷堪去世之年，也就是嘉慶十四年（1809年），他再次致書阮元，認爲《論語》中孔子所稱的"學"爲"禮"之意，仍是在討論有關"禮"的問題。這一年，阮元刊刻凌廷堪禮學名著《禮經釋例》。

（二）阮元禮學研究的特點

阮元與凌廷堪在禮學研究上，應該説是彼此相互影響的。阮元接受了凌廷堪

---

[1] ［清］凌廷堪：《與阮伯元孝廉書》，《校禮堂文集》卷二二，《續修四庫全書》1480册，第257頁。

[2] ［清］阮元：《題凌次仲教授廷堪校禮圖次石君師詩韵》，《揅經室集》，第804頁。

[3] 楊復，宋人，朱熹弟子，著有《喪祭禮》、《儀禮圖》。

[4] 李如珪，宋人，著有《儀禮集釋》。

[5] ［清］凌廷堪："夫人有性必有情，有情必有欲。飲食男女，人之大欲存焉。聖人知其然也，制禮以節之。"見《校禮堂文集》卷一〇《荀卿頌并序》，《續修四庫全書》1480册，第169頁。

[6] ［清］阮元：《次仲凌君傳》，《揅經室集》，第468頁。

[7] ［清］凌廷堪：《與阮中丞論克己書》，《校禮堂文集》卷二五，《續修四庫全書》1480册，第285頁。

[8] ［清］阮元《論語論仁論》："凌次仲教授曰：即以《論語》'克己'章而論，下文云'爲仁由己，而由人乎哉'！'人'與'己'對稱，正是鄭氏相人偶之説……馬注以克己爲約身，最得經意……竊以馬注申之，克己，己即修身也。"見《揅經室集》第183頁。

的許多有關“禮”的見解，但有些觀點也不盡相同。具體而言，阮元關于“禮”的思想有這樣幾個特點：

第一，阮元認爲“禮學與理學异”、“理必附于禮以行”。

禮、理關係是學術史及思想史上的大問題。在宋代，周敦頤提出“禮，理也”〔1〕，朱熹也説“禮即理也”〔2〕，但他們最終的落脚點是要證明天下衹有一“理”、理一分殊、禮自理出，爲其理學體系服務。故張九成説：“禮者何？天理也。”〔3〕

到了清代，學術與思想起了變化，人們崇尚質實、力黜虚華，尤其是清中後期，學者不僅注重考證，同時又有義理探索的要求，禮、理的關係重新被提出，但看法與宋儒恰好相反。

阮元曾在《四知樓説》一文中説“聖賢之學皆就庸近樸實處言之行之……禮學與理學异也”〔4〕，指出“禮學”之實與“理學”之虚的區别。

道光五年（1825年），阮元在《書東莞陳氏〈學蔀通辨〉後》一文中更明確提出“理必附于禮以行”的觀點。他説：

> 朱子中年講理，固已精實，晚年講禮，尤爲繁難，誠有見于理必出于禮也。古今所以治天下者禮也，五倫皆禮，故宜忠宜孝即理也。然三代文質損益甚多，且如殷尚白，周尚赤，禮也。使居周而有尚白者，若以非禮析之，則人不能争；以非理析之，則不能無争矣。故理必附于禮以行，空言理，則可彼可此之邪説起矣。〔5〕

此論一出，立即引起方東樹的强烈反對，他在道光六年（1826年）迅速抛出《漢學商兑》，認爲此事“關學術是非得失之大”，“吾故不得不辨”，駁斥阮元之説。方東樹説，朱子一生講求“格物窮理”之學，怎麽會是“中年而始從事、晚又棄而不言乎”？即便朱子晚年修《禮經》，也没“絶不復言義理”；還説阮元之説“出之最後，最巧，最近實，幾于最近轉法華”，“其用意之私，爲説之巧，伎倆則實相同”〔6〕，因而危害也最大。

---

〔1〕［宋］周敦頤：《周子通書·禮樂第十三》，第36頁。
〔2〕［宋］朱熹：《答曾擇之》，《朱文公文集》卷六〇。
〔3〕張九成：《克己復禮爲仁説》，《横浦文集》卷一九。
〔4〕［清］阮元：《四知樓説》，《揅經室集·再續集》卷三，《續修四庫全書》第1479册，第607頁。
〔5〕［清］阮元：《書東莞陳氏〈學蔀通辨〉後》，《揅經室集》，第1062頁。
〔6〕［清］方東樹：《漢學商兑》卷中之上，《續修四庫全書》951册，第568～569頁。

方東樹衛道心切，言辭激而過當，可置不論。但學界有觀點認爲，方東樹“在這一點上，倒是説了句大實話”〔1〕，這也不盡合事實。首先，朱子一生不僅講義理，而且也講文獻考證，晚年更修《禮經》，這是歷史事實，阮元既没有像王陽明那樣爲了證明自己的觀點而有意扭曲朱熹思想，也没有説朱熹晚年完全不講義理。阮元還批評王陽明“誣朱子晚年定論之説，直似朱子晚年厭棄經疏，忘情禮教，但如禪家之簡静，不必煩勞，不必悽黯矣，適相反矣”〔2〕。再者，阮元學術特色之一是考證與義理并重，他批評宋學，主要是批其“離事言理”的學術方法，并未否定宋學追求“義理”（聖人之道）的學術宗旨，更不可能完全否定程朱理學。道光八年（1828 年），粤中刻明陳建《學蔀通辨》，請阮元爲序，阮元在序言中稱：“此書專辨朱、陸异同，推尊朱子……元于東園清暇，重加批閱，遵《提要》之言，手將‘病狂失心’等語加以删削而還之。蓋除此所删，則皆表章正學之要言。”〔3〕在此，阮元明尊朱子之學爲“正學”。方東樹過于“敏感”，因而反應激烈。

阮元對禮、理關係的看法，總體精神上與凌廷堪是一致的，但有差别。凌廷堪認爲，《論語》完備地記述了孔子的言論，但整部《論語》“恒言禮，未嘗一言及理”，并説“聖人舍禮無以爲教也，賢人舍禮無以爲學也”〔4〕，完全否定“理”的存在。乾嘉時期，“禮”、“理”之别，常常是漢、宋鴻溝。而阮元説“禮學與理學异”、“理必附于禮以行”，是在探討“禮”與“理”的關係，并没有否定“理”的存在。阮元在輯刻《皇清經解》時，收凌廷堪《禮經釋例》及《復禮》上、中篇，而舍《復禮》下篇不録，就在于阮元認爲凌廷堪譏刺宋儒太過、太偏激，以至有“聖學言禮不言理”的論斷。

阮元强調“禮學”之實與“理學”之虚的區别，其學術意義在于倡導“崇實黜虚”的主張；而“理必附于禮以行”，則間接反映出阮元對主、客觀關係的認知，它或導啓近代儒學關于形上哲學形態之“理”與形下社會形態之“禮”的關係的思考。

第二，阮元提出“性”本天成，“情發于性”、“欲生于情”，但“欲在有節”，“須治之以禮”。

---

〔1〕 王世光：《清代中期“以禮代理”説芻議》，《孔子研究》，2004 年第 2 期。

〔2〕［清］阮元：《書東莞陳氏〈學蔀通辨〉後》，《揅經室集》，第 1062 頁。

〔3〕［清］阮元：《學蔀通辨序》，《揅經室集》，第 1063～1064 頁。

〔4〕［清］凌廷堪：《復禮》下，《校禮堂文集》卷四，《續修四庫全書》第 1480 册，第 136 頁。

阮元肯定人類天性的存在，且人“性”中有“情”有“欲”，“情發于性”，“欲生于情”，“天既生人以血氣心知，則不能無欲”[1]。但“性”中的味、色、聲、臭、安佚之欲必須“節”，“欲在有節，不可縱，不可窮”[2]。那以什麽去節“性”、節“欲”呢？阮元認爲“須治之以禮”！他説：“故聖人之所以治人七情（按：即喜、怒、哀、樂、愛、惡、欲），修十義（按：即父慈、子孝、兄良、弟悌、夫義、婦聽、長惠、幼順、君仁、臣忠），講信修睦，尚辭讓，去争奪，舍禮何以治之！”[3] 阮元將外在之“禮”與人的内在之“性”結合起來，企望使人“性”合乎“禮”之軌範。

阮元的這一觀點與凌廷堪“以禮節情”[4]的主張是一致的，而與戴震、汪中、張惠言等的“緣情制禮”觀不同。但凌廷堪又認爲“情”雖然自“性”出，但“性本至中”，而“情”則有“過”與“不及”之偏，因此要“以禮節情”，“以復其性”[5]。顯然，凌廷堪“性本至中”、“以復其性”的主張與阮元“性”本天成、“以禮節性”的觀點有别，阮元的《性命古訓》就是針對唐李翱《復性説》而作。

第三，阮元認爲“器者所以藏禮”，强化“器”的社會功能。

“形上爲道，形下爲器。”廣義的“器”是“道”在社會、人倫、日用中的具體體現，由“器”可以明“道”。阮元一生對狹義的鐘鼎彝器之“器”頗感興趣，他認爲古鐘鼎彝器被上古聖人賦予了“藏禮”的功能，并且鐘鼎彝器上的銘文爲“古王侯大夫賢者所寫”，故“其重與九經同”。他説：

> 器者所以藏禮，故孔子曰：“唯器與名，不可以假人。”先王之製器也，齊其度量，同其文字，别其尊卑……且天子諸侯卿大夫非有德位，保其富貴，則不能製其器；非有問學，通其文詞，則不能銘其器。然則器者，先王所以馴天下尊王敬祖之心，教天下習禮博文之學……此聖賢之大道，亦古聖王之精意也。[6]

---

[1] ［清］阮元：《性命古訓》，《揅經室集》，第228頁。
[2] ［清］阮元：《性命古訓》，《揅經室集》，第228頁。
[3] ［清］阮元：《性命古訓》，《揅經室集》，第227頁。
[4] ［清］凌廷堪：《荀卿頌序》，“夫人有性必有情，有情必有欲。飲食男女，人之大欲存焉。聖人知其然也，制禮以節之。”《校禮堂文集》卷一〇，《續修四庫全書》第1480册，第169頁。
[5] ［清］凌廷堪：《復禮》上，《校禮堂文集》，《續修四庫全書》第1480册，第133頁。
[6] ［清］阮元：《商周銅器説》，《揅經室集》，第632頁。

當然，阮元雖然注意到古鐘鼎彝器“藏禮”的功能，但他過分强化了“器”的社會屬性，而忽視了“器”所具備的實用的自然屬性。

第四，阮元强調“禮”的踐履特性，突出“禮”的社會效應。

阮元與凌廷堪之學術均重“踐履”。凌廷堪的《禮經釋例》成，阮元賦詩爲賀，稱“君之入京師，以禮爲踐蹈。始知士相見，盡化怨與暴”[1]，既表彰其踐蹈“禮”的儒家人格，又稱頌其重“禮”而帶來的社會效應。

阮元自己在禮學的研究中，也極力挖掘“禮”的社會實用功能，努力以儒家的仁、孝觀念闡釋“禮”，强調“禮”的實踐操作性。他在倡導禮時，又輔之以《論語》《孝經》，將“禮”真正落實到日常生活的踐履中。在《石刻孝經論語記》中，他説：

> 禮者何？朝覲聘射，冠昏喪祭，凡子臣弟友之庸行，帝王治法，性與天道，皆在其中……其事皆歸實踐，非高言頓悟所可掩襲而得者也。[2]

阮元認爲，《論語》《孝經》體現孔子之學最爲“醇備”，繼承孔子之學者首推顔、曾，因顔、曾得孔學之真傳，“顔子之學曰：‘夫子循循然善誘人，博我以文，約我以禮。’故曰：‘一日克己復禮，天下歸仁焉’”[3]。“仁”與“禮”是孔子儒學最核心的内容，“禮”又是實踐“仁”的重要途徑。阮元以“相人偶”釋“仁”，認爲“春秋時，孔門所謂仁也者，以此一人與彼一人相人偶而盡其敬禮忠恕等事之謂也”[4]，將“敬禮忠恕”等事貫穿于“仁”中，突出了“仁”與“禮”的實踐可操作性，日常生活之中，人們能率以遵循，天下歸于“仁道”就不遠了。由此可見，阮元的禮學研究同他經學研究的其他方面一樣，注重“治世”的作用，有明顯的“經世”目的。他在漢學重“實”的基礎上，采宋學發揮大義之長，不惑于陳言，以儒家德性之學重新闡釋禮學，努力獲取新知。

阮元雖不同意凌廷堪的“復性”説，但認同其“復禮”説。在督學江浙時，他常以禮制方面的問題試諸生，并以“復禮”爲教，詁經精舍論題有《顔氏復禮論》。詁經精舍諸子 177 人，乾隆間中進士者 22 人；學海堂從嘉慶二十五年（1820 年）創辦，到光緒二十九年（1903 年）停辦，培養專業肄業生 260 名[5]。

---

[1] ［清］阮元：《題凌次仲教授廷堪校禮圖次石君師詩韵》，《揅經室集》，第 804 頁。

[2] ［清］阮元：《石刻孝經論語記》，《揅經室集》，第 238 頁。

[3] ［清］阮元：《石刻孝經論語記》，《揅經室集》，第 238 頁。

[4] ［清］阮元：《論語論仁論》，《揅經室集》，第 176 頁。

[5] 見容肇祖：《學海堂考》，《嶺南學報》，第 3 卷第 4 期。

他們中的許多人成爲阮元學術宗旨的重要繼承者與傳播者，亦即清中後期禮學研究漢宋兼采及經世實學的倡導者與踐行者。

（三）清中後期禮學及實學思潮的興盛

嘉道及以後，禮學研究漸成潮流，治禮學者日多，禮學著作紛出。據張壽安先生統計，《皇清經解續編》中“有關三《禮》的專著則占了28%，這還不包括清人文集中論禮的單篇文字”[1]。其中，屬清中後期較重要的有夏炘（1789～1871年）《學禮管識》、鄭珍（1806～1864年）《儀禮私箋》、陳喬樅（1809～1869年）《禮記鄭讀考》、邵懿辰（1810～1861年）《禮經通論》、曾國藩（1811～1872年）《讀儀禮録》、俞樾（1821～1907年）《儀禮异文箋》及《禮記鄭讀考》、黄以周（1828～1899年）《禮説略》等。他如金鶚（1771～1819年）、胡培翬（1782～1849年）、丁晏（1794～1875年）、沈垚（1798～1840年）、劉蓉（1816～1873年）、郭嵩燾（1818～1891年）、王先謙（1842～1917年）、孫詒讓（1848～1908年）等都是清中後期禮學名家。

由于學風的變化以及社會的變遷，清中後期的禮學研究者多遵循實事求是、不守門户、包容漢宋、各取所長的治學宗旨，并承續阮元等治禮强調禮的踐履性和社會性特點，漢學家兼釋禮意，宋學家也考禮制，并且學者多能將禮制考證、禮意闡釋與社會實際結合，體現出學者對現實的關懷，使禮學研究成爲當時興起的經世實學的重要組成部分。他們共同推動此期禮學的發展，使禮學研究呈現出一些新的氣象。

如魏源（1794～1856年）、賀長齡（1785～1848年）纂《皇朝經世文編》，收凌廷堪《復禮》于“禮論”之首，正可看出他們以興復禮學、移風易俗爲經世實學重要内容的企望。清初顧炎武以禮經世、阮元等“治天下以禮”等思想在晚清繼續得到承續。邵懿辰的以禮學“扶翊世教”、陳澧的以禮化俗、俞樾的以禮爲教、孫詒讓的以《周禮》爲“經世大法”，均體現出以禮學經世的願望。更爲典型的代表是曾國藩，他以“禮”爲國家政教風俗之本，認爲古無所謂經世之術，“學禮焉而已”[2]，實際上就是把“學禮”看成經世之術，把“學禮”看成關乎風俗淳澆、世運盛衰、國家興亡的大事。

總之，清初顧炎武倡導禮學，乾嘉諸儒得其考證一端，以復古禮爲鵠的，重在探討古禮制、禮儀；嘉道及以後諸儒承其經世遺願，以務實學爲職志，努力倡

---

〔1〕 見張壽安：《以禮代理——凌廷堪與清中葉儒學思想之轉變》之《緒論》，第5頁。
〔2〕 ［清］曾國藩：《孫芝房侍講芻論序》，《曾文正公全集》卷三，第33頁。

發禮意，爲現實社會服務。正如有學者所説，乾嘉時期的學術研究雖然“大量著作很難看出與當時社會政治有密切關係，但是最先要求以經學經世的，恰恰是由嘉慶而入道光朝的部分學術名家”[1]。還有學者認爲：

> （乾嘉）學者在重塑經學努力的傳統中，對他曾提供的學術形象與價值取向有了新的感悟，他們在對先行者的總結與比較中揚長避短，體現出异同交織的獨特追求，經學發生了易幟，由經典考證轉向人生理想的探求，如阮元、焦循、凌廷堪等人都提出“以禮代理”的經學思想，經學研究已漸入漢、宋兼采一途，典型地反映了後期經學思想的變遷，也是漢學在跨入近代轉捩點上的一次質變。[2]

這一論斷非常精闢，但説清中後期經學思想的變遷“是漢學在跨入近代轉捩點上的一次質變”，則有拔高之嫌。

作者簡介：林久貴，1963 年 8 月生，湖北麻城人，湖北大學文學院古籍所教授，華中師範大學歷史文獻研究所博士。主要從事古典目録學、傳統學術史、湖北地方文獻的研究及教學工作。出版《中國學術史研究》《湖北地方古文獻研究》等著作，博士論文《阮元經學述論》由人民出版社出版，在《光明日報》《中國典籍與文化》《文獻》《中國文化月刊》等刊物發表《阮元經學研究的特點》《略論〈宋元學案〉的體例特點和文獻價值》《清代學者型官員畢沅》《論阮元對傳統經學諸範疇的新闡釋》等論文三十餘篇。

The Influence of Ruan Yuan's Ritual Studies Research on the Ritual Studies in the Middle and Late Qing Dynasty and on the Prosperity of Practical Academic Trend

Lin Jiugui

Abstract: This paper is divided into two major parts, The first part of this paper expounds the basic situation of the Ritual Studies in the early and middle of Qing Dynasty and summarizes the three characteristics of it: First, In the early Qing dynasty, Ritual

---

〔1〕 田漢雲：《中國近代經學史》，第 3 頁。

〔2〕 見［日］本田成之：《中國經學史》，陳居淵所作《出版説明》。

Studies represented by Gu Yanwu has it's clear purpose of Practical Statecraft; Second, ritual studies in the age of Qian Jia has obvious "retro" features; Third, in the age of Jia Qing, ritual studies represented by Ruan Yuan and Lin Ting starts combined the textual research and argumentation. The second part expounds research status and characteristics of Ruan Yuan's Ritual studies and it's influence on the Ritual Studies and on the prosperity of Practical Academic Trend. There are several features of Ruan Yuan's Ritual studies: first, Ruan Yuan think that "Ritual studies different from Neo – Confucianism", "Neo – Confucianism must be attached to Ritual to enforce"; Second Ruan Yuan puts "natural instincts" are born in nature, "emotions are raised from natural instincts", "desires are based on emotions". However, "desire is valued when subtly restrained", so we should "have it controlled by Ritual"; Third, Ruan Yuan think "ritual vessels contains etiquette", to strengthen the social function of ritual vessels; Forth, Ruan Yuan emphasizes practical feature of "Ritual" and highlights the social effects of "Ritual". Ritual study researchers in the middle and late Qing dynasty inherited Ruan Yuan's characteristics of ritual research and emphasis on practicality and sociality of Ritual, manifests the scholars concern for reality, make the ritual studies was an important part of the rise of Practical Ideology. They jointly promote the development of Ritual studies in this period, so that Ritual studies showing some new atmosphere.

Keywords: Ruan Yuan, The Middle and Late Qing dynasty, Ritual Studies PracticalIdeology

論“器學”

——從阮元的治經與編纂動機談起

林俞佑

内容摘要：仔細考察阮元一生的學術事功，不管是名物訓詁或義理解經，其主要目的都在于“身通”。“經典”對于阮元而言，除了具有文本意義之外，更是先人所遺留的行事法則。阮元提出“器以藏禮”的觀點，以社會文化的角度切入，企圖在抽象理論、具體經驗及實證的複雜關係之間找到可以依存的載體。阮元之所以分析經書、研究古代的制度，進而聯繫古代與當代社會上的關係，其經世的意圖乃是扣緊形而下的“器”所提出的一系列名物訓詁。“器學”，就字面意義可謂“器用之學”，即是器物的實用性着眼。此實用性包含制器的原則，以改善生活或實踐背後所隱涵的道理：“成器”→“盡器”→“道”的理解過程。因此，本文以“器學”的概念，討論阮元如何藉由大規模的經典整理與考訂，發掘聖人所遺留下來的治世理念，由此落實于當代的社會層面。

關鍵詞：器學；阮元；治世；經世致用

一　前　言

中國近三百年的學術思想，大多數學者一致肯定：宋人以理學爲主；清人以考據學/漢學爲務。也因爲這個觀念的影響，至今學界討論清代學術時，仍不免着眼于漢學、宋學/訓詁、義理的争辯當中[1]。又或者，受了宋人理氣的概念，以

[1] 此説法在清人的著作已開始出現論争，如《四庫全書總目提要》提到：“要其歸宿，則不過漢學、宋學兩家，互爲勝負。”後人便視清代的學術開展爲“漢學”、“宋學”二家之間的對立史。

“氣”爲核心的本體架構，探討儒家的“成德之道”[1]。爾後，近世學者開始以“經世”的角度重新審視清代學術，因此學者葛榮晋等人提出“實學”的概念，積極爲“清代學術”尋找一個合理且適合的名稱。不管這些名詞概念的指稱爲何，我們都該思考：明末以來，至乾嘉、清末，是否有一完整清晰的思潮流派，或者有一合適的概念名稱賦予它實質的學術特徵？經世之學、實學、啓蒙思想、氣學、考據學等，彼此間的名詞指涉與對應，能否完全真正扣緊清代學術三百年，甚至清代每位學者的思想梗概？倘若先暫時拋却這些的詞彙框架，不取二元對立的劃分法，也不從“理氣本體”的角度切入，而是着眼于清代各位學者治經的觀點或用途，分析其主體理念和事功實踐的各種内在觀點，如此一來，也許會讓我們更瞭解清代的學術樣貌，進而從中勾勒出清代的學術特徵。

回顧近來學界對清代學術的整體評價，大致不脱離“經世”的主要思考範疇。就清代學術内容而言，經世思想才是學術的主流。那麼，何謂“經世”？“經世”一詞的意義内容會不會隨著時代而有所改變？不可諱言，人不可能自外于時代，不顧當代的社會氛圍，活在自我的象牙塔裏，獨立的進行學術研究。于此，我們該思考的是“經世”這概念，置放在清代的各個不同時期裏，它是否會産生不同的變化？倘若是，那麼“經世”一詞能不能準確地概括有清一代的整體學術？同樣地，不能否認，清人除了專讀經書、考訂文字内容之外，更是關心“時務”。如清初著名的學者顧炎武（1613～1682年）撰《日知録》《天下郡國利病書》、黄宗羲（1610～1695年）著《明夷待訪録》、王夫之（1619～1692年）撰《讀通鑒論》、顏元作（1635～1704年）《存治編》等，提出了君權、科舉、學校、賦税、鹽政、井田等改革理念。但若用清初“經世”的概念，考察乾嘉時期的學者著作，則會發現似乎找不到如此深刻的“經世”著作，充其量都衹專務于文字考訂，或者仍承襲宋人的義理詮釋。如此一來，能不能就因此斷言：乾嘉時期是個“經世”慘白的年代？本文認爲，得從清代學者的論著、各種圖書的編纂意圖和事功實踐的角度，審視清代學術的學術特質，而非以“經世”二字評斷清代各時期的學術思想。

因此，以治經理念和通經致用的角度分析清代各時期的思想特色，將可約略分爲三個重要的關鍵轉折：第一，清初有鑒于明亡後，學者群起檢討歷史的興亡和制度得失，故此時期的經世，着重于“治世理念”的提出與修正；第二，乾嘉

---

[1] “氣學”，首先由張岱年提出以“王廷相的思想體系中氣學一系”等相關問題，加以闡揚、論述。後由馮友蘭、侯外盧等學者支持其論點，將氣學、理學與心學并列。

時期的學者受清初學者的影響，研究考訂這些理念制度，思索著古代制度與三代理想的關係，此時期較屬于“理論研究”，這即是清中葉的“經世”；第三，嘉道以後至清末，便是將“理論研究”落實到社會改革的實際層面。于是乎，乾嘉時期的“理論研究”，能否真正以傳統認知的“經世”二字詮釋，則見仁見智。據此，本文援引何佑森所提出的一個觀念——“器”[1]，重新探討清代學術思想。但因爲礙于篇幅的關係，無法詳細論述清代學術思想中完整的“器學”概念。因此，本文欲先從阮元的治經理念、編纂動機與身通等事功來談“器學”，藉由阮元一生的學術成就，凸顯“器”的經世意義。

二 “器學”界定

“器”字最早出現于先秦典籍，大多指“器物之用”或者“標志名位、爵號的器物”。前者散見于六經或先秦諸子之書，如《周易·繫辭下》：“君子藏器于身，待時而動”[2]，《論語》：“君子不器”[3]，或《老子》：“埏埴以爲器，當其無，有器之用”[4]；後者多見于六經之中，尤以《尚書》爲主，如《尚書·洪範》：“武王既勝殷，邦諸侯，班宗彝，作‘分器’。”[5]爾後，隨著文化的演進，“器”字的涵義也就産生各種解釋，也不見得專門使用在器物之上，有時也會以“器”代指才德，如劉勰作《文心雕龍》一書時，則撰有“程器”篇，藉由援引《尚書》裏木匠製造器具的例子，比喻兼論述士人的見解。文中提及“貴器用而兼文采也。是以楩斲而成丹雘施，垣墉立而雕杇附”[6]一句，則是主張作家的才德和文采需二者兼備。而“器”字，何以能成爲“學”？又何以具有“經世”的社會意義？此部分當從《周易·繫辭上》的一段話談起：

> 是故形而上者，謂之道；形而下者，謂之器；化而裁之，謂之變；推而行之，謂之通；舉而錯之天下之民，謂之事業。[7]

“道”一般而言，其意爲蘊涵普遍的規律和準則；“器”則指具體的事物或名

---

[1] 參考何佑森：《中國近三百年“經世思想”中的一個基本觀念——“器”》，收入何佑森著《清代學術思潮》，臺北：臺大出版中心，2009年，第89~101頁。

[2] 《周易》，阮刻《十三經注疏本》卷八，第11頁。

[3] 《論語》，阮刻《十三經注疏本》卷三，第5頁。

[4] 《老子》卷一一，第23頁。

[5] 《尚書》，阮刻《十三經注疏本》卷一二，第26頁。

[6] 《文心雕龍》卷四九，第445頁。

[7] 《周易》卷七，第31~32頁。

物制度。隨事物變化，推而行之，藉以安頓百姓。簡單來説，“道”和“器”是“成因”和“結果”的分别，“成因”是事物之所以如此成爲現今所看到的面貌；“結果”即所看到事物的樣態。如阮元提出“器以藏禮”的概念，“器”此處所指即宗廟彝器；“禮”則是事物/器所以如此的背後成因。“道”屬于理則，“器”歸于實用。二者之間，存在著必然的關係。因爲“治器”、“成器”、“盡器”的過程中，也就是一種“道”的自然展現。然而，此處不談道器先後的問題[1]，而著眼于“器”所承載的社會經世意義。意即是清人如何研究“器”，定義“器”，甚至如何落實“器”所賦予的意義。

“器”字在宋明學者眼裏，屬于形而下的事物，很少去關注、研究它，且多半附屬在“道”的概念底下，認爲它是理所當然存在于現象界的，既然它們不涉及分析研究，當然就不會將治學的精神放在“器”與“道”，二者之間的相互關係，因此也就無法明白制度之所以形成的背後原因，又或事物道理之所以影響器物制定的關聯性。明末清初的知識分子在歷經“天崩地解”的世變後，明白宋明學者將玄妙而形上的“道”看得太重要了，忽略了形而下的“器”才是治國安民的根本之道，因而回頭省視了“器”，在形下的“器”當中尋找一種合理的解釋，于是清初的學者從知識學的角度重新檢視中國傳統學術中關于經世治民的制度理念。如顧炎武在釋《形而下者謂之器》提到：

> 形而上者謂之道，形而下者謂之器。非器則道無所寓。説在孔子之學琴于師襄也。已習其數，然後可以得其志；已習其志，然後可以得其爲人。是雖孔子之天縱，未嘗不求之象數也，故其自言曰：下學而上達。[2]

顧氏提出“非器則道無所寓”，强調器于道的重要性。他引孔子學琴于師襄爲例，指出孔子欲求琴道，也必須仰賴“琴”這一器物，才能領會音樂對于自身的心靈陶冶、感受。此處顧炎武雖未直接談及“器”的制度層面，但是從他所舉的例子來看，無疑在强調器與道彼此相互依存的關係。離器求道，則道將顯得空虚、飄渺；離道求器，則器衹是單純的物品，不負任何承載的意義。因此，本文此處的“器”必須同時包含“道”與“器”的互相指涉，它可以是傳統文化的遺産，也可以是抽象的精神制度。“器”，包含有形與無形的，也是天地間出現或未曾出

---

〔1〕 此處不談道器先後的問題，因此部分是屬于另一個思想議題，爲避免枝節迭出，故提而不論。

〔2〕［清］顧炎武：《日知録》卷一，第19頁。

現的一切事物的理論依據。簡單來説，即《繫辭》提到的“形乃謂之器”。以下分點説明“器”字所涵括的各種意義[1]：

1. “器”，泛指人類爲了生存而使用的器物，包含禮器、宗廟祭器、兵器等。

2. 《六經》皆器，泛指一切指導人生、政治的學術著作。

3. 史即是器。章學誠提出“六經皆器”的説法，又言“六經皆史”，因此史便是器。章氏曾説“史守掌故”，“掌故”亦是器。

4. 文辭是載道之器。

5. 人倫日用、法令是器。

6. 制度是器。

由上述分點可知，“器”涵蓋層面大致有二，制度法規或器物工具。然而就此兩大層面又可細分成六類。其中第1項爲一般大衆所熟知的器物類，此類器物最初被人類所設計出來的過程中，已然蘊涵着“道”；第2、3、5、6項即是製作器物過程中，衍生出來的一切經驗道理，包含着萬事萬物的規律法則；第4項則從“載體”的角度切入，認爲文辭是闡揚“道”的利器，唯有善用語言修辭，才能具體將萬事萬物的理則依據，準確又清楚地傳遞給他者，使之明了。總而言之，“器”的產生，是人類爲了生存，觀察自然界的一切事物，思考着如何善用自然資源，或克服自然的產物。如俗諺：“玉不琢不成器”，玉在尚未雕琢成器之前，衹是一塊普通的石頭，并未具有玉的温潤特質，後人從治器的過程中，瞭解“君子比德于玉焉，温潤而澤，仁也”的道理，進而賦予“君子温潤如玉”的意義。因此，“成器”前必先分析器物，以條分縷析的工夫徹底認識器物，如此一來，才能“盡器”。“道”的意義因此而暗嵌于器物當中。前人治器、成器，後人殫思竭慮的瞭解“盡器”，以期能從中獲得更多的經世啓發。由此，“器學”[2]即是將“器”的概念落實在現實的社會層面，從這過程中發掘聖人所遺留下的治世理念，亦由大規模的學術整理，利用典章制度、名物訓詁、車制器物的考訂，重新詮釋經學在義理、事功上的經典意義，將經學中的仁、義、禮、孝等諸多核心價值觀整合成可以符合實踐社會文化的經世理念。

---

[1] 關于“器”的涵義分點皆是參考何佑森：《中國近三百年“經世思想”中的一個基本觀念——“器”》，第94～96頁。

[2] “器學”觀念的提出，承蒙先師周昌龍先生于課堂討論時給予寶貴的意見，學生不敢掠美，特此注記。

三　阮元“器學”形成的基源概念

衆所周知，清代學者治經、研經的目的在擺脱宋儒以内在道德修養爲主的義理視域，轉向形下的社會秩序爲主的經世意圖。例如顧炎武生平著作很少談及“天理”、“心性”等言論，多是以制度改革、經世致用爲主。爾後，乾嘉時期學者戴震撰寫《孟子字義疏證》廓除宋儒的太極圖；凌廷堪率揭“以禮代理”的口號，破除宋儒專言“天理”的思想面貌；章學誠强調“六經皆史”，主張《六經》是古人之迹，它包含了古代的政典、刑政教令、政教典章、人倫日用等。不管這些學者提出了哪些的學術觀點，他們都是以不同的方式映照出“器學”的經世影子。

阮元雖未曾像上述諸位學者一樣，提出鏗鏘有力的學術專著以除魅，但從他的單篇學術論文裏，依舊可以看出藉由召唤上古三代的記憶，將散佚在層層堆疊的經書義理綫索串聯而起，逐一勾勒出儒家社會的倫理秩序。首先，阮元也是同戴震、凌廷堪一樣，先辯證“天道”、“天理”等心性義理的觀點，作爲理論的依據。因此，在提出“器以藏禮”的概念之前，他必須先解釋宇宙天理在他的思維脉絡扮演何種角色。

宋代理學家將“太極”視爲理，即一切事物道理的根源。對此，阮元持不同的看法，否定宋代以來“太極而無極”的宇宙天道觀。直接陳述太極即爲現代天文概念中的“北極星”，用天文學的星辰概念，婉轉地批判宋代以來對于太極即宇宙，宇宙即天理，天理即綱常的學説依據。《太極乾坤説》中提到：

> 天地所共之極，舍北極别無所謂極也。《爾雅》曰：“北極謂之北辰。”《易·繫辭》曰：“《易》有太極。”虞翻注曰：“太極，太一也。”鄭康成注《乾鑿度》曰：“太一者，北辰之神名。”鄭説雖爲太一行九宫之法，然太極即太一，太一即北辰，北辰即北極，則固古説也。[1]

阮元雖未直接否定宋代周敦頤以來的“太極”觀念，但其破題“天地所共之極，舍北極别無所謂極也”，即是强調“太極”位居宇宙的中心點，衆星環繞。于此，阮元先引《爾雅》的原典，再援用虞翻的注解，提出“太極即太一，太一即北極”的説法，破除宋、明儒者玄虚的本體論，直接以天文學的星辰展開一連串的立論根據。之後，該文從科學實測的角度證實《周易》所提的“八卦”方位圖其實與古中國的地勢有關，也正因爲地勢偏于東，所以乾卦位居西北，坤卦位居西

〔1〕［清］阮元：《揅經室一集》卷二，第38頁。

南，如此方能顯示北極星的位置，亦能顯示衆星拱之的重要地位。

再者，阮元利用《周易·繫辭》裏伏羲氏畫八卦的典故[1]，消解宋明理學家由此而衍生出的宇宙論觀點。他説到：

> 《易·繫辭》曰："《易》有太極，是生兩儀，兩儀生四象，四象生八卦。"然則八卦本于四時，四時本于天地，天地本于太極，孔子之言，節節明顯。而後儒舍其實以求其虛，何也？實者何？天地之實象也。《虞書》曰："在璿璣玉衡，以齊七政。"此即渾天以北極定天地之儀，與《周髀》相通。[2]

阮元由宋明理學家的觀點切入，破其根本，否定宋代儒者以"宇宙生成論"的觀點，衍伸出"理"、"性"、"欲"等理論。最後，他引《説文》中的一段話，明確地指陳從王弼以來的錯誤詮釋：

> 《説文》："王育説：'天屈西北爲无。'"此即古聖人置北極乾、兑之西北于虛無不用之精義，故造此奇字專施于《易》。但无者以天之西北爲无，非以太極爲无也。王弼以无注太極，虛而不實，乃老莊之學。[3]

此處阮元衹援引《説文》的後半段關于"无"字的解釋，但若通讀《説文》整段文意則更能理解阮元爲什麼無法接受王弼以後的學者，以"太極"宇宙生成的觀點解釋"无"這概念，并賦予道的根本意義。段玉裁注《説文解字》提到：

> 无，奇字，無也。通于元者，虛无道也。王育説："天屈西北爲无。"[4]

東漢時期的許慎以"奇字"、"通于元者，虛无道"、"王育説"三個段落，言簡意賅地説明"无"字。然而，何謂"奇字"？何謂"通于元者，虛无道"？甚至王育的"天屈西北"是何意思？許慎并没有明説，爾後，段玉裁解釋"奇"之所以爲奇的特別之處，即是在于"无"這字衹專屬于《易》所使用，其他經書或子書類皆不會使用"无"字。王育的説法更是中國古代天文學的一個觀念，即"天缺西

---

[1] 《周易》所載："古者庖羲氏之王天下也，仰則觀像于天，俯則觀法于地，觀鳥獸之文與地之宜，近取諸身，遠取諸物，于是始作八卦。"（卷八，第4頁）

[2] ［清］阮元：《揅經室一集》卷二，第38~39頁。

[3] ［清］阮元：《揅經室一集》卷二，第40頁。

[4] ［清］段玉裁注：《説文解字注》十二篇下，第634頁。

北角”，故曰“无”也。因此，阮元從文字經書的考訂，認爲“太極”是一個自然生成的運行規律，與“道德修養”、“理欲”無關。

阮元以原典的文字説明“太極”與“八卦”二者之間的關聯性，證明自己所提出的太極即北辰的説法，絶不是憑空創造，而是據原典闡述。如此一來，太極與兩儀的關係，衹是自然運行規律的根源依據，而非形下道德修養的依據。

值得一提的是，阮元依據中國的地形推斷“北極爲中國軸心”，進而提出“太極即北極”的觀念，主要目的是欲以實測的科學精神破除宋、明理學家們的宇宙天道觀，藉以爲之後的“性”“命”“孝”“仁”“禮”等觀念，進而尋繹出落實形而下的社會實踐意義。由于《太極乾坤説》將太極視如一個大的宇宙，萬物皆在此器物中安置與生存，它的規律不是來自于道德理性，而是大自然運行的縮影。因此，阮元將自然運性的器用概念編織于“宇宙觀”上。于是乎，衹要一展現阮元理解的器物主體，它即含有自然的、意識的、文化的向度，而這三種互相融攝，就形成一有機的共同體，這共同體正構築了形下的經驗世界。

確立了這樣的宇宙自然運行概念之後，“性”“命”“道”的根源被瓦解，于是必須從實際的行爲與器物當中尋求道德倫理規範的依據。阮元即以知命、知禮、節性、敬德、勤威儀等單一論述觀點，縮合成爲一個有機的價值體系——經世與道德實踐的合一。提出“器以藏禮”，并由此强調社會秩序的穩定絶非紙上談兵，而是積極的從事物當中學習、實踐的一連串過程。

更準確的説，阮元從形而下——“器”的經驗中，試圖尋找、拼湊出經書、金石文字、出土文物背後所代表的實踐路綫。阮元認爲，非語境化（脉絡化）的形上概念，衹能視爲一種命題，倘若超出歷史經驗的討論，則會産生“先有蛋還是先有雞”的無解命題。阮元將宋明學者的本體論翻轉過來，賦予“太極”自然運行的新概念，讓之後的學者不被“本體”所困擾，實實在在地活在一個真實的歷史經驗當中，從歷史經驗的背後尋找、歸納一條可以實踐的真實價值。

四 器以藏道的學術史意義

清代學者回歸儒家經典以求治世之道的傳統，他們共同的取材特點：聚焦于經典文本是否能反映“器”的實用性質。在宋、明兩代的學者眼中，“器”屬于形而下的概念，他們大多認爲道是體，器是用，所以學説理論多是以“道體”的闡發爲主。反之，清代學者却認爲“道是用，器是體”，唯有徹底認識器物的衍變，才能明白此一事物的規律——“道”。如此一來，“道”便可成爲具體制度作爲實踐的參考依據或準則。

清代三百年裏，乾嘉學者以"器"爲主的相關議題討論，爲數最多。他們上承清初學者的"器學"理念，下啓晚清學者變革思想。而在乾嘉學者裏，尤以阮元最爲特别。雖然他未有專書問世，甚至其學説理論更是散見于《揅經室文集》中，未能成一個完整的專書體系。但是，他位極人臣，一生宦途顯赫，正巧可將個人的學術思想實踐在真實的社會場域。如果檢視阮元的經學義理著作，解析其爲何一生獨鍾金石銘文，考訂禮器。他指出"器以藏禮"[1]的概念，其主要原因有二：第一，除流傳至今的《九經》之外，能掌握社會秩序的建立原則與氏族興衰榮敗之軌迹，唯有"器"而已。第二，此處的"器"，它是專指"禮器"，即"銅器鐘鼎"，其功用在于祭祖、祭天的彝器；"禮"則指向"典章制度"。故"器以藏禮"的語義，就另一個層面而言，它亦是"器以藏道"，其意味著：如何真實掌握商周二代因革損益的制度，這中間的變化與發展即是"道"，可透過"彝器"或流傳的經典文獻尋找蛛絲馬迹。所以阮元極重視"器以藏道"的歷史意義，將不同時期的"器"拿來比對其异同，聯繫彼此的關係，從而瞭解"器"與"器"之間的變化——"道"，并再借"道"以貫通"器"。

值得注意的是，阮元的"器學觀"主要著眼于社會實踐哲學的層面，因此他彰顯"禮器"的重要性、考訂明堂、倡"相人偶"的仁學思想，最後提倡"孝道"，種種的行爲，其背後動機是欲藉由實事求是的治學態度歸納出符合孔門的仁學精神，溯源孔門的道統——"孝"的核心價值。换句話説，宋明理學的"仁學"體系是落在德性的彰顯，阮元則藉由提倡鄭玄"相人偶"的仁學主張構建出個人到社會的安定結構，即人倫秩序的建立，藉此區隔以宋明理學爲主的内在心性修養。簡單來説，阮元認爲"孝"是孔門倫理的核心思想，故提倡"孝"。其著眼點是藉由逐層的典章制度考訂來重整家族的社會中心秩序，建立一個倫理本位的社會。因此，本節將利用"明堂"、"仁學"、"孝道"三個議題討論阮元如何藉由經典考訂詮釋，落實社會經世，并進而影響晚清學者研究經典議題的方式，最後以"其他"兼論編纂學術著作的學術意義。

（一）明堂

明堂，是古代舉行祭祀或頒布國家大事的重要場所。關于明堂的制度、結構、功能等問題，自漢以來的學者各執一説，難以有持平之論。阮元搜羅古籍，細繹古代文獻中關于遠古各個歷史時期的明堂記載，以制度衍變的文化史觀做一客觀、詳細的分析。本文針對《明堂論》《明堂圖説》《釋闈》《孝經郊祀宗祀説》《宗

---

[1] ［清］阮元：《揅經室三集》卷三，第632頁。

禮餘説》《封泰山論》等文章進行整理，分析阮元對“明堂”的看法與歷史圖像，以下分點説明：

1. 建築格局：上圓下方重屋之制，有四堂、八个、重屋、五室，非城内廟寢也。

2. 政治功能：兼具祭祀、文教、軍防等多重性的空間架構。

3. 文化功能：以祭祀爲核心的宗廟、家廟的禮則。换言之，從“祭文王于明堂配天之事，以申明天之命文王之德”而引申至家廟的空間概念與禮儀行爲背後抽象的精神意義。

阮元視“明堂”爲洪荒以前之大典禮，最古不可廢者。保留此制度的原因在于其文化意義，主要藉以别定上下尊卑等級，此即明堂辟雍之例。因此明堂、太廟、太學、靈臺、靈沼，皆同一地，就事殊名，皆在城内；别建明堂于郊外，主要以存古制，猶如衣冠之韍〔1〕。在潛移默化的過程中，阮元的觀點逐漸爲世人所認同、接受，如《兩浙解經録》的文章中，部分經生已不自覺地主張“三靈辟雍”其制爲具有多重性的空間結構。今節録浙江歸安縣丁傳經所撰《三靈辟雍試言其制與其用》之文如下：

> 三靈辟廱皆可謂之明堂。蓋靈臺者，謂明堂中之臺，而辟廱之法統于明堂，其實一也。考雍乃周之地名，故樂亦名雍。如魯有泮水，學爲泮宫之類，非謂天子之樂皆名辟雍，諸侯之學皆曰泮宫也。……此明堂靈臺同處之説。〔2〕

此段引文主張“三靈辟廱”皆可謂之明堂，所持的觀點與阮元相同。因其題目設計的關係，内容衹針對其制度與用途詳加説明，并未申論其所持立論的原由。再如，《詁經精舍文集》裏所載“辟庸太學説”程作之題，士子孫同元也持相同觀點：“康成所言，猶是周制，《詩》咏靈臺、靈沼、靈囿而繼之以辟雍，則三靈與辟雍，皆同處在郊。”〔3〕爾後，清末皮錫瑞撰寫《經學通論》一書時，涉及古代“明堂”制度等問題時，亦以阮元的識見爲“明堂”之定論，他在文中提到：

> 古禮有聚頌千年，至今日而始明者，明堂、辟雍、封禪是也。阮元曰：

〔1〕［清］阮元：《閲問字堂集贈言》，收入［清］孫星衍撰，駢宇騫點校：《問字堂集》，北京：中華書局，1996年，第10頁。

〔2〕［清］阮元：《浙士解經録》，《四庫未收書輯刊》，清嘉慶再到亭刻本，卷四，第8頁。

〔3〕［清］阮元：《詁經精舍文集》卷二，第33頁。

辟雍與封禪是洪荒以前之大典禮，最古不廢者。……錫瑞案：六經不言封禪，惟禮器言因名山升于中天，即于封禪也。阮以舜巡四岳爲封禪之禮，説甚通達。潁容、盧植、蔡邕以明堂與太廟、大學、辟雍、靈臺爲一，而漢立明堂辟雍，不在一處。《後漢紀》注引漢官儀曰：辟雍去明堂三百步，鄭君習于時王之制，以爲古制亦然。袁準以鄭義駁蔡邕，其實古制當如蔡説，特蔡未能白其時代，故不免啓後儒之疑。阮云：自漢以來，儒者惟蔡邕、盧植，實知异名同地之制，尚昧上古中古之分，辨析極精，特以爲太學在城内與王制不合耳。劉歆譏漢儒若立辟雍、封禪、巡狩之儀，則幽冥而莫知其原，今得阮氏之通識，可以破前儒之幽冥矣。[1]

皮錫瑞贊同阮元考訂古代"明堂"、"辟雍"、"封禪"這三個重大國家祭典，其實是异名同地之制。漢代以來的儒者過度吹捧"封禪"的政治效應，而昧于禮制背後的文化意涵。阮元首開以文化人類學的觀察角度，利用基礎的文獻資料與相關圖制，交叉比對，尋找亘古時期的明堂制度的歷史記憶。在《明堂論》《釋閏》《封泰山論》《孝經郊祀宗祀説》《宗禮餘説》等文章裏，畫出了他想像中的明堂圖制，改變歷代對"明堂"制的迷思，提出"中心"的空間概念，如《釋閏》："王居于中"；《封泰山論》："泰山者，上古大山，居天下之中者也。"窺探阮元以"五室"作爲明堂的基本空間規劃，主要是建立以"己身"爲中心的道德倫理秩序。換句話説，"五氣行天地之中者，端居正氣，以候天和"[2]，意味著天子居于中，具有統攝四方的意義，此時的"中心"與"四方"已具備自然和文化的雙重運作及象徵性的意義。此時的"居于中"已不再是物理空間的坐標，更是社會秩序的象徵[3]。

（二）仁學

自孔子提倡仁學，儒家便以"仁"爲經義的綱領要目，後世儒者一生便以實

---

〔1〕［清］皮錫瑞：《經學通論》，據商務印書館《國學基本叢書》本重印，北京：中華書局，1954年，第42～44頁。

〔2〕［清］阮元：《揅經室一集》卷三，第59～60頁。

〔3〕此觀念係參考潘朝陽《心靈、空間、環境——人文主義的地理思想》書中所提出："中心——四方"空間形式概念。其書中提到："人營建聚落，就是創造屬于自己而可安身立命的生存與生活的場所。它不祇是單純營建一個形而下器物形式的表層空間而已，事實上，是營建一個含藴著形而上'道體'之'目的性價值'的深層空間。就此空間而言，正是人爲追尋'存在于世之安全感'所發出的'憂患意識'的向心性人文構造。"（臺北：五南圖書出版公司，2005年，第177～199頁）

踐仁爲一生的行事基準。由己身做起往外推擴，便形成了一個以“仁”爲核心的道德及倫理網絡。“仁學”便是結合個人道德實踐、家族倫理與宗法制度規範而成的價值體系。因此，阮元關于“仁”的論述，便以“相人偶”的觀念爲基礎，闡釋儒家“仁”的思想，其仁學理論大致有二：一、强調社會實踐的道德行爲；二、由“仁、孝、禮”所建構的社會道德秩序。首先，他以“相人偶”論仁，着眼于現實社會經驗，主要的貢獻有三：第一，突破宋明儒者以心性論仁學的價值體系；第二，聚焦于形下視域的社會實踐；第三，藉由孝道的實踐，體現仁學的核心精神。由此擺脱宋明以來追求個體道德的仁學精神，以己身→家族→社會群體的社會秩序意義。嗣後，康有爲、譚嗣同、梁啓超、章太炎等人繼承阮元仁學思想，站在社會群體的道德實踐立場，提倡“利群、合群”的倫理意識。如康有爲釋“故爲政在人，取人以身，修身以道，修道以仁”，則是藉由“仁心”扣緊社會法治的實踐層面而論：

> 百官庶職以亮天工爲政以人才爲本，故人君勞于求實而逸于得人。然人之賢否，因用人之才德高下而與應之，故有湯而後有伊尹；有桓公而後有管仲；有先王而後能取諸葛君臣，相等乃能相與有成，否則纏佞盈朝，雖有賢才必不聽用也。故求賢，審官先本君身，君身才識德性由于學道，然天下之道術多矣！刑名法術不足修也。所道之道，必在于仁，仁者在天爲生生之理；在人爲博愛之德，惻怛舒平氣欲節，無有傷惡隱；忌疾妒愁感險僻，違仁之性也。董子述孔子微言曰：治其道而以出法治，其志而歸之于仁，天仁也。天覆育萬物，既化而生之又養而成之人，取仁于天而仁也，故有父兄子弟之親，有忠信慈惠之心，文理燦然而厚，智廣大而博，故霸王之道，皆本于仁也。[1]

上段引文闡示爲政者施行政策的方向與處事之行文準則，皆須遵守仁道。然而如何“實行仁道”，决不是修身以德，天下便能達到太平盛世的境界。就康有爲的詮釋路徑分析“仁”學，其仁道涵蓋兩個層次意義：一、就天而言，是上天撫育萬物的好生之德，仁道普遍流行于天地間。二、就人而言，好生之德落實于現象界，須透過具體的行爲，方可展現“仁道”的真正内涵。换句話説，康有爲打破歷代儒者要求執政者修身以德的觀念，直陳身爲人君者，行仁道必須得人、識人，秉仁心行法治。

---

〔1〕［清］康有爲：《中庸注》，第20頁。

接着，釋“仁者，人也，親親爲大，義者，宜也，尊賢爲大，親親之殺，尊賢之等，禮所生也”之段旨時，則是直接闡述“相人偶”的基本涵義，文中提到：

> 仁從二人，人道相偶，有吸引之意，即愛力也，實電力也，人具此愛力，故仁即人也。苟無此愛力，即不得爲人矣。孟子曰：仁者，人也。合而言之，道也。蓋人力行仁者，即爲道也。……孔子之道分三等，親親仁民愛物，而道本于身，施由親始，故愛親最大焉者。義者，仁之宜也。禮者，仁之節文也。蓋仁者，無所不愛而行之，不能無斷限分別之。得宜者，義也，仁從内出，故尚親親義從外定，故尚賢尊賢禮則節文斯二者。[1]

康有爲就社會倫理層面討論“仁”，認爲唯具有“仁心”，方可稱爲“人”，由親愛家人開始推擴至社會上的每個人，如此一來，社會才能愈趨和諧與進步。是以，孔子之道分三等，親親仁民愛物，即是由自身做起，層層推擴至社會的每個角落，此實踐仁道的過程，即愛群、合群的社會觀與公德意識。此部分正是阮元“仁學”所强調“聖賢之仁，必偶于人，而始可見”的社會道德實踐義。換言之，“仁”之用，若不具體落實于現象界，人群交涉、往來之實際，又如何可謂之爲“仁”乎？

又如，譚嗣同在其《仁學·自敘》便開宗明義陳述：“仁，从二从人，相偶之義也。”實已賦予“仁”相人偶的社會實踐義。而其在《仁學》著作中，亦再次强調“仁學”的社會群體實踐的意涵，他説：

> 漢儒訓仁爲相人偶。人于人不相偶，尚安有世界？不相人偶，見我切也，不仁矣，亦以不人。雖然，此之分别，由于人我而人我之也。甚至一身而有人我。[2]

譚嗣同主張“仁”乃人我相親之意，必二人以上，仁的價值意義才能顯現。且唯有人與人彼此互相交流、尊重，世界才能産生。此部分亦是阮元再三强調：“凡仁，必于終身所行者驗之而始見，亦必有二人而仁乃見。”此仁學的涵義兼具社會學、倫理學等多重意義，而非衹侷限于個人的内聖修養，强調是外王的事功與實踐。值得一提的是，康有爲、譚嗣同二人的仁學觀亦有部分受當時西方的社會學、宗教學理論的影響，因此在闡述仁論的過程當中，或有援引西方的概念以解釋個

---

[1] ［清］康有爲：《中庸注》，第21頁。
[2] ［清］譚嗣同：《仁學》，第21頁。

人心中的“仁”義，但從其詮釋的理路而言，自當是扣緊社會群體的軸心加以申論。

（三）孝道

阮元依鄭《注》闡釋“仁”，其思想義理略帶漢儒解經的色彩，因此亦被部分學者批評未脱去傳統的窠臼，忽略語詞本身具有雙重意義的用法差别。如朱一新《無邪堂問》曾就此作了如下的評斷：

> 文達昧于鄭注所不分者，强生分别，亦非也。仁也者，當合内外動静言之。專求諸内，近于釋氏；專求諸外，不近于墨氏乎？文達恐人以墨氏相詰，故并墨氏詆之，不知其宗旨及流弊實與墨氏無殊。[1]

上段引文抨擊阮元忽略詞義的多重性，祇憑漢注“本義”便歸納出“仁”字的社會實踐義，藉此發揚仁學在社會群體的道德實踐，此舉無异于墨家的兼愛。暫時撇開朱一新的學術趨向所引發的争議性，若從引文的文理脉絡而言，朱一新亦不否認，阮元所提倡“仁學”的確是具有社會學意味。但朱氏忽略阮元“仁學”的思想架構背後是由“孝”“禮”兩大支柱撑起“社會仁學”的道德實踐。“仁”的確是具有内外動静之分，偏執一隅，幾有可能落于釋氏或墨氏。于是，阮元提倡“孝”與“禮”，由基本的家族倫理關係做起，强調宗法社會秩序的重要性。如此，從中國文化基本的核心價值切入，便能更真實體現“人倫秩序”。如，阮元在釋“曾子曰忠者，其孝之本與”時提到：

> 事父母以忠實爲本，不以虚飾干譽，且事親、事君、事長、交友皆貴忠，故曾子曰：爲人謀而不忠乎？孔子曰：孝，德之始也；弟，德之序也；信，德之厚也；忠，德之正也，參也，中夫四德者矣。孔子曰：忠恕違道不遠，施諸己而不願，亦勿施于人。……曾子曰：夫子之道，忠恕而已矣，所謂一貫者，事君親處世，皆以忠恕行之，此聖賢讀書立身之實行，曾子學于孔子者也。非有獨傳之心，頓悟之道也。貫，行事也；一，讀若壹，是皆以修身爲本之壹。[2]

上段引文揭示了三個重點：一、“仁”的主體概念是“人”，包括人類社會一切關

---

[1] ［清］朱一新：《無邪堂答問》，《續修四庫全書》第1164册，影印光緒《廣雅叢書》，上海：上海古籍出版社，卷一，第39頁。

[2] ［清］阮元：《曾子注釋》卷二，第1～2頁。

係皆在其中；二、仁學的核心價值不在抽象的心性修養，而是著眼于社會學領域的一切處世之道；三、"孝"是衆德之首，所有的道德實踐無須遠求，亦無須内求，衹要從最基本的"事親之孝"做起，如此德性才得以慢慢彰顯。阮元透過《曾子十篇》的注文，闡釋自身對"仁學"實踐途徑的次序。是以，他在社會學的基礎上，强調儒家的差序格局，藉由個人在家族中的孝道實踐層層推擴出去，致而落實"齊治平"的外聖事功〔1〕。此一仁學思想體系，就觀點與闡釋的過程，則是與墨氏的兼愛有所區隔。而朱一新衹著眼于阮元"仁學"的社會實踐功能部分，未能全面掌握阮元以漢儒鄭《注》"相人偶"釋仁的背後深意——構築仁與禮、孝三者之間的關係，并建立起貫穿道德實踐的坐標軸，實屬憾事。雖然如此，但此點也足以反映在阮元身後，其所提倡的"仁學"思維已蔚爲一股潮流。清末由學海堂等諸人分别繼承、修正、開創以適應當時代的社會困境。如前所述譚嗣同《仁學》提倡"群己"關係的社會倫理等，皆可證明阮元的"仁論"是儒學從宋明傳統過渡到近代的重要橋樑，他透過"孝"、"禮"等倫理關係的重構，將理學著重形上抽象的本體化思維下拉到社會學領域的"群己關係"，并藉此觀念强調社會實踐、儒家事功的重要性。

（四）其他

除了考訂明堂制度、闡揚仁論的人我關係外，阮元的"器用"之論更積極地對中國自然科學領域方面進行大規模的文獻資料整理。當漢學家們藉由考訂經典詮釋儒家經義的同時，阮元則獨具慧眼，意識到天文數學的重要性，并開始着手編撰《疇人傳》，并利用詁經精舍、學海堂的教育事業，推廣天文科學的知識，如《兩浙解經録》裹便記載當時士子的習作答題卷，其中便有以《緇廣充幅長尋曰旃設股八尺勾二尺二寸得弦若干》的題目，其文中内容主要是探究古代衣服之制"深衣"的尺寸，該生范景福對該題申論時，便利用數學勾股定理的原理進行衣制尺寸的論述。再如，《詁經精舍文集》所載士子范景福撰《三侯見鵠説》，便是以圓周率法對"大射禮"做經學觀念上的邏輯推論；《古人用推步之法説》即以天文學知識對"歷代天文與曆法"之間的關係做一理論的考訂與説明。從這些編纂的文獻與士子的程作試題而言，可看出阮元積極在其所創辦的書院教育裹推廣天文科學等知識，一部分用以考訂歷代經學上的訛誤，由另一層面而言，他更開啓了中國近代天文科學知識的新里程碑。再者，編纂《經籍籑詁》《十三經注疏》

〔1〕《曾子注釋》一書中强調："君子之事親孝，故忠可移于君；事兄弟，故順可移于長；居家理，故治可移于官，是以行成于内，而名立于後世矣。"（卷一，第268頁）

《十三經校勘記》與《皇清經解》等學術著作，亦是將三代古人聖賢的哲理做一完整的保存工夫。就阮元的整體學術面貌而言，雖未若戴震、凌廷堪、焦循以專書專論開創、建構一己的學術思想體系，但其“述而不作”的整理文獻工夫，亦可反映他個人的學術價值體系。

此外，阮元亦綜合《考工記》中保存的治水概念，輔以探勘實測的觀察態度，教導“詁經精舍”的學子們如何利用古典文獻解决河道治水的工程。如《詁經精舍文集》裏所載程作題目《北過洚水至于大陸説》《禹鑿龍門考》《禹貢北過洚水至大陸考》等，皆是利用文獻資料、實測等經驗，綜合考訂河道的改變過程，而爲文撰寫的過程裏，一方面訓練學子們的邏輯思辨能力，另一方面也教導“器以藏道”的學術意義，將古籍知識靈活運用于生活民生上。

五 結 論

行文至此，必須承認的是，倘若没有乾嘉學術全面整理古籍的學術成就，建構落實于形下經驗領域的器學，同時開創對近代思想的啓蒙，則清末的儒者無法在此基礎上，針對社會弊病進行一連串的變革與檢討。若没有此階段的學術經世變革，中國近代化的發展進程也許將會更爲慘痛。身爲乾嘉經學最後重鎮的阮元，其建立着重形下的經驗領域，强調儒家“器用”之學，主張人我關係的“相人偶”仁論，雖然不符合西方社會倫理學的政治道德要求，但此理論是符合中國傳統儒家的原始家族倫理觀念，且他一再强調的“庸言庸行”的實踐理論，確實是改變自宋明以來的心性修養論。

作者簡介：林俞佑，臺灣屏東縣東港鎮人，1978年生。暨南國際大學中國語文學系博士。現爲暨南國際大學、大葉大學、僑光科技大學通識教育中心兼任助理教授、逢甲大學中國文學系兼任助理教授。專長領域爲清代經學與中國學術史。博士論文爲《阮元經學的義理進路》。

A Study of “Qi Xue”, with Regard to Ruan Yuan’s Researching and Editing Motivation of the Sacred Books of China

Lin Yuyou

Abstract: In regard to Ruan Yuan’s academic achievements and the successes of his lifetime, it was no doubts that Ruan never changed the goalin practicing Confucian ideology to the society, whether to work on the explanations of words or on the understanding in the sacred books of China. From Ruan's opinion, the sacred books were not only the source of text constructions, but also the principle and guideline of human behavior which followed our ancestors. A case in point, Ruan said "the criteria of Confucian ethics were hidden in specific things" was kept an eye on the respect of social culture. The saying tried to find out a truly existence of things from a complicated network between the abstract theories, specific experience and practical instances in a society. The purpose of Ruan's academic studies of the sacred books and feudal regulation was to seek out a connection between the ancient and current societies. Ruan's methods of practicing Confucian ideology were conducting a series of works on the explanations of words of "specific things". The literal translation from the word of "Qi Xue" means "a study of specific things". The practical foundation of things was aimed at these studying methods. Besides, the improvement of people's lives and the usage of abstract ethic ideology were the targets of creating a thing. In other words, it is an understanding process to form, to complete a specific thing, and then to apply Confucian ideology. In this study, the idea of "Qi Xue" will be discussed in order to reveal Ruan's pragmatic belief and working achievements of massive research and proofreading in the sacred books. In addition, known how Ruan Yuan to apply the practical though of forerunners to the current society.

Keywords: Qi Xue, Ruan Yuan, Practical Confucianism, Confucian ideology in practice

從方東樹批評阮元看漢宋學兼采的現實背景

鍾玉發

内容摘要：方東樹以《皇清經解》的輯刻爲契機，著成《漢學商兑》，對漢學“殿軍”阮元進行了激烈的批評。其對“理”與“禮”、訓詁與義理、知與行等問題的争辯難免有“衛道”的色彩，但也不乏合理、可取之處。另一方面，他對漢學所作脱離社會現實需要等非學術性批評則具有强烈的“通經致用”訴求。方東樹曾先後在兩廣總督阮元和鄧廷楨幕府中任幕賓，對“外夷”頻繁出入廣州所帶來的社會秩序的混亂以及因鴉片走私泛濫而造成的嚴重危害有切身的體認，他甚至提出了自己的解決方案，因此撰成于這一特定歷史情境中的《漢學商兑》對漢學“無用”的指責具有顯著的現實背景因素。阮元對方東樹的批評經歷了由不置可否到頗表認同的轉變，這突出地表現在他對理學修身立德、扭轉世風價值的重新肯定以及公開倡導漢宋學兼采等方面。不過，無論是漢學、宋學抑或是陸王心學都不可能從根本上解決晚清之際爆發的總體性社會危機。

關鍵詞：方東樹；阮元；漢宋之争；鴉片走私

方東樹是清代學術史上飽受熱議的人物，他并無顯赫的名位，也没有作成宏篇巨著，却僅憑一部《漢學商兑》長期成爲學術界研究的熱點，其間的原因值得深思。梁啓超認爲，方東樹之所以産生重大影響是因爲曾國藩“很尊敬他，爲他刻文集，曾一面提倡桐城文學，一面研究朱學”[1]。《清史稿》則認爲：“東樹窮

---

[1] ［清］梁啓超：《二千五百年儒學變遷概略》（下），《儒家哲學》第五章，張品興主編《梁啓超全集》，北京：北京出版社，1999年，第4988頁。

老不遇，傳其學（方）宗誠。既歿，宗誠刊布其書，名乃大著。”而方宗誠之所以先成名是因爲獲得山東布政使吴廷楝、大學士倭仁以及直隸總督曾國藩、李鴻章的賞識[1]。但是，這兩種看法都缺乏足够的説服力。另一方面，方東樹及其《漢學商兑》素來以其激烈攻擊乾嘉漢學爲人所知，但是學術界對其褒貶不一，甚且觀點對立。梁啓超曾説：“方東樹之《漢學商兑》，却爲清代一極有價值之書。其書成于嘉慶間，正值正統派炙手可熱之時，奮然與抗，亦一種革命事業也。其書爲宋學辨護處，固多迂舊，其針砭漢學家處，却多切中其病”[2]。胡適也説：“‘漢學’家攻擊宋學，歷一百年之久，可算是没有遇著有力的反攻擊。直到《漢學商兑》出來，方才有一種比較有系統的駁論。”[3]錢穆則説：“其議論所到，實亦頗足爲漢學箴砭者。”[4]批評者如皮錫瑞説：“方氏純以私意肆其謾駡……與其所著《書林揚觶》，皆陽儒陰釋，不可爲訓。”[5]侯外廬則認爲，方東樹“實際上是在提倡腐爛的理學的反動思想”[6]。

由于方東樹在阮元兩廣總督幕府中作成《漢學商兑》，因此他究竟怎樣批評了這位漢學“殿軍”、其矛頭究竟主要指向誰、指導思想是什麽以及産生了怎樣的效應等問題等值得深入再思考。本文擬從方東樹長期的幕賓生涯、《漢學商兑》的直接批評对象及其學術性和非學術性立場等方面來考察其在特定的歷史情境下所持漢宋學兼采的態度及其現實背景因素。

一

方東樹（1772～1851年），字植之，晚號儀衛主人，安徽桐城人。他曾師從桐城派創始人姚鼐，是“姚門四傑”之一。由于他對心性之學曾“大用功”，故姚鼐稱讚他爲“今日第一等豪傑”。他以諸生終老，主要以在書院教學和在大吏幕府爲幕賓謀生，著有《漢學商兑》《書林揚觶》等。其爲學“惟于朱子之言有獨契”，“故見後人著書，凡與朱子爲難者，輒恚恨”。他于道光四年（1824年）被招聘至兩廣總督阮元的幕府内，初爲纂修《廣東通志》，後來在學海堂“授經”。當他看到阮元輯刻《皇清經解》“以漢學導世”時，便撰成《漢學商兑》，對漢學

---

〔1〕《清史稿》卷四八六《文苑傳三·方東樹》，北京：中華書局，1998年，第3438頁。
〔2〕［清］梁啓超：《清代學術概論》，《梁啓超史學論著四種》，長沙：嶽麓書社，1998年，第70頁。
〔3〕胡適：《戴東原的哲學》，合肥：安徽教育出版社，1999年，第123頁。
〔4〕錢穆：《中國近三百年學術史》（下册），北京：商務印書館，1997年，第574頁。
〔5〕皮錫瑞：《經學復盛時代》，《經學歷史》一〇，北京：中華書局，1963年，第313～314頁。
〔6〕侯外廬主編：《中國思想通史》第5卷，北京：人民出版社，1956年，第685頁。

諸人逐一加以批駁[1]。方東樹自己的説法是因爲漢學大盛，“而程朱之門寂然不聞出一應兵”，故他憤而辟之[2]。關于《漢學商兑》矛頭所指存在不同説法，其一説方東樹“集矢于戴震”[3]。其二説主要針對江藩《漢學師承記》和《宋學淵源記》[4]。其三説阮元于嘉慶年間總輯《儒林傳稿》引發了方東樹的攻擊[5]。但是，方東樹是在阮元幕府中作成《漢學商兑》的，其直接緣起就是因爲阮元輯刻《皇清經解》所收僅爲漢學著作而排斥宋學著作[6]。《清史稿》就曾指出：“阮元督粤，辟學海堂，名流輻湊，東樹亦客其所，不苟同于衆。以謂‘近世尚考據，與宋賢爲水火。而其人類皆鴻名博學，貫穿百氏，遂使數十年承學之士，耳目心思爲之大障。’乃發憤著漢學商兑一書，正其違謬。又著書林揚觶，戒學者勿輕事著述。”[7]因此，方東樹及其《漢學商兑》批評的主要對象就是漢學“殿軍”阮元。江藩《漢學師承記》刻成于嘉慶二十三年（1818年），因此方東樹儘管也將其作爲重點抨擊對象之一，但是從《漢學商兑》成書的具體時間來看，其矛頭所指顯然主要是阮元輯刻的《皇清經解》。

《漢學商兑》直接點名阮元達二十餘處，其從學術立場對阮元的批評主要是圍繞著以“禮”代“理”、行先知後、“訓詁以明義理”等三方面展開的駁難。

其一，乾嘉漢學家爲學注重徵實，反對空談虛“理”，主張以“禮”代“理”。如凌廷堪認爲：“聖人不求諸理而求諸禮，蓋求諸理必至于師心，求諸禮始可以複性也。”[8]焦循也説：“治天下則以禮，不以理也。”[9]阮元則在前兩位幼時舊友之論的基礎上進一步提出“理必出乎禮”之論，他説：“朱子中年講理，固已精實，晚年講禮，尤耐繁難，誠有見乎理必出于禮也。”至于以“禮”代“理”的學術意義則在于“以非禮折之，則人不能争；以非理折之，則不能無争

---

[1] 鄭福照：《清方儀衛先生東樹年譜》，臺北：商務印書館，1978年，第4、6、14頁。

[2] [清] 方東樹：《漢學商兑》卷下，江藩《漢學師承記（外二種）》，錢鐘書主編《中國近代學術名著》，北京：生活·讀書·新知三聯書店，1998年，第385頁。

[3] 朱維錚：《中國經學十講》，北京：復旦大學出版社，2002年，第44頁；李帆：《論清代嘉道之際的漢宋之争與漢宋兼采》，《求是學刊》第33卷第5期，2006年9月。

[4] 皮錫瑞：《經學復盛時代》，《經學歷史》一〇，第313頁。

[5] 戚學民：《〈漢學商兑〉與〈儒林傳稿〉》，《學術研究》2010年第7期。

[6] 巧合的是阮元于道光三年（1823年）正月，將自己三十餘年來的經、史、詩、賦之作收録、刻印成《揅經室集》。參見張鑒等撰、黄愛平點校《阮元年譜》，北京：中華書局，1995年，第142頁。

[7] 《清史稿》卷四八《文苑傳三·方東樹》，第3438頁。

[8] [清] 凌廷堪：《好惡説上》，《校禮堂文集》卷一六，北京：中華書局，1998年，第141頁。

[9] [清] 焦循：《理説》，《雕菰集》卷一〇，北京：中華書局，1985年，第151頁。

矣。故理必附乎禮以行，空言理，則可彼可此之邪説起矣。”[1]方東樹批駁説：“不知禮是四端、五常之一，‘理’則萬事萬物咸在。所謂禮者，‘理’也，官于天也；禮者，‘天理’之節文，天敘、天敕云云，皆是就禮之一端言。”他指出：“夫朱子之學，以格物、窮理爲先，豈至中年而始從事，晚又棄而不言乎？”但是，“今漢學家，厲禁‘窮理’，第以禮爲教。又所以稱禮者，惟在後儒注疏名物、制度之際，益失其本矣。”之所以要“窮理”，是因爲“理斡是非，禮是節文，若不窮理，何以能隆禮，由禮而識禮之意也？”[2]也就是説，理爲形而上的抽象概念，萬事萬物皆有其理；而禮則是人倫日用之具體規範，包涵在前者之中，兩者不可相互替代。

其二，程朱理學主張知在行先，朱熹當年爲了論證《大學》所言“格物致知”就是窮盡天理，不惜作《格物補傳》。阮元却説：“格物者，至止于事物之謂也。凡家國天下五倫之事，無不當以身親至其處而履之，以止于至善也。”因此，他認爲：“聖賢之道，無非實踐。”相反，“若以格物爲心靈窮理，則猶是致知際内之言，非修身際内之事也。”他又批評説：“《大學集注》‘格’亦訓‘至’，‘物’亦訓‘事’，唯云‘窮至事物之理’，‘至’外增‘窮’字，‘事’外增‘理’字，加一轉折，變爲‘窮理’兩字，遂與實踐迥别。”[3]方東樹則批駁説：“此説乃漢學宗旨第一義。千條萬端，皆從此路差去。”他指出：“聖門論學，固知行并進，然知畢竟在先，使非先知之，何以能行之不失也？理即事，而在所謂是者何邪？非理之所在邪？若不‘窮理’，亦安知所求之是之所在？朱子固曰‘在即物而窮理’，夫‘即物窮理’，非即實事求是乎？”又表示：“程朱教人‘窮理’，皆就自家身心，及倫物日用之地求之，爲説甚詳，何嘗以空言‘窮理’。”在他看來，“以行爲知，固謬；以行廢知，益爲邪説。”因此，“若‘格物’所訓爲‘至事’、爲‘實踐’者，即在誠、正、修、齊、治、平，則匹夫蕭然蓬户，安得有國與天下，供其實踐至事？否則，終身無由知治、平之理，而‘知’終不得致矣。”[4]也就是説，誠、正、修、齊、治、平爲本，躬行踐履爲末，無“知”則無“行”，無本則無末，因此，漢學諸人以爲踐履在先、知在後爲顛倒本末。

---

〔1〕［清］阮元：《書東莞陳氏學蔀通辨後》，《揅經室續三集》卷三，阮元撰、鄧經元點校《揅經室集》（下册），北京：中華書局，1993年，第1062～1063頁。
〔2〕［清］方東樹：《漢學商兑》，江藩《漢學師承記（外二種）》，第293、294頁。
〔3〕［清］阮元：《大學格物説》，《揅經室一集》卷三，《揅經室集》（上册），第55、56頁。
〔4〕［清］方東樹：《漢學商兑》卷中之上，第297、298頁。

其三，漢學皖派開派者戴震認爲："經之至者道也，所以明道者其詞也，所以成詞者未有能外小學文字者也。由文字以通乎語言，由語言以通乎古聖賢之心志，譬之適堂壇之必循其階，而不可以躐等。"[1]阮元繼承了這一治學宗旨，指出："聖賢之道存于經，經非詁不明。"[2]因此，其治學興趣與途轍與當時盛行的考據學合流，走上了"治經必通訓詁"之路。他于嘉慶十七年（1812年）總輯成清代學術史正傳《儒林傳稿》，其自序稱："綜而論之，聖人之道，譬若宫牆，文字訓詁，其門徑也。門徑苟誤，跬步皆歧，安能升堂入室乎。學人求道太高，卑視章句，譬猶天際之翔，出于豐屋之上，高則高矣，户奥之間未實窺也。或者但求名物，不論聖道，又若終年寢饋于門廡之間，無複知有堂室矣。"[3]但是，方東樹却認爲："夫文字訓詁，衹是小學事，入聖之階，端由知行，古今學術歧异，如楊墨、佛老，皆非由文字訓詁而致誤也。而如漢儒許、鄭諸君，及近人之講文字訓詁者，可謂門徑不誤，而升堂入室者，誰乎？"[4]不僅如此，他還對阮元的若干訓詁失誤進行了逐一批駁。比如，阮元將《論語》中所見之"貫"訓爲"行也，事也。"并説："孔子呼曾子告之曰：'吾道一以貫之。'此言孔子之道，皆于行事見之，非徒以文學爲教也。"[5]方東樹却批駁説："六經之言，一字數訓，在《爾雅》《説文》中，不可枚舉，故曰'詩無達詁'。今據《爾雅》《廣雅》，訓'貫'爲'習'、爲'行'、爲'事'，得矣。而'貫'實有'通貫'之義，《説文·毌部》曰：穿物而持之；'貫'字下曰'錢幣之貫'。又《玉篇》'毌，持穿也'；'貫，事也，條也，穿也，行也。'惡得主一廢一？"他又駁斥阮元"仁"爲"相人偶"之説是執一害全，在他看來，所謂"仁"，如經書所言，除"相人偶"之義外，還含有"人之所以爲人"的意思，如孔子所説"泛愛衆而親仁"，以及"終食不違""静""壽""樂山""能守""志仁""當仁""巧言令色，鮮矣仁"等，都不是"人偶"之詁。這裏實際上牽涉"訓詁"與"義理"的矛盾問題，即"貫""仁"等具有思想意義的文字不能由訓詁釋解，誠如方東樹所言"蓋義理有時實有在語言文字之外者"[6]。

---

[1] ［清］戴震：《古經解鈎沈序》，《戴震文集》卷一〇，北京：中華書局，1980年，第146頁。

[2] ［清］阮元：《西湖詁經精舍記》，《揅經室二集》卷七，《揅經室集》（上册），第547頁。

[3] ［清］阮元：《擬國史儒林傳序》，《揅經室一集》卷二，《揅經室集》（上册），第37～38頁。

[4] ［清］方東樹：《漢學商兑》卷中之下，江藩《漢學師承記（外二種）》，第323頁。

[5] ［清］阮元：《論語一貫説》，《揅經室一集》卷二，《揅經室集》（上册），第53頁。

[6] ［清］方東樹：《漢學商兑》卷中之上，江藩《漢學師承記（外二種）》，第300、303～304、321頁。

漢學與宋學本爲儒學的一體兩面，都是對儒家經典的闡發。但是，前者以回歸儒學元典爲追求，爲學注重"求真"、"求實"，并在社會生活中實踐"聖人之道"；後者則注重探討理、氣、性、命等形而上的抽象命題和與道合一的人生修養理論，其在形成過程中又廣泛地吸納了道家、佛教的抽象思辨和心性修養方法，其對儒家經典所作疏解的確與孔孟不完全等同。如果從漢學家力圖獲得儒家經典原義原解的治學宗旨來看，理學難以避免"空疏"之病。這是方東樹感到程朱理學受到威脅的原因所在，其對阮元的批評可以看做就是這兩種不同的學問方式的衝突。不過，方東樹對阮元之學并非全面否定，比如，其引阮元説："中唐以後，人蔑視六朝，不知唐初諸經正義，及敕修諸史，無不本于南北朝。"他贊賞説："此論至公……可謂儒林讜議矣。"他又對阮元治經"違（鄭）注"表示贊賞，認爲："論學皆能若此，固萬世之眼目矣。"他不僅承認"小學、音韻，是漢學諸公絶業，所謂此自是其勝場，安可與争鋒者。"[1]而且他本人亦有相當深厚的小學功夫。例如，他曾于道光四年（1824 年）在阮元幕府中以盧文弨手抄《十三經注疏》原本詳校阮刻《十三經注疏校勘記》，"上下四旁，朱墨交錯"[2]。同時，他在《漢學商兑》中指責因過度迷信《説文》而造成的十五個錯謬全部是正確的[3]。因此，方東樹爲學實有兼采漢宋兩家之長的特點。他指出："竊以訓詁、名物、制度，實爲學者所不可闕之學，然宋儒實未嘗廢之。但義理、考證，必兩邊用功始得。"[4]他甚至設譬説："經者，良苗也；漢儒者，農夫之勤菑畬也，耕而耘之，以殖其禾稼；宋儒者，獲而舂之，蒸而食之，以資其性命，養其軀體，益其精神。非漢儒耕之，則宋儒不得食；宋儒不舂而食，則禾稼蔽畝，棄于無用，而群生無以資其性命。"[5]有學者認爲，曾國藩主張漢儒"實事求是"之學無异于朱熹的"格物窮理"與陳澧在《東塾讀書記》强調漢宋調和都是受方東樹影響的結果。因此，《漢學商兑》被人們"當做是要求漢宋融合的嚆矢"[6]。此言似不無其理。

---

〔1〕［清］方東樹：《漢學商兑》卷下，江藩《漢學師承記（外二種）》，第 379、369、383 頁。

〔2〕王章濤：《阮元年譜》，合肥：黄山書社，2003 年，第 759 頁。

〔3〕胡適：《戴東原的哲學》，第 129 頁。

〔4〕［清］方東樹：《漢學商兑》卷下，江藩《漢學師承記（外二種）》，第 405 頁。

〔5〕［清］方東樹：《漢學商兑·重序》，江藩《漢學師承記（外二種）》，第 411 頁。

〔6〕王汎森：《方東樹與漢學的衰退》，《中國近代思想與學術的譜系》，石家莊：河北教育出版社，2001 年，第 25～26 頁。

二

除了對阮元等漢學家的治學宗旨及其學術實踐進行責難之外，方東樹《漢學商兑》還對阮元進行了激烈的非學術性批評，這表現在他抨擊阮元極爲推重的毛奇齡、相對肯定顧炎武之學以及指責漢學“無用”等方面。

《漢學商兑》共分三大部分，其第一大部分首先以毛奇齡爲發難对象，其間的原因耐人尋味[1]。方東樹引毛奇齡《西河集》辨“道學”之得名曰：“聖以道爲學，而學進于道，然不名‘道學’。”北宋時，道士陳摶據華山張大其學，作道學綱宗。“至南宋朱熹，直丐史官洪邁，爲陳摶作一名大臣傳。而周、程諸子，則又倡《道學總傳》于《宋史》中，使道學變作儒學。”方東樹在夾注中又指出，毛奇齡曾作《圖書原舛》，力辨《易》圖爲宋儒本道家之説所僞造。方東樹大不以爲然，批駁説：其一，“太極之名，圖書之數，先後天方位，皆本《易大傳》，固孔之言也。傳雖不言圖，然圖與傳縱横曲直，無不相值，可謂至精。故朱子信之，即謂後人因傳作圖，要其旨不叛于聖人。”而毛奇齡諸人“不過以漢儒未嘗言圖，不可爲信，遂并《大傳》經文不顧。”其二，“世以‘道學’、‘理學’爲詬病也，衆也久矣。”但是，“夫以堯、舜、周、孔之聖學，號而讀之曰‘道’，循而求之曰‘理’，此古今之通義。”許慎以“理”爲“治玉之名”，但是“條理、義理、文理，皆本天道之自然，故曰‘天理’。”其三，“考上古聖人，不以儒名。周公設官分職，始别師儒之用，而師較優。”因此，“《宋史》本《伊洛淵源録》創立《道學傳》，正合周公之制。”可見，方東樹至此所争辯者大致爲程朱理學雖然被號稱爲“道學”，但是其本旨皆出于“聖學”；其所謂“理”本天道之自然，故稱之爲“天理”[2]。

由此，方東樹又將批評的矛頭引向曾總輯《儒林傳稿》的阮元。他指責説，阮元《擬國史儒林傳序》雖然本諸周公之制，將理學家歸入“師”，將漢學家

---

[1] 戚學民認爲，阮元于嘉慶十七年纂成的《儒林傳稿》“是激化漢宋紛争的導火索”，“導致方東樹撰寫《漢學商兑》”，參見氏著《阮元〈儒林傳稿〉與清代漢宋學術之争》，載《清華大學學報（哲學社會科學版）》2009年第6期；於梅舫也認爲，方東樹《漢學商兑》首攻毛奇齡爲項莊舞劍，“此舉主要即在攻擊阮元樹毛奇齡爲清代經學開山。”參見於梅舫《〈漢學商兑〉的發軔、緣起及旨趣》，《社會科學戰綫》2011年第8期。

[2] ［清］方東樹：《漢學商兑》卷上，江藩《漢學師承記（外二種）》，第240、241、246、245、250、251頁。

歸入“儒”，但是他僅僅在名義上持漢、宋學之平[1]，“其志業表章，仍宗漢學一派”。因此，他對于“專標漢幟”以及漢學家“厲禁言理”極爲不滿，抨擊説：“專標漢幟，則自惠氏始。惠氏雖標漢幟，尚未厲禁言‘理’；厲禁言‘理’則自戴氏始。自是宗旨祖述，邪詖大肆，遂舉唐宋諸儒已定不易之案，至精不易之論，必欲一一盡翻之，以張其門户。江氏作《漢學師承記》，阮氏集《經解》，于諸家著述，凡不關小學，不純用漢儒古訓者，概不著録。”其危害性則在于“風氣所偏，遂欲掃滅宋儒，毒罪朱子，鼓怒浪于平流，振驚飆于静樹，可已而不已。斯風一煽，將害及人心學術”。不過，他也并非主張將漢學一概抹殺，而是主張“兼而存之”，并將調和漢宋之争的重任寄托在“通賢真儒”身上[2]。

清儒普遍以顧炎武爲漢學的“不祧之祖”，阮元也曾説：“世之推亭林者，以爲經濟勝于經史；《四庫書提要》論亭林之學經史爲長……其自著《與友人論學書》云：‘所謂聖人之道者，曰博學于文，曰行己有恥。自一身以至于天下國家，皆學之事也；自子臣弟友以至于出入往來辭受取與之間，皆有恥之事也。士而不先言恥，則爲無本之人，非好古多聞則爲空虚之學。’以此觀之，先生之經濟皆學術爲之。……余願論先生之經濟者，一皆推原于‘博學’、‘有恥’二端，則欲論經濟舍經史未由也。”[3]甚至連方東樹也認爲：“以余論黄（宗羲）、顧（炎武）二君，蓋得漢學之精，而宋學之粗者也。如江氏、惠氏，乃拾漢學之渣穢也。”[4]但是，另一方面阮元又罕見地對口碑頗爲不佳的毛奇齡表示激賞，他雖然知道毛氏“好辨善詈”的性格特點，但是却認爲：“國朝經學盛興，（毛奇齡）檢討首出于東林、蕺山空文講學之餘，以經學自任，大聲疾呼，而一時之實學頓起……迄今學者日益昌明，大江南北著書授徒之家數十，視檢討而精核者固多，謂非檢討開始之功則不可。”[5]儼然將其視作清代經學的開山者，并予大力推介，結果

---

〔1〕在所爲之傳主人選上，阮元不分漢、宋，兼采并收。所以，此篇之後有其子阮福的按語，云：“家大人撰《儒林正傳附傳》共百數十人，持漢學、宋學之平，群書采集甚博，全是裁綴集句而成，不自加撰一字。”（阮元：《擬國史儒林傳序》，《揅經室一集》卷二，《揅經室集》（上册），第38頁。）

〔2〕［清］方東樹：《漢學商兑》卷上，江藩《漢學師承記（外二種）》，第250、260、261頁。

〔3〕劉師培：《左盦題跋·跋阮芸台京師慈善寺西新立顧亭林先生祠堂記》，《劉申叔遺書》，南京：江蘇古籍出版社，1997年，第1972～1973頁。

〔4〕［清］方東樹：《漢學商兑》卷上，江藩《漢學師承記（外二種）》，第260頁。

〔5〕［清］阮元：《毛西河檢討全集後序》，《揅經室二集》卷七，《揅經室集》（上册），第543頁。

“坊間多流傳”毛氏之著。[1]另外，嘉慶十四年（1809年），時任浙江巡撫的阮元因受劉鳳誥科場舞弊案牽連，革職回京，次年，恩賞爲翰林院編修。他自願充任國史館總纂，總輯《儒林傳》、《文苑傳》和《循吏傳》。嘉慶十七年（1812年），他在離京赴任漕運總督之前將纂辦粗成的《儒林傳稿》抄呈國史館。國史館據此删若干篇而成《國史儒林傳》。日後，阮元將所删篇目集録爲《集傳録成》，“所録十五人，附見十人。”[2]其中，毛奇齡居首，且阮元稱曰：“其言《易》，發明荀、虞、幹、侯諸家旁通卦、卦變卦綜之法，是後儒者多研究漢學，不敢以空言説經，實自奇齡始。”[3]對此，晚清时期徐世昌評價説：“西河經説，阮文達極稱之，謂學者不可不亟讀。蓋自明以來，申明漢儒之學，使人不敢以空言説經，實自西河始。”[4]但是，這引起了方東樹的不滿。他説：“阮氏平日教學者，必先看《西河文集》，故其所撰，支離悖誕，亦與之相類。”[5]可見，《漢學商兑》首以毛奇齡爲抨擊對象，實質上是在責難阮元。

從表像看，方東樹對毛奇齡并阮元的駁斥是出于“衛道”和抨擊漢學家的“門户”之見，但是實際上其基點則在于指責漢學之研究、著述“無用”。這是因爲，顧炎武普遍被尊爲漢學開山者，而顧氏同樣對理學進行過批評，他説：“理學之傳，自是君家弓冶。然愚獨以爲理學之名，自宋人始有之。古之所謂理學，經學也，非數十年不能通也。”[6]他又批評朱熹擅改《大學》經傳：“朱子之正《大學》《繫辭》，經以其所自定者爲本文，而以錯簡之説注于其下。”[7]但是，方東樹却對此視而不見。他雖然認爲，顧炎武“禁言心”，“多有差失，其流皆足爲學術大害”，但是却肯定他對明代學風空疏的批評，并説：“黄太冲、顧亭林，立身大節，學問根柢，不愧通儒。”[8]《漢學商兑》雖然對漢學諸人逐一痛加貶斥，却認爲：“若黄震、萬斯同、顧亭林輩，自是目擊時弊，意有所激，創爲救病之論。”[9]又説：“如明季心學縱恣，异説紛歧，誠爲惑亂。顧氏憂而欲辟之，其意甚

---

〔1〕［清］阮元：《定香亭筆談》卷四，北京：中華書局，1985年，第156頁。
〔2〕王章濤：《阮元年譜》，第555頁。
〔3〕［清］阮元：《集傳録存》，《揅經室續二集》，《揅經室集》（下册），第1025頁。
〔4〕徐世昌等編、沈芝盈、梁運華點校：《清儒學案》卷二五《西河學案上》，北京：中華書局，2008年，第965頁。
〔5〕［清］方東樹：《漢學商兑》卷中之上，江藩《漢學師承記（外二種）》，第305頁。
〔6〕［清］顧炎武：《與施愚山書》，《亭林文集》卷三，《顧亭林詩文集》，北京：中華書局，1959年，第58頁。
〔7〕［清］顧炎武：《答李子德書》，《亭林文集》卷四，《顧亭林詩文集》，第72～73頁。
〔8〕［清］方東樹：《漢學商兑》卷中之上，江藩《漢學師承記（外二種）》，第270頁。
〔9〕［清］方東樹：《漢學商兑·序例》，江藩《漢學師承記（外二種）》，第235頁。

善。"[1]言外之意是，顧炎武抨擊明末學風空疏而導致世道人心混亂，因而尚可引爲師法，但是，楊慎、焦竑、毛奇齡等"出于淺肆矜名，深妒《宋史》創立《道學傳》，若加乎《儒林》之上，緣隙奮筆"，"新編林立，聲氣扇和，專與宋儒爲水火。"[2]使得顧炎武當年爲了"明道"、"救世"而進行學術研究的本旨丢失了，衹剩下爲著述而著述的"無用"之學[3]。

《漢學商兑》首以攻擊毛奇齡對于"道學"理解之不確以及阮元《儒林傳稿》貌似持漢宋之平却實質上偏向漢學入手，從源頭上論析了漢宋學兩家的根本區别。由于方東樹以程朱理學爲修身立德之正學，又以漢學爲純書本學問，因此《漢學商兑》下卷就以攻擊漢學脱離現實、"無用"告結。他在全書之末指責説："漢學諸人，堅稱義理存乎訓詁、典章、制度，而如《考工》、車制，江氏有考，戴氏有《圖》，阮氏、金氏、程氏、錢氏，皆言車制，同時著述，言人人殊，訖不知誰爲定論？……竊以此等，明之固佳；即未能明，亦無關于身心、性命、國計民生、學術之大。物有本末，是何足以臧也？以荀子'法後王'之語推之，則冕服、車制、禄田、賦役等，雖古聖之制，亦塵飯木胔！何者？三統之建，忠質之尚，井田、禮樂諸大端，三代聖人，已不沿襲，又何論後世，而欲追古制乎！"并且在末句表示："學術之差，爲人心世道之憂，所關至鉅，非細故也。"[4]其後來所作《重序》又特意申明："畢世治經，無一言幾于道，無一念及于用。以爲經之事盡于此耳矣，經之意盡于此耳矣。其生也勤，其死也虚，其求在外，使人狂，使人昏，蕩天下之心，而不得其所本。雖取大名如周公、孔子，何離于周公、孔子？其去經也遠矣。"[5]因此，他反對一味沉溺于爲學術而學術的著述，批評説："藏書滿家，好而讀之，著書滿家，刊而傳之，誠爲學士之雅素。然陳編萬卷，浩如煙海，苟學不知要，敝精耗神。與之畢世，驗之身心性命，試之國計民生，無些生益處。身死之日，徒以此書還之于世，留贈後人，與好貨財、置服器何异？此衹謂之嗜好，不可謂之學。"[6]由此可見，他之所以攻擊阮元輯刻《皇清經解》

---

[1] [清] 方東樹：《漢學商兑》卷中之上，江藩《漢學師承記（外二種）》，第268頁。

[2] [清] 方東樹：《漢學商兑·序例》，江藩《漢學師承記（外二種）》，第235頁。

[3] 錢穆曾指出："蓋亭林論學，本懸二的：一曰明道，一曰救世。其爲《日知録》，又分三部：曰：經術，治道，博聞。後儒乃打歸一路，專守其'經學即理學'之議，以經術爲明道。餘力所匯，則及博聞。至于研治道，講救世，則時异世易，繼響無人，而終于消沉焉。"（《中國近三百年學術史》（上册），第160～161頁）

[4] [清] 方東樹：《漢學商兑》卷下，江藩《漢學師承記（外二種）》，第405、408頁。

[5] [清] 方東樹：《漢學商兑·重序》，江藩《漢學師承記（外二種）》，第411頁。

[6] [清] 方東樹：《書林揚觶》，北京：中國書店，1925年鉛印本。

除了宋學著作的確未被收録之外，其主要意圖就是指責純書本學問的漢學研究脱離社會現實需要。

《漢學商兑》問世後，曾獲得時人的稱讚。錢穆説，方東樹的學術造詣雖然不如章學誠、許宗彦、陳澧，“然亦頗爲并時學者推重”，自注謂“即其首列諸家題辭可見。”[1]但朱維錚却認爲：“《漢學商兑》重刊本題辭者，其本屬于桐城、陽湖派人物，不能代表‘并時學者’的一般意見。”[2]實際上，爲《漢學商兑》“題辭”的主要爲兩類人，其中朱雅、陸繼輅、沈欽韓、毛岳生爲文士，但姚瑩、李兆洛和陶澍却均爲晚清經世派領袖人物。例如，姚瑩（1785～1853年）不僅以其在鴉片戰争爆發時組織臺灣官民有效抗擊英國侵略者而聲名卓著，而且又以講求經世之學、關注國計民生爲時所稱，其所著《康輶紀行》堪稱經世派的代表性著作之一，他對漢學家鄙薄宋儒以及不能有效阻止“外夷交侵”的過失所作抨擊與方東樹對阮元的指責如出一轍（詳見後文）。再如，武進人李兆洛（1769～1841年）治學歸于致用，故研窮天文、輿地，皆極其微。魏源將他與今文經學家莊存與合稱爲“并世兩通儒”[3]。梁啓超則説，晚清今文經學派有兩個源頭，其中經學源頭由莊存與、劉逢禄開派，而其文學源頭則是由桐城派轉變而來的陽湖派張惠言、李兆洛開派，“兩派合一來産生一種新精神，就是想在乾、嘉間考證學的基礎之上建設順、康（筆者案似應爲“嘉、道”）間‘經世致用’之學。”[4]至于陶澍（1779～1839年）更是素以經世爲世所稱，歷任封疆大吏，其幕府幾乎是晚清經世派的大本營，包世臣、魏源、李星沅、胡林翼等均曾任其幕賓。由此可見，方東樹《漢學商兑》得到諸多經世派的稱贊，其現實效應不容置疑。

儒家傳統講求“治教一源”，重視發揮學術對于政治的指導作用。因此，方東樹對阮元熱衷于脱離現實的漢學研究和著述進行的批評可以看作是“道術”對“治術”的責難，因爲在他看來，瑣碎不堪的繁瑣考證和疊床架屋式的鴻篇巨制均没有“用”。

三

方東樹《漢學商兑》對漢學家的攻擊言辭激烈，甚且大言自壯，不僅在學術

---

〔1〕 錢穆：《中國近三百年學術史》（下册），第576頁。

〔2〕 朱維錚：《漢學與反漢學——江藩的〈漢學師承記〉、〈宋學淵源記〉和方東樹的〈漢學商兑〉》注（55），見《求索真文明——晚清學術史論》，第42頁。

〔3〕 ［清］魏源：《武進李申耆先生傳》，《魏源集》（上册），中華書局，1976年，第361頁。

〔4〕 ［清］梁啓超：《中國近三百年學術史》，東方出版社，1996年，第31頁。

上對理學自身無所創新，而且其肆口狂言、醜詆毒詈的作派影響甚爲惡劣。但是，如果聯繫到方東樹的一貫學術立場、幕賓的職業生涯及其所作所爲來看，其對漢學的攻擊不完全是“迂儒”之見，而是在特定的歷史背景下表達的“通經致用”訴求。

嘉道以來，清王朝走過了它的鼎盛期，逐步趨向衰落，内憂外患日益嚴重，其中來自海上的以英國爲首的西方殖民勢力滲透到了中國東南沿海。由于英國在對華貿易中，長期處于入超，因此英商便偷運鴉片，進行走私貿易。阮元任兩廣總督達十年之久（1817～1826年），其主要政務之一便是解決“外夷”事務。他曾采取過種種辦法嚴禁鴉片走私，如道光元年（1821年）十一月以十三行等洋商與夷人直接交易而又不能阻止鴉片走私爲由，奏准朝廷將“總商居首”者伍敦元“所得議敘三品頂戴即行摘去”以示懲儆[1]。道光二年（1822年），他又奏准朝廷將上年擒獲走私鴉片的澳門總頭目葉恒樹等加以審辦，枷號一個月後發近邊充軍。又“奉旨重申前禁：凡洋船至粤，先令行商出具所進黄埔貨船并無鴉片，甘結方准開倉驗貨。其行商容隱，事後查出，加等治罪。開館者議絞，販賣者充軍，吸食者杖徒。”此後，“鴉片躉船盡徙于零丁洋。”[2]道光三年（1823年）二月，他又將營伍内參與走私、販賣活動的官兵謝廷可、夏秀芳、曾振高、黄成鳳、孫朝安等人革職并發配充軍[3]。

但是，鴉片走私并未禁絶，反而呈愈演愈烈之勢。據統計，1817～1826年間每年輸入的鴉片分别爲4140箱、4359箱、4186箱、4244箱、5959箱、7773箱、9035箱、12434箱、9373箱、12231箱[4]。鴉片走私不僅毒害國人身心，而且造成白銀外流進而加重了財政危機。阮元對此也有清醒的認識，1836年程恩澤記述説：“歲出洋銀，或云千萬。儀真相公（按即阮元）云：過其辭也。不過五六百萬；然洋錢亦自外而入，乘除之，尚不至二三百萬。然不可久，久則中國之儲竭也！”[5]

---

[1] 《兩廣總督阮元奏洋商伍敦元徇隱夷船夾帶鴉片，請摘去所得頂戴并責令嚴禁杜絶折》，《鴉片戰争資料一》，轉引自王章濤《阮元年譜》，第691頁。

[2] 李圭：《鴉片事略》卷上，轉引自王章濤《阮元年譜》，第695頁。

[3] 《兩廣總督阮元等奏查禁鴉片輸運入口情形折》，《鴉片戰争資料一》，轉引自王章濤《阮元年譜》，第733頁。

[4] Chinese Ropository Vol. V，p. 547；H. B. Morse：the International Relations of the Chinese Empire Vol. I，pp. 173，203～210. 轉引自姚薇元《鴉片戰争史實考——魏源〈道光洋艘徵撫記〉考訂》，人民出版社，1984年，第18頁。

[5] 沈雲龍：《包世臣與中國鴉片之役》，《中國近現代史論集（第一編）》，臺北：商務印書館，1986年，轉引自龔纓晏《1840年前輸入中國的鴉片數量》，載《浙江大學學報（人文社會科學版）》第29卷第4期，1999年8月。

阮元將鴉片走私禁而不絕的原因歸結爲洋商貪利、内外勾結和上下通同作弊，據梁章鉅記載："嘗與雲台師談及往事，師深爲扼腕，曰：'尚記得嘉慶二十二年，我爲兩廣總督時，首以嚴馭夷商、洋商爲務，蓋洋商受英夷之利益，英夷即仗洋商之庇護，因此愈加傲黠不馴……'。"[1]陳壽祺[2]也曾對阮元説："鴉片一物，夷人販運，既以戕中國之人，又以耗中國之財，用心叵測，流毒無窮。計二十年間，天下之甘其鴆而傾其貲者奚啻累千億萬？編氓陷之十二三焉，庠序陷之十四五焉，紈絝陷之十八九焉，冠弁陷之十一二焉。……嶺南辦此事嚴矣，然卒莫能禁絶者，其源在海關藉是以充榷税，吏役藉是以肥囊橐，洋商藉是以牟贏。不絶其源，害莫由熄。然即使朝廷停罷互市、歲捐、海上數十萬金之税，而夷人失利，上下騷動，遊手怨諮何所安置？内外阻窒，思之實無良策，顧未知蒼蒼者之悔禍何日也。"[3]但是，如果深入一步來看，造成這種局面的原因可能與清廷一貫奉行的"羈縻"政策和地方大吏普遍奉旨行事而在實際執行過程中又采取虚與委蛇的態度相關。雖然没有直接證據表明，阮元在鴉片問題上有敷衍了事之舉，但是其後任鄧廷楨却難辭其咎。鄧廷楨于道光十五年至十八年（1835～1839年）任兩廣總督，他曾一度贊成許乃濟于道光十六年（1836年）四月提出的馳禁論，并爲此做了積極的準備，直到清廷接受了黄爵滋于道光十八年（1838年）四月提出的嚴禁建議後他才轉變立場，力圖有所作爲。有學者認爲，"鄧廷楨的這種態度既與廣東地方官員對禁煙難度的習慣性畏懼有關，也是清代官場因循圓滑的積習之表現。"所以，"鄧對禁煙的種種措施都主要出之于職責所在和討好皇帝，并非出于義憤或基于崇高原則。"[4]如果從這一情況來看，包括阮元在内的歷任兩廣總督對鴉片走私貿易可能奉行的都是這一立場，這可從部分當事人對阮元所持放任政策表示的"微詞"乃至抨擊的態度窺見其一斑（詳見後文）。

鴉片禁而不絶，阮元却熱衷于著書立説，匯刻《皇清經解》，因此引發了旁觀

---

〔1〕［清］梁章鉅：《英夷》，《浪迹叢談》卷五，轉引自王章濤《阮元年譜》，第637頁。

〔2〕［清］陳壽祺（1771～1834年），字恭甫，號左海，福州人，曾任翰林院編修，廣東、河南鄉試同考官。一生致力于《尚書》《詩經》的研究。曾于嘉慶六年至八年（1801～1803年）應阮元之邀，主講杭州敷文書院、詁經精舍。所著有《五經异義疏證》《尚書大傳定本》《左海文集》等。參見阮元《隱屏山人陳編修傳》，《揅經室續集》卷二，北京：中華書局，1985年，第98、100頁。

〔3〕［清］陳壽祺：《上宫保尚書儀真公書》，《左海文集》卷五，道光刻本。

〔4〕張馨保：《林欽差與鴉片戰争》，轉引自吴義雄《鄧廷楨與廣東禁煙問題》，《近代史研究》2008年第5期。

者方東樹的强烈不滿與激烈的批評。實際上，方東樹對阮元的態度經歷過由一味稱頌到激烈批評的轉變。他于嘉慶二十四年（1819 年）入阮幕，直到道光三年（1823 年）仍未對阮元有何不滿之言。相反，當學海堂建成時，他對阮元甚爲稱頌："大司馬儀徵阮公，以文武光朝，經綸宰世，秉列精之淳耀，降河嶽之上靈，海内儀刑，當世冠冕。歲路未强，學優而仕，固以道綜天下，理窮墳索。……乘理照物，抱神研幾，凡軍國遠謨，政刑大典，既道在隆民，則功歸輔世，而猶綴講不倦，述作無疲。"〔1〕但是，就在這一年當阮元輯刻《皇清經解》時，他著成《漢學商兑》對之痛加抨擊。他甚至指責説："兩粵制府阮大司馬既創建學海堂，落成之明年乙酉初春，首以《學者願著何書》策堂中學徒。余慨後世著述太易而多，殆于有孔子所謂不知而作者，因誦往哲遺言及臆見所及，爲十有六論，以諗同志知者。"〔2〕

耐人尋味的是，方東樹于道光四年（1824 年）在阮元幕府中撰成《漢學商兑》，而當他于道光十八年（1839 年）在鄧廷楨幕府時又重予刊誤、修訂，輯成《漢學商兑刊誤補義》二卷〔3〕，隱然以該書爲話題宣示自己的一貫立場〔4〕。也就是説，他當年對阮元所作批評隱含著極爲强烈的"通經致用"訴求——鴉片走私泛濫、世道人心混亂，作爲疆臣的職責應該應對政事，如果是倡導學術，那也不能衹重視音訓、考據等與現實脱離的"無用"之學，而應該或者至少是兼而重視具有扭轉世道人心和道德教化作用的程朱理學。

從方東樹的職業生涯來看，他雖然從未涉足過官場，但是他長期以幕賓爲生，

---

〔1〕［清］方東樹：《學海堂銘》，《儀衛軒外集》，轉引自王章濤《阮元年譜》，第 763、764 頁。

〔2〕［清］方東樹：《書林揚觶·序》，轉引自鄭福照《清方儀衛先生東樹年譜》，第 15 ~ 16 頁。

〔3〕［清］鄭福照：《清方儀衛先生東樹年譜》，第 25 頁。

〔4〕關于方東樹撰述、刻印《漢學商兑》的時間存在不同説法：其一，鄭福照將其繫于道光辛卯年（1831 年）（鄭福照：《清方儀衛先生東樹年譜》，第 15 頁）；其二，朱維錚考證各家之説後認爲，"辛卯本以前必有一初刻本，惜未見。"（朱維錚：《漢學與反漢學——江藩的〈漢學師承記〉、〈宋學淵源記〉和方東樹的〈漢學商兑〉》，見《求索真文明——晚清學術史論》，上海古籍出版社，1996 年，第 38 頁注 12）；其三，於梅舫認爲，《商兑》的發軔應在嘉慶二十五年（1820 年）至道光元年（1821 年）之間（於梅舫：《〈漢學商兑〉的發軔、緣起及旨趣》，《社會科學戰綫》2011 年第 8 期）；其四，漆永祥認爲，該書"道光四、五年間，有部分成稿，此後不斷修改，道光辛卯（1831 年）冬初刊後，合《刊誤補義》，最早者爲同治十年（1871 年）吴棠望三益齋刻本"（漆永祥：《方東樹〈漢學商兑〉新論》，《文史哲》2013 年第 2 期）。

又先後出入阮元和鄧廷楨幕府，對當時廣東的混亂情形應十分瞭解，其《漢學商兑》攻擊漢學無關乎國計民生實際上隱含了對阮元放任鴉片走私等現實政務的不滿[1]。

據載，方東樹雖然困于諸生，終生不獲世用，但是他從少年時期開始就"鋭然有用世志，凡禮樂兵刑、河漕水利、錢穀關市大經大法，皆嘗究心"。曾表示："鑽故紙著書作文，冀傳後世而不足膺世之用，亦恥也。必也，才當世用，卓乎實足濟世，不幸不用，而修身立言足爲天下後世法，古之君子未有不如此厲志力學者也。"[2]他雖然爲桐城派中堅人物之一，但是"四十後，不欲以詩文名世……嘗言立身爲學，固以修德立行内全天理爲極，而于人世事理，亦必講明通貫以待用"[3]。面對"衰世"，他主張："君子立言爲足以救乎時而已，苟其時之弊不在是，則君子不言。故同一言也，失其所以言之心，則言雖是而不足傳矣。"[4]在立身行制上，他"不詭隨世俗，身雖未仕，常懷天下憂，凡遇國家大事，忠憤之氣見于顔見，或流涕如雨"。因此，《漢學商兑》刊行後，他告誡弟子蘇惇元："士不能經世濟民，著書維挽道教，或亦補不耕而衣食之咎也。"[5]可見，方東樹并不是一個"迂儒"，而是一位關心國計民生和熱衷于學求有用的讀書人[6]。

事實上，方東樹就曾對"外夷"入侵以及鴉片江走私問題提出過解決之策，早在道光十八年（1838年）修《粵海關志》時，他就作成《勸戒食鴉片文》，認識到鴉片不僅損耗錢財甚且有亡國滅種之憂。他指出："彼外夷之此愚毒中國也，

---

[1] 方東樹在粵活動如下：嘉慶二十四年至二十五年（1819～1820年）在阮元幕府參與編纂《廣東通志》；道光元年（1821年），主廉州海門書院；道光三年（1823年），主韶州邵陽書院；道光四年至六年（1824～1826年）在阮元幕府"授經"，撰《漢學商兑》；道光十一年（1831年），在安徽巡撫鄧廷楨幕府，參與處理桐城令楊大縉"貪婪虐民"而激起的民變；道光十七年至十九年（1837～1839年），入兩廣總督鄧廷楨幕，期間曾應粵海關監督豫某之請編纂《粵海關志》，又刊刻《漢學商兑刊誤補義》二卷，撰《勸戒食鴉片文》、《化民正俗對》，校勘管同《七經紀聞》，著《昭昧詹言》十卷等。參見鄭福照《清方儀衛先生東樹年譜》，第10～11、15、24、25、26頁。

[2] 鄭福照：《清方儀衛先生東樹年譜》，第33頁。

[3] 《清史列傳》卷六七《儒林傳上二・方東樹》，北京：中華書局，1987年，第5415頁。

[4] ［清］方東樹：《辨道論》，《儀衛軒文集》卷一，同治七年刻本。

[5] 蘇惇元：《儀衛方先生傳》，見《儀衛軒詩文集》，轉引自張元等《方東樹經世思想研究》，《厦門社會科學》2013年第10期。

[6] 道光二十一年（1841年）八月至次年正月，英國艦隊先後侵犯臺灣雞籠口和大安港，時任臺灣兵備道的姚瑩與總兵達洪阿等督官民鄉勇奮起抵抗，屢奏大捷。這在清軍對英軍作戰普遍敗績的情形下殊爲難得，方東樹聞訊後立即寄書姚瑩，稱讚説："挫敗英夷，英夷憚之，不敢進。故連年浙、粤、江南皆喪地失守，而臺灣獨完"（方東樹：《寄石甫詩（小序）》，《儀衛軒文集》卷一）。由此可見其關心時政之一斑。

非獨歲糜中國金錢數十百萬而已也，其勢將使中國人類日就澌滅也。此天地之大變也。”“自生民以來，其禍之柔且烈未有若此者也。”[1]他于本年在鄧廷楨幕府中作成的《化民正俗對》以及于道光二十二年（1842 年）撰述的《病榻罪言》，進一步提出了抵制外侮、禁絶鴉片之具體建策[2]。

《化民正俗對》（按鄭福照《清方儀衛先生東樹年譜》作《匡民正俗對》，此處從《儀衛軒文集》卷四之説）撰稿緣起按鄭福照的説法：“道光十八年，大臣請厲禁洋煙，下督撫議。先生著《匡民正俗對》，陳所以禁之之道，勸制軍鄧公覆奏，不從。英夷公司領事義律桀驁不受約，居省城夷館，先生勸制軍陳兵斬之，制軍慮啓釁，謝不敏。”[3]方東樹此文采取的是答客問的方式寫成的，所謂“客”問：“今俗有嗜鴉片煙者，興起不二三十年，而蔓延天下皆遍，是其爲民生之害，吾子固默識于胸久矣。”但是，鴉片禁而不止，是否應該像有人建議的那樣“盡取若輩而誅之”？其後，方東樹逐條陳述了自己的見解：其一，吸食者其源，販賣者其流，故應嚴治吸收者（尤其是“士大夫在上之人”）。他指出：“夫鴉片之害，食者其源，販者其流也，蓋倒施之勢也。今誠嚴治食者，則販者不戢而自息矣。而治之又非空文所能禁也。且夫治盗賊之害者自下，治嗜欲淫僻之害者，必自上貴者始。貴者不治，則其源終不塞。”原因在于“貴仕之人，鄰于知賢，不當與愚民無知者同犯也，故備責之也”。其二，除了將吸食鴉片之官民一律褫職、辭退、終身不許應試之外，應該行用所謂“愧厲之法”。具體辦法是：“爲之象刑墨黥，殊其衣冠，以辱别之。”并且規定：“凡食煙者，一切嘉會吉禮賓祭之地不得與，其親故悉絶，其屬不許相往還，比于娼優盗賊、不齒士類。”也就是通過歧視、羞辱之法使吸食者從内心擺脱“冥頑積重之勢”，從而達到改過自新的目的。他對這一辦法十分看好，認爲：“今行愧厲之法，爲整齊之用，而卒歸于太上之變化，堯舜之治不過如此，豈非所謂有恥且格者乎？”[4]

---

[1] ［清］方東樹：《勸戒食鴉片文》，《儀衛軒文集》卷三。

[2] 濱口富士雄認爲，方東樹因鴉片禁而不止等問題對漢學的攻擊基于“敏鋭的經世意識”（濱口富士雄：《清代考拠學の思想史的研究》第十五章《方東樹の考拠學批判》，（東京）國書刊行會，1994 年，第 590 頁）；艾爾曼：“1831 年，方東樹刊行《漢學商兑》，1838 年，他重新修訂該書。它的出現與鴉片戰争以前對清朝吏治腐敗的認識關係密切。”（艾爾曼著、趙剛譯：《從理學到樸學——中華帝國晚期思想與社會變化面面觀》第六章《考據運動的終結》，南京：江蘇人民出版社，1997 年，第 168 頁）；李贇指出，方東樹爲學具有經世致用的特點。（李贇：《方東樹與十九世紀的漢學批評》，《史學集刊》2002 年 7 月，第 3 期）

[3] 鄭福照：《清方儀衛先生東樹年譜》，第 28 頁。

[4] ［清］方東樹：《化民正俗對》，《儀衛軒文集》卷四。

道光二十二年（1842年）五月，正值清廷在第二次鴉片戰争中節節失利，七十一歲高齡的方東樹“痛心切齒”而撰成《病榻罪言》，“極論制夷之策”，并派人呈請早時相識、時任浙藩的卞士筠代爲呈遞[1]。該策雖然同樣未獲采用，却透露出許多重要問題。首先，方東樹正確地指出，“英夷”之禍并非林則徐等人的禁煙運動所造成，而是起因于前任各總督之姑息與奸民之貪利。他説：“今内外議者皆以英夷之禍起于黄鴻臚之奏禁鴉片，鄧、林二制府之收繳躉船，吾以爲皆非也。……以予詳觀英夷之禍，不在近年之禁煙繳煙也，蓋由于不肖洋商之污辱自蠱，各前督之姑息養癰、内地奸民之貪利賣國。”他在歷數“外夷”侵擾省會數十年、抗拒大吏、侵犯内地等劣迹之後説：“此不可謂非前此在事諸公之過也。”接着，他又引歙縣葉鐘進所著《寄味山房雜記》，逐一分析了嘉慶元年（1796年）以來歷任總督吴熊光、孫玉庭、百齡、李鴻賓、盧坤等對外商事務的處置以及由于洋商重利、媚事“夷人”使之驕横不法的種種行爲。其次，他提出了兩條制夷之策：其一，以民爲兵，抗擊入侵者。方東樹認識到，由于軍備廢弛，開戰必敗。因此，針對“英夷”炮火“利遠不利近”的情形，他主張誘敵上岸，然後展開巷戰，并“勸諭百姓，勿懼、勿避、勿遷，自相召集，團練義勇，士自相救，安堵以待。其能殺賊者，有重賞，家自爲守，人自爲兵，各自嚴防”。其二，設法瓦解爲英人炮火之導引的漢奸。由于英夷固結漢奸主要是以利相誘，而“今欲收漢奸，非廣費金錢不可，而此時財力既絀，亦不易給，且給之無窮，谿壑難盈”，因此，他提出“以敵攻敵”之計，即“肆釋漢奸，待以不死，使之反搶掠英夷，而于能殺夷目，燒夷船者，又有重賞高爵，則如反風之捲雲矣”。[2]

值得注意的是，《病榻罪言》對國際形勢尤其是英國國情的瞭解十分透徹、準確，這在當時殊爲難得。方東樹敘述説：“英吉利一國，懸三島于吝因、黄祁、荷蘭、佛郎西四國之間，地産銀、哆囉呢、羽毛緞、嗶嘰、玻璃等物，在歐羅巴之西，爲荷蘭屬國。《明史》曰‘丁機宜’，《職方外紀》曰‘諳厄地’，《海國聞見録》曰‘英機宜’……其國富强，與荷蘭構兵，遂爲敵國。不知何時據占北亞末利加之地，稱加那大，英吉利稱歐羅巴之國爲本國。雍正十二年，始來粤地貿易，聯屬之地十數國，皆稱港脚，來舶甚多。”接著，他又敘述了乾隆五十八年（1793年）馬戛爾尼使華及其通商等要求被拒之事，十分準確。須知，當時的朝廷上下普遍閉目塞聽，昧于世界大勢。比如，道光二十二年（1842年），清廷與英國已

[1] 鄭福照：《清方儀衛先生東樹年譜》，第28頁。
[2] ［清］方東樹：《病榻罪言》，《儀衛軒文集》卷四。

經開戰兩年，但道光帝完全不知敵人來自何方，他要求欽差大臣奕經審訊英軍戰俘“英吉利距内地水程，據稱有七萬餘裏，甚至内地所經過者幾國？克食米爾距該國若干路程？是否有水陸可通，該國與英吉利有無往來？”等十分淺薄的問題。[1]直至道光二十四年（1844 年）五十卷本《海國圖志》刊行時，魏源仍指責説：“苟有議翻夷書、刺夷事者，則必曰多事。則一旦有事，則或詢英夷國都與俄羅斯國都相去遠近，或詢英夷何路可通回部，甚至廓夷效順，請攻印度而拒之，佛西蘭、彌利堅願助戰艦，願代請款而疑之。以通市二百年之國，竟莫知其方向，莫悉其離合，尚可謂留心邊事者乎？”[2]由此可見，方東樹于 1842 年在《病榻罪言》中陳述的英國、世界五大洲史地知識甚至比《海國圖志》還要早，這充分説明他是一個長期關注中外關係、對世界大勢有著清醒認識的人[3]。

方東樹在《化民正俗對》《病榻罪言》中明確指責，鴉片走私問題是由歷任總督寬容姑息造成的。他雖然没有提到阮元，但是《漢學商兑》批評漢學不關乎國計民生、“無用”的主旨隱含了他對阮元不能禁絶鴉片的不滿，表達了其在當時作爲幕僚的現實感，表明他并非純粹是從學術立场考慮問題，而是切實感受到了“夷務”之弊的嚴重性。

爲《漢學商兑》“題辭”的姚瑩也曾指出：“自四庫館啓之後，當朝大老皆以考博爲事，無複有潛心理學者。至有稱誦宋元明以來儒者，相與誹笑。是以風俗人心日壞，不知禮義廉恥爲何事。至于外夷交侵，皆望風而靡，無恥之徒争以悦媚夷人爲事，而不顧國家之大辱，豈非毀訕宋儒諸公之過哉。”[4]這很可能就是指阮元任兩廣總督期間的事，因爲衹有他爲學重“考博”而又直接面對過“外夷交侵”的局面。此外，道光六年（1826 年）五月阮元調任雲貴總督時，其早時識拔的南海人譚瑩（1800～1871 年，道光十八年補學海堂學長）作《送兩廣制府阮芸台師移節雲貴序》。後來，他將是序收入《樂志堂文集》，并于道光二十二年（1842 年）七月三日補記云：“師（按指阮元）督粵時，馭夷多從寬典，殆即昔人恩威并濟，

---

〔1〕《籌辦夷務始末（道光朝）》卷四六，轉引自陳其泰、劉蘭肖《魏源評傳》，南京：南京大學出版社，2005 年，第 460～461 頁。

〔2〕［清］魏源撰、陳華等點校注釋：《海國圖志》卷二《籌海篇三・議戰》，長沙：岳麓書社，1998 年，第 26 頁。

〔3〕當方東樹後來讀到《海國圖志》時，他立即給魏源寫了一封信，稱讚説：“此真良才濟時切用要著，坐而言可起而行，非迂儒影響耳食空談也。”（方東樹：《與魏默深書》，《儀衛軒文集》卷一。）方東樹何時以何途徑獲得這些知識史無確載，衹能推測，可能是因爲他參與編纂道光《廣東通志》《粵海關志》以及他在阮元和鄧廷楨幕府時的見聞。

〔4〕［清］姚瑩：《覆黄又園書》，《東溟外集》卷一，道光十三年刻本。

羈縻勿絶之意。粤人頗有微詞”。他雖然表示自己後來知道誤解了阮元，但是，當時“粤人”對阮元“頗有微詞”之事的確發生過〔1〕。譚瑩之子譚宗浚（1846～1888年，光緒六年補學海堂學長）也曾説：“昨日聞尊論，謂夷務之誤，皆由阮文達公在粤東，但知課士刻書，而一切政事諸多廢馳，任令洋商魚肉，夷人以故激而思逞，斯談漢學之咎也。僕故粤人，宜知粤事，驟聞斯語，不禁悚驚。”〔2〕

因此，雖然没有直接證據表明方東樹在阮元幕府中就鴉片等現實政務發表過任何見解，但是從其爲學力主“用世”的一貫立場、長期的幕賓生涯、對鴉片走私貿易和中外情勢的熟稔以及同時期其他人對阮元的“微詞”來看，《漢學商兑》批評阮元并非單純出于學術之争而是滲透著顯著的現實關懷。

四

綜上所述，方東樹以《皇清經解》的輯刻爲契機，撰成《漢學商兑》，將批評的主要矛頭對準漢學“殿軍”阮元。他從“理”與“禮”之辯、知與行先後之論以及訓詁與義理的矛盾等方面對漢學所進行的學術性批評，既有合理的一面，也存在强烈的“衛道”色彩。但是，他對漢學所作非學術性批評却具有顯著的“通經致用”意圖，而這又與他身處“外夷”頻繁出入廣州以及鴉片走私嚴重等現實因素密切相關。章太炎譏諷説：“（方）東樹本以文辭爲宗，横欲自附宋儒，又奔走阮元、鄧廷楨間，躬行佞諛，其行與其言頗相反。”〔3〕朱維錚也指出，方東樹不僅批評阮元本人耽于著書立説，甚至“用寵姬名義出書”，但阮元“仍容納方東樹在幕府中吃白食”〔4〕。其實，這些看法均没有注意到一個少有用世之志却又終身不獲世用的傳統讀書人對國計民生的現實關懷，不免失之偏頗。

桐城派在學術上素來與漢學家不相投合，方東樹反漢學的立場是一貫的，阮元對此當然不會不知，問題在于他爲什麽要將與自己學術立場對立的方東樹招至幕中？在方東樹著成《漢學商兑》後他爲什麽既未作任何評價又未采取任何手段强使方東樹離開幕府？這衹能推測，阮元本人可能也意識到了純學術研究的漢學

〔1〕王章濤：《阮元年譜》，第789～790頁。

〔2〕［清］譚宗浚：《復友人書》，《希古堂文甲集》卷二，轉引自李緒柏《清代廣東樸學研究》，廣東省地圖出版社，2001年，第241頁。

〔3〕章太炎：《清儒》，《檢論》卷四，《章太炎全集》第3卷，上海：上海人民出版社，1984年，第475頁。

〔4〕朱維錚：《漢學與反漢學——江藩的〈漢學師承記〉、〈宋學淵源記〉和方東樹的〈漢學商兑〉》，《求索真文明——晚清學術史論》，第32頁；第40頁注（54）。

的確無補于現實政治，而鴉片等問題所表現的世道人心的混亂又不能單純憑藉行政强制手段徹底解决，因此他不得不重新注意到宋學淑身救世的道德教化功能，轉而提倡漢宋學兼采。

就阮元本人而言，對方東樹的態度也曾發生過從不置可否到頗表認同的轉變。道光十八年（1838 年），方東樹在鄧廷楨幕府中校勘其友管同的《七經紀聞》，據説該書獲得阮元的讚賞。方東樹記述説"《七經紀聞》四卷，吾友上元管异之同所著也，儀徵阮相國、江甯鄧尚書重許之，歎爲通儒不朽"，"至以《四五紀聞》歸《大》、《中》于《禮記》，而以《論》、《孟》附《五經》，改稱《七經紀聞》，遵用相國意也。……相國之言曰：'其中有精核者十之二三，有未妥者十之二三，有人已所透發而此猶未透者十之二三。'其所指不具詳，第以蒙所酌測，實有足以正向來傳注所未及者。康成、考亭應具頷頤"[1]。按正因爲阮元不廢朱子之學，所以方東樹才將振興宋學的希望寄托在他身上，其著《漢學商兑》目的就在于希望對過于風靡的漢學稍加抑制，以正其"太過"之弊。他曾向阮元上書説："竊以爲物太過則其失亦猶之不及焉。……今日之漢學，亦稍過中矣。"因此，他希望阮元能够"正其極，撫其傾，庶乎有以挽太過之運于未弊之先，使不致傾而過其極，俾來者有以考其功焉"[2]。鄭福照曾説："阮文達公初與先生論學不合，晚年乃致書稱：'先生經術文章信今傳後'。又極贊所撰《三年喪辨》，謂其'解中月而禫真解，創獲實前人所未及。其言未出，世莫能知；其言既出，世莫能廢。有功名教，爲宇宙必不可少之言。'"[3]如果説鄭氏之言可能有爲同裹先學曲護、不足憑信的話，那麼與阮元關係密切的福建學者陳壽祺在方東樹入阮元幕府四年前就已指出，阮元的確感到當時社會風氣日下而漢學又無補于事，因而主張兼采漢宋學。他説："儀徵撫部夫子、金壇段明府若膺寓書來，亦兢兢患風俗之弊。段曰：'今日大病，在棄洛、閩關中之學，謂之庸腐；而立身苟簡，氣節敗，政事蕪。天下皆君子，而無真君子。故專言漢學，不治宋學，乃真人心世道之憂。而况所謂漢學者，如同畫餅乎？'撫部曰：'近之言漢學者，知宋人虚妄之病，而于聖賢修身立行大節，略而不談，以遂其不矜細行，乃害于其心其事。'二公皆當世通儒，上紹許、鄭，而其言若是。"[4]陳氏此文作成于嘉慶二十年（1815 年）春三月，當時段玉裁八十歲，阮元五十二歲，他們所討論的問題與四年後方東樹在

---

〔1〕［清］方東樹：《七經紀聞序》，《儀衛軒文集》卷五。

〔2〕［清］方東樹：《上阮芸臺宫保書》，《儀衛軒文集》卷七。

〔3〕鄭福照：《清方儀衛先生東樹年譜》，第 35 頁。

〔4〕［清］陳壽祺：《孟氏八録跋》，《左海文集》卷七，道光刻本。

《漢學商兑》中所論極爲相似。因此，説阮元晚年認可了方氏之説應爲不謬。當然，這與其歸因爲方東樹的批評還不如説阮元作爲官僚型學者的自覺。他最清楚純學術研究對于現實政治的無助，因此他不得不試圖發揮宋學對于改良世道人心的教化作用，再度重彈早已熟識于胸的所謂漢宋學兼采的老調。

傳統中國士人普遍奉行所謂“援經術爲治術”，如錢大昕就曾説：“《易》、《書》、《詩》、《禮》、《春秋》，聖人所以經緯天地者也，上之可以淑世，次之可以治身，于道無所不通，于義無所不該。”〔1〕然而，把儒家經典（六經）或者程朱理學當作解决現實問題的一攬子方案，大約也衹能行用于理想的“三代”之時，在危機深重、外敵交侵的晚清多事之秋則無异于囈語。魏源就曾指出，漢宋之争與晚清面臨的社會危機相比已經無足輕重。1841 年，他對當時的士風表示擔憂説：“自乾隆中葉後，海内士大夫興漢學，而大江南北尤盛。……錮天下聰明智慧，使盡出于無用之一途。”〔2〕又表示：“以詁訓音聲蔽小學，以名物器服蔽《三禮》，以象數蔽《易》，以鳥獸草木蔽《詩》，畢生治經，無一言益己，無一事可驗諸治者乎？……吾不謂先王之道不在是也，如國家何？”〔3〕另一方面，“工騷墨之士，以農桑爲俗務，而不知俗學之病人更甚于俗吏；托玄虚之理，以政事爲粗才，而不知腐儒之無用亦同于异端。彼錢穀簿書不可言學問矣，浮躁餖飣可爲聖學乎？釋老不可治天下國家矣，心性迂談可治天下乎？”〔4〕顧炎武當年表示要“明道”、“救世”〔5〕，但又“感四國之多虞，恥經生之寡術”〔6〕，這一局面在晚清多事之秋又再度呈現。

方東樹的門人蘇惇元曾説：“乾嘉間學者崇尚考證，專求訓詁名物之微，名曰漢學；穿鑿破碎，有害大道；名爲治經，實足以亂經；又複肆言攻詆朱子。道光初，其焰尤熾。先生憂之，乃著《漢學商兑》，辨析其非。書出，遂漸熄。”〔7〕但是，把漢學的衰落歸結爲《漢學商兑》的抨擊所致未免皮相之見，這不過是時間上的巧合，倒不如説當時的内外危機使得純學術的漢學研究受到道德嚴格主義者的普遍質疑。方東樹預料人心好高而就易，因此必然回歸陸王之學，曾斷言：“考

---

〔1〕［清］錢大昕：《潛研堂文集》卷二一《抱經樓記》，“萬有文庫”本，北京：商務印書館，1935 年，第 310 頁。
〔2〕［清］魏源：《武進李申耆先生傳》，《魏源集（上册）》，第 358 ~ 359 頁。
〔3〕［清］魏源：《默觚上・學編九》，《魏源集（上册）》，第 24 頁。
〔4〕［清］魏源：《默觚下・治篇一》，《魏源集（上册）》，第 36 ~ 37 頁。
〔5〕［清］顧炎武：《與人書二十五》，《亭林文集》卷四《顧亭林詩文集》，第 103 頁。
〔6〕［清］顧炎武：《天下郡國利病書序》，《亭林文集》卷六《顧亭林詩文集》，第 131 頁。
〔7〕《儀衛軒文集》附録，轉引自胡適《戴東原的哲學》，第 123 頁。

證漢學，以文害辭，以辭害意，棄心而任目，刓敝精神而無益于世用……使其人稍有所悟而反乎己，則必幡然厭之矣。幡然厭之，則必于陸王是歸矣……如弋者之張羅于路歧也，會鳥之倦而還者，必入之矣。”[1]但是，“倦鳥”并未回歸陸王，也很難談得上回歸到了漢學抑或是宋學，因爲面對晚清重重社會現實危機，傳統儒學陷入了前所未有的困境，這是方東樹和阮元都感受到了却又都無可措手之處。

作者簡介：鍾玉發，1963年11月生，安徽省郎溪縣人，歷史學博士、副教授，現擔任廣東省肇慶學院旅游與歷史文化學院中國古代史教師。主要從事清代學術思想史、嶺南地方歷史文化的研究，曾先後在《史學月刊》《清史研究》《史學史研究》《清史論叢》和《肇慶學院學報》等學術期刊上發表相關論文十餘篇，出版專著《阮元學術思想研究》（中國社會科學出版社，2013年）。

A Study of the Realistic Background of the Debate between the Han Learners and Song Learners in the Perspective of Fang Dongshu's Criticism for Ruan Yuan

Zhong Yufa

Abstract: Fang Dongshu (1772 ~ 1851) took the compiling and publishing of *Huangqing Jingjie* as key chance to write *Hanxue Shangdui*, and criticized Ruan yuan (1764 ~ 1849) whom was called the rearguard of the Qian – jia Han learning. His debate on Li (理) and Li (禮), the scholarstic method of finding the Yi – li (義理) from critical interpretation of ancient texts, knowing and doing etc. couldn't avoid suspicion of defending traditional moral principle, but there is no lack of reasonable factors in his viewpoint. On the other hand, his denouncement for the Han Learning losed contact with social reality had strongly long – cherished wish of integrating academic study with practical application. Fang was ever appointed as an assistand in the office of Liangguang governor – general Ruan yuan and Deng tingzhen (1776 ~ 1846) one after another, he got a clear understangding of confusion because of the foreigners' coming in and out of Gguang-

[1] ［清］方東樹：《辨道論》，《儀衛軒文集》卷一。

zhou and even put forward a way of resolving the problems. Based on above – mentioned reasons, *Hanxue Shangdui* ’s criticism to the Han Learning for its useless had profound significance of realistic background. Ruan yuan declined to comment on Fang’s criticism earlier and turned to show approval later, so as he once again affirmed the Song Learning’s functions to cultivating one’s moral character and improving the manners and general mood of society. But the Han Learning, Song Learning or Lu – wang’s Learning of Mind couldn’t solve thoroughly the overall social crises in the Late Qing Dynasty.

Keywords: Fang Dongshu, Ruan Yuan, the debate between the Han Learner and the Song Learner, the smuggling of Opium

區域貢獻研究

阮元與兩浙學術文化

陳東輝

内容摘要：阮元曾先任浙江學政，後又兩度出任浙江巡撫，共計在浙江爲官十餘年，與浙江（尤其是杭州）關係十分密切，在振興兩浙文教事業以及保護杭州名勝古迹方面功不可没。其最大貢獻莫過于在杭州創設了清中葉以後最有影響的書院之一——詁經精舍，在很大程度上推動了浙江乃至整個晚清學術的發展。他的另一重要貢獻是在杭州建立了靈隱書藏。同時，阮元還主持編纂了《兩浙輶軒録》《兩浙金石志》《兩浙鹽法志》《海塘志》《兩浙防護録》《浙士解經録》等，爲弘揚兩浙學術文化作出了很大貢獻。

關鍵詞：阮元；詁經精舍；靈隱書藏；《兩浙輶軒録》；《兩浙金石志》

阮元（1764～1849年），字伯元，號芸臺（亦作雲臺），又號雷塘庵主、揅經老人、節性齋老人、頤性老人、北湖跛叟等，江蘇揚州人，占籍儀徵，乃清代中後期號稱"三朝（乾隆、嘉慶、道光）元老"的封疆大吏，曾任山東學政、浙江學政、兵部侍郎、禮部侍郎、户部侍郎、工部侍郎、浙江巡撫、江西巡撫、河南巡撫、漕運總督、湖廣總督、兩廣總督、雲貴總督、内閣大學士、體仁閣大學士等。同時，阮元又是一位學識博洽、著述等身的大師鴻儒，在經學、哲學、文學、史學、訓詁、文字、校勘、金石、書畫、曆算、輿地等領域均取得了卓越的成就，成爲乾嘉學派的後起之秀和揚州學派的中堅人物。

阮元雖然是江蘇揚州人，但他曾先後在浙江爲官十餘年，與浙江（尤其是杭州）關係十分密切。阮元于乾隆六十年（1795年）八月在山東學政任上奉旨調任浙江學政，十一月到任，嘉慶三年（1798年）九月任滿回京；嘉慶四年（1799年）十月奉旨署理浙江巡撫，嘉慶五年（1800年）正月實授，嘉慶十年（1805年）閏六月丁父憂而去職；嘉慶十二年（1807年）十二月服滿後再次出任浙江巡撫，嘉慶十四年（1809年）九月因受劉鳳誥科場舞弊案牽連而被革職。本文就阮元對浙江學術文化的重要貢獻略述管見。

筆者認爲，阮元對于兩浙學術文化的最大貢獻莫過于創設了詁經精舍。清嘉慶二年（1797年），阮元任浙江學政時，于杭州孤山南麓構築了五十間房舍，組織兩浙經古之士纂修了《經籍籑詁》這一規模宏大的古漢語訓詁資料彙編，此乃浙江對中國學術文化的一大貢獻[1]。及嘉慶五年（1800年），他奉調撫浙，遂將昔年纂籍之屋辟爲書院，選拔兩浙諸生好古嗜學者讀書其中，顔其額曰“詁經精舍”。同時又在西偏修建了第一樓，作爲生徒遊息之所。

阮元于嘉慶十四年（1809年）八月離浙，詁經精舍輟講殆二十年。直至嘉末道初，富呢揚阿撫浙，方組織人力修繕遺址，精舍講肄才漸次重開。到了咸豐年間，精舍又毁于太平天國戰火。及至同治五年（1866年），始由布政史蔣益澧撥資重建，由原精舍肄業生丁丙和林一枝董其事。其後精舍又屢有變故，終于在光緒三十年（1904年）停辦。精舍地處風景秀麗的西湖孤山，位于三忠祠之東，照膽臺之西，實乃讀書治學的“琅嬛福地”。精舍停辦後，原址曾爲國立藝術專門學校（今中國美術學院前身）院舍所在，如今其址已歸于浙江省博物館。自同治七年（1868年）至光緒二十四年（1898年），俞樾（1821～1906年）主講精舍達三十年之久，是詁經精舍歷史上僅次于阮元的重要人物。他們兩位對詁經精舍的貢獻互有優勢，各展所長：阮元身居高官，于精舍之創建、人員之調集、經費之籌措、計劃之落實，以其政治權力爲後盾，容易達到目的；俞樾當時已罷職，純屬學者，故更有時間和精力博覽群籍，從事學術研究，對提高精舍的教學水平和培養質量大有用武之地。阮元和俞樾均係一代漢學大師，前者以《經籍籑詁》《十三經注疏》及其《校勘記》《皇清經解》而著稱于世，被錢穆稱爲“清代經學名臣最後一重鎮”[2]；後者因爲有《群經平議》而享譽學界。中國傳統學術的核心是經學，在清代尤其如此，而清代經學的成就主要體現在漢學方面。詁經精舍可以説是當時浙江省的最高學府，乃該省的學術研究中心，對于清代中後期浙江學

[1] 參見陳東輝：《〈經籍籑詁〉與漢語辭書編纂》，《古籍整理研究學刊》2003年第1期；陳東輝：《〈經籍籑詁〉對現當代大型語文辭書編纂的幫助與啓示》，周國林主編《歷史文獻研究》總第23輯，湖北：華中師範大學出版社，2004年。

[2] 錢穆：《中國近三百年學術史》，北京：商務印書館，1997年，第529頁。

術文化之發展影響甚大，具體而言主要包括以下四個方面：

一　詁經精舍的教學内容注重漢學

首先，詁經精舍這一名稱就反映了經學在該書院中的崇高地位。關于詁經精舍的題名，阮元曾作過這樣的解釋："'精舍'者，漢學生徒所居之名。'詁經'者，不忘舊業且勖新知也。"[1]關于精舍的創立宗旨，黄以周的論述頗有見地。他説："古者王子卿大夫士之子及國中俊秀之士，無不受養于學。學校一正，士習自端，而風會藉以主持。自唐代崇尚詩賦，學校失教，華士日興，樸學日替。南宋諸大儒思矯其弊，于是創精廬以講學，聚徒傳授，著籍多至千百人，而書院遂盛。有明以來，專尚制藝，主講師長，復以四書文、八韻詩爲圭臬，并宋人建書院意而失之。近時賢大夫之崇古學者，又思矯其失，而習非成是，積重難返，不得已而别築講舍，選高才生充其中，專肄經史辭賦，一洗舊習。若吾浙江之詁經精舍、廣東之學海堂，其較著者也。"[2]由于詁經精舍專重經學訓詁，所以奉漢代經學大師許慎和鄭玄的木主于舍中而祀之，以爲鼓勵莘莘學子勤奮治學的榜樣。據《西湖詁經精舍記》記載："諸生謂周、秦經訓至漢高密鄭大司農集其成，請祀于舍，孫君曰：'非汝南許洨長，則三代文字不傳于後世，其有功于經尤重，宜并祀之。'乃于嘉慶五年五月己醜，奉許、鄭木主于舍中，群拜祀焉。"[3]書院之祀典淵源雖久，但自朱熹復興白鹿洞書院以來，宋末至清初七百餘年間，書院皆以周、程、朱、張、陸、王等理學家爲祀奉對象。奉祀許、鄭，當以詁經精舍爲嚆矢，在中國書院史上具有劃時代的重要意義，對經學研究的發展起到了積極作用。同樣，精舍中所署楹帖"公羊傳經，司馬著史；白虎德論，雕龍文心"，亦旗幟鮮明地道出了辦學宗旨。

清代書院多承明代遺緒，以理學爲尊，講求心性之學。雖然蘇州紫陽書院和南京鍾山書院亦重稽古考文，但著意提倡由宋學而復于漢學，當以詁經精舍爲先導，開書院注重漢學之風氣，代表了當時一種篤實的學風。詁經精舍之所以提倡經古之學，自有其主客觀原因。就客觀而言，清代漢學是由批判着重于氣理性天和抽象議論的宋明理學之極弊而興起的，至乾嘉之際已達到鼎盛，衆多學者在經學、史學、小學、天算、地理等樸學領域取得了巨大成績；與之相反，理學在此

〔1〕［清］阮元：《西湖詁經精舍記》，《揅經室集》，北京：中華書局，1993年，第547頁。
〔2〕［清］黄以周：《南菁講舍文集·序》，清光緒十五年（1889年）刻本，第1頁。
〔3〕［清］阮元：《西湖詁經精舍記》，《揅經室集》，北京：中華書局，1993年，第547～548頁。

時却已經明顯衰退。這就是詁經精舍創辦之際所處的時代背景和學術氛圍。從主觀而論，阮元本人乃是乾嘉學派中重要學術流派——揚州學派的傑出大家，于樸學卓有建樹，精舍之崇尚當然受創辦者學術思想的影響。作爲精舍創辦者的阮元，除了親任掌教，積極參與教學活動外，并延請王昶和孫星衍兩位著名學者主講席。王昶（1725～1807年）乃乾隆十九年（1754年）進士，曾參修《大清一統志》、《續三通》等書，生平好金石之學，精于考證，擅長詩詞，有通儒之稱，著有《金石萃編》《春融堂集》《天下書院總志》等多種。同時，他還歷主婁東書院和敷文書院，在培養人才方面很有經驗。王昶對于如何治經頗有獨到的見解，他説："今之學者，當督以先熟一經，再讀注疏而熟之，然後讀他經；且讀他經注疏，并讀先秦、兩漢諸子并十七史，以佐一經之義，務使首尾貫串，無一字一義之不明不貫。熟一經，再習他經，亦如之，庶幾聖賢循循慥慥之至意。若于每經中舉數條，每注疏中舉數十條，抵掌掉舌以侈淵浩，以資談柄，是躐等速成，誇其炫博、欺人之學，古人必不取矣。"〔1〕孫星衍亦係乾隆進士，于經、史、文字、音訓、金石之學造詣極深，著述宏富，尤以《尚書今古文注疏》爲最。阮、王、孫等人的學術專長和旨趣，對精舍影響深遠。詁經精舍的教學内容頗具特色，與尚理學、重科舉的書院迥然异趣。據孫星衍《詁經精舍題名碑記》記載："其課士，月一番，三人者迭爲命題評文之主，問以十三經、三史疑義，旁及小學、天部、地理、演算法、詞章，各聽搜討書、傳條對，以觀其識，不用扃試糊名之法。暇日聚徒，講議服物典章，辯難同异，以附古人教學、藏修、息遊之旨。"〔2〕可見詁經精舍在教學内容上十分注重經古之學。大家知道，同樣是研究經義，漢、宋二派之方法并不相同。阮元曾經明確指出："余之説經，推明古訓，實事求是而已，非敢立异也。"〔3〕針對宋儒解經鑿空之病，他在詁經精舍推行注重"實學"的經學教育方法，即重視考證，重視訓詁、文字和音韻。同時，阮元在詁經精舍的教學中，還注重以淹博爲基礎，强調不通經，則不能治一經，認爲掌握廣博的知識是專攻一藝之前提。

應該指出的是，作爲揚州學派中堅人物的阮元雖然崇尚漢學，但不固守漢儒之訓詁。揚州學派繼承和發展了惠棟、戴震的考據之學，將乾嘉漢學進一步推向高峰，并取得了總結性成就。揚州學派突破了傳注重圍，開拓了研究領域，并將

---

〔1〕［清］王昶：《春融堂集》卷七《與汪容夫書》，載《續修四庫全書》第1438册，上海古籍出版社，1995～2002年，第24頁。

〔2〕［清］孫星衍：《平津館文稿》卷下《詁經精舍題名碑記》，載《岱南閣叢書》，上海博古齋，1924年，第21頁。

〔3〕［清］阮元：《自序》，《揅經室集》，北京：中華書局，1993年，第1頁。

傳統的治學方法大大推向前進，使學術研究在内容和方法上都漸有近代學術氣息。揚州學派反對漢學的墨守門户之見，具有發展變化的思想和求實批判的精神。揚州學派作爲乾嘉漢學的一個分支，大多吸收、繼承了漢學的治學方法與原則，然而隨着時代的變遷和學術的演進，在乾嘉漢學由興盛漸趨式微的過程中，他們又都不同程度地感受到漢學的狹隘、煩瑣和拘守，進而對漢學進行批評指責，反對漢學家繼續墨守和固執門户之見。揚州學派將發展變化的思想運用于學術研究之中，强調創新務實、聯繫實際和經世致用。揚州學派中堅人物阮元的學術研究工作，正具備了上述特點。他主張“儒者之于經，但求其是而已矣，是之所在，從注可，違注亦可，不必定如孔、賈義疏之例也”[1]，他要求學生們“得古人之益，而不爲古人所愚”[2]。在乾嘉漢學鼎盛時期，阮元能毅然超越流俗見識，敢于衝破漢學束縛。他的學術研究，并不完全局限于經典文獻的整理和訓釋，而是通過注解經書的形式對理學進行尖鋭的抨擊，以超常的智慧提出進步的思想觀點，實屬膽識軼群，難能可貴。這些頗具近代色彩的見解，對于培養學生的創造性思維是大有裨益的。即使以現代教育科學的眼光來看，仍有其進步意義。更應該説明的是，阮元雖然反對宋儒鑿空解經之方法，但是并不排斥宋學本身。他和一般漢學家不同的是，力持學術之平，既重訓詁考據，亦重義理探求，走漢宋兼采的道路。劉師培對阮元之學術頗爲推崇，云：“自漢學風靡天下，大江以北治經者，以十百計。或守一先生之言累世不能殫其業。或緣詞生訓，歧惑學者。惟焦、阮二公，力持學術之平，不主門户之見。”[3]這一評價確與事實相符，令人信服。阮元認爲：“兩漢名教得儒經之功，宋、明講學得師道之益，皆于周孔之道得其分合，未可偏譏而互誚也。”[4]他的這一學術思想也反映到詁經精舍的教學内容之中。精舍的教學内容雖以漢學爲主，但并不完全排斥宋學。

二 詁經精舍注重學術研究

詁經精舍不僅是一所教育機構，而且也是學術研究的重要基地。精舍創建初期，除了阮元和主講王昶、孫星衍之外，尚有講學之士等教學人員。據孫星衍《詁經精舍題名碑記》記載，當時汪家禧、陳鴻壽、陳文述、錢林、胡敬、孫同元、陸堯春、

---

〔1〕［清］阮元：《焦裹堂循群經宫室圖序》，《揅經室集》，北京：中華書局，1993 年，第 250 頁。

〔2〕［清］阮元：《引書説》，《揅經室集》，北京：中華書局，1993 年，第 80 頁。

〔3〕劉師培《左盦外集》卷二〇《揚州前哲畫像記》，《劉申叔遺書》，江蘇古籍出版社，1997 年，第 1896 頁。

〔4〕［清］阮元：《擬國史儒林傳序》，《揅經室集》，北京：中華書局，1993 年，第 37 頁。

王述曾、吴文健、嚴杰、周誥、查揆、李富孫、孫鳳起、吴東發、朱爲弼、周中孚、嚴元照、徐養原、何蘭汀、周師濂、汪繼培、徐鯤、周治平、洪頤煊、洪震煊、金鶚、吴傑等著名學者，都曾在精舍講學，共計九十二人。同時還有薦舉孝廉方正及古學識拔之士六十四人，如邵志純、葉之純、陳甫、趙魏、梁祖恩、陳鱣、俞寶華、張廷濟、吴文溥、孫東暘、袁鈞、王文潮、劉九華、盧炳濤、鄭灝、端木國瑚等。此外尚有王瑜、臧鏞堂、臧禮堂、方起謙、何元錫等五位纂述經詁之友，以及姚文田、湯金釗、錢昌齡、何蘭馥、張鱗、王家景、陳斌等二十二位己未會試總裁中式進士。一時兩浙人才薈萃于此，這支高水平的師資隊伍不但保證了詁經精舍的教學質量，而且成爲當時浙江地區學術研究的中堅力量。應該説明的是，上述一百八十餘位學者并非都是執教的，其中有相當一部分專職從事學術研究。

精舍結合教學活動，積極探究經古之學。阮元主張由小學以通經學，指出："古書之最重者莫逾于經，經自漢晋以及唐宋，固全賴古儒解注之力，然其間未發明而沿舊誤者尚多，皆由于聲音、文字、假借、轉注未能通徹之故。……非究心于聲音文字以通訓詁之本原者，恐終以燕説爲大寶而嚇其腐鼠也。"[1]他認爲小學乃治經學之門徑，曰："聖人之道，譬若宫牆，文字訓詁，其門徑也。門徑苟誤，跬步皆歧，安能升堂入室乎？學人求道太高，卑視章句，譬猶天際之翔，出于豐屋之上，高則高矣，户奥之間未實窺也。或者但求名物，不論聖道，又若終年寢饋于門廡之間，無復知有堂室矣。是故正衣尊視，惡難從易，但立宗旨，即居大名，此一蔽也。精校博考，經義確然，雖不逾閑，德便出入，此又一蔽也。"[2]阮元的這一學術思想也貫徹到精舍的教學與研究之中。精舍的師生在從事漢學研究時，常常以訓詁、文字、音韻爲重點。《詁經精舍文集》所彙編的不但是肄業生徒課藝之佳作，而且也是具有較高學術價值的研究成果。許宗彦盛贊云："兹集所載，于古今學術，洞悉本原，折衷無偏，實事求是，足以發明墜義，輔翼經史。其餘詩古文，或咀六代之腴，或挹三唐之秀。風標峻上，神韻超然。蓋吾師因其質之所近以裁之，而諸君亦各能以長自見。覽斯集者，猶探珠于滄瀛，采玉于昆閬也。"[3]《文集》凡十四卷，有一百五十六個題目，共收文章三百三十二篇，包括汪家禧等的《六朝經術流派論》、徐養原的《讀周禮小宰注》、洪頤煊的《七經孟子考文補遺跋》、趙坦的《春秋异文解》、胡敬等的《唐孔穎達五經義疏得失

[1] ［清］阮元：《王伯申經義述聞序》，《揅經室集》，北京：中華書局，1993年，第120頁。

[2] ［清］阮元：《擬國史儒林傳序》，《揅經室集》，北京：中華書局，1993年，第37~38頁。

[3] ［清］許宗彦：《詁經精舍文集序》，阮元編訂《詁經精舍文集》卷首，清嘉慶六年（1801年）刻本。

論》、邵保和等的《問史記載尚書孰爲今文孰爲古文》、周聯奎的《今古文尚書增大誓説》、趙春沂等的《兩漢經師家法考》、洪震煊等的《論語過位解》，等等。這些文章雖然都不長，但能言之有物，乃較爲典型的經學考證之作。

除了《詁經精舍文集》之外，精舍師生還有衆多的經學著述，大約占同期浙江省經學著述的半數之多。阮元、俞樾、王昶、孫星衍等人自不必言。他如德清人徐養原著有《儀禮古今文异同疏證》《周官故書考》《論語魯讀考》等；海寧人陳鱣著有《論語古訓》《論語經典通考》《蜀石經毛詩考异》《六藝論》《經籍跋文》等；洪頤煊著有《孝經鄭注補證》《禮記宫室答問》《鄭玄傳》等。

此外，阮元曾“集諸名士授簡西湖詁經精舍中，令詳其异同，鈔撮會萃之，而以官事之暇，乙夜燃燭，定其是非”[1]，經過五年的艱苦努力，終于完成了在中國經學史上具有重要價值的《十三經注疏校勘記》。詁經精舍的生徒爲該書的編纂作出了很大貢獻。還有，嘉慶八年（1803年）春天，著名學者陳壽祺應阮元之延請，來到西子湖畔主持敷文書院講席。是年夏天，受阮元之命，他帶領詁經精舍部分高才生，利用編纂《經籍籑詁》時所積累的資料，于九經傳注之外，廣搜古説，纂修《十三經經郛》[2]。凡此種種，均爲清代中後期的浙江經學添磚加瓦。

三　詁經精舍培養了一大批經學人才

詁經精舍師資力量雄厚，在同時代的書院中頗爲突出。精舍設有掌教，亦稱主講、山長、院長或講教，由巡撫聘任。另一方面，舍内肄業者皆係彼時俊彦，生徒名額初定爲三十二人，選拔十一郡諸生中經學修明、通于一藝者來此學習。其後定額不斷有所更動。嗣又有所謂附課生，亦稱備課生（相當于現代學校中的旁聽生），人數不定。進入精舍的肄業之士，除多爲浙江各地的優秀人才外，并有由其他書院拔萃選肄者，可見詁經精舍實爲當時的“名牌學府”，各地士子不計遠道，紛紛負笈來遊。由于精舍中主講者既爲一時鴻碩，樂育英才，肄業者又屬兩浙雋秀，苦攻典籍，且提倡師生切磋、教學相長，所以學術空氣甚爲濃厚，教學水平蒸蒸日上。由于當時的詁經精舍既非官學，也不是一般意義上的私學，而是一個介于兩者之間的有組織的教育基地，較少受到官府左右，故講學自由，以學術爲重，并且院址得天獨厚，環境優美清静，所謂“鍾靈毓秀”，爲人才的成長創造了非常有利的條件。講

[1] ［清］段玉裁：《經韻樓集》卷一《十三經注疏釋文校勘記序》，清道光元年（1821年）刻本。

[2] 《十三經經郛》原定規模過于浩大，致所成初稿并未符合預期的構想。後來阮元將此初稿加以改訂，裒爲一百餘卷，緣采輯不全，艱于補遺，故未刊刻。

習者和肄業者本身與精舍之間是一種相輔相成、合則雙美的關係。學識博洽的講學者與成績優异的肄業者大大提高了精舍的教育和學術水平，而精舍高質量的教育水平和濃厚的學術空氣又反過來促進了人才的更快成長。從某種意義上説，詁經精舍的辦學水平，與當今一些高等學府相比毫不遜色，各有千秋。

詁經精舍從開辦到結束跨越百餘年，歷經嘉慶、道光、咸豐、同治、光緒五朝，爲浙江和全國培養了大批學術人才，受業生徒可查考者達一千多人〔1〕，另有兩百餘位教師先後在精舍講學，其中包括許多位經學家或在經學領域取得了重要成績的學者，如姚文田、嚴元照、陳鱣、洪頤煊、洪震煊、周中孚、朱爲弼、徐養原、金鶚、崔適、黄以周、朱一新、姚文棟、吴承志、袁昶、章炳麟等，便是其中的傑出代表。誠如李元度所云："不十年，上舍士致身通顯及撰述成一家言者，不可殫數。東南人才，稱極盛焉。"〔2〕孫星衍也謂："不十年間，上舍之士多致位通顯，入玉堂，進樞密，出建節。而試士其餘，登甲科，舉成均，牧民有善政，乃撰述成一家言者，不可勝數。東南人材之盛，莫與爲比。"〔3〕如此盛績，當時的其他書院實罕難儔匹。值得一提的是，在進入詁經精舍深造之前，許多學生業已學有所長。精舍的肄業生錢泳曾曰："設詁經精舍，選諸生中經學修明，通于一藝者，習業其中。"〔4〕

衆所周知，俞樾、黄以周、孫詒讓并稱爲晚清江浙三大漢學家，俞乃精舍主講，而黄則是精舍高才生。黄以周（1828～1899 年），字元同，號儆季，浙江定海人，同治九年（1870 年）中舉，歷任遂昌、海鹽、分水縣學訓導。他是晚清著名漢學家，少承父教，治學不拘泥于門户。與其父黄式三一樣，黄以周博綜群經，而尤長三禮，有《禮書通故》《經訓比義》《經訓類編》《群經説》《禮説》《禮説略》《軍禮司馬法考證》《儆季雜著》《讀書小記》《十翼後録》《儆季雜著》等著述。尤其是《禮書通故》一書多達百卷，乃清代禮學集大成之作，被章太炎譽爲可"與杜氏《通典》比靈斯"〔5〕。黄以周于光緒五年（1879 年）執教寧波辨志精舍，後又自光緒九年（1883 年）始受聘爲江陰南菁書院掌教達十五年之久。在南

〔1〕據楊念群的估算爲 1400～1500 人之間。參見楊念群《儒學地域化的近代形態——三大知識群體互動的比較研究》（增訂本），生活·讀書·新知三聯書店，2011 年，第 456～457 頁。

〔2〕［清］李元度：《國朝先正事略》卷二一《阮文達公事略》，清同治五年（1866 年）刻本。

〔3〕［清］孫星衍：《平津館文稿》卷下《詁經精舍題名碑記》，載《岱南閣叢書》，上海博古齋，1924 年。

〔4〕［清］錢泳：《履園叢話》卷二三《雜記上·詁經精舍》，清道光十八年（1838 年）刻本。

〔5〕章太炎：《黄先生傳》，載傅傑編校《章太炎學術史論集》，中國社會科學出版社，1997 年，第 387 頁。

菁書院時，黄以周秉承詁經精舍之傳統，“以博文約禮、實事求是爲教。一時東南俊彦，著籍爲弟子者，先後達千餘人”[1]，其中包括章太炎、陳漢章等學術巨人。

近代國學大師章太炎（1869～1936年）與詁經精舍淵源深厚。他的父親章濬乃縣學廩生，曾在詁經精舍擔任監院多年，地位僅次于山長。早在光緒十二年至十四年（1886年～1888年），章太炎用了整整兩年時間通讀了阮元主編的《皇清經解》，在經學方面打下了堅實的基礎。光緒十六年（1890年），父親章濬去世，章太炎來到詁經精舍求學。在精舍肄業的七年中，章氏跟隨俞樾、黄以周、譚獻、高學治等著名學者學習。章氏天資聰穎，學習刻苦，加上有一流名師悉心指導，學業大有長進。毋庸説章氏後來在學術上所取得的巨大成就，就説他在精舍肄業期間的習作，亦足以稱道。光緒二十一年（1895年）刊刻的《詁經精舍課藝文七集》和光緒二十三年（1897年）刊刻的《詁經精舍課藝文八集》，共計收録章太炎課藝文三十八篇，是所有生徒中最多的。其中包括考證“三禮”的十八篇，考證“三傳”的十篇，考證《尚書》《爾雅》的各兩篇，考證《周易》《論語》《孟子》的各一篇。在精舍求學期間，章太炎最有價值的研究成果當屬《春秋左傳讀》。另外，在此期間他還撰寫了《膏蘭室札記》等高水平的學術論著。

汪家禧也是詁經精舍培養的高才生。嘉慶十五年（1810年）六月，臧庸曾致函孫星衍，鼓勵他繼續撰寫《尚書義疏》，并向他推薦汪家禧助其事。函中有云：“汪君家禧，爲門下詁經精舍高足弟子，所業精進，實兩浙諸生中第一。阮侍郎、戴金溪、陳恭甫、許周生諸君并以爲然，非庸一人私言。且誼篤師友，歷久不渝，遠非浮薄嘩囂輩所可同年而語。”[2]

此外，詁經精舍之生徒雖然并非都以經學名家，但大多在各個領域有所貢獻。他們在精舍所受的經古之學的熏陶，無疑對他們各自的研究有不小的幫助。

四　詁經精舍開創了一代學風，促進了經學研究的發展

書院在古代和近代中國曾是傳播學術文化的重要基地，在我國教育、文化和學術史上都占有不可取代的地位。作爲當時最有影響的書院之一的詁經精舍，對清代中後期浙江以至全國的教育、文化和學術事業的發展産生了深遠影響，其中

---

[1] 洪焕椿：《浙江文獻叢考》，浙江：浙江人民出版社，1983年，第250頁。

[2] ［清］臧庸《拜經堂文集》卷三《與孫淵如觀察書》，《續修四庫全書》第1491册，上海：上海古籍出版社，1995～2002年，第560頁。

也包括對當時浙江省經學研究的重要影響。詁經精舍的作用和價值，并不僅僅在于其本身的創建以及所取得的成就，更重要的是它那推崇漢學、求實求真、經世致用的宣導作用，在很大程度上鼓動了一代學風，孕育了一代又一代經學家，而對清代中後期浙江經學發展之影響則尤爲明顯。

“每個時代、每個地方都有各種的人才，能不能有所成就，格局如何，受風氣的影響很大。就學術而言，一個時代、一個地方學風盛，易造就出人才，而學風之盛，往往又靠少數人的提倡，這些人大都是學術中人。學術上有開創風氣之人，有追隨風氣之人，有主持風氣之人，有矯正風氣之人，儘管各有不同，都有功于學術風氣。”[1]就詁經精舍而言，阮元、俞樾可謂是開創風氣之人，廣大肄業諸生是追隨風氣之人，各位主講則是主持風氣之人，在清代中後期浙江經學發展史上占有舉足輕重的地位。蕭一山曾經指出：“惟阮元之有功于清代學術界者，尚不盡在本人之作品，而在其能提倡文化，獎勵經學，在浙則立詁經精舍，在粵則立學海堂，延名流以課士子，其影響于當時學風至巨。”[2]清代中後期浙江英才輩出，文教學術水平在全國處于領先地位，并且能發揚經世致用的求實學風，原因當然是多方面的，但其間詁經精舍無疑起了重要的作用。正是由于可靠的教育質量和過硬的學術水平，亦由于阮元、俞樾之地位、影響和號召力，使得詁經精舍聲譽日隆，澤溉益廣，頗受時人青睞，故各地仿效其例而設立書院者甚夥，如上海的詁經精舍和求志書院、江陰的南菁書院、武昌的經心書院、長沙的校經堂、成都的尊經書院等等，也各有建樹。更爲值得一提的是，許多受業于精舍之學者，都能在以後的課士生涯中推廣母校的教學方法，把精舍的優良學風弘揚到其他書院，如黄以周之于寧波辨志精舍、江陰南菁書院，馬傳煦、沈祖懋之于敷文書院，朱一新之于肇慶端溪書院、廣州廣雅書院，錢儀吉之于開封大梁書院，均有聲名于學界。這些書院課程以經史、性理爲主，以詩文詞爲輔，明顯順應了清廷崇尚實學的導向，表現出力破書院積習，抵制八股而發揚經世致用傳統學風的進步傾向。

另有一部分的詁經精舍肄業生後來到了以課時藝爲主、兼課經古的書院。由于這類書院的數量遠遠多于專課經古的書院，擴大了影響。楊念群認爲，清代道咸以降，江浙一帶的書院逐漸形成了“漢學”與官方“宋學”相抗衡的三個階梯式的層次。第一層次是專課經史的詁經精舍、南菁等書院；第二層次是主課經古

〔1〕 王明蓀：《人傑地靈——歷代學風的地理分布》，載林慶彰主編《中國文化新論·學術篇·浩瀚的學海》（修訂版），臺灣：聯經出版公司，1983 年，第 414 頁。

〔2〕 蕭一山：《清代通史》卷中，北京：中華書局，1986 年，第 718 頁。

兼及制義的書院，最著名的當屬上海龍門書院；第三層次是專課制義之書院兼課經古。他指出："經古之學滲透進書院網絡造成了學術專門化的梯級效應，其動力源自然應溯至詁經精舍的創建。然而精舍容納生員的人數有限，無法在生員的絶對數量上與時藝書院相抗衡。龍門書院作爲階梯的第二個層次，實際也衹有過渡的性質，仍無法增加'漢學'陣營中生員的絶對人數。'漢學'如果要想在更爲基層乃至更爲廣大的領域内改變生員的思維方式，就必須滲入到制藝書院中爭奪一席之地。道咸以後特别是同治年間，詁經精舍的肄業生人數經過六十多年的積累已經初具規模。他們逐漸散布到江浙各個書院中執掌教席，并承擔起了傳播經古之學的責任。在'漢學'儒生潛移默化的攻勢下，第三層次中所發生的梯級效應已無形中改變了'漢學'與'宋學'抗衡的原有格局。"[1]另外，詁經精舍的創辦，對當時浙江乃至全國的八股教育的瓦解也起到了積極作用，同時也爲清末新式學校的教育提供了某些借鑒。

詁經精舍的學生不但遍布浙江各府縣，而且還廣泛散布在江蘇、上海、北京、廣東、安徽、湖南、湖北等地。他們或爲山長，或任教職，或以官員身份引領提倡，從而擴大了經學在這些地區的影響，浙江省更因之成爲經學人才培養和經學研究的重要基地。

阮元對于兩浙學術文化另一重要貢獻是設立了靈隱書藏。清嘉慶十四年(1809年)，阮元第二次任浙江巡撫時，鑒于"好學之士，半屬寒酸。購書既苦無力，借書又難。其人坐此孤陋寡聞無所成就者不知凡幾"的狀況，爲推廣教思無窮之意，決定在始建于東晋咸和元年（326年）的江南名刹杭州靈隱寺建立書藏。由于寺廟一般比較幽静、遠僻和寬敞，是頗爲理想的藏書之所，因此歷代都有文人藏書梵宇僧舍的事例，如唐代白居易曾分藏其集于廬山東林諸寺，南宋洪諮夔曾在浙江西天目寶福院聞復閣藏書一萬三千卷，而北宋孫洙則曾從佛龕中喜獲《古文苑》。作爲東南第一名刹的杭州靈隱禪寺，遠離市區塵囂，周圍山巒叠翠，古木參天，環境幽雅清静，并且殿宇衆多，清規森嚴，不失爲一處難得的庋藏典籍之寶地。關于"書藏"之名稱及意旨，阮元有云："《周官》諸府掌官契以治藏，《史記》老子爲周守藏室之史，藏書曰藏，古矣。古人韻緩，不煩改字，'收藏'之與'藏室'，無二音也。漢以後曰'觀'，曰'閣'，曰'庫'，而不名'藏'，隋、唐釋典大備，乃有《開元釋藏》之目，釋道之名'藏'，蓋亦摭儒家

〔1〕楊念群：《儒學地域化的近代形態——三大知識群體互動的比較研究（增訂本）》，北京：生活·讀書·新知三聯書店，2011年，第460頁。

之古名也。明侯官曹學佺謂釋道有藏，儒何獨無？欲聚書鼎立。其意甚善，而數典未詳。”〔1〕

靈隱書藏的創議人係清代著名學者翁方綱，主其事者爲阮元。嘉慶十四年（1809 年），杭州刻朱文正公、翁覃溪先生、法時帆先生諸集將成，覃溪先生寄書于杭州紫陽書院院長石琢堂狀元曰：“《復初齋集》刻書，爲我置一部于靈隱。”是年仲春十九日，阮元與顧星橋、陳桂堂、石琢堂、郭頻伽、何夢華、劉春橋、顧簡塘、趙晋齋等名士同游靈隱，談及翁方綱藏《復初齋集》于靈隱之事，以爲“今復初齋一集尚未成箱篋，盍使凡願以其所著、所刊、所寫、所藏之書藏靈隱者，皆裒之，其爲藏也大矣！”〔2〕阮元當即表示贊同，乃于靈隱寺大悲佛閣後造置木櫥，按唐人宋之問《靈隱寺》詩（“鷲嶺鬱岧嶤，龍宫鎖寂寥。樓觀滄海日，門對浙江潮。桂子月中落，天香雲外飄。捫蘿登塔遠，刳木取泉遥。霜薄花更發，冰輕葉未凋。夙齡尚遐异，搜對滌煩囂。待入天台路，看余度石橋”）編號，遴選靈隱寺玉峰、偶然二僧登録所藏書籍，掌管木櫥鑰匙。另外還刻了一方銅章，用以在藏書上鈐印。并大書“靈隱書藏”四字匾額，懸于閣楣。爲了加强藏書管理、方便諸生閲讀，阮元鄭重地制訂了較爲具體的《書藏條例》，考慮周詳，言簡意賅，行之有效，足爲範式，故曾先後爲江蘇鎮江焦山書藏〔3〕和安徽蕪湖中江書院〔4〕所采用。

關于靈隱書藏設立之緣由，阮元賦有一詩：

尚書未百篇，春秋疑斷爛。列史志藝文，分卷本億萬。
傳之千百年，存世不及半。近代多書樓，難聚易分散。
或者古名山，與俗隔厓岸。岧嶤靈隱峯，琳宫敞樓觀。
共爲藏書來，藏室特修建。學人苦著書，難殺竹青汗。
若非見著録，何必弄柔翰。舟車易遺亡，水火爲患難。
子孫重田園，棄此等塗炭。朋友諾黄金，文字任失竄。
或以經覆瓿，或以詩投溷。當年無副本，佚後每長歎。
豈如香山寺，全集不散亂。名家勒巨帙，精神本注貫。
逸民老田間，不見亦無悶。雖不待藏傳，得藏亦所願。

---

〔1〕［清］阮元：《杭州靈隱書藏記》，《揅經室集》，北京：中華書局，1993 年，第 616 頁。
〔2〕［清］阮元：《杭州靈隱書藏記》，《揅經室集》，北京：中華書局，1993 年，第 617 頁。
〔3〕阮元于嘉慶十九年（1814 年）在揚子江口焦山（在今江蘇鎮江北面）設立。
〔4〕原名鳩江書院，清同治二年（1863 年）巡道吴坤修建。光緒初更名爲中江書院。

我今立藏法，似定禪家案。諸友以書來，收藏持一券。
他年七十廚，卷軸積無算。或有訪書人，伏閣細披看。
古人好事心，試共後人論。既泛西湖舟，旋飽蔬筍飯。
出寺夕陽殘，鷲嶺風泉渙。[1]

靈隱書藏雖仍偏重于保存，但已略具近代圖書館的性質，爲學人閱讀提供了方便，對于推動當時文化的傳播和學術的發展，是起了積極作用的。令人惋惜的是，靈隱書藏毀于咸豐十一年（1861 年）太平天國的戰火之中。其後雖有張大昌、丁丙等熱心之士提議重建[2]，但由于種種原因而未能如願，實爲一大憾事。

靈隱書藏曾經爲瑞靄繚繞、梵唄抑揚的靈隱禪寺增添了縷縷書香，在靈隱乃至整個杭州的文化史上留下了獨具特色的一頁。如今的靈隱寺已經成爲海内外著名的文物古迹和遊覽勝地，充滿了詩情畫意和禪味古韻，幾乎每天游客如潮。近年來，杭州市大力開發人文旅游資源，修復和重建衆多古建築，成績卓著，有目共睹。靈隱寺也重新建造了藏經樓（即第四殿上層，類似于清代的靈隱經藏）。筆者認爲，有關部門可以考慮在原址基本上依照原樣重建靈隱書藏（就像清代光緒年間重建文瀾閣），重點收藏海内外新版佛教類書刊以及現當代名人佛教類手稿等，與現有的藏經樓形成互補之格局，争取使靈隱寺逐步成爲浙江乃至全國佛教類文獻的收藏中心之一，同時也可以爲靈隱景區增添一處富有意義和特色的人文景觀。這一設想應該是可行的，并且難度不算太大，工期不會太長，花費也不會太多，但對于杭州文物古迹的保護，旅游事業的發展乃至生活品質之城的建設，均有一定價值。

令人欣喜的是，位于靈隱寺藥師殿西側的新建的雲林圖書館，設施一流，目前藏書達三萬多册，包括圖書、報刊、聲像資料三大部分，其中圖書以佛教類爲主（各種版本的大藏經尤其豐富），人文社科類爲輔，已于 2014 年 4 月面向杭州市屬八大寺院的僧衆、杭州佛學院師僧、杭州靈隱寺的職工開放，在一定程度上恢復了“靈隱書藏”之功用。

此外，阮元還創辦了海寧安瀾書院，又在玉環廳建立學宫，在杭州建立白文公祠和蘇公祠，修繕浙江的貢院和杭州崇文書院院内的四賢祠等，重修嶽廟，并疏浚西湖，修築海塘，在振興浙江文教事業以及保護杭州名勝古迹方面功不可没。

---

[1] ［清］阮元：《靈隱置書藏紀事》，《揅經室集》，北京：中華書局，1993 年，第 889 ~ 890 頁。
[2] 參見［清］張大昌：《重建靈隱書藏募書疏》，［清］潘衍桐輯《靈隱書藏紀事》，載《叢書集成續編》第 66 册，上海：上海書店，1994 年，第 72 頁。

《定香亭筆談》爲阮元督學浙江時所撰，其中許多内容都與浙江直接相關，字裏行間深深地融入了阮氏對兩浙人文及山水的摯愛情結。

值得一提的是，阮元還主持編纂了《兩浙輶軒録》《兩浙金石志》《兩浙鹽法志》《海塘志》《兩浙防護録》《浙士解經録》等，爲弘揚兩浙學術文化作出了很大貢獻。《兩浙輶軒録》書名中的“輶軒”二字，是指漢代輶軒使者駕車赴各地采風，阮元加以效仿。阮元在爲該書所撰之序中曰：“余督學浙江時，輯《淮海英靈集》成，蓋江淮間一郡之詩，采録尚易。欲輯江蘇一省之詩，則力有未能。縫思余督學于浙，乘輶軒采風，非力之所不能爲也。爰訪遺編，求總集，遍于十一郡，自國初至今，得三千餘家，甄而序之，名曰‘兩浙輶軒録’。”[1]同時，阮元還在爲該書所撰之凡例中説：“兩浙人文淵藪，百數十年來，名人輩出。兹自嘉慶丙辰至戊午三年中，按試所到，或訪諸耆宿，或詢之多士，各出所藏，隨收隨録。……諸大家宏編巨集行世已久者，略采數篇，以備一家。其有未刻遺稿者，轉多録之，以防散佚。”[2]該書成書于清嘉慶三年（1798年），共計四十卷（其中卷三十九爲“方外”，卷四十爲“閨秀”），收録清代順治至乾嘉之際三千一百三十三位浙江人士的詩作九千二百四十一首，所有作者均附小傳，并注明字型大小爵里。其中的小傳采用輯録體，内容較爲豐富。該書所收詩家衆多，并且注重收録知名度不高的作者之詩歌，是研究清詩以及清代浙江文學的重要資料書。誠如常元敬等在《點校〈兩浙輶軒録〉前言》中所云：“我們要瞭解清中葉該書刊行後，又由楊秉初等繼續輯，編成《兩浙輶軒録補遺》，共計十卷，收詩一千九百八十一首。另有浙江學政潘衍桐于光緒年間主持編纂的《兩浙輶軒續録》，全書共計正編五十四卷，補遺六卷，收録清代順治至光緒間五千三百八十四位浙江人士的詩作一萬四千九百四十九首。

《兩浙金石志》成書于清嘉慶十年（1805年）。阮元在爲該書所作的序中曰：“余在浙，久遊浙之名山大川殆遍，録浙人之詩數千家，成《兩浙輶軒録》刻之；訪兩浙帝王賢哲之陵墓，加以修護，成《防護録》刻之；以其餘力及于金石刻，搜訪摹拓，頗窮幽遠，又勒成《兩浙金石志》一書。爾時助余搜訪考證者，則有趙晋齋（魏）、何夢華（元錫）諸君子，許周生兵部（宗彦）亦多考訂增益，且録全稿以去，匆匆十餘年矣。道光四年，粤中有鈔本十八卷，校原稿，文有所删，

[1] ［清］阮元：《兩浙輶軒録序》，［清］阮元、楊秉初輯，夏勇等整理《兩浙輶軒録》卷首，浙江：浙江古籍出版社，2012年，第1頁。

[2] ［清］阮元：《兩浙輶軒録凡例》，［清］阮元、楊秉初輯，夏勇等整理《兩浙輶軒録》卷首，浙江：浙江古籍出版社，2012年，第2～3頁。

鐘鼎錢印之不定屬浙物者亦多所删，然亦簡明可喜，李鐵橋廉訪（澐）率浙人之官于粤者校刻之，不兩月而工畢。今而後，藏板于浙，印書通行，使古金石自會稽秦刻以下迄于元末皆著于篇，好古者得有所稽，不亦善歟！”[1]《兩浙金石志》共計二十四卷，匯録浙江從會稽秦石刻到元末的金石資料六百八十種[2]，包括石刻、碑文、磚文、印文、銅器、鐘銘、造像、塔記、經幢、題字等。該書以時代先後爲序，先全録金石文字，後附案語，較碑銘文字低兩格，詳載各金石所在地點、行數、字徑及書法等。書中案語，評析金石内容和用字，多引用錢大昕、吴任臣等學者考校之成果。該書搜羅廣博、考訂精審，編成後影響深遠，在很大程度上促進了江浙地區金石學研究的昌盛。此後，這一地區不斷湧現出金石學專家，并逐漸形成了清代金石學研究中的“江南學派”（又稱“南派”）。“江南學派”以自由運用金石資料來研究文字爲特色，其代表性學者及著作爲潘祖蔭的《攀古樓彝器款識》、吴大澂《説文古籀補》、孫詒讓《古籀拾遺》等。同時，《兩浙金石志》對于其他有關省及府、縣編纂金石志風氣之形成，也起到了積極的推動作用。阮福的《滇南金石録》、馮登府的《閩中金石志》、陸心源的《吴興金石記》、葉爲銘的《歙縣金石志》等，其格式悉仿《兩浙金石志》，并且文中時常引用阮元之論斷與解釋。後來金石志成爲纂修各級方志時不可或缺之内容，顯然是受了阮元所編的《兩浙金石志》和《山左金石志》的啓迪與影響。

阮元和當時兼管兩浙鹽政的延豐于清嘉慶六年（1801 年）主持重修的《兩浙鹽法志》，資料翔實，内容豐贍，堪稱清代最爲完備的浙江地區鹽法志書。阮元和陳壽祺于嘉慶年間編纂的《海塘志》，則是專門關于浙江海塘之作。

阮元出任浙江學政後，積極尋訪和修護帝王賢哲之陵墓，并主持編纂了《兩浙防護録》。《浙士解經録》（附《浙江考卷》）也是阮元在擔任浙江學政時編訂的，該書從當時浙江考生的試卷中選録可補經義之内容。阮元在爲該書所撰之序中論述了《浙士解經録》編訂之緣起及意義，其中有云：“予嘗謂爲才人易，爲學人難。浙之學人，國初以來，如胡朏明、毛西河、朱竹垞、萬充宗、全謝山、杭堇浦諸先生皆窮究經術，卓然成家。今諸生萬餘人，豈無材力如諸公者，患不勤學耳。朱石君師謂元曰：‘經解、詩賦最易得人。’故元之以經覆試也極勤，録其有補經義者曰《浙士解經録》，惟願學人輩出，以仰副國家表章

---

〔1〕［清］阮元：《兩浙金石志序》，［清］阮元主編《兩浙金石志》卷首，浙江：浙江古籍出版社，2012 年，第 1 頁。

〔2〕根據目録統計爲六百五十八種，而實際所收則爲六百八十種。

經學之至意。至于風簷短晷，無書可校，證據少舛，輒恕而存之，邠卿復壁，所以見諒于後人也。”[1]

此外，阮元還撰有《浙江圖考》，這是關于古代浙江地理研究的重要論著，被收入譚其驤主編的《清人文集地理類彙編》第4册[2]。

最後值得關注的是，不少論著中提及阮元主持編纂了《浙江通志》。筆者經過仔細考察與分析，發現此乃訛傳，阮元并未主持編纂《浙江通志》，并且也無清代嘉慶年間編纂的《浙江通志》，而僅有雍正《浙江通志》的嘉慶十七年（1812年）修補（此處指修補板片）本（也并非阮元主持）。這一訛傳，當始于梁啓超在《中國近三百年學術史》一書中的誤記，此後的不少論著便據此以訛傳訛，從而導致這一訛傳流布甚廣。關于這個問題，筆者另有專文加以詳細論述，此處不再展開。

由于阮元對于兩浙學術文化的重要貢獻以及在浙期間卓著之政績，阮公一直受到浙江父老鄉親的尊敬與緬懷，他于清咸豐二年（1852年）入祀浙江名宦祠。著名的杭州西湖湖中三島之一的阮公墩，便是阮元主持治理西湖時，用湖中挖出的兩萬四千餘頓葑泥堆積而成，人們爲了銘記阮元的功績而將該島稱作阮公墩，目前島上建有憶芸亭（阮元號芸臺）、雲水居、環碧小築等。位于杭州吴山城隍閣南面元寶心六十號的阮公祠，則是清代光緒初年爲了紀念阮元而在原重陽庵的基礎上改建的，現已修葺一新。此外，阮元與白居易、沈括、蘇東坡、陸游、于謙等杭州歷代名賢的畫像一起，被用青石綫刻的方式，鑲嵌在早已成爲杭州的標志性建築之一的城隍閣一樓的内牆上，充分彰顯出阮元對于杭州的重要性以及杭州對于阮元的高度認可。

作者簡介：陳東輝，浙江大學漢語史研究中心教授，博士。主要研究領域爲古文獻學、清代（兼及民國）學術史、中國語言學史、中日（兼及中韓）文化交流史。已先後出版《阮元與小學》《古典文獻學論考》《古漢語與古文獻論叢》《中日典籍與文化交流史研究》《漢語史史料學》《清代學術與文化新論》等專著，主編《清代學者研究論著目録初編》《民國學者研究論著目録初編》《民國學者研究論著目録續編》《歷代文獻學要籍研究論著目録》等工具書，整理點校《儀禮注疏詳校（外三種）》等古籍，參編書籍近十種，在國内外發表論文一百九十餘篇。

[1] ［清］阮元：《浙士解經録序》，［清］阮元《浙士解經録》卷首，《四庫未收書輯刊》第3輯第10册，北京：北京出版社，2000年，第467頁。
[2] 浙江人民出版社1987年出版。

Ruan Yuan Together with Academic and Culture of Zhejiang

Chen Donghui

Abstract: Ruan Yuan once first as education officer of Zhejiang , and twice served as governor of Zhejiang, a total of more than ten years in Zhejiang, and Zhejiang (especially Hangzhou) very close relationship, in the revitalization of Zhejiang culture and education and the protection of historical sites in Hangzhou. The biggest contribution is in the creation of the Hangzhou after mid Qing Dynasty' s most influential one of the GuJingJingShe academy, largely driven by the Zhejiang and even the whole of academic development in the late Qing dynasty. Another important contribution of his is established in Hangzhou, LingYinShuCang. At the same time, Ruan Yuan also presided over the compilation of the *LiangZhe YouXuanLu*, *LiangZhe JinShiZhi*, *LiangZhe YanFaZhi*, *HaiTangZhi*, *LiangZhe FangHuLu*, *ZheShi JieJingLu*, made a great contribution to carry forward academic and culture of Zhejiang.

Keywords: Ruan Yuan, GuJing JingShe, LingYin ShuCang, *LiangZhe YouXuanLu*, *LiangZhe Jin ShiZhi*

由朔暨南

——阮元、學海堂與晚清嶺南學術

［美國］麥哲維

内容摘要：本文描述阮元及其創建的學海堂和其推崇的江南考證學在南方邊疆廣州以及廣府人中的反響，同时論述學海堂本地化的问題。

關鍵詞：阮元；學海堂；廣州；陳澧；朱次琦

阮元（1764～1849年）因創辦清代兩所最具影響力的書院詁經精舍與學海堂而聞名。詁經精舍坐落于杭州，而學海堂則是阮元擔任兩廣總督時期營建于廣州。本文想簡略描述一下江南人阮元，他所建造的學海堂以及他所推崇的經學（治學和學術）在南方邊疆廣州以及廣府人中的反響以及學海堂的本地化。

一　建立學海堂的意圖

爲理解跨地域性的文化思想的傳播與融合，我們需首先瞭解一下廣州和江南兩地的文化地理學，以及阮元對創立學海堂的宏圖，也就是説他在文化邊疆地域的廣州城創建學海堂的學術動機和目的。

阮元祖籍揚州府。嚴格地從地理上来看，揚州不屬于江南地區，但是，從18世紀學術界和從中國南方邊疆的角度上来講，揚州在文化上屬于江南的一部分。梅爾清和安東籬在他們各自寫的書中，都特別提到揚州作爲江南的認同感隨着時代逐漸得以定位[1]。揚州屬于江南的地理定位很重要，因爲阮元到達廣州擔任兩廣總督之初，他内心對王朝的文化學術早就有了一個構圖。對于阮元，對于他的祖籍江南地區，位于南部邊疆的廣州可謂是一處文化死角。學海堂，則是阮元力圖引入江南最新文化學術潮流，改造地方文化景觀的一大途徑。

出于廣州的背景，阮元在學海堂推崇的是經學（或經史之學）和文學。

在經學方面，阮元提倡乾嘉時期在江南發展的考證學和漢學。阮元是考證學的熱心倡導者，他認爲設立學海堂這樣的新書院可以改變明代理學在廣州的“空談”論調，因而書院的使命也就是要改變廣州的這種文化風氣。對于書院的創建人阮元，在南部邊疆傳播江南經學的意義非凡。阮元創始編寫的《皇清經解》更是提升了學海堂的獨特地位。這部一千四百卷叢書，編纂于道光五年至九年間(1825～1929年)，是清代江南考證學的一大集成。叢書的作者們，多數來自江南地區的江蘇、浙江和安徽三省五個府，而其中最爲顯著的是祖籍揚州府的學者及他們的作品。在阮元眼裏，書院和文集具有相同戰略目標。正如其在《學海堂集》序裏所言，“大清文治，由朔暨南”[2]。《皇清經解》頌揚了阮元家鄉江南地區的先進學術，同時爲廣州的文化學術樹立了範本，令文化偏僻地區的新手們得以臨摹。

在文學方面，阮元提倡蕭統《文選》中唐代之前的文學格式，例如賦和駢體文。對阮元而言，對仗和押韻文才可被認同爲真正的文學體裁，而其他格式風格平直，缺乏幽雅，衹適于歷史記載[3]。

除了學術，學海堂的地理位置以及建築風格都凸現其與衆不同之處。道光四年秋（1824年），在視察沿著越秀山廣州北城牆維修之際，阮元發現城牆内不遠山脚處的一块地是營建學海堂的理想之所。一年後，阮元與廣州士紳商議，在學海堂建築旁營建文瀾閣，存放《皇清經解》，次年文瀾閣即竣工告成。比起舊有書院，學海堂的選址与建築有幾大特點。它位于越秀山上，南臨廣州城和珠江，居高臨下，俯瞰城市，而同時又象徵性地遠離其他書院和世俗喧囂。據《學海堂志》描繪，書院鼎立于城市的屋瓦炊煙之上。與學海堂相比，舊有的書院，比如道光時期最主要粵秀書院、越華書院和羊城書院，均位于廣州老城區，與衆多省府級

---

〔1〕 Tobie Meyer－Fong, *Building Culture in Early Qing Yangzhou* (Stanford: Stanford University Press, 2003), pp. 27－28, 165－168; Antonia Finnane, *Speaking of Yangzhou: A Chinese City, 1550－1850* (Cambridge: Harvard University Asia Center, 2004) pp. 29－30.

〔2〕 同治《南海縣志》卷一二，第24頁。阮元在此引用了《尚書·禹貢》之言。

〔3〕 關于阮元對《文選》學術的鍾愛，請參看［日］近藤光男：《清朝考証学の研究》，第412～423頁。

衙門相鄰，飽經城市喧囂，比如嘉慶時期，粵秀書院山長馮敏昌（1747～1806年）曾哀歎一處大飯館竟然在該書院存放御賜書卷的藏書樓旁開張營業[1]。學海堂是屬于阮元及其廣州文友們的一處獨特領地，是高尚社會的精英空間，有别與各種階級、性别、文化層次混雜的凡俗世間。

學海堂圖

林伯桐編、陳澧續補：《學海堂志》，1883年

另一方面，學海堂建築的另一特點是“不尚華奂，袛取樸素”[2]。統管學海堂建築事項的兩位學者吴蘭修（1789～1839年）和趙均（1808年貢生）强調書院的建築不加累贅雕飾，甚至連階梯的石板也堅持不磨光。因而，學海堂跟遍布廣州城的那些雕飾極盡的宅邸、廟宇、會館、宗祠以及珠江上裝飾華麗的畫舫形成了明顯對照[3]。否定建築的華麗外表也是提倡考證學，即“樸學”的一種理念[4]。

---

〔1〕《粵秀書院志》卷一五，第43頁。

〔2〕《學海堂集》卷一六，第1～2頁。

〔3〕請參見拙著 *The Sea of Learning*: *Mobility and Identity in Nineteenth－Century Guangzhou*，其中文版《學海堂與晚清嶺南學術》即將由廣東人民出版社出版，第二章。

〔4〕具體請參閱李緒柏《清代廣東樸學研究》。

學海堂文人們在撰文歌頌新書院時，都不忘强調書院的獨特性。收入《學海堂集》的大量不同體裁的紀念文中，以吴蘭修爲代表的學者明確地對學海堂以及其他舊有書院作了區分。當然類似這樣的敘述常常折射了一個觀念，即在這些作者眼裏，學海堂創建之前廣東的經學處于落後狀態，如崔弼（1801 年舉人）所述：

> 廣南人士，不如江浙，蓋以邊省少所師承，制舉之外，求其淹通諸經注疏及諸史傳者，屈指可數。其藏書至萬卷者，更屈指可數。[1]

另外，樊封（1789～1876 年）也對此作過評論：

> 今之學，溯端委而達淵溟也。粤人濡染陽明緒餘，祖法乎良知之説，與康成、晦庵相違，視六籍爲支離，薄訓詁研索爲末務，士子稍解握管，輒高談妙論，凡目所未見之書輒指爲僞册，父誡其子，師訓其徒，牢不可破，空疎無據，流弊三百年。公建此堂，豈如州郡增修書院，加士子膏火資，爲培植人材虚聲哉？[2]

當然，樊封所謂的“今之學”，意指從江南引進并在“此堂”（也即學海堂）得到推廣的考證學。與崔弼、樊封及其他學海堂的開門學人相同，之後的學海堂學者們也都認同學海堂的創建是廣東“經史之學”開創的標志。

從道光元年首度的學海堂競試，十年之内認同學海堂學人身份的文化團體已在廣州城成形。在相互唱酬的詩篇中，“學海堂同人”或“學海堂諸人”是與學海堂有關聯的學者們經常使用的字眼。從此意義上講，學海堂在當時已是一群廣州文人在文化認同上的凝聚點[3]，更值得一提的，對學海堂的認同與對阮元標榜的經學和文學的認同實質上是相呼相應的。

二　本土接納以及本土化

任何一種學術傳統在跨地域的傳播過程中，必然有一個本土化的進程。當阮元極力在廣州推廣江南的學術理論時，必然産生一個本地接納的問題，也就是在

〔1〕《學海堂集》卷一六。

〔2〕《學海堂集》卷一六。

〔3〕“學海堂同人”出自吴蘭修在送别徐榮（1792～1855 年）前往浙江赴任時所作的一首詩；“學海堂諸人”源自黄位清（1821 年舉人）在道光十七年（1837 年）的詩作。黄位清的其他作品也收入在《學海堂集》内。伍崇曜《楚庭耆舊遺詩》後集，卷一，第 15 頁；黄位清《松風閣詩鈔》，第 9 頁。

江南盛行和發展起來的學術文化在廣州當地的文人群體中受到如何反響，以及如何融入到當地的社會文化景觀中。

描述學海堂的作品給人留下的表面印象是阮元的學海堂的創建使得廣州擺脱了邊疆的落後文化境遇。不可否認的這是阮元的意圖，然而在實踐上，我們無法忽略學海堂本地化的這一事實。置身于當地的社會風貌，學海堂實質上順應了廣州當地的人文景觀。

首先，不僅學海堂推廣的文化學術是外來物，早期參加學海堂競試的學人們大多都非本土之人。珠江三角洲大宗族的子弟們大致上都没有參與到學海堂的活動中。《學海堂集》和《學海堂丁亥課士録》這兩部作品給我們提供很好的史料對學海堂的熱心參與者作一瀏覽，另外這兩部作品也明確地展現了學海堂的參與者是從外地遷徙而來、在廣州城居住的新興移民家族精英，而非三角洲的傳統氏族人士。《學海堂集》由阮元親自編定，出版于道光五年，收入了學海堂競試中命題寫作的詩文[1]，可以説這些作品是最被阮元器重的。在《學海堂丁亥課士録》中，廣東學政翁心存（1791～1862 年）詳述了他主持道光七年春冬兩場學海堂考試的史實，收入了詩文考試出類拔萃者的姓名和籍貫[2]。從這兩部史料，我們可以得知，參加學海堂的學人大都不是三角洲本土人士，他們有些是駐扎廣州的漢軍旗人，有些是新來乍到或祖、父輩從珠江三角洲腹地、福建省、廣東嘉應州（客家人）、以及其他各地遷移來廣州城的新近移民，但是他們中人數最多的是祖籍浙江省杭州府和紹興府的學人[3]。

學海堂迎合了這些特殊群體在文化學術上的需求和追崇。無論是來自廣東省外或珠江三角洲腹地的其他州縣，學海堂的文人精英們大致出于商人、下級官吏或幕友這樣的家族背景。有意思的是在三角洲本地居住的大氏族以及富庶的惠州和潮州地帶的文人也大都不涉足學海堂的活動。學海堂的成員結構雖然不能代表廣東省或整個珠江三角洲的社會形態，但卻展現了當時廣州城多元化社會的重要一幕。

---

[1] 《學海堂集》目録表。容肇祖的《學海堂考》值得參考，有助于瞭解學海堂的學員構成。該書不僅列出了四集學海堂考試課卷中各集學生的名單，還列出了所有學長以及“專課生”的名單。

[2] ［清］翁心存：《學海堂丁亥課士録》。春、冬兩次考核，學生課卷分兩個範疇評級：經解與史論以及詩賦。例如春考中，在經史方面，翁心存將四名學生列入頂級，八名二等，二十六名三等，同時另有十二人可被考慮評級，但總共有一百二十六人未予評級。詩賦方面，有六人、十人和一百零六人列入等級，另有一百五十人可予以考慮評級，四十人不予評級。

[3] 請參看拙著 *The Sea of Learning*, pp. 103－111。

明代時期廣州本地的大氏族推動了珠江三角洲文化學術的首度繁榮。與這些氏族的後代子弟不同，學海堂的學人們既無興趣也無必要去維護家族的學術傳統，因而他們對阮元從江南引進的新潮學術持著開放和接納的態度。對于這些没有本地家族根底的外來移民學子，學海堂賦予了他們一個提升社會文化地位的絶佳機會。

在與學海堂有聯繫的文人中涌現出兩位19世紀中葉最有影響力的經學家：朱次琦和陳澧[1]。兩位學者不僅對當地的學術有深厚的影響力，他們的事例也有助于闡釋學海堂在當地社會文化的影響和地位。這兩位文人有極大代表性，首先是因爲他們的出身代表了珠江三角洲的文人以及從江南遷徙而來的移民家族這兩大群體，而對他們的探討，可對這兩大群體對學海堂以及阮元的學術傾向采取的接納態度作一闡明。

作爲19世紀中期最有名的廣府儒家學者，朱次琦和陳澧有衆多相似之處，兩人都推崇漢宋調和論。他們的學術生涯都與學海堂同代，他們以不同形式與學海堂有牽連，并對學海堂及阮元的學術提出過建設性意見。然而兩人的共同點并不能掩蓋他們在地理空間上的相异處。朱次琦出生于珠江三角洲桑園圍中心區的九江堡，他所屬的朱氏家族的一支具有很强經濟實力。另一方面，陳澧的祖輩却是從江南遷移而來廣州城。與朱次琦形成最明顯的對照，是陳澧的學術觀點。縱觀他的學術生涯，不難看出他更擁護了阮元所推崇的考證學，從而也决定了他和朱次琦對阮元以及學海堂的學術本質上的不同立場。

（一）朱次琦、阮元與學海堂

朱次琦，南海縣九江堡人。朱氏家族在珠江三角洲有著悠久歷史。與陳澧一起，他被推奉爲19世紀中廣州的兩大學者之一。然而，出生珠江三角洲的文人與廣州城的文人有著顯著不同。朱次琦出生的九江堡坐落于廣州西南面一百四十里處，九江的經濟依靠桑基漁塘，不僅屬于桑園圍地區内順德南海兩縣下屬的幾個富庶鄉之一，而且具有經濟核心地位。與珠江三角洲其他地域類同，九江在明朝時期才發展成爲一個重要商業中心，士紳文化開始興起。根據順治《九江鄉志》和光緒《九江儒林鄉志》，九江人于明弘治十四年（1501年）從“各水蜑户”取得了捕撈西江魚苗的權利，從此九江本地人壟斷了這項生意，從而奠定了九江富裕經濟的基礎[2]。伴隨而來的是從明朝中葉起，當地的大氏族和紳士階層的涌現。

---

〔1〕程美寶：《地域文化與國家認同：晚清以來“廣東文化”觀的形成》，第166～170頁。

〔2〕《九江鄉志》卷二，第20頁；《九江儒林鄉志》卷五，第25頁。

明正統三年（1438 年）九江産生第一位舉人關銘，此後到崇禎十五年（1642 年）的兩百年左右時間里，此地區總共出現六十位舉人，在天順元年（1457 年）至崇禎十三年（1640 年）之間産生了十一位進士。需要指出的是，這樣的學術碩果幾乎被幾個大氏族所壟斷，這其中包括朱氏家族。

早在明代，朱次琦的世家已屬于當地紳士家族，頗具威望。據朱氏族譜記載，其始遷祖朱元龍于咸淳十年（1274 年）定居九江上沙村。跟九江其他家族一樣，朱氏家族也不例外地聲稱自己是廣東南雄珠璣巷祖先的後裔〔1〕。雖然較晚于關姓、黄姓和曾姓，但到了 16 世紀中葉，九江的朱氏宗族開始陸續有人獲取功名〔2〕。

九江的特殊地理位置及其經濟文化的歷史背景是探討當地的氏族和精英階層的重要綫索。雖然像陳澧這樣的都市文人與朱次琦這樣的珠江三角洲文人共享着一部分文化資源，但另有一部分文化資源，却是三角洲腹地的當地紳士朱次琦所獨享的，比如與三角洲的血乳之源、悠久的氏族歷史、富實的經濟背景。更重要的是，所有的這些與氏族相關的文化資源，都在三角洲老家，并非廣州都市。

朱次琦曾兩次拒絶學海堂的盛聘，不僅如此他還拒絶廣州都市生活，强烈地表達了他對三角洲家鄉的認同。在兩個關鍵時刻，朱次琦本有機會在廣州加入學海堂的精英核心，但是最後他都選擇了將九江作爲自己的身份定位。有意思的是，朱次琦五歲起就跟隨九江的一位同族的先生念書，很快就被送到廣州深造。嘉慶二十四年（1819 年），九江先輩學人曾釗（1793～1854 年）將次琦帶至阮元前，應總督之命次琦即席賦詩，令總督贊嘆不已〔3〕。不久，創辦學海堂專課生的兩位重要人物對朱次琦表示了賞識。總督盧坤（1772～1835 年）賞識年輕的朱次琦是一位德才無匹的“壯士”。錢儀吉（1783～1850 年），作爲盧坤在廣州的隨同，偶爾批改縣學生員的卷子，始終認爲朱次琦是頂尖之才。曾釗和嘉應州詩人李黼平（1770～1832 年）安排年長的錢儀吉會見了朱次琦。道光十五年（1835 年），在阮元的諭令下，盧坤和錢儀吉招選第一班專課生，朱次琦成爲十位入選的學生之一，無料他托病謝絶了〔4〕。

道光二十七年（1847 年），朱次琦考中進士，隨後被任命前往山西，兩年後

---

〔1〕《南海九江朱氏家譜》卷一一，第 2 頁。

〔2〕《南海九江朱氏家譜》卷六，第 44 頁；卷七，第 2 頁；卷一〇，第 7～8 頁。《九江鄉志》卷四，第 27 頁。

〔3〕阮元命朱次琦以“黄木港觀海”爲題作詩。數年後，阮元將次題收入學海堂的詩歌習作，要求學生用江淹（444～505 年）的“集錦詩風”仿宋、元、明詩作。《學海堂二集》卷一八，第 4、18～20 頁。

〔4〕［清］朱次琦：《朱九江集》，錢儀吉序。

上任知縣，任期七年[1]。咸豐五年（1855 年）朱次琦南歸，在廣州的南海縣學任教，指導朱氏家族及其他熟人子弟，一年後返回故鄉九江。咸豐七年（1857 年）起，他重新招收學生，最初得到一位富裕的關氏家人的支助[2]，在九江南邊的禮山開堂講學。此後的二十五年中，他培育了大批忠實學徒，他們大多是桑園圍的士紳子弟，多數家族自稱祖上在宋代時期從南雄珠璣巷移居到珠江三角洲。

乍一看來，朱次琦退隱九江，安心當上一名本地教師，并不是什麼驚人之舉。然而朱次琦返鄉九江定居之意，是他認同立場上的一大選擇。咸豐七年（1857 年）後，"九江先生"成爲了朱次琦的別號，顯然，家鄉的地名"九江"同時也成了朱次琦的身份定位。如同他的傳記作者們所標榜的那樣，朱九江没有再涉足省城。咸豐九年（1859 年），朱次琦受邀擔任學海堂的學長，他又推辭了。這個職位却爲他保留了整整二十個年頭[3]。

對于學海堂所推舉的制度化式的考證學，朱次琦明顯有异議。在對其的傳記中，簡朝亮（1851 ~ 1933 年）例舉了他認爲是朱次琦對學海堂考證學和漢學批判的要點。朱次琦特別將矛頭指向學海堂的創建者和學術偶像阮元。遠離廣州，與學海堂無絲毫掛鈎，朱次琦可以比陳澧對書院及其創始人作出更直接辛辣的批評。對阮元在《皇清經解》編纂中的偏見他直言不諱地批判道："書以國朝爲目，當時之儒非皆漢學也。若方靈皋者流，迺一言之不録也。"[4]朱次琦同時悲嘆百年来最有才的學者都拘泥于漢學的局限，而阮元正是這個學派的首領[5]。

曾釗在嘉慶二十四年（1819 年）把朱次琦介紹給阮元却得到適得其反的結果。决定在九江定居後，朱次琦有意向跟學海堂創建者的學術思想斷絶聯繫。他迫切需要在九江找到一處場所，在那裏他可以完全與學海堂背道揚鑣，弘揚他所信仰的學術文化。在禮山，他不僅找到這樣一處空間，更是帶著懷舊感，傳播了曾被阮元所鄙視的宋明理學，被門徒們頌揚爲"志義之士"。朱次琦對廣州都市和學海堂的背道揚鑣，同時表明了廣州當地的精英身份認同向珠江三角洲腹地的轉移。

（二）陳澧、阮元與學海堂

陳澧祖籍江蘇江寧縣（南京），遠祖籍隸浙江紹興府。道光十四年（1834

---

〔1〕 簡朝亮：《朱九江先生年譜》，朱次琦：《朱九江先生集》；《九江儒林鄉志》卷四、卷二一，第 18 頁。

〔2〕 簡朝亮：《朱九江先生年譜》，第 24 頁。

〔3〕 簡朝亮：《朱九江先生年譜》，第 12 ~ 13、16、54 ~ 55 頁；《九江儒林鄉志》卷一四，第 39 頁。

〔4〕 簡朝亮：《朱九江先生年譜》，第 28 頁。

〔5〕 簡朝亮：《朱九江先生年譜》，第 27 ~ 28 頁。

年)，陳澧與前述朱次琦同期入選學海堂的首期專課生班，成爲十名成員之一。然而有别于朱次琦，陳澧在學海堂治學，之後于道光二十年（1840年）秋，陳澧成爲學海堂最年輕的學長，一直任職數十年[1]。

像19世紀廣州的許多家族，陳澧祖上從江南遷徙到南方邊域。很多學海堂的學者在番禺縣入籍，居住廣州，出身于商人或幕僚家族，而陳澧正是其中一位。在明朝初年，他的祖先從紹興府移居到當時的京城南京，之後其後代在江寧縣入籍[2]。乾隆時期，陳澧的祖父陳士奇遷徙來廣州。靠着一位韓姓近親，他在當地立足生根，甚至買到臬臺衙門的"理問"職位。他的兩位兒子，包括陳澧的父親陳大經，都在廣州發展。作爲没有本地户籍的寄寓者，陳大經無緣與科舉考試。不過他得以師從尉繼蓮學習經典。尉繼蓮，紹興府山陰縣人，在乾隆年間他通過番禺商籍獲取生員[3]。儘管早期受過經典教育，陳大經在衙門擔任短期文書後，棄文從商。陳大經及其兄弟住在新城，家境優裕，還邀請到番禺詩人吕堅爲族譜作序。陳大經跟十三行洋商梁經國（1761～1837年）關係密切，總督吉慶（？～1802年）甚至曾鼓勵他花銀捐得個縣令職位[4]。

與許多外來移民家族一樣，陳氏在廣州當地的立足，極大地依靠了同鄉寓居者的網絡。比如陳大經的元配劉氏祖籍紹興府會稽縣，其父親通過捐銀在臬臺衙門得到理問職位[5]。另外陳澧的姐姐嫁給一位姓湯人家，而湯氏祖籍杭州府仁和縣，在廣州從事鹽業生意。陳澧回憶幼時到湯家探訪的情景，清晨姐姐在歐式梳妝鏡前裝扮完後，兩人會在湯家的花園裏"登小樓，眺假山，觀紅魚，弄鸚鵡"[6]。跟多數經商致富的外來移民家族一樣，陳氏也特别强調治學的重要性。在直系陳氏家族中，陳澧是第一位入籍番禺的成員，使得他有資格踏上科舉之路。陳澧六歲時（嘉慶二十年），就開始誦讀其堂兄的試帖文。兩年後，其父陳大經禮聘尉繼蓮教導陳澧。外來商人聘請外來商籍生員教誨後代，這本身就反映了這個由幕僚、商業精英等組成的外來群體在廣州城的形成了一個自己的核心網絡[7]。

---

〔1〕汪宗衍"陳東塾先生年譜"，第65～66頁；《學海堂志》，第23頁。
〔2〕由陳澧收藏的族譜現存本中，對陳家在祖籍紹興之説略顯衝突。18世紀版的江寧陳氏族譜序言中稱祖上是移居自會稽，而咸豐十年版廣州陳氏支系族譜的序言宣稱祖籍山陰。《陳氏家乘》卷末。
〔3〕陳澧：《東塾集》卷五，第19頁。
〔4〕陳澧：《東塾集》卷五，第17頁；《陳氏家乘》卷末。
〔5〕陳澧的生母是陳大經的妾。陳澧《東塾集》卷五，第18～19頁。
〔6〕陳澧：《東塾集》卷一六，第12頁。
〔7〕汪宗衍：《陳東塾先生年譜》，第59頁。

在道光六年（1826年）阮元任命了首期八位學海堂學長，陳澧在同年參加學海堂的競考。陳澧的名字出現在翁心存編輯的《學海堂丁亥課士録》中，這表明他在第二年也即道光七年，在翁心存的監考下再次參加學海堂競考。道光十二年（1832年）陳澧秋闈中式，當時廣東鄉試的主考官是程恩澤（1785～1837年），而程恩澤即是阮元的密友[1]。程恩澤祖籍安徽徽州府。徽州在乾嘉時期産生了幾位重要的考證學者，包括乾隆期間最著名的學者戴震（1724～1777年）。程恩澤本人的考證學資歷頗爲深厚，他特别精通考證學所崇尚的數學、地理學、詞源學和篆書。在他監考鄉試那年，程恩澤決議要讓有深厚實學也即考證學基礎的競試者通過，這就表明學海堂攻讀考證學的學子們在那年鄉試中頗占優勢。程恩澤對考證學的執著，可謂聯繫了他與阮元的深厚友誼[2]。

道光十四年（1834年），陳澧入選學海堂的首期專課生班，之後成爲學海堂學長。在他的生涯中，陳澧曾前後七次嘗試考取進士，却都以失敗告終。反覆的失敗唯一帶給他的慰藉是往返于廣州和京城的路途中，前後有十四次機會路過江南，在那裏重温他的根。借著路過機會，他祭掃南京城外的祖墳，以此重申江南人的身份認同。道光二十四年（1844年）年底從京城回粤途中，陳澧游覽了雨花臺及其他一些南京風景名勝。道光三十年（1850年）的那一趟旅程，陳澧在祭掃祖墳之外，還拜訪了他越秀書院時期的老友桂文燿（1823～1884年）。桂文燿時任淮海道臺，他應允傳言江寧縣知縣，發布告示禁止毁壞陳氏祖墳。咸豐二年（1852年）陳澧再過江南，打算將知縣的布告刻石立碑豎立于歷代祖先的墓前。結果因顧慮風水問題，這一行爲被當地的同族人阻止。于是陳澧將刻有布告的石碑豎立在曾祖母韓氏安人的墓前。雖然陳澧光宗耀祖的願望與江南同族遠親們在利害關係上并不總是一致，但他仍然得以查考江寧的陳氏族譜，借以補充番禺支系保存的版本。有意思的是，已在廣州立足并入籍爲番禺人應考中舉人的陳澧，在途徑江南之際，數次拜祭祖墳。這種通過這樣的形式維持并增進與江南先祖及對江南的文化認同的做法在學海堂的學者中并不少見。另外的例子如祖籍紹興府諸暨縣的丁熙（約1808～1850年）、丁照兄弟，他們都以番禺籍身份參與學海堂競試，趁入京會試之際，都不忘回祖籍祭掃及維護祖墓[3]。

利用途經江南之便，陳澧更有機會鞏固與江南的學術上聯盟。他兩次在揚

[1] 汪宗衍：《陳東塾先生年譜》，第60～62頁。

[2] 桂文燦：《經學博采録》卷五，第7頁。

[3] 汪宗衍：《陳東塾先生年譜》，第70、76、78頁；陳澧《東塾續集》卷三，《陳氏家乘》卷末。

州拜訪了年事已高的阮元，一次是道光二十一年（1841 年）北上應會試的路上，另一次是在道光二十四年（1844 年）第五次會試落第南歸時。在第二次拜訪阮元時[1]，阮元將其撰寫的《揅經室再續集》贈給陳澧，陳澧細細讀來并書上作了圈點[2]。此外，陳澧還請阮元爲其在廣州的書齋“憶江南館”題寫匾額，“憶江南館”這四字本意就突出了陳澧對江南故土的認同。咸豐三年（1853 年），洪秀全（1813～1864 年）的太平軍占領了南京之後，陳澧用“憶江南館”命名了他的一部詞集。此外，陳澧用“鍾山集”命名另一部文集。陳澧特別提到，“鍾山集”受到《後漢書》中有關趙岐（？～201 年）傳説的啓發，趙岐爲了表明不忘故土的决心依然更改了自己名字[3]。同治八年（1869 年），南京從太平軍占領下收復數年之後，廣東鹽運使方濬頤（1815～1889 年）新調任江南擔任兩淮鹽運使，陳澧爲其作詩一首。詩歌的言辭中無不流露著陳澧對故鄉江南的深厚情節以及對先祖的無限緬懷——“我本江南客，臨風重惆悵……我家雨花臺，先世有塋壙……我仍屬部民，江粤兩依仰……思及我先人，世世永不忘。”[4]

（三）學海堂的本地化

廣東地區的經學在全國影響力不大，但是在學海堂成立前，詩歌體裁已經在廣州頗爲盛行。細讀一下《學海堂集》，令人注目的一點是詩作占據了主要篇幅，這説明詩作在新書院的重要地位，但也説明學海堂學術跟本地學術背景的一種妥協。换言之，對于阮元而言，廣州并不像江南地區那樣可以容易地找到傑出的經學家。道光元年（1821 年）阮元致福建人陳壽祺（1771～1834 年）的書信裏提到，廣州的學術不能跟福建相比，但是他已“新拔三五佳士”。可以想象，如果是在他家鄉揚州，阮元可以更輕易地選拔出衆多“佳士”[5]。

這也表明，阮元在推舉考證學的同時，也推進了文學的發展。由于廣州地區缺少像江南那樣的經學家，這一舉措也正是廣州當地學術文化背景的映射。阮元嘉賞的學海堂初期的學者們，多在文學方面有成就。另外對照一下《學海堂集》與

---

[1] 汪宗衍：《陳東塾先生年譜》，第 69 頁。第二次與阮元會面對陳澧的影響，可參見何祐森《陳蘭甫的學術及其淵源》，第 1～19 頁。

[2] 經由陳澧圈點的阮元《揅經室集》現藏于中山大學圖書館稀有圖書室。《揅經室再續集》收入在《揅經室集》之中。

[3] 汪宗衍：《陳東塾先生年譜》，第 69、78 頁；陳澧《東塾遺稿》，第 15、16 頁；沈世良《小祇陀盦詩鈔》卷一，第 10 頁；《後漢書》，卷六四。

[4] 陳澧：《陳東塾先生詩詞》，第 98 頁。

[5] 陳壽祺：《左海文集·引言》，第 1 頁。李緒柏在其所著《清代廣東樸學研究》談及這一點。

《詁經精舍文集》，前者詩作占多數，後者的十四卷作品中衹有最後兩卷是詩歌體裁。很顯然，與阮元在杭州創辦的詁經精舍相比較，詩歌習作在廣州的學海堂明顯占有更中心的地位〔1〕。

不僅是在學海堂，在廣州的其他書院，比如文瀾書院，詩作也是盛行體裁。廣州西關的文瀾書院經常主辦詩文競賽，稱爲“會文”，即“會社的作文”。會文競賽經常聘請具有公正聲譽的先生來作評判。南海縣人謝蘭生（1760～1831年）在《常惺惺齋日記》提到，他于嘉慶二十五年（1820年）夏參與評閱了文瀾書院的會文，道光三年（1823年）夏再次出席評閱，同年還親自到書院去批閱詩卷。除了詩歌，文瀾書院和學海堂還有其他的淵源。在學海堂的建築開工前的最初四年，學海堂考試都是在文瀾書院的院址發布和舉行〔2〕。

除了在學海堂和文瀾書院，詩文習作之風尚遍及當時的廣州城。廣州西關的唐荔園主人、富商邱熙曾舉辦過一次詩文大賽。由于阮元曾爲他的花園賦詩一首并題寫了匾額，邱熙倍受鼓舞，特別發出邀請，妄請總督大人前來爲競賽作裁判。最終阮元衹委派了一位手下代理此事，但這并不打消邱熙的興致，他還是大張旗鼓地將優勝者名單張榜在西關的廟宇前〔3〕。

同時在地理位置上，學海堂也是與廣州當地社會密切融合的。雖然歌頌學海堂的詩文都著力强調學海堂在廣州的獨一無二性，但這并不能將學海堂與同時代的廣州的其他一些書院截然區分開來。學海堂創建者們謳歌新書院的獨特之處，然而參與學海堂的教生們同時也參加了舊有書院的學術活動，這使得新舊書院之間的交流密切增强。學者文人們同時參與新老書院，這一點對幫助我們理解學海堂和其他舊有書院之間的聯繫有重要意義。

在學海堂選址之初，阮元查看了廣州新城、西關、河南三處。對于河南，他指出“嫌近市”〔4〕，當然河南地址就被排除在外。有意思的是，不僅河南，新城和西關都位于繁榮的市場商業區。儘管阮元極力避免，但無論如何學海堂離不開“市場”的商品經濟。學海堂的一部分收入源于廣州新城店舖的租金，另一部分来

---

〔1〕 參見《詁經精舍文集》，也參見《詁經精舍文續集》。

〔2〕《宣統南海縣志》，卷一五，第6頁；《咸豐順德縣志》卷二六，第6～7頁；《駐粤八旗志》，卷二三，第14頁；《文瀾衆紳録》，碑記，第13～14頁。謝蘭生《常惺惺齋日記》，嘉慶二十五年六月廿二日；道光三年八月初五日、廿八日、十一月十七日、十九日、二十日、廿二日；道光四年正月廿八日；道光五年三月五日。

〔3〕 譚宗浚：《荔村隨筆》，第16頁。

〔4〕《學海堂志》，第6頁。

源于阮元，據記載他“捐銀四千兩發出文瀾書院董事四家生息”。這裏所指的“四家”是廣州著名十三行的洋商中的首富[1]。

學海堂創辦後不久，這所曾被開創人崇尚爲遠離市囂的新書院就被同化入本地景觀中。人文學士，不管其本人推崇哪個學術和文化學派，都可在游越秀山時到訪學海堂。因此，學海堂也很快成了謝蘭生及一些年長的廣州文人日常社交活動的處所。學海堂還是中秋節及平日賞月的絶佳地點。從這個角度來看，學海堂是屬于廣州當地社會的空間，是本地景物内在的一部分。到了同治時期，越秀山上已經遍布各種建築。阮元的學海堂已經不再是廣州精英們所描繪的孤立于越秀山頭俯瞰凡俗的獨有空間。相反地，這時的學海堂已日益成爲一個學術綜合體的一部分，這個綜合體由三所專業書院——學海堂、菊坡精舍、應元書院，以及文瀾閣的藏書庫組成[2]。正如桂文燦在學海堂的主題作文《新建應元書院記》中所述，應元書院“近隣精舍（即菊坡精舍），遥傍山堂（即學海堂）；儼成鼎峙之形，益焕離明之象焉”[3]。這個學術綜合體與本地社會生生相息，展現的是南方邊疆都市的認同與驕傲。

應元書院圖

王凱泰編：《應元書院志略》，1870 年

---

〔1〕《學海堂志》。

〔2〕《應元書院志略》，第 1 ~ 2 頁。

〔3〕《學海堂四集》卷二二。

三 小 結

如上文所述，當江南人阮元來到文化邊疆地區的廣州，他極力想在當地引進和推廣江南的先進學術和文化理念。建立學海堂是最明顯有力的一大舉措。不能否認，通過建立新書院，阮元對在廣州傳播江南的學術文化作出了極爲重要的貢獻，同時，也拉攏和培養了一大批移居到廣州的江南籍新興家族的文化精英，爲他們提供了提升社會文化經濟地位的大好機會。

當然，任何的文化、思想、學術的跨地域傳播都不是自然風順的，在這過程中，經歷了一個本地化的挑戰。對于阮元、學海堂以及考證學在廣州城面臨的挑戰和本土化是一個多方面互相交錯的動力機制。這個錯綜複雜的關係中包括了廣州和珠江三角州的紳士精英和當地氏族，廣州城的各種背景出生的外來移民家族、新興移民精英，城市和三角洲腹地之間的區域性關係，考證學與當地傳統學術之間的較量等方方面面的對抗和妥協。這之中，不僅牽涉到文化精英階層的學術認同，更有他們對自我認同和對故土認同的構建和再構建的表述。

作者簡介：Steven B. Miles（麥哲維），美國人。歷史學博士，美國聖路易斯華盛頓大學歷史系副教授，博士生導師。研究明清社會文化史。著有 *The Sea of Learning: Mobility and Identity in Nineteenth – Century Guangzhou*（中文譯本：《學海堂與晚清嶺南學術》，廣東人民出版社）。

From the North to the South: Ruan Yuan, the Sea of Learning Hall, and Learning in Nineteenth – Century Guangzhou

Steven B. Miles

Abstract: The paper describes Ruan Yuan's aims in establishing Guangzhou's famous academy, the XueHai Tang (Sea of Learning Hall), as well as the reception of the types of learning that the new academy promoted. It shows that Ruan Yuan's agenda was embraced primarily by in – migrating, socially ascendant urban elites in Guangzhou, whereas members of elite lineages in the Pearl River delta hinterland largely ignored or rejected the new academy and its learning.

Keywords: Ruan Yuan, XueHai Tang (Sea of Learning Hall), Guangzhou, Chen Li, Zhu Ciqi

阮元指導的三部廣東著述

李緒柏

内容摘要：阮元是清代廣東文化的奠定者。他指導的《三朝御製詩注》《四書文話》《二十一部古韻》三部廣東著述，對後人具有積極的啓發和借鑒意義。

關鍵詞：阮元；學海堂；《三朝御製詩注》；《四書文話》；《二十一部古韻》

一　引　言

嘉道之際阮元督粤，于廣東學術文化貢獻頗多，而最爲後人津津樂道者，乃輯刊《皇清經解》、重修《廣東通志》及創建學海堂三大文化舉措。其實，阮元在廣東文化建樹遠不止此，即以刻書而論，就有《雕菰樓集》《江蘇詩徵》《國朝漢學師承記》《揅經室集》《李氏遺書》等相繼開雕，開清代廣東大規模刻書先聲，促使廣東刻書出版事業邁入黄金時期。刻書之外，阮元還是促進廣東著述繁榮的有力推動者，方東樹在《書林揚觶》序文中説：

> 兩粤制府阮大司馬既創建學海堂，落成之明年，乙酉初春，首以學者願著何書策堂中學徒。余慨後世著書太易而多，殆于有孔子所謂不知而作者。[1]

乙酉即道光五年（1825 年）。方東樹所説本有譏諷之意，但恰恰反映了阮元

[1] ［清］方東樹：《書林揚觶》卷首，1925 年 7 月中國書店據儀衛軒刻本校印，第 1 頁。

宏獎善誘、孜孜不倦的一面，此舉直接推動了廣東士子確定學術研究方向，有鞭策激勵之功。不僅如此，阮元還親自命題，組織策劃，交待具體任務，以下三部著述，即是他親自指導的典型代表。

二 《三朝御製詩注》

清朝歷代皇帝均有御製詩，以康熙、雍正、乾隆最爲著稱。樊封是廣東爲三朝御製詩作注最早也是最後一人。

樊封（1789～1876年），字昆吾，號朴庵，廣州駐防漢軍正白旗。少倜儻，爲諸生，博涉群書，不屑爲制舉業，負其才氣，有不可一世之概。阮元總督兩廣，建學海堂課士，提倡朴學，樊封是最先受到賞識提拔者。曾參與《皇清經解》校勘，惠士奇《禮説》、阮福《孝經義疏》、段玉裁《六書音韻表》卷終，均題“漢軍生員樊封校”。同治九年（1870年）鄉試，恩賜副貢生。光緒元年（1875年）三月，補學海堂學長。廣州將軍長善以其耆宿多聞，延纂《駐粵八旗志》，事屬創始，凡三年，稿粗具而卒，年八十八。著有《論語注商》《南海百咏續編》《朴學山房文集》《蟬紅集》等。

關于樊封纂輯《三朝御製詩注》一事，僅見于《駐粵八旗志》，記載較爲簡略：

> 故太傅阮元道光初督粵，建學海堂以經史詩賦課士，封甚荷賞識。使纂輯《三朝御製詩注》，并分校《皇清經解》。[1]

因語焉不詳，資料太少，該書體裁體例、内容結構以及風格特色等等詳情，均不得而知。

例如，“三朝”是一般公認的康熙、雍正、乾隆三朝，還是另有所指，難以確定。此外，御製詩是選本，還是全本，也難以揣測。如果是全本，則必然卷帙浩繁，因僅乾隆御製詩，即有四萬餘首之多，數量驚人。此外，底本來源問題也不清楚，因御製詩有寫本、抄本、刻本之別。相對來説，比較容易見到的，應爲《四庫全書》本，康、雍、乾三朝御製詩文集，均收録其中。

雖有種種疑問，樊封的《三朝御製詩注》已經完成，則無疑義。多年以後，廣東著名學者、學海堂學長陳澧還提及此事，他在《昆吾先生七十九歲賦詩奉祝》詩中説：

---

〔1〕［清］長善：《駐粵八旗志·人物·文學·樊封傳》卷二三，光緒五年（1879年）刊本，第11頁。

翁昔編聖制，詩注存山堂。蠹魚食幾字，蛛網封幾行。
我曾捧而讀，讀畢手訂裝。又爲録副本，庶可免佚亡。[1]

此詩作于同治六年（1867 年）。可知此前書已編成，稿本藏于學海堂文瀾閣，但未刊刻，陳澧賦詩可爲確鑿無疑的佐證。惜稿本、副本今均難覓，不知下落。

清代御製詩文集絶大部分由武英殿刊成，由大臣奉敕恭編、校刊、校字，也有注釋者，多零星單篇。史載："高宗御製詩五集，至十萬餘首。每一詩出，令儒臣注釋，不得原委者許歸家涉獵，然多有翻擷萬卷莫能解者。"[2]如乾隆《御製圓明園圖咏》，後附鄂爾泰、張廷玉、任蘭枝、張照、汪由敦、莊有恭、觀寶等跋文，謂"臣等恭注《御製圓明園詩》……臣張若靄奉敕敬書。"[3]"恭注"即是奉敕而行。至于私自注釋某一皇帝御製詩全集，或集數朝御製詩而加以注釋者，未得而聞。因康、雍、乾三朝，文字獄正熾，學者避之唯恐不及，遑論冒身家性命之險？嘉道以後，文網疏闊，政治、社會環境大爲寬鬆，始有私注之舉。例如嘉慶十二年（1807 年），阮元丁憂居揚州，"七月，恭注御製《味餘書室隨筆》二卷，至九月成。"[4]有此一段經歷，阮元督粤後萌發恭注三朝御製詩之念，并命樊封代爲完成，也就顯得順理成章，合情合理了。

三 《四書文話》

道光元年（1821 年）冬，阮元于學海堂出《四書文源流考》題課堂中士子。《學海堂集》卷八載有鄭灝若、梁傑、楊懋建、周以清、侯康等五人課卷，這五篇文章均爲阮元親自選定。課後阮元又命鄭灝若、周以清、胡調德、侯康四人同纂《四書文話》一書。

鄭灝若，字莞坪，廣東番禺人。嘉慶十八年（1813 年）拔貢生。阮元開學海堂，拔識最先。著有《榕屋詩鈔》《吟秋草》等。

周寅清，原名以清，號秩卿，廣東順德人。年十六，爲縣學生員。應學海堂課，屢列前茅。道光十五年（1835 年），中乙未恩科順天鄉試舉人。道光二十四年（1844 年），中甲辰科進士。以知縣用，籤分山東，歷任成武、高密、臨淄、昌樂縣知縣，臨海州知州。後丁母憂去官，返里主講鳳山書院。同治二年（1863

[1] ［清］陳澧著、黄國聲主編：《陳澧集》一，上海：上海古籍出版社，2008 年，第 632 頁。
[2] 徐珂編撰：《清稗類鈔》第八册，北京：中華書局，2003 年，第 3919 頁。
[3] 《圓明園圖咏》跋，石家莊：河北美術出版社，1987 年，第 4 頁。
[4] 王章濤：《阮元年譜》，合肥：黄山書社，2003 年，第 424 頁。

年）二月，補學海堂學長，不久去世。著有《典三剩稿》《典三雜著》等。

胡調德，字道卿，一字道鄉，廣東南海人。貧病嗜學，弱冠補縣學生員。致力于漢儒訓詁之學，與曾釗、吴蘭修等結希古堂，課治古文辭。學海堂開，所作課藝，爲阮元所賞，由是知名。卒年六十。著有《尺木齋文集》《魚苗經》等。

侯康，字君模，廣東番禺人。家貧，以授徒自給。道光十四年（1834 年），舉優行貢生。十五年（1835 年），中乙未恩科舉人。十七年（1837 年）二月，補學海堂學長。研精注疏，盡通諸經，而史學尤深。近人劉師培評論説："廣東學者，惟侯康爲最深醇。"〔1〕著有《谷梁禮證》《後漢書補注續》《三國志補注》《補後漢書藝文志》《補三國藝文志》等。

所謂四書文，指科舉考試所用的文體，多取四書語命題，又稱經義、制藝、制義、時文、八股文、八比文等。《四庫提要》謂："蓋經義始于宋……其大旨以闡發理道爲宗，闕後其法日密，其體日變，其弊亦遂日生。"〔2〕《四庫全書》收有《欽定四書文》四十一卷、不著編輯者名氏《經義模範》一卷，乃屬四書文選集。又收有元陳繹曾《文説》一卷、倪上毅《作義要訣》一卷，前者"爲程試之式而作"，後者"皆後來制藝之龜鑒也。"〔3〕歸于詩文評類。

所謂文話，相對于詩話而言。詩話指評論詩歌、詩人、詩派及記録詩人故實的著作。文話則指論述文章作法或評論作家、作品的著作。顧名思義，四書文話乃論述經義即科舉八股文之體例、程式及對作者、文章的評騭等等。

阮元首倡編纂《四書文話》，書成後親自爲之作序，序云：

唐宋詩話多，文話少，而明以來四書文話更少，非無話也，無纂之者也。余令學海堂諸生周以清、侯康、胡調德纂之，諸生共議分二十四門編之。一原始，二功令，三格式，四法律，五體裁，六命題，七程文，八稿本，九選本，十墨卷，十一社稿，十二元鐙，十三名譽，十四考核，十五師承，十六風氣，十七興廢，十八流弊，十九起衰，二十假借，二十一咎毁，二十二談藪，二十三軼事，二十四五經文。雖未甚精詳，然已積卷帙矣。録成二部，一存粤東學海堂，一攜歸江南。蓋江南遺文舊説，爲嶺南所無者尚多，俟再

〔1〕劉師培：《清儒得失論：劉師培論學雜稿》，北京：中國人民大學出版社，2004 年，第 267 頁。

〔2〕［清］永瑢等：《四庫全書總目》卷一九〇，北京：中華書局，1981 年，第 1729 頁。

〔3〕［清］永瑢等：《四庫全書總目》卷一九〇，北京：中華書局，1981 年，第 1791 頁。

令家塾子弟補成之。時甲申冬日[1]。

作爲主要參與者的周寅清，曾在兩處地方回顧提及此事。他在《復欒生書（鑾）》中説：

辛巳，阮文達夫子選課經學，讀《十三經注疏》。癸未，又命纂《四書文話》。爰萃乾嘉諸手筆，上溯順康諸名家，復從天崇遞溯成宏正嘉，以及荊公、稼軒諸作者，始知作文無定格，論文有定衡。[2]

此外，周寅清還將自己早年所作《四書文源流考》一文，收入其文集《典三剩稿》之中，篇末附記云：

此辛巳學海堂冬課也。課後阮儀徵夫子命偕鄭莞坪灝若、胡道鄉調德、侯君模康同纂《四書文話》，始自宋元，訖乾隆六十年，子目分二十四。清分纂程文、稿本、選本、墨卷、社稿、元鐙、師承、假借八册。日與君模商榷，廣搜遺聞。四書文雖沿自宋元，故實尚鮮。而勝代國朝，逸事參稽，備詳史乘。且命名與詩話同體，即稗官小説，亦思匯存。纂成後呈儀徵夫子，撰敘文冠首，面諭需留備裁正。緣莞坪選拔纂修，不及兩月作古。道鄉茂才會晤無幾，章程繁簡未歸劃一，刊刻不能無待也。乙未京兆鄉闈獲儁，以小門生進謁阮相國，面承提及。適君模以是科獲售南闈，丙申商同謁見，竟因循未果。後梁茝林年伯巡撫桂林，諭學長鈔呈副本，檢學海堂中舊帙無存，而道鄉、君模咸歸道山，覓原稿不可得。蓋當時原隨手撮成，大半遺佚。爰檢《學海堂初集》録出儀徵夫子敘文付梓，以著一時師友淵源之盛，且不勝人琴之感云。丙辰冬月寅清手志。[3]

丙辰即咸豐六年（1856年）。綜合阮元序文及周寅清所敘，可得知以下幾點：

第一，“此辛巳學海堂冬課也。”辛巳即道光元年（1821年），這是《四書文源流考》的考課時間。“癸未，又命纂《四書文話》。”癸未即道光三年（1823年），由此可以確定阮元命纂《四書文話》的具體時間。

第二，阮元爲《四書文話》作序，題“甲申冬日”，甲申乃道光四年（1824年），可證《四書文話》經學海堂幾位諸生的努力，在一年多時間内即已大體編

[1] ［清］阮元撰、鄧經元點校：《揅經室集》，北京：中華書局，2006年，第1068～1069頁。
[2] ［清］周寅清：《典三剩稿》卷九，清刻本，第4頁。
[3] ［清］周寅清：《典三剩稿》卷五，清刻本，第23～24頁。

纂完成，速度不可不謂迅速。

第三，《四書文話》的斷限，“始自宋元，訖乾隆六十年”，時間跨度近千年。關于體裁、内容、結構，“諸生共議分二十四門編之”，則屬于分類體，且二十四門是學海堂諸子商議擬定的。

第四，該書編纂，是從乾嘉開始，再上溯至清初，然後上溯至明末、明初，最後至南北宋。所謂“上溯”、“遞溯”也即追溯，采取的是由後向前，逆溯而上的方法程序。

第五，編纂者中，由于鄭灝若早逝，胡調德“會晤無幾”，四人中以周寅清、侯康出力最多。周寅清具體負責編纂程文、稿本、選本、墨卷、社稿、元鐙、師承、假借“八册”即八門，恰好占全部二十四門的三分之一。

第六，該書已大體完成，但未刊版。

《四書文話》一書，張之洞《書目答問》曾經著録，歸爲“詩文評類”，并云：“據學海堂集阮元四書文話序，已成書，未刊［版］，稿本見存廣州學海堂中。此爲一代取士程式，故附著其名于此，异日當有刊行之者。”〔1〕但該書已佚，“覓原稿不可得”，周寅清言之鑿鑿，《書目答問》所載有誤。

四 《二十一部古韻》

道光六年（1826年）六月，阮元調任雲貴總督。雖離開廣州，但仍與學海堂人士保持聯繫，音書不斷，且不時指導學海堂師生著述刻書，《二十一部古韻》即是一例。

所謂“古韻”，相對于六朝、唐宋的“今韻”而言，指先秦漢語音韻。宋代鄭庠最先分列古音韻部，他把古韻分爲六部。清代學者繼之，研究更加深入，如顧炎武析爲十部，江永析爲十三部，段玉裁析爲十七部，戴震析爲十八部，王念孫析爲二十一部，不一而足。

阮元對古韻研究極有興趣，不斷有勸人編纂刊刻韻書之舉。道光九年（1829年）秋，他“令家塾學人，以段氏十七部爲綱，裁取《廣韻》二百六韻，分歸于十七部之下，爲十七古韻，以便擬漢以上文章辭賦者取用。”〔2〕次年，又寄書吴蘭修，勸吴與學海堂中林伯桐、曾釗、楊榮緒諸子商榷編撰《古韻廿一部》，書云：

〔1〕范希曾編：《書目答問補正》，上海：上海古籍出版社，1983年，第324頁。

〔2〕［清］阮元：《段氏十七部古音序》，引自王章濤：《阮元年譜》，合肥：黄山書社，2003年，第824頁。王按：是序，《揅經室集》未收，轉録自王獻唐：《顧黄書寮雜録》。

> 高郵王懷祖先生精研六書音韻，欲著古音一書，因段氏成書，遂即輟筆（余三十年前即聞此論）。然其分廿一部，甄極《詩》《騷》，剖析豪芒，不但密于段氏，更有密于陸氏者。予屢欲并《廣韻》而以古音分部，使便于擬漢以上文章辭賦者取用之，迄未暇爲之。計學海堂中年兄深研古音，曷就段氏精審之，而進以王氏之學定爲古韻廿一部，以群經、《楚辭》爲之根柢，爲之範圍，庶無隔部臆用之謬乎……年兄試再與堂中林、曾、楊諸子商榷寫定（即如廿一部至質，須在各韻中將各字提摘而出，而刪去彼韻之字），即可在堂中槧板成帙，不過數萬大字，即可嘉惠學古之士，予雖老，亦樂得觀之，且可以分授家鄉子弟矣。庚寅閏月。[1]

庚寅閏月，即道光十年（1830 年）四月。所謂王念孫“欲著古音一書”，即後來的《古韻譜》二卷，王氏生前未刊。

阮元又有《段氏十七部古音序》贅語，語云：“此段氏十七部也。後于［道光］十年，得高郵王懷祖先生念孫之二十一部目録（見其子引之尚書《經義述聞通説》之末）。乃宜知王氏論去、入二聲之類，不但密于段氏，更有陸氏等所未析者。且寄書廣東學海堂，囑刻《二十一部古韻》。書載續。”又附言：“此件本欲發學海堂刻一小本，衹大字不小字，衹三萬多字耳，因欲分王氏廿一部停工。其實可不廿一部，即十七部已足矣，遠勝于近人之韻徵分五聲也。”[2]

所謂王念孫“二十一部目録”，指《經義述聞》卷三一所附《古韻廿一部》，僅爲簡單表格。玩味書中語氣，阮元之意，欲以王氏廿一部爲綱，裁取《廣韻》二百六韻，分歸其下，并非一字不改刊刻王氏《古韻廿一部》表。委托吴蘭修等“商榷寫定”，即指此。

吴蘭修（1789～1839 年），字石華，廣東嘉應州（今梅縣）人。嘉慶舉人。阮元督粤，愛其才，命監粤秀書院，調任《廣東通志》分纂，又任爲學海堂首任學長，并負責編校監刻《學海堂初集》和《皇清經解》等。嘉道間廣東學術文化諸重大事件，吴蘭修皆參與其間，爲核心中堅人物。

但阮元交代的著述刻書任務，吴蘭修却遲遲未能動手。道光十三年（1833 年）六七月間，阮元曾致函王引之，告之粤中延誤刊刻《古韻廿一部》之事，書云：

---

〔1〕［清］阮元：《與學海堂吴學博蘭修書》，鄧經元點校：《揅經室集》，北京：中華書局，2006 年，第 1071～1072 頁。

〔2〕［清］阮元：《段氏十七部古音序》贅語，摘自王獻唐編：《顧黄書寮雜録》。引自王章濤：《阮元年譜》，合肥：黄山書社，2003 年，第 829～830 頁。

《古韻廿一部》刻字之事，若元在粵，十日即成，而至今杳然。吴蘭修辦事有名疲緩（亦不催之矣），堂中《經解》若非夏道［廣東督糧道夏修恕］與厚民［嚴傑］緊緊催辦，必致中輟（夏升，夫，即無人可出力，巧巧刻完即升）。[1]

延誤原因，未見記載，且吴蘭修于道光十九年（1839 年）病逝，該書最終由曾釗勉力完成。

曾釗（1793～1854 年），字勉士，廣東南海人。道光拔貢。官合浦縣學教諭，調欽州學正。與吴蘭修一樣，他也是嘉道間廣東文化群體的核心中堅人物。

曾釗見賞于阮元，起因于《字林》一書。《字林》是一部按漢字形體分部編排的字書，《隋書·經籍志》題晋吕忱撰，七卷。其書久佚。清代學者任大椿撰《字林考逸》八卷，其族弟任兆麟别采獲百五十餘條，是爲《字林考逸補正》。後曾釗據以校增，得若干條，題名《字林七卷序例録目一卷》，并于嘉慶二十四年（1819 年）夏冬二次刊刻，卷首題："晋任城吕忱撰本、後學任大椿考逸、兆麟補正、南海曾釗校增"。板藏學海堂。《清史稿》記載此事，謂："儀徵阮元督粵，震澤任兆麟見釗所校《字林》，以告元，元驚异，延請課子。後開學海堂，以古學造士，特命釗爲學長，獎勸後進。"[2]十分有趣的是，曾釗校增《字林》，爲阮元所賞；而編撰《二十一部古韻》，也是由阮元倡議發端，可謂與阮元有不解之緣。

道光十三年（1833 年）冬，阮元接王引之京師來信，旋函告曾釗在粵已將《廿一部古韻》開雕，書云：

冬半，接京中來書……頃接粵中曾釗書，知《廿一部古韻》已上板，冬初可有等語……曾公書内又云，如風、梵等字亦須提出，究不知其所提者若干字也。此致，并候素履！不一。生阮元頓首[3]。

與《三朝御製詩注》和《四書文話》亡佚不同，曾釗的《二十一部古韻》雖未見刻本，但有半部鈔本傳世，現存廣東省立中山圖書館。書前粘一紙云：

阮儀徵相國來書云，古韻不止廿一部，且將、穹、風、梵等字摘改，實

[1] ［清］阮元：《致王引之書（二）》，引自王章濤：《阮元年譜》，合肥：黄山書社，2003 年，第 867～868 頁。

[2] ［清］趙爾巽等：《清史稿》卷四八二，北京：中華書局，2010 年，第 13280 頁。

[3] ［清］阮元：《致王引之書六之三》，引自王章濤：《阮元年譜》，合肥：黄山書社，2003 年，第 873 頁。

爲從來未有之精細。但七四老人揔以先睹爲快，希刻成即寄，或先將上卷印出寄示也。

書前有方東樹序，題“道光己亥九月桐城方東樹序于兩粤節署之東軒”。己亥，即道光十九年（1839年），時間上正好吻合。序中，方東樹指出，王念孫認爲段玉裁十七部之分“猶有失”，故立二十一部，而爲之表，“阮儀徵相國深韙其説，因屬吾友南海曾君勉士，依其類例，作《二十一部古韻》。”因此同治《南海縣志》、光緒《廣州府志》著録該書，均題“曾釗撰”。

方東樹序文之所以重要，在于引述了曾釗的某些原話，借此可略窺其著書宗旨，離析韻部各字的思路，及與王念孫相异之處。

首先，曾釗説，古韻大旨，當以《詩》、《易》爲主。王氏二十一部，確較段氏爲密，今固當主之，然尤有沿段氏之誤而未易者。他舉了一些例子，如講字，“竊按《説文》，講，從冓聲。《史記·甘茂傳》注，講讀曰媾。此古音也，當入侯部。”其他物、業諸字，也泛引群經，一一辨析，爲之重新分部編排。并申明説：“此皆王氏沿段氏之誤，而某欲僭易之者也。”“僭易”即重新更改。

其二，曾釗也有一些疑惑難決的地方，如“至王氏又有第十五盍一部，竊疑《禮記》盍旦即鶡字，當在祭部、乏部。以窆、砭、泛等字律之，當爲凡，入聲，帖部，爲忝，入聲。此又欲改并而未敢决擅，尚有待于推求者也。”

其三，曾釗還透露了自己的一些思路方法，他説：“余之爲此，大都以諧聲爲主，其指事、象形、會意等字，無聲可諧者，則以義求之。”此外，還有“以偏旁求之”、“又有以假借之字求者”，以及“從雙聲爲韻者”等等。[1]

翻檢抄本《二十一部古韻》，衹見多處眉批，蠅頭細楷，密密麻麻，即曾釗删改説明之處，如：

䲹鷮并當入第二部。

矜當入第七部。于當入第九部。覃鹹當入第三部。

段氏《音韻表》侵第七，覃鹹第八，不同部。今按《陸韻》惟從奄詹敢炎等字宜入談銜等部，余湛南男等字，古皆與侵同韻，故今改入第三部，與段不同也。

頔當入第三部。丹聲在第三部。鮎第三部。

封字入第一部。

---

〔1〕［清］方東樹：《二十一部古韻序》，引自同治《南海縣志·藝文略》卷一〇，第4～6頁。

鏗當入第七部。

薨入第二部。

甄第八部。

旬匀聲七部。

獻九部。

也聲它聲爲聲麻聲委聲俱十部。

抄本末有廣東學者汪兆鏞跋文，較爲泛泛，文曰：

南海曾勉士學正釗著《二十一部古韻》，同治《南海縣續志》藝文略著録，并附録方東樹序，與此鈔本相符。此書依高郵王氏之説，而間有不同，義極精密，阮文達公深許之。當時未付剞劂，日久遺稿散落。盧君子樞于冷攤購得，爲之裝裱。原書二卷，闕下一卷，至爲可惜……乙亥七月後學番禺汪兆鏞敬題于秦瓦漢木晋磚唐經宋槧室。

另有廣東大學文學院教授石光瑛跋文（附紙），略云：

曾氏依王氏念孫二十一部古韻，以《廣韻》原文分綴其下，其删《廣韻》原字，改入它韻者，則具其説于卷端，不以《詩》、《易》之韻分部，最便初學。所别入它部之字，有曾氏獨見不同段、王諸家者。其書若全，實可寶貴，惜乎至十一韻而止。且曾氏分部，采高郵説，高郵以入聲分配平聲，多與段异，其精要在此。而入聲字分配皆在十二部以後，此卷内祇十一部，有入聲，餘俱無分配，今所闕正在十二部以後，頗可惜也。但前賢手澤，片光吉羽，均宜保存。吾友盧君子樞，得此于故書攤中，什襲藏之，安知它年不有延津之合耶。乙亥八月十八日後學石光瑛敬跋。[1]

乙亥即1935年。石光瑛跋文較有實質内容。這裏需稍加説明，王念孫主張古有四聲的分别，把他的二十一部分爲二類：一類是有入聲的，一類是無入聲的，自言：

自東至歌之十部爲一類，皆有平上去而無入；自支至宵之十一部爲一類，或四聲皆備，或有去入而無平上，或有入而無平上去，而入聲則十一部皆有

[1]［清］曾釗：《二十一部古韻》，抄本，現藏廣東省立中山圖書館。

之，正與前十類之無入者相反。[1]

也就是説，曾釗《二十一部古韻》抄本所缺失的，正是“以入聲分配平聲”的十二部以後，也即是最重要、最值得重視的部分。

五 餘 論

阮元學問淵博，精通經史、小學、金石、詩文，有著述問世，堪稱專門名家。他眼光獨到，能站在學術史發展的高度，從宏觀大局著眼，提出一些頗有價值的課題，填補學術空白。同時又知人善任，獎掖後進，用其所長，不但在頂層設計上指明方向，而且在程序、途徑、方法諸方面予以適時點撥，要言不煩，最爲得體。阮元指導的三本廣東著述，正是這方面的典型代表，可爲後世師法。梁啓超稱讚説：

> 儀徵阮芸臺元，任封疆數十年，到處提倡學問，浙江、廣東、雲南，學風皆受其影響。其于學亦實有心得，爲達官中之真學者，朱笥河、紀曉嵐、畢秋帆輩，皆非其比也[2]。

能得到這樣一位學界泰斗的親自指導，在他耳提面命之下從事編撰著述，這是學海堂諸子的莫大榮幸。

三部廣東著述，基本上都按照阮元當初的指導意圖編纂完成。三部著述的價值如何，因立場觀點的不同，各有所愛，各取所需，勢必言人人殊。

以今天的眼光來看，《三朝御製詩注》雖然能反映帝王的特定思想，具有一定的史料價值、文學價值和藝術價值，但由于時代的變遷，御製詩昔日的神聖光環已不復存在，其令人震懾的尊崇地位已是明日黄花。

與之相似，在科舉考試制度已廢除百餘年的今天，《四書文話》除能反映八股文之起源、結構、演變，以及與科舉考試之關係等相關歷史掌故外，很難説還有什麽現實意義可言。

曾釗的《二十一部古韻》，雖然方東樹稱“其審辨精密，尤與顧、江、段、王諸作并不朽于千載矣！”[3]但平情而論，古韻分部的研究，數百年來，雖不斷進步，但直至今日，學界仍未取得完全一致的結論。如王念孫之後，夏炘分爲二十

---

[1] 王引之：《經義述聞》卷三一，道光七年（1827年）刊本，第54頁。
[2] 梁啓超：《近代學風之地理的分布》，《清華學報》1924年第1卷第1期。
[3] ［清］方東樹：《二十一部古韻·序》，同治《南海縣志·藝文略》卷一〇，第6頁。

二部，章太炎分爲二十三部，黄侃分爲二十八部等等。張世禄説："近代對于周、漢古音的考證，到了顧、江、戴、段四家，已經完成了基礎；後起的古音學家大都是承襲他們的成就，陸續加以補充修訂的而已。"[1]"前修未密，後出轉精"，曾釗分部不出段、王範圍，衹能算是在"補充修訂"環節上有所貢獻，有所增進而已。

此外，由于時代的局限，阮元倡議輯刻《二十一部古韻》的宗旨不無可議。他的目的是爲了"今用"，并一再强調説："以今韻爲今詩文則可，若作古賦頌詩辭，而用今韻，不今不古，識者哂之。"[2]又説："予屢欲并《廣韻》而以古音分部，使便于擬漢以上文章辭賦者取用之，迄未暇爲之。"[3]可見復古的傾向十分濃郁。對此，清代學者早已有不同意見。譬如江永批評顧炎武時曾説：

> 顧氏又曰，天之未喪斯文，必有聖人復起，舉今日之音而還之淳古者。愚謂此説亦大難……顧氏《音學五書》與愚之《古韻標準》，皆考古、存古之書，非能使之復古也。[4]

江永對古韻研究抱歷史主義的態度，值得肯定。與之相比，倒退復古的傾向，不足爲取。

雖然如此，阮元百餘年前指導廣東學者從事三部著述編撰的實踐，對後人仍具有積極的啓發和借鑒意義。下以《四書文話》爲例，略爲敘述。

《四書文話》的價值，首先在于它是一部開創性、原創性著述，前無古人。自宋以經義取士，于是便有四書文，也開始有四書文話。但歷代四書文話雖多，無匯輯成書者，"非無話也，無纂之者也。"自阮元倡議指導之後，在學海堂諸學子的努力之下，才開始有此領域方面的第一部專著，其可貴在此，其價值也在此。"此爲一代取士程式"、"异日當有刊行之者"，《書目答問》的作者最先認識到它的重要性。

---

〔1〕張世禄：《中國音韻學史》，北京：商務印書館，1998年，第276頁。

〔2〕［清］阮元：《段氏十七部古音·序》，引自王章濤：《阮元年譜》，合肥：黄山書社，2003年，第824頁。王按：是序，《揅經室集》未收，轉録自王獻唐《顧黄書寮雜録》。

〔3〕［清］阮元：《與學海堂吴學博蘭修書》，［清］阮元撰、鄧經元點校：《揅經室集》，北京：中華書局，2006年，第1071頁。

〔4〕［清］江永：《古韻標準例言》，《古韻標準》，1926年渭南嚴氏成都刊本，第10頁。

其次，阮元在學海堂出《四書文源流考》題策問堂中士子，也是首開先河，顯示他在學術研究上的獨特視野和過人睿智。因爲提出了明確的課題方向，這才引導學海堂諸學子對此問題進行一番認真的探究摸索，積累了一定的資料和經驗，作了相當程度的前期準備。在此基礎上，阮元再因勢利導，組織考課成績優秀者，爲之布置具體任務，深入推進，編纂《四書文話》，可謂是水到渠成，順理成章了。應該承認，這種將考課與著述緊密相結合，將教育與科研互爲補充，互爲推動的作法，最具科學性，符合教育、學術規律。直至今日，這一教學相長、相輔相成的做法仍具有現實的借鑒意義，值得效法。

值得一提的是，阮元指導編纂的《四書文話》稿本雖佚，但此事引起另一位學者的高度關注，繼之而起，此人乃梁章鉅。

梁章鉅（1775～1849年），字閎中，又字茝林，號茝鄰，晚號退庵。福建福州人。嘉慶進士。歷任江蘇布政使、甘肅布政使、廣西巡撫、江蘇巡撫等職。周寅清在回憶文中明確指出，梁章鉅曾向學海堂學長索要過《四書文話》書稿，“後梁茝林年伯巡撫桂林，諭學長鈔呈副本。”據《退庵自訂年譜》，梁章鉅于道光十六年（1836年）升廣西巡撫兼署學政，二十一年（1841年）調任江蘇巡撫。“己亥六十五歲……輯《制義叢話》二十四卷。”[1]己亥乃道光十九年（1839年），其時仍在廣西巡撫任上。書成，江國霖爲之序云：

> 閩中梁茝林先生以阮文達公《四書文話》屬草未成，乃作《制義叢話》二十四卷，權輿于宋代，美備于前明，極盛于本朝。[2]

顯而易見，該書編撰是直接受到《四書文話》的啓發。雖然《制義叢話》與《四書文話》内容結構、體裁體例方面不盡相同，但在某種意義上畢竟可説是最終完成了阮元的未竟之志。

作者簡介： 李緒柏，1950年生，武漢市人。退休前任中山大學歷史系副教授，現爲廣州市人民政府文史研究館館員、廣東炎黄文化研究會理事、《广州大典》学术顾问。曾先後主持《清代廣東樸學研究》《陳澧評傳》《東塾學派研究》《清代廣州版叢書研究》等多項國家、廣東省、廣州市社科基金項目。參與編輯

---

[1] ［清］梁章鉅：《退庵自訂年譜》，《二思堂叢書》，光緒元年（1875年）福州梁氏刊本，第16頁。

[2] 江國霖：《制義叢話序》，陳水雲、陳曉紅校注：《梁章鉅科舉文獻二種校注》，武漢大學出版社，2009年，第7頁。

《廣州大典》。著有《清代廣東樸學研究》《清代嶺南大儒：陳澧》《陈伯陶评传》，合著有《廣東省出版志》《中國歷史》《廣東通史》等，發表論文數十篇。

The Three Important Books Directed by Him about Guangdong

Li Xubai

Abstract: Ruan Yuan was the founder of Guangdong culture in Qing Dynasty. The three important books directed by him , *SanChao YuZhi ShiZhu*, *SiShu WenHua* and *ErShiYiBu GuYun*, still have a great influence and reference significance to the later generation.

Keywords: Ruan Yuan; XueHaiTang, *SanChao YuZhi ShiZhu*, *SiShu WenHua*, *ErShiYiBu GuYun*

阮元督滇政績及文化貢獻

高静铮

内容摘要：阮元調任雲貴總督，執掌滇政的近九年時間，殫心盡力，業績歷歷在目。作爲封疆大吏，阮元以國計民生爲念，勤政務實，整頓鹽務，發展礦業，巡視邊務，鎮營閲兵，抵禦外敵，平定叛亂，取得了令人矚目的政績。從政之餘，阮元爲學勤勉，著述豐富，對雲南的文化貢獻也是有目共睹，其中尋訪和考證《爨龍顔碑》等珍貴金石資料，主持編修《雲南通志稿》，品題大理石畫并編著《石畫記》，重視雲南地方名勝古迹的考證開發和利用等貢獻，首屈一指，成效斐然。阮元卓越的政績和突出的文化貢獻對雲南社會發展産生了深遠的影響，促進了雲南歷史的發展進程。本文擬就阮元任職雲南的政績，尤其是文化貢獻試做評述，不當之處，敬請方家批評指正。

關鍵詞：阮元；督滇；政績；文化貢獻

阮元，生于乾隆二十九年（1764 年），卒于道光二十九年（1849 年），字伯元，號芸臺，江蘇儀徵人。别號雷塘庵主、研經老人、節性齋老人等，謚號文達，世稱文達先生或文達公。乾隆五十四年（1789 年）進士，歷經乾隆、嘉慶、道光三朝，在朝廷和地方任職長達五十年之久，宦迹遍天下，曾出任山東、浙江學政，浙江、河南、江西巡撫，漕運總督，兩湖、兩廣、雲貴總督，有“一代名儒，三朝閣老，九省疆臣”之稱，爲政和治學皆聲名顯赫。道光六年（1826 年）九月十三日，六十三歲的阮元調任雲貴總督，至道光十五年（1835 年）六月八日調任體仁閣大學士，歷時近九年。在督滇期間，阮元勵精圖治，勤政務實，取得了令人矚目的政績。爲政之餘，他對雲南文化發展的貢獻也是有目共睹，成效斐然。

一　阮元督滇的主要政績

阮元于道光六年（1826 年）就任雲貴總督，《阮元年譜》對此有明確記載："十三日，入雲南界，至平彝縣接印。十八日申刻，至雲南省城，進署詢飭各營務及各邊務、銅政、鹽政。"[1]作爲封疆大吏，督鎮雲南期間，阮元以國計民生爲念，勤于政事，忠于職守，注重興利除弊，懲治貪官，整頓鹽務，奏請留鹽課超額部分作地方經費，招募傈僳族民衆駐騰越邊界屯墾，安定車里土司叔侄争襲等，對雲南政務多有建樹，其主要政績如下：

（一）整頓鹽務，發展礦業

雲南對外交通相對閉塞，清初雲南食鹽實行商包商銷制度。乾嘉時期，鹽税收入占雲南財政總收入的 42.53%，是雲南地方財政重要支柱。阮元調任之初，雲南的鹽政弊病叢生，走私嚴重，貪官中飽私囊，致使賦税鋭減。爲此阮元著力整頓鹽政，實行稽查，罷免貪官污吏，杜絶走私現象，實行以徵抵補，提成以充公費的鹽務法，取得了明顯的效果，鹽税逐年增加。"以前數十年來，鹽課每年無不缺課十余萬，道光七年，鹽課奏銷不特正額全完，且有溢餘之銀至一萬五千兩之多。兹八年溢餘又數倍于上年之數。"[2]道光政府十分重視雲南鹽政，對雲南鹽業的發展采取了鼓勵態度，允許滇省鹽政溢餘銀兩部分用于調劑邊防費用開支，道光八年（1828 年），"奏准滇省鹽課溢餘銀兩不必限于定額，于奏銷時查明徵收實數，一半造收報部撥用，一半存儲藩庫，以備沿邊諸事及銅運鹽務等項之用。仍按年將所留銀數及動用款目，隨同奏銷造册報部"[3]。

銅政歷來是雲南大政，清初推行放本收銅和官買餘銅政策。隨着貨幣需求和軍政財政開支的增大，促使銀銅的開采與冶煉迅速發展。據《雲南通志稿・食貨志》記載，雲南銅礦在康雍乾三朝不斷開采，數量增長迅速，1740 年以後，雲南成爲全國最主要的銅材市場供應地。清政府鼓勵雲南民間開礦，加收礦課。阮元延續以往發展礦業的一系列政策，穩定經濟發展，進一步發展銅銀礦等産業。道光年間，阮元曾多次減免雲南銅廠民欠無著工本銀。

---

〔1〕［清］張鑒等撰，黄愛平點校：《阮元年譜》，北京：中華書局，2006 年，第 154 頁。

〔2〕［清］張鑒等撰，黄愛平點校：《阮元年譜》，第 159 頁。

〔3〕李春龍審訂，牛鴻斌、文明元、李春龍、劉景毛點校：《新纂雲南通志》七，卷一四七《鹽務考一》，昆明：雲南人民出版社，2007 年，第 164 頁。

（二）巡視邊務，鎮營閱兵

雲南地處邊陲重鎮，與緬甸、越南等國家接壤，邊防安全問題自然是首當其衝的重點防務。就任雲貴總督後，阮元多次持續奔波于全省各地，考察政務和邊防。到任的第二年"三月初三日，至東川府閱兵。初九日，至昭通鎮閱兵。十八日，至尋沾營閱兵。十九日，閱曲尋恊兵。二十三日，回至雲南省城。"[1]這從道光七年（1827 年）阮元詩作標題中也可以窺見一斑。例如《上巳日東川道中》《過以濯河》《閱盤龍江登雄川閣望滇池》《滇南伏日》《重九日登祿豐之鼇頭峰得伊莘農中丞寄贈登鼇詩即答》《暮登西台看碧雞山色》《巡西邊曉發》《住大理閱兵三日看點蒼山》《麗江雪山》《古哀牢》《漾濞合江上看月》等，這些充盈了雲南不同地名的詩作名稱，見證了阮元巡視邊務，鎮營閱兵的忙碌身影。正如《古哀牢》詩云："萬里哀牢外，高秋駐馬時。彩雲連百濮，黑水下三危。元老曾經略，神功屢創垂。漫言平定易，輕視其西陲。"[2]體現了阮元對承擔西南邊陲防務重任的警醒和憂慮，也表明了阮元期望安定邊陲，造福百姓的良好願望。在廣泛調查研究的基礎上，阮元向朝廷提出了一系列加强邊防的整改舉措。阮元著力于整頓邊防，確保邊防的長治久安。他任用當地的少數民族，抵禦外族入侵，保家衛國，取得了良好的成效。阮元還籌集邊防費用萬兩，招募傈僳族三百户駐紮在騰越廳屬邊界，給以山地耕種，以防野匪。《清稗類鈔》吏治卷《阮文達使倮倮屯種》對此有較爲詳細的記載："阮文達公總督滇黔時，駐騰越邊境有野人，時入内地劫掠爲患。而保山等處，又别有邊夷，曰倮倮，本土司所轄，以墾田射獵爲生，精于桑弩毒矢，野人畏之。文達乃籌邊費萬金，招倮倮三百餘户，騰越邊界，給地屯種，以禦野人。"[3]倮倮即指傈僳族。爲了進一步加强邊防，他還提請朝廷將招募傈僳族邊民的費用開支列入國防開支。奏摺上報後得到朝廷的嘉許。此外，阮元對越南的挑釁進行堅決的還擊，駁斥越南圖謀侵占中國猛梭等邊境地區的企圖，防堵越南亂軍侵擾邊境，堅決維護國家主權。對于中越邊界的劃分，阮元還撰寫《明堂圖説》，明確中越邊界歸屬問題，體現了保家衛國的信心和决心。

（三）平定叛亂，穩定邊防

雲南少數民族地區，自古以來實行土司制度。阮元在任期間，幾經周折，平定了由來已久的車里土司叔侄之争，進一步穩定了邊防。道光十三年（1833 年），

---

〔1〕［清］張鑒等撰，黄愛平點校：《阮元年譜》，第 155 頁。

〔2〕［清］阮元：《揅經室詩録》卷三，粵海堂叢書單行本，雲南省圖書館藏本，第 10 頁。

〔3〕徐珂編撰：《阮文達使倮倮屯種》，《清稗類鈔》第三册吏治類，北京：中華書局，1984 年，第 1251 頁。

"阮元等奏，查明土司妄謬不職，請先褫革一折。雲南普洱府思茅廳所屬車里土司刀繩武，前被虜入緬甸，本屬獲咎之人。嗣回内地復充土職，自當安静，勉圖後效。乃以猜忌成嫌，疑慮未釋，與其叔土舍尋釁互哄，怙惡不悛。其釁觸相争，尚系同室操戈，而欲妄求兵助，挾制官長，縱夷激釁，不聽招諭；經兵威彈壓，始就斂弱，實屬妄謬不職。刀繩武着即先行革去土職，如知悔罪自投，再行按其情節核辦。倘仍竄匿滋事，即着嚴拿從重治罪。所遺土職，着該督等另行辦理。"〔1〕被革職土司職位的刀繩武不知悔罪，仍然内外勾結，負隅頑抗，帶印潛逃。道光十四年（1834年），阮元再次上奏刀繩武帶印竄逃之劣迹，奏請朝廷獲准刀正宗承襲車里土司職位事宜。對此朝廷有明確的答復："現在刀繩武既經負罪，帶印竄逃，家屬法應另徙，其子照例不准再襲。兹據該督等取其宗圖册結，另擇合例之人，奏請承襲。着照所請，准其以土舍刀太康之長子刀正宗繼與刀太和爲嗣，承襲車里土司世職，以專責成。所有應行另頒銅印，着該部照例辦理。"〔2〕由此徹底解决了車里土司叔侄之争的叛亂，進一步穩定社會秩序，内安外和。

（四）休養民生，廉政清明

阮元在雲南執政時期，明察秋毫，體恤民情，安撫人心，始終如一地奉行"休養民生"的政策。對于倉儲備糧的管理，道光八年（1828年）八月，阮元實地考察之後，整改了舊倉管理中存在的弊病，摒棄昆明縣原來所管城外二倉，改建城内新倉五十間，并頒布以一米易二穀的法令。舊倉管理弊端之一，昆明縣所置城外二個儲米舊倉，因臨近滇池之濱，每當夏秋雨多，濕氣浸蒸，儲米容易腐朽變質；弊端之二，府縣對于城外儲倉的盤查和運輸，因路途遥遠，勞民傷財，多有不便。阮元吸取廣東舊倉儲谷優于儲米的經驗，提出以米易穀的新主張。穀和米比較，更容易貯藏，能久貯不損，而且還使百姓避免了舂碾稻穀和挑選米粒細碎的勞苦，减輕了人民負擔。城内建穀倉也避免了軍民耗時費力，奔波勞累，因此儲穀新倉的改良政策真可謂兩全其美的良策，受到廣大民衆的擁戴。"大人遂

〔1〕李春龍、楊名鋭主編：《雲南史料選編》，昆明：雲南民族出版社，1997年，第735頁，轉引自《清實録·宣宗實録》卷二四六。李春龍、楊名鋭主編：《雲南史料選編》，第735頁，轉引自《清實録·宣宗實録》卷二五二。［清］張鑒等撰，黄愛平點校：《阮元年譜》，第162頁。方國瑜主編、徐文德、木芹、鄭志惠纂録校訂：《雲南史料叢刊》第十二卷，昆明：雲南大學出版社，2001年，第709頁。［清］阮福：《滇筆》，《關雎三章解》篇，雲南省圖書館藏清代鈔本，第17頁。［清］阮福：《滇筆》，《宜園茶隱·三壽作朋記》篇，第34頁。

〔2〕李春龍、楊名鋭主編：《雲南史料選編》，第735頁，轉引自《清實録·宣宗實録》卷二五二。

與巡撫伊公及司道擇定于省城大西門内府署之西高燥隙地，特建新倉五十間，名曰‘太平倉’。從此兵民兩便，官亦易于交收。若積穀數年，即滿十萬石，誠省垣儲之善策也。”〔1〕

道光十三年（1833 年）七月，雲南所屬昆明、嵩明、宜良等十州縣地震，災情嚴重。阮元及時撥付司庫銀兩，迅速查賑，并參照前例賑濟災民。“震倒瓦房每間給銀五錢、草房三錢，被災各户現存大口給谷一京石、小口五斗，分别賑濟。”〔2〕阮元向朝廷上報《昆明等州縣同時地震查辦災賑大概情形》的奏摺，獲准朝廷批准，動用鹽務溢餘課銀款用于賑災，減免災區應徵本年錢糧。阮元督促司道督率各委員會同地方官員逐户切實查明災情，并統計城垣、衙署、廟宇、倉監等項修葺的具體情况。阮元實施的一系列抗震救災舉措，有條不紊，災民安置妥當，確保了地震之後民心安定，社會秩序井然有序。

阮元在政務上崇國德威，修養民生，發展生産。政務之餘，阮元静以修身、儉以養德，寓興于園林、詩書、著述之中，怡然自得。阮福所撰《滇筆》，爲筆記體著作，其中記録有其父阮元任職雲貴總督期間，在雲南的諸多政績及文化貢獻，亦不乏阮元督滇言行紀略，這些記録是研究清代西南邊陲社會發展的珍貴資料，也是阮元生平與政績研究不可或缺的第一手資料。阮福在《關雎三章解》中記録了其父阮元對滇雲士子的訓導，展現了阮元重教興學的遠見卓識及事必躬親的優良作風：“家大人以《論語》《關雎》節課滇士，滇士不解古義，因訓福如此敬筆記之。”〔3〕

阮元爲官恪守硯石所書“一品清廉”的承諾，廉潔奉公，潔身自好，不講排場，不慕虚榮，他從不因正月二十日生日而斂財納禮，反而避免親友以及下屬爲他賀壽。每逢生辰，即避客于山林或竹園，觀賞景致，煮茶吟詩。在《宜園茶隱·三壽作朋記》中，阮福追叙父親：“家大人于近數十年所駐之地，每逢正月廿日生辰，獨往山寺。”〔4〕這樣生辰避客的慣例，從浙粤到黔滇，阮元一如既往，歷年堅持不懈。道光十年（1830 年），阮元“庚寅六十七歲，在滇督署亦謝客。署東宜園有從竹，且有壽梅壽柏。是時梅初落，杏盛開，桃李初開春色正盛。仙館前有雙鶴，春正盛也。”〔5〕所謂閉門“謝客”，正是爲了婉言謝絶各種宴請及應

---

〔1〕［清］張鑒等撰，黄愛平點校：《阮元年譜》，第 162 頁。
〔2〕方國瑜主編、徐文德、木芹、鄭志惠纂録校訂：《雲南史料叢刊》第十二卷，第 709 頁。
〔3〕［清］阮福：《滇筆》，《關雎三章解》篇，第 17 頁。
〔4〕［清］阮福：《滇筆》，《宜園茶隱·三壽作朋記》篇，第 34 頁。
〔5〕［清］阮福：《滇筆》，《宜園茶隱·三壽作朋記》篇，第 34 頁。

酬，避免以祝壽名義送來的賀禮。“福乃于是辰，獨邀劉，王二叟在宜園陪家大人游坐。福舉觴侍茶爲壽。三壽共二百五十歲，誠爲盛世。”[1]這兩位年事已高的客人是雲南鼎鼎有名的劉庭植和王崧兩位老先生，是年分别爲一百零四歲和七十九歲，他倆與阮元甚爲投緣，三人隱入竹林，清茶淡酒，觥籌交錯，吟詩談藝，相談甚歡，阮元爲此賦詩一首《正月二十日偕王劉二叟竹林茶隱》，較爲詳盡地記録了三壽作朋的生辰雅事。這個實例從一個側面表現了阮元廉潔奉公，嚴于律己的高風亮節。

二 阮元督滇的文化貢獻

阮元歷官所至，考證碑刻，提倡經學，發展文教，編修古籍，樂此不疲。阮元年近七十歲時，回顧長達數十載的宦績生涯，禁不住感歎從浙江、廣東到貴州、雲南，由興籌海務及鎮撫邊夷，顯赫的仕宦與政績，衹不過是過往煙雲，轉瞬即逝。阮元幾十年來堅持不懈，一如既往，潛心于學術研究，在經學、史學、金石、書法、校勘、訓詁、文獻、詩文等諸多領域都有卓越的建樹。任職雲南期間，儘管雲南地處邊陲，交通閉塞，阮元也年過花甲，六十有三，但他在學術上却没有停止探索和前進的腳步，他不遺餘力地致力于雲南文化的發展繁榮，成效顯著。

（一）尋訪和考證《爨龍顔碑》等珍貴金石資料

阮元在金石學方面的研究成果豐碩，《金石十事記》概括了阮元一生搜訪、編印金石文字及保護金石遺迹的主要活動，記述了他在金石學研究方面的主要成果。阮元對鐘鼎彝器、石刻碑版等情有獨鐘，一生致力于金石的搜訪、著録與研究。他作爲封疆大吏，儘管政務繁忙，但金石研究從未間斷過。所到之處，不辭辛苦，探訪古迹，搜尋金石。在督滇期間，阮元及其子阮福不辭勞苦，深入荒郊野谷，尋訪古碑遺迹，獲得了《爨龍顔碑》《南詔德化碑》《王仁求碑》大理建極銅鐘等珍貴金石資料。對于搜獲的金石碑刻，摹工精拓，分贈師友。案牘之餘，予以辨析考證，并指導其子阮福于道光八年（1828年）秋撰成《滇南金石録》公之于世，書中詳細記録了雲南金石情况，開創雲南金石文獻專著的先河。

阮元在長期的金石研究中，形成了一套嚴謹、科學的治學方法。他不迷信古書陳説，而是從金石中稽古鈎沉，將之與文獻記載相結合，以校勘史籍，印證史

---

[1] ［清］阮福：《滇筆》，《宜園茶隱・三壽作朋記》篇，第35頁。

事，力求做到言必有據。由于其研究是建立在扎實的史料基礎之上，故得出的結論有很强的説服力，研究成果也就具有很高的學術價值。[1]道光六年（1826年）十一月，阮元父子在曲靖府陸涼州之東南二十里貞元堡（今雲南陸良）訪得“宋故龍驤將軍護鎮蠻校尉甯州刺史邛都縣侯爨使君之碑”，如獲至寶，精心考證。使君姓爨，名龍顔，故此碑簡稱《爨龍顔碑》。碑文殘蝕字甚少，字體方正，在楷隸之間，爲爨道慶所作。此碑立于劉宋孝武帝大明二年（458年），爲滇中最古之石刻，且甚完善。阮元極其珍愛此碑，認爲該碑畢肖北魏各碑北派書法，碑文體制古茂，亦得漢人碑文遺法，非唐宋人所能及。阮元在此碑之“左下文無字隙處”，爲此碑題跋曰：“此碑文體書法皆漢晋正傳，求之北地亦不可多得，乃雲南第一古石，其永寶護之。”[2]并要求知州張浩建亭加以保護。此後《爨龍顔碑》名譽海内，聲名遠揚。

道光七年（1827年）九月十九日，阮元又在大理府太和縣（今雲南大理）尋訪到王昶《金石萃編》所載的“南詔德化碑”，該碑爲南詔清平官鄭回撰文，杜光庭書。字多剥落，仆地已久，當地人稱爲磨刀石。此碑立于大曆元年（766年），立碑之意在于稱頌南詔王閣羅鳳之功業以垂後世，并表明效忠于唐朝的心願。阮元命其子阮福拓得全碑并精心考證，“今將碑之現存可識者六百二十七字悉寫爲大字，以《萃編》釋文核之。其中有蘭泉先生昔時未曾釋出的四十五字，今悉圍之……”[3]阮元認爲，碑文書體猶是北朝遺法，“唐以前碑字，猶是北周、北齊遺法。王、主二字，三横皆齊；日、月二字，寬而不窄。以此較北朝碑真相合矣。”[4]阮元在《南北書派論》中提出：“南派乃江左風流，疏放妍妙，長于啓牘”，“北派則是中原古法，拘謹拙陋，長于碑榜。”[5]阮元提倡北碑，但他不完全貶斥南碑。他尋訪搜集湮没荒郊野谷的碑刻，考證研究并提高到書法的層面加以讚賞，使歷來被文人不屑一顧的民間書法囊括到書法傳統中，爲後人的考證研究開闢了新的亮點。

---

〔1〕孟凡港：《析阮元金石學成就之因——以〈山左金石志〉爲例》，《光明日報》2013年6月17日。

〔2〕李春龍審訂，劉景毛、文明元、王珏、李春龍點校：《新纂雲南通志》五，卷八四，金石考四，第58頁。

〔3〕［清］阮福：《滇筆》，《南詔德化碑》篇，第64頁。

〔4〕［清］阮元著、鄧經元點校：《南詔殘碑》詩，阮福按語，《揅經室續集》卷八，北京：中華書局，2006年。

〔5〕［清］阮元著、華人德注：《〈南北書派論〉〈北碑南帖論〉》，上海：上海書畫出版社，1987年，第3頁。

阮元父子還在大理府太和縣城崇聖寺中尋訪到建極銅鐘，核校尺寸，撞鐘賞音，并對文字和鑄像也進行拓印及考證。銅鐘分上下兩層，每層皆鑄密教造像六尊，各尊造像均標注名稱，末有“維建極十二年歲次辛卯三月丁未朔廿四日庚午建鑄”二十二字。建極十二年，即唐懿宗咸通十二年（871年），據阮福《滇南古金石録》記載：“鐘在大理府太和縣崇聖寺，作上下兩層，每層六面，上層每面高二尺五寸餘，廣二尺二寸餘；下層每面高一尺三寸餘，廣一尺七寸餘，皆鑄各波羅密及天王像，每像各標一名，正書。像與字皆陽文。上層曰金剛、智寶、大輪、妙法、勝業、慧響六波羅蜜，下層曰增長、大梵、廣目、多聞天王及天主帝釋、持國天王六像。”〔1〕此外，阮元父子還將建極銅鐘與彌渡建極鐵柱款識相比較，認爲鐵柱款識較銅鐘款識字體稍小，但是二者“體絶相類，當屬一人手筆。其歲次則後一年”〔2〕。

（二）確定指導思想，主持編修《雲南通志稿》

主持編修大型志書《雲南通志稿》，是阮元爲推動雲南文化發展而采取的一項重要措施。《雲南通志稿》是以阮元、伊里布監修，王崧、李誠等爲主纂編修的地方志中的成熟之作。該書于1826年延攬王崧爲總纂，1829年後李誠接替爲總纂，一直到1835年修畢，前後近九年。《雲南通志稿》上起秦漢，下迄道光，全書總目十三，子目六十八，包括十三大類，共計二百十六卷。因監修和主纂人員均係當時的考據學者，編纂體例比較嚴密，篇目分類合理，編排有序，資料翔實，內容豐富，卷帙恢弘，綜合了古今有關雲南的資料，具有重要的學術特色和價值，是明清雲南省志中的上乘之作。這部書之所以能編纂成書，阮元功不可没，他的貢獻主要在于確定編纂志書的指導思想，精心挑選編纂人員，并積極籌措編輯經費。阮元對志書的編纂具有豐富的經驗，對雲南通志的編纂可謂得心應手。他根據雲南地域的特殊性制定了明確的指導思想，使雲南通志成爲一部獨具特色的志書，其獨特性主要體現在以下幾方面：

其一，《雲南通志稿》體例完善，大膽創新，進一步强調了志書的地域性，以此有別于史書。從體裁上看，它打破了《廣東通志》“訓典”“表”“略”“録”“列傳”和“雜録”的編纂模式，立總目十三門，統稱爲“志”，是通志編纂體例上的大膽創新；其二，修志做到繁簡適宜，反對私人議論。在整個通志編纂中，編

〔1〕李春龍審訂，劉景毛、文明元、王珏、李春龍點校：《新纂雲南通志》五，卷八八，金石考八，第163頁。

〔2〕李春龍審訂，劉景毛、文明元、王珏、李春龍點校：《新纂雲南通志》五，卷八八，金石考八，第165頁。

修人員的態度是嚴謹而求實的，這保證了《雲南通志稿》的學術價值。對于難以抉擇的問題，衹是將各種説法臚列出來，不加己見，由讀者自己來取捨。這種方法兼收并蓄，不偏不倚，更具有客觀性，從而最大限度地保存了史料的完整性；其三，修志注重反映雲南經濟命脉的産業。在二十四卷《食貨志》中，除《物産》之外，又特地專列《鹽法》和《礦廠》，并在《凡例》中指出鹽法、礦廠爲滇南大政，尤宜詳載。此後雲南省志都將這部分内容獨立出來，形成定例；其四，注重雲南的地域特徵，突出雲南的少數民族特色。編纂者用十九卷的《南蠻志》來反映這方面的情況，《南蠻志》中的“種人目”收録了道光以前纂修的府、州、廳、縣志中有關少數民族的資料，記載了爨蠻、阿車、白人等一百多種民族的基本情況，并在文字敘述前面插入了清代著名畫家李詁（李仰亭）繪的 119 幅民族風情圖，堪稱圖文并茂，爲後人研究雲文南少數民族發展歷史提供了翔實、可靠的史料依據。“貢獻”、“邊裔”、“方言”、“土司”等子目的設立，更突顯邊疆志書所特有的内容；其五，重視金石文獻的收集和整理，將金石并入《藝文志》記載。對于金石，該書不但一一摹寫謄録其原文，標明行序，并叙述説明中間是否有缺漏以及模糊不清的文字，對于無法確認的文字則摹刻出其現存的部分。金石志爲舊志所無，但是爲了保存這一重要文獻，衹好附入《藝文志》，這樣的做法雖出于無奈，但避免了金石資料的散失。

《雲南通志稿》書成以後，備受學者青睞，極大地促成雲南省内各地的修志熱潮，此後雲南志書編纂多遵從其體例和範式。例如道光二十七年（1847 年）戴炯孫參考志稿的體例和資料私修《昆明縣志》：“詳采舊聞，擇從厥善，不敢侈于援引，而失之濫，亦不敢貌爲高簡而近于略，雖華未振，而體例必審。”〔1〕清光緒二十年（1894 年）成書的岑毓英等修《雲南通志》，也依照阮元《雲南通志稿》的體例而略有增并。晚清漢學家王先謙也認爲志稿具有重要的學術影響和價值，他曾寄信給繆荃孫，高度評價此書：“阮文達以滇督内召，晚年榮遇極矣。其學問，滇人不甚尊尚，所撰《雲南通志》刻已成書，公自名曰《通志稿》，實寶書也。……文達水地之學，曠古無儔，滇人不知。蓋其時限于僻陋，非後來比。”〔2〕當代志學家方國瑜先生也對志稿讚譽有加：“體例整贍，詳略適當，《滇省通志》今存者十，此爲最善之本。”〔3〕

---

〔1〕 戴炯孫：《昆明縣志》卷一〇，臺北：成文出版社，1967 年，第 158 頁。
〔2〕 ［清］繆荃孫：《藝風堂友朋書札》卷六八，上海：上海古籍出版社，1980 年，第 46 頁。
〔3〕 方國瑜：《雲南史料目録概説（二）》，北京：中華書局，1984 年，第 68 頁。

（三）品題大理石畫，編著《石畫記》

大理石之名，在明代已見諸文獻，但影響并不大，未爲世人所熟知。大理人因地制宜，挑選具有花紋圖案特别的大理石製成畫屏或鑲嵌畫，成爲獨具地方特色的裝飾藝術。明崇禎十二年（1639 年）三月十四日，旅行家徐霞客游歷到大理三塔寺，在前殿中楹間佛座後，看到兩方天然大理石屏。禁不住贊歎："故知造物之愈出愈奇，從此丹青一家皆爲俗筆，而畫苑可廢矣！"[1]天然大理石畫，千姿百態，天工巧筆，其出神入化的花紋圖案，是由于所含礦物質的種類和數量不同以及天然地不規則分布所致，加之在造山運動中不同方向的擠壓、扭曲、揉混，使圖案變得千姿百態，意蘊生動。

阮元獨具慧眼，十分留心大理石畫畫境，對石畫情有獨鍾。阮元自號蒼山畫仙，于滇南節署内專設石畫軒，用于陳列搜集到的精美石屏。他欣賞大理石畫渾然天成的獨特神韻，其構圖與表現風格，與水墨畫的勾皴點染，黑白分明，濃淡乾濕，陰陽向背，虛實疏密和留白等表現手法一脉相承，形成了形神兼備的藝術特徵，因此著力加以搜訪、珍藏和宣揚，并爲此多次赴大理石産地點蒼山考察，每遇佳石，必有題咏。在《大理石屏四時山水歌》中[2]，阮元記載，道光九年冬，他喜獲佳石四幅，美輪美奂，畫意與唐宋文人詩作名句意境不謀而合：

> 南雲石幅天生奇，奇乃造物爲畫師。煙雲雨雪各有態，高山流水分四時。
> 造物筆墨何手持，何年穴山爲畫師。豈獨勝于畫師畫，更得巧合詩人詩。
> 子厚漁翁句久讀，不料此詩在山腹。湘煙嫋嫋銷成痕，暖透春山割新緑。
> 夏雨欲來垂雨紋，山下滃起溪中雲。雨雲山色漸不分，風聲颯颯如可聞。
> 詩人行過潼關道，華岳秋高晴更好。殘雲疏雨中條山，繪出江南許丁卯。
> 又聞東坡雪浪石，蜀江畫師留白脉……世間絹素易漫漶，不若石畫能久藏。
> 天工豈借人智力，妙手偶得天文章。詩情畫意破石出，驚天逗雨吟點蒼。

第一石幅"湘煙春曉"，切合唐代詩人子厚（柳宗元）《漁翁》詩句"煙銷日出不見人，欸乃一聲山水緑"；第二石幅"夏山欲雨"，用唐代詩人許渾《咸陽城東樓》詩意點題爲"溪雲初起,，山雨欲來"；第三石幅"華嶽秋晴"，亦用詩人丁卯（許渾）《秋日赴闕題潼關驛樓》詩意品題爲"殘雲歸太華，疏雨過中條"；

---

〔1〕［明］徐弘祖著、朱惠榮校注：《徐霞客游記校注》下卷，昆明：雲南人民出版社，1985 年 6 月，第 993 頁。

〔2〕［清］阮元：《石畫記》卷一，光緒三年鈔本，學海堂叢刻，羊城内西湖街富文齋承刊印，雲南省圖書館藏本，第 12 頁。

第四石幅“寒江雪浪”，用坡公（蘇東坡）《雪浪花》詩句題之爲“畫師争摹雪浪勢”。又如阮元《仿名家四時山水》詩云：“點蒼山裏石，畫繪皆天生。乃不曰天生，翻雲入畫成。子昂與子久，二難何可并。房山力淳厚，倪迂多逸情……設色尚非异，神韻入妙精。筆迹不可求，渾脱疑且驚。我縱各題品，未足揚其名。此物自不朽，造化詩無聲。”[1]阮元將四幅石畫分别題名爲“春谷煙霞”“夏山欲雨”“秋山黄葉”“寒峰曉雪”，并逐一詮釋石屏之畫境，恰好切合趙鷗波（趙孟頫）設色、高房山（高克恭）染法、黄子久（黄公望）筆意、倪雲林（倪瓚）簡筆等元代四位畫家的繪畫精髓。經過阮元的精彩品題，真可謂妙筆生花，石畫的意境和品位便完全呈現出來，令人刮目相看，石畫價值也就天壤之别了。

經阮元品題的大理石屏數量衆多，方圓迥异，畫意深邃，氣韻生動，如阮元點題大理石屏詩文《用蘇公七律韻》《天際烏雲詩意圖》《暗香疏影圖》《四雨圖》《點蒼中峰圖》《兩面著色山水》《用蘇公題王晋卿煙江迭嶂圖韻》《用杜工部仇池穴小有天詩韻》《相送柴門月色新》《夏日緑陰池塘倒影圖》《烏林雷雨圖》《春山白雨》《烏雲紅日蘇帖硯屏》等精彩品題[2]，詩情畫意的詮釋和解讀令人豁然開朗，耳目一新。諸如此類，不勝枚舉。經過阮元題寫的石屏往往都能够形象生動地點出畫意，以渾然天成的自然景致與名人詩句或者畫家筆意相吻合，恰如其分地切合詩人畫家的詩情畫意，無論從形式還是内容上都契合了傳統書畫藝術中“詩書畫印”于一體的獨特意境，起到了畫龍點睛的奇效，提升了大理石屏的鑒賞品位和收藏價值。阮元在《石畫記序》中曾説過：“其石色備五采，氣若雲水，較吴裝書法更渾脱天成，非筆墨所能，乃造化所成也。余到滇數年以來，所見不少，已如雲煙過眼……余擇其得古人詩畫之意者，不假思索，隨手拈出，口授指劃，各與題識。”[3]由此可見品題的重要性。阮元認爲，許多石板精美絶倫，雖有巧奪天工的自然之美，但不加品題，則稍縱即逝，棄如草芥，不留痕迹。石屏品題形式的創立進一步提升和推動了大理石畫藝術的提升和發展進程。中國歷代評論書畫之作屢見不鮮，却無專記石畫之書。阮元彌補了這一空白，在着力搜集、鑒賞和開發大理石畫之餘，將多年來對石畫所題所識，于道光十四年（1834 年）匯爲《石畫記》。隨着《石畫記》的廣爲流傳，大理石畫藝術日漸家喻户曉，大理石之名方聲名遠揚，其後便大量輸入内地，

---

[1] ［清］阮元：《石畫記》卷一，光緒三年鈔本，學海堂叢刻，第 6 頁。
[2] ［清］阮元：《石畫記》卷一，光緒三年鈔本，學海堂叢刻，第 4 ~ 27 頁。
[3] ［清］阮元：《石畫記》卷一，《石畫記序》篇，光緒三年鈔本，學海堂叢刻，第 1 頁。

成爲園林寓所不可缺少的裝飾材料。大理石品牌的提升和開發，阮元的品題造勢功不可没。

（四）重視雲南地方名勝古迹的考證開發

阮元督滇期間，重視名勝古迹的考證、修葺和開發。他依據《漢書》考證昆明黑龍潭的歷史，在黑龍潭上親書“漢黑水祠”匾，并作題記。阮元認爲：“唐梅宋柏，皆在黑龍潭。余考漢志，昆明有黑水祠，即黑龍潭。”[1]根據阮元考證，黑龍潭譽稱“滇中第一古祠”。此外，黑龍潭冬日梅園盛景聞名遐邇，道光七年（1827年），阮元冬游黑龍潭留下行書詩文，讚賞唐梅和龍潭美景。詩文刻成石碑，至今保存在上觀“碑亭”中。《游黑龍潭看唐梅二律》[2]曰：

千歲梅花千尺潭，春風先到彩雲南。香吹蒙鳳龜兹笛，影伴天龍石佛龕。
玉斧曾遭圖外劃，驪珠常向水中探。祇嗟李杜無題句，不與逋仙季迪談。
鐵石心腸宋開府，玉冰魂魄古梅花。邊功自壞鮮于手，仙樹遂歸南詔家。
今日太平多雨露，當年萬里隔煙霞。老龍如見三滄海，試與香林較歲華。

阮元詩文氣勢恢弘，韻律流暢，筆法蒼勁，揮灑自如，在觀賞千歲唐梅、千尺龍潭的美景時觸景生情，浮想聯翩，細數雲南歷代波瀾壯闊的歷史，禁不住歎息李白、杜甫、林逋、高啓等歷代咏梅名家，未能觀賞黑龍潭唐梅的遺憾。阮元的唐梅詩，從一個側面表達了阮元到任雲貴總督後對雲南地方歷史文化以及名勝古迹的熟知和珍視。

道光七年（1827年）九月，阮元閲兵至永昌（今保山）。“九月初六日，自雲南省城起身，出碧雞關赴迤西閲兵。……二十八日，到永昌府，駐一日，閲看永昌協官兵，并調考騰越、龍陵、順雲三鎮協兵。”[3]永昌人傑地靈，千餘年來，爲官清廉的永昌太守鄭純和張翕等賢臣名垂青史，爲後人景仰。阮元考證永昌名勝古迹，追思先賢清明政績，作《宿永昌池館流泉樹石湛然清華名之曰小蘭津并詩示鎮府諸公》一詩，在抒懷的同時，以此詩勸誡當地官員執掌政事應以柳貌、鄭純、張翕等古代永昌先賢作爲榜樣，力求做到克己奉公，勤政爲民：“莫言傳舍爲他人，漢郡無如此最真。勒石先題古柳貌，引泉應號小蘭津。治功俯首思張翕，政事從頭學鄭純。今日升平同在此，一池秋水十分春。”[4]此詩作不僅體現了阮元

---

〔1〕［清］阮元：《石畫記》卷二，光緒三年鈔本，第5頁。
〔2〕［清］阮元：《揅經室詩録》卷四，粤海堂叢書單行本，第22頁。
〔3〕［清］張鑒等撰，黄愛平點校：《阮元年譜》，第157頁。
〔4〕［清］阮元著、鄧經元點校：《揅經室續集》卷八，北京：中華書局，2006年。

廉政清明的政治主張，而且也彰顯了阮元着力于地方名勝古迹開發利用的良苦用心。

道光十五年（1835年），阮元從昆明離任前，注重昆明地方名勝翠湖的修葺開發，造福于民，他仿照唐代白居易、宋朝蘇東坡之于西湖築“白堤”“蘇堤”的美譽，亦于翠湖蓮華禪院放生池中築起一條縱貫南北的長堤，出寺南繞出寺北，該堤俗稱阮堤。阮堤架三橋，堤南燕子橋，堤北聽鶯橋，堤中采蓮橋。翠湖一時遊人如織，正如清代詩人朱衣《湖心亭晚眺》所記：“沿堤芳草碧涵煙，暮色湖心斷復連。小雨舟横楊柳岸，斜陽人坐藕花天。”藕花深處，楊柳岸邊，煙雨樓臺中悠然自得的意境油然而生。阮元又在湖心島建“蓮笑樓”，放生池畔建觀魚樓。觀魚樓竣工，阮元題額“濠上觀魚”，并撰樓聯：“子産舍魚，溯放生之始。莊周知樂，開轉偈之機。”以《孟子》記載鄭大夫子産“舍魚放生”及《莊子》記載莊周、惠子“濠梁觀魚”的典故，喻蓮華禪院放生池觀魚之樂趣。可見，阮元爲官一任，重視地方名勝古迹的修葺開發。[1]

綜上所述，阮元調任雲貴總督，執掌滇政的近九年時間，殫心盡力，業績歷歷在目，體現了阮元高尚的道德情操，非凡的人格魅力，精湛的學識造詣和豐碩的學術成果。他身居顯宦，忠于職守，勤政爲民，確保雲南邊境平安，人民富足，民族和睦，礦業繁榮，督滇期間的政績碩果累累，備受讚譽。從政之余，阮元爲學勤勉，著述豐富，他秉承嚴謹治學的學術態度，實事求是的學術宗旨，細緻考證的學術風範，不遺餘力地致力于推動雲南文化的發展，并且取得了令人矚目的成就，其中尋訪和考證《爨龍顔碑》《南詔德化碑》建極銅鐘等珍貴金石資料，主持編修《雲南通志稿》，品題大理石畫并編著《石畫記》，重視雲南地方古迹的考證開發和利用等成果，是其中首屈一指的文化貢獻。此外，阮元禁種罌粟、重修承華圃教場閱武，建立三方石柱測定滇池等地水利、撰寫近華浦大觀樓新立石柱水志、重修五華山武侯祠、著《塔性説》對古塔進行考證等事迹，亦被雲南人民稱讚不已，傳頌至今。阮元卓越的政績以及突出的文化貢獻對雲南社會發展産生了深遠的影響，促進了雲南政治、經濟、文化等方面的歷史進程。雲南人民一直對阮元深懷感激和敬意，阮元的歷史功績不可磨滅。

作者簡介：高静錚，女，白族，歷史學學士，從事文博專業工作22年，文博副研究館員。現任昆明市博物館保管部主任兼科技保護部負責人。長期致力于文

---

〔1〕 羅康敏、石玉順：《阮元咏黑龍潭唐梅詩賞析》，《北京林業大學學報》2007年S1期。

物保管、雲南歷史、佛教藝術、民族民俗等方面的研究工作，在《文物》《南方文物》《雲南民族藝術研究》等期刊上發表論文二十餘篇。

Ruan Yuan's Remarkable Achievements in Yunnan

Gao Jingzheng

Abstract: Ruan Yuan was in charge of Yunnan government for nearly nine years. He made remarkable achievements and outstanding contributions to culture. He rectified salt business and put down the rebellion, which were both considered as significant political achievements. He searched and studied "Cuan Longyan Monument" and other precious engraved stones. Ruan Yuan also was the main editor of "Annals of Yunnan Draft". He appreciated and commented on the stone paintings from Dali, and further more, he became the author of "Stone painting". Ruan Yuan paid close attention to research and cultivation of Yunnan local places of interest. Ruan's contributions to social development in Yunnan have a profound influence as well as having promoted the history process in Yunnan.

Keywords: Ruan Yuan, Governor of Yunnan Province, political achievements, cultural contribution

儒宦阮元雲南諸事述評

梁鈺珠

内容摘要：阮元無疑是清代乾嘉道三朝的一位顯要人物，一方面，他是當時士林公認的碩學宿儒；另一方面，他又是歷經三朝、位高權重的名臣。道光六年（1826年）九月，時年63歲的阮元遷任爲第五十二任雲貴總督，直至道光十五年（1835年）六月卸任。他在雲南任職近九年，作爲一代名儒和封疆大吏，阮元以其文韜武略，給當時雲南的政治、經濟和文化都打上了深刻的烙印，并給雲南人民留下了諸多寶貴的文化財富。

關鍵詞：阮元；雲貴總督；政治；經濟；文化；烙印

阮元，字伯元，號芸臺，又號雷塘庵主，晚號怡性老人，揚州儀徵人，生于乾隆二十九年（1764年），卒于道光二十九年（1849年），享年86歲，謚號“文達”。阮元無疑是清代乾嘉道三朝的一位顯要人物，一方面，他是當時士林公認的碩學宿儒；另一方面，他又是歷經三朝、位高權重的名臣。道光六年（1826年）九月，時年63歲的阮元遷任爲第五十二任雲貴總督，直至道光十五年（1835年）六月卸任。他在雲南任職近九年，作爲封疆大吏，阮元給當時雲南的政治、經濟和文化都打上了深刻的烙印。本文擬對阮元在雲南任職期間的事迹做簡要述評，以凸顯他在清代雲南歷史上的重要地位。

一　務實、清明的政治方略

（一）重視邊務，加强兵訓

嘉慶、道光年間，英國商船開始對中國進行鴉片走私活動，炮艦亦時常出没于廣東近海，其蠢蠢欲動的狼子野心昭然若揭。時任兩廣總督的阮元憑藉强烈的政治敏感性和戰略預見性，早在嘉慶二十二年（1817 年）就曾多次上疏朝廷需預防夷患，奏稱“英吉利恃强桀驁，性復貪利”[1]，并極有針對性地提出：“宜鎮以威，不可盡以德綏”[2]的防禦對策。威脅正在逼近“天朝”，在這樣的歷史背景之下，清政府日益重視和加强邊防戰備。面對英國的侵略野心，部分早覺的有識之士開始謀劃應對之舉。

道光六年（1826 年），阮元由兩廣總督遷任雲貴總督，國之憂患，一刻未忘。上任伊始，阮元就不顧年届六旬、路途艱辛，長途跋涉于雲南各地，頻頻巡閲戍邊部隊，把加强軍務作爲一項重要政治任務。這從他的個人作品集《揅經室續集》道光六年、七年卷下所收録的詩歌就能得到佐證。如：《閲邊兵至開化》《上巳日東川道中》《閲黔西威寧鎮兵》《巡西邊曉發》《西行閲兵憩雲南縣青華洞》《住大理閲兵三日看點蒼山》《渡滄瀾江鐵索橋》《漾濞溪道中》等等。這些作品，或多或少折射出阮元的國家憂患意識和勵精圖治、富國强兵的政治抱負。

此外，阮元爲了加强兵員戰鬥力，重視士兵操練，爲此特主持重修了昆明的承華圃教場，并多次親臨訓練場地，督閲士兵訓練。此事由阮元所撰《重修承華圃教場閲武》一文可見。教場位于昆明翠湖西側，離阮元的都督府不過一里之地。值得一提的是，由阮元主持重修的這所教場，正是日後大名鼎鼎的雲南陸軍講武堂的原址。

（二）以夷制夷，卓有成效

這裏的以夷制夷有兩層意思：以少數民族治理少數民族；以少數民族抵禦境外入侵者。

雲南自古就是古代南方絲綢之路的必經之地，更是西南邊陲重地。雲南西部與緬甸唇齒相依，南部和東南部分别與老撾、越南接壤。同時雲南是多民族省份，民族關係複雜多樣。如何處理好雲南與周邊國家的睦鄰關係，如何平衡轄内各民族之間的共存、共興關係素來都是雲南政務的重點和難點。阮元作爲一名學者型官員，在上任之前自是把雲南的各種情况熟稔于心了。于是，到任之初他便迅速采用了因地制宜的策略，實施“以夷制夷”的政策。據史料記載：“騰越極邊有野人一種，茹毛穴處，時入内地劫掠，爲邊患。而保山等處别一種邊夷曰傈僳，

---

〔1〕 李春光：《略論阮元的政績及學術成就》，《學術問題研究》2008 年第 2 期，第 66 頁。參見《清史稿》卷三六四，中華書局標點本。

〔2〕 李春光：《略論阮元的政績及學術成就》，《學術問題研究》2008 年第 2 期，第 66 頁。參見《清史稿》卷三六四，中華書局標點本。

本土司所轄也，以墾田射獵爲生，精于桑弩毒矢，野人畏之。元乃籌邊費萬金，招傈僳三百餘户，駐騰越邊界，給地屯種，以禦野人。于是，南甸、隴川等土司，帶領二十餘寨野人來乞降，并獻木刻設誓。"[1]阮元始終推行這一政策，前後在匪患嚴重的邊隘扎設十七卡，分别建設碉、堡、屯練，花費不多，却屢奏奇功，野匪受到震慑，内地遂得安寧。此事足見阮公之雄韜偉略，他一方面安撫籠絡内夷（傈僳族），給錢給地，發揮其精于桑弩毒矢的特長爲軍事所用；另一方面利用内夷威慑、抗擊外夷（境外入侵之劫掠者），以確保邊境長治久安。此舉可謂一舉兩得，既平衡了内部民族問題，又在一定程度上解决了外族入侵問題。

（三）勤政愛民，克己奉公

阮元在雲南任職期間，以民本思想爲指導，體恤民情，嚴于律己，始終如一地奉行"休養民生"的政策。"莫言傳舍爲他人，漢郡無如此最真。勒石先題古柳貌，引泉應號小蘭津。治功頫首思張翕，政事從頭學鄭純。今日升平同在此，一池秋水十分春。"這是阮元在視察雲南邊地，途經永昌古郡[2]時即興題寫的詩歌《宿永昌池館，流泉樹石湛然清華，名之曰小蘭津，并詩示鎮府諸公》，這首詩歌正是他在雲南施政指導思想的集中體現。詩中提到的張翕，據《後漢書·南蠻西南夷傳》："永平元年……後太守巴郡張翕，政化清平，得夷人和，在郡十七年，卒，夷人愛慕，如喪父母。蘇祁叟二百餘人，賚牛羊送喪，至翕本縣安漢，起墳祭祀。"[3]鄭純，則出自《華陽國志·南中志》："鄭純，字長伯，廣漢郪人，爲益州西部都尉。地出金銀、琥珀、犀象、翠羽等物産，做此官者皆富及十世。獨純清廉，毫毛不犯，夷貊、君長感慕，皆獻土珍，頌美德。明帝嘉之，乃改西部爲永昌郡，以純爲太守。純與哀牢邑人約，邑豪歲輸布貫頭衣二領，鹽一鬥，以爲常賦，夷俗安之。"[4]阮元正是以雲南漢代古賢張翕、鄭純作爲榜樣，承襲和發揚雲南始于漢代的"政化清和"的古風，立足雲南治化，身體力行，實踐其民富國强共升平的政治理想。

他體察民瘼，廣建糧倉。據秦蕙田氏《五禮通考·述荒禮》中説："……先

---

[1] 李春龍審定，江燕、文明元、王珏點校：《新纂雲南通志八·名宦傳四》，第57頁，昆明：雲南人民出版社，2007年3月。

[2] 作者按：永昌郡，古代行政區劃，始于漢代，位置相當于今雲南省保山地區。

[3] ［宋］範曄《後漢書·西南夷列傳》，方國瑜主編《雲南史料叢刊》第一卷，昆明：雲南大學出版社，1998年2月，第63頁。

[4] ［晋］常璩《華陽國志·南中志》，李春龍審定，江燕、文明元、王珏點校：《新纂雲南通志八·卷一七八·名宦傳一》，昆明：雲南人民出版社，2007年3月，第2頁。

之于倉儲，備荒于未荒之日也；次之以賑恤，救荒于已荒之時也……”[1]而《新纂雲南通志·荒政考》卷首即載：“滇土貧瘠，户鮮蓋藏，歲或不登，米糧輒匱，益以交通梗阻，挽運艱難，使非未雨綢繆，修明倉政……即凶旱水溢，而民亦無菜色哉！”[2]基于這樣的實際情況，阮元到任後不久就着手倉廒增建工程，并于道光八年（1828年），在省府昆明大西門内府署西，建成新倉五十廒，爲取民生太平之吉寓，取名“太平倉”。遍查清代史料，阮元所建新倉，規模當屬最巨，數量亦爲最多。

他愛民善政，賑災救濟。道光十三年（1833年）九月，昆明等州、縣多處發生地震，民房倒塌，人口傷斃。阮元即刻上疏朝廷，匯報災情，并爲民請願，請求免除當年有災之户糧錢。同時，督率各委員會同地方官，逐户確查受災情況，妥速開倉散賑，并報請動用鹽課溢餘以充賑恤之需。在此過程中，阮元還要求各級官員不得舞弊，務須實惠及民，嚴格執行毋濫毋遺的宗旨。因爲阮元上報及時，處理得當，受災百姓得到妥當安置，災情在最短時間内得到控制，災後亦無疫情發生。

他克己奉公，身體力行。最典型的例子當屬阮元修造都督府内的碧雞台一事了。此事見于阮元所作的《碧雞台記》：“……西南樓久圮，道光六年余初到滇，子福構木台以復其境。今四年矣，木漸朽，遂徹之，而遷其台于署西北廢圃澹泉西南七丈許。台以七千土築壘而成，縱横上下皆一丈三尺，工樸用省，成之甚易。……余以衰老腐儒，奉使持節坐鎮之，而不必有所更張設施，惟以崇國德威，休養民生爲事。”可見這位當年身爲雲貴總督的高官，都督府裏的木樓年久失修，他不是大興土木進行重修，而僅僅是代以“工樸用省，成之甚易”的土台，確實是“以休養民生爲事”做指導思想，堅持節儉奉公的美德。此外，阮元日常生活也極爲簡樸，他在都督府内開闢菜園，而不是大搞園林建設，在閒暇之餘還親自下田灌溉、摘菜，并對此頗爲自得。他作于菜園的一首《摘蔬》[3]詩，更是自然突現了其克己奉公，身體力行的美德。

二　行之有效的經濟整頓

雲南具有優越的氣候條件，礦産資源和植物資源豐富，鹽、銅産量較大，在

[1] 李春龍審定，江燕、文明元、王珏點校：《新纂雲南通志七·荒政考一》，第442頁。
[2] 李春龍審定，江燕、文明元、王珏點校：《新纂雲南通志七·荒政考一》，第442頁。
[3] 原詩見于阮元：《揅經室詩録》卷一，粤海堂叢書單行本，雲南省圖書館藏本，第19頁。

全省經濟中占相當比重。阮元深知鹽、銅對雲南經濟的重要意義，重視鹽業和銅業的産銷和管理問題。

（一）整頓鹽務

鹽課是清政府重要財源之一，明顯多于其他税收，甚至超過了田賦〔1〕。鹽課在雲南賦税收入中占有如此重大比例，故清政府對雲南食鹽的生産與運銷素來管理嚴格。

按照《清鹽法志》載："清初雲南鹽以雲貴總督總理，又設雲南巡按兼鹽政一人。"〔2〕可見，雲南鹽政的總負責人爲雲貴總督。

阮元出任雲貴總督之際，正面臨著雲南鹽業的改革之時。由于清初鹽政的弊端，最終導致産鹽品質低劣、産銷脱節的後果。一方面是市場上出售的食鹽品質低劣却價格高昂，另一方面，在官鹽積壓嚴重的情況下，却有一些邊遠地區的民衆缺鹽或無鹽可食。正如師範在《滇系》中所説："公私交迫，總歸鹽銅，加煎加銷，至余于倍。鹽政大壞，民力不堪，奸民乘之而起，圍城縛吏，剜眼投火，皆以鹽爲口實。"〔3〕最終，嘉慶二年（1797年）三月，蒙化、太和、鄧川、趙州、雲南、永北、鶴慶、浪彎、楚雄、大姚、元謀、定遠、禄豐等十餘縣因官府壓鹽而引起民亂，這就是雲南清代鹽政史上著名的"壓鹽致變"事件。清政府被迫于嘉慶五年（1800年）進行鹽政改革。雲南鹽政的百年積弊，不是一紙詔令就能迅速消除的。阮元接任雲貴總督時，雲南鹽務依舊存在嚴重問題，誠如晋寧徐昭受所言："正課日致虧缺，而民間致按照煙户計口壓鹽，又短稱加課，鹽額難銷，官追日急，壅大利成積弊，起奸者微而效尤者甚也，今則貪染、私漏之狀已彰矣！"〔4〕針對這些弊端，阮元態度堅定，雷厲風行。爲表整治决心，他在雲南鹽務衙門親自題寫楹聯一副："國以鹽爲本，開源節流完國課；民以食爲天，奬清罰貪安民心。"在具體措施上，阮元首先着手整頓鹽務系統的吏治，嚴懲蠹吏，撤换官員。其次還采取了系列改革措施，如：把雲南井鹽改爲灶煎灶賣、民運民銷；各井煎鹽不限例定額數，根據各井實際情況，某井缺鹽，即以溢産之井撥補；查禁灶

〔1〕趙小平：《清代雲南鹽政探析》，《鹽文化研究論叢（第六輯）》，成都：四川人民出版社2013年，第3頁。

〔2〕李春龍審定，江燕、文明元、王珏點校：《新纂雲南通志七·鹽務考一》，第146頁。

〔3〕［清］師範：《滇系事略》，李春龍審定，江燕、文明元、王珏點校：《新纂雲南通志七·鹽務考一》，第160頁。

〔4〕［清］徐昭受：《鹽法議》，李春龍審定，江燕、文明元、王珏點校：《新纂雲南通誌七·鹽務考一》，第158頁。

私偷漏，派撥兵役于各要隘，認真巡緝，嚴防私販由越南販運私鹽。經過阮元的悉心整治，成效顯著。據《清鹽法志》載："溢課昔未嘗聞也，更章以來而始有……道光六年，私井封閉，鹽銷大暢，每年加辦溢課銀四萬兩。……七年，奏銷溢額萬六千兩。明年，又數倍之……"[1] 雲南鹽務不僅扭虧爲盈，充實國庫，而且貨足價廉，便利民間食用，百姓皆交口稱讚。

（二）振興銅業

據《阮元年譜》載："十三日，入雲南界，至平彝縣接印，十八日申刻，至雲南省城，進署詢飭各營務及各邊務、銅政、鹽政。"[2] 從這短短一段話不難看出，除了國防大事，阮元最重視的就是雲南的銅産問題。

雲南的銅産主要有三個供給管道，一是爲京運，供應户部寶泉局、工部寶源局兩京局之鼓鑄；二是爲省局，供應雲南本省鑄局之鼓鑄；三爲采買，供應其他各省鑄局之鼓鑄。可見，滇銅是清代鑄幣所需的重要原料之一，更是雲南經濟的重要構成部分。滇銅，經歷了康熙時的"廣鼓鑄，開礦藏"的發展期，雍正、乾隆兩朝的興期盛，至嘉慶、道光年間，却面臨供應不足、成色低潮等問題[3]。滇銅的産量和品質攸關貨幣鑄發，亦對雲南當地經濟和社會穩定有著不可忽視的影響，阮元受命于雲南銅政矛盾加劇、危機重重之時，雖然没有任何史料明確記載阮元在雲南銅政的改革上有所建樹，但分析相關史料，還是可以尋得些許蛛絲馬迹，以證阮元在擔任雲貴總督期間對雲南銅業的短暫振興起到了重要作用。

1. 以盈補絀，合理調配。滇銅至道光時除了供應不足之外，最嚴重的問題當屬成色低潮。面對這一問題，阮元經過大量調查，得出寶坪廠出産銅礦的産量及成色都不如寧台廠高，遂從實際情况出發，于上任次年，也就是道光七年（1827年），減辦寶坪廠額銅三十萬斤，改歸寧台廠采辦。這項措施，從各礦實際情况出發，通過合理調配，既使雲南各礦的額銅數量基本得到保證，也令滇銅成色有所提高。

2. 廣覓子廠，確保供應。嘉道年間，清廷爲保銅供，屢次下令廣覓子廠，但多爲草皮浮礦，鮮有成效。道光十三年（1833 年），也就是阮元在任的第七年，獲悉老硐坪迺發現銅礦，遂將其作爲金釵廠之子廠馬上進行試採，道光十五年（1835 年）二月至年底，該子廠辦銅 943486 斤。雲南銅政終于一改道光初年需采

〔1〕李春龍審定，江燕、文明元、王珏點校：《新纂雲南通志七・鹽務考一》，第 164 頁。

〔2〕張鑒等撰，黄愛平點校：《阮元年譜》，北京：中華書局，2006 年，第 155 頁。

〔3〕參見劉朝輝：《嘉道時期滇銅供應問題探析——兼論嘉道時期雲南銅礦之衰落》，《雲南師範大學學報》2011 年第 4 期。

買川銅以繳定額的局面，甚而出現少許盈餘。

阮元的這些做法雖然無力從根本上解决雲南銅業所面臨的諸多問題，但他始終努力有所作爲。而事實也證明了，在其任上，當地銅政的確有所改觀，甚至出現多年未見的繳銅之後尚有盈餘的短暫振興局面。

（三）嚴禁鴉片

從嘉慶開始，鴉片問題漸漸成爲一件棘手的事，造成的直接後果是大量白銀外流。早在阮元擔任兩廣總督的時候，就已經意識到鴉片問題的嚴重性。他在書房自題對聯一副：煙禁宜嚴，免得銀荒兵弱；海防須緊，保障國泰民安。意在提醒自己時刻不忘禁煙之責。

阮元到任雲南之後，在鴉片問題上面臨新的情況，誠如其在道光十一年（1831年）與雲南巡撫伊里布聯名上奏的《議復查禁種賣鴉片章程折》中所稱："滇省邊隅，民風素本淳樸，而接壤越南，又近粵省，遂致有鴉片煙流入滇境，效尤吸食之事。而沿邊夷民，因地氣燠暖，向種罌粟，收取花漿，煎膏售賣，名爲芙蓉，以充鴉片，内地人民，以取罌粟子榨油爲名，亦復栽種漁利。"[1]面對如此情况，阮元相應采取的措施是：第一，禁于未種之先，頒布禁令，加强宣傳，要求各屬民族群衆不得種植罌粟。第二，查于布種之初，堵住源頭，阮元規定在每年罌粟出苗的時候，各屬地方官吏們要及時巡查，看到有種植罌粟的就現場鋤毁。第三，查窩販，清其源，嚴厲打擊私種罌粟者，阮元規定，凡違令私種者，一經發現，田地没收入官，首犯判處徒刑，如有包庇種煙的鄉保，一并給予嚴厲處罰。第四，禁販運，遏其流，命令各屬官吏加强對關津要道專項緝查，嚴控鴉片流散，對于販運鴉片者，一經緝拿，嚴懲不貸[2]。

阮元在任雲貴總督時，種植和吸食鴉片之風頗盛，要想徹底剷滅幾乎是不可能完成的任務。鴉片雖然没有徹底禁除，但不可否認，阮元在當時采用的恩威并施的舉措，在一定程度上遏制住了鴉片生産、銷售和向外擴散的速度和規模，阻止了事態的進一步惡化。這點從阮元卸任後不足二十年的時間，咸豐時期雲南地區的鴉片産銷情况就可以推測大概，更别説到了光緒時候，竟有"出南門，繞過金馬碧雞坊，過迎恩塘，時暮春天氣，罌粟盛開，滿野繽紛，目遇成色"[3]的記

---

〔1〕中國第一歷史檔案館藏：道光十一年五月初九日雲貴總督阮元奏摺。

〔2〕參見秦和平：《清代道光年間雲南的禁煙問題及禁煙失敗癥結的分析》，《中國邊疆史地研究》1996年第4期，第58頁。

〔3〕黄百靈：《清朝雲南的罌粟種植及其對農村經濟的影響》，《四川大學學報（哲學社會科學版）》2004年增刊，第43頁。

載。可見，阮元在雲南禁除鴉片是盡了力的，無奈“毒禍”侵蝕已深，要想憑藉個人之力而徹底根除是不現實的。

三　碩果累累的文化建設

阮元除了貴爲乾隆、嘉慶、道光三朝重臣外，亦是清代名儒，揚州學派代表人物。他學問淵博，在經學、方志、金石學及詩詞方面都有很高造詣，尤以音韻學、訓詁學見長。此外，他還熱衷研究天文、曆算、地理等學，在其長達五十餘年的官宦生涯中，一直編撰不輟，一生著述、編纂書籍八十餘種，可謂著述等身。阮元作爲一代儒宦，每到一處任上，總是對當地的文化産生必然的影響，在雲南亦無例外。

（一）積極尋訪，認真考訂，珍貴古碑重見天日

阮元精于金石，熱衷古物，早在擔任山東學政期間就曾四處尋訪古碑拓刻，并進行研究考訂。在雲南他秉承了一貫的愛古研古之風，尋得兩塊重要古碑，一爲“南詔德化碑”，一爲“爨龍顔碑”，兩碑皆爲雲南古代地方史和民族史的重要見證。

1. 南詔德化碑。“南詔德化碑”是雲南省内現存的最大的一塊唐碑，素享“雲南第一碑”的美譽。碑高 3.02、寬 2.27、厚 0.58 米，兩面刻字，正面刻碑文 40 行，約 3800 餘字，目前僅存殘破碑文 256 字。碑陰刻書 41 行，詳列南詔清平官、大將軍、六曹長等職銜和姓名，經過千百年的風風雨雨，碑文僅存 800 餘字。碑文相傳爲南詔清平官鄭回所撰，唐流寓南詔御史杜光庭書寫。碑文主要頌揚了閣邏鳳的文治武功，并敘述了南詔、唐朝和吐蕃間的關係，以及歷次戰争的緣由和經過，表明了叛唐的不得已和希望與唐和好的願望。該碑對研究雲南民族史、西藏地方史都是寶貴的實物資料。從文學的角度來看，此碑則以蕩氣迴腸之勢，辯説南詔與唐王朝的一段是非曲直，可謂“雄辯高美，冠蓋古滇”。

道光七年（1827 年）九月，也就是阮元到任雲貴總督第二年，在前往大理閱兵的途中，聽聞歷史上大大有名的“南詔德化碑”就在當地太和縣境内，于是專門抽出時間驅車前往尋訪，果然在太和縣薛官堡找到了此碑。讓人心痛的是，此碑因爲保護不善，不但早已轟然倒地，更被當地百姓當做了天然的磨刀石加以使用。阮元本著自身對金石古物的由衷喜愛和對地方性歷史文物的重視，帶著兒子阮福對此碑進行了嚴苛的考證，他的結論是：“文章與書法，確是唐賢派。上溯東碑，古法尚不壞。”最難能可貴的是，阮福在前人記録的基礎上多釋出四十餘字，這對于此碑的存史價值無疑具有重要意義。阮氏父子，尋訪此碑，并認真考訂碑

文，給出了權威的鑒定結論，引發了人們的重視，這對“仆地已久”，被呼爲“磨刀石”的珍貴古碑得以重現天日，得到妥善的保護，得以流傳至今，在客觀上有著不可磨滅的功勞。

2. 爨龍顔碑。“爨龍顔碑”始建于南朝劉宋孝武帝大明二年（458 年），距今爲 1541 年。通高 3.38、上寬 1.35、下寬 1.46、厚 0.25 米，碑陽正文 24 行，共 927 字。它是雲南現存晋宋間最有價值的碑刻之一。墓主人爨龍顔不見史籍記載，從此碑可見他歷任建寧、晋寧二郡太守及寧州刺史。此外，碑文還詳細記載了爨氏的歷史和墓主人祖孫三的仕歷，以及元嘉九年（432 年）益州趙廣起義波及寧州地區，爨龍顔曾參與鎮壓活動的史實。爨氏爲東漢末至唐初著名的“南中大姓”之一，是當時滇東和滇池地區的世襲統治者。此碑爲後人研究爨氏家族歷史，其政權的組織機構、禮樂制度，以及晋南北朝時代的雲南歷史和民族關係等提供了寶貴的實物資料。此碑元代李京曾在《雲南志略》中略有提及，然實物却不知所蹤，蓋因“地處邊陲，流傳不廣，鮮爲人知”之故。

道光六年（1826 年）十一月，阮元憑藉宋代地理名著《太平寰宇記》裏留下的“南史驃騎大將軍爨雲陸良州南有碑”的一絲綫索，幾經周折，終于在陸良貞元堡荒丘之上發現了此碑。面對此碑，想必阮元是非常激動的，他不但“即令知州張浩建亭保護”[1]，更親自在碑的左下方留白處，見縫插針地銘刻《題記》一篇，其内容爲：“此碑文體書法皆漢晋正傳，求之北地亦不可多得，乃雲南第一古石，其永寶護之。”[2] 如果不是阮發現并即刻着手保護，恐怕後來康有爲也就没有機會親自見到這塊被他推崇備至，贊爲“下畫如昆刀刻玉，但見渾美；布勢如精工畫人，各有意度。當爲隸、楷極則”的“神品第一”[3]的晋代古碑了。可見，阮元對雲南古代文物的重視和保護意識，確實對當地的歷史文化傳承影響深遠，意義重大。

（二）大力提升雲南大理石畫的價值

大理石，專指産于雲南省大理地區的白色帶有黑色花紋的石灰岩，其剖面多自然形成一幅天然的水墨山水畫，古代常選取具有成型花紋的大理石用來製作畫

---

〔1〕 見姚安由雲龍關於此碑跋文：“道光初，阮文達總督雲貴，始得之荒阜上得之，因覆以亭，爲之題識。”又見於碑末阮元《題記》之後，“道光七年，知州張浩建亭”，李春龍審定，江燕、文明元、王珏點校：《新纂雲南通誌五・金石考四》，第 58、65 頁。

〔2〕 此題記現仍存於碑尾，又見李春龍審定，江燕、文明元、王珏點校：《新纂雲南通誌五・金石考四》，第 58 頁。

〔3〕 爨龍顔碑之姚安由雲龍《跋》，李春龍審定，江燕、文明元、王珏點校《新纂雲南通誌五・金石考四》，第 65 頁。

屏或鑲嵌畫。據資料記載，把大理石畫製成石屏自唐代始。至宋代，隨著觀賞石藏玩進入全盛期，大理石畫廣受追捧。前人對大理奇石的感知多停留在單純的賞玩層面，直至阮元，才完成了對大理石畫的開采、製作、鑒賞和收藏的系統研究，并對巨型石屏的開采和品題形式的建立提出了開創性的指導意見。

“清阮文達公總制滇黔，曾親至點蒼。認大理石爲天然石畫，非筆墨所能造成，乃極力揄揚，各加品題，著爲石畫記。于是大理石之名始大著。其後輸入内地漸多，而記載亦夥，并浸淫海外矣。”[1]阮元在擔任雲貴總督期間，他自號蒼山畫仙，并將自己在都督府内的書房命名爲“石畫軒”。他還親臨點蒼山，實地指導大理石開采。而在政務、治學之余，致力搜羅“得古人詩畫之意”的天然大理石畫，并根據各自特點加以“題識”。此外，阮元還撰寫了《石畫記序》《大理石畫雲台清曉圖記》《石畫記》等文章，對大理石畫進行詳細描述和系統介紹。其中尤以道光十四年（1834 年）撰成的四卷本《石畫記》影響最爲深遠。書中大量收録了自然天成的大理石畫，并根據石畫内容作出“品題”。

“品題”，是阮元首創的大理石製畫形式，對于大理石畫來説至關重要，誠如畫龍點睛之筆。阮元對此見地頗爲高明，他在《石畫記序》中這樣寫道：“名石雖有造化之巧，若無品題，猶未鑿破混沌。”[2]以此爲指導思想，阮元實現了石畫與品題的相互映襯、完美結合，開創了融“詩書畫印”于一體、製作和鑒賞大理石畫的高妙境界。阮元製作的石屏，專有“阮氏石畫”之美譽，價值頗高。“阮元題銘”更成爲大理石畫的終極“品牌”，對後世大理石畫的製作、賞玩和鑒藏影響深遠。總之，阮元對宣傳雲南特産大理石以及提升大理石畫的藝術價值居功甚偉，可謂古今第一人。

（三）編修體例最爲完備的雲南志書《雲南通志稿》

阮元每到一處，都非常重視當地史志的編修，他到任雲貴總督後亦即刻着手設立通志館，編纂雲南省志。

由阮元監修的《雲南通志稿》共計二百一十六卷，修纂時間長達九年（1826 ~ 1835 年），也就是説從阮元到任伊始至其離任此書方得以大功告成。《志稿》上起秦漢，下迄道光當朝，綜合了古今有關雲南的海量資料，具有很高的存史價值。《雲南通志稿》具有以下特點：在指導思想上，確立以儒家思想爲旨歸；

[1] 张輪遠：《萬石齋靈岩大理石譜》，1948 年，第 134 頁。
[2] 轉自阮元：《石畫記序》，谷麗婷：《阮元石畫記研究》，中央美術學院 2014 年碩士論文，第 18 頁。

在體例編排上，以阮元之前修纂的《廣東通志》爲經驗，結合雲南的實際情況，確立十三個總目，六十八個子目，篇目分類合理，編排有序，資料翔實，内容豐富；注重實際，緊抓雲南地域特色，把經濟和民族作爲全書重點，詳實記述全省物産及各州縣的异産和特産，爲研究雲南的經濟和物産情況提供了生動、翔實的第一手研究資料。

學界普遍認同此書是雲南省志書中編纂體例最爲完備的一部。如，晚清漢學家王先謙認爲阮元監修的《雲南通志稿》具有重要的學術影響和價值，盛讚該書爲“曠古無儔”之“寶書”。而歷史學家方國瑜先生則評價該書：“體例整贍，詳略適當，《滇省通志》，今存者十，此爲最善之本，蓋前此修纂，惟取舊《志》略爲删補，而未重加編纂，惟是書用力最勤，非奉行故事可比……較之前志爲豐實，其層序亦井然可觀，他省通志如此完善者，未獲數觀。”[1]足見，阮元對雲南地方志書的編修影響深遠，貢獻巨大。

（四）“大觀樓長聯”情結

阮元與大觀樓長聯事件，在當時可謂一石激起千層浪的文化事件，這大概也是阮元一生少有的毁譽參半的事情。

清代康熙時期，昆明布衣名士孫髯翁爲大觀樓撰寫長聯，名動一時。此聯上繪滇池風物，下寫雲南歷史，因其行文縱横捭闔，氣勢宏大，情景交融，渾爲一體，素來被認爲是楹聯之絶。更以其上、下聯合計一百八十字的巨量篇幅，被譽爲“海内第一長聯”。

阮元在大觀樓前多次吟讀了孫髯翁的長聯，認爲長聯氣魄宏大，詞藻華麗，不可多得，但也有欠妥之處。于是親自加以修改，共計改動十四處，四十六個字，約占全聯的四分之一，之後用改寫的長聯替下原聯。此事在當地引起不小的風波，民衆對于换聯一事頗有微詞，以至有時人出言諷刺：“軟煙袋不通，蘿蔔韭菜葱；擅改古人對，笑煞孫髯翁。”[2]事件的結局是，一年之後，阮元尊從民意重新掛上了髯翁原聯。

客觀看待這一文化事件，孫髯翁是位地地道道的本土文化名士，才情横溢，其聯的確氣勢恢弘，文采飛揚。而阮元首先是治學嚴謹的經學大師，其次是一代名臣、三朝閣老，這就注定了他的文學作品以文思取勝而非文采。縱觀阮元所作

〔1〕 方國瑜主編，徐文德、木芹、鄭志惠纂録校訂：《雲南史料叢刊》第十二卷，昆明：雲南大學出版社，2001年，第265頁。

〔2〕［清］楊瓊：《滇中瑣記》，方國瑜主編，徐文德、木芹、鄭志惠纂録校訂：《雲南史料叢刊》卷一一，第306頁。

詩賦、楹聯，皆以求實見稱，内容多跟施政、治學、交往、愛好緊緊相聯，文風樸實無華，少有裝點之處，更無矯揉造作之篇。同時，相較孫髯翁，他作爲朝廷命官更加深諳政治的紛繁複雜，更注重歷史的正統性，他必然本著積極的態度，深切希望并確實維護大清王朝的一統思想和長治久安。可以推斷，阮元改聯的初衷蓋因最後一點。至于换聯引起的風波，深層原因恐怕還是基于滇洱本土人士對雲南本地文化特色及本土歷史記憶的認同意識，和阮元代表的中原權威認同和漢民族文化認同意識之間的矛盾，而不是阮元所改之聯如何不通。總之，阮元的改筆也不至一無是處，與孫聯相比，阮聯更注重相關歷史的正統性，以及音韻、對仗的工整性。阮元版的大觀樓長聯，是他留給雲南人民的一份寶貴的文化遺産，我們應當客觀對待，并加以珍惜。

四　結　語

道光十五年（1835 年）六月八日是阮元卸任雲貴總督的日子，斯時，他已經是七十二歲高齡。在雲南爲政九年，他用實際行動和顯著成效再次向世人展示了自己一代儒宦的風采。

作爲朝廷大臣，阮元始終奉行儒家提倡的清正廉潔的爲官之道，克己奉公、勤政愛民；他站在國家戰略的高度，重視邊務，加强軍隊建設，在民族問題上，采用了“以夷制夷”的創新舉措；他注重經濟發展，卓有見地采取了系列因地制宜的有效措施，改革吏治，整頓銅政、鹽政，一定程度上緩解了雲南鹽、銅業凋敝的狀況。在阮元擔任雲貴總督期間，雲南政治穩定，經濟發展，整體社會安定平穩，人民安居樂業，省城昆明更是一派熙融景象。

作爲一代名儒，他始終秉承嚴謹的治學態度，多層次、多角度地對雲南的文化建設作出了不可磨滅的貢獻。他設立雲南通志館，挖掘和培養了一批有用的人才；他重視地方歷史的考據和傳承，監修了雲南志史上存史資料最豐富、編纂體例最完備的雲南史志；他愛古研古，發現并保護部分重要的雲南歷史文物；他考據名勝、標奇記异，爲雲南特有的文化産品宣傳吶喊助威。阮元離任時，給雲南人民留下了二百一十六卷《雲南通志稿》、二十餘篇雲南名勝碑記、四卷研究大理石的專著《石畫記》、兩塊意義重大的古碑，以及數以百計的相關詩作文章。誠然，阮元對雲南文化的貢獻還遠不止于此，譬如他重視學校建設，將個人藏書捐贈給五華書院和育才書院；譬如他指導其子阮福撰寫并完成了《滇南金石録》[1]；

〔1〕 阮福著《滇南金石録》詳細記録云南金石情况，具有很高的史料價值和研究價值。

譬如他主持重修了昆明五華山的武侯祠……以上種種，無一不是阮元饋贈雲南人民的寶貴的文化財産。

總之，阮元作爲封疆大吏，他出色地站好了“九省疆臣”〔1〕的最後一班崗；作爲總督，他對雲南的政治、經濟、文化産生了不可忽視的影響，無愧其“三朝閣老，九省疆臣，一代名儒”的儒宦風範。

作者簡介：梁鈺珠，女，漢族，1996 年畢業于雲南大學，現就職于昆明市博物館。長期致力于館藏文物、雲南地方史、佛教藝術、民族民俗等方面的研究，曾先後在《藝術史研究》《南方文物》《雲南民族藝術研究》《雲南文史》等刊物發表論文十餘篇。

The Comments of Ruan Yuan' Accomplishment in Yunnan Province

Liang Yuzhu

Abstract: Ran Yuan, without doubts, enjoys his outstanding political status across QianLong, JiaQing and DaoGuang Period in Qing Dynasty. He was not only recognized as his outstanding Confusion scholar work, but his political leadership to the three Periods was equally remarkable. At his age of 63, RanYuan was nominated as the 52th governor of Yunnan and Guizhou provinces in September, which was also in the 6th year of DaoGuang period (1826) . He fulfilled the duty till 15 years later in June (1835) . He served as a governor in Yunnan province for 9 years. RuanYuan has made great impact to the politics, economy and culture to the province he served with his great potentiality and capability. His contribution also is considered as cultural treasure to the people in Yunnan province.

Keywords: Ran Yuan, Governor of Yuannan and Guizhou Province, politics, economy, culture, mark

〔1〕阮元于乾隆二十年授内閣學士，歷嘉慶、道光兩朝，拜體仁閣大學士，故稱“三朝閣老”，又先後歷任浙、贛、豫、粵、桂、湘、鄂、雲、貴等九處任巡撫、總督，故稱“九省疆臣”。

阮元在揚州事迹述略

曾學文

内容摘要：阮元極重桑梓之情，與家鄉揚州關係深厚。其八十餘歲的漫長一生中，除了青少年時期及晚年長住揚州外，探親、途經、守喪，多次回揚州居住，踏訪名勝，交游名流，熱心家鄉文化建設，參加地方學術活動，助推揚州經濟社會的發展，殊有貢獻。阮元在揚州的活動事迹，以及他與家鄉的淵源關係，尚未有全面系統的梳理與研究。作爲揚州歷史上最有影響的文化名人之一，阮元在揚州的遺存遺迹有待進一步探尋開發，其學術文化遺産有待進一步挖掘彰扬。

關鍵詞：阮元；揚州；事迹

阮元爲清中期名臣，深受乾嘉道三朝倚重，歷官北京、山東、浙江、漕運、江西、河南、湖廣、兩廣、雲貴各地，除政績顯赫、政聲卓著外，常爲人稱道者還有設置學堂、興復古迹、提攜人才、彰揚學術、刊刻書籍等文化學術活動，人稱“一代經師，三朝耆舊”。學界對其研究論述日多。他從乾隆五十一年（1786年）二十三歲時首入京師，科考題名之後，大半生宦海沉浮，游子懷鄉之情，于其詩作《八念》[1]中表現得極自然而真切。其間他亦多次回鄉暫住或長居，往來家鄉揚州與各地之間，尤其對家鄉的慈善公益、文化建設與學術活動等念兹在兹，親力親爲，做出了很大貢獻。本文擬對此作一梳理和述評。

---

[1] 詩載《揅經室四集·詩》卷一一。《八念》爲：《咏懷雷塘庵》《隋文選樓》《珠湖草堂》《北湖祠樓》《平山》《康山》《曲江亭》《木蘭院八景》。

一

入京應試并擔任公職以後，公務繁忙，路途遥遠，阮元回揚州主要有三個途徑，一是任職途經，二是守喪鄉居，三是致仕歸里。

1. 任職途經。乾隆六十年（1795 年）八月，阮元奉旨調任浙江學政，在給皇帝的謝恩折裹，請求順道回揚州展墓祭祖，獲准。十五日抵揚，二十日，“遍祭先塋，展林太夫人墓，晚宿公道橋，會族人，分修家譜。”[1]翌日早，祭公道橋先塋，晚宿陳家集。二十三日，好友黄承吉、江藩、焦循、李斗等在虹橋淨香園爲其餞行，于雨中泛游瘦西湖，盡興而歸，奚岡繪有《虹橋話舊圖》，以紀其實。

嘉慶八年（1803 年），阮元入京覲見皇帝，之後離京回浙江巡撫任。于九月十七日途經揚州，先往北湖，過珠湖草堂，晚宿其母墓側。作《珠湖草堂因洪湖泛濫，屢在水中；癸亥入覲，過揚州，尚無水患；小住一夕，分題八首》組詩，分咏珠湖草堂、三十六陂亭、湖光山色樓、漁渠、黄鳥隅、龜蓮沼、菱麋、射鴨船等湖莊八景，有“開窗弄夕霏，光暉生草木”、“落日歸草堂，悠然洽清賞”之句。十九日入城，與諸故友相聚平山堂，作贈别詩一首。二十一日渡江離揚。

嘉慶十三年（1808 年）三月，阮元由暫署河南巡撫再赴浙撫之任，經六合、儀徵，匆匆過揚州，居留二日，祭祀廟、墓。

嘉慶十七年（1812 年）八月至十九年（1814 年）三月，阮元任職漕運總督，駐于毗鄰揚州的淮安府，這是他爲官離家最近的一次。十八年（1813 年）正月，奏赴揚州、瓜洲一帶迎盤新漕船，二月至瓜洲，夜宿伊婁河畔，親督糧船由江南北固渡江北上。經高郵時，賦《高郵雨後舟中歌》，其中有句：“遠村新綠上林梢，野寺江梅破新蕊。如此淮南好畫圖，一漲便教成釜底。”抒發對家鄉田園風光的讚美和頻遭水患的憂心。次年四月十九日，奏瓜洲江邊江神、風神二廟靈應最著，兩年來，回空重運一萬六千餘船，無一船漂失虧米者，請求御賜匾額，奉旨代書“恬波利涉”四字，懸諸殿額。

嘉慶十九年（1814 年）七月初七日，阮元由漕督調任江西巡撫，南下經揚州，到北湖展墓，祭家廟，再過珠湖草堂，夜宿雷塘墓庵，均留有詩作。此次雖時間匆促，仍與“少同游，長同學”的焦循相會，“問《易》法，君匆匆于終食間舉三十證語元，元即有聞道之喜[2]”。

---

〔1〕《雷塘庵主弟子記》卷一。
〔2〕《焦氏雕菰樓易學序》，《揅經室集》卷五。

道光二年（1822 年）四月，阮元于兩廣總督任上赴京陛見，五月離京。六月初二日，經邵伯埭，抵揚州，午入珠湖草堂，暮至公道橋，入住祠前大樓。初三日，遍訪陳家橋、文昌宫、耆舊祠各處。初四日，到雷塘，宿于此。初六日，入城，祭家廟。午後，至康山草堂。晚出鈔關，往高旻寺三汊河。翌日渡江赴焦山。江都知縣陳文述陪遊作詩，阮元和韻，同游者有詩人王豫、僧借庵等。

2. 守喪鄉居。嘉慶十年（1805 年）閏六月十五日，阮元父承信因病卒于杭州節署。七月初三日，奉旨丁父憂，啓程回揚州，據記載，當時浙江民衆自發相送者自塘棲至石門達數萬人，可見其在浙爲官甚得人心。十二月初六日，葬父于揚州府城北中雷塘祖塋之側。其母早已于乾隆四十六年逝世，時阮元才十八歲，葬母于雷塘祖塋。安葬父親後，阮元爲父母撰《行狀》一篇，備述雙親忠厚仁慈與諄切教誨，自責于父“侍奉無狀，且以未諳醫理，調治失宜，負罪深重，百身莫贖”，感歎“哀哀父母，生我劬勞。欲報之德，昊天罔極”[1]。

百善孝爲先。孝道亦是古代官員選拔任用的重要標準。官員的父母去世，必須停職守制滿二十七月，稱爲“丁憂”，即“遭逢喪事”之意。其間不准爲官，無特殊原因朝廷亦不可强召丁憂者任官，確因特殊原因强召其爲官，則稱爲“奪情”。阮元至孝。他認同孔子的主張：“夫孝，德之本也，教之所由生也。”贊同《孝經》之説：“卿大夫之孝，以保守其家之宗廟祭祀爲孝。”認爲“儒者之道，未有不以祖、父廟祀爲首務者也”[2]。前述數次經過揚州，最重要的行程便是前往雷塘祖塋展墓。他對父母長輩的尊敬與懷念發自内心，持續長久。

阮元嘗于其祖父雷塘墓側建墓廬十餘楹，每展墓則止宿于此。居憂守喪期間，更是常住于此。因墓廬在雷塘，他又自號“雷塘庵主”。丁憂期間，不問政事，而其精神和氣力正處在旺盛時期，故于守孝與讀書之外，往往尋訪古迹名勝，足迹遍及鎮江焦山、儀徵西山、六合冶山等周圍景致，同時關心并積極參與地方文化建設。直至嘉慶十二年（1807 年）十月服闋入都，臨行作《辭雷塘墓庵》詩感懷，有“百念傷中腸，哀哉復何言”之句。

3. 致仕歸里。道光十五年（1835 年），阮元自雲貴總督擢升爲體仁閣大學士，管理兵部，返回京城，朝廷自有照顧其年老體衰、不適于邊疆奔波勞頓之考量。道光十八年，阮元七十五歲，終于獲准“致仕在家，支食半俸”。十月十四日回到家鄉揚州，住大東門福壽庭宅。此前他曾幾次請求退休，四月十三日即因足疾不

---

〔1〕《誥封光禄大夫户部左侍郎顯考湘圃府君顯妣一品夫人林夫人行狀》，《揅經室二集》卷一。
〔2〕《孝經解》，《揅經室一集》卷二。

愈奏請開缺，諭旨賞假一月，安心調理。五月十三日再奏請解任休致，言辭懇切，獲准開缺，以大學士致仕。阮元的祖父卒于廣東欽州營游擊任上，父親卒于浙江杭州撫署，女婿張熙卒于廣州督署，唐、孔二夫人相繼卒于昆明督署，均逝于他鄉。阮元自請提前退休回籍，實望葉落歸根，以免再添遺憾。

退休歸里後，阮元于國家大事仍時常縈懷，如鴉片戰争前，曾函致欽差大臣伊里布，建議以美制英，事不果行。但主要還是静心安居，頤養天年。道光皇帝賜有“清慎持恭”和“怡志林泉”之諭旨，他因命名所居節性齋小井曰“怡泉”。道光二十三年（1843 年）正月八十壽辰，皇帝賜御書“頤性延齡”匾額，“揚歷宣勤嘉茂績，優游養福錫蕃釐”楹聯，及其他物件，阮元“出郊跪迎，奉歸拜受。道旁觀者咸歡欣贊歎，謂我朝二百年來鄉人所未有之榮”〔1〕。

阮元爲政清廉勤勉，加之學識淵博，領袖群倫，得到朝野上下一致好評。乾隆曾歎“不意朕八旬外復得一人”，嘉慶則贊其“有守有爲，清儉持躬”，道光亦稱其“操守甚好”。退休之後，朝廷仍然把他作爲官員楷模，禮遇有加。道光二十六年，奉諭旨：阮元着晋加太傅銜，重赴鹿鳴宴，并在籍支食全俸。以阮元弟子自居的梁章鉅稱此“真稽古之殊榮，科名之曠遇，宜邗江大夫士歡欣鼓舞，嘖嘖以爲美談矣”〔2〕。揚州人獲此殊勳，享此殊榮，可謂空前。

二

在揚州期間，阮元的活動既有個人的休憩交游、興致愛好，又涉及家族事務與社會公共事務等方面。主要有：

1. 建立宗祠。阮氏爲北湖望族，亦是揚州府城大户。阮元出生地在揚州舊城西門白瓦巷之南宅，後由其夫人孔璐華捨爲海岱庵，以祀碧霞元君、天后、觀音像。後屢次移居府門之西南、新城花園巷、新城彌陀寺巷、古家巷、羅灣等處。道光二十三年（1843 年）三月初三日，阮元攜子阮福赴公道橋掃墓，當夜，福壽庭不幸毁于火，八月，遷居徐林門康山之右，并終老于此。

早在嘉慶五年（1800 年）十一月，阮元遵父命，獨捐俸購地，立阮氏宗祠于公道橋舊里，并親書楹聯三副，一爲“魯浙試文章，杜絶院棚關節；江湖種蘆稻，籌開祭贍章程”，二爲“文秉樞衡；武承嗣蔭”，三爲“恩傳三錫；家衍千名”。嘉慶十二年（1807 年）四月，以西山陳家集舊宅一區劃中宅改建天后宫，以西序

〔1〕《雷塘庵主弟子記》卷八。
〔2〕《浪迹叢談》卷一。

奉林太夫人栗主，以西宅歸林氏。

2. 興建家廟。嘉慶九年（1804 年）九月，在揚州府舊城文選樓北興仁街隋曹憲文選巷故址建阮氏家廟，又于廟西空地建樓五楹，題曰“隋文選樓”，樓上奉曹憲、魏謨、李善、公孫龍、魏景倩、李邕、許淹七栗主，作《揚州阮氏家廟碑》。又撰《揚州隋文選樓記》，考訂史實，説明原委，認爲“昭明不在揚州，揚州選樓因曹氏得名，當祀曹憲主”，力主實事求是。《文選》與揚州之淵源關係，經阮元彰揚，更加深入人心。

3. 修築園亭。出揚州鈔關東南行二十四里江中有佛感洲（翠屏洲），丹徒詩人王豫居洲中紅橋之南，丁憂期間，阮元常往晤談，劃其宅西地數畝，建亭于竹樹之間，名爲“曲江”，以紀廣陵曲江之濤。爲作《曲江亭記》，又有《題曲江亭圖》詩并序。之後于廣東作《八念》詩，中有一首即懷曲江亭：“紅雨桃花漲，黄雲稻葉秋。所思殊邈邈，曾此泛虚舟。”阮元在京期間，多次集師友于萬柳堂，觴飲唱和，留下諸多詩篇與佳話。退休家居，猶念念不忘。道光十九年（1839 年），于公道橋東北甓社湖築堤植柳，于珠湖草堂别業舊址新建南萬柳堂。

4. 置備田産。立宗祠的同時，即購田以爲祭産，延聘名師在祠側設塾，教族中子弟能讀書者。嘉慶十一年（1806 年）冬十月，復置儀徵縣江中蘆洲一區以爲祀産，曰“禮祀洲”。以歲入之息爲祭祀、睦族、公車等事之用，以餘者爲文選樓諸子讀書等事之用。購置田産，歲獲收入，主要還是爲了闔族乃至社會之公用。

5. 褒揚忠義。丁憂期間，爲表彰忠義，于嘉慶十一年七月重修三元巷東旌忠廟，祀宋抗金捐軀的統制魏俊、王方，并作記。感歎于“平山十里，笙歌畫舫，四時不絶，其來祠下拜而吊者鮮矣”[1]。又重修蓮花橋南之郝景春太僕祠，并作記。

6. 襄助公益。嘉慶十一年，見郡城西門外枯塚累累，白骨暴露，遂帶頭捐款，城中好善者各出錢相助，請秋雨庵僧構屋三楹，收拾埋葬路死者遺骸，并作碑記。又捐資修造揚州萬松、尹公等渡。嘉慶十二年（1807 年）二月，浚府學泮池二井成。道光三年（1823 年）六十歲時，方任職粤督，揚州水灾，捐江都、儀徵兩縣稻價銀六百兩。道光二十九年五月，霪雨竟月，江水盛漲，沿江洲圩田廬冲没，時阮元已八十六歲高齡，仍每日去贊化宫祈禱，希望雨止天晴，并再次宣導捐金助賑。其後不久即去世。

7. 經營農事。鄉居歲月，蒔花怡情，種稻添樂，阮元的退休生活應該説是恬

---

[1] 《重修旌忠廟記》，《揅經室三集》卷二。

淡而平静的。其田本在珠湖草堂側，歸里後，擇田之低者五百畝築堤圍之，名之曰太平圩。春日，泛舟游北湖，憩息于萬柳堂，回真州看桃花，其樂融融。道光二十年（1840 年），“七月初，乘小紅船到此，綠稻盈疇，柳陰連陌。堂中高樹，舊有鶯巢，朝暮飛鳴。紅白荷花，開落未已。”〔1〕《水退詩序》則記載萬柳堂太平圩臨大水而圩不破，仍獲豐收之情景。

8. 茶隱慶生。每年逢正月二十日壽辰，阮元必循任職時舊例，尋訪僧庵，素食“茶隱”于外，所至有建隆寺、雙樹庵等。如七十九歲時，“居道橋桑榆别業十數日，茶隱。”〔2〕八十二歲時茶隱于長蘆庵，遇溪山瑞雪之景，作詩。八十三歲壽日游長春橋樓，始改肉食，不復茶隱素食，因爲“聖訓‘頤性延齡’，有養老之義，以肉食爲近理”〔3〕。

三

阮元對于文化學術活動最爲熱心，最爲諳熟，貢獻亦最巨。在揚州期間，其文化學術活動亦十分頻繁。

1. 交游名士。阮元憂居之時，汀州伊秉綬正擔任揚州知府，伊廣學識，精書法，與阮元興趣相投，交誼頗深。元嘗于《伊墨卿太守由閩赴都過南昌賦别》詩中有句曰：“洪都三宿住，淮海十年情。”自注云：“嘉慶乙丑，余丁憂回揚州，時墨卿同年爲揚州太守，旋亦以憂去官。”〔4〕

前述丹徒詩人王豫，號柳村，酷嗜詩，居于江上翠屏洲，不求聞達。阮元丁憂期間，與之交往頻繁。時王豫正潛心編輯《江蘇詩徵》，據後來阮元爲其所作序云：“余乃歲資以紙筆鈔胥，柳村遂益肆力徵考，于各家小傳、詩話，尤多采擇。嘗下榻擁書于焦山佛閣中，月色江聲，與千百詩人精魄相蕩。”輯成之後，阮元受請攜稿入粤，屬同里江藩、許珩、凌曙三人删訂校正，梓成巨集，時已道光元年七月。

阮元與道光時長期擔任江南河道總督的麟慶過從甚密。麟慶著《鴻雪因緣圖記》成，道光十九年（1839 年）十二月，阮元爲作序，盛讚其書“斐然成一家之言，爲近來著作家開此門徑，計莫善于此矣”。書中圖繪、記述揚州名勝不少，具有一定的文學價值和史料價值。翌年二月，麟慶駐節揚州，二人交游更多，三月初三

〔1〕《獲稻詩序》，《揅經室再續集》卷五。
〔2〕《揅經室再續集》卷五。
〔3〕《揅經室再續集》卷七。
〔4〕《揅經室四集·詩》卷一〇。

日，泛舟平山，談揚州掌故，餘興未已。道光二十二年（1842年）春日，阮元邀麟慶游康山園，獲古物流雲木雕，後贈予麟慶，置于麟慶在京城的別墅半山園中。

福州梁章鉅曾任江蘇巡撫，于阮元執弟子禮，十分敬重。道光二十六年（1846年）五月，梁章鉅來揚州拜謁阮元，記曰："時吾師年八十有三，闊別五年，雖語言步履稍不逮前，而精神興致極好。"[1]同游瘦西湖上，飲于長春橋畔阮元所修復之别業邗上農桑，賦詩唱和。梁撰《楹聯叢話》《浪迹叢談》，其中所記與阮元相關的聯話、逸事亦多。

阮元與仁和龔自珍亦師亦友。龔于阮是崇敬，阮對龔則賞識，二人交往密切。阮元六十歲時，龔曾作《阮尚書年譜第一序》，洋洋數千言，從文學、學術與吏治、剿匪等方面全面評述阮元的才學治績。道光十九年（1839）五月，龔自珍來揚州拜見阮元，晤談甚歡，龔賦一絶："四海流傳百軸刊，皤皤國老尚神完。談經忘却三公貴，祇作先秦伏勝看。"末注："重見予告大學士阮公于揚州。"[2]

此外，居揚期間，阮元與南海吴榮光、杭州陳文述、無錫錢泳、道州何紹基、鎮海姚燮、廣州陳澧、平定張穆以及揚籍黄奭、劉文淇等詩人、學者、書畫家亦多有交往。

2. 游覽名勝。揚州北郊一帶山光水色，風景宜人，雖已漸失康乾南巡時的繁盛，然瘦西湖、平山堂諸景致仍不失魅力。春秋佳日，阮元喜與家人、友人及弟子泛舟游瘦西湖，如道光十九年（1839年）五月，偕僧達受及羅士琳、羅葵生、包松溪等往游，其後友人來訪，屢與攜游。或游自築園亭南萬柳堂等，察稻觀鳥，興之所致，偶或遠足往游鎮江焦山、金山、邵伯露筋祠、儀徵禮祀洲、丹徒禮東洲等地，多有詩作或記文。怡志林泉，頗爲適意。

3. 興復古迹。揚州爲千年名城，文物古迹衆多，但因年久失修，有的早已湮滅無聞。阮元好古，常至各處尋訪。嘉慶十二年（1807年），元住墓廬，閲《嘉靖維揚志》圖，"于雷塘之北畫一墓碑，碑刻'隋煬帝陵'四字，距今非久，不應迷失。"[3]後偶遇一北村老農，謂知曉隋陵位置，帶至墓地所在。阮元經考訂，以爲有據，乃培土植松建陵，請伊秉綬書"隋煬帝陵"四字，刻石樹碑，遂成一方名勝。今經考古發掘，證實隋煬帝陵不在此地，然阮元實是對隋陵較早關注的揚州地方名人。

4. 尋訪碑刻。阮元對于金石碑刻造詣精深，著述甚多。丁憂期間，興致不

---

〔1〕《浪迹叢談》卷一。

〔2〕《己亥雜詩·其一零九》。

〔3〕《修隋煬帝陵記》，《揅經室三集》卷二。

減，常造訪寺庵廟堂，搜訪舊碑。其墓廬所在之地名龍王廟，他對其名稱頗好奇，嘉慶十二年（1807年）六月，于雷塘尋出其碑，洗而拓之，復考證碑文史事，作《元大德雷塘龍王廟碑記》。因遷碑于墓廬中，并祀龍王于廬中，以僧守之。某日于甘泉山惠照寺獲漢淮南厲王塚上石，亟與江藩、伊秉綬等考證商討，後移石嵌于揚州府學明倫堂壁間，阮爲作記，有稱此石"若應太守惠政雅風而出者"。又一次，路經二郎廟蔬圃，發現古石井欄，辨之爲宋代古物，移置于新城准提庵，作記。同年，又拓天一閣藏北宋石鼓文，參以明本，摩刻十石，置于府學明倫堂壁間，供諸生參究師法，并拓二本爲册審玩之。伊秉綬《揚州府學重刻石鼓跋》謂："岐陽《石鼓文》惟寧波天一閣所藏北宋拓較今本完好之字爲多，阮中丞芸台先生視學浙江時曾刻置杭州府學。今重摩十石，置之揚州府學。大儒好古，嘉惠藝林，洵盛事也。"二人可謂相互激賞者。

5. 提攜後學。阮元熱衷于培養人才、提攜後學，其創辦的詁經精舍、學海堂，育學術之英才，開教育之風氣，一直爲人稱道。甘泉數學家羅士琳年輕時投于阮元門下，頗得其賞識提攜，相從最久。阮元致仕家居後，屬羅編撰《疇人傳續編》。其弟子與兒子爲其編録年譜七卷，士琳校訂并撰跋語，自稱"親承謦欬"，讚譽老師"揚曆中外，振卓古今，專門并興，實事求是，立德、功、言以名世，通天、地、人之謂儒"〔1〕。

鎮江柳興恩以治《穀梁傳》聞名，道光二十年（1840年）夏，攜其書來揚州拜謁阮元。阮閱其書，與之交談，甚喜，説："甚惜見之之晚也，亟望禮堂寫定，授之梓人，與海内學者共之，是餘老年之一快也。"〔2〕柳遂拜師，自稱"小門生"，二人年齡相差超過三十歲，爲忘年之交。道光二十七年（1847年），延請柳興恩館于家，爲諸孫及外孫授經。阮元年譜《雷塘庵主弟子記》共八卷，其中最後一卷記録阮元退休居揚州事，即爲興恩所編，説明二人關係之親密。

6. 表彰鄉賢。清代揚州人文薈萃，人才輩出。嘉慶元年（1796年）正月，阮元倡議纂修《淮海英靈集》，選輯清代揚州府及南通州之詩，至嘉慶三年正月成書。其作《序》曰："吾鄉在江、淮之間……節臣、孝子、名儒、才士、畸人、列女輩出其間，雖不皆藉詩以傳，而鍾毓渟秀發于篇章者，實不可泯。……移任浙江，桑梓非遙，徵訪較易。遂乃博求遺籍，遍于十二邑，陳編蠹稿，列滿几閣，校試之暇，删繁紀要"，編成是書。嘉慶六年（1801年），又刻成《廣陵詩事》一

〔1〕《雷塘庵主弟子記》卷七。
〔2〕《穀梁傳學序》，《揅經室再續集》。

書，其《序》謂，因編輯《淮海英靈集》，讀廣陵耆舊詩，知其事，“隨筆疏記，動成卷帙，博覽别集，所獲日多，……大指以吾郡百餘年來名卿賢士嘉言懿行綜而著之，庶幾文獻可徵，不致零落殆盡。……亦藉此收羅殘缺，以盡後學之責也”。二書成爲瞭解、研究清代揚州詩人事迹及作品的最重要的典籍，極有價值。

阮元存世文章，有許多篇是爲鄉賢作傳記碑銘，其意在表彰鄉賢事迹。如《通儒揚州焦君傳》，寫其摯友大儒焦循；《江都凌君士驗傳》，傳主爲名士凌曙之父；《淨因道人傳》，寫老友甘泉黄文暘之妻；《胡西棽先生墓志銘》，墓主是他的老師甘泉胡廷森（號西棽）；《李晴山喬書酉二先生合傳》，爲其業師江都李道南和甘泉喬椿齡立傳；《劉端臨先生墓表》《劉台斗傳》，記寶應知名學者劉台拱、台斗兄弟；又爲曾任山東兗沂曹濟道之江都人唐侍陛（字贊宸，號悔庵）、曾任河南開歸陳許兵備道的江都人唐仁埴（字凝厚，號柘田）、曾任刑部山東司員外郎之揚州人鄭鑒元（字允明，號餘圃）等撰寫碑銘，使諸人得留名後世。

7. 讀書寫作。閒居好讀書。阮元藏書豐富，心境閑適，讀書作文是其幽居揚州時的最佳消遣。丁憂期間，嘉慶十一年（1806年）四月，閲文集百餘家，廣徵博採，重修《皇清碑版録》成書。嘉慶十二年（1807年）正月，“息影于雷塘墓廬，偶檢年來辦兵事之書記稿本，留戀繙閲，其間調度兵船、獎勵鎮將、製造船炮、籌劃糧餉諸舊事，一一如在目前。……因破十數日之功，删其繁，存其要，授書人録爲六卷。”[1]是爲《瀛洲書記》。退休以後，編輯歷年文稿，陸續校訂刊印《詩書古訓》《揅經室續集》《揅經室再續集》等。其文集中，有許多篇章是寫家鄉公道橋形勝和揚州古迹的，涉及雷塘阮氏墓圖、隋煬帝陵、文選樓、古木蘭院等。

8. 編刻書籍。“詩書秋客意，金石古人心”。文選樓是阮氏藏書、讀書、編書、刻書之所。據阮元所編《文選樓藏書記》載，其中藏書兩千五百餘種，四部要籍俱備，尤多精善之抄本。阮元著述極多，其友朋多清貧學士，因于道光二十二年始命從弟阮亨輯刻大型叢書《文選樓叢書》，列目三十二種，計四百七十二卷。阮氏又有嫏嬛仙館、節性齋、積古齋等藏書室，相繼刊刻了一批自著書。

阮元在離粤赴任雲貴總督答學海堂生徒送别詩中有句云：“講學是非宜實事，讀書愚智在虚心。”清代揚州學術實事求是學風的形成，得益于他的大力宣導、推崇與弘揚。其時揚州學者衆多，著述迭出，成就斐然。阮元説：“元居江

[1] 《瀛洲書記序》，《揅經室二集》卷八。

淮間，鄉里先進多治經之儒，若興化顧進士文子九苞、李進士成裕惇、劉廣文端臨台拱、任侍御子田大椿、王黄門石臞念孫、汪明經容甫汪中，皆耳目所及，可奉手有所受。"[1]他覺得爲家鄉學者刊刻著述，彰顯揚州學術，義不容辭。刊印的重要著作有汪中《述學》、劉台拱《劉端臨先生遺書》、焦循《雕菰樓集》、鍾懷《考古録》等。嘉慶六年（1801年），由小琅嬛仙館爲其師胡廷森刻《西棽詩草》。刻惠照寺僧誦苕詩，名《蔗查集》，并爲作序。又爲焦循《里堂學算記》、羅士琳《四元玉鑒細草》、劉大觀《邗上集》、李斗《揚州畫舫録》等作序，爲其書流布作出貢獻。

阮元對于纂修《揚州府志》，既有推動，亦有見解。先是揚州知府伊秉綬議修《揚州圖經》，阮元建議立"事志"一門，凡經史典籍中有關揚州史事，編年載録。後阿克當阿主持續修《揚州府志》，特聘阮元門生姚文田爲總纂，"事略"即用原稿，特别詳備。阮元又提出于志書立"氏族表"與"圖説"二門，頗有見地，惜因故未能實施。

四

作爲一代名宦大儒，阮元是揚州歷史上最爲傑出的地方名人之一，其成就、貢獻與影響爲世所公認。他的青少年和晚年時期都在揚州度過，中年在外爲官，其間數度回鄉小住或長居，在揚州生活共計三十餘年，其間事迹、活動、掌故等零星散見于相關文獻，尚未有系統的整理研究。由于掌握的資料有限，加之成稿時間倉促，本文僅對其作了粗略的梳理和簡單的分析。

綜上所述，阮元對揚州主要有如下貢獻：一是深受朝廷推重，學界景仰，吸引文士名流來訪，提升了揚州的影響力。二是團結學者，提攜後進，研討學問，引領風氣，編輯刻印了大量學術著作，有力推動了揚州學術的發展。三是考訂文物，修復古迹，有助于揚州文化的保護傳承。四是急公好義，樂善好施，利用自身能力和影響力，宣導慈善公益事業。五是勤于創作，以詩文記録行迹，表彰鄉賢，留下了大量珍貴的人文史料。六是熱愛桑梓，崇尚孝道，建立宗祠、家廟，彰顯了家族文化，弘揚了傳統文化。

阮元爲揚州留下了豐富的非物質文化遺産，是揚州極可寶貴的精神財富。阮元在揚州行迹及與揚州關係的考訂、研究，内涵豐富，而地方與學界關注不够，尚待方家著力。

---

[1]《任子田侍御〈弁服釋例〉序》，《揅經室一集》卷一一。

作者簡介： 曾學文，1964 年生，湖南寧鄉人。華東師範大學歷史系研究生畢業，獲碩士學位。主要從事古籍整理以及中國學術史和揚州地方文化等研究。目前供職于揚州廣陵書社，編審。曾編著出版《中華七大古都》《揚州名書》，整理出版《揚州著述録》等圖書。在《史林》《炎黄文化研究》《文史知識》《文匯讀書周報》《書品》《江蘇地方志》等報刊發表論文、書評等十餘篇。

The Brief Narrate of Ruan Yuan' s Experience in Yangzhou

Zeng Xuewen

Abstract: Ruan Yuan, who kept deeply links with Yangzhou, attached great importance to the friendship of fellow and countryside. During his lifetime as more than 80 years, he spent a lot of time in Yangzhou both in his youth and old age on visiting relatives, in mourning, and on his way though Yangzhou. At that time, he devoted himself to visiting scenery, keeping intimate association with the leading celebrities and academic community. With his enthusiastic in cultural development, he made significant contribution to the development of Yangzhou' s economy and society. But so far there is still no comprehensive studies of these deeds. As one of the most influential cultural scholar, his experience is needed to be further research. Also, to excavate and promote his cultural heritage is very pressing and important.

Keywords: Ruan Yuan, Yangzhou, Deeds

略述阮元丁憂期間考揚州古迹事

黄繼林

内容摘要：阮元是清代揚州著名學者，尤重金石書畫。他曾考定多處揚州文物史迹。如考定西漢廣陵王劉胥造宫殿用石、發現考定南宋古井欄、爲古木蘭院大鐵鑊題識、尋訪古興教寺杜佑題名八角石柱、發現并修復雷塘隋煬帝陵等。足見阮元搜訪古迹之勤、對鄉邦文化的熱愛之情、于文物保護用力之深。

關鍵詞：阮元；揚州；金石；遺迹

阮元（1764～1849年），字伯元、雲臺（或作芸臺）、揅經老人、雷塘庵主等，謚號文達。阮元先祖于明神宗年間遷揚州，崇禎年間再遷揚州北郊公道。阮元生于揚州，占籍儀徵。二十五歲入仕，七十五歲告老還鄉，歷乾、嘉、道三朝，宦游五十年，多次出任地方督撫、學政，充兵部、禮部、户部侍郎，拜體仁閣大學士。阮元既是朝廷的重臣，又是學界的領袖。官高位尊，爲政廉潔，嚴于律己，兩袖清風，一身正氣；研究學術，著述宏富，在小學、經學、金石、書畫乃至天文曆算方面，都有相當造詣；并于宦迹所到之處，提倡學術，獎掖人才，整理典籍，刊刻圖書，推動了文化事業的發展，也直接影響了一代學術風氣。

《清史稿·阮元傳》稱他“身歷乾嘉文物鼎盛之時，主持風會數十年，海内學者奉爲山斗焉”。人們稱阮元爲“碩儒賢相、九省疆吏、三朝閣老、一代名儒”。

阮元曾想將揚州古迹清查并編録在册，妥加保護。無奈公務繁忙，一直無暇。嘉慶十年（1805年）七月初三，阮元由浙江巡撫任上歸里丁父憂，嘉慶十二年

(1807 年) 十月初六離揚赴京。阮元丁憂在揚期間，行其尋查考定揚州文物史迹之事，本文就此略述一二。

一 考定西漢廣陵王劉胥造宫殿的用石

嘉慶十一年 (1806 年)，阮元在雷塘守陵，發現雷塘之水由甘泉山而來，于是登臨甘泉山實地勘察。發現山中惠照寺的臺階下有四塊古石，上面還有文字，隨即用水刷洗，并以紙拓之，一石有“中殿第廿八”五字，又一石有“第百册”三字。經與伊秉綬、江藩、翁方綱諸友辨識研討，確認爲西漢第一代廣陵王劉胥造宫殿的用石。

劉胥，漢武帝劉徹的第五個兒子，武帝元狩六年 (公元前 117 年) 被封爲廣陵王，定都廣陵在位六十四年，因覬覦天子之位多次召用女巫作法詛咒皇帝，宣帝五鳳四年 (公元前 54 年) 案發被究，自縊身亡。謚號厲王。所以劉胥自殺國除在五鳳四年，這幾塊古石當在漢昭帝、漢宣帝之間，比曲阜五鳳二年石還早。此石的發現，轟動了當時的金石界，也爲揚州文物史上寫下了新的内容。當時伊秉綬任揚州太守，他特地將此石運入揚州，嵌置在府學壁間。

阮元在他的《甘泉山獲石記》中說：“嘉慶十一年，予在雷塘墓廬，曉視雷塘水自甘泉山來，乃肩輿溯源登其山。山有惠照寺，寺階下四石。……其一石可辨者，‘中殿第廿八’凡五字，又一石‘第百册’三字，其二石尚未能辨，以俟識者。太守汀州伊墨卿同年，善古書，嗜金石，爰以告之，太守即輂置郡齋審視之。復以拓本示江君鄭堂，江君曰：‘此漢淮南厲王胥塚上石也。’太守曰：‘若爾，則與五鳳二年石同時，爲西漢物，可比美魯石矣。當寄蘇齋再辨之。’”[1]

翁方綱在《跋甘泉山寺石刻字》中說：“廣陵厲王胥，武帝元狩六年封，宣帝時，坐祝詛自殺。元帝初元二年，復立胥子霸。此文稱‘中殿第廿八’，‘第百册’則是胥爲王時自造宫殿有此刻文，非塚中石也。……此刻雖無歲月，當與五鳳二年石字，并爲西漢古刻無疑。厲王胥自殺國除在五鳳四年，則此應更在前，當在昭宣之間，視五鳳二年石爲更古爾。”[2]

民國年間，王振世的《揚州覽勝録》專立《府學漢石殘字》條，對此石作了更爲詳細的記載：“漢石殘字在舊城府學明倫堂内，清嘉慶十一年，儀徵阮公文達得之于甘泉山惠照寺階下。石凡四，其一石有“中殿第廿八”五字；又一石有“第百册”三字，字體在篆隸之間；餘二石之字則未能辨。時汀州伊公墨卿守揚

[1] [清] 阮元：《揅經室三集》卷三。
[2] [清] 翁方綱：《復初齋集》卷二〇。

州，文達以獲此石告之，遂輦至郡齋，以拓本示江鄭堂先生。江先生斷爲漢廣陵厲王胥塚上石。文達據沈約《宋書·樂志·陳思王樂歌》云：‘中殿宜皇子’，謂皇子所居可稱中殿。魏在漢後，其爲厲王遺迹，似更可據，云云。伊公復以拓本示翁覃溪學士，學士斷爲廣陵厲王胥爲王時自造宮殿有此刻文，非塚中石也。并謂此刻雖無歲月，當與五鳳二年石字，并爲西漢古刻無疑。伊公遂嵌此石于府學明倫堂東偏壁上，并以阮文達公《甘泉山獲石記》及翁學士《甘泉山石字拓本跋》《甘泉山石字歌》，均刻石嵌于漢石之後。光緒間，南海康有爲撰《廣藝舟雙楫》所載漢石殘字，即是此石。自《廣藝舟雙楫》出，而海内金石家皆知揚州郡學有漢石殘字矣。明倫堂西偏壁上并嵌有文達重摹天一閣宋拓《石鼓文》本石刻，凡十塊，郡守伊公墨卿有跋。”

二　發現考定南宋古井欄

嘉慶十一年（1806 年），阮元途徑揚州二郎廟菜園，發現有破古井欄，見到上面隱隱約約的字迹，隨即清洗，見到“□熙十□三公石□”數字。阮元考證結論是“熙”字之上缺損字當是“淳”字，且以熙爲年號超過十年的，在揚州衹有淳熙。“十”字下似是“年”字，乃南宋淳熙年間的古井欄，後移置准提庵内。

阮元在他的《二郎廟蔬圃獲石記》中説：“嘉慶丙寅，予過揚州新城准提庵僧舍，經二郎廟蔬圃，見有破古石井欄，似有字痕，洗拓之，乃□熙十□三公石□數字。‘熙’字之上字不完，似是‘淳’字。蓋以‘熙’爲年號逾十年者，在揚惟淳熙耳，十字下似是‘年’字。爰移置准提庵東廂内。”[1]

阮亨在《瀛舟筆談·卷一二》也談到“兄于郡城二郎廟蔬圃得南宋淳熙間井欄殘石，今移置新城廣儲門内准提庵，按此石郡志失載，文云：□熙十□乃淳熙十年也。”

三　爲古木蘭院大鐵鑊題識

阮元丁憂期間，常在木蘭院游息。“木蘭院即唐王播題詩處，今名惠照寺，寺有大鐵鑊二……”[2]，鐵鑊徑尋丈，壁厚數寸，重數噸。阮元爲鐵鑊題識。鐫于鑊邊：“嘉慶丙寅、丁卯間，阮元在雷塘墓廬常往來木蘭院，止息平伸林下”。民國《甘泉縣續志》卷一五《金石考補》載：鐵鑊上阮元題識，正楷書寫分七行。第一

[1] ［清］阮元：《揅經室三集》卷三。
[2] ［清］阮元：《蔗查集序》，《揅經室三集》卷四。

行三字，第二行五字，第七行二字，餘皆四字，計二十六字，惟末四字作“平仲樹下”。這兩口大鐵鑊，新中国成立後移至天寧寺（原揚州博物館）内，2013 年 4 月與置于史公祠、西方寺等處的另五隻（共七隻）一起移置大虹橋東側路北。

迄今揚州共現鐵鑊九口，還有兩口現置于瘦西湖徐園聽鸝館前。鑊内盛水，日月星辰，天光雲影皆倒映其中。夏植荷花于其内，實爲一大盆景之奇觀。這兩口一原在虹橋東岸觀音庵旁，一原在傍花村後，民國十年（1921 年），焦汝霖報請“大府”批准，邑人楊曜將其移置于此。焦汝霖作《徐園鐵鑊記》，記述了鐵鑊的功能和歷史。

四　尋訪古興教寺杜佑題名八角石柱

阮元久獲揚州北郊古興教寺舊有唐杜佑題名八角石柱，由于公務繁忙，無法實地尋詢。在丁憂期間，特地到堡城古興教寺内尋找，搜求未獲，仍不甘休，在寺南一里多遠的水塘中得八角古石柱，磨滅無字，疑是寺中舊物。阮元將八角石柱移于寺前，并重書題名云：“唐貞元十二年，刑部尚書、檢校右僕射、揚州大都督府長史、淮南節度使京兆杜佑題。”此石今存揚州唐城遺址研究所，石上尚刻有阮元于嘉慶十二年（1807 年）、十八年（1813 年）的兩次題識。

阮亨在《瀛舟筆談·卷一二》記道：“古興教寺在甘泉縣西北廢堡城内，舊有唐杜佑題名八角石柱，兄訪之未獲。而寺南里許將軍塘有八角石柱甚古，磨滅無字，或即寺中之物，乃移于寺前，爲重書題名云：“唐貞元二年，刑部尚書、檢校右僕射、揚州大都督府長史、淮南節度使京兆杜佑題。”凡正書四行，後跋七行。

阮元重書題名：“唐貞元十二年，刑部尚書、檢校右僕射、揚州大都督府長史、淮南節度使、京兆杜佑題。”跋語：“《舊志》，古興教寺有杜佑題名八角石。今訪之不得，而寺南里將軍塘，有八角石柱甚古，無字，乃移寺前，刊君卿名，以存古迹。大清嘉慶十二年，前兵部侍郎、都察院右副都御史、浙江巡撫、提督軍務阮元記。”

六年後，阮元在漕督任上督運漕糧經過揚州，再次題記：“嘉慶十八年，總督淮揚等處地方、提督漕運海防軍務、揚州阮元，督運過揚州，重題。”

五　發現并修復雷塘隋煬帝陵

阮元丁憂在揚期間，考定揚州文物史迹之事中，最爲時人關注、對後世最有影響的是發現并修復雷塘[1]隋煬帝陵。嘉慶十二年（1807 年）正月，阮元在雷

---

〔1〕 雷塘，漢時稱雷陂。

塘守陵翻閲明代《嘉靖維揚志》，見城隍圖上雷塘之北畫一墓碑，碑刻“隋煬帝陵”四字。認爲明嘉靖距今也不過二百多年，既然志書上有明確標注，説明修志者當見過皇陵，不當湮没。他在雷塘附近遍訪村民，一老農説道此陵尚在，當地俗稱“皇墓墩”。阮元隨著老農尋至墓址，見陵地約剩四五畝地，且多荒墓，衰草寒鴉，一堆黄土，久已不爲人知。老農還説，這下面還有通道，鐵門西北向，他幼時在這裏掘土時還曾見過。阮元請村民擔土壘砌，每石土一錢，就這樣挑了幾天，積土八千石。隨後種植松百五十株，“而陵乃巋然”。阮元告之當時任揚州知府、書家伊秉綬書墓碑，碑正中爲“隋煬帝陵”四字，碑右署“大清嘉慶十二年在籍前浙江巡撫阮元建石。”碑左書“揚州府知府汀州伊秉綬。”刊石立墓前。尤精考據之學的清代詩人、藏書家、校勘學家張鑒有《煬帝陵》詩。阮元在《修隋煬帝陵記》中記道：

> 嘉慶十二年，元住墓廬，偶遇北村老農，問以故址，老農言陵今故在，土人名爲‘皇墓墩’。……言土下隧道，鐵門西北向，童時掘土尚及見之。……予乃坐陵下，呼村民擔土來，委土一石者與一錢，不數日，積土八千石，植松百五十株而陵乃巋然。復告之太守伊君墨卿，以隸書碑，刊而樹之。[1]

張鑒《煬帝陵》[2]云：

> 波咽雷塘激粗浪，重來水調認江都。秋風已失彭城閣，春草偏生皇子湖。
> 白骨那愁金鏡好，黄腸終與玉鈎俱。可憐禪智山門路，如霰楊花糁夜烏。

從地質地貌來考察，揚州以蜀岡爲界劃分成南北兩部分。蜀岡是一條黄土岡，延伸于六合、儀徵和邗江境内，蜀岡及其以北部分是長江北岸的一級階地，第三紀新構造運動微弱隆升，經長期侵蝕，地表起伏成淺丘。相對高程不過十米左右，東峰（觀音山）、中峰（平山堂）、西峰（司徒廟），海拔也不過二三十米。最高的甘泉山海拔僅六十三米。這片淺丘地從西向東愈降愈低，一些山溪溝澗順地勢下流匯于雷塘，然後由淮子河東去注入大運河。雷塘一名雷陂，有上雷塘（長廣六里餘）、下雷塘（長廣七里）之分，其西南又有小新塘。雷塘的面積雖然不大，但在歷史上對人類的活動起了不小的作用。春秋末年最早的居民點，邗城和兩漢的古廣陵城，就是在“西據蜀岡，北抱雷陂”這樣的地

---

[1] ［清］阮元：《揅經室三集》卷二。
[2] ［清］張鑒：《冬青館甲集》卷二。

理環境下發展起來的。雷塘一方面起到天然水庫的作用，百姓引塘水灌溉附近農田，爲這個城市提供糧食、蔬菜，另一方面，可利用它來濟運河之水，必要時放塘水入運河，以利航運。一直到明朝末年塘爲豪强所占，塘閘拆毀，塘水排乾，辟爲農田〔1〕。

《隋書》記載：楊廣死後，“蕭后令宫人撤床簀棺埋之。化及發後，右御衛將軍陳稜奉梓宫于成象殿，葬吴公台下。發斂之始，容貌若生衆咸异之。大唐平江南之後，改葬雷塘。”《舊唐書》中記載：武德五年（622 年）八月，“葬隋煬帝于揚州”。《資治通鑒》的記載，文字略有不同，説武德五年八月，“改葬隋煬帝于揚州雷塘。”胡三省在“雷塘”下注：“漢所謂雷陂也，在今揚州平岡上。”

阮元發現并修復雷塘“隋煬帝陵”後的 206 年，由于開發商的最初功績，考古工作者用現代考古技術和科技手段，考定了“隋煬帝真陵”。

阮元丁憂在揚期間，幾乎是一日未閑，對揚州文化事業所做的事遠遠不止這些，在他丁憂歸里的當年，就建起了文選樓。在儀徵榮園尋得美人石、仿鑄兩隻散邑盤（一藏文選樓、一藏府學）；爲撰寫《禹貢東陵考》《六合縣冶山祇洹寺考》，取得第一手資料，出西門，至古井寺、陳家集、横山、冶山，實地考察水文地貌。林蘇門在《邗江三百吟》中説：“嘉慶十二年，阮伯元中丞搜尋古迹，有以四眼井認爲胭脂井相告者，余述前聞以辨之，旋汲水試驗，知其錯也。”

僅此一二，足見阮元搜訪古迹之勤。阮元對鄉邦文化的熱愛之情，于文物保護用力之深，非比一般，實在令人敬佩。

作者簡介：黄繼林，男，揚州人。全國漢語方言學會會員，四川理工大學中國鹽文化研究中心客座研究員，主要研究揚州方言和揚州地方文化，主要著作有《揚州方言詞典》《揚州名山》《揚州名巷》等。歷年來，在國内省級以上刊物發表相關文章百餘篇。

〔1〕 參見王煦檉、王庭槐：《略論揚州歷史地理》，載《江蘇城市歷史地理》，南京：江蘇科技出版社 1982 年。

Briefly on Ruan Yuan Conducted Textual Researches on Cultural Relics and Historic Sites of Yangzhou be in Mourning for Parent's Death

Huang Jilin

Abstract: As a famous scholar of Yangzhou in Qing Dynasty, Ruan Yuan is celebrated because of his expertise in not only epigraphy, also in Chinese calligraphy and painting. He conducted various textual researches on cultural relics and historic sites of Yangzhou. In consequence, Ruan Yuan had made great efforts to study and protect native relics, which showed his passion and enthusiasm for local culture.

Keywords: Ruan Yuan, Yangzhou, Epigraphy, Cultural relics and historic sites

阮元與儀徵縣學

——阮元與儀徵研究之一

巫　晨

内容摘要：儀徵縣學是阮元步入社會的第一個站點。阮元在儀徵縣學并非一帆風順，也曾因貧頗爲尷尬。但是，阮元與儀徵縣學的同窗交游甚久，多次在詩文中深情回憶儀徵縣學，多次捐贈儀徵縣學，并在離校六十年後回儀徵縣學重游。本文首先考察歷代科舉籍貫的法規，以説明阮元爲什麼要考儀徵縣學，然後從應試、寄宿、同窗、報效母校的視角考察阮元與儀徵縣學的關係，并從這些史實中探討阮元的人格魅力。

關鍵詞：阮元；儀徵縣學

儀徵縣學是阮元（1764～1849 年）步入社會的第一個站點。探討阮元與儀徵縣學的關係，可以豐富我們對阮元人生歷程的認識，完善阮元尊師重教的史實，更深刻地理解阮元提攜後學、獎掖寒俊的思想根源。對于儀徵市而言，通過研究阮元與儀徵的關係，可以豐富儀徵的歷史遺産，增加市民的自豪感，擴大儀徵的知名度，意義重大。

一　唐至清有關科舉籍貫的法規及冒籍的處罰

中國的科舉制度創始于隋朝，隨著執行中出現的各種問題，制度逐漸完善，其中，籍貫與冒籍問題幾乎貫穿始終。

關于籍貫與冒籍的法規始于唐代。唐開元十九年（731 年）六月規定：“諸州貢舉，皆于本貫分信者，然後依例，不得于所在附貫，便求申送。如有此色，所由州縣即便使科，不得遞相容許。”[1]宋人高承據此强調：“貢舉之用鄉貫，自明皇始也。”[2]朱瑞熙也認爲：“這是中國歷史上禁止貢舉移民的第一條法令。”[3]

宋代采取的措施是交納家狀、相互擔保。宋至道三年（997年）宋太宗“依所奏，仍令今年秋賦舉人并于本貫州府取解，不得寄應。逐處各選清廉通本業官與本判官、録事參軍同考試。如本判官、録事有文藝通經，即不更差事官。”[4]

明代開始規定依分區定額、原籍應試的原則。明萬曆十三年（1585年）内閣傳奉聖旨：“近年以來，各省都有冒籍無恥之人，倖得取中。提學官通不稽察，亦有囑托依勢，濫行收録，好生不公。今年，各省提學官姑且不究。以後，務要嚴察，籍貫明白，方准收取，不許徇情隱蔽，致傷風化。如有仍前，的許本處生員人等實時訐奏，重治不饒。”[5]

清代基本繼承了分區定額、原籍應試原則。劉希偉指出，清代“考生必須在其原籍地應試，具體來説，府、縣試一般在考生原籍所屬府、縣境内，通常爲府治、縣治内進行。”[6]“爲防治冒籍應試，制訂了童生互保、廩保機制，官員擔保機制，有些地方還有審音機制（筆者注：核查考生口音）。”[7]《欽定學政全書》載：“乾隆三年議准，廩生为膠庠领袖，令其保結童生，以杜冒籍等弊。”[8]管理相當嚴格。

對于入籍，清順治二年（1645年）《欽定大清會典事例》載：“生童有籍貫假冒者，進行斥革，仍將廩保懲黜。如祖、父入籍在二十年以上，墳墓、田宅俱有

---

〔1〕［宋］王溥：《唐會要》卷七六《貢舉中·緣舉雜録》，上海：上海古籍出版社，1991年，第1638頁。

〔2〕［宋］高承、李果、金圓：《事物紀原》，北京：中華書局，1989年，第165頁。

〔3〕朱瑞熙：《宋代的貢舉“移民”及政府對策》，上海嘉定博物馆等编：《科舉文化與科舉學》，福州：海風出版社，2007年，第207頁。

〔4〕［清］徐松：《宋會要輯稿·選舉十四·發解》，北京：中華書局，1957年，第4490頁。

〔5〕［明］周永春：《綵綸録》卷三，《四庫禁毀書叢刊·史部》第74册，北京：北京出版社1998年，第633頁。

〔6〕劉希偉：《清代科舉冒籍研究》，武漢：華中師範大學出版社，2012年，第70頁。

〔7〕劉希偉：《清代科舉冒籍研究》，武漢：華中師範大學出版社，2012年，第287頁。

〔8〕［清］素爾納：《欽定學政全書·童試事例》卷二二，臺北：文海出版社，1966年，第4頁。

的據，方准應試。"[1]《道光重修儀徵縣志》載："有田地、墳墓者，二十年，准其入籍。"[2]

劉希偉在總結科舉籍貫時强調："在1300年的中國科舉史上，幾乎所有的考生都與分區定額、原籍應試原則密切相關。"[3]這個結論非常精准。

二　兩次應試

康熙四十九年（1710年），阮玉堂（1695～1759年，阮元的祖父）符合清政府"有田地、墳墓者，二十年，准其入籍。"[4]的規定。"始占籍儀徵縣，復居郡城。"[5]張鑒在《雷塘庵主弟子記》記載：阮元"祖玉堂，號琢庵，始占籍儀徵縣。"[6]《道光重修儀徵縣志·人物志》記載："阮玉堂，字履廷，號琢庵……康熙辛卯，占籍儀徵，中式武舉。乙未會試，成進士，分鑲藍旗教習。"[7]阮玉堂是嚴格按清政府科舉籍貫的有關法規執行的，他于康熙五十年（1711年）以儀徵籍中武舉、五十四年（1715年）中乙未科武進士。[8]阮承信（1734～1805年）繼承了父親阮玉堂的儀徵籍。阮元继承父亲阮承信的儀徵籍（關于阮元的籍貫，筆者将另文專論）。

既然是儀徵籍，按清政府的法規，阮元就必須到儀徵縣學就讀考秀才。張鑒《雷塘庵主弟子記》記載：阮元"乾隆四十三年己亥，十五歲，始應童子試。"[9]阮元在《顯考湘圃府君顯妣林夫人行狀》中也有回憶道："不孝十五六歲與考試。[10]"阮元自述："元童試時，皆笠塘先生所保。"[11]笠塘先生即方本。"方本，安徽歙縣人，籍江蘇儀徵，世居揚州郡城，字立堂、笠塘。方椿林子。未

[1] [清] 昆岡、劉啓瑞等：《禮部·學校·生童户籍》，《欽定大清會典事例》卷三九一，《續修四庫全書》，上海：上海古籍出版社，1995年，第239頁。
[2]《道光重修儀徵縣志·食貨志》卷一二，揚州：廣陵書社，2013年整理本，第207頁。
[3] 劉希偉：《清代科舉冒籍研究》，第3頁。
[4]《道光重修儀徵縣志·食貨志》卷一二，第207頁。
[5] 張鑒等撰、黄愛平點校：《阮元年譜》，北京：中華書局，1995年，第2頁。
[6] [清] 張鑒等撰、黄愛平點校：《阮元年譜》，北京：中華書局，1998年，第2頁。
[7]《道光重修儀徵縣志·人物志》卷三一二，第584頁。
[8] [清] 張鑒等撰、黄愛平點校：《阮元年譜》，北京：中華書局，1998年，第2頁。
[9] [清] 張鑒等撰、黄愛平點校：《阮元年譜》，北京：中華書局，1998年，第5頁。
[10] [清] 阮元著、鄧經元點校：《顯考湘圃府君顯妣林夫人行狀》，《揅經室二集》卷一，北京：中華書局，1993年，第375頁。
[11] [清] 阮元著、嚴一萍選輯：《羅兩峰画方氏兄弟孝廉春風并簪圖跋》，《揅經室再續集》第七册卷三，臺北：藝文印書館，1967年，第7頁。

冠補諸生。乾隆五十四年与弟方谷同舉與鄉，時稱二方。工詩文，善楷書，耽圖史，精音律。卒年 68 歲。有《籍緑軒詩集》。"[1]令人遺憾的是，乾隆四十三年(1778 年)，阮元第一次到儀徵縣學應童子試，没有考取。王章濤認爲："阮元參加第一次童子試，雖未被録取爲縣學生員，但對一個 15 歲的少年無疑是一種嘗試。[2]"

乾隆四十九年（1784 年），阮元 21 歲，三年喪母服滿，再赴儀徵縣學應試，這一次成績很好。張鑒在《雷塘庵主弟子記》記載："谢金圃侍郎墉督學江蘇，歲試取入儀徵縣學第四名。"[3]

阮元在辦理結狀時，因貧頗爲尷尬。焦循在《憶書》中回憶道："宫保阮公幼時，往儀徵應縣試，縣吏索錢五百始與結狀。宫保時貧無以給，止得錢二百，吏衆咻之，一吏獨毅然讓諸吏曰，觀此君寒士，與二百钱買一張紙，不爲負矣，何惡狀至此。衆吏并呵叱此吏。此吏自益錢三百，以結狀與宫保。宫保後督學兩浙，過里門，首見此吏，厚酬之。"[4]阮元當面酬謝縣吏，是在嘉庆三年(1798 年)。是年，阮元浙江學政任滿回京述職，路過揚州，第一件事就是到儀徵當面酬謝這位縣吏。十餘年後，不忘曾經幫助自己的恩人，專程報以厚謝，可見，此事在阮元心中一定留下深深的記憶。

三　寄宿之地

儀徵縣學距離揚州阮元老宅白瓦巷 31.2 千米，距離阮元舅舅家陳集 28.4 千米。那麼，在儀徵縣學求學期間，阮元住在哪裏呢？阮元自述住在儀徵城裏的資福寺。阮元在《廣陵詩事》中回憶道："儀徵資福寺，門有橋池，寺多竹樹，其正殿雙楹，皆古楠爲之，二人不能合抱。元幼時嘗寓此。"[5]由此可見，阮元對多年前的讀書之地記憶猶新，并飽含深情。

阮元求學和寄宿之地，後來都被阮元定名爲眞州八景之一（儀徵在宋元時稱眞州）[6]。據清代儀徵著名畫家諸乃方《眞州八景圖》，這八景分別是：東門桃塢、文墩積雪、胥浦農歌、北山紅葉、資福晚鐘、天池玩月、倉橋塔影、泮池新

[1] 王章濤：《阮元年譜》，第 1095 頁。
[2] 王章濤：《阮元傳》，第 20 頁。
[3] ［清］張鑒等撰，黄愛平點校：《阮元年譜》，第 6 頁。
[4] ［清］焦循：《憶書》卷六，轉引自王章濤《阮元年譜》，第 18 頁。
[5] ［清］阮元撰，王明發點校：《廣陵詩事》卷六，揚州：廣陵書社，2004 年，第 92 頁。
[6] 憶明珠：《憶明珠文集・胥浦農歌》第二卷，南京：江蘇文藝出版社，2005 年，第 21 頁。

柳。泮池新柳即儀徵縣學，這裏現在是儀徵市實驗中學；資福晚鐘即資福寺，這裏現在是儀徵市人民政府。對資福寺，阮元曾經在《廣陵詩事》中引用清初儀徵詩人魏廓功在《西陴詩稿》中的詩："書聲出秋樹，花雨送溪風"，并評價："極得情境。"[1]可見，阮元對多年前的寄宿之地記憶猶新。

經過儀徵縣學一年多非常刻苦的學習，阮元的學業有了明顯的進步，這年科試，他獲得一等第一名，并成爲"廪膳生"。張鑒在《雷塘庵主弟子記》記載："五十年乙巳，二十二歲。科試一等第一名，補廪膳生員。場中經解策問，條對無遺。文亦冠場。侍郎驚賞曰：余前任在江蘇得汪中，此次得阮某矣。遂延訂明年至江陰，館于學使者署中。"[2]一個剛入學的生員居然被學政聘爲幕僚，這種情况相當罕見。乾隆五十一年（1786 年）春，阮元二十三歲，離開儀徵縣學，去江陰學政督府隨谢墉（1719～1795 年）按試各地，八月參加鄉試，"八月十六日終場，九月初九日，中式第八名……五十四年會試中式第二十八名……四月，圓明園復試，欽取一等第十名，殿試二甲第三名，賜進士出身。朝考欽取第九名，引見，改翰林院庶吉士。……五十五年四月，散館，欽取一等第一名，授職編修。……五十六年二月初十，圓明園大考翰詹，（皇帝）亲改擢爲一等第一名，十三日奉旨升授詹事府少詹事。……十月，奉旨補授詹事府詹事。"[3]六年時間做到正三品，儀徵縣學是阮元步入社會的第一個站點，在這裏他通過刻苦地學習，爲自己的人生打下了堅實的基礎，儀徵縣學是阮元的福地。

四　兩位同窗及交游

在儀徵縣學就讀期間，阮元的同窗，目前可查到的有名有姓的有兩位，一位是方仕倓，一位是貴仲符。

阮元在《羅兩峰画方氏兄弟孝廉春風并轡圖跋》中說："甲辰，與八虎弟同入學。"[4]八虎即方仕倓。"方仕倓，方本子，字月槎，小名八虎，縣學生員。"[5]方士倓不僅是阮元儀徵縣學的同學，更是阮元少年時的同學。阮元九歲時師從喬書酉先生。當時喬書酉在方笠塘先生家教方家的兩個兒子，即方仕燮（字赞元，

〔1〕［清］阮元撰，王明發點校：《廣陵詩事》卷六，第 92 頁。
〔2〕［清］張鑒等撰，黄愛平點校：《阮元年譜》，第 6 頁。
〔3〕［清］張鑒等撰，黄愛平點校：《阮元年譜》，第 7～11 頁。
〔4〕［清］阮元著、嚴一萍選輯：《羅兩峰画方氏兄弟孝廉春風并轡圖跋》，《揅經室再續集》第七册卷三，第 7 頁。
〔5〕王章濤：《阮元年譜》，第 1095 頁。

小名七虎）和方仕倓（字月槎，小名八虎），他们與阮元住處“門巷相近，同朝夕焉。”[1]阮元與七虎、八虎和三虎方仕煌（字又辉）等幾個小朋友一起玩了五年。作爲阮元在儀徵縣學同窗，方家也是占籍儀徵，世居郡城。能查到的方仕倓資料有限，衹知道他是儀徵縣學生員，有詩作存世。阮元在《羅兩峰畫方氏兄弟孝廉春風并辔圖跋》中回憶道：“元六歲從姑父賈載清先生天凝學，九歲（壬辰）由花園巷遷居百歲坊彌陀寺巷。方笠塘先生本爲賈先生弟子，喬書酉先生椿齡又笠塘先生弟子，方氏居北柳巷與百歲坊近，書酉先生在笠塘先生家教先生二子赞元（仕燮，小名七虎）、月槎（仕倓，小名八虎），賈先生命元亦從喬乔先生學，門巷相近同朝夕焉。二虎與元年相近，友若弟兄，常登堂拜母，笠塘先生時爲廩生，文學名盛。”[2]

阮元與方氏兄弟結下了深厚友誼。道光二十一年（1841年），時隔六十九年後，當方仕燮、方仕倓的堂兄弟方仕焕以羅聘所繪《方氏兄弟孝廉春風并辔圖跋》請阮元題識時，時年七十八歲的阮元，回憶起兒時與方氏兄弟相處的往事，欣然題之圖上，并囑咐方仕焕交仕燮的兒子白池過目，足見阮元十分珍惜這段友誼。[3]

根據王章濤的研究，“貴仲符，儀徵縣學生員，阮元入學後與其交。”[4]貴徵（1756～1815年）是阮元在儀徵縣學就讀期間結交的好朋友，兩人同時中秀才、同年中舉人、同科中進士，是爲“三同”好友。“貴徵，字仲符，號一堂，工于爲文，而不喜時藝。故《十三經》《左》《國》《史》《漢》最熟。乾隆丙午舉人，己酉進士，歷升吏部文選司郎中、石經館校勘官。因公，謫往伊犁效力。將軍松相國�延入署，辦理箋奏，校勘《欽頒蒙古王公表》，校出勘誤違例字句，將軍特疏保奏，奉旨回京復職，在本部行走，尊例加升導員。以母張氏老，請歸養。與修《揚州府志》。乙亥，丁母艱，哀毁逾恒，疾，遂不起，年六十。著有《安事齋製藝》《詩》《詞》《新疆道里圖表》《揚州河渠志》。”[5]《揚州畫舫録》記載：“貴徵，字一堂。進士，官吏部。善属文，尤工漢魏六朝骈丽之作，姚姬傳山長知

[1] [清] 阮元著、嚴一萍選輯：《羅兩峰畫方氏兄弟孝廉春風并辔圖跋》，《揅經室再續集》第七册卷三，第7頁。
[2] [清] 阮元著、嚴一萍選輯：《羅兩峰畫方氏兄弟孝廉春風并辔圖跋》，《揅經室再續集》第七册卷三，第7頁。
[3] [清] 阮元著、嚴一萍選輯：《羅兩峰畫方氏兄弟孝廉春風并辔圖跋》，《揅經室再續集》第七册卷三，第7頁。
[4] 王章濤：《阮元年譜》，第18頁。
[5] 《道光重修儀徵縣志·人物志》卷三二，第573頁。

之最先。”[1]嘉慶十二年（1807 年）六月，在揚州丁憂的阮元，約貴徵（以母老乞歸養已在家）與族弟阮亨同游翠屏洲，與王豫（1768 ~ 1826 年）見面，共同商討編撰《江蘇詩徵》的事情[2]。

道光十四年（1834 年），貴仲符已經去世，他的兒子貴正元将父親的遺稿《安事齋詩録》寄到昆明，请雲貴總督、他父親的三同好友阮元選定并爲之作序，阮元于道光十五年（1835 年）冬（此時阮元已到北京，任體仁閣大學士）選定完畢，将詩稿定爲四卷，作序時深情寫道："安事齋詩，儀徵貴吏部仲符所作也。仲符与元同爲秀才時，即相友以文學齊名，丙午同为朱文正師所舉，己酉又同進士榜。仲符春試，賦得‘草色遙看却無’，有‘碧歸行馬外，青到濯龍隅’句，都下傳誦之。”[3]隨即将文稿寄回揚州，讓族弟阮亨幫忙校對和刊刻。七十三歲的阮元對四十七年前與同学一起參加的己酉會試印象深刻，对“三同”同學在此次會試上的佳句記憶猶新，在轉任京官的繁忙之際，積極整理選定同学詩稿，并幫助校勘付梓，可見阮元不忘舊交、熱心助友的高尚情操。

五　報效母校與甲子重游

展翅高飛的阮元始終未忘母校儀徵縣學的培育之恩。嘉慶八年（1803 年），時任浙江巡撫的阮元得知母校缺少樂器，立即爲母校捐備了靈璧石編磬一套十六件。嘉庆十三年（1808 年），又向母校捐備編鐘十二件。據《嘉慶重修揚州府志》記載："儀徵縣儒學宋慶曆四年始建……嘉慶八年，浙江巡撫邑人阮元捐備靈璧石編磬十六，嘉慶十三年又捐備編鐘十二，并存貯祭器庫。"[4]道光元年，時任兩廣總督的阮元，會同監掣同知巴彦岱、知縣馬嗣援等人，共同捐資修繕縣學的大成殿、尊經閣、廡齋等處，使儀徵縣學面貌焕然一新。據《道光重修儀徵縣志》記載："道光元年，監掣同知巴彦岱、知縣馬嗣援，邑紳、兩廣總督阮元等，捐修大成殿、尊經閣、廡齋等處，廟貌一新。此次捐貲及工费，已勒石于大成門左。"[5]道光二十六年（1846 年），阮元爲縣學題寫了“明倫堂”匾額。據《道光重修儀徵縣志》記載："二十六年，立太傅阮元額于明倫堂之中楹。"[6]由上述可知，阮

〔1〕［清］李斗撰、陳文和點校：《揚州畫舫録》，揚州：廣陵書社，2010 年，第 38 頁。
〔2〕［清］阮元著，鄧經元點校：《題曲江亭圖》，《揅經室四集》詩卷八，第 885 頁。
〔3〕［清］阮元：《安事齋詩録序》，《揅經室續集》卷二，第 100 頁。
〔4〕《嘉慶重修揚州府志·學校》卷一九，南京：江蘇古籍出版社，1991 年，第 323 頁。
〔5〕《道光重修儀徵縣志·學校志》卷一七，第 284 頁。
〔6〕《道光重修儀徵縣志·學校志》卷一七，第 286 頁。

元曾多次向母校儀徵縣學捐贈，受之滴水，報以涌泉。

道光二十四年（1844年），阮元已經八十一歲了，這一年是他入學儀徵縣學六十周年，他非常想念垂柳搖曳、緑水漣漪的泮池。三月十日，老人先到儀徵南側長江中的禮祀洲，在長蘆庵小住幾日，然後乘舟至儀徵，在儀徵兩儒學學官和諸生員陪同下，來到儀徵縣學的泮宫故地重遊。據阮元自述："放舟入舊江口，過梅花院至真州，與兩儒學應甲辰六十年重游泮宫采芹之典。"[1]拜聖賢于欞星門下，黑頭少年簇擁着這位白頭老翁，出入于學宫内外，駐足于奎光樓前。回顧當年從這裏出發，六十年一甲子，彈指一揮間。六十年前的乾隆四十九年（1844年），英俊才子阮元以第四名的好成績考取儀徵縣學，經過一年多的學習，以一等第一名考取廩膳生，從此走上了中舉人、中進士、任職封疆、治國平天下的道路。儀徵縣學是阮元仕途的起點，六十年後重游故地，怎不叫人感慨萬千！老人豪情滿懷，欣然作詩：

春水長蘆夜泊舟，齊肩葭葉滿沙洲。
煙江疊嶂尋常見，月色柴門相送不。
賞雨茅簷留宿客，重游芹泮到真州。
青衿六十年前事，感憶先生頌魯侯。
自注：谓前少宰，督學謝東墅師。[2]

六十年後再來儀徵縣學，阮元念念不忘的是恩師謝墉，是謝墉慧眼識才，識拔阮元科試一等第一名成爲廩膳生，從此走上了科舉上升通道。吃水不忘挖井人，阮元尊師報恩的情懷在這裏得到了充分地體現。

阮元祖父雖曾爲官，但到阮元父親時家道中落，爲生計阮元父親在外奔波，母親林氏在家操持，小阮元讀書也不安定，因貧搬家至少六次，母親大伏天搬家中暑不治身亡。阮元從小備償生活艱辛，他讀書用心，進步很快，不僅打下了扎實的文化基礎，也鑄就了他念鄉重情、知恩圖報、淡泊名利、盡忠報國的道德情操。使得他在今後九省封疆的崗位上，能够不忘舊年同窗，多次報效母校，并始終保持清廉高效的工作作風，做出了杰出成就，成爲一代楷模。儀徵縣學是阮元成長和成功的關鍵平臺。

---

〔1〕［清］阮元著，嚴一萍選輯：《三月十日約儀徵兩儒學重游泮宫采芹拜聖賢于欞星門墀下》，《揅經室再續集》第8册卷六，第6頁。

〔2〕［清］阮元著，嚴一萍選輯：《三月十日約儀徵兩儒學重游泮宫采芹拜聖賢于欞星門墀下》，《揅經室再續集》第8册卷六，第6頁。

作者簡介：巫晨，男，1961年12月出生于江蘇姜堰，1982年畢業于蘇州大學物理系，現任儀徵市12345公共服務中心主任，主編《阮元與儀徵》，廣陵書社2014年4月出版。

The Relation between Ruan Yuan and Yizheng County School

Wu Chen

Abstract: Yi Zheng County School (Xian Xue) is the first stop for Ruan Yuan on the way to the society. The life is not so easy for him there. He had some difficulties because of short of money. However Ruan Yuan had a nice time with his classmates. Later, he wrote down the memory of the school life many times with poems, and donated to the school several times. Ruan Yuan revisited the school even after he had left there for 60 years. This thesis first researches the regulations on the place of family origin in the imperial examination system, then observes the relationship between Ruan Yuan and Yi Zheng County School from the perspective of preparing the examination, living at school, being with his classmates and repaying his old school back, thus explores the charm personality of Ruan Yuan through all the historic facts.

Keywords: Ruan Yuan, Yizheng County School (Xian Xue)

文化教育研究

阮元及《積古圖》

——中國前現代化時期[1]私人收藏的代表性映射

［法國］易　凱　著
章　文　譯

内容摘要：18世紀末，是中國收藏史上的重要轉折時期。隨着乾隆皇帝文化政策的結束，皇室收藏影響消退，私人收藏得以發展。1803年阮元的《積古圖》是認識這一轉變的重要文獻。阮元集收藏、繪製成畫并與藏品銘文拓片一起裝裱在同一手卷上，來全面展示其私人收藏，這是種獨特的嘗試。而他所收集的這些自殷商到宋代的九十餘件青銅器銘文則説明，金石學在考證學思想的影響下之復興。《積古圖》上繪有阮元肖像與其豐富的藏品，除了體現收藏的富有與學術的權威之外，也可被視爲藏家看待文物的一種新視覺。從研究銘文的文本價值，到關注古器物物質價值，這一前現代的特點將影響此後的收藏活動直到20世紀初，爲中國第一批博物館的崛起鋪路。

關鍵詞：阮元；私人收藏；肖像；《積古圖》；金石學；翁方綱；朱爲弼；玩古；全形拓

---

［1］在其近日發表的一篇通訊中，本傑明·艾爾曼（Benjamin Elman）曾建議將中國封建史上的最後一個朝代不單視爲一個衰落的時期，而是矚目于這一時段内所萌發的現代化的先兆，即文明的演進與知識的傳播。本文正是采用這一觀點來探究收藏史。本傑明·艾爾曼：《早期的現代古典主義與中國封建社會的尾聲》（*Early Modern Classicism and Late Imperial China*）：《IIAS通訊》，第43期，2007年，第5～6頁。

從收藏史的角度來看，中國在亞洲藝術範圍内堪稱代表性範例。在此，收藏作爲一種文化活動，歷史久遠，門類多樣，史料翔實。據《周禮》的記載，古代皇室所從事的收藏活動甚至可以追溯到周朝。宋代則出現了配有插畫的藏品名録，直觀呈現了青銅器和玉器的外在形態，也反映了中國人收藏觀的及早成熟。除刊行出版的藏品目録外，書畫收藏者更有在藏品上加蓋私人印鑒或書寫題跋的習慣。這些都爲中國收藏史的研究提供了極爲豐富的素材。關于皇室的收藏活動，已有不少研究成果相繼面世，相關展覽也屢有舉行，這些都印證了研究素材的豐富性[1]。

隨著時間的推移，皇室收藏在改朝换代時多經散佚及二次收集，在收藏史上起到了整理與歸類的作用。到清代時，皇室收藏已是包羅萬象[2]。其藏品之豐，盤點歸類工作之巨，幾乎掩蓋了私人收藏的影響。實際上，從清初開始，個人藏家就一直發揮著重要作用，皇室收藏的增多也有賴于前者對朝廷的貢奉。到嘉慶年間推行廉政，嘉慶皇帝終止了其父乾隆曾推行的較爲鋪張的收藏活動。主動權再次回到私人藏家手裏，他們自此在收藏領域占據主導地位，直至第一批博物館在中國出現。

阮元 1803 年的《積古圖》正是一份能幫助我們理解收藏主動權的轉移的重要文獻：阮氏不僅是高級官員，更是那個時代的重量級學者。他匯集了前代收藏并力圖借助《積古圖》將其全面展現出來，這些都讓《積古圖》有了特殊的意義。這幅長手卷事實上也是阮元等人考據成果的展現，上面對收藏物品的分類都反映了考證學影響下金石學的再度復興。畫卷中，不單有阮氏的人物肖像，更有對其各個藏品的拓印，這二者的組合也代表了金石學中研究者與其研究對象的關係。

一　政治權利與文化權威

阮元的一生可謂仕途順遂，其中幾個重要的時間節點便是他的數次調職與

---

〔1〕另外，圍繞著這個主題，歐美國家的同仁們也相繼組織了多次研討會，其中包括：2003 年 11 月在波恩舉辦的《西園雅集 中國藝術：收藏與概念》（*Literary Gathering in the Western Garden. Art in China*：*Collections and Concepts*）、2006 年 6 月在巴黎國家藝術史研究院舉辦的《中國 18 世紀的藝術收藏研究》（*Autour des collections d' art en Chine*）和 2006 年 9 月在特拉華大學舉辦的《中國收藏：物品、物質性與多元文化背景下的收藏者》（*Collecting China*，*Objects*，*Materiality and Multicultural Collectors*）。

〔2〕皇室收藏的豐富性可與中國 18 世紀問世的百科全書《四庫全書》相媲美。

升遷。阮元 1764 年出生于揚州，1789 年在科舉考試中中第。此後數年，他先在北京供職于翰林院，隨後又進入南書房負責皇室所藏字畫的目録編撰。不單是乾隆皇帝對他青眼有加，嘉慶和道光皇帝也都對阮元委以重任〔1〕。阮元之後擔任的官職也證明了這一點：山東學政（1793 年就任），浙江學政（1795 年就任），隨後又擔任浙江巡撫（1799 年就任）。1817～1826 年他歷任兩廣總督，又于 1823～1833 年調任雲貴總督。致仕之前，他曾被召回北京，任體仁閣大學士。1838 年，阮元正式告老還鄉，他的研究活動一直都對揚州區域有重要影響〔2〕。

由麥哲維（Steven B. Miles）曾就阮元在廣州創立的學海堂書院所提出的觀點引申出去，我們可以看到阮元作爲一名高級官員，其政治權威性亦可推及到文化領域，這使得他可以在任職的區域内利用各種資源來促進某些學術活動的實現，如一些文學、歷史及地理方面的著述工作〔3〕。這些工作通常會交付給一些當地的文人，而後者也常會被邀請到阮元創辦的書院裏執教。這些書院的設立，同上文提及的著述的相繼出版，都證明了阮元此類活動的持續性〔4〕。雖説這些活動多爲其指導下的集體勞動成果，但阮氏本人對各領域的興趣也在其中起了不小的推動作用。

在他感興趣的領域中，阮元對其影響較大的是金石學。阮氏在這方面所編撰的圖書目録可予以佐證。阮元和他的幕僚曾在山東和浙江進行了規模較大的金石藏品的編目工作，而這些工作的成果就是《山左金石志》和《兩浙金石志》兩本著作。《積古齋鐘鼎彝器款識》則出版于 1804 年，是一本定期更新的參考性目録。它介紹了 560 篇青銅器上的銘文，來自十二位收藏家，其中也包括阮元自己的收藏。在序言裏，阮元曾將他的作品與薛尚功（1131～1162 年）的經典目録相較。

---

〔1〕 魏白蒂（Betty Wei），《阮元，1764～1849：十九世紀鴉片戰争之前一位重要學者官僚的生活與工作》（*Ruan Yuan*, 1764－1849: *The Life and Work of a Major Scholar－official in Nineteenth Century China Before the Opium War*），香港：香港大學出版社，2006 年。

〔2〕 梅爾清（Tobie Meyer－Fong），《清初揚州文化》（*Building Culture in Early Qing Yangzhou*），加利福尼亞：斯坦福大學出版社，2003 年。

〔3〕 麥哲維（Steven B. Miles），《權威、教育與文化變革：阮元與學海堂書院》（*Authority, Scholarship, and Cultural Change: Ruan Yuan and the Xuehaitang Academy*），《亞洲實踐中的權威文化》（*Cultures of Authority in Asian Practice*）（在綫講座），2003 年。

〔4〕 易凱（Eric Lefebvre），《收藏與傳承：阮元》（*Collectionner pour transmettre : Ruan Yuan*）：白蓮華（Flora Blanchon）編，《亞洲藝術探究》（*La Question de l' art en Asie*），巴黎：巴黎索邦大學出版社，2008 年，215～222 頁。

因此，這篇序言也可視做金石學研究復興的宣言，而金石學復興正是現代考古學興起過程中的重要階段[1]。

二　从收藏到研究：对文物的破译

《小滄浪筆談》的前幾頁曾提到濟南的大明湖畔，這也是當時山東學政的駐地，而阮元于1793～1795年間正是擔任這一職務。他的辦公場所同樣也是接待其幕僚的地方，阮元將他們召集起來，共同完成《山左金石志》中所描繪的收藏及研究工作。書中有一處阮元加的小注，説明了他正是在自己的書齋積古齋中，整理了目録中逾千件銘文[2]。阮氏的個人選集《揅經室集》中也有一篇小文《積古齋記》，講述了阮元如何對他的個人藏品進行研究和記録，還提到了一幅展示其藏品的畫作即《積古圖》[3]。《積古齋記》的開頭就已經表達了阮元作爲今人的優越感，因爲相比古人，今人更易接觸舊時遺存："李義山[4]詩云：'湯盤孔鼎有述作，今無其器存其詞。'義山唐人，尚不見其器而重其詞，况今又千年，不但存其词且有其器耶？所以予于鐘鼎古器有深好也。與吾同好者，有平湖朱子右甫[5]。右甫得一器，必摩挲考證之，頗于經史多所創獲。予政事之暇，借此羅列以爲清娱，且以償案牘之勞。兒子常生好兒童之篆刻，亦刷拭以侍。壬戌臘日，舉酒酬賓，且屬吴縣周子矩卣[6]繪積古圖。"[7]

---

〔1〕雷德侯（Lothar Ledderose），《古代中國書法在現代中國的審美接受》（*Aesthetic Appropriation of Ancient Chinese Calligraphy in Modern China*）：何慕文（Maxwell K. Hearn）、史密斯（Judith G. Smith）編，《中國藝術的現代表象》（*Chinese Art: Modern expressions*），紐約：大都會博物館出版社，2001年，第214頁。

〔2〕［清］阮元：《小滄浪筆談》卷一，第5頁，王雲五編《叢書集成初編》，上海：商務印書館，1936年。

〔3〕［清］阮元：《揅經室三集》卷三，第648～649頁，鄧經元點校，北京：中華書局，2006年。

〔4〕李商隱的字。

〔5〕朱爲弼的字。

〔6〕周瓚的别號。周瓚，清代畫家，生于蘇州，在阮元擔任浙江學政及浙江巡撫期間爲之擔任幕僚。他應當應阮元之邀，完成了不少畫作，來描繪阮元及其幕僚所從事的收藏和研究活動。

〔7〕與阮元手寫的原作相比，《積古齋記》的幾個刊行版本在一些用字上頗有不同。這些不同大多對原文含義没有影響，衹有提及日期的一處易産生歧義：《揅經室集》中説的是1802年末，而《積古圖》則説是1803年末。關于這兩個版本的詳細介紹，可參見吴元真：《阮文達公積古圖》，《鑒藏》2005年第4期，第84頁。

正如《積古齋記》所描述的那樣，《積古圖》（圖 1）全面展示了阮元的個人收藏。作爲一幅橫軸，它長逾 26 米（長 2640 厘米，寬 38 厘米）。圖中包含翁方綱手書的引首、周瓚署名的阮元、朱爲弼（1771 ~ 1840 年）和阮常生（1788 ~ 1833 年）的人物肖像（圖 2）、阮元親題的序言、91 件藏品的拓本[1]、91 方古印的印文、翁方綱所做的後記，其後尚有陳文述（1775 ~ 1845 年）、伊秉綬（1754 ~ 1815 年）和趙魏（1746 ~ 1825 年）的題款。《積古圖》現存于北京的中國國家圖書館。

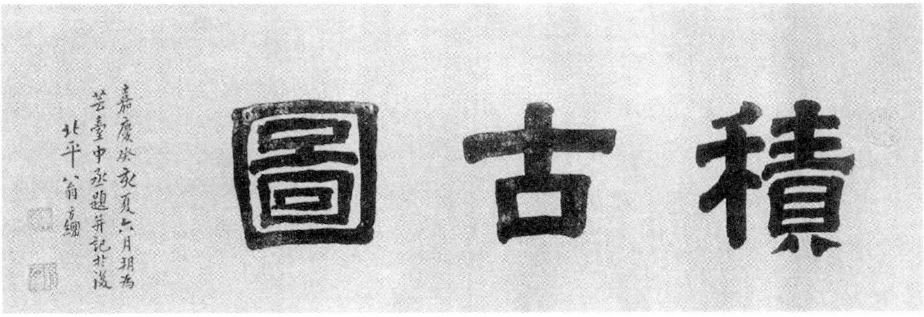

圖 1　積古圖

翁方綱題，紙本墨筆，縱 24. 9 厘米，横 72 厘米，印章：長毋相忘　潭谿　翁方綱

圖 2　阮元、朱爲弼及阮常生人物肖像

周瓚畫，絹本設色，縱 33. 8 厘米，横 67. 5 厘米，印章：積古齋　文選樓　儀徵阮伯元章

〔1〕 没有銘文的藏品雖然亦被提及，却并未出現他們的拓印圖案。總體而言，《積古圖》盤點的藏品數量達到了 98 件。

阮元青銅藏品上的銘文拓圖在《積古圖》中占據了主要的位置。首先被繪入的是祭祀用途的鐘和器皿（圖3、4），它們被分成了如下類別：鐘（2），鼎（3），敦（1），簠（1），豆（1），匜（2），彝（1），甗（1），卣（2），尊（1），钘（1），角（1），爵（1），觶（3），觚（1），洗（3）。第二個版塊則用于介紹武器（圖5），包括劍（1）、戈（6）、瞿（1）、弩機（2）和削（1）等類別。與器皿不同的是，武器在圖中的呈現并不局限于其上的銘文，而是給出了其整體外觀的拓印圖案。隨後一個版塊（圖6）介紹的藏品就是鏡（20），燈（2）及錢幣和模具（16）。這一版塊之後就出現了一些印章圖案（圖7），結束了青銅藏品拓印圖案的部份。接下來一個部分的分類就相對混雜，藏品也多不完整，如散落的蓋子，殘缺的銘文，裝飾的遺留物（圖8），還有一些佛教用品（圖9）。其中包含的種類主要有：簠蓋（1），匜蓋（1），壺蓋（1），敦殘銅字（1），器飾（1），觿（1），鈎（2），半鈎（1），尚方器飾（1），鐎豆（2），鐵匣（1），佛像（1），鎮紙（1），魚符（1）。最後是由八塊古磚製成的硯（圖10），它們組成了一個獨立與上述藏品的板塊。其後所加蓋的印璽也説明了這一點：根據後者的印文，這八塊古磚應歸入“八磚吟館”，而不是其他藏品所屬的“積古齋”。

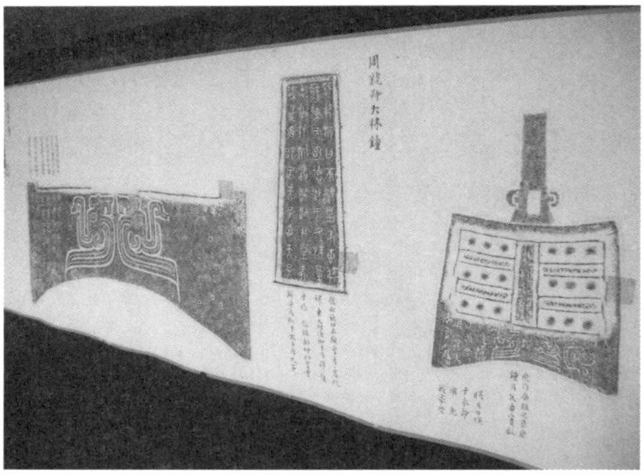

圖3 《積古圖》中的鐘拓圖
青銅鐘銘文：路康鐘、虢叔大林鐘
印章：阮伯元藏鐘鼎文字

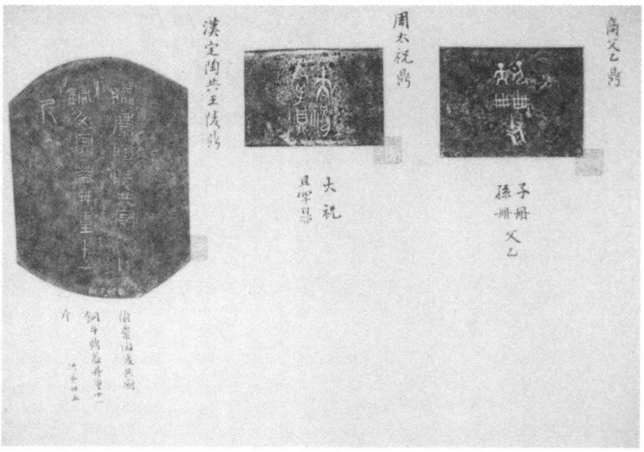

圖4 《積古圖》中的鼎拓圖
青銅鼎銘文：父乙鼎、太祝鼎、定陶鼎
印章：阮伯元藏鐘鼎文字

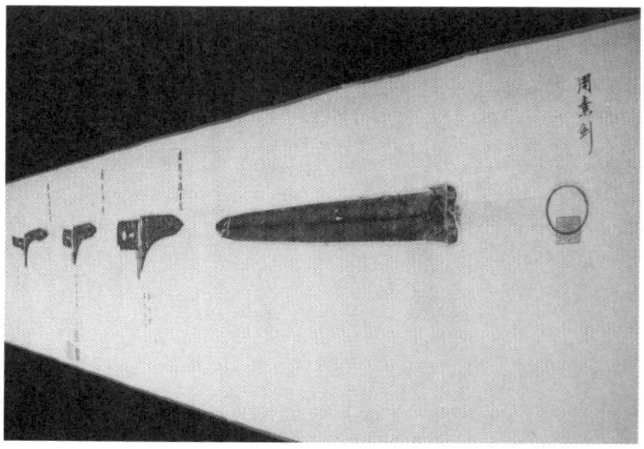

圖5 《積古圖》中的武器拓圖
武器拓圖：素劍、魏公孫吕戈、子永戈、高陽左戈
印章：阮伯元藏鐘鼎文字

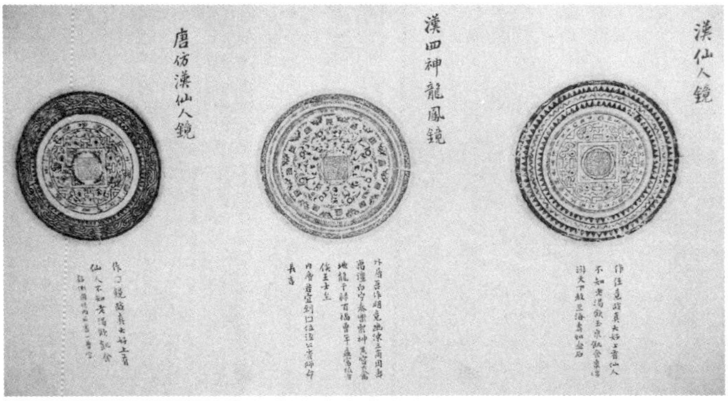

圖 6　《積古圖》中的古鏡拓圖

古鏡拓圖：漢仙人鏡、漢四神龍鳳鏡、唐仿漢仙人鏡

印章：阮伯元藏鐘鼎文字

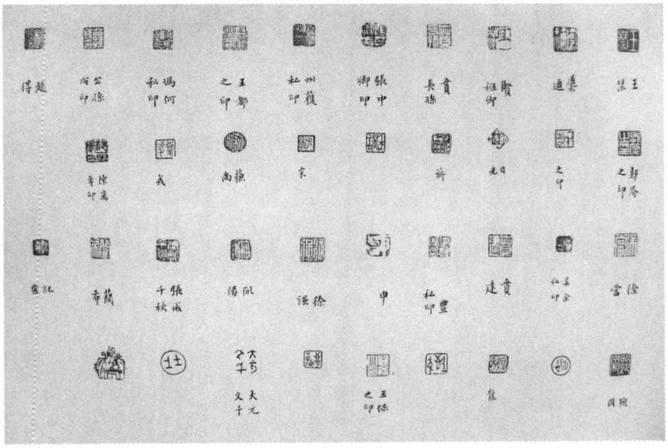

圖 7　《積古圖》中的印璽圖章

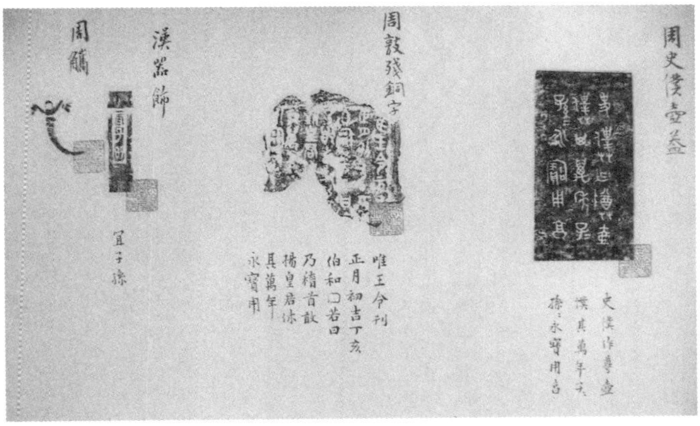

圖 8　《積古圖》中的雜件拓圖

青銅器銘文：史僕壺蓋、敦殘銅字、器飾、觽

印章：阮伯元藏鐘鼎文字

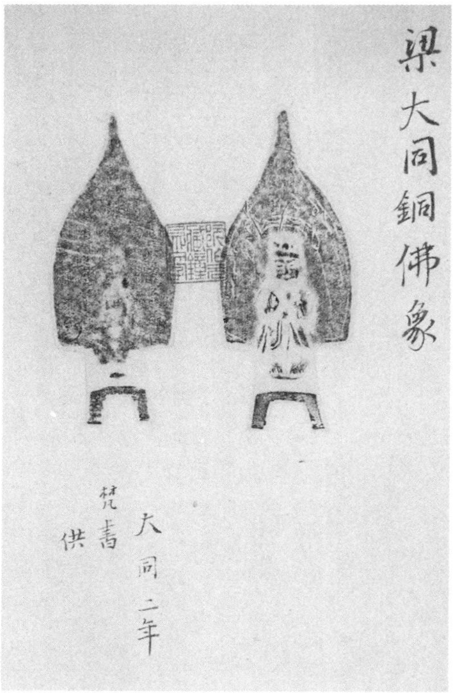

圖 9 《積古圖》中的佛像拓圖

青銅佛像銘文：大同銅佛像

印章：阮伯元藏鐘鼎文字

圖 10 《積古圖》中的古磚拓圖

古磚拓圖：黃龍元年磚

印章：八磚吟館　琅嬛仙館

從圖中可以看到，上述藏品是根據其材質、功用和類屬來進行歸類的。每個類別的物品又以其年代先後來排序，如商、周和漢代的鼎就在圖上依次排列（圖4）。這些藏品也囊括了一個相當長的歷史時期：除其中兩件以外[1]，其餘的藏品可説是代表了從商至唐的時間段。這種時間順序反應了阮元對于文物的概念[2]。根據阮氏的説法，直到秦代，青銅器都保持著它們原有的功用，但是自漢代以來直至唐朝，出土的青銅器更多地被視爲神瑞之兆，舊時的功能反而被淡忘。積古齋的藏品就分别對應著這兩個歷史時期。北宋時，青銅器就已被當作研究對象，尤其是上面的銘文：它們已成爲今人所指的古玩。宋代王厚之（1131～1204年）所做的藏品拓圖目録給了阮元很大的啓發，從這個意義上來説，阮元的成就可謂承古續今[3]。

《積古圖》所繪的古銘文旁，往往有阮元的手書，將銘文轉寫爲楷體。整幅圖也體現出了金石學研究的重要特點：除六件物品外，大部分藏品的介紹重點都在銘文，比如説以青銅禮器爲中心的系列藏品上，可以體現其收藏時間跨度的書寫符號，一些體積上尚不比磚塊大小的器物的詳細描繪和部份破碎物品上的殘缺銘文。除去那些歸類嚴謹的青銅禮器，另有一些藏品外觀破碎，難以劃入某個特定的種類，這也體現了金石學學科研究對象的多樣化和對象材質的豐富化。甚至一些游離于儒家思想傳統之外的對象也被提及，比如説阮元的收藏中就有一尊題爲“大同二年”的佛像，由梵文寫就、未經阮元轉寫的銘文（圖9）。

出于對器物上文字符號的重視，《積古圖》尤爲重視其可讀性。通過阮元在銘文拓本下的注釋，我們可以看到他是如何解讀原文的。爲了便于將原文拓印成圖，銅器上有銘文的一面首先要被清理干淨，然後再將其上面的文字拓寫下來。這些工作并不是總能够順利進行，阮元就曾提到一次因某個卣上書寫字符的陰文凹槽被填滿，而無法復拓的情况[4]。一旦對原文的拓印得以實現，就可以着手解讀銘文，并將其轉寫成楷書。轉寫的過程同樣也是討論的過程，有一個注釋中就曾補充説關于某枚錢幣上的一個文字，阮元認爲它應當是“吉”，而這也跟他同時代的收藏家程瑤田（1725～1814年）的觀點相一致[5]。轉寫之後，有些銘文也可能

---

[1] “王詵鐵匣”當屬宋朝，而“艾虎銅鎮紙”則是元朝的作品。這兩件器物都被劃歸在殘缺藏品的部分。

[2] 阮元：《商周銅器説》，《揅經室三集》卷三，第632～635頁。

[3] 翁方綱在畫後的跋中曾提到王復齋的目録和阮元的收藏研究計劃之間的關係。

[4] 此外，那些凹面的器物也較難復拓，有時會爲對原文的解讀帶來困難。

[5] 阮元：《小滄浪筆談》卷三，第70頁。

會被斷定無效，比如有一根瞿上的文字就被阮元認爲是後加在這件古物上的。此後，阮元就會鑒定銅器和它的銘文，以便推斷出物品的年代：兩面在圖中相距不遠的漢代 TLV（博局纹）銘文銅鏡就曾被作爲比較的對象。第一面銅鏡應爲漢代作品，而第二面則是唐人仿作，上書有“唐仿漢仙人鏡”（圖6）。

以上這些都能很好地反映出阮元的研究方法，尤其是他對積古齋中古物的先期探究。阮元對藏品的評論，雖未出現在《積古圖》中，却大部分被收録在《積古齋鐘鼎彝器款識》一書裹。根據藏品的類别，書中還多處引用了歷史、文獻學、地名學、科技甚至音樂方面的參考材料，展現了作者務求囊括全部的知識觀。阮元的研究方法立足于他對古代文獻的瞭解，而這種瞭解，在摘録典籍中有關器物及其銘文的詞句時又是不可或缺的。在書中浩如煙海的引文里，我們可以看到其對古文字的研究，尤其是對語音學的瞭解，在阮元對銘文的解讀中起到了引導性的作用。對他而言，解讀銘文不單旨在重建物品的時代背景，更重要的是要借由第一手的考古材料，來校對、補充和修正前人流傳下來的文章。[1]因此，積古齋所存之物也就變成了他的研究對象：在對物品的鑒别、斷代和對銘文的轉寫之後，阮元更是力圖將藏品置于一個更大的文獻環境之下，找出它在歷史資料中的位置，然後再發表自己的研究成果。如果再將目光投注于阮元同時期的其他文化活動，如《十三經校勘記》和《經籍纂詁》的編撰，我們就可以明白和同上述兩部著作一樣，《積古齋鐘鼎彝器款識》也是阮元在漢學和考證學實證方法的影響下，對經典的評判和重讀計劃的一部份。在這個視角下，積古齋的藏品正是第一手的研究素材，能够幫助阮元重新解讀歷史。

三　收藏：一項集體工作

得益于翁方綱爲《積古圖》所寫的後記，我們可以大致瞭解阮元的收藏研究計劃是如何開始，又是如何推進的。作爲當時的著名學者，翁方綱首先講述了阮元在山東對金石器物進行的盤點和研究工作，然後提到阮氏後來又將在山東的研究模式移植到了浙江。翁方綱還講到了這些工作的集體性：《積古齋鐘鼎彝器款識》的編撰，就是一項規模龐大的集體工作。由朱爲弼負責協調，在一些學者長達三年的努力後該書才得以問世。清代的行政體制允許高級官吏聘用自己的幕賓，

〔1〕 在此方面，阮元對印章的研究就很有代表性：他曾建議可以借助各代的官員名録來研究印章。之前的《積古齋記》中曾提到他的兒子阮常生對印璽很感興趣，而實際上，後者的確對《積古圖》中幾方著名的印章展開了研究。阮元：《秦漢六朝唐廿八名印記》，《揅經室三集》卷三，第651頁。

也正是因爲這一點，包括阮元在内的一些名流才得以組織出他們身邊的幕僚團體，完成一些就當時而言極爲重要的文化活動〔1〕。19 世紀的中國，在朝廷資助寥寥的情况下，畢沅、阮元和端方（1861 ~ 1911 年）等官員的個人幕僚在一些考古工作成果的發表中起到了决定性的作用。

雖説對阮元個人收藏的研究毫無疑問是一項集體性工作，但我們却很難評估阮元的幕僚在對藏品的搜集中起到了多大的作用。關于這一點，《積古圖》衹給出了少量的信息：其中衹有阮元關于某個錢幣模具的一條小注，讓我們知道它是从浙江的吴興收集而來。在此之外，我們就衹能通過《小滄浪筆談》或《定香亭筆談》中阮元的筆記和個人回憶來瞭解器物的來歷，比如《積古圖》中的周仲鏡是阮元在山東濟寧路旁的一個小攤販處購得〔2〕，或“八磚吟館”中的古磚是在浙江尋得〔3〕。這些信息雖然相對片面，却讓人揣測或許積古齋的收藏都是阮元在不到十年間，于山東及浙江任上在兩地游歷搜羅而來。關于部分藏品，他身邊的幕賓也多有詩作，能够證明阮元每得一物，都會邀他們一道觀賞品評。

既然這一研究活動本是一項集體工作，那麼《積古圖》上其他人物的出現就不足爲奇了：首先便是翁方綱，其資歷較阮元爲長，金石學方面的研究也曾極大啓發過後者〔4〕，更是曾爲該畫題寫後跋。在文中，他詳細列舉了畫中藏品，又著重指出了這項工作的開創意義。翁方綱外，畫上尚有十六人的名字，多爲阮元的門生和幕臣，他們在這幅作品問世的當年便得以在北京觀賞此畫，陳文述的題款中説到了這一點〔5〕。而在一個 1806 年的題款中，伊秉綬提到他曾有幸在揚州的文選樓内觀賞過阮元收藏的古物和印鑒。這些不同的題款都説明了阮元的藏品雖多集于在山東、浙江兩省，但它的聲名影響已快速擴散到北京和揚州，這兩座與阮元有著不可分離的仕途、友誼及親緣關繫的城市〔6〕。趙魏的題記（1807 年）還提到了張燕昌

〔1〕 尚小明：《學人游幕與清代學術》，社會科學文獻出版社，1999 年。

〔2〕 ［清］阮元：《小滄浪筆談》卷三，第 71 頁。

〔3〕 ［清］阮元：《定香亭筆談》卷四，第 182 頁，王雲五編《叢書集成初編》，北京：商務印書館，1936 年。

〔4〕 翁方綱和阮元曾經共同研究過不少的金石作品，我們可舉華山碑爲例。參見施安昌：《漢華山碑題跋年表》，1997 年第一版，文物出版社。

〔5〕 法式善（1752 ~ 1813 年），張問陶（1764 ~ 1814 年），李鼎元，楊芳燦（1754 ~ 1816 年），吴榮光（1773 ~ 1843 年），吴鼒（1755 ~ 1821 年），鮑桂星（1764 ~ 1826 年），王引之（1766 ~ 1834 年），孫均（1777 ~ 1826 年），錢枚（1671 ~ 1803 年），陳嵩慶，袁通（1775？ ~ 1829？ 年），李元塏，楊承憲，何湘。

〔6〕 爲便利旅途，這幅卷軸的材質相對輕便，這可能也加速了這幅畫的流傳。

(1738～1814年）和錢承淦，這就讓《積古圖》上的人物姓名數量增加到了二十一人。這些人往往是一代收藏家與書法家的代表。他們根據各項考古發現與金石研究的成果，將古漢字的書寫法奉爲圭臬，并以此取代了王羲之父子確立的書寫傳統[1]。

四　从读到观：藏品的呈现

雖説嘉慶朝常被視作乾隆朝的延續，但就收藏史而言，嘉慶朝不啻爲一個大的轉折點，因爲嘉慶皇帝的登基爲整個收藏界都帶來了一股節儉之風。從很多方面來看，阮元的收藏活動都與乾隆朝的類似活動一脉相承，衹是在地域範圍上更爲局限，而他也因此遭到了嘉慶皇帝的斥責[2]。爲謹慎起見，阮元便將《積古圖》置于乾隆皇帝的名下，並特别在序言中提到他的書齋正是以乾隆某次賜給他的御筆親題來命名的[3]。出于同一考慮，《積古齋鐘鼎彝器款識》的序言中也提到了皇室收藏《西清古鑒》的插畫名録，而後一個目録正是乾隆朝在金石學研究上取得的重要成就之一。

乾隆皇帝曾出現在一幅描繪其玩賞古玩的場景的畫作中，這也在一段時間内使這一類型的收藏者肖像大爲流行，而《積古圖》卷端阮元的畫像也可以視同此類。但是，如果對這兩幅畫進行比較，就可以看出阮氏肖像與著名的《弘曆鑒古圖》不盡相同[4]。從各個方面來看，後者都屬于一個固定的繪畫類别，即玩古圖

---

[1] 在這一點上，碑學派的實踐可以作爲代表，如翁方綱、趙魏尤其是伊秉綬書寫的隸書都是直接脱胎于古碑文。

[2] 魏白蒂：《阮元，1764～1849：中國十九世紀鴉片戰争前一位重要學者官僚的生活與工作》（*Ruan Yuan, 1764～1849: The Life and Work of a Major Scholar－official in Nineteenth Century China Before the Opium War*），香港：香港大學出版社，2006年，第201頁。

[3] 乾隆皇帝在書寫時混淆了兩個同音字，將《稽古論》的“稽”字誤寫爲“積”。在阮元看來，這個别字可以做出多種解讀，所以他就選用了這個錯誤的“積”字來命名自己的書齋。

[4] 近期有很多學術文章都對這幅著名的肖像進行瞭解讀：
司徒安（Angela Zito）：《絲綢與皮膚：象徵的界限》（*Silk and Skin: Significant Boundaries*）。白露（Tani E. Barlow），司徒安（Angela Zito）編：《中國背景下的身體、主體與權力》（*Body, Subject and Power in China*），芝加哥：芝加哥大學出版社，1994年，第103～131頁。
巫鴻（Wu Hung）：《重屏：中國繪畫中的媒材與再現》（*The Double screen, Medium and Representation in Chinese Painting*），芝加哥：芝加哥大學出版社，1996年，第231～236頁。
白瑞霞（Patricia Berger）：《空寂的帝國：清代中國的佛教藝術與政治權威》（*Empire of Emptiness, Buddhist Art and Political Authority in Qing China*），夏威夷：夏威夷大學出版社，2003年，第51～54頁。

一類，畫上的題詞也説明了這一點〔1〕。這一繪畫種類的歷史可以追溯至宋代，在明代正式成熟。在這種繪畫作品中，收藏者往往置身于園林之中，或者身後有一花鳥山水的屏風來寓意自然。一般而言，在畫中“玩古”并不是一個單獨發生的動作，而是會伴隨著品茗或賞樂等其他娱樂活動。這也是很多中下級官員所鍾愛的消遣方式。但是，阮元的肖像明顯與這種“玩古圖”的傳統有所不同：收藏者所處的環境中并未出現任何用于指代自然的元素。他周圍衹有一些用來陳設藏品的家具，近旁也僅有金石學者朱爲弼和阮常生兩個人。這都是典型的書齋環境。而藏品則占據了畫面的主要部份〔2〕。

在繪畫領域，忠實反映物品外觀，以期將之與其他物品區别開來的技法大致出現于18世紀〔3〕。乾隆的肖像圖正體現了這一點。在畫作中，畫師所采用的視角和西洋繪畫的慣用視角頗爲相似。他相對准確地呈現了銅器和瓷器的體積大小，讓觀畫者可以將這些皇家收藏的物品一一區别開來。而在周瓚的作品中，畫家采用了俯視的視角，更接近于中國的傳統繪畫技法。阮元的整體收藏都在畫面上被詳細地展現出來。在阮元身邊的諸多藏品中，不管是鏡子或戈等平面物品，還是青銅器皿，都清晰可辨。此外，畫家還忠實還原了青銅器和古磚上的圖形，并選用多種青綠色調來表現青銅器皿上的鏽迹，力圖將每一個藏品與其他物品區别開來，方便觀畫者將藏品本身與其銘文拓本聯係到一起〔4〕。

由此看來，阮元的《積古圖》圖文并茂，既有對物品的描繪，又有對銘文的複拓，不僅可觀，而且可讀。如果説其上的繪圖爲我們展現了藏品的外觀特性，諸如形狀色彩，那麽上面的拓本就爲觀畫者提供了物品的認知要素，如尺寸紋理。《積古圖》上的拓印都力圖從全方位來展示某件藏品，不單複刻青銅器上的銘文，

---

〔1〕巫鴻曾在這幅作品中找到了與另外一幅藏于臺北故宫博物院的無名氏畫作的諸多相似之處。巫鴻（Wu Hung）：《重屏：中國繪畫中的媒材與再現》（*The Double screen, Medium and Representation in Chinese Painting*），芝加哥：芝加哥大學出版社，1996年，第231～236頁。

〔2〕在翁方綱所做的《識篆圖》中，也有一幅朱爲弼的肖像。《識篆圖》已于2005年5月14日在北京被嘉德拍賣行售出。這幅畫成稿于1803年秋，衹比《積古圖》晚了數月。它側面印證了這種收藏者肖像的新式畫法的影響力。

〔3〕維多利亞和阿爾伯特博物館所藏的長卷軸就是一個成稿于雍正時代的早期例證。保存在臺北故宫博物院的諸多乾隆年間的圖集，都對皇室收藏中的古青銅器、瓷器和硯進行了精確的描繪，也體現了這一時期繪畫技法中的忠實性考量。

〔4〕圖中可以看到阮元身旁的幾案上有一尊方鼎，内刻“子孫册册父乙”，周瓚以一種畫微觀畫的技法將其詳細描繪了出來。我們可以就此推斷這尊鼎是父乙鼎（圖4），而太祝鼎則應當是朱爲弼手中的那一尊。

更記録物品器形，可謂開“全形拓”之先河。若將路康鐘的拓印圖形也視爲一種全形拓的話，那就可以把《積古圖》歸入代表19世紀青銅器物記録法流變的作品之中。根據羅覃（Thomas Lawton）的説法，這一時期對青銅器的描繪和記録越來越有寫實主義傾向，與攝影技術的要求不謀而合[1]。

五 禮用之器與書寫禮儀

雖然在畫面上，器物占據了比收藏者更重要的位置，但這幅圖還是可以反映出收藏者與其藏物之間的關繫。首先，我們可以看到，在繪畫部分，藏品的擺放傳達出一定的凌亂之感，但是到了拓圖的部分，所有的物品都是嚴格按照其類别進行排列的。這之間的反差爲我們展現了一個生動的收藏情景：所有的物品，包括朱爲弼和阮常生手中的兩件，都可以任由收藏者取用，供其鑒賞和探究。另外一些藏品，如卣、鐘和戈，收藏者也致力于恢復它們的舊有功用，并將之改良以納爲己用。圖中有一些懸掛編鐘的鐘架，都是阮元在演奏實踐中調整擺放位置的，這些經驗都來自于阮氏的實地演練[2]。實際上，直至20世紀，對編鐘的排列還是可以反映中國收藏家的文化品味。此外，還可以看到一些戈被安在很長的手柄之上，這一舉動或許有某種實驗意義：阮元也的確在文章中談到過這些兵器的可能性用法，以及如何利用它們來抵御禦戰車[3]。

收藏者與其藏品之間的生動關繫體現了收藏活動的多種目的，而求知衹不過是其中之一。阮元曾在1803年同1804年做過兩首詩，講述了他爲了替父親賀壽，而取出了收藏的十三尊青銅器，讓後者得以再次發揮它們的禮儀功用[4]。在此，禮器的原有功用與其作爲古物的象徵意義實現了完美的融合，而通過給父親以卣祝壽，阮元身上官員與文人的雙重身份也得到了充分的展現。由此看來，阮元藏品的功能通常是多樣化的：除了其本身的原有功能，還可以賦予它們更多的用途。在1814年的一篇詩作中，阮元提到他的收藏中有十三件器具都可以用在書齋裏。有幾件在《積古圖》中亦有呈現的藏品，就被以一種輕松而又新穎的方式剥離了

[1] 羅覃（Thomas Lawton）：《中國青銅器的拓印》（*Rubbings of Chinese bronzes*）：《遠東藝術博物館學報》（Bulletin of the Museum of Far Eastern Antiquities），1995年，第67期，第5～48頁。

[2] ［清］阮元：《積古齋鐘鼎彝器款識》卷七，第3～4頁。

[3] ［清］阮元：《周五戈記》，《定香亭筆談》卷四，第191～192頁。阮元：《積古齋鐘鼎彝器款識》卷八，第13～14頁。

[4] 吴元真：《阮文達公積古圖》，《鑒藏》2005年第4期，第87頁。

它們的原有用途[1]。所以，這些器具被歸入《積古圖》中的最後一個類别不是没有原因的，因爲這一類别正是用來整理難以確認其類屬的物品。通過這種分類，我們可以看到在阮元身上，考古與玩古的心態同時并存：這些刻有銘文的藏品不僅是被《積古齋鐘鼎彝器款識》收録的研究對象，同樣也是一位文人的文房私藏。阮元研究禮器上的銘文，是出于他對古物的興趣，但這并不妨礙他把這些古物納入到他的日常書寫的儀式中[2]。

從功用的角度來看，藏品一旦被用作文房用品，它的功能就發生了徹底的轉變。正如那八塊古磚，在被重刻之後，就變成了周瓚畫作上的硯臺。作爲阮元案牘上的陳設品，它們與其著述活動息息相關，而阮元更在上面加刻了題款，其中提到了他的兩本著作《十三經校勘記》和《積古齋鐘鼎彝器款識》[3]。有些情況下，阮元自刻的銘文甚至出現在《積古圖》中：有一柄并無古銘文的劍，例外地被複拓在《積古圖》裏，其劍柄上有新近加上的文字“阮元之寶”[4]。在書畫收藏中，藏家題款多有一種象徵性意義，象徵著他對作品的獲得和占有。而這些青銅藏品拓本現被裝裱于手卷之上，故此也可被視爲某種形式的書畫作品。于是，藏家就可以自由地將其據爲己有。《積古圖》上的絶大多數拓本上，都有阮元的個人印鑒，這就很好地説明了這一點。阮元忠實地拓印這些物品，不單是爲了保留它們的全貌，更有一種在其之上留下自己印鑒的意圖。他不僅希望在有限的時間内事實上保有這些物品，更爲這種占有賦予了一種象徵性意義，以期望這種象徵性意義可以隨著時間的流逝而得以永存。

兩個世紀以來，《積古圖》使阮元的藏品得以記録和保存。雖然阮元斯人已

---

〔1〕阮元特别提到“五銖泉範”亦可用作墨床，一個小型的漢代機弩裝置可用作水池，“宋王誂鐵匣”可替代墨匣，而一尊梁代大同二年（536年）的小型青銅佛像和另外三尊佛像則可以用作筆架。這種組合可以讓收藏者在書案方寸之間齊聚兩千年的歷史。阮元：《咏十三金石文房》，《揅經室四集》卷一〇，第934頁。

〔2〕值得一提的是，阮元就物品的功用建立了嚴格的等級制度：首先是他在書中最常提及的研究用途，其次是在一些半正式的經常性場合下可以用到的物品的原有用途，如壽宴，再次是與書寫相關的、可以自娱，間或也可以娱人的娱樂性用途。

〔3〕其中一塊西漢磚石上書有“黄龍元年建”字樣。在原有銘文的背面，印有一方阮元加蓋的小章：“阮伯元校十三經硯”（圖10）。另一塊刻有“五鳳五年”字樣的西漢古磚上同樣也有一方小印：“阮伯元定鐘鼎文字硯”。

〔4〕繼托羅覃之後（Thomas Lawton），雷德侯（Lothar Ledderose）提到乾隆皇帝雖曾命人在古玉上加刻銘文，但并没有指令在青銅器上刻字。勒代羅斯認爲這或許是出自對古銘文的尊重。而阮元的劍也印證了這一觀點：他唯一對其刻字的物品上恰好没有舊銘文。然而，《積古圖》曾收録、現由京都住泉屋博物館收藏的一尊卣上，却刻有“阮元寶用”幾個字，讓我們不禁對這一觀點有所保留。

逝，作品也多有散佚，但其藏品拓圖仍得以保留在《積古圖》中，爲後人提供了寶貴的視覺記憶，讓我們直至今天依然可以憑借它對藏品的精准描繪來瞭解阮元的收藏。正如這幅圖上的虢叔大林鍾直到現在還被收藏在北京故宫博物院中。中國的不少博物館還保有許多積古齋的舊時藏物，這都反映了阮元收藏的遺産價值。另外，阮元召集了一批學者，對藏品進行了細致的盤點和研究工作，這些也體現了他科學的收藏觀。在《積古圖》中，器物銘文被按照其原始尺寸進行拓印，器物的整體外觀也得以重現，阮元的所有收藏也都得到了全面的展示。這讓《積古圖》近似于某種意義上的展覽，上面的銘文拓本也有助于知識的傳播。總而言之，圖中不管是人物，還是物品，都得到了精准的再現。在那個前現代化的時代，阮元的實踐直到20世紀初還一直影響著收藏活動，也爲博物館在中國的出現開辟了道路。

注：本論文的法文版原刊登于巴黎《亞洲藝術》第63期，2008年（Eric Lefebvre，L'"*Image des antiquités accumulées*" *de Ruan Yuan*：*La représentation d' une collection privée en Chine à l' époque pré－moderne*，*Arts asiatiques*，n°63，2008，p. 61－72.）感謝章文先生出色的翻譯工作。

本文來自于筆者一篇以"阮元的收藏及其遺産傳承觀"爲研究對象的博士論文所做的工作。這些研究之所以得以推進，離不開法國卡爾諾基金會（La Fondation Carnot）和中國國家漢語辦公室（NOCL）的幫助與支持。在此，我謹向卡爾諾基金會的主席先生及漢辦的諸位領導表達我誠摯的謝意。

此外，2004年7月，在中國國家圖書館善本特藏部吴元真及史睿兩位學者的陪同下，我有幸查閱了《積古圖》原作，并受啓發。善本特藏部的各位研究人員也立即認識到了讓大衆瞭解這幅作品的重要性，并因此于2006年組織了名爲"文明的傳承——國家圖書館善本特藏暨古籍保護成果展"的專題展覽。對于他們的幫助與鼓勵，我也在此一并表達我的感激之情。

作者簡介：易凱（Eric Lefebvre），1975年生于法國。研究員，策展人，青年漢學家。先後畢業于巴黎索邦大學、法國國立東方語言文明學院、盧浮宫學院。研習亞洲藝術史系，比較文學，漢學專業。2000年就讀于中國美術學院美術史，次年就讀于北京大學比較文學系。同年考上法國國立文化遺産學院博物館學專業。2010年6月獲法國索邦大學與北京大學聯合培養的博士學位，博士論文《阮元（1764～1849）的收藏——中國文化遺産傳播的一種形式》。導師白蓮華（Flora

Blanchon）教授，孟華教授。

2002～2014 年執教于索邦大學亞洲藝術史系。

2004～2013 年任巴黎市立亞洲藝術博物館（Musée Cernuschi）賽努奇博物館研究員策展人。

2013 年調往法國國立亞洲藝術博物館（Musée Guimet）吉美博物館任研究員策展人。

2015 年 6 月任賽努奇博物館館長。

主要策劃展覽：

2009“賽努奇館藏明清民國繪畫修複展”，賽努奇博物館

2011“中國藝術家在巴黎”，賽努奇博物館

2013“賽努奇館藏繪畫展”，巴西聖保羅美术馆（Pinacoteca do estado de Sao Paolo）

2013“海上畫派——上海博物馆馆藏”，賽努奇博物館

2014“巴黎丹青——20 世紀中國美術家展”，香港藝術館

2014“漢風——中國漢代文物展”，吉美博物館，中國國家文物交流中心

主要研究方向：中國收藏史，中國近現代繪畫，留法藝術家。

Ruan Yuan's "Image of accumulated antiques", the Representation of a Private Collection in pre-modern China

Eric Lefebvre

Abstract: The end of the eighteenth century seems to be a turning point in the history of collections in late-imperialChina. With the end of Emperor's Qianlong cultural policy, the influence of the imperial collections faded, leading to the development of collections in the private field. As reflection of a high-ranking official and a major scholar's collecting activities Ruan Yuan JiGu Tu's, dated 1803, is a fundamental document for the understanding of this transition. This gathering of a painting of Ruan Yuan antiques with the rubbings of their inscriptions on a single handscroll constitutes a unique attempt to include an entire collection in a global representation. As a compendium of more than 90 inscriptions from bronzes of the Shang to the Song dynasty, the *Jigu tu* is a vivid expression of the revival of epigraphy relying on the accomplishments of the scholars from the evidential research school *kaozhengxue*. Beyond the pride of the collector and his intellectual authority, both epitomized in the portrait of Ruan Yuan among his objects, this painting could be considered as the expression of a new kind of relation to antiques. Besides its textual value, the merging of the artifact in its material aspects is characteristic of a pre – modern approach of the antique which will have a decisive influence on collector's practices until the 20th century paving the way for the rise of the first Chinese museums.

Keywords: Ruan Yuan, private collecting, collector, portrait, JiGu Tu, epigraphy, Weng Fanggang, Zhu Weibi, antiquarianism, full – size rubbing,

阮元文物收藏的種類与特點

汪杏莉

内容摘要：乾隆皇帝對三代古物的推崇和乾嘉考據學的發展，为阮元参與文物收藏提供了浓厚的社會氛圍。阮元的文化素養和多年在外省任職为其文物收藏提供了良好的條件。阮元文物收藏的種類之全、數量之多、精品之豐，在私人文物收藏史上是相當突出的。

關鍵詞：阮元；文物收藏；種類；特點

阮元（1764～1849 年）字伯元、良伯（有作梁伯）[1]，號芸臺（有作雲臺），又號揅經老人、雷塘庵主、頤性老人等等，謚號文達，江蘇揚州人，占籍儀徵，乾隆五十四年（1789 年）進士，授編修。阮元一生曾出任山東、浙江、江西、河南、湖廣、兩廣、雲貴等地方大員，在經學、文字、金石、史學、曆算、編撰、校勘等方面都取得了非常高的成就。本文對阮元文物收藏的背景、種類與特點進行初步探討，以豐富阮元研究。本文所指的文物，是清代建立之前，人類歷史發展過程中遺留下來的器物，包括古青銅器、古書畫、碑帖等。

一　阮元文物收藏的背景

在中國，“文物”二字聯繫在一起使用，始于《左傳》。唐代的文物涵義已接近

---

〔1〕 阮元字良伯，見閔爾昌《江子屏年譜·致焦循信》，轉引自鄭曉霞、吴平點注：《揚州學派年譜合刊》，廣陵書社，1999 年版，“因良伯來書”。江藩，字子屏。徽州歙縣江村人，爲阮元祖母江氏之族人，與阮元爲同里同學。阮元字梁伯，見法式善《清秘述聞》卷一一，《乾隆五十八年山東學政名單》。

于現代所指的文物，即前代遺物。北宋中葉（11 世紀），有多位學者以青銅器、石刻爲主要研究物件，此後又逐漸擴大到其他各種古代器物。當時把這些器物統稱之爲“古器物”或“古物”，收藏又叫好事[1]，其範圍包括金石、書畫、古錢幣等。

1. 我國素有文物收藏的傳統

我國自古就有文物收藏的习惯。西漢建立後，蕭何就設立武庫收藏物品“累代之寶及漢高斬蛇劍、王莽頭、孔子履”[2]，元康五年（公元前 61 年），武庫失火，“盡焚焉”。梁朝劉之遴“在荊州聚古器數十百種”[3]。唐太宗極愛收藏，收藏王羲之、鐘繇等名家真迹一千多卷。宋代涌現了一大批文物收藏家和文物研究家。歐陽修、米芾等人收藏器物多達百餘件。宋徽宗時期，因徽宗酷愛文物收藏，蔡京、高俅、王黼等一批大臣四處搜刮文物進上，每件器物動輒上千貫，甚至引發大規模的盜墓，時人稱“天下塚墓，破壞殆盡”[4]。宋徽宗將自己所得古玩分門别類編輯整理成《宣和書譜》《宣和圖譜》及《博古圖》，这些都是北宋文物的精品。趙明誠則收集到近兩千件文物，并一一考訂，撰成《金石録》。

明代许多人將“好古董”作爲儒雅風尚，以彰顯自己的身份與財富。董其昌、錢謙益等都樂于收藏；据《天水冰山録》記載，嚴嵩父子被抄家的物品中，有顧愷之、閻立本、吴道子、周昉等古名畫三千二百多件，宋版書籍六千八百多部[5]。明人不僅樂于收藏，还對文物的門類加以規範，曹昭的《格古要論》將文物分爲十六大類，其分類與今日博物館藏品分類已大致相同；對古瓷器的論述更是開研究宋元陶瓷學之先河。

2. 清代考據學的需求

明朝滅亡後，黄宗羲、顧炎武等有識之士開始反思，對宋明理學大談性理所造成的空疏學風進行了批判，提倡經世之學，學以致用。他們認爲，經世必先通經，必先考訂經書中文字的音義。此后，考據學漸漸興起。清朝統治者入關之後，借鑒元亡經驗，對漢族士大夫進行籠絡，提出“治天下以人心風俗爲本，欲正人

[1] ［明］周暉“世之收藏書畫古玩者，品味好事、鑒賞兩家”。見《金陵鎖事》，南京：南京出版社，2010 年，第 57 頁。

[2] ［唐］房玄齡等：《晉書》卷三六《列傳六》，北京：中華書局，1997 年，第 841 頁。

[3] ［唐］姚思廉：《梁書》卷四〇《列傳三十四》，北京：中華書局，2012 年，第 1437 頁。

[4] ［宋］蔡絛著，沈錫麟、馮惠民校：《鐵圍山叢談》，北京：中華書局，1983 年，第 132 頁。

[5] ［清］吴允嘉（述）《天水冰山录》，北京：中華書局，1985 年。

心，厚風俗，必崇尚經學”[1]。在此背景下，大量帶有文字的青銅器、碑刻、磚瓦、封泥、竹簡及拓片便成了文人收藏的對象。上層社會文人士大夫，甚至是乾隆皇帝，都投入考據中，并出現了如惠棟、戴震、王念孫等考據學大家，時人稱“與夫世傳舊法專門名家，數十年來莫不薈萃都下，于是始稱極盛”[2]。

3. 乾隆皇帝對文物收藏的熱衷

清宮繼承前朝宮廷收藏的慣例。據康无爲的研究，“清宮藏品被録入北宋宣和年内府所藏書畫中有19件之多”[3]，收藏北宋帝後印璽有22件。由于乾隆皇帝尤其喜愛收藏，因此，大臣們紛紛尋訪民間古玩進獻宮内。米芾的《蜀素貼》原爲傅恒舊藏，後進獻乾隆皇帝；据阮元記載：“揚州周散氏南宮大盤，東南重寶也，歲丁卯，鹾使者獻于朝”[4]。乾隆皇帝命大臣將内宮收藏的書畫、青銅器皿整理編輯，《西清古鑒》收集了古代銅器1529件，附録古錢幣的《錢録》一六卷；《秘殿珠林》收集書畫1235卷。乾隆皇帝不但收藏文物，編輯文物目録，還將自己喜愛的三代青銅器命人原樣仿製，或製成玉器擺設。乾隆五十八年（1793年）秋，阮元視學山東，在參拜孔廟後就“觀乾隆欽頒周器及鼎、幣、戈、尺諸古金”[5]。

二　阮元文物收藏的種類

本文根據《揅經室集》《定香亭筆談》《八磚吟館刻燭集》《瀛舟筆談》《江子屏先生年譜》《清稗類鈔》等文獻所載阮元收藏的文物，將阮元文物收藏按質地分類下：

1. 青銅器

商父辛彝、商矢父戊爵、商父辛爵、商祖癸爵、商日父乙爵、周鳳爵、周要爵、商父丁角、商庚觶、商父乙觶、商善父戊觶、周象觶、周遽仲觶、父乙觶、周遽仲觶、象觶、商父乙鼎、周太祝鼎、漢定陶共王陵鼎、商乃作器觚、商子執戈觚、周執手觚、周兕觥、周虢叔大鐘、周録康鐘、虢叔大林鐘、格伯簋、寰盤、漢雙魚洗、漢安二年朱提堂狼洗、漢平陽侯洗、大吉羊洗、周仲亶罍尊、黄目尊、

---

[1] 《清聖祖實録》卷二五八。

[2] ［清］章學誠：《朱先生墓志铭》，《章學誠遺書》，北京：文物出版社，1985年影印，第149頁。

[3] ［美］康無爲：《帝王品味：乾隆朝的宏偉氣象與异國奇珍》，《清史研究》1992年第3期。

[4] ［清］阮元：《金石十事记》，《揅經室三集》卷三，道光十九年刻本。

[5] ［清］阮元：《山左金石志序》，《揅經室三集》卷三，道光十九年刻本。

周叡尊、周卣、周亞卣、惠卣、父辛卣、漢千馬卣、商虎卣、周父癸斝、周史賓鈃、周師酉敦、商周堇山簠蓋、宂簠、素豆、諸女匜、素匜、父癸匜蓋、周甗、周史僕壺蓋、漢大吉壺、周觹、鐎鬥及尚方器飾等。

2. 碑帖拓本

宋拓本《隸韻》、宋拓《王復齋款識》、金承安重刻唐萬歲通天史承節撰《後漢大司農鄭公碑》拓片、《西嶽華山廟碑》四明本拓片等。

3. 古籍

北宋刊本《説文解字》、南宋淳熙本《文選》、宋拓《鐘鼎款識》、宋槧趙明誠《金石録》殘本、宋嘉定本《鎮江志》、宋刻《列女傳》、《華嚴經音義》北藏本、元至順本《鎮江志》、元《四元玉鑒》、萬曆《官册子》、《嘉靖搢紳》等。

4. 書畫

唐杜瓊《溪山雪景》、宋人《貨郎圖》、趙孟頫《無量壽佛》、李唐《伯夷叔齊》、元人《戲嬰圖》、文徵明《胡梅林平倭圖》、王維烈《九如圖》、惲壽平《山水》、程嘉燧畫卷、石濤《柳漁圖》、董其昌手札、楊繼盛墨迹等。

5. 摺扇

周臣《柳塘洗馬圖》、徐邦《棠上白頭翁寫意》、錢轂《攜筇觀瀑》、藍瑛《仿梅道人仙居樓閣》、黄文立《隔水問樵人詩意》、張源《瀟湘夜雨圖》、趙文俶《花蝶》等。

6. 文具

周書削、古銅艾虎書鎮、元鎮紙、琥珀松虎筆筒、南宋奉華堂硯、青陵台磚硯等。

7. 古印

秦上嘉月、漢李廣印、漢薛長卿銀、漢司馬遷印、漢王禁印、後漢李忠印、後漢竇武印、晋劉淵印、後漢張成印、唐“雞林道經略使之印”銘印等。

8. 古兵器

周素劍、周衛公孫吕戈、子永戈、高陽左戈、華戈、素斷戈、素雞鳴戈、漢宛仁弩機、素弩機、諸葛鈎[1]等。

---

〔1〕 此物未列入帶鈎是根據史料判定。“道光十年，迤西銅廠掘山地得石匣，匣蓋有‘諸葛’字，開之，蓋即碎爛、匣内右銅兵器二十四件，皆如刀，予見其一，約長二尺，如刀而寬，其首回屈如鈎亦銛……予定爲漢鈎。”見阮元等修：《道光雲南通志稿·金石門》卷《諸葛鈎考》。而後文丙午鈎，爲典型的漢代帶鈎。

9. 磚瓦

西漢五鳳五年磚、東漢永康元年磚、西晋建興四年磚、東晋咸和二年磚、興寧二年磚、晋永和磚、晋泰元磚、紹定六年磚、千秋萬歲瓦、六朝瓦、隋宮瓦等。

10. 銅鏡

漢劉昉金背至仙人不老鏡、唐真子飛霜鏡、唐仿漢仙人鏡、唐仿漢四靈鏡、宋菱花銅鏡、“孔静”銘銅鏡、“太平元年”銘銅鏡、六朝周仲鏡、唐清素鏡六件等。

11. 貨幣

齊化安陽布、王莽貨布、刀布、晋沈郎錢範等。

12. 帶鈎

漢丙午鈎、長壽半鈎等。

13. 其他

西漢厲王胥塚二石〔1〕、宋三公石、南宋淳熙十年古井欄、流雲槎、漢武氏畫像殘石、北周曇貴造像、北齊道朏造像、漢龍虎鹿盧燈、永元雁足燈、唐貞觀塗金阿彌陀造像銅牌、唐魚符、宋鐵匣等。

三　阮元文物收藏特點

1. 數量較多

尽管目前我们无法确定阮元收藏文物的准确數量，但是，我們可以通過現有的資料窺一斑而略全豹。阮元在《積古齋鐘鼎彝器款識》中説：“余所集器五百五十。”〔2〕其中“酒器前後共廿六”〔3〕，這僅僅是青銅器。阮元攢集的古人名印有百余方，他在《秦漢六朝唐廿八名印記》，中説：“積古齋舊藏秦漢銅印十種，在浙江撫署時曾邀同人分賦，後續得黄小松易所藏四百余印。”〔4〕阮元族弟阮亨在《瀛舟筆談中》記載，阮元一次性進貢内府的古印就達二百件〔5〕。僅從上述可知，阮元收藏的文物數量較多。

2. 種類較全

阮元收藏文物種類涵蓋青銅器、書畫、碑帖、古籍、摺扇、文具、印璽、古

〔1〕 現藏南京博物院。

〔2〕 ［清］阮元：《積古齋鐘鼎彝器款識序》，《揅經室三集》卷三，道光十九年刻本。

〔3〕 ［清］阮常生：《齊侯罍歌》，阮元：《揅經室四集》卷一〇，道光十九年刻本。

〔4〕 ［清］阮元：《秦汉六朝唐廿八名印记》，《揅经室三集》卷三，道光十九年刻本。

〔5〕 ［清］阮亨：《瀛舟筆談》卷一二，嘉慶二十五年刊本（中國基本古籍庫）。

兵器、古磚瓦、銅鏡、貨幣等十三種之多，清以前歷代文物都有涉及，如商周青銅器、漢代銅鏡、魏晋南北朝磚瓦、宋代古籍、明代書畫等。僅青銅器一項，就涵蓋商周青銅器酒器、食器、水器、樂器四大類，其中酒器就分有彝、爵、角、觶、觚、觥、尊、卣、斝九種。

3. 不乏精品

阮元收藏的文物不僅數量多，還不乏精品，如齊侯罍[1]、《西嶽華山廟碑》四明本拓片[2]和流雲槎[3]等。齊侯罍是阮元所藏青銅器，現多稱之爲齊侯壺，其他稱謂更多[4]，爲使用史料本文仍從舊説。春秋早期器物[5]，無蓋，爲一對。一件字數爲166字，一件字數爲142字[6]。齊侯罍所記内容爲齊國田氏之女晶（即銘文後中的洹子孟薑）新喪，齊侯本應不成服，而自願成服，特遣王太子向周天子請喪期之事。阮元于嘉慶十八年“從宋芝山處購得”[7]。清中期後爲金石學界公認吉金大器，諸多金石學家對它的釋文進行研究[8]。

流雲槎爲古代最大天然根雕，爲清乾隆時期兩淮鹽業總商江春舊藏。乾隆皇帝六下江南，兩次駐蹕康山草堂欣賞流雲槎，并留下御書“奇花二月之中，遇古木千年以上，論楹貼以賜”。道光二十一年（1841年），阮元游江春舊居康山草堂時發現此物，後送給當時江南河道總督麟慶。

漢西嶽華山廟碑刻于漢桓帝延熹八年（165年）所刻，碑文記載周至漢歷朝

---

〔1〕齊侯罍166字件後爲吴榮光收藏，之後歸吴式棻，咸豐年間後由當時金石收藏家吴雲收藏，現藏上海博物館。142字件後由蘇州貝氏收藏，後歸曹秋舫所藏，後亦歸吴雲，現藏中國國家博物館。吴雲得此器，改其居名位“兩罍軒”，并説：“余既于甲寅年在邗上得阮文達公所藏之齊侯罍。”

〔2〕現藏北京故宫博物院。明時藏寧波天一閣，因寧波古稱四明，因此稱之爲四明本。後由錢東壁搜藏，嘉慶十三年阮元購得。清末歸端方。

〔3〕現藏北京故宫博物院。

〔4〕徐同柏《從古堂款式》稱其爲“陳恒子研”，郭沫若《金文大系兩録》稱其爲“洹子孟姜壺”，楊樹達《積微居金文説》亦從郭説。羅振玉《三代吉金》、福開森《歷代吉金著録目》、臺灣嚴一萍《金文總集》、中國社會科學院考古研究所《殷周金文集成》等均稱其“齊侯壺”。

〔5〕早前有人認爲陳桓子爲齊莊、景時人，以此將該器定位春秋晚期。《中國青銅器全集》雖將該器定爲春秋晚期，但指出此器形、紋飾、銘文字體均保留春秋早期風格。李學勤從分析器形與銘文，并對比銅類型紋飾壺將該器定位春秋早期。詳見李學勤：《齊侯壺年代與史事》，《中華文史叢論》2006年，第2期。

〔6〕孫稚雛：《金文著録簡目》，北京：中華書局，1981年，第307页。

〔7〕［清］宋芝山，名葆淳，字帥初，號芝山。山西安邑人。乾隆五十一年（1786年）舉人。

〔8〕参见孫詒讓《古籀餘論》；羅振玉《三代吉金》，福開森《歷代吉金著録目》等。

祭祀華山的祭典。碑額兩旁有李商隱、李德裕等題名。明嘉靖三十四年（1555年）時毀于地震，傳世拓本有四種，遂爲珍本。據阮元記載“世人得西嶽一碑、定武片紙即珍如鴻寶”[1]。阮元于嘉慶十三年（1808年）“購得錢東壁所藏《西嶽華山碑》四明本拓片”[2]。四明本爲明中期所拓，爲孤本。

关于阮元通過對文物的考證，促進考據學、金石學的發展等问题，笔者将另文探讨。

作者簡介：汪杏莉，揚州博物館工作人員。

Types and Characteristics of Ruan Yuan Antiques Collection

Wang Xingli

Abstract: The influence of Qing Dynasty by Emperor Qian Long of the three generation of antiquities esteem and Qian Jia textology, provides a strong social atmosphere for Ruan participates in the collection of cultural relics, in addition, Ruan Yuan own higher literacy and perennial office provincial provides the material basis for him. The number of cultural relics collection of large, Ruan Yuan species wide, very fine, has the quite important position in the history of cultural relics collection. Ruan Yuan cultural relics collection activities, not only Protect the Cultural Relics development of cultural relics, but also through the textual research to promote the textual research in Qing Dynasty, theepigraphy.

Keywords: Ruan Yuan, cultural relics collection, characteristic

---

[1] [清] 阮元:《積古齋鐘鼎彝器款識序》,《揅經室三集》卷三，道光十九年刻本。
[2] [清] 阮元:《金石十事记》,《揅經室三集》卷三，道光十九年刻本。

科考與經解

——詁經精舍、學海堂的設置與運思

於梅舫

内容摘要：嘉道時期，阮元先後在杭州、廣州創辦詁經精舍、學海堂，規定祇課經解辭賦，不試時文。稍後的仿效者或晚近的研究者，大都以爲阮元意在遠離科舉，以振興經解之學。這與其本意頗有距離。阮元通過科考相關活動，抬昇與經史學問關係更爲緊密的二三場經解策論的地位，引人入于經解之學。詁經、學海專課經解辭賦不課時文，與科考重二三場輕頭場一一對應，正是同一運思的不同顯現。在此前後，阮元組織士子編撰《經籍籑詁》等書籍，確立治經的規矩與法式，奠立并擴張阮氏經解之學。相關諸事關係阮元的學術抱負與趣向，影響之後浙粵乃至全國學術的走向，乃晚近學術史一大關鍵。

關鍵詞：阮元；科考；經解；詁經精舍；學海堂

阮元“身歷乾嘉文物鼎盛之時，主持風會數十年，海内學者奉爲山斗”[1]，且執牧多地，吸納各係人物，溝通各地學術，影響之後的學術遞嬗與世局變動，爲晚近歷史上極爲關鍵之人。因此，阮元研究一直是歷史研究的一個熱點。然而，由于阮元一身兼具事功學問，宦事各大省，治學兼通博采[2]，論者往往就其事、

[1] ［清］趙爾巽等撰：《阮元本傳》，《清史稿》卷三六四，北京：中華書局，1998年。

[2] ［清］龔自珍：《阮尚書年譜第一序》，載《龔定盦全集類編》卷二，北京：中國書店，1991年，第29頁。

學一端立論，或進而再細分門類，如此雖可收集中功力之效，得具體問題的進展，但往往不見其整體運思，反而影響認識局部。顯例有一：嘉道間，阮元先後在杭州、廣州創設詁經精舍、學海堂，規定專課經解辭賦，不試八股文，論者據此多以爲阮元意在避開科考提倡純學術，這與其本意相背〔1〕。揆諸史實，阮元正是認識到科考與學問的相生關係，通過科考閱卷的實際運作，削弱頭場四書文的作用，抬昇二三場經解策論的地位，以此引人入學。在詁經、學海兩書院内專課經解辭賦，不課時文，與科考三場間的偏重正是一一對應，爲同一運思下的不同步驟。與此配合，在此前後阮元尚組織士子據其意思與做法，編撰《經籍籑詁》《經郛》《皇清經解》等經解書籍。若嚴格按照阮元本意進行，這些經解書籍要解决的問題便是要將經典中的重要概念，按照時間的先後，掘其本源與變遷，以見經典本意與後來附會的不同，有消解宋儒解經正統之意，以此構築阮氏經解之學。而科考與書院的提倡，確立了類似的治經辦法與規矩，一度傳衍擴大。考究此事，可知阮元節節配合的運思，可深入理解阮元的抱負與趣向。更爲重要的是，此舉極大影響後世學術的整體走向與變動，爲晚近學術遞嬗的一大關鍵，由此入手，頗可資考究浙粵學術遞嬗乃至清代以來學術的淵源流變與士風消替。

一　科考與學風

晚清名儒黄以周在《南菁講舍文集序》一文中論及學校教士的變遷，謂：

> 古者王子卿大夫士之子及國中俊秀之士，無不受養于學。學校一正，士習自端，而風會藉以主持。自唐代崇尚詩賦，學校失教，華士日興，樸學日替。南宋諸大儒，思矯其弊，于是創精廬以講學，聚徒傳授，著籍多至千百人，而書院遂盛。有明以來，專尚制藝，主講師長，復以四書文、八韵詩爲圭臬，并宋人建書院意而失之。近時賢大夫之崇古學者，又思矯其失，而習非成是，積重難返，不得已别築講舍，選高才生充其中，專肄經史辭賦，一洗舊習。若吾浙江之詁經精舍，廣東之學海堂，其較著者也……昔宋儒創書院以挽學校之衰，暨今鉅公又建講舍以補書院之闕，其所以扶樸學而抑華士者，意深且厚。〔2〕

〔1〕大部分述及詁經精舍、學海堂的論著基本持此説，專門論及的以下文章爲要：宋巧燕：《詁經精舍與學海堂的樸學教學》，《南京曉莊學院學報》2008 年第 1 期；劉玉才：《清代書院與學術變遷研究》，北京：北京大學出版社，2008 年。

〔2〕［清］黄以周：《南菁講舍文集序》，《南菁講舍文集》卷首，光緒己丑年（1889 年）刻本。

此説屢爲近人引用，佐证阮元建詁經精舍、學海堂不課時文，乃旨在設立遠離科考的純學術書院。細味黄以周語，旨在揭出國家教士養士一貫扶樸學斥浮華的精神。論及詁經精舍、學海堂矯正書院專尚時文之弊，正是强調國家設學教士與規整學風相一貫的關係，與科考引人入學之意反而較爲接近。

黄以周此説，應與當時學問與科考隔閡的現狀關係密切。俞樾答人問八股文字，道："凡人欲立言傳後，不必作八股文字，凡作八股文字，不過鄉會兩試借作敲門磚耳。"〔1〕明言八股與傳世學問不同。費念慈致信繆荃孫談自己入試與治學兩方面的打算，也表示類似意思，説："開春便一切屏棄，專心爲世俗之學。至鄉試後，便并力治小戴矣。"〔2〕陳衍也説："科舉之學，不知銷却多少人才精力……老輩須中進士，方能專力經史學問，即令早達，亦已擲十數年光陰于無用。"〔3〕科舉與經史截然殊途。晚清士人對于科考與學問的看法也適用于阮元所處的嘉道時期。

阮元早年即科考得意，後歷任山東、浙江諸大省學政，熟諳科舉取士的運作，也深知科考風氣與士習學術的連動關係。嘉慶二年（1797 年），阮元督學浙江，典試優行生員，謂："以四書義取士，垂數百年，明初剿襲成書，爲《五經大全》，錮蔽士人耳目，至我朝以經術教士，當若何提倡以矯空疎雜濫之弊歟?"〔4〕在考驗士子之時提出一個有關考試本身的問題，且核心便是科考與學問之間的相生關係，頗可反觀阮元的態度。

清朝的科舉制度大體承自明制，八股文在科考中占最高的地位。雖在康熙二年（1663 年），曾一度"停止八股文體"，旋于康熙七年（1668 年）恢復舊制以八股取士〔5〕。此後，偶有停廢八股的議論。乾隆三年（1738 年），兵部侍郎舒赫德上疏，欲奏改八股，被大學士鄂爾泰力駁，不行。嗣後，楊嗣曾也曾上廢制義以救時弊的疏章，也被駁回〔6〕。

清廷駁回廢改八股上疏的同時，還屢次明令鞏固八股的地位。乾隆九年

---

〔1〕［清］俞樾：《與王康侯女婿》，《春在堂尺牘》三，《春在堂全書》本。

〔2〕費念慈來函之三十五，顧廷龍校閱《藝風堂友朋書札》，上海：上海古籍出版社，1980 年，第 332 頁。

〔3〕錢鍾書：《石語》，北京：生活·讀書·新知三聯書店，2002 年，第 483 頁。

〔4〕［清］阮元：《試浙江優行生員策問》，《揅經室二集》卷八，鄧經元點校《揅經室集》，北京：中華書局，1993 年，第 574 頁。

〔5〕［清］托津等奉敕纂：《欽定大清會典事例》（嘉慶朝）卷二六五《禮部·貢舉·命題規制》，《近代中國史料叢刊三編》第 67 輯之 663，臺北：文海出版社，1992 年，第 1615 頁。

〔6〕商衍鎏：《清代科舉考試述録及有關著作》，天津：百花文藝出版社，2004 年，第 78 ~ 79 頁。

(1744年) 上諭:"從來科場取士,首重頭場四書文三篇,士子之通與不通,總不出四書文之外。"[1]乾隆十年(1745年)又上諭:"國家設制科取士,首重者在四書文。[2]其間,雍正十一年(1733年)與乾隆九年(1744年),清帝雖諭令士子應試與主考官閱卷時,應該三場并重,實際旨在矯正不看二三場的弊端,四書文的首重地位并未改變[3]。乾隆四十八年(1783年)上諭:"各房官于頭場閲薦既畢,即將二三場通行細閲,如實有出色佳卷,仍準補薦頭場,聽主考酌量取中。若頭場制藝疵纇過甚,即二三場間有可采,亦不準取中。"[4]可見雖需三場兼閲,總是以第一場爲主。

清廷政策體現執政者的通盤考慮,而不時强調四書文應高于二三場經解策問的地位,也透露了具體過程中或不免有逸出制度之外的信息。

阮元對于這些例外的事情似乎極爲關注。他爲謝墉作墓志銘,頗稱其"九掌文衡,而江南典試者再,督學者再,論文不拘一格,皆衷于典雅,經義策問,尤急甄拔"[5]。又記劉端臨試禮部時,"大興朱文正公時以翰林分校得先生經義用古注,識爲積學之士,亟呈薦,已中式矣"[6]。爲孫淵如作傳又稱:"乾隆丙午科,大興朱文正公典試江南,文正在都與彭文勤公約曰:'吾此行必得汪中、孫星衍。'公搜落卷,得其經文策,曰:'此必汪中也。'及拆卷,得君名,而汪實未就試。"[7]上述所言諸事有一顯著的特點,即掌文衡者以學問甄拔人才爲良舉,而被考官從經義策問中識拔者也頗可資自豪。諸如此類,體現阮元對于科考三場偏重的態度。

阮元有此理念,與自身經歷密切相關。阮元回憶乾隆五十年(1785年)應科試的情形,稱謝墉"拔元爲解經第一人,復以詩文冠一邑。少宰曰:'余前任督學得汪中,此任得阮元,皆學人也。'少宰之取士也,其學識高深,足以涵蓋諸生,故諸生之所長,少宰皆能知之,知即拔之,無少遺。如興化顧文子、儀徵江秋史、高郵李成裕、山陽汪瑟庵、嘉定錢溉亭諸子,皆學深而不易測者,少宰悉識之,

---

[1] [清]托津等奉敕纂:《欽定大清會典事例》(嘉慶朝)卷二八二《禮部·貢舉·覆試》,《近代中國史料叢刊三編》第67輯之663,第2258頁。

[2] [清]托津等奉敕纂:《欽定大清會典事例》(嘉慶朝)卷二六六《禮部·貢舉·試藝體裁》,《近代中國史料叢刊三編》第67輯之663,第1659頁。

[3] 分别參見托津等奉敕纂:《欽定大清會典事例》(嘉慶朝)卷二六六《禮部·貢舉·試藝體裁》及卷二七九《禮部·貢舉·内帘閲卷》,《近代中國史料叢刊三編》第67輯之663。

[4] [清]托津等奉敕纂:《欽定大清會典事例》(嘉慶朝)卷二七九《禮部·貢舉·内帘閲卷》,《近代中國史料叢刊三編》第67輯之663,第2137~2138頁。

[5] [清]阮元:《吏部左侍郎謝公墓志銘》,《揅經室二集》卷三,第427頁。

[6] [清]阮元:《劉端臨先生墓表》,《揅經室二集》卷二,第400頁。

[7] [清]阮元:《山東糧道淵如孫君傳》,《揅經室二集》卷三,第432頁。

好學愛才，至今通人名士有餘慕焉"〔1〕。第二年，阮元參加丙午科的江南鄉試，主考官禮部侍郎朱珪"合經策以精博求士，于是平湖以第四人中式，元以第八人中式。"〔2〕可見朱珪等識拔阮元諸人，主要即據經策體現出來的學問高下。後人也因此贊嘆朱珪重學能得通人，説："朱石君先生每握文衡，必合觀經策，以精博求士。乾隆丙午典試江南，一榜多名士宿學。"〔3〕中式者如"陽湖孫淵如、山陽汪瑟庵、嘉定李許齋、金匱徐閬齋、武進張皋文、歙鮑覺生、全椒吴山尊、桐城馬魯陳"〔4〕，多"通人俊士，海内以江南丙午科爲名榜"〔5〕。

阮元深受影響，課士也頗重經解辭賦。"嘗謂爲才人易，爲學人難。浙之學人，國初以來，如胡朏明、毛西河、朱竹垞、萬充宗、全謝山、杭堇浦諸先生皆窮究經術，卓然成家。今諸生萬餘，豈無材力如諸公者，患不勤學耳。朱石君師謂元曰：'經解、詩賦最易得人。'故元之以經覆試也極勤，録其有補經義者曰《浙士解經録》，惟願學人輩出，以仰副國家表章經學之至意。"〔6〕

嘉慶四年（1799 年）會試是清朝科舉史上有數的盛事，得人之衆且優類似博學鴻詞科。而在其中起到關鍵作用的即是阮元。是科，朱珪爲正考官，阮元等爲副。胡國珍稱："珪文章奥博，取士重經策，尤鋭意求才。"其"掌己未、乙丑二春闈，一時名流搜拔殆盡，所取如張惠言、鮑桂星、陳超曾、湯金釗、孫原湘、孫爾準、謝崧等，皆知名士。嘗于闈中得吴山尊卷，再三咏讀，大呼曰：'山尊在此矣。'"〔7〕"是科二三場文策"，朱珪囑咐阮元"一人披閲，乃選出長策一千三百餘卷，窮三日夜之力，再選出二百卷，分爲三等，以觀頭場，名士經生多從此出。論者謂得士如鴻博科，洵空前絶後也。"〔8〕可見真正閲卷者爲阮元。

---

〔1〕［清］阮元：《題虹橋話舊圖》，《定香亭筆談》卷三，《續修四庫全書》第 1138 册，第 526 頁。

〔2〕［清］阮元：《華陔草堂書義序》，《揅經室三集》卷五，第 685 頁。

〔3〕［清］陳康祺：《朱石君衡文之精》，《郎潛紀聞初筆》卷一四，北京：中華書局，1984 年，第 292 頁。

〔4〕［清］阮元：《愚溪詩稿・序》，《愚溪詩稿》卷首，北京：中華書局，1985 年。

〔5〕張紹南編，王德福續編：《孫淵如先生年譜》，陳祖武選：《乾嘉名儒年譜》第 10 册，北京：北京圖書館出版社，2006 年，第 41 頁。

〔6〕［清］阮元：《浙士解經録序》，《浙士解經録》卷首，《四庫未收書輯刊》第 3 輯第 10 册，第 467 頁。

〔7〕胡國珍輯著：《朱珪傳》，《歷朝四百五十人傳》下册，北京：燕山出版社，1991 年，第 657 頁。

〔8〕張鑒等撰：《雷塘庵主弟子記》卷一，黄愛平點校《阮元年譜》，北京：中華書局，1995 年，第 21 頁。

阮元堅持以學爲本，使得本次會試鮮有遺珠。陳壽祺在此次會試中，“卷爲人所遏”，阮元“言于朱文正公曰，師欲得如博學鴻詞科之名士乎？闔某卷經策是也。遏者猶摘其四書文中語。元曰，此語出《白虎通》，于是朱文正由後場力拔出之”[1]。

但此次會試的人多，主要源于阮元從經解史策中求才，二三場顯重于頭場，故違例明顯。會試結束後，阮元作有《嘉慶四年己未科會試録後序》一文，似向皇帝解釋，稱：“唐裴行儉曰：‘士先器識而後文藝。器識之遠大不易見，觀其文略可見之。文之淺薄庸俗不能發聖賢之意旨者，其學行未必能自立。若夫深于學行者，萃其精而遺其粗，舉其全而棄其偏，簡牘之間，或多流露矣。’故臣愚以爲得文者未必皆得士，而求士者惟在乎求有學之文。”[2]其意思，則在强調通過科考引人入于經史之學。

嘉慶十年（1805 年），給事中汪鏞上奏稱：“鄉會試閲卷，必先閲頭場文藝，再閲二三場經文五策，俱各匀稱，方可取録。”并稱他在嘉慶四年充同考官時，“閲三場策卷後面先有墨筆記注圓尖圈點，實屬違例。兹當會試之期，恐襲前轍，主試先閲三場試卷，既胸有成見，同考官或藉以迎合，致開幸進。請旨飭令總裁官遵照成例，先閲頭場薦卷，再閲後場，以定去取，不得將三場試策豫爲記注，以防流弊。”雖然没有指名道姓，其中所指人物，各人心照不宣而已。由此也可進一步確证阮元對于科考與學問的態度。皇帝據此發諭：“所奏甚是。鄉會試三場，并設經文策對，原與制藝并重。然必須先閲頭場文藝，擇其清真雅正合格者，再合校二三場。”[3]

雖然中間小有風波，但此次會試起到了重要的示範作用。阮元愛重有學之人、閲卷喜閲經策的名聲也隨之遠播。道光十三年（1833 年）三月，上諭以曹振鏞爲會試正考官，阮元等爲副[4]。張穆記載俞理初會試情形，便説：“儀徵太傅主會試命下，諸鉅公輒相與賀曰：‘理初入彀矣。’”可見阮元主考重學問的聲譽已經影響士子的判斷。雖然，“榜發，竟報罷”。究其原因，是由于“其卷在通州王菽原禮部房，禮部固力薦之，而新安相國深嫉迂誕之學，捆束置高閣。儀徵初竟未

[1] ［清］阮元：《隱屏山人陳編修傳》，《揅經室續集》卷二，《續修四庫全書》第 1479 册，第 476 頁。
[2] ［清］阮元：《嘉慶四年己未科會試録後序》，《揅經室二集》卷八，第 572 頁。
[3] ［清］托津等奉敕纂：《欽定大清會典事例》（嘉慶）卷二七九《禮部·貢舉·内帘閲卷》，《近代中國史料叢刊三編》第 67 輯之 663，第 2153 頁。
[4] 《大清宣宗成（道光）皇帝實録》卷二三三，北京：華文書局，1970 年，第 4154 頁。

之見也”。張穆在此次會試中“效寫官之役”，故能得觀俞理初試卷，稱其“經義策問，皆折衷群言，如讀唐人《正義》、馬氏《通考》，而汰其繁縟也”〔1〕。明顯以二三場的眼光看會試卷，并據此評判優劣。姚永樸《舊聞隨筆》也記道：“俞理初先生正燮應禮部試……文達夙慕先生名，必欲得之，每遇第三場五策詳贍者，以爲必理初也。及榜發，不見名，遍搜落卷，亦不得，甚訝之。文正徐取一捲出，曰：‘此殆君所云佳士乎？吾平生最惡此瑣瑣者，已擯之矣。’驗之果然。”〔2〕

此次會試多從八股中取士，一般以爲結果不佳，阮元頗失望。阮元致書王引之道：“今年會榜殊不慊意，策題索性不□，不過一空而已。”〔3〕曹振鏞因此也爲學人所詬病。光緒十九年（1893年）沈曾植考御史因“文義奧博，多不經見之字”而不取，李慈銘就稱考官張之洞“專守道光間歙縣衣鉢，力斥博辯宏偉之文，視學如仇。”〔4〕繆荃孫也稱：“道光登極，新安當國，以爲虛誕，盡選一無所知之人任事，而士風一變。馴至《三傳》不知，《公羊》可以割裂，召陵爲魯，啖助可以灾。”〔5〕其中歙縣、新安都指曹振鏞。當時以爲，經解策問需從經史學問中出，八股則不同，難易有別，關係學風陵替。李文田便謂：“閱卷僅憑首場，不足得佳士。”〔6〕

阮元重經解策問，主要也是欲引士子入“經解之學”〔7〕。嘉慶四年會試，第三場經史策問便由阮元擬題，其題都是阮氏眼中經解史論中的關鍵問題。如經部：“問孔子假年學《易》，雅言《詩》《書》，執《禮》，《易》有三而《周易》獨傳，漢、晋、唐、宋説能擇其精而析其弊歟？乾坤象龍馬，用九六，然則象數可偏廢歟？《詩》《言志》，聲依永，律和聲，有《詩》而後有韵律歟？或《詩》韵必取

〔1〕［清］張穆：《癸巳存稿序》，《𪫺齋文集》卷三，《叢書集成續編》第138册，上海：上海書店出版社，1994年，第592頁。

〔2〕［清］姚永樸：《俞理初先生》，張仁壽點校：《舊聞隨筆》卷二，合肥：黄山書社，1989年，第95頁。

〔3〕［清］阮元：《與王伯申書七》，録自陳鴻森：《阮元揅經室遺文輯存》，載《清代揚州學術》，臺北：“中央”研究院文哲所，2005年，第749頁。

〔4〕［清］李慈銘：《越縵堂日記》，光緒十九年四月十日條，引自許全勝：《沈曾植年譜長編》，北京：中華書局，2007年，第161頁。

〔5〕［清］繆荃孫：《雲自在龕隨筆》卷一，北京：商務印書館，1958年，第9頁。

〔6〕［清］廖廷相：《奉政大夫陝西道監察御史朱君行狀》，朱懷新輯：《佩弦齋雜存》，光緒年間《拙盦叢稿》本。

〔7〕［清］閔爾昌著《焦里堂先生年譜》嘉慶七年三月初四日條記載：“與諸同年生公謁座師英煦齋侍郎于史家胡衕，侍郎見先生甚喜，曰吾知子之字里堂，江南老名士，屈抑久矣。考試不必趨風氣，主司之好尚不同，往往至于相反，莫如據己之所學，而自用之，一聽人之去取，庶不失乎己耳。”可見主考好尚對士子學風的影響。陳祖武選《乾嘉名儒年譜》第11册，第39頁。

同部，間有分合然歟？同部假借轉注能言其例歟……《儀禮》宫室制度若誤，則儀節皆舛，試舉正之。鄭《注》後孰精其業，試指數之……鄭《注》'讀爲''讀若'之例與許慎同否？"如史部："問正史二十有四，應補撰注釋、音義者何？書表志與紀傳并重，孰詳孰闕歟？儒林、文苑、道學應分應合歟……夫經述修治之原，史載治亂之迹，疎于史鑒，雖經學文章，何以致用耶？"〔1〕這些問題，在其集中有所反映，也是道咸時期學界關注的重要問題。

主掌文衡的學政主考，正是通過類似行爲實現引導學風的目的。戊戌，陳寶箴與張之洞商量變更科舉，便説："若主試者仍有意偏重，則首、二兩場皆爲剩義。"〔2〕則三場的權重取舍，主考確掌關鍵作用。由此釋放出的信息可影響一時學風。名儒朱一新便説："考試之法，無論如何皆有流弊，其轉移風氣，挽頽流而使之正者，權則在乎試官。學政所以培養士子，主考所以示士子之趨向。"并稱"二三場亦須留意，我兄弟鄉試即得力于此，此非倉卒可辦，在乎平日讀書。"〔3〕科考三場偏重與學風士習的更替相呼應。文廷式對此深有體會，説："嘉慶十年，給事中汪鏞奏請毋專重三場；咸豐元年，給事中王茂蔭奏請毋專重頭場。世風學術之變，于此可見。"〔4〕

阮元主掌一時文衡，通過提倡二三場經解史策，來約束時文之弊，引人入學。在此前提下，科考與學問不僅不隔閡，且互相影響，同向發展，這也應是歷代學校教士、科考取才的用意所在。阮元開詁經精舍與學海堂課，專試經史辭賦，不講八股文，與此關係甚大。

二 精舍與經解

嘉慶五年（1800年），阮元巡撫浙江，在西湖之濱設立詁經精舍，選拔"好古力學"之士讀書其中，"日聚徒講議"，每月按期課士〔5〕，規定"祇課經解、史策、古今體詩，不用八比文、八韵詩。"〔6〕這與其消解科考頭場作用，抬昇經解

〔1〕［清］阮元：《己未會試策問》，《揅經室二集》卷八，第575頁。
〔2〕［清］陳寶箴：《致張之洞》，《陳寶箴集》卷三四，北京：中華書局，2005年，第1603頁。
〔3〕［清］朱一新：《示兒萃祥》，《佩弦齋雜存》卷上。
〔4〕［清］文廷式：《南軺日記》，汪叔子編《文廷式集》卷九，北京：中華書局，1993年，第1142頁。
〔5〕［清］許宗彦：《詁經精舍文集序》，孫星衍：《詁經精舍題名碑記》，俱見《詁經精舍文集》卷首，趙所生、薛正興主編《中國歷代書院志》第15册，南京：江蘇教育出版社，1995年影印本。
〔6〕［清］張鑒等撰：《雷塘庵主弟子記》卷二，黄愛平點校：《阮元年譜》，第41頁。

史策地位，以引人入經解之學的思路一貫。

阮元開設詁經精舍，與科考關係密切，然與一般書院專課時文有巨大差异。阮元之弟阮亨常年伴隨其兄，便稱詁經精舍“以勵品學，非以弋科名”[1]。首任主講之一孫星衍也稱：詁經精舍“不課舉業”，“許各搜討書傳條對，不用扃試糊名法”。所謂“非以弋科名”、“不課舉業”，其實是不課八股文，首重在學問，有學之後求功名，順理成章，學問與功名并未隔閡。詁經精舍循此法，反而舉業極順，“既行于世，不十年間，上舍之士多致位通顯，入翰林，進樞密，出則建節而試士。”[2]

阮元官運亨通，高居巡撫，由其開設精舍提倡，很容易吸引諸生應課，以爲進取功名的階梯。加上經費充足，膏火誘人，應精舍經解、辭賦課之人比比皆是，造成以學問爲重的風氣。阮元且進一步强調學問的治法與規矩。

前此，阮元督學兩浙，觀察到當地“説經之士雖不乏人，而格于庸近者不少。”[3]所謂庸近，指泥于近人之學，不能往上探尋古學本意。其自稱“元少爲學，自宋人始，由宋而求唐，求晋魏，求漢，乃愈得其實”[4]，即爲脱離“庸近”的過程，由此也基本確立其治經的法式與理念。而其選擇浙士編撰《經籍籑詁》，尋根溯源，披覽古義與近釋的遷轉，即有此意。

嘉慶六年（1801 年），阮元“簡其藝之佳者，刊爲《詁經精舍文集》”。《文集》是阮元編選的課外閱唯一一部有關詁經精舍諸生經史文賦之作的結集，入選文章，大都由其本人“親爲點定”，其中删繁就簡，首尾排序，頗有抉擇。因此分析此文集，可資探討阮元强調與示範的治經法式與用意。

阮元手定《詁經精舍文集》，不以慣常的“説經之作”爲開篇[5]，以“六朝經術流派論”爲首，即因六朝上接兩漢下啓隋唐，可見學問的傳承與變异，見其高下正誤。金廷棟便指出：“漢學窮經則經明，唐學疏注則注明”，六朝在其中承接上下，處“漢學已往，唐學未起”之時，因而“六朝諸儒之爲功經術不少”[6]。保存前人師説不至中斷，所謂“六藝之事，固未可易言，六朝之學，殆

---

[1] ［清］阮亨：《瀛舟筆談》卷四，嘉慶二十五年（1820 年）刻本。

[2] ［清］孫星衍：《詁經精舍題名碑記》，《平津館文稿》卷下，《孫淵如先生全集》第 6 册，光緒二十年（1894 年 ）思賢書局刊本。

[3] ［清］阮元：《毛西河　檢討全集後序》，《揅經室二集》卷七，第 543 頁。

[4] ［清］阮元：《西湖詁經精舍記》，《詁經精舍文集》卷三。

[5] 例如阮元自著《揅經室集》，便以“説經之作”爲首，《學海堂集》也以解經的文章起首，這大概是當時學人的共識。

[6] ［清］金廷棟：《六朝經術流派論》，《詁經精舍文集》卷一。

猶近于古矣。"[1]由此既可上探古意，也能下觀隋唐經術。永嘉之後，六朝經術因承襲師説不同，分爲南北迴异的流派，辨明南北孰優孰劣之後，也能由此獲取進入的門徑。

汪家禧被阮元、臧庸、陳壽祺、許宗彦等名家評作學問最深[2]，其文冠于諸文之首，可見編選者的認同。他認爲："夫師説明，然後流派著。西晋承漢魏後，置五經博士十九人，于時師説均未亡也。厥後永嘉之亂，漸以散佚。"其中雖"十九家師傳之蔑，南北均有過焉"。其中程度還是有所分别，他指出："王氏以清言衍易，故通老莊者，多遵之。《古文尚書》聞作僞于王肅，晋徐邈已爲作音，信者之多可知矣。杜預竊服賈説，掩其名而以臆見亂之，諒暗短喪，顯悖名教，其失更甚。"此三者，南方"諸儒獨信之，至貞觀作《正義》，遂據以爲本，三經漢學之亡，不亦江左之失歟！"隨即總結道："至信俗學之失"，"固南人所獨也。"[3]汪家禧論述的重心在于南方諸儒偏信王弼、王肅、杜預之説，遂導致《易》《書》《傳》三經漢學的淪亡。可相對比的是，北方諸儒大概尚能信守部分漢人師説，能排斥僞孔《古文尚書》等亂經之作。

孫同元指出："江左儒者，當王肅之學盛行，梅賾之書初獻，厭聞古訓，習尚空談，何約簡之足云？豈英華之能得乎？河洛大儒，則有徐遵明講之于前，盧景裕承之于後，恪守漢學，王《易》孔《書》，屏而弗道，彬彬盛矣。"因而認爲："以綜貫百氏，該通六藝之倫，而目之爲深蕪，斥之爲枝葉，豈非耳食之見歟？亦風會使然也。"[4]肯定北方諸儒保存漢人師説爲功勞之一。此外還能使後人據此反觀南學之非，汪家禧説道："孔穎達序《禮疏》，謂王、鄭兩家，同經而异注，則當時亦不以爲非也。使《詩》無二劉（獻之、敬和），《禮》無徐（遵明）熊（安生），謹守師傳，以待來學，吾恐南北之從王者未必無人，即唐未必能灼知其非也。"[5]分辨南北學派的優劣落實于承襲漢人之説的多少。

阮元于詁經精舍祀許慎、鄭玄二人，"謂有志于聖賢之經，惟漢人之詁多得其實者，去古近也。許、鄭集漢詁之成者也，故宜祀也。"[6]在此思路下，詁經精舍

---

[1]［清］洪震煊：《六朝經術流派論》，《詁經精舍文集》卷一。

[2]［清］臧庸：《與孫淵如觀察書》，《拜經堂文集》卷三，《續修四庫全書》第1491册，第560頁。

[3]［清］汪家禧：《六朝經術流派論》，《詁經精舍文集》卷一。

[4]［清］孫同元：《六朝經術流派論》，《詁經精舍文集》卷一。

[5]［清］汪家禧：《六朝經術流派論》，《詁經精舍文集》卷一。

[6]［清］阮元：《西湖詁經精舍記》，《詁經精舍文集》卷三。

學生甚至根據南北諸儒解經宗尚的不同，分别了兩種訓詁，承漢人之學的訓詁稱爲“真訓”，承王肅等人的訓詁則稱爲“僞詁”。洪震煊解釋道：“昔漢儒之經術，授受相承，淵源不隔，雖未盡合于微言，要亦自成爲古訓。北海鄭君出，由博返約，集其大成。”[1]徐鯤也稱：“經以師訓爲主，學以師授爲貴。”在這樣的認識前提下，王肅“暗造古文，私撰家語，歷誣經旨，顯斥鄭君，致學無心得者易惑歧途”，便是僞詁，偏用僞詁，致使“僞詁熾而真訓亡矣”，“僞詁熾則人創新義，真訓亡則衆棄舊籍”。永嘉之亂後，南學承襲王肅等人之學，解經偏信僞詁，導致“《易》亡梁邱施氏高氏，《書》亡歐陽大小夏侯，《詩》亡魯齊”。因而“江左諸儒，習正始之音，主玄虚之學，以至好老易、善玄言者比比皆是，宜其蔑視康成，妄訾服氏。”[2]

諸人還認爲解經尊尚南學，開啓了後人崇虚不務實的門徑，直指宋儒。胡敬稱：“南朝諸儒，義宗簡約，乃退孟《易》于術數，斥鄭學爲支離，專己守殘，因陋就寡。後儒騁性道之虚悟，置象數于勿言，其端實肇此焉。”[3]邵保初進而指出：“江左儒風，淵源典午，專尚浮華，務析名理，其去繁就簡，理固宜然。若謂經籍英華，盡在于是，是以漢學爲糟粕也，蓋已隱隱開駕空立説之端矣。”若後世根據南學，“行王杜僞孔，則學分爲三。故有兩經之疏，同爲一人所作，而互相矛盾，使學者茫然不知真是之歸，此宋儒所以乘間而起也。”[4]

由此可見，阮元編撰《詁經精舍文集》，示範治經門徑，主張抉古學源流以見後世學術的變化與僭亂，恢復聖學原本，與其之前選擇士人編纂《經籍籑詁》的意思相近，可互相印证發明[5]，也能體現阮元本身所追求的學術抱負。

嘉慶十二年（1807 年），阮元爲隋文選樓作記，根據新舊《唐書》條勒曹憲生平學問，也闡釋了編纂《經籍籑詁》的學術姻緣。阮元道：“曹憲，江都人，仕隋爲秘書學士，聚徒教授，凡數百人，公卿多從之游。于小學尤邃。自漢杜林、衛宏以後，古文亡絶，至憲始復。煬帝令與諸儒撰《桂苑珠叢》，規正文字。”進

---

[1] ［清］洪震煊：《六朝經術流派論》，《詁經精舍文集》卷一。

[2] ［清］徐鯤：《六朝經術流派論》，《詁經精舍文集》卷一。

[3] ［清］胡敬：《六朝經術流派論》，《詁經精舍文集》卷一。

[4] ［清］邵保初：《六朝經術流派論》，《詁經精舍文集》卷一。

[5] 有關《經籍籑詁》的編撰，陳鴻森《阮元〈經籍籑詁〉纂修考》一文最爲詳盡，載上海社會科學院《傳統中國研究集刊》編輯委員會編《傳統中國研究集刊》第 4 輯，上海：上海人民出版社，2008 年，第 247 ~ 262 頁。

而據此闡釋文選學的精義，認爲：“古人古文小學與詞賦同源共流，漢之相如、子云，無不深通古文雅馴。至隋時，曹憲在江、淮間，其道大明。馬、揚之學，傳于《文選》，故曹憲既精雅馴，又精選學。”并引出：“元幼時即爲文選學，既而爲《經籍籑詁》二百十二卷，猶此志也。”[1]宣稱自己編纂《經籍籑詁》是受曹憲《桂苑珠叢》影響，意在“規正文字”，以接續得到孔子真傳的“古文小學與詞賦同源共流”的學問正統。

其實揆諸史事，與歷史事實多有不同，且未必是無心之失。

阮元初創《經籍籑詁》，與文選學并無多大關係。據張鑒等撰《弟子記》，可知阮元組織人手修撰《經籍籑詁》，開始于嘉慶二年（1797年）[2]，發議則更早。

阮元曾咏一詩，記乾隆五十二年（1787年）欲撰《經籍籑詁》的始末，道：“丁未游燕京，儒生接席遇。慨然念兹業，衆力乃齊赴（余于丁未晤大興朱錫庚、陽湖孫星衍、桐城馬宗璉，乃共約斯舉）……决擇遍義訓，披覽窮章句。始焉括經史，終亦及子賦（《易》《詩》二經及諸子、屈原賦，尚未措手）。小學數萬言，疇以是爲務（《説文》《廣雅》《士林》《倉頡》等，亦須人任之）。摇摇動心旌，千里馳遐慕。苟能蕆成事，功若禹鼎鑄。”[3]同年，江藩曾致信焦循，討論《籑詁》之事，可证此事。江説：“因良伯來書，分作《籑詁》一書，惟小學最難，如《説文解字》皆訓詁也，其同异訛錯不能筆述，容來揚時面談。且《籑詁》，藩不知體例如何？足下以《説文》爲主，千古不磨之論，若以《廣韵》爲主，便落下乘矣。”[4]

就此確证，早在乾隆五十二年（1787年），阮元已經規劃編撰。而阮元與曹憲《文選》學發生聯繫的時間較晚。阮元自記：“元丁内艱伏處時，知江南名士孫淵如、洪稚存諸君薄游揚州，詩酒之會，多主方氏。揚州人不知名士爲何等人，所談爲何如事。諸名士同登梁昭明文選樓，拜昭明太子。”[5]阮元“丁内艱”在乾隆四十六年（1781年），此時以爲揚州文選樓是昭明而非曹憲居所。直到嘉慶二年（1797年），凌廷堪致信阮元討論《揚州畫舫録》涉及文選樓，道：“二雲先

---

〔1〕［清］阮元：《揚州隋文選樓記》，《揅經室二集》卷三，第387～389頁。

〔2〕［清］張鑒等撰：《雷塘庵主弟子記》卷一，黄愛萍點校《阮元年譜》，第16頁。

〔3〕［清］阮元：《約同里諸子爲〈經籍籑詁〉》，王昶輯：《湖海詩傳》卷四〇，北京：商務印書館，1937年，第1184～1185頁。

〔4〕［清］閔爾昌：《江子屏年譜》，陳祖武選《乾嘉名儒年譜》第10册，第522頁。

〔5〕［清］阮元：《羅兩峰畫方氏兄弟孝廉春風并轡圖跋》，《揅經室再續集》卷三，《續修四庫全書》第1479册，第606頁。

生嘗言曹憲、李善皆揚州人，文選樓非曹即李，斷非昭明之遺迹，蓋昭明未嘗渡江居廣陵也。”〔1〕由于一位非揚州籍學人的提醒，阮元才遍考古籍，確证文選樓是曹憲而非昭明居所。洪亮吉《北江詩話》説：“揚州舊城有文選樓，土人相傳，以爲梁昭明《文選》之處，不知非也。”〔2〕若阮元真如其文中對《文選》學由始至終的熟習與熱愛，又何至于古今顛倒、張冠李戴，遺人以笑柄？那麽，此時曹憲未必深入阮元心中，也談不上借此發揮文選學直承孔門正傳之義，如何説得上《經籍籑詁》就是受曹憲的影響。

此事受戴震、朱筠的影響更爲切實。嘉慶四年（1799 年）錢大昕所作《經籍籑詁序》稱：“往歲休寧戴東原在書局，實創此議。大興朱竹君督學安徽，有志未果。”〔3〕朱錫庚也稱其父朱筠“嘗謂：‘經學不明，良由訓詁不通。通經必先識字，庶幾兩漢諸儒所講之經可以明，而後世望文生義之弊絶’，欲仿揚雄《訓纂》而撰《籑詁》”，編纂大旨、題名都已擬備〔4〕。戴震、朱筠是其時治經有法、轉移一時學風的名儒，袁鈞稱：“聖治隆古，大雅間作，并世之賢，有休寧戴氏、大興兩朱先生，咸以經學首倡，文章稱盛，海内承學之士，漸知向方。”〔5〕兩人治經，都主張由識字而通道。戴震曾對段玉裁講治經大要：“經之至者道也，所以明道者其辭也，所以成辭者字也。必由字以通其辭，由辭以通其道，乃可得之。”〔6〕又説：“今人讀書，尚未識字，輒薄訓詁之學。夫文字之未能通，妄謂通其語言，語言之未能通，妄謂通其心志，此惑之甚者也。”“訓詁明則古經明，而我心所同然之義理，乃因之而明。”〔7〕朱筠于督學安徽時，“病今學者無師法，不明文字本所由生”，憂慮“是則何以通先聖之經，而能言其義邪？”故“舉許君《説文解字》舊本重刻周布，俾諸生人人諷之，庶知爲文自識字始。”〔8〕

不過，戴朱二人所示治學門徑與曹憲“規正文字”確有相通之處，阮元故而

〔1〕［清］凌廷堪：《與阮伯元閣學論畫舫録書》，《校禮堂文集》卷二三，北京：中華書局，1998 年，第 210 頁。

〔2〕［清］洪亮吉：《北江詩話》卷四，《叢書集成初編》第 2598 册，第 53 頁。

〔3〕［清］錢大昕：《經籍籑詁序》，《經籍籑詁》卷首，北京：中華書局，1982 年，第 1 頁。

〔4〕［清］朱錫庚：《笥河文集序》，《笥河文集》卷首，《續修四庫全書》第 1440 册，第 100 頁。

〔5〕［清］袁鈞：《書學使者試優行生員策問後》，《瞻衮堂文集》卷五，《叢書集成續編》第 136 册，第 53 頁。

〔6〕［清］段玉裁：《戴東原先生年譜》乾隆四年譜，附載于《戴震文集》，北京：中華書局，1980 年，第 216 ~ 217 頁。

〔7〕［清］錢大昕：《戴先生震傳》，附載于《戴震文集》，第 264 頁。

〔8〕［清］朱筠：《説文解字叙》，《笥河文鈔》卷三，《續修四庫全書》第 1440 册，第 69 頁。

可以如此發揮。阮元于《定香亭筆談》中記道："經非詁不明，有詁訓而後有義理。許氏《説文》以字解經，字學即經學也。余在浙，招諸生之通經者三十餘人，編輯《經籍籑詁》一百六卷，并延武進臧鏞堂及弟禮堂總理其事。以字爲經，以韵爲緯，取漢至唐説經之書八十六種，條分而縷析之，俾讀經者有所資焉。《説文》《廣韵》等書不録，以其爲本有部分之書，不勝録，且學者所易檢也。"[1]此意并一直貫穿阮元解經之作及之後所編纂的經解書籍。

因此，阮元極力宣稱編撰《經籍籑詁》是本于曹憲及《桂苑珠叢》，强調其意出于早年自發，而非受戴震、朱筠等啓發，應不無確立自己獨立學統之意。這與早先仰慕錢大昕，之後漸趨漸遠頗有"异曲同工"的味道。[2]

而事實上，阮元編撰《經籍籑詁》確實也寓有深意，非僅僅滿足于編纂經解書籍，便于學者檢索，更要成一家之説，構築阮氏經解之學。此意需聯繫之後的《皇清經解》才能較爲完整的解開，故一并在後一節内展開。

阮元大致是以書院規制强調專課經解辭賦，尤以經解爲主，引導士人專治經解之學；又通過各種示範，如編撰《詁經精舍文集》、發表程作，確立治經解之學的規矩與門徑。之後，開學海堂課，引浙學入粤，編撰《皇清經解》，皆承襲之前思路，不可分割。

三　江浙學術入粤

嘉慶二十二年（1817 年），阮元督兩廣，三年後，開學海堂課。學海堂承襲阮元之前一貫的思路，"仿撫浙時所立詁經精舍之例，專課經史、詩文。"[3]

阮元督粤後，考察廣東學術，認爲水準不及福建，更不用説江浙[4]。粤人崔弼分析道："本朝廣南人士，不如江浙。蓋以邊省少所師承，制舉之外，求其淹通諸經注疏及諸史傳者，屈指可數。其藏書至萬卷者，更屈指可數。"[5]阮元也以

[1] ［清］阮元：《定香亭筆談》卷四，《續修四庫全書》第 1138 册，第 526 頁。

[2] 阮元早年治學與爲文都頗私淑錢大昕。張鑒是阮元弟子，"侍經席最久，而聆清誨也至詳"，熟知阮元故事，他奉師命爲《揅經室文初集》作序，述其文集命名原委，稱："曰揅經室者何？文選樓别室劉文清公所書也。曰揅經者何？蚤年慕錢辛楣先生潛揅堂之名而名之者也。"（張鑒：《揅經室文集序》，《冬青館甲集》卷五，《叢書集成續編》第 134 册，第 249 ~ 250 頁）而之後正式刊刻《揅經室集》，却既不采此序，也不提"揅"字得名自錢大昕的來歷。

[3] ［清］張鑒等撰：《雷塘庵主弟子記》卷五，黄愛平點校《阮元年譜》，第 133 頁。

[4] ［清］阮元：《儀徵阮宫保尚書札》，陳壽祺：《左海文集》卷首，《續修四庫全書》第 1496 册，第 58 頁。

[5] ［清］崔弼：《新建粤秀山學海堂記》，《學海堂集》卷一六。

爲："粤東自前明以來，多傳白沙、甘泉之學，固甚高妙，但有束書不睹，不立文字之弊。"[1]因而，阮元首先大推《學蔀通辨》一書，以引粤人入儒道，自言："嶺南學人惟知尊奉白沙、甘泉，余于《學海堂初集》大推東莞陳氏學蔀之説，粤人乃知儒道。"[2]

嘉慶二十三年（1818 年），阮元招江藩入粤。同年爲江著《漢學師承記》作序，言："兩漢經學所以當尊行者，爲其去聖賢最近，而二氏之説尚未起也。老莊之説，盛于兩晋，然《道德》《莊》《列》本書具在，其義止于此而已，後人不能以己之文字飾而改之，是以晋以後鮮樂言之者。浮屠之書，語言文字非譯不明，北朝淵博高明之學士，宋、齊聰穎特達之文人，以己之説附會其意，以致後之學者繹之彌悦，改而必從，非釋之亂儒，乃儒之亂釋。魏收作《釋老志》後，踪迹可見矣。吾固曰：'兩漢之學純粹以精者，在二氏未起之前也。'我朝儒學篤實，務爲其難，務求其是，是以通儒碩學有束發研經，白首而不能究者，豈如朝立一旨，暮即成宗者哉！"[3]倡導兩漢經學之意，與返崇儒道統一。

而所謂返崇儒道，實際上表現爲以江浙學術改造粤學。

江浙與兩粤，本就淵源頗深。明代廣東學術鼎盛時，便以浙、粤分派傳學。當時學界以廣東陳獻章，浙江王陽明爲大師巨子。陳之學授予湛若水，受業著録四千餘人，稱爲"廣宗"。王之學傳入粤中，以薛中離、楊復所爲魁，稱爲"浙宗"[4]。浙粤并行，"二宗共流布于嶠南"[5]。至清中期，全祖望還開祠調融兩派學人。清延前制，實行避籍[6]，官員不能任職本省。當時江、浙、皖中進士最多，江浙官員因而連番入粤。其中著名者爲康熙五十九年（1720 年）督粤學的惠士奇。當時粤地門下士知名者有何夢瑶、陳世和、羅天尺等，時人目爲"惠門八子"。其中一些來粤的江浙官員，久居此地，其後人遂占籍廣東，最知名者有祖籍紹興的粤學大師陳澧。而游粤的江浙學人更爲衆多，如朱彝尊、潘耒、惠棟、朱

[1] [清] 張鑒：《雷塘庵主弟子記》卷六，收録于張鑒等著、黄愛平點校《阮元年譜》。

[2] [清] 阮元：《小暑前坐宗舫船游北湖南萬柳堂宿别業詩》，《揅經室再續集》卷六，轉引自容肇祖《學海堂考》，《嶺南學報》第三卷第 4 期，第 15 頁。

[3] [清] 阮元：《國朝漢學師承記序》，漆永祥整理《江藩集》，上海：上海古籍出版社，2006 年，第 324 頁。

[4] [清] 全祖望：《端溪講堂策問》，《鮚埼亭集外編》卷五〇，朱鑄禹匯校集注《全祖望集匯校集注》，上海：上海古籍出版社，2000 年，第 1852 頁。

[5] [清] 全祖望：《端溪講院先師祠記》，《鮚埼亭集外編》卷二〇，朱鑄禹匯校集注《全祖望集匯校集注》，第 1126 ~ 1127 頁。

[6] 參見魏秀梅：《清代之迴避制度》，臺北：中央研究院近代史研究所，1992 年。

珪、杭世駿、全祖望、趙翼、惲敬，溝通了兩地學術。

立學海堂前後，阮元物色學人，以能領會或認同其治學追求且具一定造詣爲標準。其中，入阮元法眼的曾釗與吴蘭修二人最爲典型。陳澧在後來追述，稱："時南海曾勉士、嘉應吴石華皆老師宿儒。"〔1〕曾釗頗受到江蘇學人劉逢禄的賞識，稱："篤學若勉士，吾道東矣。"據説阮元的幕友任兆麟見其所校《字林》頗見功力，告知阮元，很欣賞其學問。後來便受業于阮元，"由是學識愈進。"〔2〕吴蘭修同樣深得阮元賞識，雖善作詞，却自題其門爲"經學博士"，謂被人唤作詞人，死不瞑目〔3〕。與江浙經學愈趨愈近。

學海堂仿詁經精舍開課，漸以江浙學術爲導引。諸生對此也頗爲踴躍，紛紛以江浙學術爲尊尚，力圖趕超、比美精舍。有的生徒説："諸生誠能奮其稽古之志，篤其修身之力，取漢唐經疏諸史，精研博考之而無浮慕乎外，如《漢書》所謂修學好古，實事求是者。豈非今日之學海，足以比美于西湖哉。"〔4〕也有的説："即謂此堂與西湖詁經精舍相并，亦無不可。"〔5〕也有的説："以視西湖之詁經精舍，不更壯遠乎？"〔6〕雖比較書院外觀而言，然而詩言志，也可見粤地學人與江浙學術比較的心志。

學海堂諸生，一方面以精舍爲一學術高度，觀摩而又有崇意，一方面則欲得其所學，比而肩之，甚至超越。于此心志中，精舍自然在學海堂諸生中有一較爲中心的位置，也是學海堂儆仿的對象。道光六年（1826 年），阮元左遷雲貴總督，爲使學海堂能經久辦理下去，特製定規章，約束學長與諸生。規定："每歲分爲四課，由學長出經解、文筆、古今詩題。"還規定："詩題不用試帖，以場屋之文，士子無不肄習也，均應遵照舊章，以勸古學。"〔7〕實際上，就是將詁經精舍規制複製到學海堂。

---

〔1〕［清］陳澧：《櫟南溟傳》，《東塾集》卷五，黄國聲主編《陳澧集》（一），上海：上海古籍出版社，2008 年，第 195 頁。

〔2〕［清］陳在謙評輯：《國朝嶺南文鈔》卷一七，引自李緒柏《清代廣東樸學研究》，廣州：廣東省地圖出版社，2001 年，第 40 頁。

〔3〕［清］伍崇曜跋，吴蘭修著《南漢紀》語，録自容肇祖《學海堂考》，《嶺南學報》第三卷第 4 期。

〔4〕［清］樊封：《新建粤秀山學海堂題名記》，《學海堂集》卷一六，趙所生、薛正興主編：《中國歷代書院志》第 13 册。

〔5〕［清］崔弼：《新建粤秀山學海堂記》，《學海堂集》卷一六。

〔6〕［清］謝念功：《新建粤秀山學海堂序》，《學海堂集》卷一六。

〔7〕［清］林伯桐編、陳澧續補：《學海堂志》，黄國聲主編《陳澧集》（五），第 615 ~ 618 頁。

至于經解、辭賦兩者間的孰輕孰重，顯然以經解爲先，辭賦應融貫經解而出之。阮元訓導詁經精舍諸生："詩人之志，登高能賦。漢之相如、子雲，文雄百代者，亦出《凡將》《方言》，貫通經詁。然則舍經而文，其文無質。"〔1〕規定學海堂所課史筆、文賦等題，應"或考核掌故，仍以經史爲主，期爲有用之文賦。或擬古賦，或出新題，俱用漢魏六朝唐人諸體"〔2〕。便是此意。

對于示範治經門徑與法式，學海堂亦一如詁經精舍，"經義子史前賢諸集，下及選賦詩歌古文辭，莫不思與諸生求其程，歸于是，而示以從違取舍之途。"〔3〕編選《學海堂集》爲示範，示諸生以軌則。阮元《學海堂集序》開宗明義道："古者卿大夫士皆有師法"，明示："載籍極博，束閣不觀，非學也。多文殊體，輟筆不習，非學也"，指出："多士或習經傳，尋疏義于宋、齊，或解文字，考故訓于《倉》《雅》，或析道理，守晦庵之正傳，或討史志，求深寧之家法，或且規矩漢、晋，熟精蕭《選》，師法唐、宋，各得詩筆。"〔4〕其中從《學海堂集》的編排上，可知習經傳、解文字爲其最爲重視之點。比如某一次策問，題目便爲："唐宋人每輕視漢魏六朝人，以爲無足論。無論宋齊疏義，斷非唐以後人所能爲，即如邵公之爲人，絶無可議，其學如海，亦非後人所能窺。《公羊》之學與董子《繁露》相表裏，今能通之者有幾人哉？不能通之而一概掃之，可乎？"〔5〕與詁經精舍中提倡的經解之學意思相近。

道光五年（1825年），阮元離粤前一年，開始編撰《皇清經解》，以嚴杰總司編輯，廣東信宜縣教諭吴石華、東安縣訓導何其杰爲監刻，學海堂諸生充校對。〔6〕這與阮元在書院推廣經解之學密切相應，以之爲治經規矩，其中寓有深意，與編撰《經籍籑詁》意相通。

嘉慶二十三年（1818年）阮元爲江藩《國朝漢學師承記》作序，首次表達了編纂《皇清經解》的意思與做法。説：

> 元又思國朝諸儒説經之書甚多，以及文集説部，皆有可采，竊欲析縷分

---

〔1〕［清］阮元：《西湖詁經精舍記》，《詁經精舍文集》卷三。

〔2〕［清］林伯桐編、陳澧續補：《學海堂志》，黄國聲主編《陳澧集》（五），第615～618頁。

〔3〕［清］吴岳：《新建粤秀山學海堂碑》，《學海堂集》卷一六。

〔4〕［清］阮元：《學海堂集序》，《揅經室續四集》卷四，第1077頁。

〔5〕［清］阮元：《學海堂策問》，《揅經室續三集》卷三，第1068頁。

〔6〕虞萬里：《〈正續清經解〉編纂考》，阮元、王先謙編《清經解·清經解續編》，南京：鳳凰出版社，2005年，第5頁。

條，加以翦截，引繫于群經各章句之下。譬如休寧戴氏解《尚書》“光被四表”爲“横被”，則繫之《堯典》；寶應劉氏解《論語》“哀而不傷”，即《詩》“惟以不永傷”之“傷”，則繫之《論語·八佾》篇，而互見《周南》。如此勒成一書，名曰《大清經解》。[1]

以字爲主，拆散各家著作繫于經文之下，與《經籍籑詁》從字學入手治經學的意思相近。這與此年正式編輯的《皇清經解》大不同。嚴杰言：阮元“命杰編輯爲《皇清經解》，是編以人之先後爲次序，不以書爲次序”[2]。衹是著作匯集，大失原先本意。

學出學海堂的陳澧指出：“本朝經學實出唐人之上，唐之孔賈義疏，全賴有南北朝舊疏。本朝諸儒後于唐儒千餘年，而其説經解字乃時時勝于唐儒，且有勝于漢儒者，真經學之極盛也。阮文達公之刻《皇清經解》，本欲集諸家之説爲一書，若此書成，真可繼賈孔義疏之後也。”[3]道出阮元本意。即阮元本想拆散各家説法，按字編排，融爲一書，成一家言，而非單純的匯集。回復阮元編輯《皇清經解》的初衷，聯繫之前《經籍籑詁》《經郛》二書的編撰，實際展現連貫的意圖，頗可見阮元學術的整體運思與抱負。

編纂《經籍籑詁》之後的嘉慶六年（1801 年），阮元打算編纂《經郛》。《經郛》一書由陳壽祺一手操辦，編纂用意則出于阮元。陳壽祺稱阮元“親授義例”[4]，大旨在補充《經籍籑詁》。因《經籍籑詁》的編纂，取材于“漢至唐説經之書”爲多，主要是經典傳注，傳注之外多不采集。故阮元“善誘”陳壽祺，要其與詁經精舍高才生一道，“于九經傳注之外，裒集古説。”[5]陳壽祺擬《凡例》根據阮元意思，認定“《經郛》薈萃經説，本末兼賅，源流具備。闡許、鄭之閎眇，補孔、賈之闕遺，上自周秦，下訖隋唐，網羅衆家，理大物博。漢魏以前之籍，搜采尤勤，凡涉經義，不遺一字。”[6]

---

[1] ［清］阮元：《國朝漢學師承記序》，《揅經室一集》卷一一，第 248 頁。
[2] ［清］嚴杰：《皇清經解》識語，阮元、王先謙編《清經解續編》，第 9 頁。
[3] ［清］陳澧：《陳澧遺稿》第 26 合訂本，中山大學圖書館藏鈔本。
[4] ［清］陳壽祺：《西湖講舍校經圖記》，《左海文集》卷八，《續修四庫全書》第 1496 册，第 318 頁。
[5] ［清］陳壽祺：《上儀徵阮夫子請定經郛義例書》，《左海文集》卷四，《續修四庫全書》第 1496 册，第 135 頁。
[6] ［清］陳壽祺：《經郛條例》，《左海文集》卷四，《續修四庫全書》第 1496 册，第 137 頁。

若《皇清經解》按原來以字爲綱的意思進行，拆散重編，貫穿成一新書，那麽三經解書的意思便互相貫通。即以字爲經，薈萃歷代的經解（除掉宋代，這本身便是一種有意的安排，具體詳後）。

阮元最初編撰《經籍籑詁》的想法，實可貫通三經解用意。他説：

> 將來編次此書，悉以造此訓詁之人時代爲先後，如此則凡一字一詁皆有以考其始自何人，從源至流，某人用某人之説，某人承某人之誤，數千載盤結如指諸掌，不亦快哉！故編次亦甚要緊也，總俟鈔纂成時再爲詳議。[1]

阮元立意，以時間先後爲序，見古今經典文義演變，確定經義變化的時間與原因，以見經學的淵源與流變。《經郛》《皇清經解》若按原意進行，乃是接着《經籍籑詁》，不斷地補充各代經解，可更爲充分展現歷代學術詮釋的演變。如此對于理解古今變遷，瞭解各代經解本意，確有極大幫助，懸的不可謂不高。衹是，最終并未嚴格按照時間順序一一排列[2]。然而，由此入手，梳理阮元本身所作經解，還是可尋覓其本意。

各經解書籍因人事等緣故，未必完全體現阮元本意，然而在其他方面可得到印证。龔自珍《阮尚書年譜第一序》歸納阮元治經解字的法門："公識字之法，以經爲驗，解經之法，以字爲程。是公訓故之學。"[3]阮福也記其父語道："余之學多在訓詁，甘守卑近，不敢矜高以賢儒自命。故《論仁論》《性命古訓》皆不過訓詁而已。塔性之説，本應載入《性命古訓》之後，嫌其取譬少入于諧。然由晋人清談轉入翻譯佛典，又轉入唐人之'復性'，實非此篇不能言之通徹。"[4]其中所言"轉入"諸語，是關鍵。

江藩《書阮芸臺尚書性命古訓後》一文，闡發阮元揭發各"轉入"之意，謂："宋儒性命之學，自謂直接孔孟心原，然所謂'因其所發而遂明之以復其初'，實本李翱《復性書》，以虚無爲指歸，乃佛氏之圓覺，不援墨而自入于墨矣。其謂'反求之六經'者，不式古訓，獨騁知識，亦我用我法而已，與陸子静

---

〔1〕［清］阮元：《與友人書四》，引自陳鴻森：《阮元揅經室遺文輯存（增訂本）》，《清代揚州學術》，第770頁。

〔2〕現在對此事的解釋，可參看虞萬里：《〈正續清經解〉編纂考》，載《清經解·清經解續編》卷首。

〔3〕［清］龔自珍：《阮尚書年譜第一序》，載《龔定盦全集類編》卷二，第29頁。

〔4〕［清］張鑒等撰：《雷塘庵主弟子記》卷六，黄愛平點校《阮元年譜》，第155～156頁。

‘六經爲我注脚’之言，何以异乎……芸臺尚書述聖經古訓以詘之，使千古沉霾之精義，一旦軒露，可謂功不在禹下。”〔1〕

阮元編《經籍籑詁》《經郛》《皇清經解》的原始做法，確有還復孔孟古義，排比後世意義遷轉，以辨後人解經與聖賢原意的距離的用意，以見歷代學問高下與正統所在。

阮元所撰經解，多從宋儒理學最爲核心的概念出發，如“性”“命”“仁”。在一系列類似文章中，阮元以論“仁”之文最爲用心，與陳壽祺信言：“内廬山一段，乃千古學術關鍵，不足爲外人道也。”〔2〕而其中核心的見解與毛奇齡《四書改錯》淵源很深。

“仁”是孔孟學説的核心，也是宋儒立學的根本之處。阮元説：“孔子爲百世師，孔子之言著于《論語》爲多。”〔3〕阮元此文，由“鄭氏相人偶之説序入”，其中涉及“克己復禮爲仁”句，是宋儒解“仁”的關鍵〔4〕。程子解爲“克盡己私，皆歸于禮，方始是仁”。朱子本于程子，認爲：“仁者必有以勝私慾而復于禮。”〔5〕阮元與程朱的解法針鋒相對，謂：“‘己’字即‘自己’之‘己’，與下‘爲仁由己’相同，言能克己復禮，即可并人爲仁。一日克己復禮而天下歸仁，此即己欲立而立人，己欲達而達人之道。仁雖由人而成，其實當自己始，若但知有己，不知有人，即不仁矣。”若程朱“以‘克己’字解爲私慾，則下文‘爲仁由己’之‘己’，斷不能再解爲私，而由己不由人，反詰辭氣與上文不相屬矣。”〔6〕

阮元此説與毛奇齡《四書改錯》大有關係，而毛著“《四書改錯》，罵朱子罵得最厲害”〔7〕，毛説實針對朱熹《集注》而發。阮元本毛説道：“馬融以約身爲克己，從來説如此。惟劉炫曰：克者，勝也。此本楊子云‘勝己之私之謂克’語。然己不是私，必從‘己’字下添‘之私’二字，原是不安。至程氏，直以己爲私，稱曰：‘己，私慾’。《集注》謂‘身之私慾’，别以‘己’上添‘身’字，而專以‘己’字屬私慾，于是宋後字書皆注‘己’作‘私’，引《論語》‘克己復禮’爲证，則誣甚矣，毋論字義無此，即以本文言，現有‘爲仁由己’，‘己’字在下，

---

〔1〕［清］江藩：《書阮芸臺尚書性命古訓後》，漆永祥整理《江藩集》，第73～74頁。

〔2〕［清］阮元：《儀徵阮宫保尚書札》，陳壽祺《左海文集》卷首，《續修四庫全書》第1496册，第58頁。

〔3〕［清］阮元：《論語論仁論》，《揅經室一集》卷八，第176頁。

〔4〕［清］阮元：《論語論仁論》，《揅經室一集》卷八，第176～194頁。

〔5〕［宋］朱熹：《四書章句集注》，北京：中華書局，1983年，第131～132頁。

〔6〕［清］阮元：《論語論仁論》，《揅經室一集》卷八，第176～194頁。

〔7〕梁啓超：《中國近三百年學術史》，天津：天津古籍出版社，2003年，第194頁。

而一作‘身’解，一作‘私’解，其可通乎？”[1]以爲自己論仁之説張本。

毛奇齡聲名不好。據説閻若璩曾斥其“割裂經文，貽誤後學不淺。”[2]全祖望將其“醜態劣行，鋪張數千言”。稱其“有造爲典故以欺人者”、“有造爲師承以示人有本者”、“有前人之誤已經辨证而尚襲其誤而不知者”、“有信口臆説者”、“有前人之言本有出而妄斥爲無稽者”、“有因一言之誤而誣其終身者”、“有貿然引证而不知其非者”、“有改古書以就己者”[3]。惠棟議論“本朝經學”，便認爲：“蕭山毛大可《仲氏易》、南海屈介子《易外》，非漢非宋，皆思而不學者也。”[4]戴震《與任孝廉幼植書》也道：“凡學未至貫本末，徹精粗，徒以意衡量，就令載籍極博，猶所謂‘思而不學則殆’也。遠如鄭漁仲，近如毛大可，祇賊經害道而已矣。”[5]

毛奇齡之學爲清學諸大師否定，阮元偶引毛説尚可理解。而事實上，阮元對毛奇齡鍾情有加，非一時興起，而是一以貫之，則不能不懷疑其用意。

阮元自述治學歷程，稱：“元幼學《易》，心疑先後天諸圖之説。庚子，得毛西河先生全集中《河圖洛書原舛篇》讀之，豁然得其源委。”[6]督學浙江時，爲《西河全集》作序，稱毛奇齡爲後世儒者罵的原因是“檢討好辨善詈，且以所引证索諸本書，間有不合也”。并説：“善論人者，略其短而著其功，表其長而正其誤，若苛論之，雖孟、荀無完書矣。”“至于引证間有訛誤，則以檢討强記博聞，不事翻檢之故，恐後人欲訂其誤，畢生不能也。”顯然爲毛氏翻案。更甚者，塑造毛氏爲清學開山。稱：“國朝經學盛興，檢討首出于東林、蕺山空文講學之餘，以經學自任，大聲疾呼，而一時之實學頓起。”“迄今學者日益昌明，大江南北著書授徒之家數十，視檢討而精核者固多，謂非檢討開始之功則不可。檢討推溯太極、河、洛在胡朏明之先，發明荀、虞、干侯之《易》在惠定宇之先，于《詩》駁申氏之僞，于《春秋》指胡氏之偏，三《禮》、《四書》所辨证尤博。”[7]

嘉慶十五年（1810年），阮元撰修《國史儒林文苑傳》，毛奇齡赫然列入《儒林傳》。

---

[1] ［清］毛奇齡《四書改錯》文，引自阮元《論語論仁論》。

[2] ［清］陳康祺著，晋石點校：《郎潜紀聞》初筆卷五，北京：中華書局，1984年，第102頁。

[3] ［清］全祖望：《蕭山毛檢討别傳》，《鮚埼亭集外編》卷一二，朱鑄禹匯校集注《全祖望集匯校集注》，第985～989頁。

[4] ［清］惠棟：《本朝經學》，《九曜齋筆記》卷二，《叢書集成續編》第92册，第514頁。

[5] ［清］戴震：《與任孝廉幼植書》，《戴震文集》卷九，第138頁。

[6] ［清］阮元：《胡朏明先生易圖明辨序》，《揅經室一集》卷一一，第240頁。

[7] ［清］阮元：《毛西河檢討全集後序》，《揅經室二集》卷七，第543～544頁。

章太炎説："阮伯元好尚新奇，故于《學海堂經解》有取毛氏。其實毛氏本文士，絶不知經，偶一持論，荒誕立見。故自昔無有取毛氏者，不當徇阮氏之私言也。"[1] 阮元治學，高郵王氏、汪中、凌廷堪等名家皆稱之，未必不知經，如此或正可參觀其心意。王國維説戴震"晚年欲奪朱子之席，乃撰《孟子字義疏证》等書。雖自謂欲以孔孟之説還之孔孟，宋儒之説還之宋儒，顧其書雖力與程朱异，而亦未嘗與孔孟合"[2]。阮元與戴震頗有相通處。晚清名儒朱一新就論其學問可希踪前哲，語及心性却喜爲异説，認爲衹"知與宋儒立异，不恤與聖言相悖。"[3]顯然認爲阮元經解之學有與程朱争席之意。

阮氏經解之學，挾科考與書院之勢，確如其運思，蔚爲一時風氣。焦循指出《經籍籑詁》"于説經者，饋以法程。"[4]晚清學者還稱："兩《經解》卷帙雖繁，但皆《五禮通考》《經籍籑詁》之子孫耳。"[5]因此，沐于阮元及其江浙幕僚學風的粤學，焕發出了類似明代粤學鼎盛時的風采，出現陳澧等全國性學人，與江浙學術互論高下。同時，全國也受浙粤輻射，形成經解之學的風氣。然而，學者趨易避難，難免辜負提倡者苦心。劉聲木發現："自阮文達公編《經籍籑詁》，古義悉在網羅，最便鈔撮翻閲。遺逸者，又散見《皇清經解》各家所注書中。後人衹須東鈔西抹，便可撰述等身，成爲漢學大家。識者見之，一文不值。"[6]何子貞譏當時所謂經學家衹是"《經籍籑詁》之應聲蟲"[7]。學者不熟讀原典仔細揣摩原文，以探求經學本源脉絡、制度原本，衹是尋章摘句，猶如治類書而忘書，自然不能貫通固有學問。江藩見其弊，説："近時，講學者喜講六書，孜孜于一字一音，苟問以三代制度、五禮大端，則茫然矣；至于潛心讀史之人，更不能多得也。"[8]劉師培也説："前世爲類書者（《御覽》《類聚》之類），散群書于各類之中；清世爲義疏者（正義之類），又散各類書于章句之下。"[9]前言往事歷歷可鑒，今人不能不砥礪振作。

---

[1] 章太炎語見支偉成《清代樸學大師列傳》，長沙：岳麓書社，1998年，第2～3頁。
[2] 王國維：《聚珍本戴校水經注跋》，《觀堂集林》卷一二，石家莊：河北教育出版社，2001年，第367頁。
[3] [清] 朱一新：《復傅敏生妹婿》，《佩弦齋雜存》卷上。
[4] [清] 焦循：《讀書三十二贊》，《雕菰集》卷六，《續修四庫全書》第1489册，第164頁。
[5] 廖平語，見蒙文通：《廖季平先生與清代漢學》，載《經學抉原》，上海：上海人民出版社，2006年，第103頁。
[6] [清] 劉聲木：《節録復徐師書》，《萇楚齋隨筆》卷一，第6頁。
[7] [清] 劉聲木：《皇清經解正續目録》，《萇楚齋隨筆》卷七，第139頁。
[8] [清] 江藩：《漢學師承記》卷七，北京：生活·讀書·新知三聯書店，1998年，第144頁。
[9] 劉師培語，見蒙文通：《廖季平先生與清代漢學》，載《經學抉原》，第103頁。

作者简介：於梅舫，1980年生，浙江绍兴县人，历史学博士。中山大学历史系副教授，硕士生导师。主要研究领域：清代以来的史学与学术，中国经学史。与桑兵教授合作编撰《中国近代学术思想》《中国近代学术批评》《国学历史》、《读书法》。在《近代史研究》《中山大学学报》《社会科学战线》《学术研究》等刊物发表论文十数篇。

Imperial Examination and Interpretation of Confucian Classics: Establishment and Conception of GuJing JingShe and XueHaiTang

Yu Meifang

Abstract: During the period of Jiaqing and Daoguang, Ruan Yuan, as a senior officer and the leader of academe, had set up Gu Jing Jing She and Xue Hai Tang in Hangzhou and Guangzhou. Rather than popular articles, the two academies mainly focused on the interpretation of Confucian Classics and poems, which were widely different than any other academies at that time. Therefore, most people believed that Ruan Yuan's goal was to set up pure academic academies to promote the interpretations of Confucian Classics, but that's not what Ruan Yuan supposed to do. As the Imperial Examination put so many emphasis on the Four Books that most of the students studied mainly the Four Books, Ruan Yuan, who was the examiner, gave priority to those who wrote good articles about the interpretation, as a way of advocating people learning interpretation of Confucian Classics. Moreover, in accordance to the conception of Gu Jing Jing She and Xue Hai Tang, Ruan Yuan and his students complied many books such as Jing Ji Zhuan Gu, to set up Ruan's interpretation of Confucian Classics, competing with Zhu Zi. What Ruan Yuan promoted was vital to academic history since it was not only related to his own academic ambition, but also had a huge influence on the academic circle of Zhejiang province and Guangdong province and even the whole country.

Keywords: Ruan Yuan, Imperial Examination, Interpretation of Confucian Classics, GuJing JingShe, XueHaiTang

詁經精舍與學海堂文學教育制度論述

宋巧燕

内容提要：在清代各種類型的書院中，以詁經精舍、學海堂爲代表的博習經史詞章類書院，成爲代表有清一代學風和學術思想特色的書院類型。研究清代書院的文學教育制度，以詁經精舍和學海堂爲考察物件，具有廣泛的代表性和突出的典型性。兩書院的文學教育制度體現爲以下幾個方面：兩書院的辦學宗旨明確推崇純正高雅的古體詩詞文賦；在文學教育實施過程中，兩書院的考課制度最爲完善和嚴密；學生自學、教師講授、師生討論，是兩書院文學教育制度中最根本有效的教育方式；雅集是兩書院文學教育制度中最符合文人習性的一種教育方式。

關鍵詞：清代書院；文學教育；制度

中國古代書院的發展除直接受到統治者政策的制約外，一代學術思想和學風又對書院産生了重要的影響。如宋代書院的發達同理學的發展有着密切的關係，南宋末以至元代學術風氣以程朱理學爲宗，書院即以程朱理學爲主要教學内容。明中葉以後，陸王心學盛行，書院的教學内容又以陸王心學爲主。考據學是盛行清代，特别是乾嘉時期的顯學，是清代學術文化的主流，它的學術思想和學風對清代書院的發展有着重大的影響，這種影響促進了阮元進行書院改革，創建詁經精舍和學海堂兩所書院。詁經精舍和學海堂以研習考據學爲教學宗旨，博習經史詞章，也成爲後來各大書院改革的楷模，博習經史詞章類書院數量日增，成爲能代表有清一代學風和學術思想特色的書院類型。研究清代書院的文學教育制度，以詁經精舍和學海堂爲考察物件，具有廣泛的代表性和突出的典型性。兩書院的文學教育制度體現爲以下幾個方面：

一　兩書院從辦學宗旨上明確推崇純正高雅的古體詩詞文賦

中國古代書院明確標出以經史考據學和辭賦作爲書院教學目的的首始于詁經精舍和學海堂兩書院。

中國古代教育的課程主體一直是經學，正如吾師郭英德教授所說："中國從漢代起就形成單一經學教育的學校模式，這樣模式又通過隋唐科舉考試制度予以固定化，并逐漸滲透到家庭教育和社會教育之中。秦漢以後，歷代都把儒家經典，如'五經'即《詩》《書》《禮》《易》《春秋》，'四書'即《大學》《中庸》《論語》《孟子》，作爲學生的必讀教材，一直延續到清朝末年。"[1]中國歷代書院的教育模式同樣如此，也是一直以經學爲主體。祇不過到了明清兩代，書院普遍流爲科舉的附庸，專尚制藝，即專事于八股文、試帖詩的寫作。對"經"的學習和研究淪落爲服務于八股文的寫作，詩歌創作是八股式的試帖詩。嚴格地說八股文、試帖詩也應屬于文學的範疇，祇不過它們是科舉時代形制特殊的考試文體，具有純粹的應試性目的，由于創作時受到種種的束縛和限制，這兩種文體，普遍被認爲文學價值不高，而很少有人將舉子們的帖作視爲有高度審美性的文學作品。

詁經精舍和學海堂兩書院在教學制度上是完全摒棄八股文和試帖詩這兩種不純正的文學形式的。黃以周在《南菁講舍文集序》中說：

> 有明以來，專尚制藝，主講師長，復以四書文，八韻詩爲圭臬，并宋人建書院意而失之。近時賢大夫之崇古學者，又思矯其失（指專尚制藝），而習非成是，積重難返，不得已别築講舍，選高才生充其中，專肄經史辭賦，一洗舊習，若吾浙江之詁經精舍，廣東之學海堂，其較著者也。[2]

兩書院從教育制度和辦學宗旨上明確提出遠離科舉，教學内容以經史考據學和詞章之學爲主。詞章之學，即辭賦，内容包括詩詞文賦等，兩書院所推崇的詩詞文賦是具有高度審美性的高雅的古體詩詞文賦。道光六年（1826 年）六月十四日，阮元擬定《學海堂章程》，章程第二條明確規定"每歲分爲四課，由學長出經解文筆古今詩題。"[3]阮元在《學海堂集序》中向學海堂師生提出了"規矩漢

---

[1] 郭英德：《古代中國文學教育的基本特點》，《陝西師範大學學報（哲社版）》2006 年第 6 期。
[2] ［清］黃以周：《南菁講舍文集序》，《南菁講舍文集》卷首（光緒己丑年（1889 年）刻本。
[3] ［清］林伯桐著、陳澧續補：《學海堂志》，光緒九年（1883 年）續刊本，第 1～2 頁。見趙所生、薛正興主編《中國歷代書院志》，南京：江蘇教育出版社，1995 年，第 3 册。

晋，熟精蕭《選》，師法唐宋，各得詩筆”[1]的文學教學要求和主張，文學創作之圭臬要尋覓于漢晋唐宋，這是文學復古主張在書院教育中的體現。道光十四年（1834 年）六月，廣東總督盧坤訂立的《學海堂專課章程》中規定，學長們出題考課，文學題目應“爲有用之文賦，或擬古賦，或出新題，俱用漢魏六朝唐人諸體；詩題不用試帖。”[2]道光十四年（1834 年），總督盧坤札學海堂訂列應行事宜，其中有關于課程設置的規定：“課業諸生于《十三經注疏》《史記》《漢書》《後漢書》《三國志》《文選》《杜詩》《昌黎先生集》《朱子大全集》，自擇一書肄習。”[3]在所規定的學習教材中，《文選》《杜詩》《昌黎先生集》可以説是文學意義上的典型範本，《文選》《昌黎先生集》乃“文”之最純正高雅之典範，《杜詩》歷來被視爲詩之最高典範。其他各書也都具有很高的文學性。

低俗的文學内容被排除在教學之外，如《學海堂專課章程》中規定：“諸生等有喜爲浮豔誨淫之詞者，無庸舉列。”[4]

在兩書院的文學教育制度中，我們可以看出兩書院所推崇的是純正高雅的古體詩詞文賦。

兩書院的詞章教學崇尚古體，具有復古主義傾向。總督盧坤札諭學海堂應行事宜中説：“期爲有用之文賦，或擬古賦，或出新題，俱用漢魏六朝唐人諸體詩題，不用試帖。以場屋之文士子無不肄業也。均應遵照舊章，以勸古學。”[5]詁經精舍亦然。俞樾説：“説經之文多宗古義，即詩賦亦古體居多，非欲求异時流，蓋不敢失許、鄭兩先師之家法，而盩文達建立精舍之本心也。”[6]“詁經精舍則專課經義，即旁及詞章，亦多收古體，不涉時趨。余頻年執此以定月旦之評，選刻課藝亦存此意，非敢愛古而薄今，蓋精舍體例然也。”[7]俞樾選刻課藝文集時，也是傾向古體。他説：“余所選經解詩賦，皆求合乎古，而不求合乎今。”[8]

---

〔1〕［清］阮元：《學海堂集序》，《學海堂集》，道光五年（1825 年）刊本，卷首。
〔2〕［清］林伯桐著、陳澧續補：《學海堂志》第 3 ~4 頁。
〔3〕［清］林伯桐著、陳澧續補：《學海堂志》，第 25 頁。
〔4〕［清］林伯桐著、陳澧續補：《學海堂志》，第 3 ~4 頁。
〔5〕［清］林伯桐著、陳澧續補：《學海堂志》，第 4 頁。
〔6〕［清］俞樾：《詁經精舍文集四集序》，見其編訂《詁經精舍文集四集》，光緒五年（1879 年）刻本，卷首。
〔7〕［清］俞樾：《詁經精舍文集五集序》，見其編訂《詁經精舍文集五集》，光緒八年（1882 年）刻本，卷首。
〔8〕［清］俞樾：《詁經精舍文集六集序》，見其編訂《詁經精舍文集六集》，光緒十一年（1885 年）刻本，卷首。

二　在文學教育實施過程中，兩書院的考課制度最爲完善和嚴密

詁經精舍和學海堂兩書院有着非常完善和嚴密的考課制度，而考課在兩書院的各種文學制度中也是最爲完善和嚴密的。兩書院的考課制度和以往的書院以及同時代的其他書院有着根本的不同。一般書院的考課方式是閉卷考試，而兩書院實行的是開卷考試。詁經精舍在辦學之始就明確提出“各聽搜討書傳條對，以觀其識。不用扃試糊名等法”〔1〕，也就是在考課時不搞閉卷考試，允許學生們答題時查閱各種資料，這樣有利于反映出學生的真正水準。學海堂的考試制度又有進一步的改革，由學長擬題閱卷，每次考課由兩學長負責，試題發放是開放式的，“發出題目，即行刊刷，粘貼學海堂及各學長寓所，隨便分給，俾遠近周知。”〔2〕每次將試題張榜于學海堂門外，并在廣州城内廣爲張貼，向社會上學子徵文。每次季課從放榜到截卷，爲期一個月。這又有别于詁經精舍等書院封門發題，當日交卷的考試制度。相對詁經精舍來説，這又是考課制度上的又一大改革。兩書院主要從事經史考據學、文學的學習研究，經史考據學研究注重資料和證據，要求用分析、歸納等科學的研究方法來獲得結果，完全不同于科舉考試中有套路可依的八股文、試帖詩的寫作，也不同于宋明理學的隨意闡釋。詁經精舍、學海堂的考課方式適應了考據學研究的需要，也有利于肄業生進行文學創作，寫出高水準的詩詞文賦來。

兩書院的考課制度非常完備，有日課、月課、季課、朔課、望課、官課、師課等種。

總督盧坤在學海堂中有關于學習日程（即日課）的規定，給每位學生頒發一日程簿，“各因資性所宜，聽擇一書專習，或先句讀，或加評校，或抄録精要，或著述發明”〔3〕；“即于所頒日程簿首行注明習某書，以後按日作課，填注簿內。”〔4〕學生將每日所做的句讀、評校、抄録、著述作業，填入所頒日程簿中，届季課之内，“隨課呈交學長，考核甲乙”〔5〕，由學長“稽其密疎，正其歸趣”〔6〕。日課中的

〔1〕［清］孫星衍：《詁經精舍題名碑記》，《平津館文稿》卷下。見《孫淵如先生全集》，光緒二十年（1894年）思賢書局刊本，第6册，第22a頁。
〔2〕［清］林伯桐著、陳澧續補：《學海堂志》，第9頁。
〔3〕［清］林伯桐著、陳澧續補：《學海堂志》，第25頁。
〔4〕［清］林伯桐著、陳澧續補：《學海堂志》，第26頁，
〔5〕［清］林伯桐著、陳澧續補：《學海堂志》，第3頁。
〔6〕［清］林伯桐著、陳澧續補：《學海堂志》，第25頁。

日程簿相當于現代學校教育中學生每天做的作業本，肄業生們將做好的這種作業定期交給學長，由學長批改講解。

同治四年（1865 年）巡撫郭嵩燾札學海堂應行事宜，又有關于日程的事。札中説：

> 盧前部堂頒發日程，有句讀、評校、鈔録、著述四項工夫，應令肄業諸生每日讀書用紅筆挨次點句，毋得漏略凌亂，以杜浮躁。至于評校、鈔録、著述三項，視乎其人學問深淺；凡爲句讀功夫者，不限以兼三項；爲三項工夫者，必限以兼句讀。期使學問風氣，益臻篤實。〔1〕

可見日課主要體現爲肄業生們平時日積月累的學習，有利于學生養成良好勤勉的學習習慣，對肄業生打牢基本功、積累知識、增加學問非常有幫助。學海堂制度大多秉承詁經精舍而來，關于日課安排，詁經精舍和學海堂應没有多大差别。

學海堂考課傳統一直以來都是季課，每年四課。詁經精舍考課，開始是每月一考，後來改成每月兩考，分爲朔課和望課，朔課是官課，每月月初舉行，望課爲師課，每月十五日前後舉行。全年一般課試十八次。每年二月至五月，七月至十一月，共九個月。六月、十二月、一月停試，爲學生放暑寒假時期。如果有事耽擱，也可以兩月做一次合考。如同治八年（1869 年）二、三兩月和八、九兩月就各作一次合考〔2〕。詁經精舍考課最初祇有師課（望課）而無官課。道光十三年（1833 年），巡撫富海帆乃舉行會藩臬都轉監司（即巡撫、布政使、案察使、鹽運使、督糧道、學政）疊課之制，輪番出題，課試詁經精舍諸生，“雖命題稍變通，大旨悉循相國師（指阮元）之舊。”〔3〕每月朔、望兩課中，朔課爲官課，望課爲師課。從官師課所出課題來看，官試偏重文學，師課經訓考據類題目比重增大。學海堂課試似乎祇有師課而無官課，其實學海堂學長出題須送撫、督、學三署裁定，試後學長分閲課卷，然後匯齊互閲，互閲後還要將能得到名次的試卷送憲署裁定，然後貼榜發給膏火（即助學金、獎學金），其實仍含有官試的成分。

兩書院每次考課文學題目占了相當大的比例〔4〕。考課對學生文學水準的提高

---

〔1〕［清］林伯桐著、陳澧續補：《學海堂志》，第 5 頁。

〔2〕［清］張崟：《詁經精舍志初稿》，《文瀾學報》民國二十五年（1936 年）第二卷第 1 期，頁 36～37。見趙所生、薛正興主編：《中國歷代書院志》第 8 册。

〔3〕［清］張崟：《詁經精舍志初稿》，第 36 頁。

〔4〕對這個論題，宋巧燕：《嶺南學海堂書院的文學教學》（《學術研究》2003 年第 4 期）和《詁經精舍的文學教學》（《湖南大學學報（社科版）》2003 年第 3 期）二文中有詳細的論述。

有很大的促進作用。兩書院考課中，主考的教師和官員往往要作程作，即範文，起到“爲諸生凱式”的作用[1]。俞樾有《詁經精舍自課文》二卷，就是他在詁經精舍考課的範文集。兩書院的課藝文集中就收有不少程作。如《詁經精舍文集》中收有阮元程作《西湖詁經精舍記》《重修會稽大禹陵廟碑》《北過降水至于大陸説》等，段玉裁《釋能》，孫星衍《重修台州府松門山天后宫龍王堂碑記》等等。課試題目經訓考據類文章難度大，教師多做此類的程作，如俞樾《詁經精舍自課文》中全是經訓考據性文章。兩書院肄業生在平時學習中，所研習内容往往因人而异，肄業生可以根據自己的喜好選擇學習内容，如肄業生在研經時，并不是遍習群經，一般是先擇一經精修。而兩書院實行的考課制的教學制度，所出題目，應考者却要一視同仁。每次所考的經訓之作，有很强的專業性，文學課題倒成了類似于現代學校教育中“公共課”的内容了，成了大家互相之間可以交流溝通共鳴的學習課程了。由于經訓考據類題目難度大，學生中很多人更喜歡選擇輕鬆容易的文學體裁的題目來做，詁經精舍“自官師同課制實行後，大抵朔偏詞章，望重經古，故聞當年應試，朔課人數總較望課爲多，蓋難易攸判也”[2]。經訓考據類文章難度大，趣味性低，肄業生們趨易避難，偏向于文學題目，也是人之常情。

詁經精舍、學海堂肄業生的考課答卷，分發給主考、教師評閲，評閲者要在卷面上加上評語，然後將所有考生的課卷匯總，評定甲乙，編排名次，從第一名依次排列到末名。與考課排名制度相對應的是奬勵制度，根據課試排名成績發放膏火。兩書院學生有内課生、外課生和附課生之别。詁經精舍初内、外課各十八人，後增至各三十人，附課生人數不定，還曾設超等生班。學海堂專課肄業生二十名，附課生二十名。其間名額常有變動，考試奬勵制度也會區别對待。《學海堂章程》規定，對學生所作試題“評定甲乙，分别散給膏火。學長如有擬程，可以刻集，但不給膏火。”[3]詁經精舍“膏火多由地方大吏資助，故名次之多寡與奬額之豐約，亦視存貲之盈縮而定焉。附課無奬”[4]。膏火多少没有定數，嘉慶二十五年（1820年），“學海堂加課仿撫浙時所立詁經精舍之例，所有舉貢生員奬給膏火一月者，折給銀一兩。佳卷漸多，學者奮興，有佳文一卷而給膏火數月者。”[5]詁經精舍外課考試中有學生有一次得十五銀元奬金者，也有學生

---

〔1〕［清］張崟：《詁經精舍志初稿》，第38頁。
〔2〕［清］張崟：《詁經精舍志初稿》，第38頁。
〔3〕［清］林伯桐著、陳澧續補：《學海堂志》，第1頁。
〔4〕［清］張崟：《詁經精舍志初稿》，第39頁。
〔5〕［清］張鑒等撰、黄愛平點校：《阮元年譜》卷五，北京：中華書局，1995年，第133頁。

一次僅得半元者。

兩書院對考課中答卷比較突出的學生，還另有獎勵。從肄業生的課藝中，選擇突出優异的刊刻成文集，這在書院發展史上是一項創舉。學海堂共刊刻了四集，詁經精舍共刊刻了八集，各九十卷，所收詩文各有兩千多篇。這些文集不僅僅是學生課藝之佳作，也具有很高的學術價值，受到了廣泛的好評。張之洞《書目答問》將《詁經精舍文集》列入别集類。許宗彦評《詁經精舍文集》説：

> 所載于古今學術，洞悉本源，折衷無偏，實事求是，足以發明墜義，輔翼經史。其餘詩古文，或咀六代之腴，或挹三唐之秀，風標竣上，神韻超然。[1]

文學創作和經訓考據學一樣，取得了獨特的成就。兩書院文集中文學作品占了大多數，具有較高的文學和文學研究價值，在一定程度上反映了當時的文學風貌和書院的文學教育制度。

三　學生自學、教師講授、師生討論，是兩書院文學教育制度中最根本有效的教育方式

學生自學、教師講授、師生討論，是兩書院文學教育制度中保障學生獲取真才實學最根本、最有效的教育方式。上述的考課制度祇能作爲一種考核的手段，可以檢測肄業生們平時的學習效果，但不能取代平時的學習。

自學是我國明清時期書院教育中共有的特點。書院大師雖然常常面授生徒，但祇是提綱挈領，由生徒隨其深淺自行體會。生徒有疑難問題，或入室請益，或質疑問難，教師也僅是點撥一二，主要還是靠學生自學領悟[2]。古代書院常常延請大師登壇講學，這種講學形式和現代高校教育中的專題講座比較相似，而一般不是系統講授某一門課程，在這一點上，遠遜于現代高校教育。

詁經精舍和學海堂，是凌駕于當時一般書院之上的高等學府，自學制度更臻于完善，而較經訓考據學容易、更具趣味性的文學教育的自學特色更爲顯著。不管是興致所至，還是爲了考課的需要，文學創作活動多爲學生獨立、自我鑽研的完成過程。上述中的日課其實就是兩書院肄業生自學的學習規定，也是一種制度

[1] ［清］許宗彦：《詁經精舍文集序》，《詁經精舍文集》卷首，清嘉慶六年（1801 年）刻本。

[2] 陳學恂主編、周德昌分卷主編：《中國教育史研究（明清分卷）》，上海：華東師範大學出版社，1995 年，第 105 頁。

化的教育方式。文學教育在中國古代可以説是知識分子的終身教育課程，從蒙學時期就開始接受薰陶，和經學等其他學科有著千絲萬縷難以割裂的聯繫。學子們文學成就的提高，是一個長期的自我學習和體悟的過程。兩書院所選擇的肄業生已經具有相當高的知識水準，甚至有些人在當時就已經具有相當高的名望。張崟在《詁經精舍志初稿》中引錢塘孫峻的話説："當年杭州人士之肄業精舍者，例須由其他三書院（指敷文、崇文、紫陽三個省會的大書院）選送。"如金華錢孔福由敷文書院日課超等挑選詁經精舍肄業[1]。陳澧被舉爲學海堂專課肄業生時，已經是舉人了。當然文學水準的高低也作爲肄業生入院時衡量的一個標準。阮元《山東糧道淵如孫君傳》曰："六年四月，元撫浙，建詁經精舍于西湖之濱，選督學時所知文行兼長之士讀書其中。"[2]胡敬《詁經精舍文續集序》有曰："復遴選諸生之經術較優，詞華兼茂者，肄業其中。"[3]

書院教育當然不可能是學生完全的自學行爲，教師講授指導和師生互相討論是兩書院文學教育制度中不可或缺的教學方法。兩書院在近百年的辦學歷程中，聚集了大批學有成就的大師主講其中。陸堯春《詁經精舍崇祀許鄭兩先師記》中説："歲庚申，中丞儀徵阮公，于湖濱建設詁經精舍，招浙東西之士三十餘人，延名師，置都養，晨夕講誦其中。"[4]陳澧説："天下爲真學問者，豈敢謂無人。然師友講習者，則惟吾粵有學海堂。"[5]在兩書院講學的大師名儒不計其數，在學海堂主講名師就有五十五人之多[6]。這些主講大師們往往因爲自身顯著的學術成就，掩蓋了他們的文學業績，其實他們在文學上同樣也是卓有建樹的，他們的文學思想和文學觀點通過潛移默化的言傳身教對兩書院文學教學産生了重大影響。如詁經精舍的主講者孫星衍、王昶、陳壽祺、俞樾等，都是鼎鼎有名的樸學大家，也是負有文名的學者。孫星衍，是清代有名的駢文家，和洪亮吉齊名，二人皆爲常州人，所作駢文有"常州體"之稱。王昶，師從惠棟，潛心經術，講求聲音訓詁之學，而詩風受到其師沈德潛的影響。俞樾任詁經精舍山長三十一年之久，在詩詞、筆記小説、雜文等方面都取得了很高的成就。兩書院創建者阮元，在總結

---

[1] [清] 張崟：《詁經精舍志初稿》，第25頁。
[2] [清] 阮元：《揅經室二集》卷三，北京：中華書局，1993年，第436頁。
[3] [清] 羅文俊：《詁經精舍文續集》卷首，道光二十二年（1842年）刻本。
[4] [清] 阮元：《詁經精舍文集》卷三。
[5] [清] 陳澧：《陳蘭甫先生澧遺稿》，《嶺南學報》第二卷第2期。
[6] 李國鈞：《清代考據學派的最高學府——詁經精舍與學海堂》，《岳麓書院通訊》1983年第1期。

乾嘉學術成就和教育文化事業上之功績已永耀史册，他的學術成就已使他躋身乾嘉考據學大師之列，他的文學成就也不容忽視。他所提倡“文、筆”的駢文理論，曾震動文壇一時，他本人被譽爲清代後期卓有成就的駢文大家。爲了貫徹他的文學理論，詁經精舍和學海堂歷來的考課題目中，駢文和銘賦成爲必考的内容。《學海堂集》中就收有四個學生所作的《文筆考》的文章。

學海堂采用八學長管理制度，八學長各用所長，學生們可以擇師而從，相對于現代高等教育中的“導師制”。不少學長以詩文名。學海堂辦學近百年間，粤中學術、文學有成就者，多曾肄業其中、教學其中。如學海堂肄業生張維屏，後來成爲學海堂的學長，他與黄培芳（後來也成爲學海堂學長）、譚敬昭被并稱爲“粤東三子”，以詩名，翁方綱譽之爲“詩壇大敵”。詩歌創作自然率真，獨抒情性。梁廷枏，著書宏富，著作匯刻成《藤花亭十七種》，文學上以戲曲創作爲主，曾作《江梅夢》《圓香夢》《曇花夢》《斷緣夢》雜劇四種。曲論作品以《藤花亭曲話》最著名。黄培芳，廣東著名詩人，著有《嶺海樓詩鈔》《嶺海樓文鈔》《香石詩話》《粤嶽草堂詩話》《香石詩話》等，他的詩話成就受到時人的贊賞。陳澧，在學海堂專課肄業時，問詩于張維屏、問經學于侯康。治學除經學外，舉凡天文、地理、樂律、算術、古文、駢文、詩詞、書法，無不涉獵。陳澧早年好爲詩，勤于吟咏。近代詩人程恩澤曾説：“近人詩多困卧紙上”，獨陳澧詩“能于紙上躍起”。張維屏譽陳澧詩爲：“蓬萊文章建安骨，甲第才子鼎科人。”以建安詩風相匹之〔1〕。

兩書院的教學氣氛是輕鬆愉快的，學生不但可以執卷請業，擇師而從，師生們還常在一起進行熱烈的討論，和一般書院呆板、肅穆的氣氛大爲不同。阮元首開學海堂課程，即與諸生相約：“凡經義子史前賢諸集，下及選賦詩歌古文辭，莫不思與諸生求其程，歸于是，而示以從違取捨之途。”〔2〕在教師講授的同時，更注重質疑問難的討論方法，“暇日聚徒，講議服物典章，辯難同异，以附古人教學藏修游息之旨”〔3〕。形成一種論學問難的學術環境和學術風氣。錢泳説：“余每游湖上，必至精舍盤桓一兩日，聽諸君議論風生，有不相能者，輒訬攘面赤。家竹

〔1〕 鍾賢培、汪松濤主編：《廣東近代文學史》，廣州：廣東人民出版社，1996 年，第 120 ~ 121 頁。

〔2〕 ［清］吴嶽：《新建粤秀山學海堂碑》，《學海堂集》）卷一六，道光五年（1825 年），刻本。

〔3〕 ［清］孫星衍：《詁經精舍題名碑記》，《平津館文稿》卷下，《孫淵如先生全集》第 6 册，光緒二十年（1894 年），思賢書局刊本，第 22a 頁。

汀宫詹聞之，笑曰：‘此真所謂洙泗之間，齗齗如也。’”〔1〕

有這些在文學上卓有成就的大師們授課講學，以及如此自由的學術論辯氛圍，兩書院培養出來的學生絶非泛泛之輩，多負文名。河北精舍主講陳寶箴評價詁經精舍、學海堂尤爲精當：“數十百年間，考據辭章之士，多出其中。”〔2〕突出的代表是出自詁經精舍的章炳麟和出自學海堂的梁啓超，兩人是學問家，也是卓有成就的文學家，二人對中國文學史産生了重大影響。

兩書院注重學生自學、教師講授、師生討論的教育方式，收到了非常好的教學效果。

四　雅集是兩書院文學教育制度中最符合文人習性的一種教育方式

中國古代文人所熱衷的雅集活動，在兩書院，特别是學海堂，成了教學方法中制度化的一種文人雅習。

兩書院創始人阮元注重書院環境氛圍的營造，對兩書院位址的選擇及院内環境建設可謂煞費苦心。兩書院環境優美，一個設在西湖之東，孤山之麓；一個定址在粵秀山越王台舊址，兩書院皆背山臨水，遠離塵囂，是讀書治學、爲文作賦的絶佳場所。阮元在詁經精舍西築第一樓，作爲生徒游之所，認爲于此“詩人之志登高能賦。”〔3〕詁經精舍山長俞樾著有《第一樓叢書》，他于該叢書序中説：“第一樓者，餘年來主講杭州詁經精舍所寓樓名也，其地在孤山之麓，背山臨流，西湖之勝，畢效于前。春秋佳日，徜徉其上。此九種之書，雖不皆成于斯樓，大率皆于斯樓寫定者也。”可見詁經精舍第一樓是一個適合于文學創作、做學問的雅地。

學海堂位址選擇三易其地：“初擬于前明南園舊址，略覺湫隘；又擬于城西文瀾書院，以地少風景；最後擬于河南海幢寺旁，亦嫌近市。相視久之，遂定于粵秀山。”〔4〕粵秀山“山半石岩，古木蔭翳，緑榕紅棉，交柯接葉”〔5〕，環境極其優美。學海堂背倚粵秀山，面臨珠江，群峰環繞。阮元稱之：“六藝于此，發其秀輝；百寶所集，避其神采。洵文苑之麗，區儒林之古境也。”〔6〕堂内啓秀山房，

〔1〕［清］錢泳：《履園叢話》卷二三，清同治九年（1883 年）常熟寫經堂藏版刻本，第 19b 頁。

〔2〕［清］陳寶箴：《河北精舍學規》，《清朝政典類纂》卷二二六，臺北：文海出版社，1988 年。

〔3〕［清］阮元：《西湖詁經精舍記》，《揅經室集》二集卷七，第 548 頁。

〔4〕［清］林伯桐著、陳澧續補：《學海堂志》，光緒九年（1883 年）續刊本，第 6 頁。

〔5〕［清］阮元：《學海堂集序》，《學海堂集》，道光五年（1825 年）刊本，卷首。

〔6〕［清］阮元：《學海堂集序》，《學海堂集》，道光五年（1825 年）刊本，卷首。

“階前大湖，方石案一，明瑩如玉，可供數人嘯咏其間”[1]，加之兩書院内外美妙的春秋佳日，草色花香，具有很深文學底藴的師生們，不由得文思泉湧，靈感不絶。不管是師生相聚，或是獨自漫步，都是絶佳的文學活動場所。

學海堂更提倡雅集，《學海堂志》專有一節載其事。認爲“君子之學，息焉游焉。從于舞雩，未忘講習。”[2]提倡勞逸結合、輕鬆愉快的學習方式。志中説：“築堂以來，歲有小集，講禮于斯，會友于斯，來日無涯，宜詳時序，志雅集。”[3]這些小集，都是師生共同參加的活動。師生們在埋首經史小學古書之餘，可以盡興地陶冶于輕鬆愉快的文學氛圍中。雅集有上巳花朝，中秋坐月，九月賞菊，冬至觀梅等。阮元壽辰爲雅集之始：

> 每年春孟同人團拜于堂，仰止師承，如親提命，因定于正月二十日期會，儀徵公壽日也。四方之賓，一國之望，淵源漸被，介祉偕來，堂中翹楚，少長鹹集。日景方長，衣冠氣盛，春光明麗，四坐同歡，開歲雅遊，斯爲首路。[4]

其後雅集介紹如下：

> 花朝上巳，堂中人士，游者如雲。春課匯卷，多于展上巳日。擬定卷後少有餘閒。木棉遍山，垂楊夾路，花光鳥語，依依可人，連袂清游，欣然欲賦。
>
> 盛夏溽暑，肉山如蒸。堂中有期，曝書一集。清曉登山，陳書就日，各攜所業，從容討論。山似太古，日如小年，荔子傳觴，荷葉包飯，縹囊緗帙，可以鎮心，藏弆既周，晚涼斯發，徘徊樹陰，不覺月出矣。
>
> 拜在五經，則禮以義起，志存私淑，則經尊傳親。漢北海鄭君固六籍之津梁，百家之山門也。七月五日是爲生朝，同人有約，即于堂中修釋菜之儀，與此會者凡若。而入坐，無雜賓。入懷奉手，或者作記，或者賦詩，亦以志一時也。
>
> 中秋前後，月色如晝，相約爲坐月之游，不設燈檠，爝火未光也。不及俗事，祇談風月也。有坐論者，有行吟者，隨意所如，倦則假寐，焚香瀹茗，

[1]［清］林伯桐著、陳澧續補：《學海堂志》，第 2 頁。
[2]［清］林伯桐著、陳澧續補：《學海堂志》，第 38 頁。
[3]［清］林伯桐著、陳澧續補：《學海堂志》，第 38 頁。
[4]［清］林伯桐著、陳澧續補：《學海堂志》，第 38 頁。

動輒徹宵，當萬籟俱寂，一輪最高，脩脩然，飄飄然。固知隨月讀書，前人興復不淺。

重陽寒食，虛度非宜，堂中此時游者紛至，同人秋集不必依期，有菊即重陽也。霜氣在葉，草痕微芳，展宋玉之賦，誦泉明之詩。不出户庭，而擕壺翠微，惟此堂爲然。

長至日近，梅花大開。冬課匯卷，適當其際，公事既畢，遂登山亭賞奇析疑抗言高論，滿身香雪不見纖塵。歲寒之盟，年年如是。[1]

由上可見各種雅集成了學海堂"年年如是"的制度化的文學活動安排。除了上述制度化的書院内部雅集外，學海堂師生常在學海堂内外結社雅集。譚瑩等學長常結社，進行文學創作和交流。他曾與學海堂學長熊景星、徐榮等結西園吟社，切磋詩藝，享譽粤中。學海堂學長陳澧，詩詞文俱佳，在學海堂任上時，常與好友在學海堂月夜登高吟咏，道光二十七年（1847 年）九月作《水龍吟》一詞，即是"桂皓庭招集學海堂，爲補重陽之會，最後疊前韻"。學海堂學長林伯桐、張維屏、黄培芳和黄喬松、段佩蘭、譚敬昭、孔繼勳七人曾在廣州城北白雲山麓建"雲泉山館"，爲吟咏雅集之所。

詁經精舍雖没有關于雅集的制度記載，但杭州乃人文淵藪，文人們結社雅集，乘舟泛湖、暢游山泉，在湖光山色中吟詩作畫、爲文作賦，有著悠久的歷史淵源。精舍的師生們不可能不受此風氣的影響。從杭州府知府薛時雨别開生面的考課方式，可以窺見當地特别的學術氣氛。薛時雨重視文教，修復了詁經精舍、敷文、崇文、紫陽幾所書院，和詁經精舍山長俞樾關係密切。創東城講舍時，用明蔣侍禦故事，月課士湖上，"命舟十數，茶鼎酒當悉具，日出發題，訖，各鼓棹去，揮灑六橋、三竺間，自亦棹一舟主之，日入鳴鉦，集諸舟，納所課"。詁經精舍等書院學生及浙東西知名人士參加者無數。教士之暇，與杭州各大儒觴咏湖上，一篇之出，争相傳誦[2]。

雅集成了兩書院文學教育制度中最符合文人習性的一種教育方式。

關于兩書院的文學教育制度，筆者還必須强調這樣一點：兩書院的文學教學制度和它們整體的教育制度是一脉相承、相得益彰的。

---

〔1〕［清］林伯桐著，陳澧續補：《學海堂志》，第 38～39 頁。

〔2〕［清］顧雲：《桑根先生行狀》，見繆荃孫纂録：《續碑傳集》卷八〇，江楚編譯書局刊校本，1910 年。

作者簡介：宋巧燕，女，1968年5月出生，江蘇盱眙人，文學博士，教育學博士後，現爲閩南師範大學文學院教授，中國古代文學、中國古典文獻學、學科教學（語文）專業碩士生導師。主要從事中國古典文獻學、明清文學和清代教育史研究，在清代書院、清代科舉方面有較多涉獵。著作有《詁經精舍與學海堂兩書院的文學教育研究》，主持過教育部人文社科一般項目、中國博士後科學基金項目、福建省人文社科一般項目等，發表論文近40篇。

The Study on Literature Education System of the Academies GuJing JingShe and XueHaiTang

Song Qiaoyan

Abstract: Inthe all kinds of academies of the Qing Dynasty, the academy type mainly going in for rich practice in textual criticism learning and literature, exemplified by GuJing JingShe and XueHaiTang, became the representative of reflecting the study style and learning ideas of the Qing Dynasty. It has extensive and outstanding representative to study Academies' literature education system of the Qing Dynasty in the case of GuJing JingShe and XueHai Tang. The two academies' literature education system displays as follows: They have the greatest esteem for the antique style poetry and prose on the teaching purpose; they have perfect and strict test institutions in the course of the literature education; self - teaching, teachers - giving - instruction and discussion are the essential teaching ways in the two academies' literature education system; aesthetic assembly is the most satisfying teaching way suitable for the literati's habits and interests in the two academies' literature education system.

Keywords: academies of the Qing Dynasty, literature education, system

文學研究

阮元的文學思想和詩歌創作

郭明道

内容摘要： 阮元的文學思想大體上有四個方面：其一，崇尚博學，根柢經史。阮元强調文學創作須以博學爲根基，"非有根柢，不能文也"。其二，弘揚"選學"，推崇駢文。阮元奉駢文爲文章之正統，以此來排斥清代桐城派古文。其三，關心民生，經世致用。認爲治學、作文要"留心于經世之務"，阮元的詩歌中有許多關心民生疾苦、勤政愛民的篇章。其四，反對摹擬，抒寫性靈。阮元主張詩歌創作源于性情，自然抒發，反對模倣和虚誇浮泛。

關鍵詞： 阮元；文學思想；詩歌創作

阮元作爲揚州學派的傑出代表，不僅在漢學研究方面取得了豐碩的成果，在文學創作方面也卓有成就。阮元的文學創作思想在揚州學派中具有一定的代表性。在創作實踐上于詩用力最勤，著有《文選樓詩存》《琅嬛仙館詩略》，二者收入《揅經室集》和《續集》。又有《揅經室詩録》行世，選詩二百七十多首，爲當世所重。本文就阮元的文學思想和詩歌創作略述于下。

一　崇尚博學，根柢經史

乾嘉學者以博學作爲考據的基礎。一致認爲，精讀博覽，好古多聞，才能做好學問。自清初顧炎武提出"行己有恥，博學于文"，漢學家皆奉爲圭臬，修古好學，蔚成風氣。漢學家盧文弨曾説："夫不通六經，則不能治一經"〔1〕。"六經之

---

〔1〕［清］盧文弨：《抱經堂文集》卷三。

外，如《爾雅》《説文》《史記》《漢書》皆所當讀也。然後博覽群書，其不解者鮮矣。”〔1〕漢學家將治經的精神延伸到文學創作領域，主張詩文創作必須以博學爲基礎，根柢經史。清初詩文大家朱彝尊云：“詩文須本經史，否則淺陋剿襲而已。”〔2〕阮元也强調文學創作須以博學爲根基：“元嘗謂學如相如、子雲之爲文，必先學許、鄭、景純之所以爲學。非有根柢，不能文也。”〔3〕又云：“作文之道，不盡自文出；作詩之道，亦不盡自詩出。自古未有不求根柢于六經諸史，而可自立者。”〔4〕

吴嵩梁《石溪舫詩話》謂阮元學術：“深博無涯涘，詩亦從經術性情中流出，金和玉節，卓然正聲。”阮元作爲一位學識淵博的學者，收在他的《揅經室集》中的文章是典型的學者之文，他的詩也是學人之詩。受考據學風的影響，他的詩歌中有很多的論學之作。如《詩集》卷二《題錢可廬明經蕉窗注雅圖》：

錢君磊磊古丈夫，治經亦復箋蟲魚。
解字九千分部居，字字剖出光明珠。
更肆精力及其餘，稚讓《廣雅》釋且疏。

以長篇評述錢大昭疏釋《廣雅》之功績。

卷三《題凌次仲教授校禮圖次石君師詩韻》一詩亦以八十句的長篇評述凌廷勘治學之成果：

周儀治天下，厥功逾誓誥。揖讓升降中，精義靡不到。
吾友凌經師，無雙齊許號。……實事必求是，虚聲共恥盗。……
宣城冷官舍，校《禮》志雅好。昌黎所苦讀，而君力排奡。
經文溯江河，疏義析潢潦。得間發一難，皇、賈不敢報。
餘情述《周髀》，知天若禅灶。重輪引虚綫，測視目無眊。

卷四《題江子屏書窠圖卷》述江藩幼年好讀書，且喜聚書：

江君未弱冠，讀書已萬卷。
百家無不收，豈徒集墳典。

---

〔1〕［清］盧文弨：《抱經堂文集》卷一七。
〔2〕［清］朱彝尊：《曝書亭集》卷三九《棟亭詩序》。
〔3〕［清］阮元：《跋朱文正公遺墨》，載《純常子枝語》卷三七。
〔4〕［清］陳文述：《頤道堂詩選·自叙》。

款識列尊彝，石墨堆碑版。

兼敘自己幼年與江氏友善，“談經析《鄭注》，問字及《許篆》”，後來江氏的秘笈雖因荒年“負米致偃蹇”而有所散失，仍稱贊江氏述撰等身，成果豐碩。

《詩集》卷四贈送給吴曾貫、鮑廷博、朱文藻、何元錫、何淇、朱彭、周治平、端木國瑚等人的絶句論其治學特點與成就，也是屬于這方面内容的詩作。如《贈周櫟齋》：

中法原居西法先，何人能測九重天？誰知處士巾山下，獨閉空齋畫大圓。

既論中國古代在天文曆法方面的成就超過西方，又盛讚周治平研究天曆的刻苦精神和成果。

阮元十分注重搜集、研究鐘鼎碑刻等金石文字，《詩集》中咏及這方面内容的也不少，如西漢焦山定陶鼎、吴蜀師磚、南詔殘碑、建極銅鐘、隋宫瓦、齊侯罍等。《詩集》卷七有《論鐘鼎文絶句十六首》，極贊鐘鼎銘文的學術價值：

鑄器能銘古大夫，一篇款識十行餘。
《尚書》二十九篇外，絶勝訛殘汲塚書。
德功册賞與勳聲，國邑王年氏族名。
半訂傳訛半補逸，聚來能敵左丘明。

《續集》卷七《得復初齋全集，邕州舟中讀之，即寄野雲山人》以六十句的長篇記叙自己與翁方綱的學術交往與情誼，其中有云：

憶昔庚辛間，袂與野雲挈。紅塵足不到，常向蘇齋謁。
談經兼論詩，金石緣亦結。石墨書樓中，摩挲遍碑碣。
有時坐詩境，清言落玉屑。有時石畫軒，山雲贈怡悦。

翁氏比阮元長二十九歲，兩人可謂是忘年交。作此詩時，翁氏已去世。阮元述及這數十年的交往，情意十分誠摯。在乾、嘉、道時期的清儒當中，阮元與他們的學術交往極多，互相切磋經義及金石、詩畫、訓詁、校勘等學術問題，于此可見一斑。

二　弘揚“選學”，推崇駢文

《文選》爲南朝梁昭明太子蕭統編選，選録自秦至梁的詩文辭賦，不選經、子之書，史部也略選“綜緝辭采”、“錯比文華”的論贊，注重駢儷、華藻，是現存最早的優秀詩文選集。揚州爲《文選》學的發源地，由隋入唐的著名揚州學者曹憲，精研《文選》，授徒講學，受業者常至數百人。曹憲學識淵博，尤精小學和文學，他爲《文選》作注，撰爲《文選音義》。江都人李善，淹貫古今，是曹憲最優秀的弟子，一生以《文選》教授生徒。李善作《文選注》六十卷，徵引繁富（引書近一千七百種），疏證詳明，十分受士人推重。

《文選》學對揚州學者的影響是很大的。阮元十分重視“選學”，曾云：“《文選》一書，總周秦漢魏晋宋齊梁八代之文而存之，世間除諸經、《史記》、《漢書》之外，即以此書爲重。”〔1〕嘉慶九年，阮元在曹憲故宅建樓五間，題曰“隋文選樓”，樓内奉祀曹憲木主，以曹憲弟子李善等配祀，内藏《文選》善本，表彰《文選》之學；又將文選樓作爲江南名士詩文聚會之場所〔2〕。這些做法，都旨在弘揚“選學”。揚派學者都十分重視學習和研究《文選》，爲考據和文學創作打下了堅實的基礎。焦循曾云：“揚州文學，如曹、李之于《文選》，二徐之于《說文》，此二書爲萬古之精華，而揚州泄之，爲天下學者之性命，而廣陵兼之。”〔3〕以阮元、汪中、焦循、凌廷堪爲代表的揚州學派，是清代駢文中興的重要力量。阮元提出“文筆論”，爲駢文争正統地位。其《文言說》云：

> 孔子于《乾》《坤》之言，自名曰“文”，此千古文章之祖也。爲文章者，不務協音以成韻，修詞以達遠，使人易誦易記，而惟以單行之語，縱横恣肆，動輒千言萬字，不知此乃古人所謂直言之言，論難之語，非言之有“文”者也，非孔子之所謂“文”也。〔4〕

阮元認爲，用韻對偶、沉思翰藻的文章始可稱“文”，無韻散行的文章，如說經講學、傳志記事、立意論理之類，衹能稱爲“筆”。有韻之文，寡其詞，協其音，整齊對稱，使人易于記誦，無能增改，故能達意行遠。“此孔子于《易》所以著《文言》之篇也。古人歌、詩、箴、銘、諺語，皆此道也。”〔5〕以此說明韻文在記憶傳誦和達意行遠方面的優點。

阮元又云：

---

〔1〕［清］阮元：《揅經室三集》卷二《書梁昭明太子文選序後》。
〔2〕［清］阮元：《揅經室再續集》卷三。
〔3〕［清］焦循：《雕菰集》卷一三《覆姚秋農先生書》。
〔4〕［清］阮元：《揅經室三集》卷二《文言說》。
〔5〕［清］阮元：《揅經室三集》卷二《文言說》。

昭明所選，名之曰“文”，蓋必“文”而後選也，非“文”則不選也。經也，子也，史也，皆不可專名之爲“文”也，故昭明《文選序》後三段特明其不選之故。必“沉思翰藻”，始名之爲“文”，始以入選也。……孔子《文言》實爲萬世文章之祖。此篇奇偶相生，音韻相和，如青白之成文，如“鹹”、“韶”之合節，非清言質説者比也，非振筆縱書者比也，非佶屈澀語者比也。[1]

阮元强調孔子《文言》是韻文之鼻祖，以此來提高駢文的地位。駢文不僅用韻比偶，而且必取資博學，方能言之有物，這也符合揚州學派爲文必須根柢經史的文學觀。阮元在《書梁昭明太子文選序後》一文中説：

自齊梁以後，溺于聲律。彦和《雕龍》，漸開四六之體，至唐而四六更卑。然文體不可謂之不卑，而文統不得謂之不正。[2]

“四六”乃駢文之一體，即奉駢文爲文章之正統。阮元的《文言説》等論文爲漢學家的駢文創作尋找理論根據，對于提高駢文的地位起了十分重要的作用。清代駢文與散文之争實質上是漢宋之争在文學創作領域中的反映。在這一戰場上，阮元的文筆論是漢學家批評桐城派古文家的理論武器。

阮元的文學創作思想與乾嘉學者從事考據的學術觀點有着内在的聯繫。主張爲文根柢經史，推重《文選》之學，實質上是他們治學崇尚通博在文學創作上的反映。阮元認爲：“周、孔、顔、曾之學，首重文博。”[3]清代學者鄙視明人的空疏淺陋，因而反其道而行之，樸學盛行，考據成風。不少駢文作家，是以考據家的身份兼而爲之的，如毛奇齡、孔廣森、汪中、阮元、凌廷堪、洪亮吉、孫星衍等皆是。散文可蹈空，而駢文必徵典。駢文的寫作必須以深厚的學養爲基礎，而漢學家正具備這樣的條件。駢文作爲一種文體，句式整齊，音韻和諧，文辭典雅，是其優點。如果運用得法，亦能成功地寫景狀物，抒情達意，評論學術，具有較强的藝術感染力。如阮元《蘭亭秋禊詩序》：

是時清風未戒，白雲午晴，幽谷屢轉，重山争峻。發崇岩之桂氣，起秀麓之松嵐。迴溪接步，緬陳迹于古人；爽籟入懷，屬高情于天表。[4]

---

〔1〕［清］阮元：《揅經室三集》卷二《書梁昭明太子文選序後》。
〔2〕［清］阮元：《揅經室三集》卷二。
〔3〕［清］阮元：《揅經室續集》（以下簡稱《續集》）卷三。
〔4〕［清］阮元：《揅經室四集》卷二。

> 描敍文人集會之自然環境，清新雅致，形象生動。他論謝啓昆的《咏史詩》可資用世："觀其錯綜紀傳，點竄贊評，鎔儷事于鈩錘，飾高情以斧藻。聞見殫洽，故所用者宏；衡量均平，故其論可定。古今成敗，燦然畢睹。君子于此，得經世之大端焉。"[1]

對偶工整，評論允當。再如評論其房師孫梅《四六叢話》有云：

> 凡此評文之語，勒成講藝之書。四駢六儷，觀其會通；七曜五雲，考其沉博。而且體分十八，已括蕭劉；序首二篇，特標騷選。比青麗白，卿雲增繡黼之輝；刻羽流商，天籟遏笙簧之響。使非胸羅萬卷，安能具此襟期；即令下筆千言，未許臻兹醞釀也。[2]

《四六叢話》旨在推重和弘扬駢文，阮元的這篇序言對孫氏的著作及其理論大加肯定，目的也是不言而喻的。

其時汪中、孔廣森、洪亮吉、孫星衍等人皆以自己優秀的駢文作品與阮元的文論相呼應。相形之下，桐城派古文顯得蒼白無力。但駢文也有其短，容易流于形式呆板，内容晦澀，不如散文平易流暢。這種文體，對于一般人來説，既難讀，又難寫。因此，實用性不强。阮元的文筆論推崇駢文，一味壓低、排斥唐宋古文，立論不無偏頗之處。駢文、散文各有其長短，各有其存在價值，這無須多論。

三　關心民生，經世致用

清初的學者總結明亡的歷史教訓，反對清談，提倡實學，形成了注重通經致用的學術風氣。乾嘉時期，由于清政府的文化專制政策，絶大多數學者埋頭于經典考據，經世精神被淡忘。從總體上看，乾嘉時期經史考證形成潮流，經世致用的觀念被淹没，但是，經世的思想雖未形成主流，却一直存在著。與吴、皖兩派相比，揚州學派由于看到了漢學所日益暴露出來的脱離實際的弊端，經世致用的思想和實踐得到了明顯的加强。他們繼承了清初顧炎武、黄宗羲等人經世致用的治學宗旨。阮元認爲，治學就應該像顧炎武那樣"留心于經世之務"[3]。焦循亦推重實用之學："循謂古人之學，期于實用。"[4]汪中曾云："中嘗有志于用世，

[1]〔清〕阮元：《揅經室四集》卷二《謝蘇潭咏史詩序》。
[2]〔清〕阮元：《揅經室四集》卷二《四六叢話序》。
[3]〔清〕阮元：《揅經室三集》卷四。
[4]〔清〕焦循：《雕菰集》卷一六《加減乘除釋自序》。

而恥爲無用之學，故于古今制度沿革，民生利病之事，皆博問而切究之。”[1]揚派學者將這一學術宗旨貫徹到文學創作領域，其文學作品的内容也體現出經世的特色。

阮元的詩歌思想内容比較豐富，其主綫反映他從二十六歲中進士走上仕途到七十五歲致仕歸揚州這五十年間的仕宦生涯、學術活動及其心態。阮元做過京官，但外任的時間居多。他居官忠于職守，政績顯著。勤政愛民、嚴于律己，是他做官的基本原則，有不少詩篇抒發了他關心時政和民生疾苦的思想感情。“民以食爲天”，莊稼收成的好壞對農民的生活影響極大。阮元最關心的是風雨氣候對農作物的影響。“一年農事最關心，較雨量晴直到今。”[2]此時他已七十一歲，任雲貴總督，這是他爲官一生時時關心農事和民生疾苦的真情抒寫。“長官哪有安民策，唯望豐年是本原。”[3]抒發了他盼望風調雨順人民安生的真實感受。此外，從以下的詩作中也可看出他對農事和民生的深切關心。

《過密縣》：“最憐春麥短，地偏食尤艱。”[4]

《途中小雨》：“春來何處不風沙，小雨才能醒麥芽。出見野田憔悴色，愧教庭院日澆花。”[5]

《正定喜雨》：“大凡一片墨雲下，總有萬家歡喜心。”[6]

《賦得喜雨》：“得雨如何喜？民心造物知。疾雷消亢氣，雌霓展愁眉。慰切誠求後，情酬仰望時。欣欣方被澤，勃勃已忘饑。”[7]

《高郵雨後舟中歌》：“舊年一雨洗春去，花落春明雜飛絮。今年一雨浮春來，楚州煙水迎船開。楚州珠湖好煙水，但恐狂瀾來未已。遠村新緑上林梢，野寺江梅破新蕊。如此江南好畫圖，一漲便教成釜底。河水原從天上來，湖堤究竟由人毀。春風起兮吹春波，今年秋風復如何？中流擊楫愁心多，且掛江帆催渡河。”[8]

從這些詩中不難看出，阮元的喜與憂和莊稼有没有遭災，和農民生活的好壞

〔1〕《述學》卷七《與朱武曹書》。
〔2〕《續集》卷一一《冬日昭通道中》。
〔3〕《揅經室四集·詩》（以下簡稱《詩集》）卷七《回杭州》。
〔4〕《詩集》卷八。
〔5〕《詩集》卷九。
〔6〕《詩集》卷九。
〔7〕《詩集》卷一一。
〔8〕《詩集》卷一〇。

是聯結在一起的。

如果以上這些詩句還衹是體現阮元對農事的關心，《纖代賑》則是他“哀民生之多艱”的悲愴歌吟：

牽夫十萬輩，歲歲相挽輸。南牽來瓜州，北牽過長蘆。負纖面撲地，蹴踏聲齊呼。前船呼邪許，後船唱喁喁。當暑無笠蓋，逢寒無褌襦。陰雨沐毛髮，烈日炙肌膚。岸宿犯霜露，川涉陷泥途。……問伊何所樂，問伊何所圖？一飯何所樂，一身何所圖？所累唯此口，藉船相爲糊。有時力衰盡，溝壑在路隅。年豐尚謀食，歲荒食更無。今年春夏旱，山東二麥枯。農民無收穫，握粟如珍珠。俯首掘草根，煮及薺與荼。仰首剝樹皮，屑及柳與榆。魯宋數萬民，貿貿來川途。川途亦無麥，守死能須臾？饑民爾勿死，爲我牽舳艫。……自古食爲天，無食良可虞。所賴豈有他？一飯真區區。〔1〕

字裏行間表現了詩人對難民的深厚同情，他以纖代賑，雖衹能一時解決饑民的口食，但其解救人民于倒懸的真誠態度是值得肯定的。

人民遭災之後，作爲人民的父母官，阮元覺得自己責任重大，《浙東賑災紀事》表現了他視民如傷，盡力拯救民衆于水深火熱之中的沉痛心情：

我來如視傷，一一索其瘢。治寇在于猛，恤災務于寬。致災已不德，有力敢不殫？所賴高田稔，米價平市闤。種蕎亦成熟，雖貧心已安。終思卅萬人，家室何時完？朔風生磵道，伏軾興長歎。〔2〕

在封建社會中，天災往往伴隨著人禍，統治者作杯水車薪式的賑災活動時，貪官污吏總是趁火打劫，從中克扣。“金穀四十萬，胥吏伺爲奸。察之苟不密，何异官貪頑，民受官所受，着手親分頒。”這是他勤政愛民的實録。

從關心民衆的疾苦出發，對于敲詐民衆的胥吏，阮元是十分憎惡的。《行賑湖州示官士》：“天下有好官，絶無好胥吏。政入胥吏手，必作害民事。”〔3〕

胥吏爲害是清代的一大弊政，阮元對胥吏的認識十分深刻。而紳士知書識禮，具有儒家的道德修養，愛惜名節。“士與民同心，多有愛民意。分以賑民事，庶不

〔1〕《詩集》卷一〇。
〔2〕《詩集》卷五。
〔3〕《詩集》卷七《回杭州》。

謀其利。”因此阮元多委以賑災之事。

應當指出，阮元之愛民，根源于儒家的仁政觀念，也抱有維護封建統治秩序的動機。《織代賑》中寫饑民“腹飽心且安，人分勢自孤。”撫民與防民作亂的思想是結合在一起的。

阮元不僅經常關心民衆的疾苦，對封建士子也時時關心。他在《發落卷》中写道：“積案盈箱又幾千，此中容易損華年。明珠有泪抛何處，黄葉無聲落可憐。[1]”《寫榜作》：“撑拄五千古文字，銷磨八百舊孤寒。榜花已説孫山好，還向孫山以外看。”[2]

對士子將青春年華銷磨于科舉應試之中表示了無可奈何，對落第士子表示了深深的同情。基于這樣的心理，阮元在閱卷選拔時總是慎之又慎，唯恐埋没人才。“冷傍青氈猶剩墨，照殘紅燭已銷煙。那堪多少飄零意，爲爾臨風一惘然。”[3]其中不僅有對落第士子命運的感歎，也隱含阮元對以四書文取士的科舉制度的不滿。

他在《四書文話序》一文中，則説得很明確：“唐以詩賦取士，何嘗少正人；明以四書文取士，何嘗無邪黨。”[4]此話大有深意，説明自明至清以四書文作爲科舉考試的内容存在弊端，并不能選拔真才實學之士。但是作爲封建統治階級一員的阮元并不敢直接抨擊現行的科舉制度，所以他的這些詩篇雖含有積極的思想意義，但畢竟缺乏批判的鋒芒。

《揅經室集》中有數十首懷古詩，反映了阮元的政治理想與名節觀念。《鄒縣謁孟廟》體現了他的仁政思想：“霸王代謝百年間，夫子風塵又轍環。若使靈台開晋國，豈能秦石上鄒山。”[5]

春秋、戰國時期的若干雄主以武力稱霸，你争我奪，皆不免成爲來去匆匆的過客，孔聖人周游列國，風塵碌碌而其説不行，這是普天下的不幸。如果國富民强的晋國能以仁政徵服天下人心，豈容後來的秦王嬴政吞并六國，上鄒嶧山刻石記功，宣揚他的威力？

《會稽山謁大禹陵》通過讚頌“禹德在于儉”批判後世君主“詭且侈”[6]，

[1]《詩集》卷一。
[2]《詩集》卷五。
[3]《詩集》卷一《發落卷》。
[4]《續集》卷三。
[5]《詩集》卷一。
[6]《詩集》卷二。

表達了儒家的君主應當“節用而愛民”的思想。後世君主從秦至清都是靠武力取得政權，登上帝王寶座後又大興宮室，自奉奢侈。在阮元的眼中後世君主都不能踵武前王。今不如古，後世没有達到儒家的理想政治。

《詩集》中也有若干篇歌咏臣子應有的品德節操。《謁文丞相祠》贊頌文天祥“獨向江心挽倒流”死于臣節的高尚品質〔1〕，《明鐵太保祠》稱贊鐵鉉“死願先平保，功甘讓盛庸”的可貴精神〔2〕。《拜岳鄂王廟》贊岳飛“獨洗兩宮辱，莫言三字冤”的抗金氣節〔3〕。這些詩都表達了共同的題旨。

阮元認爲，儒臣應當在有生之年建功立業，報效國家。《羊杜祠》詩云：“羊杜督軍事，被服皆雅儒。襄漢據上游，用此終吞吴。”〔4〕對羊祜、杜預精通儒術而又能“督軍事”，終爲國家建立殊勳表示深深的贊許。實際上阮元自己也是這樣做的，他在浙江、兩廣滅海盜、平内亂、禦外侮，卓有建樹，以儒臣而又精通軍事，不愧爲嘉、道間第一人。

阮元追求的不衹是在政事上有所建樹，而且希望能以學術、文章流名後世。《古郢都》感歎“章華在何許？禾黍空故宫。惟有屈宋辭，萬古流春風。”〔5〕追逐豪華奢侈的楚王衹是曇花一現，屈原的品格和詩歌才能流傳千古。立功、立德、立言成爲儒家追求的目標。《過臨淄縣齊侯墓》以齊王“一抔土”與左丘明、晏子“兩《春秋》”相比較〔6〕，同樣説明了“立言”的可貴與長久。

在阮元的詩集中，還有一些懷古詩抒發了他對歷史上的志士仁人懷才不遇、報國無門的慨歎。《荆州懷古》：“豈有才人不惆悵，未應王粲獨登樓。”〔7〕《柳州柳侯祠》：“多少文章留恨在，鶯啼花落又羅池。”〔8〕其中表露的思想感情和杜甫《天末懷李白》“文章憎命達”完全是同調。自古文才出衆者命途多舛，阮元是深有體會的，因此在他的爲宦生涯中，他是那樣的憐才惜士，千方百計提拔寒俊，即使已致仕歸田，也時刻不忘接濟後進。

〔1〕《詩集》卷四。
〔2〕《詩集》卷一。
〔3〕《詩集》卷八。
〔4〕《詩集》卷一一。
〔5〕《詩集》卷一一。
〔6〕《詩集》卷二。
〔7〕《詩集》卷一一。
〔8〕《詩集》卷一一。

四　反對摹擬，抒寫性靈

清代最著名的文學流派當屬桐城派。此派自方苞首創“義法”之説，强調行文結構嚴謹，語言簡潔，提出了較爲系統的散文理論。其後，劉大櫆、姚鼐又進一步加以發展，有着明顯的流傳統緒。特别是姚鼐于桐城派之發展壯大尤爲有功，不僅于理論上演進，又選編一部七十五卷的《古文辭類纂》以明義理。且姚氏晚年以講學爲業者四十餘年，門庭日廣，弟子極多，其聲勢可謂極盛。然桐城派古文拘泥于“義法”，其内容多爲書序碑傳之屬，立論大抵皆以程朱理學爲依歸，内容空疏，拘謹、盲從，蒼白無力，毫無生氣。而漢學家崇尚實學，厭惡空談心性之學，因此，桐城派散文必然受到漢學家的批評和排斥。

阮元治學力主創新，曾云：“余以爲儒者之治經，但求其是而已矣。是之所在，從注可，違注亦可。古注之善者采之，淺者、誤者棄之。其有新義，即下己意，不拘郭氏一家之學。”〔1〕這一重要的學術觀點，也必然反映在文學創作上。阮元抨擊桐城派古文頗受時文之害：“近代古文名家，徒爲科舉時藝之累，于古人之文有益時藝者，始競趨之。”〔2〕阮元的批評可謂擊中了桐城派的要害——在内容上受制于理學，在形式上剿襲時文。

評價文學作品，要看它有無真摯的情感，有無切合實際的内容，有無創新，有無生氣。清代文學評論，通常將詩分爲發抒性情的才人之詩和源于學問的學人之詩。對于阮元來説，這兩者是兼而有之。阮元一方面主張寫詩作文須根柢經史，另一方面又主張詩歌創作源于性情，自然抒發，惟意所適，强調“天機清妙”，反對摹擬和虚誇浮泛。他説：“王右丞云：‘非子天機清妙者不能以此不急之務相邀’，然是中有深趣矣。愚于詩不能專工，不過遇何境何事，寫之而已。不肯摹古人、涉客氣。‘客氣’二字，摹古者之通病也。”〔3〕“客氣”指詩文虚誇、浮泛、矯飾。阮元標榜兩漢文章“著于班、範，體制和正，氣息淵雅，不爲激音，不爲客氣。”〔4〕汪瑩稱阮元的詩“不拘一格，不事摹擬，抒其性情，惟意所適”〔5〕。既準確地指出了阮元詩歌的基本特徵，也體現了阮元詩歌創作的思想。

---

〔1〕［清］阮元：《揅經室一集》卷一一《焦里堂群經宫室圖序》。
〔2〕［清］阮元：《揅經室三集》卷二《與友人論古文書》。
〔3〕［清］張宗泰：《魯岩所學集》卷首《阮雲台先生書》。
〔4〕［清］阮元：《揅經室三集》卷二《與友人論古文書》。
〔5〕［清］阮元：《揅經室詩録》汪瑩跋。

阮元在詩中抒發愉悦的情感不喜直接地宣洩，而是通過寫景作婉轉的流露，有的則用托物言志的方法。他二十六歲考中了進士，可謂少年得志。這一年他充翰林院庶吉士，任萬壽盛典纂修官，散館又獲一等第一名，心情之高興可想而知。《雨後過瀛台》詩云：

淡虹殘雨壓飛埃，清蘗霏微霽色開。青鳥拂雲歸閬苑，白魚吹浪過蓬萊。
神仙此日應同住，車馬何人不暫回。半向金鼇橋上望，水南猶自轉輕雷。[1]

阮元二十三歲中舉，二十四歲會試下第，二十六歲終于得志。此種狀況，如雨過天晴，心中的陰雲一掃而光，興奮不已，阮元借景色的描寫將此種情境婉轉而又巧妙地表達出來。第二聯是自喻，“閬苑”借指翰林院，“白魚”爲祥瑞之兆，用“白魚入舟”吉祥之典，暗示對仕途充滿信心。最後兩句表面上是寫實，實則暗用“鳳銜金榜出雲來，平地一聲雷”的典故，含蓄地表達了自己難以抑制的興奮喜悦之情。

對于哀痛之情，阮元則盡情直抒。《展母墓》寫道：

嚴霜隕寸草，饕風撼長樹。哀哉我慈親，竟向此間住。
慈親昔愛我，一日欲百顧。欲及我之冠，欲畢我之娶。
教我讀古書，教我練世務。哀哉皆未及，竟忍離我去。……
蹀躞北郊外，一鑋欲十步。哀哉我慈親，長年竟此處。
繞隴亂叫號，迷惑竟無據。直欲抉土開，呼母應而寤。[2]

真摯、悲痛的情感噴湧而出，感人肺腑，催人泪下。托物抒情、借物明理是阮元常用的方法。《咏鐵拄杖》：

瘦蛟飛舞蟄龍愁，六尺錚錚敵佩鈎。曾伴古仙登葛嶺，合依衰將住并州。
氣寒斷不因人熱，骨重何能繞指柔？若是欒全生日鑄，已隨銅狄較春秋。[3]

含蓄地説明爲人應當有“錚錚”鐵骨，歌頌了正道直行、光明磊落的高風亮節，批判了趨炎附勢、卑躬屈膝的醜惡行爲。

《定山寺看紅山花茶》的寓意含蓄而又深刻：

---

〔1〕《詩集》卷一。
〔2〕《詩集》卷二。
〔3〕《詩集》卷三。

古卉那肯在城市，南野獨立枯僧家。……
世間桃李苦代謝，老樹不自知生涯。
惟知寒山多雨雪，一寒一度生寶華。[1]

城市富貴之家盆中的花卉生命力脆弱，而“南野”的“古卉”生長在大自然中，接受風雨的洗禮，順其天性，自由自在，故其生命力最爲旺盛。“世間桃李”受人工栽培，其本性反而受到損害，所以在“苦”掙扎。“老樹”經受風霜雨雪的考驗，也不自知活了多少年，一年一度更加焕發出青春活力。這些詩句都用托物言志之法説明“在野”比官場好，官場對人束縛太多，詩人頗有“歸田”之意緒。

阮元的寫景詩對景物的描繪十分細緻而傳神，錯落有致，音韻和諧。《同人過西湖，晚泊湖心亭看月》：

湖心有客夜停船，白露如煙月滿弦。風裏雲霞無定色，水中星斗落高天。
直愁銀漢浮身去，唯見金波著地圓。亭是月中仙樹影，四圍虛湛玉輪全。[2]

通過貼切的比喻，展開豐富的想象，在讀者面前展示一幅美妙的圖畫，表現出對自然景觀巧作剪裁的藝術才能。再如《桐廬九里洲看梅花》：

潑眼花光江岸前，半成明月半成煙。
若非天女散花地，便是神仙種玉田。[3]
香和雲氣染人衣，花與山光共四圍。
一片暮雲花上落，可憐香重不能飛。[4]

描寫别具一格，抓住花光和花香這兩個特點，展開巧妙的想象，盡情地渲染，表現手法相當高明。

阮元寫景，描摹的手法多種多樣。《過皋亭山看桃花》：

皋亭山下春色，甘遁村前夕陽。柳葉才匀鴨緑，菜花盡染鵝黄。
雙橋遠水弄影，畫舫晚風載香。况是碧桃萬樹，我來權作漁郎。[5]

---

[1]《續集》卷八。
[2]《詩集》卷三。
[3]《詩集》卷五。
[4]《詩集》卷五。
[5]《詩集》卷五。

格調輕快、可喜，聲韻和諧、上口，動詞的選用準確、傳神，遠景、近景，動態、静態，視覺、嗅覺交替展現，相互補充，又融入詩人的感情，感染力很强。

《晚過西湖》以動態寫静物："雲影遠浮雙塔動，水光閑浸一山孤。"〔1〕

《五色杜鵑花》以鳥喻花，新穎别致："誰知花鳥多顔色，紫燕黄鸝白鷺絲。"〔2〕

此外，許多詩在寫景中融入主觀的情感，如"心依清夜永，夢繞楚川長。"〔3〕"惟思各兒女，五處共清光。"〔4〕都達到了情景交融的藝術意境。

擬人手法的運用，也給景物的描寫增添了生動活潑的色彩："晚來小雨西風急，人與秋雲共入關。"〔5〕"爲語白檀沙上雁，江南依舊稻粱肥。"〔6〕

由上也可看出，阮元詩歌的語言清新、自然，不尚藻飾，造語閑淡而有韻味。

乾嘉詩壇對阮元的詩作評價很高。洪亮吉《北江詩話》稱讚阮元的詩宛如"金莖殘露，色晃朝陽"〔7〕。朱庭珍《筱園詩話》評阮元長于古體，"五古似韋、柳，七古似蘇、陸，佳作頗有可傳，亦清才也"〔8〕。陳文述《頤道堂文鈔》稱阮元兼擅台閣、山林、江湖之詩，其詩胎息唐賢，兼取裁于蘇、黄諸大家，富貴氣象，神仙風度，愛民胸襟，非尋章摘句者可及〔9〕。伍崇曜《揅經室詩録跋》稱，阮元詩歌的藝術成就，方之古人，可與白居易、歐陽修等人媲美；置之當代，可謂"獨步一時"。

惠棟論詩歌創作："詩之道，有根柢，有興會。根柢源于學問，興會發于性情，二者兼之，始足稱大家。"〔10〕

從總體上看，阮元的詩歌内容充實，感情真摯，根柢深厚，抒發性情，清新自然，宛轉流暢，温柔敦厚，不失爲大家風範。阮元是清代中期的優秀詩人，在乾嘉詩壇上實屬佼佼者。

---

〔1〕《詩集》卷七《回杭州》。
〔2〕《續集》卷一〇。
〔3〕《續集》卷七《夜泊》。
〔4〕《續集》卷七《沙岸坐月》。
〔5〕《詩集》卷六《入古北口》。
〔6〕《詩集》卷六《出古北口》。
〔7〕《北江詩話》卷一。
〔8〕《筱園詩話》卷二。
〔9〕《頤道堂文鈔》卷一〇。
〔10〕郭紹虞編：《清詩話續編》，上海：上海古籍出版社，1983年，第1983頁。

作者簡介：郭明道，生于1949年，男，江蘇江都人，揚州大學歷史學教授。主要從事清代學術思想和揚州地方文化研究。從1988年先後在《揚州大學學報》《江海學刊》《學術研究》《社會科學戰綫》《史學月刊》《清史研究通訊》《求索》《社會科學家》《甘肅社會科學》《檔案學通訊》《古籍整理研究學刊》等學術刊物上發表有關阮元和揚州學派的系列研究論文40餘篇，并于2005年由北京社會科學文獻出版社出版專著《阮元評傳》。

Ruan Yuan's Literary Thought and Poem Creation

Guo Mingdao

Abstract: Ruan Yuan's literary thought, as a whole, contains four aspects, First, advocating the idea of learning more about the Chinese classics, he Stresses the profound learning is the foundation of literature creation. "One can not write well without the foundation." Second, advocating parallel prose and "Literary Sellections" . he regards parallel prose as legitimacy of literature so as to repell Tongcheng School's classical prose in Qing Dynasty. Third, caring for the peoples livelihood, he thinks that the correct approach to scholarly pursuits is "Keeping an eye out for practical knowledge of managing state affairs" . Many of Ruan Yuan's poems show great concern for the sufferings of the people. Fourth, objecting to imitate in composing a poem, he advocates that poems express poets' true feelings instead of those supperficial lines.

Keywords: Ruan yuan, literary thought, poem creation

阮元在揚州學派文論中的獨特貢獻

李貴生

内容摘要：阮元是揚州學派的著名學者，對清代學術有全方位的貢獻。近百年來，學者對他的生平交游、學術思想，以至文化教育等方面的事業，俱有不少研究，成果頗爲豐碩。阮元以擘經名世，是清代考證學的巨擘，過去學者很自然會從他的經學研究出發，考察他在文字、訓詁、音韻、金石、曆算、方志等領域的成就。相較之下，他在文學理論方面的創獲，仍缺乏較爲宏觀和全面的論述。

本文擬以揚州學派文論爲參照系，考察阮元在文學方面的創獲，藉此説明他在中國文論史上的地位。本文會以揚州學派文論的整體成就爲基點，從學統與文統的整合、研治文學的方法、駢文的歷史演變觀，以及近世文學性的思考等四個方面，闡述阮元有别于其他揚州學者的獨特貢獻，希望由此引起大家對阮元文學思想的關注，展開更爲深入的研究。

關鍵詞：阮元；揚州學派；文論；貢獻

一　引　言

阮元是揚州學派的傑出學者，他不但繼承了乾嘉漢學“實事求是”的精神，鑽研學術，還以封疆大吏的身份籌建書院、刊刻典籍，主持風會數十年，對清代學術及文化的發展作出了巨大的貢獻。揚州學派的治學特色是通博，誠如梁啓超所言，此派學者“研究的範圍，比較的廣博”[1]，與吴、皖兩派崇尚專、精之學不同；張舜徽其後更以“能見其大，能觀其通”八個字，概括他們的學風[2]。阮元既是揚州學派的重要人物，其治學範圍自亦相當淵博。張舜徽嘗把他與另一通儒焦循相提并論[3]，認爲阮元長于歸納，焦循擅于演繹，取徑雖殊，却“都是通學門庭，影響甚大”[4]，并且具體地指出阮元“對于經史、小學、天算、輿地、金石、校勘，無不窮極隱微，有所闡發，可算是揚州學者中巨擘”[5]。

值得注意的是，張舜徽雖然詳細地列舉了阮元學術各個方面的成就，却無隻字談到阮元對于文學研究的貢獻。究其原因，恐怕是因爲阮元的學術重心乃經學訓詁，其《揅經室集自序》明言：

> 室名揅經者，余幼學以經爲近也。余之説經，推明古訓，實事求是而已，非敢立异也。[6]

于是學者很自然著重阮元詁經考證的成果。加上近代章太炎、梁啓超所草創的清代學術史，從來没有把文學研究納入其中[7]，隱然形成文學與學術相對獨立、互不相屬的論述模式，難怪學界有關阮元學術的研究，至今仍以經學考證爲主[8]。

其實阮元的《文言説》及其有關《文選》的論述，一直頗受中國文學批評史研究者的注意[9]，近年更有專書探討他的文論和影響[10]。可惜這類著述在近百

---

[1] 梁啓超：《中國近三百年學術史》，見朱維錚校注：《梁啓超論清學史二種》，上海：復旦大學出版社，1985年，第115頁。

[2] 張舜徽：《清代揚州學記》，上海：人民出版社，1962年，第2頁。

[3] “通儒”乃阮元對焦循的評語，《揅經室二集》，臺北：世界書局，1982年，卷四即有《通儒揚州焦君傳》，第440～446頁。

[4] 張舜徽：《清儒學記》，濟南：齊魯書社，1991年，第445頁。

[5] 張舜徽：《清代揚州學記》，第143頁。

[6] ［清］阮元：《揅經室一集》，第1頁。

[7] 梁啓超：《中國近三百年學術史》詳列清代學者整理舊學的成績時，包括經學、小學、方志、曆算等多個方面，却無一語涉及他們在文學研究的貢獻。

[8] 伍野春、阮榮輯：《阮元研究論著索引（1799～2012）》，《揚州文化研究論叢》第十三輯，第165～204頁。承蒙兩位老師惠賜大文，謹此致謝。

[9] 陳鍾凡：《中國文學批評史》，臺北：鳴宇出版社，1979年。此書是第一部由國人所寫的文學批評史，當中已提及“儀徵派”，討論阮元的説法。其他如青木正兒：《清代文學評論史》，北京：中國社會科學出版社，1988年；敏澤：《中國文學理論批評史》，人民文學出版社，1981年；蔡鍾翔等：《中國文學理論史》，北京：北京出版社，1991年；鄔國平等：《清代文學批評史》，上海：上海古籍出版社，1995年；張少康等：《中國文學理論批評發展史》，北京：北京大學出版社，1995年。均有論及阮元的文論。

年的阮元研究中僅占極小的比例，而且學界仍鮮有意識到阮元的文學研究與其經學著述之間的緊密關係，以致未能全面認識阮元文論的價值和貢獻。筆者嘗撰《傳統的終結——清代揚州學派文論研究》[1]，闡述揚州學派文論的總體成就，本文擬在此基礎上，重點抉發阮元有别于其他揚州學者的獨特貢獻，希望由此深化學界對阮元文論的理解，從而拓展阮元學術思想的研究。

二　完成學統與文統的整合

現代學者對清代學術的理解，很大程度上受惠并且受制于章太炎和梁啓超的論述。章太炎《清儒》云：

> 震始入四庫館，諸儒皆震竦之，願斂衽爲弟子。天下視文士漸輕，文士與經生始交惡。而江淮間治文辭者，故有方苞、姚範、劉大櫆，皆産桐城，以效法曾鞏、歸有光相高，亦願屍程朱爲後，世謂之桐城義法。[2]

梁啓超接受章氏文士與經生二分的觀點，認爲考證學在乾、嘉、道百餘年間，其氣象更掩襲一世，實更無他派足與抗顏行。若强求其一焉，則固有在此統一的權威之下而常懷反側者，即所謂“古文家”者是已[3]。此後文士或古文家逐漸獨立于清代學術研究之外，并在現代學科分類下，順理成章地歸入中國文學史研究的範疇裏。

儘管章、梁的框架有助説明清代學術的一些現象，却不大適用于揚州一派。因爲揚州學派的代表人物如汪中、凌廷堪、江藩、阮元、焦循等，都是雅擅文學的經學家，并且對辭章之學有不少見解。最早提出“揚州學派”一詞的方東樹，除了批評此派在經、子研究上有“襲取前人謬論”之處[4]，還特别批评阮元、江藩等人的文論，指斥他們“力詆八家之文爲僞體”[5]。方氏的批評未必合理，但從中亦可看見當時以古文見稱的桐城派學者，實在相當關注揚州學者對文學

---

[10]　（接上页注）最近邱培超博士的專著：《自“文以載道”至“沈思瀚藻”——學術史視域下阮元學圈的文統觀及其意義》，臺北：大安出版社，2012年，堪稱有關研究最重要的成果。

[1]　李貴生：《傳統的終結——清代揚州學派文論研究》，上海：復旦大學出版社，2009年。

[2]　章太炎：《訄書》，上海：古典文學出版社，1958年，第31～32頁。

[3]　梁啓超：《清代學術概論》，見朱維錚校注：《梁啓超論清學史二種》，上海：復旦大學出版社，1985年，第55頁。

[4]　［清］方東樹：《漢學商兑》，江藩、方東樹著，徐洪興編校：《漢學師承記（外二種）》，香港：三聯書店，1998年，第292頁。

[5]　［清］方東樹：《漢學商兑》，第384頁。

的看法。可惜學術史研究者對經學家的文論素來缺乏系統的考察，而文學史家則僅僅知道阮元以駢文爲正宗的主張，較少人注意到揚州、桐城兩派持論的深層意義。

事實上，傳統文章之學與學術思潮有异常密切的關係。桐城派奉爲宗師的韓愈既是“文起八代之衰”的文章大師，同時是“道濟天下之溺”的理學先驅。宋明以來理學盛行，散體的古文亦大行其道，文與道、學統與文統配合無間。清代桐城派一方面繼承唐宋八家古文，同時亦標榜程朱理學，桐城三祖之一的方苞便號稱“學行繼程朱之後，文章在韓歐之間”。近代學者亦不諱言：“從歷史事實看，‘桐城派’中確有不少人中了‘程朱理學’的毒。”[1]可是清代自考證學堀起後，陳腐的官方理學已不被有識之士所重視，主流學者均高舉漢學旗幟，致力尋求古經的真意。于是如何重新統合學統與文統，便成爲當時漢學家須要面對的問題，而凌廷堪則是較早提出反思的學者。

凌廷堪崇尚駢文，認爲“屈宋鴻篇，爲辭林之正軌；班張巨制，乃文苑之大宗”[2]，并且批評古文作家衹是“以空疏之腹，作滅裂之談”[3]。其《上洗馬翁覃溪師書》云：

> 夫靈均之高曾規矩，不猶漢晋之授受專門乎？昌黎力排駢麗，不猶洛閩之高談性命乎？……世儒言學則知尊兩漢，而論文但解法八家，此則廷堪所滋惑者矣。[4]

他把學術與文學的發展結合起來加以考察，認爲當時學者雖知推尊兩漢之學，却不崇尚屈、宋、班、張的辭賦，這種學統與文統分離的現象，實在令人大惑不解。因此他提倡文與學應該重新統合，重申“漢朝經術即文章”[5]、“果是文雄學必醇”[6]，學者既然仰慕兩漢儒者之學，便應效法他們的文章，不宜模仿空疏的八家之文。凌廷堪宣導經學與文學須重新統合，無疑極具卓見，可是這番論述仍有一個重要缺憾：屈、宋鴻篇雖是文章正軌，但屈、宋二人并不以學術名世，他們的鴻篇亦非宏道論學的文字。由是而言，文章正軌與儒門經學來自不同源頭，二

[1] 吴孟復：《桐城文派述論》，合肥：安徽教育出版社，1992 年，第 69 頁。
[2] ［清］凌廷堪：《校禮堂文集》卷二二，臺北：藝文印書館，1971 年影安徽叢書本，第 10～11 頁。
[3] ［清］凌廷堪：《校禮堂文集》卷二四，第 1～2 頁。
[4] ［清］凌廷堪：《校禮堂文集》卷二二，第 10～11 頁。
[5] ［清］凌廷堪：《晥城夜感》，《校禮堂詩集》，臺北：藝文印書館，1971 年影安徽叢書本，卷七，第 13 頁。
[6] ［清］凌廷堪：《校禮堂詩集》卷七，第 8 頁。

者缺乏内在的統一性，就理論層面而言，不及唐宋古文家和理學家所提出的“文以明道”或“文以載道”。

漢學與駢文的關係，直至阮元撰成《文言説》等一系列的文章後，始有一套較爲融貫周全的説法。阮元細繹孔子《文言》，發現：

> 孔子于乾坤之言，自名曰文，此千古文章之祖也。爲文章者，不務協音以成韻，修詞以達遠，使人易誦易記，而惟以單行之語，縱横恣肆，動輒千言萬字，不知此乃古人所謂直言之言，論難之語，非言之有文者也，非孔子之所謂文也。[1]

他相信《文言》乃孔子之文，隱含了聖人對“文”的理解，乃名副其實的“古文”：

> 然則千古之文，莫大于孔子之言《易》。孔子以用韻比偶之法，錯綜其言，而自名曰文。何後人之必欲反孔子之道而自命曰文，且尊之曰古也？[2]

《文言》乃説經之文，而其形式則是用韻比偶。清代考證學者既以推明經籍古義爲己任，自亦應當效法孔子所倡導的古文。阮元的説法爲漢學與駢文尋出共同的源頭，完成學統與文統的整合，有力地挑戰唐宋古文的理論體系，意義非比尋常。

三　以詁經之法研治文學問題

《文言説》乃阮元詁經的發現，是他推尋古訓的其中一個成果，不過這項成果亦可以回應當時學統與文統割裂的問題。可惜現代專門研究中國文學批評的學者既不關心亦不熟悉阮元的經學研究，每每誤以爲《文言説》純粹借助孔子的權威提倡駢文，純屬借題發揮、牽强附會之作[3]。這類批評無疑倒果爲因，亦不符合清代學術和阮元經學研究的實際情況。誠如吴文祺所説：

> 當乾嘉樸學全盛時期，古文家的勢力很薄弱。故一般樸學家，不願也不屑與他們爭一日之短長，更無别樹一幟與之抗衡之意。[4]

---

〔1〕［清］阮元：《揅經室三集》卷二，臺北：世界書局，1982年，第567頁。

〔2〕［清］阮元：《揅經室三集》卷二，臺北：世界書局，1982年，第568頁。

〔3〕如青木正兒：《清代文學評論史》説阮元把“聲成文”解爲“言語的聲音，更將其理論運用于孔子的《文言》，未免牽强附會過甚”（第176頁）；蔡鍾翔等：《中國文學理論史》（北京：北京出版社，1991年）則批評阮元乃“以‘聖人’嚇人的論證方法，實在有點强詞奪理”（第64頁）；鄔國平等：《清代文學批評史》（上海：上海古籍出版社，1995年）同樣認爲《文言説》祇是“抬出孔子來佐證自己結論的合理性和權威性”（第637頁）。

〔4〕吴文祺：《近百年來的中國文藝思潮》，香港：龍門書店，1969年，第14頁。

阮元少年早達，文望及階位俱顯，根本没有必要刻意與古文家争短長，更不會爲了奪取文章正統而隨意解釋經籍，爲文學而犧牲經學研究。從現存材料可知，《文言説》確實是阮元説經的發現。

阮元《揅經室集》所收文章大多没有標明寫作時間，然而據郝懿行嘉慶十八年（1813 年）十月廿一日所寫的《奉答阮云台先生書》，可以斷定阮元最遲在該年九月初已完成《文言説》的初稿。郝書明言：

> 頃于九月初八接奉鈞諭……前賜讀《文言説》數條，兹復蒙示《釋訓》一篇，將俟病除，融會二書要言，登入《爾雅義疏》。[1]

王章濤據此認爲“九月初八日，郝懿行收到阮元來函，隨函有《文言説》一文見示”[2]，其説極是。郝懿行的答書不但有助我們確定《文言説》的成書日期，還清楚展示當時阮元本人怎樣看待《文言説》。阮元把《文言説》與《釋訓》一并送交郝氏，目的是向這位《爾雅》專家分享他的發明，希望他“融會二書要言登入《爾雅義疏》”。阮元的做法正可説明在他心目中，《文言説》與《釋訓》性質相同，均是有助小學訓詁的説經文字。由是而言，他在《揅經室續集自序》中自言：“一日讀《周易·文言》，恍然曰：孔子所謂文者此也，著《文言説》。”[3]并非借題發揮的虚語，而是他研讀《周易·文言》的發現，自信能發千古之覆，因而寫下他的新見，并把結論移施于文章的範疇，重新反思“古文”的意涵。

《文言説》收録于《揅經室三集》卷二，按照阮元本人的分類，乃“近于子之作”[4]。該集所收文章的性質雖與一集等説經文字不同，但當中的發現仍極具價值。如同卷另有《塔性説》一文，阮元特别向阮福提到：

> 塔性之説，本應載入《性命古訓》之後，嫌其取譬少入于諧，然由晋人清談轉入翻譯釋典，又轉入于唐人之複性，實非此篇不能言之通徹。[5]

三集的文章雖因種種緣故没有歸入一集内，但内容仍非常重要，甚至有“非此篇不能言之通徹”者。阮元在《揅經室集》各篇自序中多次提到《文言説》的考

[1] ［清］郝懿行：《曬書堂外集》卷上，《續修四庫全書》，清光緒十年東路廳署刻本，上海：上海古籍出版社，1995 年，第 573 頁。
[2] 王章濤：《阮元年譜》，安徽：黄山書社，2003 年，第 576 頁。
[3] ［清］阮元：《揅經室一集·自序》，第 1 頁。
[4] ［清］阮元：《揅經室一集·自序》，第 1 頁。
[5] ［清］張鑒等：《阮元年譜》道光七年丁亥，第 155 ~ 156 頁。

辨，可知這篇文章的重要性當不在《塔性説》之下。

細繹《文言説》内容，阮元實際上運用了嚴謹的治經方法考釋“文言”之義。該文立論的起點是“古人無筆硯紙墨之便”，“是以必寡其詞，協其音，以文其言，使人易于記誦。”[1] 阮元把“以文其言”的原因上推至極古之世，與他詁經時推求古訓的做法正相一貫。逐一檢視文中的論述以及當中徵引的文獻，不難發現阮元所著意考釋的，并不是“文”字的古訓，而是“文言”一語的涵義。在阮元的原文裏，“言”是最先出現關鍵的字眼，“文”乃緊承“言”而帶出來的觀念，所以文章先引述《説文》有關“言”字的訓釋，再引《左傳》“言之無文”爲證。此後文中屢言：

> 是以必寡其詞，協其音，以文其言，使人易于記誦。
> 孔子于乾坤之言，自名曰文。
> 然則千古之文，莫大于孔子之言《易》。
> 直言之言，論難之語，非言之有文者也。
> 孔子以用韻比偶之法，錯綜其言，而自名曰文。[2]

從來未嘗離“言”而言“文”，足證阮元所關心的乃“文言”的意思，即“言”之所以成“文”、能稱爲“文”的原因。

要解答這個問題，我們不能僅看“文”的用法，而應把注意力集中在“文”與“言”并聯出現的例子。利用電腦檢索[3]，“文”字在《十三經》中合共出現九百多次，但“文”“言”連言的例子僅有（1）《周易·文言》、（2）《左傳·襄公二十五年》“言之無文，行而不遠”、（3）《孝經·喪親章》“言不文”、（4）《禮記·喪服四制》“然而曰言不文者”、（5）《禮記·儒行》“言談者，仁之文”，以及（6）《左傳·僖公二十四年》“言，身之文也”等六條。筆者曾逐條分析這些用例，發現（3）至（6）無法解決言之所以成文的問題。阮元《文言説》中僅僅稱引（1）（2）兩條材料，最後集中分析《文言》，實有其内在的理據。又他窮舉相關用例，繼而歸納詞義，所用方法實與《論語論仁論》或《性命古訓》互相一致[4]。

---

[1] ［清］阮元：《揅經室三集》卷二，第 567 頁。
[2] ［清］阮元：《揅經室三集》卷二，第 567 頁。
[3] 語料資料出自中央研究院“瀚典全文檢索系統”（http：//hanji. sinica. edu. tw/）。
[4] 這部分的詳細分析，可參拙著《傳統的終結——清代揚州學派文論研究》，第 155 ~ 161 頁。

阮元以嚴謹的詁經之法分析“文言”之義，正可説明《文言説》原是經學詁訓的發現，繼而移施到文章的領域。就像乾嘉諸老以治經之法治子書一樣，阮元以訓經之法研治集部問題，既拓闊了考證學的範圍，同時把文學研究提升至新的學術高度，其創獲迥异于一般古文家，亦超越同代的揚州學人。

四　宏觀的駢文演變史論

在揚州學派之中，凌廷堪是較早提倡駢文、反對古文的學者。他自言“少好六朝辭賦，爲文喜作選體”[1]，二十二歲時即與友人相約共治古文辭，特撰《祀古辭人九歌》，認爲“屈宋鴻篇，爲辭林之正軌；班張巨製，乃文苑之大宗”。此後曹丕、摯虞、陸機、蕭統、沈約、任昉、劉勰、鍾嶸和徐陵九人能明辨文章流别，“叩音響于空虛，索端倪于冲漠”，于是仿《楚辭·九歌》之體以祀之。可是唐代韓愈和柳宗元改變了梁、陳文風，“漫云起八代之衰，實自成一家之學”[2]，扭轉了文章正統。他對以韓愈爲首的古文極爲不滿，批評説：

> 蓋昌黎之文，化偶爲奇，戛戛獨造，特以矯枉于一時耳，故好奇者皆尚之；然謂爲文章之别派則可，謂爲文章之正宗則不可也。宋初古學猶存，文章矩矱人皆知之，故姚氏明于决擇如此。熙寧而後，厭故喜新，末學習爲固然。元明以來，久不復識源流之别矣。[3]

在他看來，自韓愈提倡古文，辭賦即日漸式微，在宋代熙寧以後已不復流行，自元明以降，學者已不知何謂正宗與别派了。

可是阮元并不如凌廷堪那樣悲觀，反而建構出一套宏觀完整的駢文史論，展示駢文由孔子至清代的演變情況。他深信孔子《文言》是千古文章之祖，講究用韻比偶，學術文辭并重。此後孔門高弟子夏繼承了孔子的學問文章，他所撰寫的《詩序》固然是經解的傑作，其文亦有“抑揚咏歎之聲音，且多偶句”，正是“千古宫商翰藻奇偶之祖”[4]。及至漢人推尊儒學，他們的詞賦亦是學、文兼備。阮元相信：

> 古人古文小學與詞賦同源共流，漢之相如、子雲，無不深通古文雅訓，

[1]［清］凌廷堪：《上洗馬翁覃溪師書甲辰》，《校禮堂文集》卷二二，第10頁。
[2] 以上引文俱見《校禮堂文集》卷六，第1~2頁。
[3]《書唐文粹後》，《校禮堂文集》卷三二，第6頁。
[4]［清］阮元：《文韻説》，《揅經室續集》卷三，第128頁。

至隋時曹憲在江淮間，其道大明。馬、揚之學，傳于《文選》，故曹憲既精雅訓，又精《選》學。[1]

詞賦講究用典，又要音調諧協，作者自須深通古文雅訓。阮元認爲詞賦家同時是小學家，“漢之相如、子雲，文雄百代者，亦由《凡將》《方言》，貫通經詁”[2]。孔門學問和文章一傳而爲漢賦，再傳而爲六朝《文選》之學。要讀通《文選》，亦“必明乎《倉雅》《凡將》《訓篡》、許、鄭之學，而後能及其門奥”[3]。阮元認爲昭明太子的《文選序》正能體現“文”的涵義：

昭明所選，名之曰文。蓋必文而後選也，非文則不選也。經也、子也、史也，皆不可專名之爲文也。……必沈思翰藻，始名之爲文，始以入選也。[4]

并且由此判别文章的源流正變：

自齊梁以後，溺于聲律，彦和雕龍，漸開四六之體，至唐而四六更卑。然文體不可謂之不卑，而文統不得謂之不正。自唐宋韓蘇諸大家以奇偶相生之文，爲八代之衰而矯之，于是昭明所不選者，反皆爲諸家所取。[5]

這番話提出兩個重要觀點，其一是唐宋古文背離《文選》之道，根本没有資格稱爲文，故下文云：“惟沈思翰藻，乃可名之文文也。非文者尚不可名爲文，况名之曰古文乎?”[6] 這種“正名”的態度在《與友人論古文書》中有更爲詳盡的發揮[7]。其二是承認四六之體至唐而日卑，文體漸衰，但無礙其爲文章正體；八家古文雖能矯正這些流弊，却衹是一時權變，并不足以取代正統的位置。

阮元與凌廷堪最大的分别是雖然慨歎唐以後四六文體漸卑，却不認爲駢文從此式微。他曾爲其座師孫梅的《四六叢話》作序，該書卷三三即記述了宋元時期四六作家，從宋代徐鉉、王禹偁、楊億、劉筠、張咏，一直至元代王惲、袁桷、虞集、劉壎、王鋋等，合共八十多人。阮元承認爲宋元四六的確不如前代：

---

[1] ［清］阮元：《揅經室續集》卷二，第364頁。
[2] ［清］阮元：《西湖詁經精舍記》，《揅經室二集》卷七，第505頁。
[3] ［清］阮元：《梁中丞文選旁證序》，《揅經室續集》卷三，第140頁。
[4] ［清］阮元：《書梁昭明太子文選序後》，《揅經室三集》卷二，第569頁。
[5] ［清］阮元：《揅經室三集》卷二，第570頁。
[6] ［清］阮元：《揅經室三集》卷二，第570頁。
[7] ［清］阮元：《揅經室三集》卷二，第570～571頁。

> 趙宋初造，鼎臣大年，猶沿唐舊，歐蘇王宋，始脱恒蹊。以氣行則機杼大變，驅成語則光景一新。然而衣辭錦繡，布帛傷其無華，工謝雕幾，簴業呈其樸鑿。南渡以還，浮溪首倡，野處西山，亦稱名集，渭南北海，并號高文，雖新格别成，而古意寖失。元之衰揭，冕弁一世，則又揚南宋餘波，非複三唐雅調也。[1]

然而文體雖卑，却未嘗中斷。他甚至認爲宋元以後，明人雖然標榜八家古文，但四六的影響依然存在，衹是化入四書文之内，以致習焉不察：

> 《兩都賦序》白麟神煌雀二比，言語公卿二比，即開明人八比之先路。明人號唐宋八家爲古文者，爲其别于四書文也，爲其别于駢偶也。然四書文之體，皆以比偶成文，不比不行，是明人終日在偶中而不自覺也。……是四書排偶之文，真乃上接唐宋四六爲一脉，爲文之正統也。[2]

根據他的説法，四六之文從來没有被古文完全掩蓋，反而因爲滲透入科舉之中，得以廣泛流行，成爲士人必習之學。他揭示孔子《文言》和昭明《文選序》的真義，并非牽强復古之舉，而是彰顯近世隱藏的文統，恢復駁文的正統地位。阮元的論述爲駢文建構了一套延綿二千載的完整歷史，他的説法值得文學史研究者認真關注。

五　開展近代有關文學性的思考

筆者嘗謂揚州學派文論是中國最後一套原生態的文學評論，代表了中國傳統文論的終結。所謂原生態，乃指它是中國固有的文論，并非 1842 年鴉片戰争後西方思潮衝擊下的産物；至于傳統，則是與現代相對的觀念，後者主要指 1917 年胡適以降的新文學運動。阮元卒于 1849 年，但其文學論述在學界仍占有主流的地位，直至現代白文話和西方文藝思潮興起，始淡出學術的舞臺。假如把眼光聚焦在 1842 至 1917 年中國近代的階段，可以看到阮元對“文言”的討論，不但是當時討論文學問題的基本框架，還開展了近代有關“文學性”的思考，其理論意義不容忽視。

阮元的學説爲阮福和學海堂諸生所繼承，但并非所有經學家都同意他的觀點。

---

〔1〕 孫梅：《四六叢話後序》，《四六叢話》，臺北：商務印書館，1968 年，第 3 頁。
〔2〕 ［清］阮元：《書梁昭明太子文選序後》，《揅經室三集》卷二，第 569～570 頁。

常州今文學派的宋翔鳳在《過庭録》中便嘗博引資料，認爲阮元的“文筆”分析并不準確：“然元帝已言，古之文筆，與今之文筆，其源异者，亦明言文筆之分，非自古矣，則文與筆分，近在六代。”[1] 後來于詁經精舍學習的朱一新更直言：“凡文必偶，意雖是而語稍過，若《揅經室集》諸論，則偏矣。”[2] 然而贊成阮元的名士學者，亦不在少數。李慈銘便十分欣賞凌廷堪“文體必本韻偶”之說，認爲“儀徵阮氏，并發斯旨，示來學以津梁，傳古人之秘奥”[3]。王闓運亦說：“複者文之正宗，單者文之別調”[4]，明顯接受文言之說。稍後精研選學的揚州學者李詳更盛讚阮元“能窺文章之源”，[5] 又謂“阮氏之言，亦昭明立意能文之區畫也”，韓、柳“後雖别爲一派，而文章正宗不在是也。”[6]

無論贊成與否，上述意見均立足于阮元的主張，顯示《文言説》所提出的觀點在中國 19 世紀下半葉仍然廣受注意，占有重要的位置。此外尤其值得注意的是，阮元探討文的原義，思考“言之所以成文”的特質，這種探索已涉及文學的本質問題，與 19 世紀末西方有關“文學性”的反思如出一轍。根據伊格頓（Terry Eagleton）的説法：“‘文學’一詞的現代意義衹有到 19 世紀才開始真正流行起來。”[7] 卡勒（Jonathan D. Culler）亦指出：

> 19 世紀末以前，文學研究還不是一項獨立的社會活動：人們同時研究古代的詩人和哲學家、演説家——即各類作家，文學作品作爲更爲廣闊意義上的文化整體的不可分割的組成部分而成爲研究物件。因此，直到專門的文學研究建立後，文學區别于其他文字的特徵問題才提出來了。[8]

對“文學性”的探討乃專門文學研究興起之後的結果，當時西方學者開始考察文學有别于其他文字的特徵，思考文學之爲文學的性質。在此基礎上，二十世紀陸續出現俄國形式主義、英美新批評、歐陸結構主義等不同的文學理論。從西方經

[1] ［清］宋翔鳳：《過庭録》，北京：中華書局，1985 年，第 259 頁。
[2] ［清］朱一新：《無邪堂答問》卷二，臺北：廣文書局，1969 年，第 50 頁。
[3] ［清］李慈銘：《書凌氏廷堪校禮堂集中書唐文粹文後》，《越縵堂文集》卷六，第 190 頁。
[4] 王闓運著、陳兆奎編：《王志》卷二，香港：廣華書店，1966 年，第 8 頁。
[5] 李審言：《媿生叢録》，《李審言文集》，南京：江蘇古籍出版社，1989 年，第 447 頁。
[6] 李審言：《答江都王翰棻論文書》，《李審言文集》，第 1061 頁。
[7] See *Literary Theory*: *an Introduction*. Oxford: Blackwell, 1983, p. 18.
[8] 喬納森·卡勒：《文學性》，載［加拿大］馬克·昂熱諾、［法國］讓·貝西埃、［荷蘭］杜沃·佛克馬、［加拿大］伊娃·庫什納主編，史忠義、田慶生譯：《問題與觀點：20 世紀文學理論綜論》，天津：百花文藝出版社，2000 年，第 30 頁。

驗可見，阮元的文論實在極有相當的前瞻性。他對文章特質的探討，以及由此衍生的討論，代表了西學東漸前中國本土思考“文學性”的最前沿成果。

相較之下，清末民初絶大多數學者的文學觀，反而不及阮元前進。如章太炎《文學總略》云：“凡文理、文字、文辭，皆言文，言其采色發揚謂之彣。”〔1〕他認爲“文”泛指所有著于竹帛的文字，姑勿論他的考釋是否準確，這種含義寬泛的雜文學觀念，并不能説明文學有别于其他文學的特質。其後深受西學影響的胡適論及“文學的性質”時表示“一切語言文字的作用在于達意表情，表情表得好，便是文學”〔2〕，其説同樣未觸及文學性的問題。雖然他後來補充説：“文學有三個要件：第一要明白清楚，第二要有力能動人，第三要美。”〔3〕但當中第三點衹是第一、第二點“二者加起來自然發生的結果”〔4〕，完全没有提到語言形式與美感的關係。反觀阮元强調沈思翰藻、用韻比偶，這種重視審美形式的主張，比19世紀末、20世紀初的學者更接近現代意義的文學觀念，個中因由，實在耐人尋味。

六 結 語

本文以揚州學派爲參照系，闡述阮元文論的獨特貢獻，其目的絶不是要爲阮元的文學思想作出定論式的判斷，而是希望由此引發大家對這個課題的興趣，繼續進行多角度的探索。如阮元的文統論是否真的有經典的根據，他研治文學的方式與桐城文家有甚麼异同，其駢文史觀和對四六文的看法與同代駢文家的作品和説法有甚麼關係，又他所引發的文學性討論在近代有没有具體等，這些問題仍然有待深入的探討。由此可見，阮元的文學思想仍有許多研究空間，足以拓展阮元學術研究的範圍。

作者簡介：李貴生，香港中文大學中國語言及文學系哲學博士。現為香港教育學院文學及文化學系副教授，歷任中文學系副系主任、通識教育統籌主任及署理總監等職。著有專書《傳統的終結——清代揚州學派文論研究》《靈化無窮——中國神話解讀》，另有論文數十篇，發表于《漢學研究》《中國文哲研究集刊》、

〔1〕章太炎：《文學總略》，見章太炎著，傅杰編：《章太炎學術史論集》，北京：中國社會科學出版社，1997年，第43頁。

〔2〕胡適：《建設的文學革命論》，見胡適著，歐陽哲生編：《胡適文集》第二册，北京：北京大學出版社，1998年，第46頁。

〔3〕胡適：《甚麼是文學（答錢玄同）》，《胡適文集》第二册，第149頁。

〔4〕胡適：《甚麼是文學（答錢玄同）》，《胡適文集》第二册，第150頁。

Monumenta Serica、《東方文化》《中國文化研究所學報》等學術期刊中。

The Unique Contributions of Ruan Yuan's Prose Theory in Yangzhou School

Li Guisheng

Abstract: Ruan Yuan was one of the most famous scholars in Yangzhou School, with all round contributions to the scholarship of Qing dynasty. In the last century, a number of substantial researches on Ruan Yuan have been carried out, ranging from biographical studies, intellectual thoughts to his achievements in culture and education. Since Ruan Yuan was renowned for evidential studies of the Classics, researchers usually focused on his contributions related to those of classical studies, which includes etymology, philology, phonology, epigraphy, calendarical studies and local gazetteers. In contrast, his accomplishments in the field of literary theories are still lack of comprehensive investigations.

In order to elucidate his status in the history of Chinese literary theory, this article aims to examine Ruan Yuan's achievements in literature with reference to the prose theory ofYangzhou School. Based on the prose theory of Yangzhou School as a whole, we will identify Ruan Yuan's unique contributions from four different aspects, namely, the unification of orthodoxy concerning scholarship and literature, the method of literary studies, the historical development of parallel – prose genre and the reflections on literariness in modern China. We hope that such discussions can arouse researchers' interests, which may lead to further investigations about Ruan Yuan's literary thoughts.

Keywords: Ruan Yuan, Yangzhou School, Prose Theory, Contributions

于古有徵乎？

——阮元溯文統宗于《易》之探究

邱培超

内容摘要：近代中國知識轉型的過程及面貌，已成爲當今知識界所急欲探討的議題。清代位居宋明理學與近代之中介，重要的過渡地位不言可喻。在“文學”的轉型過程中，清代也是占居轉關，尤其是清代的中堅——乾嘉時期，尤爲關鍵。阮元不僅是乾嘉時期的經學“重鎮”，在文學轉型上更有推進之功。阮元在學術史的視域下，考鏡文學之源流，將文統之宗繫于《文言傳》。阮元所面對的學術環境，不僅需與唐、宋八家進行對話，同時也面對當時的桐城學者。職是之故，阮元透過語言文字的發生，以及文學此類知識的獨特性所具備之條件，進行一番考索，因此特意將文統之宗繫于《易經》，同時以符合文之形式條件的《文言傳》列屬文統之宗，恰可回應傳統唐、宋八家以及桐城的主張外，并可將文統之源流上推至古人之作而更加完備。

關鍵詞：阮元；文統；《文言説》；文學思想

一　前　言

近代中國知識轉型的過程及面貌，已成爲當今知識界所急欲探討的議題[1]。

---

〔1〕臺灣中央研究院近代史研究所于2006年6月出版《近代史研究所集刊》第52期，即“近代中國的知識建構1600～1949”專號，收録王爾敏先生等多位專家學者論文，又于2011～2013年，由張壽安研究員執行爲期三年的“中國近代知識轉型與知識傳播，1600～1949計畫”，結合多國學者共同參與，研究成績斐然。中國大陸亦于2009年于上海大學舉辦“中國傳統學術的近代轉型國際學術研討會”，而後集結七十餘篇論文正式出版。由此可見，全球已紛紛投入此一議題之探究，而此議題仍須有各專業領域分工合作，必有更加深入的研究成果。

“清代”位居“宋明理學”與“近代”之中介，重要的過渡地位不言可喻。在“文學”領域的轉型過程，清代也是占居轉關，誠如劉大杰（1904～1977年）觀察清代文學發展而所予之論斷[1]。筆者于拙著《自“文以載道”至“沈思翰藻”——學術史視域下阮元學圈的文統觀及其意義》中，就是針對清代中堅——乾嘉時期，阮元學圈在清代文學轉型的過程中，究竟提出哪些論點，對後世發生何等影響等相關議題進行初步探討[2]。拙著發表出版後，受到諸多師友的批評指正。本文撰著之緣起，即是在目前能力範圍内，欲針對阮元（1764～1849年）何以于早期將文統之宗繫于屈原（公元前352～前281年），而二十五年後却上推至《易經·文言傳》此疑義。

二　問題緣起

阮元于乾隆五十三年（1788年）爲其江南鄉試之房師孫梅（？～1790年）《四六叢話》一書撰《序》文時，初步確立了對文學與其他知識的關係，以及文學本身發展的流衍等觀點，雖未嚴謹圓滿，却也初露頭角，表達己見。阮元在該文中，開首就區分“文”與“質”的差别，爲後文奠下基礎，緊接著就區分“經”、“史”、“子”與“篇章”（或言“篇翰”）之异。于此其中，阮元依據并運用《文選序》的觀點，説明先秦諸子“以立意爲宗，不以能文爲本”，史家則“重于序事，所謂傳之簡牘，而事异篇章”。阮元一方面清楚地將文與史、子加以區别外，同時也使我們見到《昭明文選》對阮元的影響，尤其《文選序》日後竟成爲阮元文統論述的理論基礎之一。筆者于拙著《自“文以載道”至“沈思翰藻”——學術史視域下阮元學圈的文統觀及其意義》曾提出，阮元認爲：“一切人文與經典的生成，都必須溯及《六經》，乃因《六經》内容皆屬‘體要之辭’、‘立誠之訓’。阮元進一步申述《六經》訓辭，不僅文辭温厚雅正，且‘音韻相諧’。因爲，《六經》經過孔子的潤飾，方使内容與文辭形式郁郁彬彬，恰如其分。……《六經》之文、質關係，必須相配而不可缺一。事實上，這奠定日後阮

---

〔1〕劉大杰指出：“清代文學具有它自己的時代特色。……是幾千年來各種舊體文學的總結，同時又孕育著二十世紀中國新文學的萌芽。”見氏著《中國文學發展史》，臺北：華正書局，1995年7月，第1145頁。

〔2〕拙著：《自“文以載道”至“沈思翰藻”——學術史視域下阮元學圈的文統觀及其意義》，臺北：大安出版社，2012年。文後引用拙著時，僅以《自“文以載道”至“沈思翰藻”》標之。

元上溯至《易・文言傳》爲文統之宗的基礎。”[1]其次，阮元當時確實對屈原持高度肯定，認爲“楚國多才，靈均特起，賦繼孫卿之後，詞開宋玉之先。隱耀深華，驚采絶豔。”[2]事實上，屈原出現的意義，阮元以“文苑詞林，萬事咸歸圍範矣”論定。整體看來，阮元爲孫梅《四六叢話》一書爲序時，藉此文透露出他受《文選》影響而對經、史、子、文四者間的特點與性質有所區别外，同時也依著《四六叢話》對屈原的推舉，將屈原定位于文統之宗祖[3]。

而後，阮元于嘉慶十二年（1807 年）撰寫《揚州隋文選樓記》一文，再次重申“文”與經、史、子三者之界域不可混淆，提出“昭明選例以沈思翰藻爲主，經、史、子三者皆所不選”外，也正式提出“古人古文小學與詞賦同源共流”之論，影響後世極爲深遠。緊接著，我們根據王章濤先生《阮元年譜》的考訂[4]，阮元最晚于嘉慶十八年（1813 年）發表了《文言説》，正式將文統之宗，從屈原上推而繫于孔子之言《易・文言傳》。阮元在《文言説》中，非但清楚界定“文”的成立條件——“用韻”、“用偶”，清楚區分“文”與“詞”、“語”、“論”間的不同，更確立成“文”的基本要件與獨立性。此文的重要性，不言而喻。我們從乾隆五十三年（1788 年）到嘉慶十八年（1813 年），歷經二十五年的歲月中，阮元于《四六叢話序》提出經、史、子、文四者不可混淆之説，及屈原爲文統之宗；到後期，阮元不再衹是强調文與經、史、子有别之説，更清楚確立文之内涵，并區别文與詞、語、論四者的相异之處。更有甚者，阮元也于此年正式將文統之宗上推而繫立于孔子的《文言傳》。在這過程中，我們也看到阮元思想的進程與深化。

道光三年（1823 年），阮元親授後輩重新編寫舊作，完成了《揅經室集》。阮元在《揅經室集自序》清楚説明該書命名之源由與編排方式。就編排方式言，阮元將著作依經、史、子、文之順序而成。其中，《四六叢話序》一文，雖是阮元論“文”的初試啼聲之作，内容充滿個人己見，但形式上却屬“駢體有韻之作”，因此列入四集“文”部。阮元在三集“子部”的卷二却依序安排數文，即《文言説》《數説》《名説》《書梁昭明太子文選序後》及《與友人論古文書》等。這五篇文章不僅需視爲一個整體，代表了阮元對“文”具體且完整的思考，且我們細

---

[1] 《自“文以載道”至“沈思翰藻”》，第 225 頁。
[2] ［清］阮元：《揅經室集》，北京：中華書局，1993 年，第 738 頁。文後引用此書，僅標明頁數。
[3] 相關研究可參閲何祥榮：《四六叢話研究》，北京：綫裝書局，2009 年。
[4] 參閲氏著《阮元年譜》，合肥：黄山書社，2003 年，第 580 頁。

繹之，亦可看出其中阮元細心的安排。《數説》《名説》兩文，雖然我們無法確定它們完成于《文言説》之前或後，但可確認兩文所論及的内容，絶對具有支持、補充《文言説》成立的重要意義，因其説明文需具備“用韻”“用偶”的歷史源由與生理限制上的必要。《書梁昭明太子文選序後》一文則可謂阮元從早期到晚期所提出重要理論的總和。因此，我們細讀此文，可以發現全文要項有三：一則强調經、史、子、文四者之内容、特點與差异；二則重申《文言傳》乃萬世文章之祖；三則構建中國歷代“文統”之流衍，且是阮元唯一使用“文統”二字之文。最後，阮元于文後説明該文“言之無文”，亦即該文在形式上無韻無偶，内容應已“達其意”，故列入子派雜家。最後一篇，《與友人論古文書》的内容并未超出前者範圍，純屬“與友人”論“何謂古文”的一封書信。很遺憾的，阮元并未明言“友人”是誰。而書信的内容，批評的成分更遠多于新見。無論如何，從乾隆五十三年（1788 年）的《四六叢話序》，歷經二十五年後，到嘉慶十八年（1813 年）的《文言説》，又歷經十年後，道光三年（1823 年）完成《揅經室集》的纂寫。阮元何以將文統之宗從屈原上推至《文言傳》？此疑惑，雖于拙著完成後仍存之于心。近年筆者受教于學者先進[1]，且反復細繹阮元諸文，以及當時其他學者文集、書信等，希冀能爲此惑作一解。以下，讓我們再重新回到乾隆五十三年的《四六叢話序》。

三　《四六叢話序》的啓迪

當筆者重新細審《四六叢話序》時，發現阮元在此時似已埋下一些想法，但尚未成熟，故未明説。首先，關于史學與子學的部分，我們可以確認阮元是依循《文選序》之説，清楚明確地將彼等劃出“文”之領域外。職是之故，阮元對此下一結論：“以子若彼，以史若此，方之篇翰，實有不同。”其次，關于文的部分。當阮元論及屈原的特點時，言其“是惟楚國多才，靈均特起，賦繼孫卿之後，詞開宋玉之先。隱耀深華，驚采絶豔”。緊接著，阮元欲論定屈原的地位時，則説：“故聖經賢傳，六藝于此分途；文苑詞林，萬世咸歸圍範矣。”無疑地，屈原奠定後世所謂“文苑詞林”的文學範圍之祖、之宗的地位，應可確認。但令我們不解的是前一句：“聖經賢傳，六藝于此分途。”所指爲何？有何啓示？我們細譯阮元

[1] 筆者曾于 2014 年 1 月間受邀于臺灣“百年論學講壇”發表部分研究成果，受到諸多學者先進（廖棟梁先生、黄莘瑜先生、周志煌先生等等）提出疑問與指導，令筆者啓發益多，至忱感激。

論及“經”的言論，或可推敲一二。他說：

> 懿夫人文大著，肇始六經，《典》《墳》《邱》《索》，無非體要之辭，《禮》《樂》《詩》《書》，悉著立誠之訓。商瞿觀象于《文言》，邱明振藻于簡策，莫不訓辭爾雅，音韻相諧。至于命成潤色，禮舉多文，仰止尼山，益知宗旨。使其文章正體，質實無華，是犬羊虎豹，反追棘子之談，黼黻青黄，見斥莊生之論矣。（《揅經室集》，第738頁）

這一段引文，其實應分爲兩個部分來談。第一，無論是三皇五帝時代的《三墳》《五典》，甚至是《八索》《九丘》《詩》《書》《禮》《樂》等，皆屬“體要之辭”、“立誠之訓”的“聖經”。第二，相傳孔子作《易傳》，孔子弟子商瞿則傳孔子之《易》學，故阮元言“商瞿觀象于《文言》”。相同地，相傳孔子作《春秋》，左丘明則作《春秋左氏傳》。姑且不論孔子是否真有《易傳》《春秋》之作，阮元于此標舉的是《文言》與《左傳》此等解經之“賢傳”，具備“訓辭爾雅，音韻相諧”的特色，與“經”的特點乃有差异。换言之，在阮元的認知裏，傳文内容上的温厚雅正及形式上的“音韻諧和”，相較于經文的“體要之辭”、“立誠之訓”，多了些修潤的意味于其中。對于具備潤飾過文句的傳文，阮元并無責備，反予以肯定之意。因此，當阮元贊許屈原之作的特點并予以論定其地位與價值時，他也暗喻六藝中的“聖經”、“賢傳”于此分途。雖言如此，阮元終究于此時未道出《文言》乃文統之宗的論調。易言之，對此時的阮元而言，“音韻諧和”的《文言》，或《左傳》的“振藻簡册”，的確與經文不同，但似乎又與屈原的“隱耀深華，驚采絶豔”有些距離。職是之故，阮元才會認爲當屈原出現時，音韻相偕與振藻簡册的《文言》與《左傳》一類的傳文，與體統之詞、立誠之訓的經文“有所分途”，亦即有所區别。然而，對此時的阮元而言，傳文仍屬于經的範疇，而與文統之宗無涉，因“文”仍須繫于屈原爲是，所以阮元才會下結論而言“聖經賢傳，六藝于此分途；文苑詞林，萬世咸歸圍範矣”。

談及至此，我們可以確認阮元此時是將文統之宗歸諸屈原，而《文言》《左傳》等傳文是具有文采于其中的，却不應納入文統之列。但，我們再進一步思考：阮元爲何提及的是《文言》與《左傳》，而不是其他的傳文呢？《文言》乃《易經》的其中一傳，《左傳》與《春秋》有極密切的關係，阮元爲何特别標舉出與《易經》《春秋》相關的經、傳而論文呢？或許在《四六叢話序》，仍可以找到一些蛛絲馬迹。

阮元在該文首段劃分經、史、子、文的畛域後，便勾勒自漢至宋、元的文學發展大勢。關于此部分的討論，筆者于拙著中也曾提出，事實上，對阮元與孫梅，以及孫梅另一位門生陳廣寧來説，其實有著迥然差异。阮元與孫氏及其門生陳氏最大的差异，就是兩者對于唐、宋八家及宋、元以降不同的看法與批評，尤其南宋至元的文學發展，阮元的批評尤其强烈。我們細審此文，可以發現阮元是以一種學術史視域批評歷代的文章發展。阮元對于南宋以降的文學發展，説道：

> 南渡以還，《浮溪》首倡。《野處》《西山》，亦稱名集；渭南、北海，竝號高文。雖新格别成，而古意寖失。元之袁、揭，冕弁一世，則又揚南宋餘波，非復三唐雅調也。[1]

阮元批評汪藻（1079～1154年）、邵亨貞（1309～1401年）、真德秀（1178～1235年）、陸游（1125～1210年）等人的文章"古意寖失"，而元代的袁桷（1266～1307年）、揭溪斯（1274～1344年），則"非復三唐雅調"。阮元大肆批評一番後，緊接著説：

> 載稽往古，統論斯文。日月以對待曜采，草木以錯比成華。玉十瑴而皆雙，錦百兩而名匹……階戺笙鏞，聽鏘宏而應節。自周以來，體格有殊，文章無异。[2]

這段文字，其實非常重要。因爲，這是阮元在"考鏡源流"的學術史視域下，初步展現其對"文"的探源意見，雖未完整深刻，却具體點出文之源始于"周"，以及成雙的對偶句子、講究音韻的用字技巧。阮元認爲此部分應是自周以降的文學發展，縱然歷代"體格有殊"，却應視爲"文章"之學。事實上，他所説的正是歷代駢文的發展系統。職是之故，他對于韓、柳等唐、宋八家的文學衍流，認爲："若夫昌黎肇作，皇、李從風；歐陽自興，蘇、王繼軌。體既變而异今，文乃尊而稱古。"[3] 换言之，阮元自年輕時，就已經開始批評韓、歐，且認爲他們已經脱離了文自周以來的傳統，竟然還稱之爲"古"。我們仍須進一步思考的是：若然，在阮元心目中的"古"，似乎指的是"周"。但是，如此的説法仍是模糊的，畢竟周代如此悠長，聖賢如此衆多。無論如何，阮元此時心中對于文之源、流，似乎已有一些想法，但或拘于此文乃爲業師之書序，或思慮尚未縝密，或拘于駢文體裁撰序等各種因素，導致在這一篇序文中，未能暢所欲言地表達其思維。縱然如此，我們仍須進一步追索阮元心目中的"古"，究指爲何？

---

〔1〕［清］阮元：《揅經室集》，第739頁。
〔2〕［清］阮元：《揅經室集》，第739頁。
〔3〕［清］阮元：《揅經室集》，第739頁。

與其整個文論系統，有何啓發？針對此一關鍵疑義，或許我們將《四六叢話序》，與二十五年後發表的《文言説》兩文合觀，能得到一些啓發。

四　《文言説》的再思

前文曾提及，阮元提及《文言傳》與《左傳》的特點，與“經文”不同之處，在于此二傳文已有修潤文辭音韻于其中。當阮元談及文之自“古”、自“周”以來的發展，也以“古”作爲批評唐、宋以降的標準。但二者間有何關聯呢？我們看《文言説》開首便言：“古人無筆硯紙墨之便，往往鑄金刻石，始傳久遠”，其實已是一大暗示。我們端視《揅經室集》三集子部卷二前三篇的一整體性的文章中，可以發現阮元一再地强調“古人”。但是，阮元何需如此强調呢？如果我們將眼光移轉至當時另一大文派——桐城，或許可以有答案。

自乾隆五十三年《四六叢話序》至嘉慶十八年《文言説》提出的這一段期間，桐城學者的發展可謂一日千里。早于乾隆末年之前，歷經康熙、雍正至乾隆十四年（1749 年）而卒的方苞（1668～1749 年），在政治與學術上的地位與影響，少有人能與之匹敵。方苞除了在經學上的《三禮》之學有所成就，在文學上也對“古文”與“時文”提出諸多見解。例如方苞影響後世最深遠的“義法説”，就認爲：

> 《春秋》之制義法，自太史公發之，而後之深于文者亦具焉。義，即《易》之所謂“言有物”也；法，即《易》之所謂“言有序”也。義以爲經而法緯之，然後爲成體之文。是篇兩舉天下地域之凡，而詳略异焉。……是篇大義，與《平準》相表裏，而前後措注，又各有所當如此，是之謂“言有序”，所以至賾而不可惡也。夫紀事之文，成體者莫如左氏，又其後則昌黎韓子，然其義法皆顯然可尋。[1]

這一篇影響後世桐城學者深遠的文章，源自方苞對《史記·貨殖列傳》的評論分析。方苞認爲司馬遷撰著《史記》，掘發《春秋》的“義法”，後世深于文者，也具備義法于其中。我們注意到的是，所謂“義”、“法”的提出，乃根源于《春秋》。至于義、法的具體内涵，則由《易經》來説明。所謂義，即文章需有内容，即《易經》所言及的“言有物”；法，即行文需有條理次序，即《易經》所言的“言有序”。雖謂如是，義法説仍是深繫于《春秋》一經，而非《易經》，《易經》

---

〔1〕［清］方苞：《方苞集·又書貨殖傳後》，上海：上海古籍出版社，2008 年，第 58 頁。文後引用此書，僅標明頁數。

的引用，更多的意義在于將義、法更具體、完整地説明而已。因此，方苞對于《史記·貨殖列傳》的分析，一來讚許司馬遷掘發《春秋》的義法而效法之，二來則大加讚揚全篇的“法”、“言有序”，三則點出此類紀事之文的義法，自《左傳》《史記》與韓愈一系相承。對于後世爲文者，是否能夠全然把握《春秋》義法，方苞執此系統爲標準而批評的，例如《書五代史安重誨傳後》言：

> 記事之文，惟《左傳》、《史記》各有義法。一篇之中，脉相灌輸而不可增損。……夫法之變，蓋其義有不得不然者，歐公最爲得《史記》法，然猶未詳其義而漫效焉，後之人又可不察而仍其誤邪？[1]

方苞如斯的理論，終究祇能是一個理論。然而，一旦將理論落實于具體作爲中，甚至透過政治上或國家考試的管道，其影響力就相當深遠了。方苞爲八旗子弟編纂的古文讀本《古文約選》，就是明顯一例，方苞自述選文標準言：

> 太史公《自序》：“年十歲，誦古文。”周以前書皆是也。自魏、晋以後，藻繪之文興，至唐韓氏起八代之衰，然後學者以先秦、盛漢辨理論事，質而不蕪者爲古文，蓋《六經》及孔子、孟子之書之支流餘肄也。……竊惟承學之士，必治古文，而近世坊刻，絶無善本，聖祖仁皇帝所定《淵鑒》古文，閎博深遠，非始學者所能徧觀而切究也，乃約選兩漢書疏及唐、宋八家之文，刊而布之，以爲群士楷。蓋古文所從來遠矣，《六經》《語》《孟》，其根源也。得其支流，而義法最精者，莫如《左傳》《史記》，然各自成書，具有首尾，不可以分剟。其次《公羊》《穀梁傳》《國語》《國策》。雖有篇法可求，而皆通紀數百年之言與事，學者必覽其全，而後可取精焉。惟兩漢書疏及唐、宋八家之文，篇各一事，可擇其尤。而所取必至約，然後義法之精可見。……學者能切究于此，而以求《左》《史》《公》《穀》《語》《策》之義法，則觸類而通，用爲制舉之文，敷陳論策，綽有餘裕矣。[2]

在這段文字中，方苞除了説明《古文淵鑒》不適宜初學者所閲讀，必須以其所編選的《古文約選》爲入門書，他還提出諸多重要觀點。首先，他透過司馬遷自述“年十歲，誦古文”一句，説明所謂的古文乃指“周以前書”，《六經》《語》《孟》乃其根源。其次，將古文之源繫于《六經》與孔、孟後，便直指後世支流

[1] 《方苞集》，第64頁。
[2] 《方苞集》，第612頁。

中義法最精者，乃《左傳》與《史記》，其次才是《公羊傳》《國語》等等。再者，對于兩漢書疏與唐、宋八家之文，也是進入方苞眼中而擇優入選的作品，至于藻繪的魏晋南北朝文，當然就不可能列入。第四，諸多文章入選後，學者精讀而求其義法後，觸類旁通，用于“制舉之文”，綽綽有餘。這部分，我們深信後世的阮元必然是清楚的，且也影響了後世桐城學者的觀點。我們端視方苞之後的桐城大將姚鼐，就可略知一二。

姚鼐不但在乾隆四十二年（1777 年）爲慶賀劉大櫆壽辰，撰著《劉海峰先生八十壽序》標舉方苞、劉大櫆文章，認爲“昔有方侍郎，今有劉先生，天下文章，其出于桐城乎”的廓然大器；且于乾隆四十四年（1779 年）完成了桐城法典——《古文辭類纂》的編修。我們細審《古文辭類纂》的編修與選文，完全可以瞭解姚鼐孜孜矻矻地建立桐城文統的用心外，也可見其對于文與經之間關係的看法。姚鼐在全書中，以十三類文體爲分：論辯、奏議、序跋等等。不寧唯是，姚鼐進而將每一類文體溯源至先秦的《六經》與諸子等，例如將奏議類與詔令兩類上推至《尚書》，論辯類則上推至先秦諸子之學。我們再看他所選文的作者時代：先秦時代的《國語》、兩漢的董仲舒、班固、賈誼等等，魏晋南北朝的作者則幾乎付之闕如，人數最多的還是唐、宋八大家的文章。另外，明代的歸有光（1506 ~ 1571 年）亦有文章收入，清代文家如此衆多，但姚鼐僅收録方苞與劉大櫆二人，其目的與用心，昭然若揭。姚鼐之後，曾國藩（1811 ~ 1872 年）與黎庶昌（1837 ~ 1896 年）延續《古文辭類纂》之功而分别續編修了《經史百家雜鈔》與《續古文辭類纂》，兩書進一步將《古文辭類纂》中部分文體繫于先秦諸子的部分，再往上推至經書而止。姚鼐一方面不僅接受方苞、劉大櫆的文章，甚至將文體分類而將每一類文章源溯先秦《六經》與諸子。另一方面，饒負趣味的是，姚鼐的弟子衆多，遍布文壇，對于方苞與姚鼐也或有不同的認識與批評，但基本上都承認此三祖之地位[1]。其中，姚鼐有數位重要的弟子，如劉開（1784 ~ 1824 年）、方東樹（1772 ~ 1851 年）等，都與阮元有直接的關係或對話。

以上，我們對于阮元之前的桐城理論與發展有基本認識後，或許就可以比較理解阮元所面對的學術環境究竟爲何。

乾隆五十三年時的阮元，一方面對唐、宋八家是不滿的，認爲他們的作品應屬子、史之作，他們改變了“自周以來”排比對偶、用韻和諧的傳統，竟然還尊之爲“古”文，此令阮元大不解。另一方面，阮元也衹是隱約覺得經文與傳文似

[1] 可參閱王達敏：《姚鼐與乾嘉學派》，北京：學苑出版社，2007 年。

乎有所不同，其中《易經·文言傳》與《左傳》的文辭，就是一個顯例。然而，到了嘉慶十二年（1807 年）時，阮元期間經歷了編纂《經籍纂詁》一事，同時也在“以字先行”的學術風潮下，阮元在文學的領域上，提出著名的“古文小學與詞賦同源共流”之說。關于這部分，我們也可以在先前的《四六叢話序》看到端倪，衹是在嘉慶十二年發表的《揚州隋文選樓記》正式且完整地提出，我們于其中也看到阮元思想的演進歷程〔1〕。又歷經六年後，到了嘉慶十八年，阮元正式發表《文言説》。雖然我們無法確定《數説》《名説》兩文的確切時間，但兩文的内容却可以説是《文言説》更加具體的補充説明。道光三年，當阮元刻意將此三文依序排列而置于卷二之首時，其實已是一大暗示。我們將此三文合而觀之，可以看到阮元在三文中一再地强調“古人”，而言：

> 古人以簡策傳事者少，以口舌傳事者多，以目治事者少，以口耳治事者多，故同爲一言，轉相告語，必有愆誤，是必寡其詞，協其音，以文其言，使人易于記誦，無能增改，且無方言俗語雜于其間，始能達意，始能行遠。〔2〕
>
> 古人歌詩、箴銘、諺語，凡有韻之文，皆此道也。〔3〕
>
> 古人簡策繁重，以口耳相傳者多，以目相傳者少，是以有韻有文之言，行之始遠。〔4〕
>
> 古人于天地萬物皆有以名之……然則古人命名之義，任口耳者多，任目者少，更可見矣。〔5〕
>
> 古人銘詞，有韻有文，而名之曰“銘”。銘者，名也，即此義也。〔6〕

對阮元而言，“古人”似乎成爲文之生發最重要的推手，乃緣于書寫的外在條件所限，故以用韻、用偶、命名、以數記言等各種方式彌補之。然而，此等彌補方式，却恰合于阮元心目中的文的標準。因此，凡是古人的歌詩、諺語、箴銘等一類作品，衹要符合用韻、對偶的條件，在阮元的心目中，當然也屬于“文”的範疇中。換另一個角度説，阮元在“考鏡源流”的學術史視域下，他看到古人的歌詩、箴銘、諺語等，基本上都呈現“寡其詞”、“協其音”以“文其言”的特點，在形式

〔1〕此部分可參閲拙著《自“文以載道”至“沈思翰藻”》第五章。
〔2〕《揅經室集·文言説》，第 605 頁。
〔3〕《揅經室集·文言説》，第 605 頁。
〔4〕《揅經室集·數説》，第 606 頁。
〔5〕《揅經室集·名説》，第 607 頁。
〔6〕《揅經室集·名説》，第 607 頁。

特點的標準上，他必須也承認此恰爲"文"之生發的最初形態。换言之，此等歌詩、箴銘、諺語，不亦恰爲古人之文作嗎？我們如果對比自方苞至姚鼐，甚至姚鼐以降的弟子等桐城學者所説的"古"文，所謂的古是指自《六經》以降，歷經先秦諸子、兩漢以及唐、宋八家之古，阮元的用心似乎隱然可見了。因爲桐城學者强調的古文，是回復先秦、兩漢之古。但是，阮元却更往上地追溯至"古人"的時代，因受限外在書寫條件的簡陋與不便，因口傳文學在有效傳播性的時代，這部分絶對較寫定《六經》文字的書寫時代更加"古"了。職是之故，我們就不難理解阮元爲何在《文言説》一文中，開篇就以古人始，而《數説》《名説》兩文的内容也一再地强調古人，并刻意置于《文言説》之後，目的就要凸顯自己對于文的探源更加地"古"。有如此的認識，我們就更能夠瞭解阮元何以在《名説》一文之末言：

> 《易》六十四卦，《詩》三百篇，《書》百篇，苟非有名，何以記誦？名著而數生焉，數交而文見焉。古人銘詞，有韻有文，而名之曰"銘"。銘者，名也，即此義也。[1]

换言之，早于《六經》的"銘詞"，凡符合有韻有文之言，都應是文之流衍。阮元的言下之意，是要説明《六經》的命名與時代，其實都已經在"古人"之後了，而桐城一向自豪的"古文"傳統，其實并不古！

若然，何以阮元又説孔子的《文言傳》是千古文章之祖，而不是古人"銘詞"，甚至是口傳之語言呢？若我們重新再讀一次《文言説》，可以知道阮元認爲孔子其實明白古人書寫工具的不便，口耳之傳容易有誤，因此他撰寫此文時，于形式上也以"寡其詞，協其音"的方式而撰寫《文言傳》，目的就是使人易于記誦，避免錯誤。但我們要注意的是，阮元并非指《文言傳》是最古之文，而應該説孔子是第一位很有意識地去討論文的人，寫下《文言傳》以言文。因爲我們端視《文言説》一文的文章結構，開首便説明古人必須寡詞協音的原因，而外在書寫條件與生理的限制下，也是"孔子于《易》所以著《文言》之篇"的原因。然而，阮元緊接著説明"古人歌詩、箴銘、諺語，凡有韻之文，皆此道也"，同時也説明《爾雅·釋訓》中用韻者三十二條，"亦此道也"。阮元在此"文之道"後，馬上接著説"孔子于乾、坤之言，自名曰文"，此即指《文言傳》，并認爲此乃"千古文章之祖"。但阮元于此所説的"千古文章之祖"，實不宜理解爲孔子的《文言傳》乃千古第一篇文之作品。何以故？既然阮元前文已經指出古人歌詩、箴銘、諺語，甚

〔1〕《揅經室集》，第607頁。

至《爾雅》等，皆較孔子《文言傳》出現更早的作品文獻，都符合“文”于“形式上”的要求——“寡其詞”、“協其音”而符合“文之道”，應可稱爲文之作，孔子的《文言傳》當然就不宜理解爲千古第一篇文之作了。易言之，依阮元的理解或主張，千古第一篇或第一首文之作品爲何，恐怕就難以確認或尋覓了。若然，孔子的《文言傳》于阮元心目中，價值爲何？何以稱它爲“千古文章之祖”？孔子此文的意義應在于：孔子乃千古第一人有意識地以符合文之形式上的要求而“言文”，以此角度而名之爲“千古文章之祖”。因此，阮元在標舉此文爲“千古文章之祖”後，立刻説明“言”、“語”、“詞”等“單行之語”乃“非言之有文者也”後，再次説明孔子以符合文之形式要求而撰文，討論乾、坤二卦之内蘊思想，于此角度説此文的價值于“千古之文，莫‘大’于孔子之言《易》”，無論此“大”之意義理解爲“重要”，甚或“文字數量”上的意義，終究阮元不是説此文的價值在于“千古之文，莫‘早’于孔子之言《易》”。進一步地，我們也可以瞭解何以阮元在具有總結性文章的《書梁昭明太子文選序後》的開首就以問答方式説：

> 或曰：昭明必以沈思翰藻爲文，于古有徵乎？
>
> 曰：事當求其始。凡以言語著之簡册，不必以文爲本者也，皆經也，子也，史也。言必有文，專名之曰文者，自孔子《易·文言》始。[1]

阮元認爲昭明太子以“沈思翰藻”爲選文之標準，于“古”有據嗎？因此，他自答的内容就是從古人將言語著之簡册開始談，這也呼應了他在《文言説》《數説》《名説》等文之所言。但阮元强調，凡是言語著之簡册，若“不必以爲爲本者”，列屬經、史、子部；而“言必文者”，當就屬“文”不。换言之，古人諺語、歌詩等，因書寫工具不便之故，而未見得能著之簡册，亦當列屬文部，職是之故，阮元言彼等“皆此道也”、“亦此道也”。何道？乃文之道。孔子《文言傳》的地位，就在于此文乃千古第一篇“專名”之曰文，而非第一篇文作。换言之，古人將言語著之簡册，難道皆爲文嗎？答案當然是否定的。我們回顧方苞糅合古文與時文，而將“清真雅正”繫于《六經》《論語》《孟子》，甚至《左傳》《史記》《國語》等書的論説内容，并將其“義法説”貫串其中，阮元必然是知曉的，終究那是清代官方頒布天下的重要取士原則。但是，對于桐城自豪地將“古文”之源繫于《六經》《論語》之舉，阮元顯然是反對的。阮元在《文言説》中直言“古人所謂直言之言，論難之語，非言之有文者也”，在《數説》中則言：“《論語》二十篇，名之曰‘語’，即所

[1] 《揅經室集》，第608頁。

謂‘論難曰語’，語非文矣。”换言之，阮元認定《論語》與“文”無關，《六經》的經文亦與文無涉，唐宋八家抑或桐城學者將文之源繫于《六經》《論語》，反而是將經、史、子、文四部混淆了。所以，阮元將同樣是“言語著之簡册”的《六經》《論語》等書，列屬經部、子部等範疇，而“以文爲本”、“言必有文”的部分，繫于孔子的《文言傳》，且是“專名”爲“文”者，言下之意，孔子是相當有意識地藉《易經》而言文，雖非文之祖，但確是言文之祖，也因此有《文言傳》一文以言文。如此的理解，我們就可以明白，當阮元説“孔子于乾、坤之言，自名曰文，此千古文章之祖”的用意了。職是之故，我們更可以理解，《文言説》道：

> 孔子以用韻比偶之法，錯綜其言，而自名曰“文”。何後人之必欲反孔子之道而自命曰“文”，且尊之曰“古”也？[1]

阮元整體的意思是，在孔子以前的古人，已經因爲書寫工具不便等各因素，所以刻意“寡其詞，協其音”，以數、名等各種方式方便記憶以達流傳之便，而此等歌詩、箴銘等有韻之文，其實都屬于文之作了。但是，孔子的時代仍屬書寫工具不便的時代，因此他是第一位以文之形式——“用韻比偶”之法以論文、言文，藉著《易經》的乾、坤二卦言“文”，所以有《文言傳》之作，而此篇正確來説，應屬千古論文之祖，而不能説此文是千古第一篇文之作。但阮元暗指唐宋八家，乃至當代桐城學者，不明白文之古源外，且不瞭解孔子以文言文之用心、用意，所以他會有如是嚴厲的批評。

論及至此，我們再回到前文的提問：阮元爲何以《易經》的《文言傳》爲文統之宗，而不是其他的經典呢？關于這部分，我們觀察阮元在道光三年重編寫訂的《揅經室集》，或許可有一些綫索。我們端視其一集《經部》，尤其是卷一，或許就可以得到答案。《揅經室集》一集，即經部，共計十四卷，其中卷二至卷十一皆屬阮元論及經學、經書以及經義等相關内容，卷十二至十四則爲三篇《浙江圖考》。然而，卷一乃阮元置于首的内容，且與其他十三卷的形式迥异，必有其特殊意義。卷一的目録分别是“易書不盡言言不盡意”、“釋易彖音”、“釋易彖義”、“釋心”、“釋釋訓”、“釋相”等十七條。在這十七條中，除了第一條非“釋”外，其他皆以“釋某字”爲内涵。何以故？阮元何以將此篇置于全書之首呢？他説：

> 庖犧氏未有文字，始畫八卦，然非畫其卦而已，必有意立乎卦之始，必有言傳乎畫之繼。……至黄帝時始有文字，後人始指八卦之字而讀之以寄其

[1] 《揅經室集》，第606頁。

音，合之以成其書，而庖犧八卦命名之意傳乎其中矣。故六書出于八卦，而指示、象形、形聲、會意、轉注、假借皆出于《易》。舍《易》卦無以生六書，非六書無以傳庖犧之意與言，故《傳》曰“書不盡言，言不盡意”者，此也。書乃六書之書……書契取于夬，是必先有夬卦而後有夬意，先有夬意而後有夬言，先有夬言而後有夬書，先有夬書而後有夬辭也。以此推之，後世之言語文字皆出八卦，益明矣。[1]

阮元認爲遠古時期的庖犧氏先有“意”，而後將其意以八卦方式畫出，其後再透過“言”傳的方式將其意表達而出。到了黄帝時代始有文字，合其音而以文字書寫的方式出現了八卦之字，後人則透過文字而溯源至庖犧氏之意。因此，阮元將《繫辭傳》中的“書不盡言，言不盡意”中的“書”字解爲“六書之書”，换言之，他將“書”繫于名詞使用的“文字”意義下，而與唐代孔穎達（574～648年）《周易正義》解爲動詞使用的“書録”意大相逕庭[2]。阮元何以有此解呢？當然，自清初以來，小學逐步受到重視，以及在戴震（1724～1777年）等諸多學者的提倡下，阮元很可能是承續了此等“以字先行”的學風，故而如此詮釋此一“書”字。正因爲阮元執此信念，所以阮元在該文末的結論言：“後世之言語文字皆出八卦，益明矣。”職是之故，我們也可進一步瞭解阮元之所以在《揅經室集》一集的卷一内容安排上，將《易書不盡言，言不盡意》置首之用意，便是要説明先有八卦而後有語言文字之産生。緊接著該文之後的，便是一篇又一篇的“釋某字”的文章，除了呼應清代“經非詁不明”的理念外，同時也暗指一切後世的經典（亦即是卷二以後所討論經學的相關文章）皆須奠基在産生語言文字之後，方有經文、經書與經學的出現。但，我們不能忘記一點：語言文字出現在《易經》八卦之後。如此的觀點，或許我們更可推敲出阮元何以《文言傳》爲文章之祖。

我們再回顧以方苞爲首的桐城學者，其以“義法説”爲古文理論之核心，而義法説的核心意義來自《春秋》，爲西漢司馬遷所掘發。雖然方苞當年認爲“義”即《易經》所言的“言有物”，而“法”即《易經》所言的“言有序”，但所引《易經》之言，僅是補充説明“義法”一詞的内涵，并非核心概念的來源。换言之，“言有物”與“言有序”僅可謂桐城學者爲文之法較爲具體的説明，而非核心理念，其主要者，仍是來自《春秋》的“義法”。桐城學者此等堅持，一直到

---

[1] 《揅經室集》，第1～2頁。
[2] 李學勤主編《十三經注疏》標點本《周易正義》，北京：北京大學出版社，2004年，第291頁。

晚清姚永樸撰寫《文學研究法》的《綱領》篇時，開首第一句就説："文學之綱領，以義法爲首。"[1]由此可見其重要性及地位。若然，桐城學者的義法説來自孔子的《春秋》，其古文之祖不也與阮元同時繫于孔子嗎？我們若對比阮元之説，或許就可以明白何以他從乾隆五十三年到嘉慶十八年，乃至道光三年編修《揅經室集》時的轉變。

阮元在乾隆五十三年提出屈原爲文統之宗，雖他當時似已隱約感受到《文言》《左傳》在音韻用字上的特殊性。但仍將屈原立于文統之宗的地位。隨著嘉慶十二年編纂《經籍籑詁》時，思考文字與文學的關係，甚而提出著名的"古文小學與詞賦同源共流"的理論，對于"文字"與"經學"、"文學"彼此關係的思考有所轉進。雖然我們無法確定《易書不盡言言不盡意》一文的寫作年代，但是對于"庖犧氏之意"→"八卦"→"八卦之意"→"言傳"→"文字"依序產生的過程，阮元是相當堅信的。換言之，一旦有了語言文字之後，才產生其他經文、經書與經學的出現。阮元很可能在嘉慶十八年以前，已經慮及從"言傳"到"文字"這一個過程中的書寫工具不便性，因此出現具備用韻、用偶條件之文作，例如古人歌詩、箴銘，甚至"銘詞"等皆是。然而孔子的地位對于阮元來説，他不應該是第一位創作符合文之條件的作者，而是第一位以符合文之條件的方式以論文、言文，此即《文言傳》之所以爲千古文章之祖的重要原因。換言之，當桐城學者依著《春秋》而大談"古文"時，阮元却譏其非但"不古"，且違反孔子"以文言文"之道。職是之故，阮元撰寫《數説》《名説》二文以支撑或補充《文言説》一文的成立，以及更加具體説明從"言傳"到"文字"此階段時，就已經出現符合文之作品。因此，在時間上，阮元將文之作的出現上拉到更古的時代；在材料上，阮元將依據的材料也上拉到比《春秋》更早的《易經》。職是之故，縱使阮元早期已觀察到《左傳》的特殊性，但是到後期，《左傳》就無法再進入阮元的眼簾了。我們相信，到了道光三年，阮元六十歲時，思想也更加成熟且縝密，因此在編纂《揅經室集》的内容時，不僅將《易書不盡言言不盡意》置于全書之首，且將《文言説》等一系列文章視爲整體而置于子部卷二之首，不僅展現其整體思想的全貌性，也表達了其學術史視域下的文學理念。

五 結 語

我們從阮元早期到晚期的數篇文章做一排比，相較阮元更早期的桐城三祖之

---

〔1〕 見氏著《文學研究法》，臺北：廣文書局，1977年，第15頁。

一的方苞所提的諸多理論，可以看到《左傳》于阮元心目中地位的升降外，更可理解何以阮元需將文統之宗，自屈原而上溯于《易經》。然而，諸多的議論并非單純爲漢宋之争下的結果，更多的是阮元于其學術史視域下，致力于將“文”做一考鏡源流的用心之處。

作者簡介：邱培超，臺灣大學中國文學系博士，曾榮獲臺灣中央研究院中國文哲研究所“人文社會科學博士候選人培育計畫”核定獎助，目前爲臺灣静宜大學中國文學系專任助理教授。主要從事清代經學與清代學術思想史之研究，碩士論文爲《劉寶楠〈論語正義〉研究》，博士論文則正式出版定名爲《自“文以載道”至“沈思翰藻”——學術史視域下阮元學圈的文統觀及其意義》，并已發表數篇論文。

Are There Signs from History?
Ruan Yuan's Tracing of the Literary Tradition in *I – Ching*

Qiu Peichao

Abstract: The process and ways of modern transformation of Chinese knowledge has become an important issue pursued by the contemporary intellectual field. The Qing Dynasty is an intermediary between Song – Ming Neo – Confucianism and modern history; its transitional position is clear. In the process of "literary" transformation, Qing Dynasty also occupied a turning point, in particular, peak Qing in the Qianlong and Jiaqing eras were crucial. Ruan Yuan was not only an important classical scholar in the Qianlong and Jiaqing periods, but also was an important promoter of literary transformation. In the perspective of academic history, Ruan Yuan investigated the source of literature, connecting the origin of the literary tradition to *Wenyanzhuan*. In the academic environment faced by Ruan Yuan, he not only needed to dialogue with the eight schools of thought from Tang and Song dynasties, but he also had to face contemporary Tongcheng scholars. As a result, Ruan Yuan surveyed the appearance of language and words, as well as the conditions of the uniqueness of such literary knowledge, leading to the belief that the origin of the literary tradition is *I – Ching*, and at the same time *Wenyanzhuan*, which met the conditions of literary forms was designated the progenitor of the literary tradition, which responds to the claims of the eight schools of thought from Tang and Song dynasties and Tongcheng scholars, as well as comprehensively tracing the literary tradition back to the work of the ancient people.

Keywords: Ruan Yuan, literary tradition, "classical Chinese studies", literary thought

金石學研究

阮元與《山左金石志》

孟凡港

内容摘要：阮元的《山左金石志》是清代乾嘉時期優秀的金石學著作之一，首次較爲系統地將山東古代的金石資料匯輯于一編，并加以精審考釋。關于該書的編修、體例、内容、學術價值及影響等問題，筆者在研究過程中獲得了一些有益的認識，本文擬作一簡要闡述。

關鍵詞：阮元；《山左金石志》；編撰；體例；内容；學術價值

阮元作爲乾隆、嘉慶、道光三朝的封疆大吏，同時又是一位學識淵博的大師鴻儒，凡經學、史學、金石學、文字學、音韻學、文學、曆算、輿地、書畫等，無不探賾索隱，卓有建樹，促成了一代學術的繁榮鼎盛。其中，在金石學方面，阮元成就非凡，如督學山東期間，撰《山左金石志》二十四卷；督學浙江時，又撰成《皇清碑版録》二十卷、《積古齋鐘鼎彝器款識》十卷與《兩浙金石志》十八卷及《補遺》一卷，并重刻北宋王厚之的《鐘鼎款識》；第三次供職于京師期間，編成《漢延熹西嶽華山碑考》四卷。而阮元對自己的金石學成就也頗爲自得，將之總結爲《金石十事記》〔1〕。

〔1〕［清］阮元：《揅經室三集》卷三《金石十事記》，《叢書集成初編》第2204册，北京：中華書局，1985年，第603頁。十事："數指而計之，有十事焉。余裒山左金石數千種，勒爲《山左金石志》，事之一也。余裒兩浙金石千餘種，勒爲《兩浙金石志》（十八卷），事之二也。余積吉金拓本五百餘種，勒爲《積古齋鐘鼎款識》（十卷），事之三也。揚州周散氏南宮大盤，東南重寶也。歲丁卯，䣕使者獻于朝。余模鑄二盤，極肖之，一藏府學，一藏文選樓，事之四也。天一閣北宋石鼓拓本，凡四百七十二字，余摹刻爲二，一置杭州府學明倫堂，一置揚州府學明倫堂，事之五也。余步至揚州甘泉山，（转下页注）

内閣中書龔自珍在爲阮元六十歲生日而作《阮尚書年譜第一序》中稱贊道："公謂吉金可以證經，樂石可以勵史，玩好之侈，臨摹之工，有不預焉。是以儲彝器至百種，蓄墨本至萬種，椎拓遍山川，紙墨照眉發，孤本必重鈎，偉論在著録。十事彪炳，冠在當時，是公金石之學。"[1]其中，《山左金石志》作爲阮元外放爲官所從事的文化學術活動的發軔之舉，體例整飭，内容豐富，考證詳審，學術價值突出，是編録、研究山東古代金石文獻的一部劃時代巨著，對乾嘉時期及其以後山東乃至全國金石學的發展都産生了深遠影響。但是，以往學界對《山左金石志》的研究僅是在論述阮元學術成就時稍有涉及，迄今爲止，尚未有專文或專著對《山左金石志》進行全面、深入、系統的研究，筆者不揣淺陋，對此書進行一些初步探討，獲得一些有益的認識，兹加以闡述。

一　阮元督學山東與《山左金石志》的編撰

乾隆五十八年（1793 年）六月，阮元被任命爲山東學政，七月到任，接替前任學政翁方綱，直至乾隆六十年（1795 年）九月，離開濟南，調任浙江學政。阮元在督學山東的兩年期間，多次視學各府州縣，選拔真才實學之士，尤其注重獎掖寒俊，同時，還革除了一些考試陋規，使得山東的學校教育焕然一新。阮元在做好本職工作之餘，還進行著金石碑刻的搜訪與著録工作。關于此，我們可通過阮元、錢大昕兩篇《山左金石志序》以見其一斑。阮序云：

> 元以乾隆五十八年秋，奉命視學山左，首謁闕里，觀乾隆欽頒周器及鼎、幣、戈、尺諸古金，又摩挲兩漢石刻，移亭長府門卒二石人于矍相圃。次登泰岱，觀唐摩崖碑，得從臣銜名及宋趙德甫諸題名。次過濟寧學，觀戟門諸碑及黄小松司馬易所得漢祠石像，歸而始有勒成一書之志。五十九年，畢秋帆先生奉命巡撫山東。先是，先生撫陝西、河南時，曾修《關中》《中州》金石二志，元欲以山左之志屬之先生，先生曰："吾老矣，且政繁，精力不及此，願學使者爲之也。"元曰："諾。"先生遂檢《關中》《中州》二

（接上页注）得西漢中殿第廿八二石于厲王冢。天下西漢石，止此與曲阜五鳳石，共二石耳，事之六也。余遣書佐至諸城琅邪臺，剔秦篆于榛莽中，拓之，多得一行，事之七也。漢府門之倅大石人二，僕于野，爲樵牧所殘，余連車運致曲阜矍相圃中并立之，事之八也。余得四明本全拓《延熹華山廟碑》摹刻之，置之北湖祠塾，事之九也。余又摹刻《秦泰山殘篆》、《吴天髮神讖》二碑，同置北湖祠塾，事之十也。"

〔1〕［清］張鑒等撰，黄愛平點校：《阮元年譜·附録三》，北京：中華書局，1995 年，第 274 頁。

志付元，且爲商定條例暨搜訪諸事。元于學署池上署積古齋，列志乘圖籍，案而求之，得諸拓本千三百餘件，較之《關中》《中州》多至三倍，實始爲修書之舉。而秋帆先生復奉命總督兩湖，繼且綜湖南北軍務矣。元在山左卷牘之暇，即事考覽……六十年冬，草稿斯定，元復奉命視學兩浙，舟車餘暇，重爲厘訂……是時，秋帆先生方督師轉餉，戮逆撫降，寒暑勞勩，嬰疾已深，雖有伏波據鞍之志，實致武侯食少之虞，竟以七月三日卒于辰州。元以是書本與先生商訂分纂，先生蒞楚雖羽檄紛馳，而郵筒往復指證頗多……[1]

錢序云：

乾隆癸丑秋，今閣學儀徵阮公芸台奉命視學山左，公務之暇，諮訪耆舊，廣爲搜索。其明年冬，畢尚書來撫齊魯，兩賢同心，贊成此舉，遂商榷條例，博稽載籍，萃十一府兩州[2]之碑碣，又各出所藏彝器、錢幣、官私印章，匯而編之。……秋帆移督三楚，討論修飾潤色，壹出于公。乙卯秋，公移節兩浙，攜其稿南來，手自刪訂。嘉慶丙辰秋，書成，凡廿四卷……[3]

由上述二序文可知，乾隆五十八年（1793 年）秋，阮元出任山東學政，赴曲阜、泰山、濟寧等地觀覽，回到府城濟南後便産生了纂修《山左金石志》的想法。第二年冬，畢沅巡撫山東，畢、阮兩位江蘇同鄉志向相投，于金石均情有獨鍾，遂商榷條例，博稽群籍，萃集山東的碑碣拓片，又各出所藏彝器、錢幣、官私印章，同修《山左金石志》。事實上，畢沅由于年老體衰，政務繁忙，精力不濟，編纂任務由阮元獨力承當。不久，畢氏再授湖廣總督，離開濟南。阮元于公事之暇，咨訪耆舊，廣爲搜尋，繼續纂修《山左金石志》。乾隆六十年（1795 年）冬，阮元調任浙江學政，攜草稿南下，舟車之暇，加以審核厘訂。嘉慶元年（1796 年）

---

〔1〕［清］阮元：《山左金石志·阮序》，《續修四庫全書》第 909 册，上海：上海古籍出版社，1999 年，第 368 頁。

〔2〕錢氏“十一府兩州”説法有誤。據《清史稿·地理八》記載，山東轄十府（濟南、東昌、泰安、武定、兖州、沂州、曹州、登州、萊州、青州）、三直隸州（臨清、濟寧、膠州）。需要説明的是，膠州直隸州是在光緒三十一年從萊州府直隸出來的，阮元編修《山左金石志》時尚屬萊州府，故應爲“十府兩州”。

〔3〕［清］阮元：《山左金石志·錢序》，《續修四庫全書》第 909 册，上海：上海古籍出版社，1999 年，第 367 頁。

秋，書成。嘉慶二年（1797 年），付梓出版。細究《山左金石志》的成書始末，無論是纂修想法的萌生、纂修事宜的提出，還是金石資料的搜集整理、書稿的纂寫、删訂、潤色以及最後成書并刊刻，均由阮元負責完成，而畢沅所發揮的作用甚是有限。然而，對于《山左金石志》的編修者，《清史稿》《清朝續文獻通考》與《書目答問》均稱"《山左金石志》二十四卷，畢沅、阮元同撰"[1]，更甚者，題爲"清畢沅輯"[2]，而對阮元隻字未提。《山左金石志》之所以署上畢沅的名字，或許是阮元出于對最初約定的信守以及對畢沅所發揮價值的尊重，再加上畢沅的官職比阮元高。

由此，筆者想到，與中國古代歷史上的很多著作署名某一官僚而實際上是由其幕僚編修而成不同，阮元的著作中無不凝聚著他的心血。以畢沅與阮元爲例，二人同爲官僚型學者，都依靠幕僚力量編修有數部著作，前者如《關中金石記》《中州金石記》《史籍考》等，後者如《山左金石志》《兩浙金石志》《積古齋鐘鼎彝器款識》《經籍籑詁》等，但二者有着很大的不同之處。畢氏作爲主編者，即便參與編修，所發揮的作用十分有限，編修工作主要是由其幕僚完成。如乾隆五十三年（1788 年），畢沅于河南巡撫任上開始編撰《史籍考》[3]，而實際上該項工作是由章學誠主其事，凌廷堪、洪亮吉、武億等人參與[4]；又如《關中金石記》與《中州金石記》，則主要是由孫星衍、嚴長明、張塤、錢坫等人編修。而阮元則有所不同，不但親自參與其中，而且還發揮著關鍵作用。如《山左金石志》的編修，從提出編修事宜到擬定編修凡例，從搜集、整理金石資料到纂寫、删訂、潤色書稿以及最後成書并刊刻，阮元均參與其中。書雖成于衆家之手，然皆經阮元復勘而後定其是非，發揮了主編者與定稿人的作用。因此，我們可以肯定地說，阮元作爲清代中後期的一位學識淵博的大師鴻儒，并非空有虛名，其學術成就是實實在在的。正如張麗珠在《清代經學名臣一重鎮：阮元》一文中所云："縱觀阮元之一生，他以個人之力傳播學術文化，究心學術及振興文教之功，實睥睨有清一代，終清之世罕有能與之匹敵者，故稱其爲乾嘉學術最後强有力的殿軍，洵

---

〔1〕參見趙爾巽：《清史稿·藝文二》、劉錦藻：《清朝續文獻通考·經籍考十二》、張之洞：《書目答問·史部》。

〔2〕《石刻史料新編》（初輯）第 19 册的目録題爲："《山左金石志》二十四卷，清畢沅輯"；劉俊文總纂、北京愛如生數字化技術研究中心研製《中國基本古籍庫》也標爲："清畢沅輯"。

〔3〕此項工程一直到畢沅去世也没有完稿，章學誠、潘錫恩相繼續補，最後成書三百卷。

〔4〕尚小明：《學人游幕與清代學術》第二章《清代重要學人幕府》，社會科學文獻出版社，1999 年，第 100 頁。

非過譽也。”[1]阮元一生中大部分時間都忙于公務，他的許多著作都是在政事之暇完成的，而非有些人想當然地認爲阮元乃封疆大吏，其學術成果都是由幕友編修完成的，這對于我們實事求是地評價阮元是很有幫助的。

當然，由于阮元政務繁忙，加之山東金石數量巨大，僅憑其一人之力難能爲之，故延請幕友朱文藻、何元錫、武億、段松苓與趙魏協助編校，正如他所言：“元以山左卷牘之暇，即事考覽，引仁和朱朗齋文藻、錢塘何夢華元錫、偃師武虚穀億、益都段赤亭松苓爲助。……六十年冬，草稿斯定，元復奉命視學兩浙，舟車校試餘閒，重爲厘訂，更屬仁和趙晋齋魏校勘。”[2]

《山左金石志》從資料搜集到編校完成，再到付梓出版，僅有短短的兩年時間。對于這樣一部收録數量大（收録金石達1700多種）、成書速度快而品質却依然上乘的金石志書，爲什麼能夠高效、高質地編修完成？擴而言之，阮元一生著有《皇清碑版録》《山左金石志》《積古齋鐘鼎彝器款識》《兩浙金石志》《漢延熹西嶽華山碑考》等數部金石著作，在乾嘉學界享有極高的聲譽，爲什麼他能夠取得如此大的成就？其成功之處在哪裏？在筆者看來，主要有以下幾點原因：

其一，乾嘉考據學繁盛的學術背景。

清初，顧炎武等學術大師力除明末空談心性之風，主張經世致用，提倡重證求實，開啓了一代新的學風。此後，大批文人學士承清初思想家之餘緒，紛紛擯棄相對空疏的宋明理學，潛心于經史研究。經過百餘年的醞釀、發展，至乾隆、嘉慶時期，以考據爲特色的漢學風靡一時，形成中國學術史上獨具風格的乾嘉考據學。乾嘉學者治學範圍甚廣，舉凡經學、史學、金石、文字、音韻、天文、地理、算學等，都是他們考據的對象。在此學術潮流牽引下，金石收藏、鑒賞、著録與研究之風日益興盛，出現了一大批卓有成就的收藏家、研究者和一些學術價值極高的金石學著述，金石學于元、明中衰後再次復興并達到極盛，正如梁啓超所云：“金石學之在清代又彪然成一科學也。”（《清代學術概論》第十六卷）金石學借考據學而勃然興起，考據學資金石學而成績卓越，二者互相推動，相得益彰。金石學成爲這一時期學界的“主流話語”，方家競論，名著叢出，如錢大昕《潛研堂金石文跋尾》、翁方綱《兩漢金石記》、畢沅《關中金石記》與《中州金石記》、武億《金石三跋》、黄易《小蓬萊閣金石文字》、阮元《山左金石志》《兩

[1] 張麗珠：《清代經學名臣一重鎮：阮元》，彭林主編：《清代學術講論》，桂林：廣西師範大學出版社，2005年，第193～194頁。

[2] ［清］阮元：《山左金石志·阮序》，《續修四庫全書》第909册，上海：上海古籍出版社，1999年，第368頁。

浙金石志》與《積古齋鐘鼎彝器款識》、孫星衍與邢澍《寰宇訪碑録》、王昶《金石萃編》等，便是其中翹楚。雖然他們各自研究側重不同，但正是這樣一批金石學家將這門學問加以細化，逐漸建構成清代金石學的龐大殿宇。阮元的金石整理與研究活動正和此時學術全盛期的氣象與氛圍息息相關，與翁方綱、錢大昕、畢沅、黄易、武億、孫星衍、王昶等人的學術交流，使他既繼承了傳統的金石學治學方式，又摒棄了以往鑒藏家"居奇"、"自珍"、"秘玩"的鄙陋心態，正是在這種考據家與收藏家、金石學家與漢學家共同疑義相析的學術交流背景下，促成了阮元一系列金石學成就的取得。

其二，阮元的金石志趣。

阮元生于乾、嘉、道文物考古興盛之世，深受乾嘉學風的影響，對金石學有着濃厚的興趣，一生致力于金石碑版的搜訪、著録與研究。阮元接觸金石學很早，雖然没有資料明確記載其究心于金石始于何時，但我們知道他和著名的金石學家孫星衍同爲朱珪門生（孫星衍早阮元一科中進士），二人同在京師，交往甚密，在金石研究方面十分投緣，常有詩詞唱和。"晚來倚馬茶亭外，一段高情讀斷碑"[1]，這是阮元于乾隆五十七年（1792 年）二十八歲時所寫的詩句，記載了與孫星衍等諸同年于出游途中讀碑之事。那時，孫星衍三十九歲，于金石研究已小有成就，阮元在與其交往中，常常探討金石學。乾隆五十六年（1791 年），阮元奉詔充石經校勘官，分校《儀禮》，阮元利用漢石經與唐石經，再結合陸德明《經典釋文》、杜佑《通典》、朱熹《經傳通解》等文獻，對《儀禮》進行校勘，取得了不錯的效果，初步展現出了其在金石學領域的造詣。阮元蒞任山東學政伊始，便對孔廟、泰山、濟寧州學等處的金石碑刻進行考察，又利用視學各州縣之機，搜訪金石資料，這些舉動可見其金石志趣之一斑。阮氏對鐘鼎彝器、金石文字的濃厚興趣，還可以通過《山左金石志》之後不久著成的《積古齋鐘鼎彝器·序》看出。他説："余心好古文奇字，每摩挲一器，拓釋一銘，俯仰之間，輒心往于數千年前，以爲此器之作，此文之鑄，尚在周公、孔子未生以前，何論秦漢乎？由簡策而卷軸，其竹帛已灰燼矣，此乃巋然獨存乎？世人得西嶽一碑、定武片紙，即珍如鴻寶，何況三代法物乎？世人得世彩書函、麻沙宋板，即藏爲秘册，何況商周文字乎？"[2]當然，阮元搜藏、録存金石器銘，不僅僅是爲了存古器之真，更是

---

[1] ［清］阮元：《揅經室四集·詩》卷一，《叢書集成初編》第 2206 册，北京：中華書局，1985 年，第 740 頁。

[2] ［清］阮元：《揅經室三集》卷三，《積古齋鐘鼎彝器款識序》，《叢書集成初編》第 2204 册，北京：中華書局，1985 年，第 595 頁。

爲了通過對金石文字的研究而另辟考經證史的新途徑。他說："鐘鼎彝器，三代之寶貴……古器銘字多者，或數百字，縱不抵《尚書》百篇，而有過于汲塚者遠甚。"[1]正是基于這一認識，阮元非常重視金石碑版的搜訪與著録，并依據金石文字來補正經史。阮元正是懷着對金石碑刻的深厚感情而踏上了視學兼訪碑的行旅，并最終將搜訪到的金石資料彙編成《山左金石志》一書，成爲他外放爲官所從事的文化學術活動的發軔之舉。從此以後，阮元的金石研究便一發不可收拾，成爲乾嘉之際最負盛名的官僚型學者。

其三，阮元"亦官亦學"的身份。

阮元身兼高官與學者雙重身份，這爲其金石學研究帶來極大的便利，因爲他可以借助在官場以及學術界的人際網路來進行金石碑刻的搜訪與交流，而這是普通的金石學者所無法企及的。阮元外出訪碑時，能夠得到地方官員的鼎力支持，在接待、住宿、捶拓上給予方便，甚至可以通過官方網路來募求拓工。同時，各地府縣公庫中以及官員個人收藏的金石器物，阮元可以得以觀摩。他曾在黄縣（今山東龍口）庫中見一古器，"口徑一尺四寸五分，腹深二寸七分强，足高四寸八分，連耳通高一尺四分，腹内作夔首飾，底有小篆文銘二字曰'五同'，字徑二寸"，此器被命名爲"五同鬲"，收入《山左金石志》卷二中。又如，仲𠣞敦，"爲東昌張太守官五所藏"（《山左金石志》卷一）；永年匜，"登州藍太守嘉瓚得之于濟南市中，因借拓之"（《山左金石志》卷一）；父丙卣，"利津縣丞葉承謙得于山東，今藏其家，達官宴會每以此陳設，因借拓之"（《山左金石志》卷二），等等。如果阮元不是政府高官而是一普通學者，他能否進入黄縣庫中觀賞古器？太守所藏金石器物能否提供給他？這些都是疑問。另外，也正是依靠着其官僚聲望，山東地方官民積極回應，紛紛提供自己的金石收藏，正如《山左金石志序》所云："各郡守、州牧、縣令、學博、生徒之以拓本見投欲編入録者，亦日以聚。"（《山左金石志·阮元序》）

其四，阮元廣泛的學術交游。

阮元以游幕、仕宦的經歷及其在金石學領域的極高聲譽，結識了大批社會名流與學者，如朱筠、翁方綱、邵晋涵、王念孫、任大椿、孫星衍、錢大昕、王昶、黄易、武億、錢坫、桂馥、朱文藻、何元錫、段松苓、趙魏等，建立起廣泛的人際關係網路。乾隆五十一年（1786 年）十月，阮元隨謝墉同行入京，這是他開闊交游的重大轉捩點。于京師期間，與翁方綱結交，又通過翁方綱與朱筠建立了非

[1] ［清］阮元：《揅經室三集》卷三，《積古齋鐘鼎彝器款識序》，《叢書集成初編》第 2204 册，北京：中華書局，1985 年，第 594 頁。

常密切的聯繫。朱筠（1729～1781 年），字竹君，號笥河，直隸大興人，曾任武英殿編修、安徽學政、福建學政等官。朱筠奏開四庫館，提倡漢學，在士人中享有崇高威望。朱氏幕中有章學誠、邵晋涵、王念孫、汪中、洪亮吉、黄景仁、孫星衍、武億、錢坫等人，阮元遂得以與他們結識。如與孫星衍的交往，阮元在《山東糧道淵如孫君傳》中云："元與君丙午同出朱文正公之門，學問相長，交最密。知君性誠正，無僞言僞行，立身行事，皆以儒術。"（《揅經室二集》卷三）在外放爲官期間，阮元又廣交各地學者。如視學山東時，結交山東及寓居山東的金石學家，如曲阜顔崇槼、桂馥、濟甯李東琪、巨野李伊晋、錢塘黄易、江鳳彝、吴江陸繩、仁和馬履泰等人。阮元在與他們交游中，共同研討經義、金石、訓詁、校勘等，互爲饋贈金石收藏，極大地促進了他的金石學研究。如孫星衍爲阮元編修《山左金石志》提供了的很多金石資料：伯休彝，"爲乾隆乙卯十月廿十四日孫觀察淵如所藏，拓此銘詞并作釋文以寄"（《山左金石志》卷一）；楚良臣余義鐘，"爲孫淵如觀察所藏，拓銘文并釋文寄元"（《山左金石志》卷二）；《棲霞寺造像鐘經碑》，"孫淵如觀察于嘉慶丙辰訪得拓寄"（《山左金石志》卷一一），等等。

其五，阮元學人幕府及其集體編修模式。

清代學幕盛行，對社會各方面有着深遠的影響，它既是一種政治現象，也是一種社會文化現象。當時學識優長的中央及地方高官，如徐乾學、盧見曾、朱筠、畢沅、謝啓坤、阮元等，無不將衆多學人招攬于自己門下。正如全增佑在《清代幕僚制度論》中説："于時督撫學政，頗廣開幕府，禮致文人，而不盡責以公事。此等入幕之賓，其性質初不同于刑錢幕友，此種幕府不啻爲一學府，其府主往往爲學術界名流前輩，故人才之造就于斯爲盛！"（《思想與時代》1944 年第 32 期）幕賓在幕府中有多項工作，其中之一，就是在幕主的組織下進行學術研究。游幕學人成爲當時學術成果的主要創造者，促成了清代學術文化繁榮景象的出現。

阮元作爲乾嘉時期最富盛名的官僚型學者，其歷官所至，廣招賢士，先後招納幕賓一百二十餘人，其中就彙聚了自乾嘉之際至道光初期的衆多金石學者，如任山東學政時期的朱文藻、何元錫、武億、段松苓等人，任浙江學政時期的趙魏、錢坫、孫星衍、江德量、陳壽祺、張廷濟、朱爲弼、翁樹培、宋葆醇等人。大批金石學者的加入，壯大了阮氏幕府的學術實力，爲其金石編著提供了學術上的保障。阮氏先後組織幕友對山東、浙江等地的金石碑刻進行收集、著録與研究，撰成《山左金石志》《積古齋鐘鼎彝器款識》《兩浙金石志》等。以《山左金石志》爲例，該書是由阮元及其幕友朱文藻、何元錫、武億、段松苓、趙魏等人歷時兩年多集體纂修而成，收録金銘石刻多達 1700 餘種，對于這樣一部收録金石數量巨大而成書時間較短的金石學著作，若是僅憑阮氏一己之力，恐難能爲之。阮氏善于做學術組織工作，將他們分工協作，各盡所能。段松苓精于鐘鼎銘文，負責編修吉金部分，朱文藻與武億熟于石刻碑版，負責編録石刻部分。然後，編修成果匯而聚之，由阮元悉心加以考訂，總裁其成。最後，由趙魏進行校勘。《山左金石志》之所以高質、高效完成，幕友們功不可没。阮元十分尊重他們的勞動，在《山左金石志序》及文中指明參編人員的姓名，以示此乃集體編纂之成果，個人并無掠美之意，這充分體現了阮元非凡的人格魅力與高尚的學術道德。阮元與幕友們經常互相砥礪，以學問相益，形成了濃厚的治學氛圍，共同致力于歷代金石碑版的整理研究，以細緻入微、嚴謹踏實的作風，爲乾嘉時期金石學的發展，作出了重要貢獻。

其六，阮元自身不懈的努力與正確的治學方法。

阮氏對鐘鼎彝器、石刻碑版有着强烈的嗜好，一生致力于金石的搜訪、著録與研究。他作爲一名封疆大吏，儘管政務繁忙，但金石研究從來没有間斷過。以《山左金石志》爲例，阮氏爲了盡可能完整地將山東金石碑刻匯輯于一編，利用視學各府州之機，不遺餘力地尋考古迹，搜訪金石。他深入荒郊僻野、陡崖險谷，不辭勞苦，甚至冒着生命危險，獲得了大量一手資料。如爲了尋訪鄭羲父子刻石，親臨雲峰山，不顧山崖陡峭，把《中書令鄭羲碑》摹拓下來。對搜羅到的金石碑版，于卷牘之暇，即事考覽。乾隆六十年（1795 年）冬，阮元調任浙江學政，攜草稿南下，在旅途中不顧舟車勞頓之苦，重爲厘訂。正是由于其自身不懈的努力，才换來豐碩的學術成果，这种孜孜以求的精神值得稱贊。

阮元在長期的金石學研究中，形成了一套嚴謹、科學的治學方法。他不迷信古書陳説，而是從金石碑刻中稽古鈎沉，將之與文獻記載相結合、相印證，用以校勘史籍，印證史事，力求做到言必有據，孤證不立法。由于其研究是建立在扎實的史料依據的基礎之上，所以得出的結論有很强的説服力，研究成果也就具有很高的學術價值。阮氏考據方法不拘一格，正如《山左金石志》所體現出的那樣，除了典籍文獻與金石碑刻相證法外，還有綜合考據方法、參稽互證法、類比推理法、常識推理判斷法、考而不斷法等，這些方法因問題不同而靈活運用。阮元對這些方法的自覺運用，不僅反映了他具有求實證的嚴謹治學態度，更説明他已熟諳科學的治學途徑。

綜上可見，阮元之所以能夠取得豐碩的金石學成果，這不僅得益于乾嘉考據學繁盛的學術背景、其深厚的金石志趣、“亦官亦學”的身份、廣泛的學術交游、幕友集體編修模式等外部條件，還在于其自身不懈的努力以及科學嚴謹、靈活多變的治學方法的運用。

二 《山左金石志》的體例與内容

（一）《山左金石志》的體例

《山左金石志》全書布局較爲合理，結構嚴謹，縱横交錯，詳略得當，一向爲人所稱道。《山左金石志》分爲金[1]、刀布、鏡、印、石（包括磚）五大類，先金後石，每類按照時間先後順序進行編排，井然有序。對于録載的金石碑刻，指明其造型、尺寸、書體、年月、存地、收録、拓本流傳等重要資訊，并予以考證。對于金銘刻辭，由于字數較少，一般予以全文録載；而對于石刻，或録載全文，或僅作跋尾。具體來説，其編著體例主要如下：

1. 金石合編，先金後石

《山左金石志》將金銘器物與石刻碑版合編于一書，金編排于前（卷一至卷六），石編排于後（卷七至卷二十四）。

2. 所録金石由商周迄元，大致按照時間順序進行編排

《山左金石志》録有金、刀布、鏡、印、石五類，每一類再分别按照時間順序進行排列。卷一至卷三爲商、周、秦、漢、曹魏、晋、北魏、北齊、隋、唐、宋、金、元等代金銘，卷四爲齊刀、莒刀與齊布，卷五爲漢、晋、梁、隋、唐、前蜀等代銅鏡，卷六爲漢、蜀、曹魏、晋、北魏、北齊、唐、宋、元等代印章，卷七至卷二十四爲秦、漢、曹魏、晋、北魏、東魏、北齊、隋、唐、後梁、後唐、後晋、後漢、後周、宋、金、元等代石刻。這裏需要説明的是，在商金之前還編録有乾隆欽頒孔廟的十件周代祭器，祇緣其“系内府所頒，故冠于首”[2]，之後的金銘則按照時代編次。由于大多數刀布、鏡、印没有時間記載，祇能大概推斷其爲某代之物，而無法準確判斷其具體年代，故于同一朝代内部進行編排時，祇能“不分時代，以類相編”[3]。如卷四收録齊刀二十二品，祇能判斷其爲東周時期的一種刀幣，而不知每一件的具體鑄造年代，故不能辨分時代先後，祇能以類相編。還有，有些碑刻没有刻立時間，編者祇能通過對碑文内容的解讀而作大概推斷，從而進行編排。如《豫州從事孔褒碑》，“碑無年月可系，今以其與弟融争死

---

[1] 此處之“金”，并未涵蓋“金石學”之“金”的全部，是指除錢幣、鏡鑒、印章之外的鐘鼎金屬器物，如禮器、兵器、度量衡器、雜器等。

[2] ［清］阮元：《山左金石志》卷一，《續修四庫全書》第909册，上海：上海古籍出版社，1999年，第400頁。

[3] ［清］阮元：《山左金石志》卷四，《續修四庫全書》第909册，上海：上海古籍出版社，1999年，第424頁。

事在靈帝年間，故列于熹平之前”。[1]

3. 收録了山東一省的金銘石刻，是分地（省）著録金石的典範

分地著録是清代金石編著的一種重要體例形式，有專記一省者，如畢沅《中州金石記》與《關中金石記》、阮元《山左金石志》與《兩浙金石志》、翁方綱《粵東金石略》、謝啓昆《粵西金石略》、楊守敬《湖北金石志》等；有專記一府、州者，如嚴觀《江寧金石記》、馮雲鵷《濟南金石記》、徐宗幹《濟州金石志》、陸心源《吴興金石記》等；有專記一縣者，如段松苓《益都金石記》、武億《安陽縣金石録》與《偃師金石記》等；還有專記一隅者，如葉封《嵩陽石刻集記》、聶鈫的《泰山金石志》等。《山左金石志》則收録了山東一省十府二直隸州的金石碑刻，是分省著録金石的重要典範。需要説明的是，乾嘉時期的山東省與今日山東省的轄區并非完全一致，如館陶縣當時隸屬山東省東昌府，現在則隸屬河北省邯鄲市。

4. 正文編修的體例特點

第一類“金”：首先題寫器名，而後摹録銘文并加以釋讀，接着説明器物的尺寸、形制、銘文位置、字數多少、所據拓本或摹本的來源，有的還説明重量，最後對器物本身或銘文内容進行考釋。如對《紀侯鐘》款識的輯録與考釋：從右往左，先摹録款識（略），并把辨識後的款識“己侯虎作寶鐘”標示于下。接著，説明紀侯鐘的尺寸、所據摹本的來源：“右鐘高五寸，圍一尺一寸。頂有一柄，長五寸。柄端一環，徑一寸二分。腹有三十六乳質，厚五分。壽光縣人得之于紀侯台下。”最後，對銘文進行考釋：

> “己”、“紀”，古通用字。“虎”，紀侯之名也，鐘字反。按《齊乘》云：“壽光南三十里，春秋之紀國。《通志》曰：紀本在贛榆縣，後遷劇，亦稱紀。城内有台高九尺，俗曰紀台。”考《漢恩澤侯表》，陳倉亦封紀侯，但銘字奇古，必非漢物耳。[2]

第二類“刀布”：首先摹録刀布的圖形與款識，然後對其文字進行考釋。如《齊刀二十二品》中的第一品，右面摹録該刀布的圖形與款識（略），左面是對其款識的考釋：

---

[1] ［清］阮元：《山左金石志》卷八，《豫州從事孔褒碑》，《續修四庫全書》第909册，上海：上海古籍出版社，1999年，第486頁。

[2] ［清］阮元：《山左金石志》卷二《紀侯鐘》，《續修四庫全書》第909册，上海：上海古籍出版社，1999年，第409頁。

右刀文曰“齊吉化”三字，“化”即“貨”字。背有長釘，似籀文十字，隱隱似有圜圈圍之，下有一“化”字。《前漢書·食貨志》曰：太公爲周立九府圜法，退又行之于齊。至管仲相桓公，通輕重之權，遂顯伯名。此其遺制也。洪遵《泉志》引《嘉祐雜志》曰：“王公和學士罷沂州，得銀刀一，有‘齊太公杏九’字。”恐“杏”字乃誤認“吉”字耳。[1]

第三類“鏡”：首先摹録款識并説明鏡的尺寸、形制、紋飾，接著對銘文進行考釋。如漢尚方十二辰鏡，首先摹録該鏡款識（略），之後便是對該鏡尺寸、形制的介紹以及對銘文的考釋：

右鏡徑六寸四分，鼻鈕，篆書十二辰，八乳，四神。篆文銘五十六字，曰：“尚方作竟（鏡）大毋傷，巧工刻之成文章。左龍右虎辟不祥，朱鳥元武順陰陽。子孫備具居中央，湅治銀錫清而明。長保二親樂富貴，壽敝金石如侯王”。外作菱花飾。《博古圖》曰：造化之本，莫先于天地，故首之以乾象。十二辰者，乾象也。乾象者，百神之主，故以四神附之。爲器如是，夫然後可以歌頌其美，故次之以詩詞。頌必有致養之道，故參之以牧乳。而乳者，養人之道也，有所養，則鳥獸草木莫不鹹若，故又次之菱花等樣，云云。按“長保二親”句，此鏡亦非供御之物。[2]

第四類“印”：首先標明印的名稱并摹録印文，然後説明印的尺寸、形制，接著對印文進行考釋，最後指明所據摹本的來源。如漢新昌裏印，首先標明印名“漢新昌裏印”，接著摹拓印章文字（略），然後對該印尺寸、形制、印文、摹本來源進行説明考證：

右印長八分，寬五分。篆字四，曰“新昌裏印”，上二字白文，下二字朱文。按《漢書·地理志》：遼東郡縣有新昌。《唐書·兵志》：朔方經略、豐安、定遠、新昌、天柱、宥州等城，曰關内道。白居易詩“聽鐘出長樂，傳

[1] ［清］阮元：《山左金石志》卷四《齊刀二十二品》，《續修四庫全書》第909册，上海：上海古籍出版社，1999年，第424～425頁。

[2] ［清］阮元：《山左金石志》卷五《漢尚方十二辰鏡》，《續修四庫全書》第909册，上海：上海古籍出版社，1999年，第433頁。

鼓到新昌”，又曰：“將赴銀台門，始出新昌裏”，即謂此也。印爲顔教授崇槼所藏。[1]

第五類“石”：大多著明刻立年代、書體、尺寸、形制、存地、收録情況等，原石已佚的，則注明拓本來源，或録文，或僅有按跋。如《魯相韓敕造孔廟禮器碑》不録碑文，僅有按跋：

永壽二年九月立，并陰及兩側俱八分書。碑高五尺三寸，廣二尺四寸，厚六寸五分，在曲阜縣孔廟同文門西側。案此碑文辭古奧，别成一體，諸家皆考核無遺。碑末自“韓明府名敕，字叔節”八字以下三行，皆捐錢諸人名氏，與碑陰、碑側連屬，間有字體參錯不齊者，皆增書也。碑陰第三列“謝伯威、高伯世”下有“熹平三年，左馮翊池陽項伯修來”八分書三行，幾十三字，筆劃極細。翁閣學嘗得舊拓，橅（通“摹”）以示人。今以洗石精拓本辨之，其前後二行尚有影迹，中間“左馮翊池陽”五字則磨泐無存矣。[2]

5. 銘文解讀的體例特點

《山左金石志》對銘文的解讀，通常先列出前代具有代表性的考釋，接著則是編者自己的考釋，或補充，或辯駁，最後作出評價。如對《魯公鼎》銘文的考釋：

右方鼎籀文銘七字，曰：“鹵公作文王尊。”《説文·木部》：“樐，大盾也。”古文作“樐”，是“魯”、“鹵”古字通用。《鐘鼎款識》曰：“‘鹵’字，許慎《説文》云：‘從西省，象鹽形’，即‘魯’字也。”古之文字形聲、假借如“鄦”作“許”，“咎”作“皋”，“繆”作“穆”之類是也。魯公者，周公也。文王者，周文王也。按《史記·魯世家》云：武王“遍封功臣同姓戚者，封周公旦于少昊之墟曲阜，是爲魯公”，云云。故《鐘鼎款識》以魯公爲周公，不謂伯禽。又按成王以周公爲有勞于王室，賜魯以天子禮樂，故魯得郊禘。禘者，禮家以爲禘文王也。乃作文王尊彝，不然諸侯不得祖天子，魯稱秉禮，豈漫犯是不韙耶？[3]

---

[1] ［清］阮元：《山左金石志》卷六《漢新昌裏印》，《續修四庫全書》第909册，上海：上海古籍出版社，1999年，第441頁。

[2] ［清］阮元：《山左金石志》卷八《魯相韓敕造孔廟禮器碑》，《續修四庫全書》第909册，上海：上海古籍出版社，1999年，第484頁。

[3] ［清］阮元：《山左金石志》卷一《魯公鼎》，《續修四庫全書》第909册，上海：上海古籍出版社，1999年，第402頁。

當然，《山左金石志》對每一種金石碑刻的録載與考釋，并非同時都具備上述各項内容，有些衹是交代了某些方面的情況，而且對各項説明與考釋的先後順序也并非固定不變。

（二）《山左金石志》的内容

《山左金石志》收録範圍極廣，時間上自商周訖元，地域上包括清代山東所屬的十府二直隸州，舉凡禮器、樂器、兵器、度量衡器、刀布、鏡鑒、兵符、璽印、雜器、碑碣、墓志、摩崖、造像、畫像石、經幢、塔銘等實物、拓本等凡耳聞目睹者，均予以收録。

《山左金石志》共計二十四卷，卷首爲錢大昕與阮元所作的兩篇序文，之後爲全書的金石目録，再後爲正文内容。卷一至卷三，爲“金”部分：卷一，首冠以《欽頒闕裏周範銅器十事》，即乾隆頒賜給孔廟的十件周代青銅祭器，目的是爲了“以西清之模範備東魯之尊彝，足酬素王從周用禮之心，仰見聖帝重道崇儒之意”〔1〕，其後，收録了數件商金與一部分周金。卷二，前半部分爲周金，後半部分爲秦、西漢與東漢金。卷三爲曹魏、晋、北魏、北齊、隋、唐、宋、金、元金。卷四爲“刀布”部分，即齊刀、莒刀與齊布。卷五爲“鏡”部分，即漢、晋、梁、隋、唐、前蜀等朝代鏡。卷六爲“印”部分，即漢、蜀、魏、晋、北魏、北齊、唐、宋、元之印。卷七至卷二四，爲“石”部分：卷七爲秦、西漢與東漢部分石，卷八爲東漢、魏、西晋石，卷九爲北魏、東魏石，卷一〇爲北齊、北周、隋石，卷一一、一二、一三爲唐石，卷一四爲後樑、後唐、後晋、後漢、後周石，卷一五、一六、一七、一八爲宋石，卷一九、二〇爲金石，卷二一、二二、二三、二四爲元石。

由上可見，《山左金石志》所收金石自商周至元代，爲何以元代爲斷而不録明清金石呢？如果説清代金石因年代較近而且不是完整一代而未收録，尚可以理解，那麽明代金石不録就令人費解了。據筆者研究發現：明清金石學家們大多看重唐代及其以前的金石碑刻，而宋代以後的則不大重視；宋人著録金石多以唐代爲斷，清人則一般延長至宋元。清末金石學家葉昌熾曾説：“歐陽公《集古録》近收五季，明初距今將六百年，不啻歐公之視六朝也，豈可以近而賤之？乾嘉諸老如畢中丞、王侍郎，皆以天水〔2〕爲斷，至儀徵阮氏、陽湖孫氏，始推廣其例至元末。

〔1〕［清］阮元：《山左金石志》卷一，《續修四庫全書》第909册，上海：上海古籍出版社，1999年，第400頁。

〔2〕天水乃趙姓的郡望，如《宋史》卷六五《五行志》記載：“天水，國之姓望也。”宋代統治者以趙爲姓，故以“天水”代稱趙宋一朝。

翁覃溪輯《粤東金石略》，兼收明碑。夫明碑誠不勝收，然必俟之罕而見珍，則杞宋無徵，滄桑已易，其存者亦如缺月娟娟隱雲霧，不重可惜乎？”[1]葉氏之言正反映出了明碑不爲清人所重，同時也説明了宋代及其以後金石編著的斷限逐漸延伸。不過，葉氏所論也有失實之處：一是畢中丞（畢沅）的《關中金石記》與《中州金石記》均止于元代，并非“以天水爲斷”；二是金石著録延伸至元末并非始于阮氏（阮元）與孫氏（孫星衍），而是錢大昕《潛研堂金石文跋尾》。在錢大昕之前，學者著録金石多以唐宋爲斷，而錢氏打破了前人的這種貴遠賤近的傳統，開始推重元代金石碑刻，故其《潛研堂金石文跋尾》收録金石文字至元末。此後的金石學著，如畢沅《關中金石記》與《中州金石記》、孫星衍《寰宇訪碑録》、阮元《山左金石志》等，多受錢書影響，所收金石均止于元末。故在筆者看來，《山左金石志》之所以以元代爲斷而明清金石闕而不録，一因《山左金石志》仿照錢氏《潛研堂金石文跋尾》、畢氏《關中金石記》與《中州金石記》等書的先例；二因明清碑刻數量太多，而且在形制、字體等方面與隋唐碑刻區别不大，除了一些重要的碑刻具有較高的史料與書法價值外，大多數碑刻在内容、形制與書法上都較爲平平，其價值爲清代學者所輕視。

三　《山左金石志》的價值與影響

《山左金石志》作爲一部分地（省）體的金石學著作，首次將山東全省範圍内的金石文獻匯于一編，内容豐富，體例完備，是清代金石學發展史上重要的啓後之作，爲我們研究中國古代典章經制、地理沿革、人物史事、文化教育、經濟發展、語言文字等提供了重要資料，有著極大的學術價值，兹略作管窺。

第一，《山左金石志》首次將山左金石文獻匯于一編，是山東古代金銘石刻的集大成者。

山東作爲齊魯故國，金石遺文甚爲豐富，尤其周秦兩漢金石遺物，更是甲于天下。自其産生伊始，便爲衆多學者著録、研究，或訓詁文字，或考釋史實，或品評書法。如西漢史學家司馬遷在《史記·秦始皇本紀》中記録了七方秦刻石，其中位于山東境内的有嶧山刻石、泰山刻石、之罘刻石、琅琊刻石與之罘東觀刻石。在此後的一千九百餘年間，雖然也出現了諸如酈道元《水經注》、歐陽修《集古録》、趙明誠《金石録》、洪適《隸釋》、顧炎武《金石文字記》、錢大昕

---

[1]［清］葉昌熾：《語石》卷一“明一則”條，上海：上海書店，1986年影印本，第24頁。

《潛研堂金石文跋尾》等著作，但是僅對山東部分金石碑刻進行著録與研究，而專門以山左金石爲著録物件的史志則一直到了清代乾嘉時期才得以出現，如聶劍光《泰山金石考》、李文藻《諸城金石略》、翁方綱《孔子廟堂碑考》、孫星衍《泰山石刻記》、段松苓《益都金石志》等。然而，這些史志僅著録了山東某一區域範圍内的金石文獻，未賅全省。而阮元所編《山左金石志》，首次較爲系統、全面地將山東古代的金石碑刻匯輯于一編，并加以詳審考釋，使得山東的金石文獻較爲全面地以著作的形式反映出來。正如清人汪喜孫所稱："山左金石自北平翁覃溪學士視學兹土，始輯《兩漢金石記》，好古之士漸知向方。厥後，孫淵如觀察、黄小松司馬來者接踵，曲阜顔運生司馬、桂未穀大令、滋陽牛階平大令、褚千峰居士，俱各著書并行于世。至儀徵阮芸台相國提學來東，始集其成，作《山左金石志》，自漢至元，吉金樂石粲然大備。"[1]

第二，《山左金石志》是清代金石學發展史上重要的啓後之作，成爲後世金石學分地體的典範。

分地體是清代金石志書的一種重要體例形式，有專記一省者，有專記一府、州者，有專記一縣者，還有專記一隅者。分地體的金石學著最早始于南宋陳思《寶刻叢編》與王象之《輿地碑目》，但此二書專録一地金石碑目，并無録文及按考。歷經元明時期金石學的衰微，分地體著作至清代乾嘉時期蔚爲大觀，如翁方綱視學廣東時，搜訪粵省金石碑刻，著成《粵東金石略》十一卷；畢沅任陝西巡撫時，著《關中金石記》八卷，任河南巡撫時，又著《中州金石記》五卷；孫星衍在京供職期間，著成《京畿金石考》兩卷，等等。以上諸書，專收一地金石，并按照時間順序進行編排，或僅作按跋，或兼録金石文字内容，體例日趨完善。阮元《山左金石志》承繼以往分地體優點的同時，彌補了其不足之處，分類更爲合理，體例更加成熟。如《山左金石志》將所録金石分爲金、刀布、鏡、印、石五部分，每類再分别按照時間順序進行編排，眉目清楚，井然有序，這比《粵東金石略》《關中金石記》《中州金石記》等不加分類地籠統地按照時間順序進行編排更爲合理。《山左金石志》爲後世學者樹立了一個成功的範例，此後金石志書的編修無不深受此書影響。正如馮雲鵷在《濟州金石志·後序》中所云："按金石之有書，自宋始……歷元而明，至我朝而大備，如《關中》《中州》并有成書，而《山左金石志》一書，尤爲士林所奉爲圭臬，後之言金石者，莫能出乎範圍

[1] [清] 馮雲鵷：《濟南金石記·汪喜孫序》，《石刻史料新編》第二輯第13册，臺北：新文豐出版股份有限公司，1979年，第9775頁。

焉。"[1]正是在《山左金石志》的影響下，學者們紛紛對各自地區的金石碑刻進行整理、著録，如馮雲鵷《濟南金石志》、徐宗幹《濟州金石志》等一批分地體的金石著作相繼問世。

第三，《山左金石志》在校補史志記載方面價值突出。

歷代史志多爲後人撰寫，往往存有一些訛誤，或因學識不足而致，或因疏忽而生。與此相比，金石碑刻多爲時人所撰，可信性極强，對歷代史志的考訂有著不可取代的價值。《山左金石志》正史志訛誤最爲典型的例子，當屬據《重刻唐史承節鄭公祠碑》校勘範曄《後漢書·鄭玄傳》。阮元任山東學政期間，曾對東漢經學家鄭玄祠墓加以修復，在積沙中掘得金章宗承安年間（1197～1200年）重刻唐萬歲通天（696年）史承節所撰碑文。阮元遂利用此碑校勘《後漢書·鄭玄傳》，糾正了書中數處訛誤。如《後漢書·鄭玄傳》載《戒子益恩書》云："家舊貧，不爲父母群弟所容，去廝役之吏，游學周、秦之都，往來幽、并、兗、豫之域，獲覲乎在位通人，處逸大儒，得意者鹹從捧手，有所受焉。"[2]作爲東漢名儒，鄭玄爲何"不爲父母群弟所容"呢？這個問題長期困擾著後代學者們。阮元發現《重刻唐史承節鄭公祠碑》記載爲："爲父母群弟所容"，并無"不"字，從而認定範書有誤。其跋云："'爲父母群弟所容'者，言徒學不能爲吏，以益生産，爲父母群弟所含容，始得去廁役之吏，游學周秦，故《傳》曰：'少爲鄉嗇夫，得休歸，常詣學官，不樂爲吏，父數怒之。'夫父怒之而已，云'爲所容'，此儒者言也，范書因爲父怒，而妄加'不'字，與司農本意相反。"[3]阮氏之論，得到學者們的一致肯定，困擾學界已久的疑問由此涣然冰釋。又如，關于西漢石洛侯劉敬，《史記·建元以來王子侯者年表》記載：石洛侯，"城陽頃王子，（元狩）元年四月戊寅，侯劉敬，元年"[4]。《漢書·王子侯表》無石洛侯，而有原洛侯敢，并注云："城陽頃王子，（元鼎）元年四月戊寅封，二十六年，徵和三年，坐殺人棄市。"[5]由此可知，《史記》中的石洛侯劉敬與《漢書》中的原洛侯

[1]〔清〕徐宗幹：《濟州金石志·後序》，《石刻史料新編》第二輯第13册，臺北：新文豐出版股份有限公司，1979年，第9740頁。

[2]〔南朝宋〕範曄：《後漢書》卷三五《鄭玄傳》，北京：中華書局，1965年，第1209頁。

[3]〔清〕阮元：《山左金石志》卷二〇《重刻唐史承節鄭公祠碑》，《續修四庫全書》第910册，上海：上海古籍出版社，1999年，第79～80頁。

[4]〔西漢〕司馬遷：《史記》卷二一《建元以來王子侯者年表第九》，北京：中華書局，1982年，第1109頁。

[5]〔東漢〕班固：《漢書》卷一五上《王子侯表第三上》，北京：中華書局，1962年，第471頁。

劉敢應該是同一個人，那麼，究竟名“敬”還是名“敢”呢？封號爲“石洛侯”還是“原洛侯”呢？《山左金石志》以《漢石洛侯黄金印》爲據，從而糾正了《漢書》記載之誤：“《史記·王子侯表》：‘石洛侯劉敬，城陽頃王子，元狩元年四月戊寅封’，則是石洛侯乃高祖五世孫武帝所封者。《漢書》始封年月皆合，惟以‘石洛’爲‘原洛’，‘劉敬’爲‘劉敢’，‘元狩’爲‘元鼎’，蓋傳寫而异，據此足正班氏之誤，金石之有裨史學如此。”[1]

史志記載闕略是一種客觀存在的現象，因爲任何史書也無法窮盡繁富多彩的歷史畫卷。金石碑刻作爲中國古代歷史文獻的豐富寶藏，多屬原始資料，尤其對那些缺少史籍的時代彌足珍貴。所以，《山左金石志》在增補史志闕略方面，也有著極大的價值。如唐代後期，由于佛教寺院經濟的過分擴張，影響了國家的財政收入，崇信道教的唐武宗遂于會昌五年（845 年）下令拆毀寺院、銷毀佛像、還俗僧尼，此即唐武宗滅佛事件。《新唐書·武宗本紀》記載此事云：“八月壬午，大毀佛寺，復僧尼爲民。”[2]對于所毀寺院與還俗僧尼的數目及以後寺院的重建問題，隻字未提，而《山左金石志》卷一三《牟璫證明功德記》對此有所記載：“會昌五年毀去佛□，天下大同，凡有額寺五千馀所，蘭若三萬餘所，麗名僧尼廿六萬七百餘人。……大中五年，奉旨許于舊蹤，再啓精舍。”[3]《新唐書》的闕略，遂藉《山左金石志》得以增補。又如，五代十國時期，戰亂不止，政權更迭頻繁，官職設置變化無常，致使史志記載闕漏頗多。《山左金石志》每及于此，多有補闕之文。如依據《高裏山捻持經咒幢》中“節度押衙前岱嶽鎮使、新充副鎮權知鎮李豐”與“武寧軍同節度副使、前察固鎮副兵馬使、充岱岳鎮都虞候王訓”等題名，從而得知後晋鎮之設官，遂補五代史志之闕略：“案岱嶽鎮者，即今縣治，本宋乾封縣縣城故址，創于開寶五年，後晋時猶爲岱嶽鎮，其鎮有正、副二使及都虞候等官，皆可補志乘之失。”[4]

四 結 語

《山左金石志》雖題爲“畢沅、阮元同撰”，實乃阮元及其幕友所修。書雖成

---

〔1〕［清］阮元：《山左金石志》卷六《漢石洛侯黄金印》，《續修四庫全書》第 909 册，上海：上海古籍出版社，1999 年，第 441 頁。

〔2〕［北宋］歐陽修：《新唐書》卷八《武宗本紀》，北京：中華書局，1975 年，第 245 頁。

〔3〕［清］阮元：《山左金石志》卷一三《牟珰證明功德記》，《續修四庫全書》第 909 册，上海：上海古籍出版社，1999 年，第 587 頁。

〔4〕［清］阮元：《山左金石志》卷一四《高裏山捻持經咒幢》，《續修四庫全書》第 909 册，上海：上海古籍出版社，1999 年，第 607 頁。

于衆家之手，然皆經阮元復勘而後定其是非。阮元身兼學者與高官雙重身份，憑藉其游幕、仕宦的經歷，建立起龐大的金石資料的地緣與人緣搜訪網路，使得《山左金石志》的内容極其豐富。《山左金石志》始纂于乾隆五十九年（1794年），乾隆六十年（1795年）初成，嘉慶二年（1797年）刊刻。《山左金石志》體例完備，結構合理，考證精審，品質上乘，成爲後世金石志書編修的典範，對清代山東乃至全國金石學的發展做出了極大貢獻。《山左金石志》具有考證、辨誤、補遺、存史功能，成爲中國古代歷史研究不可或缺的重要資料。儘管《山左金石志》或多或少地存有一些不足與缺陷，但瑕不掩瑜，這同其價值、成就相比，衹能説是白璧微瑕，不足以掩蓋其奪目的光輝。因此，我們應該用辯證的態度來看待《山左金石志》一書，以便更好地爲我們所利用。如果我們研究歷史能夠將史志和相關的金石文獻相結合，那麼所得出的結論將會更加可靠，歷史也將會以更清晰、更完整、更真實的面貌呈現在我們面前。

作者簡介： 孟凡港，男，1979年出生，河北平鄉人，北京師範大學歷史學博士，山東大學博士後，曲阜師範大學副教授，主要從事中國古代史、歷史文獻學領域研究。

Ruan Yuan and *ShanZuo JinShiZhi*

Meng Fangang

Abstract: Ruan Yuan's *ShanZuo JinShiZhi* was regarded as one of the excellent works of epigraphy during Qianlong and Jiaqing periods. It systematically got the ancient bronzses and stone inscriptions in Shandong Province together for the first time and made accurate textual explanations. During the process of research, I gained some useful knowledge about its editing, style, content and academic value and influence. In this paper, I will make briefly discussion about them.

Keywords: Ruan Yuan, *ShanZuo JinShiZhi*, editing, style content, academic value

金石考史

——“金石”在清代的學術分類與阮元《南北書派論》研究

高明一

内容摘要：阮元早年對金石學的貢獻，爲後人所承認。本文從“金”“石”這兩種質材的思考方式切入，討論它們在中國傳統上的理解。因爲“金石”二字，傾向同義複詞，偏指石刻這一質材，關于“金”的質材，中國傳統上稱作“古器”。乾隆晚期的《四庫全書》，它的學術分類中却發現“金石”與“古器”無類可歸，到約九十年後張之洞《書目答問》，才“别出一門”，同時“金石”才算真正涵括了“金”“石”這二種質材，這也反映了“金石學”作爲一個有延續性的獨立學門，是到清代才確立，而非傳統上所認知的北宋時期。作爲獨立的學門，乾嘉之際的學者阮元，較之翁方綱，更爲重要，因爲在阮元之後，“金石”才真正涵括“金”“石”這二種質材，而不是偏重“石”這一質材。其次，《南北書派論》是阮元《金石十事記》這“金”“石”推廣活動之後的研究成果，《南北書派論》并不是傳統上所理解的藝術分派，而是在當時有嚴格定義的石刻學研究宗旨下，繼承了翁方綱《兩漢金石記》卷二〇《隸八分考》一文中討論隸書的演變，近而提出從隸書演變到楷書的書體史，且以北方爲正宗，打破了唐太宗以來獨尊王羲之爲書學主流的歷史觀。

關鍵詞：阮元；金石學；《南北書派論》

一　前　言

阮元作爲清代重要的大儒，相關研究豐富，研究回顧較早可見張舜徽《清代揚州學記》，將阮元視爲揚州學派的代表，特色是融合吴派的“專精”與徽派的“通核”，并將其學術成就分成經史、小學、天算、輿地、金石、校勘等項[1]。林慶彰主編《乾嘉學術研究論著目録》，將阮元以生平年譜、著述研究、學術總論三項列出，是2000年以前關于阮元學術研究的總回顧，但在著述研究上，没有關于阮元和金石學的研究[2]。後續有王章濤編《阮元年譜》（2003年），該書史料豐富，也爲後來的主題研究，奠定了基礎。後續的研究回顧，香港公開大學的孫廣海有《阮元研究回顧（*An Overview of Research on Ruan Yuan*）》一文，將阮元的研究分成生平、著述、學術思想、詁經精舍與學海堂等四方面，關于著述的研究，該文列舉阮元編纂《經籍籑詁》《疇人傳》《十三經注疏校勘記》《皇清經解》等書的相關研究，但未提到金石書籍[3]。浙江大學的陳東輝《阮元與小學》一書的第三章《阮元在編印與小學有關之書籍方面的成就》内“關于金石文字學書籍”一節，提到阮元重要的三部金石書籍的編纂：《山左金石志》《兩浙金石志》《積古齋鐘鼎彝器款識》，强調以山東石刻材料爲主《山左金石志》、浙東與浙西石刻材料爲主的《兩浙金石志》的編纂，在道光之後形成以賞鑒爲主的山東學派，又稱北派，代表人物有陳介祺、吴式芬；以研究文字爲主的江南學派，又稱南派，代表人物有潘祖蔭、吴大澂、孫詒讓[4]。《山左金石志》《兩浙金石志》是石刻材料，山東學派、江南學派代表人物的著作，如陳介祺《簠齋吉金録》、吴式芬《攈古録》、潘祖蔭《攀古樓彝器款識》、吴大澂《説文古籀補》、孫詒讓《古籀拾遺》，其著作都是以吉金爲主。這産生了一個問題，“金”“石”似乎不該混爲一談，若是“金石”是完全涵蓋“金”與“石”，爲何除了陳介祺《簠齋吉金録》可以直接從書名上判斷是僅以金爲主，其他等人關于吉金的著作都是出現“古”字，那麼要怎樣界定“金石”，或是“金”“石”，似乎衹有厘清其定義，才有辦法作研究上的突破。

《南北書派論》與《北碑南帖論》是阮元以“金石”，在後續的陳述中會界定是石刻材料爲主，配合唐代以前的傳世文獻所寫成的關于隸書演變到楷書的研究

[1] 張舜徽：《清代揚州學記》，上海：上海人民出版社，1962年；揚州：廣陵書社，2004年再版，第152頁。

[2] 林慶彰主編《乾嘉學術研究論著目録（1900～1993）》，臺北：中央研究院中國文哲研究所籌備處，1995年，第267～274頁。

[3] 《漢學研究通訊》總99期，2006年8月，臺北：漢學研究中心、蔣經國國際學術交流基金會，第1～14頁。

[4] 陳東輝：《阮元與小學》，北京：中國文聯出版社，1999年，第111頁。

論文。阮元對此二文極爲自負，收入《揅經室三集》的首篇與二篇。《揅經室三集》收的是子部文章。書法在《四庫全書》歸于子部藝術類，于是後世將《南北書派論》《北碑南帖論》理解成藝術文獻，忽略了在阮元的心目中，此二文是成功的金石學論文。由于學術歸類不同，也導致後世對《南北書派論》《北碑南帖論》的解讀，偏向藝術的角度。更由于題目用了"南""北"，所以一般被當成書法風格的分派。然而，對于當時的以金石作爲研究的乾嘉學者而言，學術宗旨是"印證經史"，代表人物有錢大昕，他利用石刻材料從事過去不曾注意的氏族、官制、地理、避諱等研究，特别是唐代的宗室與宰相世系、官制與地理研究。再來則是《石經》、俗字、蒙古文字、石刻形制與書法研究〔1〕。對于書法研究，乾嘉學者重視的不是風格，而是書體的演變，若據此來看，阮元的《南北書派論》或許就有不同的解讀了。

二 "金石"與"古器"的理解

同一種用語，在不同的時空中，有不同的解讀，"金石"一辭，正是如此。戰國時期的《荀子》（公元前313～前238年）《勸學篇》："鍥而舍之，朽木不折；鍥而不捨，金石可鏤。"藉由"金石"的堅固剛强來表示心志的堅定忠貞。從其他先秦典籍來看"金石"一辭的原義，大體有以下幾項：表示財富，如《大戴禮記》卷七《勸學》"故天子藏珠玉，諸侯藏金石，大夫畜犬馬，百姓藏布帛"〔2〕；有表示礦物，如《爾雅》第九《釋地·八陵》"……西南之美者，有華山之金石焉；西方之美者，有霍山之多珠玉焉……中有岱岳，與其五穀魚鹽生焉"〔3〕；表示樂器，專指金做的鐘與石做的磬，如《國語·楚語上》"而以金石匏竹之昌大、囂庶爲樂"；韋昭（294～273年）注"金，鐘也；石，磬也"〔4〕；表示禮樂制度，如《禮記·樂記》"若夫禮樂之施于金石，越于聲音，用于宗廟社稷，事乎山川鬼神，則此所與民同也"〔5〕。此外，"金石"尚有指古代鎸刻文字、頌功紀事的鐘鼎碑碣之屬的説法，《墨子·兼愛下第一六》："以其所書于竹帛，鏤于金

〔1〕 曹泳蘭：《錢大昕之石刻學研究》，臺灣大學中國文學系研究所碩士論文，2002年6月。
〔2〕《文津閣四庫全書·經部·禮類一二四》，北京：商務印書館，2006年，第74頁。
〔3〕《續修四庫全書·經部·小學類一八五》，上海：上海古籍出版社，1995年，第15頁。
〔4〕《國語韋昭注》，臺北：藝文印書館，1974年，第389頁。
〔5〕［清］鄭玄注，孔穎達疏，龔抗雲整理，王文錦審定：《禮記正義》，北京：北京大學出版社，2000年，第1271頁。

石，琢于盤盂，傳遺後世子孫者知之。”[1]《吕氏春秋·慎行論·求人篇》也有“功績銘乎金石，著于盤盂”的敘述[2]。

清代李遇孫在道光八年（1828 年）自序的《金石餘論》有《銘皆金器》與《金石》二則的議論，發人深省。李遇孫（1801 年有活動，1828 年尚在）是阮元在嘉慶六年（1801 年）在浙江創立詁經精舍的講學之士[3]，他的金石著作，最爲人熟知的是道光四年（1824 年）刊行的《金石學録》。《金石餘論·銘皆金器》中，李遇孫説到“古人有銘，皆金器也”，“大約刻木之事，古人所無。言銘者，幾無不指銅器也”[4]。《金石餘論》中的《金石》條，陳述更爲關鍵：

> 三代以上金多石少，三代以下金少石多。今人著金石書往往取金器數事冠諸首，欲應“金石”名耳。然，《史記》秦始皇琅琊刻石曰“刻于金石，以爲表經”，二世泰山刻石，據今所見碑文曰“臣請具刻詔書金石刻，因明白矣”。雖單言石，未嘗不可以“金石”名，正無容指“金”以實之矣。[5]

議論中明確指出“金石”一詞在秦始皇之後，偏指“石”這一質材。李遇孫引用司馬遷（約公元前 145 ~ 前 87 年）《史記》“金石刻”一辭的紀録，見于《秦始皇本紀第六》[6]。李遇孫之前，以石刻材料從事歷史研究的權威學者錢大昕（1728 ~ 1804 年），在乾隆二十二年（1757 年）擔任翰林院編修時，常往琉璃廠書市“購得漢唐石刻二三百種，晨夕校勘，佐以史事，爲之跋尾，考證金石文字，自此始”[7]。這條敘述中出現的“金石文字”，所指的質材是“漢唐石刻”，當時

[1] 王冬珍、王讚源校注：《墨子》，臺北：國立編譯館，2001 年，第 240 頁。

[2] 陳奇猷校譯：《吕氏春秋》（新校釋），上海：上海古籍出版社，2002 年，第 1524 頁。

[3] 阮元嘉慶年間刊輯《詁經精舍文集》卷一，孫星衍《詁經精舍題名碑記》，收入《百部叢書集成六七五·文選樓叢書七》，臺北：藝文印書館，1967 年，第四頁。

[4] ［清］鄧實、繆荃孫編：《古學彙刊》五，揚州：廣陵書社，2006 年，第 2868 頁。

[5] ［清］鄧實、繆荃孫編：《古學彙刊》五，第 2867 頁。對于“金石”實質是指石刻，臺灣大學的葉國良也界定了“金石”是以石學爲主的研究，見氏著《石學蠡探》，臺北：大安出版社，1989 年，第 1 ~ 2 頁。

[6] 原文“春，二世東行郡縣，李斯從。到碣石，并海，南至會稽，而盡刻始皇所立刻石，石旁著大臣從者名，以章先帝成功盛德焉。皇帝曰：‘金石刻盡始皇帝所爲也。今襲號而金石刻辭不稱始皇帝，其于久遠也如後嗣爲之者，不稱成功盛德。’丞相臣斯、臣去疾、御史大夫臣德昧死言：‘臣請具刻詔書刻石，因明白矣。臣昧死請。’制曰‘可。’遂至遼東而還。”司馬遷：《史記·秦始皇本紀第六紀（一）》，北京：中華書局，2002 年，第 267 頁。

[7] 錢東塾、錢東壁撰《錢竹汀先生行述》，收在《中華歷史人物別傳集》36 冊，北京：綫裝書局，2003 年，第 204 頁。

雖不明説，就已經有這樣的理解。“金石”若是偏指石刻的話，那麽關于“金”這一質材，中國傳統上有怎樣的用語呢?

從正史的《晋書》到《宋史》中，常出現“古器”一詞，偏指漢代以前的青銅器，《晋書》提到晋武帝泰始九年（273年）命中書監荀勖（？~289年）校正宫廷樂器，發現音階不合古樂，考察其原因，由于後漢以來的尺度和《周禮》的古尺不合，荀勖于是“更依古尺更鑄‘銅律吕’，以調聲韻，以尺量‘古器’，與本銘尺寸無差”〔1〕。晋武帝太康元年（280年），汲郡（今天的河南輝縣琉璃閣、山彪鎮一帶）盜發六國時的魏襄王墓冢，得到“古周時玉律及鐘、磬，與新律聲韻闇同”，荀勖自負發現古代的尺度，于是以八十二字來銘其尺，文爲：“晋泰始十年，中書考‘古器’，揆校今尺，長四分半。所校古法有七品：一曰姑洗玉律、二曰小吕玉律、三曰西京銅望臬、四曰金錯望臬、五曰銅斛、六曰古錢、七曰建武銅尺。姑洗微强，西京望臬微弱，其餘與此尺同。”〔2〕這條文獻可貴之處在于“古器”之後述七項的物件，都是“金”的質材。

北宋徽宗朝的宰相蔡京（1047~1126年）之子蔡絛在紹興十八年（1148年）前後，作了《鐵圍山叢談》六卷〔3〕，卷五《古器説》扼要敘述青銅器在北宋的發展：

> 獨國朝來，寖乃珍重，始則有劉原父侍讀公爲之倡，而成于歐陽文忠公。又從而和之，則若伯父君謨、東坡數公云爾。初，原父號博雅，有盛名，曩時出守長安。長安號多古簋、敦、鏡、甗、尊、彝之屬，因自著一書，號《先秦古器記》。而文忠公喜集往古石刻，遂又著書名《集古録》，咸載原父所得古器銘款。繇是學士大夫雅多好之，此風遂一煽矣。元豐後，又有文士李公麟者出。公麟字伯時，實善畫，性希古，則又取平生所得暨其聞睹者，作爲圖狀，説其所以，而名之曰《考古圖》，傳流至元符間。太上皇帝即位，憲章古始，眇然追唐虞之思，因大宗尚。及大觀初，乃傚公麟之《考古》，作《宣和殿博古圖》。凡所藏者，爲大小禮器，則已五百有幾。世既知其所以貴愛，故有得一器，其直爲錢數十萬，後動至百萬不翅者。于是天下塚墓，破伐殆盡矣。獨政和間爲最盛，尚方所貯至六千餘數，百器遂盡。見三代典禮文章，而讀先儒所講説，殆有可哂者。始，端州上《宋成公之鐘》，而後得以作《大晟》。及是，又獲被諸製作，于是聖朝郊廟禮樂，一旦遂復古，跨越先

〔1〕《晋書·志卷十六·志第六·律曆上·審度》，北京：中華書局，1974年，第490頁。
〔2〕《晋書·志卷十六·志第六·律曆上·審度》，第490頁。
〔3〕《四庫全·子部·小説家類一〇三七》，上海：上海古籍出版社，1995年，第552頁。

代。嘗有旨，以所藏列崇政殿暨兩廊，召百官而宣示焉。當是時，天子尚留心政治，儲神穆清，因從瑣闥密窺，聽臣僚訪諸左右，知其爲誰，樂其博識，味其議論，喜于人物，而百官弗覺也。時所重者，三代之器而已。若秦、漢間物，非殊特，蓋亦不收。及宣和後，則咸蒙貯録，且累數至萬餘。若岐陽宣王之石鼓，西蜀文翁禮殿之繪像，凡所知名，罔間巨細遠近，悉索入九禁。而宣和殿後，又創立保和殿者，左右有稽古、博古、尚古等諸閣，咸以貯古玉印璽，諸鼎彝禮器，法書圖畫盡在。然世事則益爛熳，上志衰矣，非復前日之敦尚考驗者。俄遇僭亂，側聞都邑方傾覆時，所謂先王之製作，古人之風烈，悉入金營。夫以孔父、子產之景行，召公、散季之文辭，牛鼎象樽之規模，龍瓿雁燈之典雅，皆以食戎馬，供熾烹，腥鱗湮滅，散落不存。文武之道，中國之恥，莫甚乎此，言之可爲于邑。至于圖録規模，則班班尚在，期流傳以不朽云爾。作《古器説》。[1]

文獻中敘述北宋“古器”的發展，時間上可分成兩個階段。第一階段是劉敞（劉原父，1019～1068年）于宋仁宗嘉祐六年（1061年）以翰林侍讀學士出任陜西永興軍安撫使，收集古器爲開端，至李公麟（約1049～1106年）成書《考古圖》，流傳至宋哲宗元符間（1098～1099年）爲止，期間四十餘年。第二階段是從宋徽宗崇寧三年（1103年）端州上《宋成公之鐘》爲開始，經過大觀元年（1107年）設置議禮局，政和三年（1113年）創立保和殿，宣和五年（1123年）重修《宣和殿博古圖》爲止，期間約二十年。第一階段可視爲古器物的學術研究，第二階段則可視爲宋徽宗的禮制仿古。這裏所說的“古器”，指的是青銅器，即是“金”這一質材。

宋徽宗的的制禮作樂，由于政治情境的轉换，從南宋以來，傾向鑒古與玩古[2]。元代陶宗儀（1329～1410年）《輟耕録》卷十七《古銅器》條，收有鄱陽張世南（？～1225年尚在）《宦游紀聞·辨古器》，南宋趙希鵠《洞天清禄集》《集古鐘鼎彝器辨》二文，張世南《辨古器》條提到要從“款識、臘茶色、朱砂斑、真青緑井口之類”來判斷，這些項目都符合，才“方爲真古”。趙希鵠《集古鐘鼎彝器辨》條提到，辨别古器要從“體質、款紋、顔色、臭味”四個面向[3]。活動于成化、弘治間（1465～1505年）的畫家杜堇，目前傳世有《玩古圖》一幅

[1] 《四庫全書一〇三七·子部三四三·小説家類》，第604～605頁。
[2] 陳芳妹：《追三代于鼎彝之間——宋代從“考古”到“玩古”的轉變》，《故宫學術季刊》二三卷1期（2005年），第267～332頁。
[3] 《四庫全書一〇四〇·子部三四六·小説家類》，第593～596頁。

（圖1），畫中主題以鑒賞古器爲主，有高士二人，仕女二人，侍女一、童僕一，桌、椅、凳、屏風、香爐，琴、棋、書、畫，青銅器、鐘鼎、壺簋、瓷器、玳瑁盒。圖上的青銅器與陶瓷，大都可以辨識，青銅器有鬲鼎、熏爐（鳳凰蓋）、方鼎、博山爐、瓢形壺、象足甗、獅形熏爐、提梁壺、罍、熏爐（豹蓋）、鎛、豆（上置玉璧）等；瓷器哥釉乳洗、碗、水洗、荷葉洗、白磁三足鼎爐，所以是據物而畫，反映實際的收藏。畫面左上方有杜堇的題識："玩古乃常，博之志大。尚象制名，禮樂所在。日無禮樂，人反愧然。作之正之，吾有待焉。"題識可理解到"玩古"才是常態，避免有玩物喪志的意思，擴及"博之志大"，賦予了玩古的知識外衣，并添加上"尚象制名，禮樂所在"的道德崇高意涵[1]。

圖1　［明］杜堇《玩古圖》

絹本立軸，縱126.1厘米，橫187厘米，臺北故宫博物院藏

可見從北宋到明代的"古器"用詞，偏指"金"的質材。阮元是否也承襲了這樣的習慣？活動于乾嘉之際的周瓚繪至于嘉慶七年（1802年）的《積古圖》可用來説明[2]，尺寸为2640厘米×38厘米，引首有翁方綱隸書"積古圖"三个大

〔1〕何傳馨：《博古、擬古與變化——十六至十八世紀仿古風氣下的繪畫》，收入李玉珉主編《古色：十六至十八世紀藝術的仿古風》，臺北故宫博物院，2003年，第290～297頁。

〔2〕《積古圖》的作者，據阮元《積古齋記》可知是周卣，然筆者考據其他文獻，周卣此名應爲阮元誤記。真實姓名應爲周瓚，字秬卣。錢泳《履園叢話·叢話一一下·畫學》："周瓚號采岩，吴縣横塘人。工山水人物，細逾毛髮，用唐、宋人法，識者謂自仇十洲後無此種筆墨矣。阮芸臺宫保爲浙江巡撫時，常在幕府，然吴門士大夫鮮有知其者也。"第303頁。

字，款書"嘉慶癸亥夏六月朔爲芸臺中丞題并記于後北平翁方綱"（圖 2）。創作背景是嘉慶七年十二月初八，阮元邀請朱爲弼在他收藏器物的齋室"積古齋"，與阮元的長子阮常生一同賞鑒金石文物，這時的阮元正要編纂《積古齋鐘鼎彝器款識》。圖中所繪三人，中坐者爲阮元，對坐是朱爲弼，在阮元之後的站立者是阮常生。《積古圖》可貴之處是圖上所畫的鐘鼎彝器，采用同一視角的俯瞰方式，近似透視法，立體感極强，器物上的紋飾依稀可見，十分逼真，這些器物對阮元來説是"政事之暇，藉此羅列以爲清娱，且以償案牘之勞"，"案頭所積，凡鐘二、敦一、簠一、豆一、匜二、彝一、甗一、卣二、尊一、鈃一、角一、爵一、觶三、觚一、洗三、劍一、戈六、瞿一、弩機二、削一、鏡二十、鐙二，及刀布印符之屬。"[1]可惜的是，阮元并未在《積古圖》上標出器物名，但難能可貴的是，此畫應該是中國書畫史上最早標志自己是青銅器收藏家的肖像畫[2]。《積古齋鐘鼎彝器款識》作爲清代第一部皇室收藏以外的重要青銅器銘文的著作，從書名的選定到《積古圖》的圖像呈現，都反映了"古器"的用語習慣直到阮元，確實仍是指"金"這一質材。

三 "金石學"在清代成為獨立的學門

在釐清"金石"與"古器"在中國的傳統用語上指的"石"與"金"的兩種質材，後續要討論的是，在阮元之前的《四庫全書》對于"金石"與"古器"的學術分類。金石作爲一個獨立的學門來看，該學門在清代的發展，康熙十七年（1678 年）所開的"博學鴻詞科"，使得晚明在山西學術圈著重考証的樸學：音韻

〔1〕［清］阮元：《積古齋記》，《揅經室三集》卷三，第 649 頁。

〔2〕《積古圖》上鈐"積古齋"、"文選樓"、"儀徵阮伯元"等印，再後爲阮元手書《積古齋記》。《積古圖》之後，是卷心部分，長 21.35 米，前面鈐有"積古齋印"、"阮伯元所藏鐘彝吉金"等印章，後面鈐有"研經堂"、"積古齋"、"阮伯元手拓本"三方印。卷心之中并鈐有"阮伯元藏鐘鼎文字"、"八磚吟館"、"琅嬛仙館"印。内容是阮元手拓家藏的歷代鐘鼎彝器以及鏡、洗、泉布及磚硯等 91 件金石文物的銘文拓本和 91 方秦漢印符的鈐印。這些拓本剜裱在手卷之上，銘文拓本下是阮元手書釋文和考訂文字。再後面的卷尾是翁方綱手書《積古圖記》和陳文述書與法式善等十六人的同觀題款，以及伊秉綬、趙魏手書題記識文，凡四則。《積古圖》的收藏印上有"南皮張氏可園收藏庚壬兩劫所餘之一"、"可園珍祕"、"第二品"，可知原爲張之洞的收藏。清光緒末年入藏三多之手。全卷集書法、繪畫、捶拓、治印爲一卷，史料價值極高，尺寸之長，也可稱冠。袁玉紅，《阮元與〈積古圖〉》，《文物天地》2006 年第 11 期，第 68～69 頁。

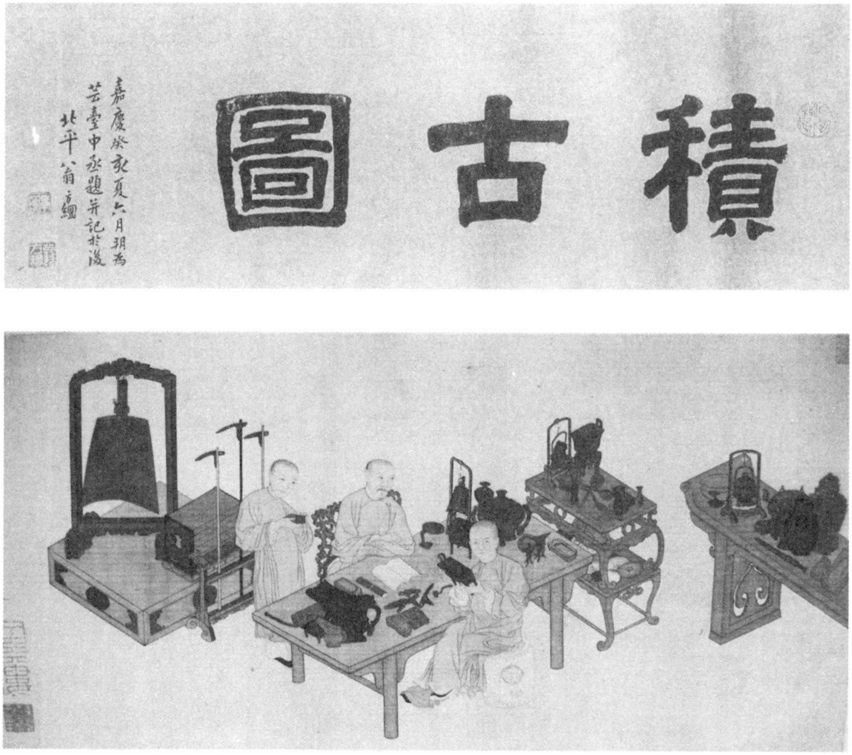

圖 2　周瓚《積古圖》

彩繪，絹本，手卷，縱 67.5 厘米，橫 34 厘米

學、金石學、考據學的研究成果，帶入北京的學術圈[1]。“鴻學博詞科”祇是金石學在清代發芽的種子，而不是開花結果的關鍵因素。考據學是學術研究的方法，金石學是用考據學的方法來從事金、石等質材的研究，而所發展出來的學問。所謂考據學的學術圈成員是流動不定的，哪個地方有支持這樣類型學術研究的贊助者，學者就往該地移動。盧見曾于乾隆十八年至二十七年擔任兩淮鹽運使的期間，其官署爲考據學的重鎮。盧見曾去世後，考據學的重心則轉至大興（今北京境）人士朱筠（1729～1781 年）、朱珪（1730～1806 年）兄弟的官署。乾隆三十八年（1773 年）的詔修《四庫全書》，由紀昀（1724～1805 年）主持的四庫全書館成爲整個乾、嘉時代的考據學的重心[2]。《四庫全書》在乾隆四十七年（1782 年）

---

〔1〕 白謙慎：《傅山的世界：十七世紀中國書法的嬗變》，臺北：石頭出版社，2004 年，第 214、280 頁。山西學術圈對于金石學的研究，見白謙慎：《十七世紀六十、七十年代山西的學術圈對傅山學術與書法的影響》，《臺灣大學美術史研究所集刊》第五期（1998 年），第 183～217 頁。

〔2〕 張維屏：《紀昀與乾嘉學術》，臺北：臺灣大學出版委員會，1998 年，第 26～39 頁。

編成時，也出了《四庫全書總目提要》。《四庫全書》以經、史、子、集的順序編排，將金石書籍放在史部的目録類之下，《總目提要》對于“金石”的學術分類，如此陳述：

> 案《隋志》以下皆以法書、名畫列入目録，今書畫列入子部藝術類。惟記載金石者無類可歸，仍入目録，然别爲子目，不與經籍相參，蓋目録皆爲經籍作，金石其附屬也。[1]

史部目録類的學術特性爲專收歷代藏書家所編之書目，這些書目主要是對于各類書籍作的學術分類以及解題，跟我們現今所理解的“金石學”，大异其趣，若以今日“金石學”角度來看《四庫全書》的歸類，確實不明，從經、史、子、集的歸類都有出現[2]，因此《總目提要》回顧歷史上對于金石的學術定位便顯得猶疑，便有“無類可歸”一語，但是金石文獻的蒐集又有長遠的歷史，于是《四庫全書》勉强將金石放在目録類，這樣學術身份困窘，或許才是真正反映當時金石學的實際狀況[3]。

至于“古器”在《四庫全書》的分類上，北宋著名的吕大臨《考古圖》、宋徽宗敕編的《宣和博古圖》，是被放到子部的譜録類，《總目提要》對于譜録類的陳述是“收諸雜書之無可繫屬者”[4]。吕大臨《考古圖》與宋徽宗敕編的《宣和博古圖》是有崇高的學術企圖，《考古圖》序文提到“探其製作之原，以補經傳之闕，正諸儒之謬誤”[5]，基本上是用考古出土物來考察古代的禮制，重新理解傳世的經典，藉以訂正古代儒家解經的錯誤。《宣和博古圖》序文更是提到“考覈製作，參稽字畫，推原而審定之，則物象之多，名氏所疑，與夫無款識者，將

---

〔1〕［清］永瑢、紀昀等撰：《武英殿本四庫全書總目提要》第二册史部，臺北：商務印書館，1983年，第767頁。

〔2〕容庚提到，《四庫全書》將現今所認爲金石書籍分成經部小學類字書之屬、史部目録類金石之屬、子部譜録類器物之屬，甚至連集部詩文評之屬都有。見氏著：《頌齋述林》，香港：翰墨軒，1994年，《金石書録目序》，第516頁。

〔3〕在清代傳記里的紀昀是一位見識超凡的“校刊目録學家”，《四庫全書總目提要》以及《四庫全書簡明目録》的書籍上的學術分類，從阮元的《紀文達公集序》來看，是由紀昀所裁定。一般而言，有三種意見：一是由乾隆來決定，二是紀昀由所裁定，三是《四庫全書》編纂官的集體意見。張維屏：《紀昀與乾嘉學術》，《台灣大學文史叢刊105》，臺北：臺灣大學出版委員會，1998年，第78～79、230～231頁。

〔4〕《武英殿本四庫全書總目提要》第三册子部，第484頁。

〔5〕《四庫全書八四〇·子部一四六·譜録類》，第95頁。

大判于今日矣”〔1〕，相較于《考古圖》，《宣和博古圖》更重視無款識的年代歸屬，這前提是將有銘文的器形，作爲年代的標準器，首先要識字解文，將可斷出年代的器形作爲標準器，依此爲準，再將没有銘文的器物，依照器型的特徵來做年代的歸屬。乾隆仿造《考古圖》《宣和博古圖》所敕編的《西清古鑒》，序文中提到“宣和博古一圖，播在藝苑，繼之者，有吕氏考古圖”、“我朝家法，不事好玩”、“以游藝之餘功，寄鑒古之遠思，亦足稱昇平雅尚云”〔2〕，意義上完全轉向玩古，于是理解《四庫全書》將原有學術價值的《考古圖》《宣和博古圖》放到子部，而不是放在較嚴肅的經部小學類。

可知在《四庫全書》時，不管是從“金”的質材與“石”的質材角度來看，都没有一個獨立的學門。《四庫全書》之後，明確標舉出金石是一獨立學門，見于張之洞（1837～1909年）于光緒元年（1875年）成書的《書目答問》，此書中的史部金石第十三説到“金石之學，今爲專家，依鄭夾漈例，别出一門”，“鄭夾漈”即是南宋的鄭樵〔3〕。張之洞《書目答問》將“金石學”分成目録、圖像、文字、義例等四大類〔4〕。每類開出重要書籍，標準是“無考證者不録，疏舛者不録”，其中的金石圖像類最具有意義，因爲“金”、“石”這二種質材的書籍，歸并爲一，成爲完整的“金石”概念，所收的書籍有：《考古圖》、《宣和博古圖》、《王復齋鐘鼎款識》（阮元刻本）、《嘯堂集古録》（明刻本）、《西清古鑒》（乾隆十四年敕撰，殿本）、《金石經眼録》（石刻居多）以及黄易《小蓬萊閣金石文字》（石刻）。《書目答問》在此項加個注解“薛、阮、吴諸家款識，已入經部小學”，薛尚功《鐘鼎彝器款識》、阮元《積古齋鐘鼎彝器款識》、吴榮光《筠清館金石文

---

〔1〕《四庫全書八四〇・子部一四六・譜録類》，第375頁。

〔2〕《四庫全書八四一・子部一四七・譜録類》，第1頁。

〔3〕［宋］鄭樵（1104～1162年），其所著的《通志》卷七三特别開闢出《金石略》一門。鄭樵《金石略》序文提到是就由當時代的文獻來想象那個時代的制度典章，這即是將金石作爲史料用以作學術研究。就當時所能見到的金石材料，提出承載文字的質材由金轉到石的轉變時間點與理由三代以上刻在“鼎彝”的文字，受限于尺寸而字數較少。“秦人始大其制而用石鼓，始皇欲詳其文而用豐碑”這樣的看法，認爲傳世最早石刻文字《石鼓文》是“秦人”時期，即是説秦國，而不是所謂周宣王時期。秦始皇稟承秦國使用石刻來增加記載文字内容的習慣，大量地使用石碑。從秦朝以後，石刻質材成爲記録文字藉以傳世的載體。《金石略》的體裁，除了記録所知道的石刻年代與地點外，關于金石著述也包含在内，如以石刻爲主的北宋歐陽修《集古録》以及以吉金爲主的吕大臨《考古圖》。《四庫全書三七四・史部一三二・别史類》，第503～504頁。

〔4〕［清］張之洞著、陳居淵編、朱維錚校：《書目答問》，香港：三聯書局，1998年7月，第133～142頁。

字》都摹有青銅文字的字型，應歸于金石圖像類。阮元的《積古齋鐘鼎彝器款識》繼承了《王復齋鐘鼎款識》中，有文字無器形的體例。阮元在《積古齋鐘鼎彝器款識》序文説到“宋人圖釋各書，反能流傳不絶”，可見阮元知道北宋《考古圖》、《宣和博古圖》的學術價值，但是阮元對于《積古齋鐘鼎彝器款識》一書的期待是“偏旁篆籀之字，有可補《説文》所未及者”[1]，可見將此書視爲字書，字書在《四庫全書》的分類中是經部小學類，薛尚功《鐘鼎彝器款識》在《四庫全書》的歸類上，即是被歸于經部的小學類，若《積古齋鐘鼎彝器款識》加上器形的尺寸描述，在《四庫全書》的分類中馬上變成和《宣和博古圖》一樣，被歸爲子部的譜録類，在學術位階上，就等而下之了。《書目答問》作者也有意識《積古齋鐘鼎彝器款識》更著重于文字，所以才要特别加上這樣的附注。

從《書目答問》所選之書來看，張之洞在作國朝金石學回顧時，乾嘉之際，才是標志清代金石學的開始。《書目答問》史部金石門却用“别出一門”之語，可見在此之前，清人的認知，金石學還没有一個正式的學術門類[2]。確立了金石學在清代作爲獨立學門的時間點，那能否就此再確立成爲獨立學門的關鍵人物。《書目答問》中附二《國朝著述諸家姓名略》的金石學家，舉出四十六人，除了黄宗羲、顧炎武、吴玉搢、顧藹吉、全祖望、金農之外，翁方綱以下四十人，是活動于乾嘉之際到道光時期這約七十年的時間[3]。這四十人的交友網絡來看，和阮元有過交往記録所占的比例最高，有翁方綱、王昶、錢大昕、錢大昭、朱文藻、武億、黄易、趙魏、吴東發、孫星衍、朱爲弼、何元錫、洪頤煊、張廷濟、李富

[1] 鄧經元點校：《揅經室集》下册，北京：中華書局，1993 年，第 637 頁。

[2] 金石的學術歸類上，章學誠（1738～1801 年）至爲關鍵，所撰《史考釋例》中，對于目録的定義“目録一門，不過簿録名目之書，原無深意。而充類以求，則亦浩翰難罄。合而爲七部二略，分而爲經史百家，副而爲釋、道二藏”，在目録部下分總目三卷、經史一卷、詩文（即文史）五卷、圖書五卷、金石五卷、叢書三卷、釋道一卷。在金石之目説到“《博古》、《琳琅》諸籍，得以入之”，相較于《四庫全書》，則是把子部譜録類的古器書籍，并入史部目録類，至少金、石相合。阮元的小門生許瀚，在道光二十五年至二十七年間（1845～1847 年），應河南總督潘錫恩（1785～1866 年）之邀，續修章學誠的《史籍考》，他專責金石一門，但此書未傳。但是許瀚的《攀古小廬文集》載有序目，爲金、石、金石總、錢幣、璽印、磚瓦、文字，雖無書名可考，但入金石作爲獨立的門類，可以確定。高明一《積古煥發：阮元對金石學的推動與影響》，臺灣大學藝術史研究所博士論文，2010 年，第 197～198 頁。

[3] 這些人爲：翁方綱、王昶、錢大昕、錢大昭、錢侗、嚴觀、朱文藻、武億、黄易、趙魏、吴東發、王復、孫星衍、阮元、邢澍、王芑孫、嚴可均、郭麟、朱楓、趙曾、程敦、瞿中溶、朱爲弼、何元錫、張澍、劉寶楠、趙紹祖、洪頤煊、張廷濟、李富孫、吴榮光、黄本驥、沈濤、劉喜海、馮登府、張燕昌、莫友芝。見張之洞：《書目答問》，第 275 頁。

孫、吴榮光、沈濤、馮登府、張燕昌等二十人，阮元本身也列入金石學家〔1〕。據此推定，清代金石學從《四庫全書》的"無類可歸"到《書目答問》的"别出一門"的發展，阮元應該扮演了關鍵的角色。

四　阮元《金石十事記》與《南北書派論》的前後關係

阮元的金石學活動，主要紀録在《金石十事記》。該文仿照乾隆皇帝在五十七年（1792 年）十月所撰的《御製十全記》，因此阮元《金石十事記》可視爲他在金石方面所自負的十件大事。文章以答客難的方式起頭，説到："客有問于余曰'子于金石用力如何?'余曰'數指而計之，有十事焉。'"以下則是阮元所説的"金石十事"：這金石十事，從質材來看，關于"金"的這一質材，有刻成《積古齋鐘鼎款識》一書，以及摹刻《散氏盤》這二項，其他全是關于"石"的質材。從活動的内容來看，主要有三大類：一、著成金石書籍：如嘉慶元年（1796 年）刻成《山左金石志》、嘉慶九年（1804 年）刻成《積古齋鐘鼎款識》、嘉慶十年（1805 年）刻成《兩浙金石志》。二、摹刻、模鑄古代金石文字：嘉慶二年（1807 年）摹刻《石鼓文》于杭州，并且于嘉慶十二年（1817 年）再摹刻《石鼓文》于揚州、嘉慶十二年（1807 年）模鑄《散氏盤》，嘉慶十四年（1809 年）摹刻《泰山殘篆》《延熹華山廟碑》《天發神讖》。三、訪得石刻古物：乾隆五十九年（1794 年）訪碑拓得《琅琊台秦篆》，同年立漢府門之倅大石人于曲阜矍相圃，嘉慶十一年（1806 年）訪得西漢"中殿第二十八"二石〔2〕。可見《金石十事記》中的"金石"，不全是石刻。《金石十事記》所記録的活動時間，是阮元在乾隆五十八年（1793 年）外放當山東學政開始，到嘉慶十四年（1809 年）從浙江巡撫解任爲止，共計十六年。説完上述金石十事後，"客曰'善，此十事于金石爲有力矣。'"阮元回答"不敢不勉，尚願增其事焉"。事實上，《金石十事記》即是阮元這一生中關于金石學活動的精華期間，此後阮元的學術關注轉向古籍經典的整理編輯。

---

〔1〕筆者所表舉出這二十人和阮元的交往記録，依據尚小明《學人游幕與清代學術》，附録《清代重要學人幕府表》附表九《阮元幕府》，北京：社會科學文獻出版社，1999 年，第 283 ~ 295 頁。

〔2〕［清］阮元：《金石十事記》，《揅經室三集》卷三，第 645 ~ 646 頁。《金石十事記》活動年代的確定，筆者參閲王章濤《阮元年譜》，合肥：黄山書社，2003 年，後整理在高明一《積古焕發：阮元對金石學的推動與影響》，附表一《阮元交游與金石學術活動一覽表》，第 246 ~ 252 頁。

《金石十事記》所呈現的是阮元學術作爲，而他的《南北書派論》《北碑南帖論》則是《金石十事記》之後的研究成果。《南北書派論》成文時間，阮元有詩《辛未初秋，移寓阜成門，即平釋門内上岡，新居有小園樹石之趣，題壁四首》之一提到：

> 二百卷排新著書，高齋插架見經郛。讀碑結習成迂論。時著《南北書派論》。修史深情向舊儒。時修《儒林傳》。老圃客來秋逕外，西山青到石臺隅。墨莊子弟如相問，寫與詩篇柢畫圖。[1]

可知《南北書派論》和《清史》的《儒林傳》在同一時期編纂，詩題的辛未年即嘉慶十六年（1811 年）。《北碑南帖論》雖然没有明確的成文時間，判斷也和《南北書派論》同時完成。嘉慶十五年至十八年間（1810～1813 年），阮元在北京主要的學術工作是擔任國史館編修，創設清史《儒林傳》《文苑傳》《循吏傳》，以及《疇人傳》。《南北書派論》《北碑南帖論》標舉南北二字，一面世時，就被當成風格上的分派來理解。嘉慶十九年（1814 年）看到阮元《南北書派論》的錢泳，就説到“畫家有南北宗，人盡知之；書家亦有南北宗，人不知也”[2]。就直接以董其昌山水畫的南北分宗來類比。阮元的學生梁章鉅的《退庵隨筆》卷二二更説到“本朝書家林立，亦似有南北派之分”，將勵杜訥、張照、蔣衡、王澍、劉墉、翁方綱視爲北派，查昇、陳奕禧、何焯、姜宸英、林佶、王文治、梁同書、陳希祖，視爲南派[3]。《南北書派論》《北碑南帖論》收在《揅經室三集》卷一的首、二篇，是阮元極爲自負的文章。《揅經室集》也是按經、史、子、集來編排。《揅經室三集》所收的是子部文章，而書法在《四庫全書》是歸于子部藝術類，由此看來，《南北書派論》應該是藝術類的文章。若是藝術類的文章，南北的分派，就是藝術風格的分類，果真如此嗎？阮元曾對金石學有明確的學術界定：

> 金石之學，可以訂史之誤，且可以補其闕。文義、字體，簡質古雅，尤足爲經學、小學之佐，非如鑒賞家品評優劣，徒供摩挲玩好已也。[4]

---

〔1〕［清］阮元：《揅經室四集》詩卷九，收在《揅經室集》（下），第 908～909 頁。

〔2〕《書法分南北宗》，《履園叢話》（上），北京：中華書局，1979 年，第 288～289 頁。

〔3〕收在《續修四庫全書一一九七・子部雜家類》，第 464 頁。

〔4〕潘曾瑩：《小鷗波館文鈔》卷一《二銘草堂金石聚序》，轉引自王章濤《阮元年譜》道光十六年條，第 910 頁。

也就是字體的演變，可歸于小學，不單是説文一類的篆書而已。《南北書派論》中，阮元説到乾隆、嘉慶年間的北魏、北齊、北周、隋代的舊碑，新出土甚多，所見所藏不下七八十種，擇書法“尤佳者”，計有：《刁遵墓志》《司馬紹墓志》《高植墓志》《賈使君碑》《高貞碑》《高湛墓志》《孔廟乾明碑》《鄭道昭碑》《武平道興造像葯方記》《建德、天保諸造像記》《啓法寺》《龍藏寺》諸碑。這些碑版中，見于阮元在嘉慶元年刻成的《山左金石志》卷九有《刁遵墓志》《高植墓志》《賈使君碑》《高湛墓志》《鄭道昭碑》，該卷所記録的是北魏與東魏石刻；見于《山左金石志》卷十有《孔廟乾明碑》《建德、天保諸造像記》，該卷所記録的是北齊石刻（圖3）。可見《南北書派論》所依據的材料是石刻爲主的研究心得。阮元述及“從金石、正史得觀兩派分合”，也就是把石刻材料當成研究史料，和傳世文獻搭配研究，界定出在“漢末、魏、晋之間”，“隸字變爲正書、行草”，則是南北二派區分的時間，然而“隸書”、“正書”、“行書”、“草書”，其實是書體，而不是風格，所以《南北書派論》不是藝術分類的學術文章。

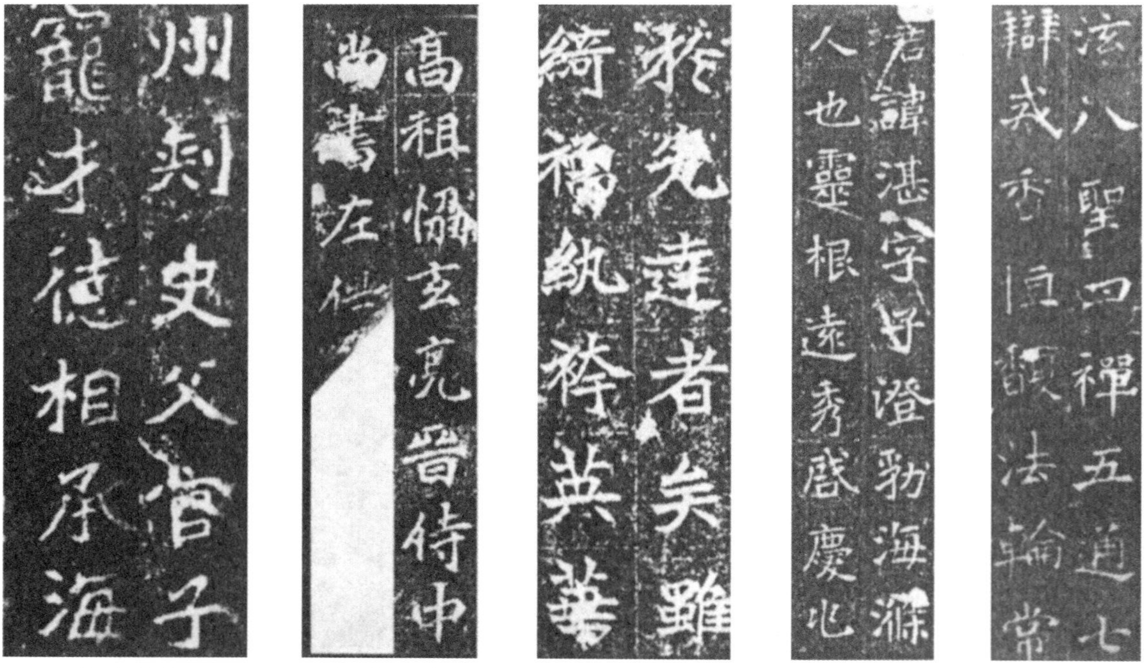

《鄭羲下碑》（511年）　《刁遵墓志》（517年）　《高貞碑》（523年）　《高湛墓志》（539年）　《龍藏寺碑》（586年）

圖3　阮元《南北書派論》所例舉的北碑

五　阮元的石刻“考史”:《南北書派論》

關于“金石”，在乾嘉時期偏指石刻，有明確的學術宗旨。錢大昕《郭允伯金石史序》標榜“談金石刻者有兩家：或考稽史傳，證事迹之异同；或研討書法，辨源流之升降”[1]，這書法“辨源流之升降”的意思如何，可由翁方綱《考訂論》的文章來理解。翁方綱曾是朱筠的學術群一員。翁方綱在乾隆三十八年（1773年）由大學士劉統勳的推薦，擔任《四庫全書》修纂官，乾隆四十二年（1777年）辭去武英殿分校、複校等事務，仍留在四庫全書館，專辦《四庫全書》的金石、篆隸、音韻等書籍[2]。乾隆五十八年（1793年）阮元奉旨取代翁方綱，出任山東學政，當翁方綱知道阮元要接替自己的位置，于是書信通知阮元，山東有段松苓，善拓石刻，山東諸城縣的海濱懸崖有李斯《琅琊臺石刻》，請阮元務必取得該拓本[3]，後來成爲阮元的《金石十事記》的文化功業“余遣書佐至諸城琅琊臺，剔秦篆于榛莽中拓之，多得一行。事之七也”。翁方綱有一系列《考訂論》的文章，其中一篇傳達一個非常重要的學術觀點：

> 客曰：子謂考訂衷于義理，而所據之書，與文勢兼之，是三者固足以考訂之學矣。惟有一事不能以此例之者，則考訂法帖耳。豈其考訂帖者，必皆以書法爲主耶？曰：金石自是一類，法帖與書畫自是一類。考金石則仍吾前所云考史之例矣；若考法帖，則專以書法爲主。何者？法帖書畫者，藝而已矣。雖言藝，亦必根于道，然未有言藝而轉捨藝以爲言者。故凡考法帖，而博極參證于經史者，此言藝之本也。其有不甘于言藝，而必假考訂經史以爲名者，此自欺之事也。嘗見陜西有修某城一碑，字極醜拙，而其事足以證史，如此之類，不以書法言可也。至若篆變隸、隸變楷以來，歷朝諸家之原委亦必講求之，以定學術之淳漓，趨向之邪正，此非衷于義理者乎？如漢、唐隸書，肥瘦骨肉之上下源流，非關于學術乎？[4]

引文説到“考金石”即是“考史”，“篆變隸、隸變楷以來，歷朝諸家之原委亦必

---

[1]《潛研堂文集》卷二五，收在《續修四庫全書一四三八·集部别集類》，上海：上海古籍出版社，1995年，第668頁。

[2] 沈津：《翁方綱年譜》，臺北：中央研究院中國文哲研究所，2002年，第66、108頁。

[3] 王章濤：《阮元年譜》，第50頁。

[4]［清］翁方綱：《復初齋文集》卷七《考訂論上之三》，收在《續修四庫全書一四五五·集部别集類》，第413~414頁。

講求之，以定學術之淳漓”，“漢、唐隸書，肥瘦骨肉之上下源流，非關于學術乎?”呼應了錢大昕所標舉書法“辨源流之升降”，即是書體的演變史。乾隆五十四年（1789年），翁方綱刊行的《兩漢金石記》是重要的書體斷代史，其卷二十的《隸・八分考》一文中總結前人至清代乾隆中期關于隸書的研究，厘清“隸書”一詞在不同時期所指涉的文字造型。翁方綱將“隸書”一詞解釋爲“徒隸佐隸之書”，是下層民間所流行的書體，不必局限于特定字體造型，可以是一個通稱。西漢流行結體方折但筆畫無波磔的字型可稱爲“古隸”。“八分”則代表東漢所流行有波磔的字體，又可稱爲“分隸”。晋代以後至唐以前的字體在文獻上也稱“隸書”，但已具備楷書的體格，因而稱作“楷隸”[1]。阮元《南北書派論》主要是探討“漢末、魏、晋之間”，“隸字變爲正書、行草”的分流，這是書體的探究，所以可歸爲翁方綱的“考史”中“楷隸”在當時的最新研究成果。

《南北書派論》是阮元接觸石刻材料後的研究成果。在此之前，乾隆五十八年七月，阮元奉命擔任山東學政，在乾隆五十九年（1794年）二月刊有《經籍舉要》一卷，該書“用意甚善，列應讀之書，亦應列不應讀之書，明白宣示，庶使士子不入岐途，極爲有用”。所開的書籍“大抵偏于考據者居多”，可惜此書無傳，但幸運的是尚傳世有“書法一門”，此門依據書體，分成篆、隸、楷、行草四門，每門舉出應學的碑帖：

> 以《石鼓文》、唐李陽冰《城隍廟碑》又《謙卦》等石刻爲習篆碑，并注云：“篆字當全以《說文》爲主，考訂六書偏旁，始可下筆，否則俗體斥散，不成聲意。”
>
> 以東漢諸隸碑又魏隸碑爲習隸碑，并注云：“入手以《史晨》《禮器》爲淺便，唐隸不必學。”
>
> 以褚臨王右軍《樂毅論》、王大令《洛神賦十三行》、虞永興《夫子廟堂碑》、歐陽率更《九成宫醴泉銘》、鍾紹京《靈飛經》、顔魯公《多寶佛塔碑》、《麻姑仙壇記》、柳誠懸《玄秘塔碑》、蔡君謨《茘支譜》、趙松雪小楷石刻，如《閒邪公家傳》之類（爲習楷碑），并注云：“各就筆性相近者臨寫。”
>
> 以定武摹本王右軍《蘭亭詩序》、顔魯公《争坐位稿》《淳化閣》《潭》《鼎》以下諸法帖爲行草書碑。[2]

---

[1] ［清］翁方綱：《兩漢金石記》下册，臺北：臺聯國風出版社，1976年，第1081～1085頁。

[2] 劉聲木：《萇楚齋隨筆、續筆、三筆、四筆、五筆》，之《萇楚齋四筆》卷八阮元《經籍舉要》，臺北：世界書局，1960年，第2～3頁。

《經籍舉要》寫于《山左金石志》之前，阮元尚未投入金石學的推廣，反映了在他未接觸石刻時的書學見解。《南北書派論》著重于隸書到楷書的演變，《經籍舉要・書法門》則是從漢代的隸書直接跳到唐代的楷書。在《北碑南帖論》一文中，被阮元歸于南派的王羲之、王獻之、虞世南，北派的歐陽詢、褚遂良、顔真卿、柳公權，以及受到北派影響的蔡襄、趙孟頫，在《經籍舉要・書法門》中同列爲學習的名家，可見未接觸金石學時，阮元確實没有南北分派的觀念。

《南北書派論》的問題意識在于唐太宗推崇王羲之，確立此派爲中國書法史主流，唐初的書法名家歐陽詢、褚遂良等人，也被認爲直接學自王羲之。阮元《南北書派論》中首次提出的“北派”，達成了他對金石學定義的“訂史之誤，且可以補其闕”，因爲“北派”在此之前的中國書法史上是一片空白，《南北書派論》所要達成“訂史之誤”的學術目標則是，在此之前“宋、元、明書家，多爲《閣帖》所困”[1]。《閣帖》指的是宋太宗淳化三年（992 年）奉指摹勒上石的《淳化閣帖》十卷，王羲之的書法爲該册的卷六到卷八，多爲行草書。阮元以他這篇《南北書派論》告訴世人，從唐太宗至宋代以來以《淳化閣帖》爲主的書史觀是偏狹的。可知阮元提出《南北書派論》《北碑南帖論》的學術宗旨，是從紙本以外的書寫媒材，特别是石刻，有一個被遺忘的主流“北派”。《北碑南帖論》則是在《南北書派論》之上更强調北派的隸書遺法才是歷史的正確流傳，北派的書迹，見于石刻碑版，可視爲《南北書派論》的進一步論證，這就取代了被唐太宗以及北宋《淳化閣帖》所建構以王羲之爲主的書法史[2]。可見阮元想處理從東漢末年至隋唐這一段書法史上消失的“北派”這個正傳的問題。

破舊論，即是所謂的翻案文章，證據上一定要非常充分，在考據學的氛圍下，阮元的《南北書派論》也應該離不開這樣的研究方法，“從漢儒的訓詁中，求所謂先秦以前的古訓，是阮元治學的唯一方法和門徑”[3]。歷史學界對于阮元《性命古訓》的研究最爲豐富。《性命古訓》從胡適開始研究之後，以傅斯年的研究最具權威。傅斯年的研究所提出的説法是“即以語言學的觀點解决思想史中之問題是也”。由于從宋代以來，以佛教來解釋“性”、“命”，“阮氏聚積《詩》《書》《論語》《孟子》中之論“性”、“命”字，以訓詁學的方法定其字義，而後就其

[1] ［清］阮元：《揅經室三集》卷一，《揅經室集》（下），第 596 頁。

[2] ［清］阮元：《揅經室集》下册，第 591 ~ 598 頁。

[3] 何佑森：《阮元的經學及其治學方法》，《故宫文獻》第二卷第 1 期，1970 年 12 月，第 1 ~ 2 頁。

字義疏爲理論"[1]。也就是阮元采取佛教未傳入中國之前的早期文獻來解釋"性"、"命"在文脉中的理解，得出"性"、"命"的基本學術定義；然後以年代順序的史料編排的方式，歸納出更嚴密以及最大限度的解説；最後在根據此解説，再整理出雖無出現"性"、"命"二字，但是在文脉上確指"性"、"命"之意。這即是阮元所標舉的"比而説之"的考據手法，即是定義、排比、歸納、類推的學術申論。阮元《性命古訓》的研究方法，也應該會運用到《南北書派論》的研究。

《南北書派論》相較于《性命古訓》，在材料上除了正史文獻之外，加上了石刻碑版。證據使用上，《南北書派論》將石刻碑版的視覺證據放在第一位，正史文獻和碑版證據有衝突時，以碑版證據爲主。在文獻的引用上，對于唐代以後的文獻，如唐代竇臮《述書賦》、張懷瓘的《書斷》所建立的書史觀，阮元皆認爲"未足深據"，因爲已經受到唐太宗的影響，于是可以理解，對于唐太宗之後關于唐代以前的書史論述，阮元全然否定。在《南北書派論》中，首先運用唐代以前正史的文獻來説明王羲之在身後到隋朝之前，書名并不大顯著，直到唐太宗獨尊王羲之的南派，改變了書法史的方向，使得唐代活動于唐玄宗天寶年間（742～755 年）的竇臮《述書賦》所列舉的書家中，南方的晋、宋、齊、梁、陳的書法家共占一百四十五人，北方僅列北齊一人。阮元依據唐代以前的正史文獻《北史》《魏書》《齊書》《周書》《水經注》《金石略》等書，舉出北朝書家不下八十餘人，説明北派書家其實是很多，不是唐代《述書賦》中所舉的北齊一人而已。

在唐太宗之後，書法史宣稱唐初的歐陽詢與褚遂良都是學習王羲之。但是阮元從傳世的石刻碑版得出歐陽詢、褚遂良的楷書，帶有隸書遺意，承襲自北派，于是辯駁書法史上歐陽詢、褚遂良學自于王羲之。對于歐陽詢，阮元依據碑版書法"方正勁挺，實是北派"來辯駁《唐書》稱"始習王羲之，後險勁過之，因自名其體"這條論述。對于褚遂良，阮元從碑版得出和歐陽詢同學北派。褚遂良的"諸書碑石，雜以隸筆，今有存者可覆按也"。但是《唐書》稱魏徵以書法推薦唐太宗，理由是"遂良下筆遒勁，甚得王逸少體"。阮元的解釋是魏徵"知遂良忠直，可任大事，薦其人，非薦其書"。阮元從碑版證明了北魏、北齊、北周、隋代的碑版上的書法風格影響了初唐的歐陽詢、褚遂良的書風。然後再從北朝正史、《隋書》的文獻中，有紀録的書家，其書法的學習的關鍵語中，無一語説到"師

〔1〕 傅斯年：《性命古訓辨證》，臺北：商務印書館，1940 年，第 1～2 頁。

法羲、獻”。阮元破正史上歐陽詢、褚遂良學王羲之的論點之後，再將歐陽詢、褚遂良歸于北派，理由是歐陽詢、褚遂良生長在北齊、隋朝，接近北魏、北周，理當入北派。在北魏、北周、北齊、隋朝的碑版上“往往畫右出鋒，猶如漢隸”，這和歐陽詢、褚遂良的書法有相通之處。阮元的《北碑南帖論》在《南北書派論》之上，更强調寫在碑榜上隸書的重要性，來呈現北派才是書法史的主流。在論證上，亦以文獻爲舉例，説到唐代修《晋書》《南史》《北史》，對于名家的書法，説到“善隸書”、“善隸草”、“善正書”、“善楷書”、“善行草”，阮元認爲“以善隸書爲尊”，更加以發揮説到在當時若是“不善隸”，便不能稱爲書法家了，進而説到“隸字書丹于石最難”。至于如何難，阮元并未説到，衹説到從北魏經北周、北齊、隋唐這一段時間，在書體上從隸書轉變到正書，阮元認爲“漸失其本”，因爲没有隸意了。阮元認爲在漢代之後、隋代之前這一時期寫在碑版上的書法“必有波磔，雜以隸意”，隋唐人書碑的末畫出鋒，多尚存有隸書筆意，這樣的“古人遺法”，阮元下了“重隸故也”這樣的斷語。

嘉慶二十三年（1818 年），《南北書派論》成文後七年，阮元爲李宗瀚（1770～1832 年）所藏的唐代書法家魏棲梧所書，立石于唐玄宗開元十三年（725 年）的《善才寺碑》（圖 4），寫下了一段可貴的跋文，可説是《南北書派論》《北碑南帖論》最精簡的陳述：

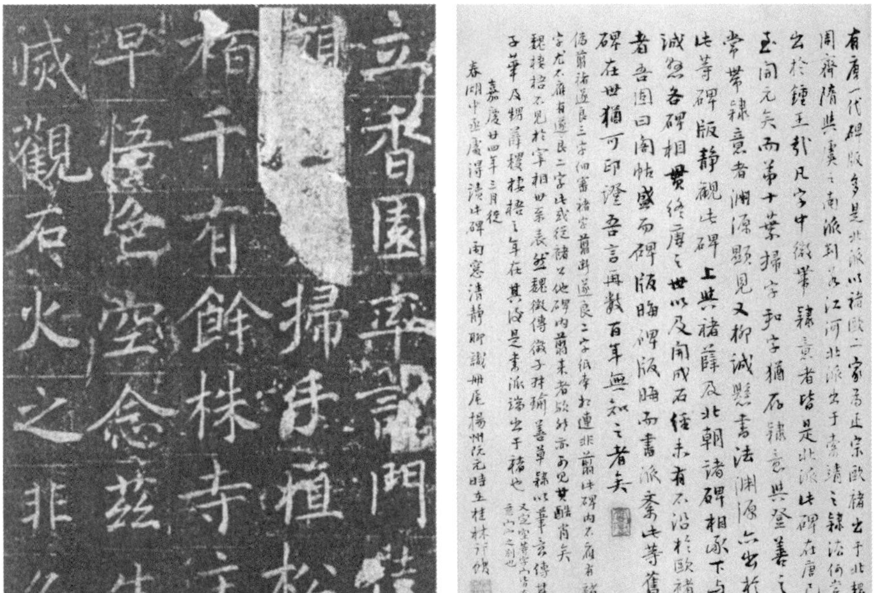

圖 4　唐代魏棲梧《善才寺碑》與阮元在嘉慶二十四年（1819 年）題跋

有唐一代，碑版多是北派，以褚歐二家爲正宗。歐褚出于北魏、周、齊、隋，與虞世南之南派，别若江河。北派出于索靖之隸法，何嘗出于鍾、王哉。凡字中微帶隸意者，皆是北派。此碑在唐已至開元矣，而第十頁“掃”字、“和”字，猶存隸意，與登善（筆者注：褚遂良）之常帶隸意者，淵源顯見。又柳誠懸書法淵源，亦出于此等碑版。静觀此碑，上與褚、薛與北朝諸碑相承，下與誠懸各碑相貫。終唐之世以及《開成石經》，未有不沿于歐、褚者。吾固曰：《閣帖》盛而碑版晦，碑版晦而書派紊。此等舊碑在世，猶可印證吾言，再數百年，無知之者矣。[1]

跋文中，阮元明確説出“凡字中微帶隸意者，皆是北派”，在魏棲梧《善才寺碑》中，阮元舉出“掃”字的“手”部，以及“和”字的“禾”部中的豎畫向左撇出的筆畫，帶有隸意，證明“有唐一代，碑版多是北派”，阮元更加堅定説到“《閣帖》盛而碑版晦，碑版晦而書派紊”，强調《淳化閣帖》扭曲了書法史的真相，祇有新出土的石刻碑版，才能建立正確的書體史觀。道光七年（1827年）阮元擔任雲貴總督時任訪得了《爨龍顔碑》（圖5），他發現遠在雲南地區，書法風格竟然和所謂中原北方書風是一樣的，寫下“此碑文體、書法皆漢晋正傳，求之北地亦不可多得，乃雲南第一古石。”[2]跋文中所謂的“漢晋正傳”，是阮元對于這一時代不分地域的書風觀點，遠在雲南的南朝宋大明二年（458年）《爨龍顔碑》石刻上的書體，也是承續東漢末年以來的中原北方隸書遺風，這使得阮元更加堅信唐太宗尊崇王羲之所影響後世的書法史，是一個明顯的錯誤。

六 小 結

從以上的討論，可以知道“金石學”在清代才算是成爲獨立的學門。中國傳統用語上，“金石”一詞偏指石的質材，“古器”一詞偏指金的質材。然而，不管是“金石”，還是“古器”，在成書于乾隆晚期的《四庫全書》中的學術分類上，都是無類可歸，于是“金石”勉强被歸到史部目録類，“古器”則被歸爲子部的譜録類。乾嘉之際，金石學術活動大起，翁方綱的學術成就在石刻質材，阮元在

[1] 東京國立博物館、上海博物館、朝日新聞社：《中日古代書法珍品特集碑帖卷》，上海：上海博物館，2006年，第497頁。

[2] 周文林編：《中國名碑三種：〈孟孝琚〉〈爨寶子〉〈爨龍顔〉》，昆明：雲南美術出版社，2001年，第68～69頁。

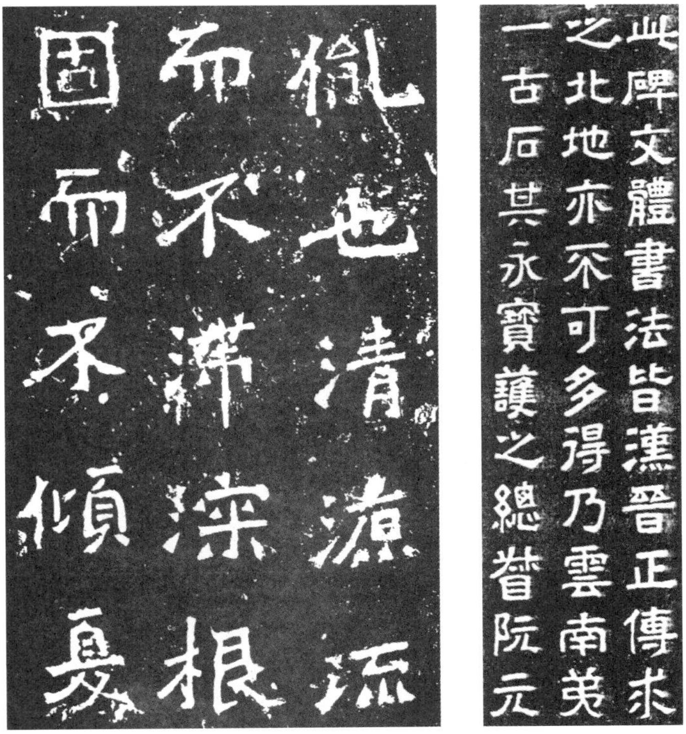

圖 5 《爨龍顔碑》與阮元道光七年（1827 年）題跋

此之上，更注重于古器的研究與推動，使得“金石”傳統上偏向石刻質材的理解，把金的質材納入，成爲完整的金石概念。也在阮元之後，直到光緒元年的張之洞《書目答問》中，正式確立金石學是一個獨立的學門。阮元的《南北書派論》是他《金石十事記》這推廣活動之後的研究成果，《南北書派論》并不是藝術的分派，而是在當時石刻學的考史研究宗旨下，討論書體在不同時代的演變，阮元此文繼承了翁方綱《兩漢金石記》卷二〇《隸八分考》文中討論隸書的演變，特别著重于從漢末到初唐這一時期，隸書到楷書的演變，且以北方帶有隸書筆意的書體爲正宗。史料的運用上，《南北書派論》更重視碑版，和唐代以前的傳世文獻交互使用，勾勒出流行于北方帶有隸意的正書，與流行于南方以王羲之爲主的行草書。由于《南北書派論》的題目名稱，會讓人誤解爲是藝術的分派，忽略了阮元的學術目的主要推翻從唐太宗以來獨尊王羲之，以王羲之爲主流的書法史，在當時所冒的學術風險，現今看來，是極爲險峻的。阮元對于金石學的推動，已經爲後人所尊崇，但是阮元對于金石成爲獨立學門的關鍵角色，過去并没有特别提出，希望本文的提出，能對此歷史現象能有些許的助益。

作者簡介：高明一，臺灣大學藝術史博士，博士論文爲《積古煥發：阮元對金石學的推動與影響》（2010 年）。曾任新竹交通大學人文社會學系博士後研究，臺北藝術大學美術學系助理教授。專注于中國古代書畫鑒定，研究領域爲書法，現階段以宋代書法爲主，多發表于《故宫文物月刊》。亦曾多次參與臺灣國科會計畫的古典文獻釋文，如《中日文化的傳播與影響：以明清、德川初期的獨立禪師爲考察對象》等。

Verifying History through Metal and Stone: A Study of Academic Categorization of "Metal and Stone" (*Jin Shi*) in the Qing Dynasty and Ruan Yuan's "The Discourse of Southern and Northern School of Calligraphy" (NanBei ShuPaiLun)

Gao Mingyi

Abstract: Ruan Yuan's contribution to epigraphy (*JinShi Xue*) is recognized by later academics. This essay aims to discuss the term "*JinShi*" (metal and stone) in the context of Chinese terminology from the perspective of material. The author argues that the discipline of epigraphy in China was not established in the Northern Song dynasty as conventionally considered. It is not until Qing dynasty the study of epigraphy was established and categorized as an independent discipline. Among many contributors, Ruan Yuan is the most important scholar and played the most important role. It is through Ruan Yuan, the study of epigraphy finally included the materials of "metal" and "stone". Furthermore Ruan Yuan's "The Discourse of Southern and Northern School of Calligraphy" (NanBei ShuPaiLun) finalizes his studying activities and signifies the result of his research.

Keywords: Ruan Yuan, metal and stone (Jin Shi), NanBei ShuPaiLun

阮元、阮福父子與雲南的金石之緣

李曉帆

内容摘要：道光六年阮元入滇出任雲貴總督，其子阮福一同前往。阮元、阮福父子在雲南近九載，他們游歷名川，遍訪金石文物及名勝古迹，收集考證，整理彙編。在阮元指導下，阮福著《滇南古金石録》，該書堪稱雲南第一部金石文獻專著。阮元、阮福父子與雲南的金石結下了不解之緣，爲雲南金石學研究做出了重要的貢獻。

關鍵詞：阮元；阮福；雲南；金石；爨龍顔碑；《滇南古金石録》

阮元，字伯元，號芸臺，又號揅經老人、雷塘庵主，晚號怡性老人，揚州人，生于乾隆二十九年（1764 年），卒于道光二十九年（1849 年），歷經三朝，被譽爲“一代名儒，三朝閣老，九省疆臣”。道光皇帝在其祭文中稱他：“極三朝之寵遇，爲一代之完人。”[1]阮元學識淵博，在經學、方志、金石學及詩詞方面都頗具造詣，這其中，他對金石尤爲癡迷，宦游之處無不留下他對當地金石之搜尋和研究。

阮福是阮元三十八歲時所生次子，字賜卿，號喜齋、小琅嬛，出生于嘉慶六年（1801 年），出生之日恰逢父親喜得嘉慶皇帝御賜“福”字和鹿肉、麅肉、野雞等賞賜，遂名之“福”[2]。阮福自小跟隨父親輾轉各地，遍游各地名山大川，

---

〔1〕［清］張鑒等撰，黄愛平點校：《阮元年譜》附録一，《御製晋加太傅銜致仕大學士阮元祭文》，北京：中華書局，2006 年，第 224 頁。

〔2〕［清］張鑒等撰，黄愛平點校：《阮元年譜》附録一，《御製晋加太傅銜致仕大學士阮元祭文》，北京：中華書局，2006 年，第 48 頁。

受到父親嗜好的熏陶和影響，情有獨鍾于金石的搜集和考據。

阮元、阮福父子尤其是阮元，因酷嗜金石的緣故，在未到雲南之前，就已經對雲南地區的金石文物有濃厚的興趣并有諸多的研究和記録。如阮元在文選樓中就藏有“爨龍顔碑”的拓片，衹是“墨迹甚淺，模糊至不可讀”[1]。又如在嘉慶九年（1804 年）阮元撰《積古齋鐘鼎彝器款識》中著録有五百五十余件古器物，這其中記録有多件雲南地區金石文物，如卷九對雲南漢代最爲出名的朱提堂狼洗中的東漢章和元年（公元 87 年）堂狼洗、章和二年（公元 88 年）洗、永建元年（126 年）朱提洗、漢安二年（143 年）朱提堂狼洗等都進行考據和記録，這些研究多是根據拓本或私人收藏等進行考據的。

道光六年（1826 年）至道光十五年（1835 年），六十三歲的阮元出任雲貴總督。道光六年（1826 年），二十五歲的阮福奉母并攜兒女來滇，道光十一年（1831 年），阮福由滇起程回揚州，由揚州入京，分部學習，簽掣户部，在河南行司走[2]。

阮元、阮福父子在雲南期間，由于阮元年事已高，更多的尋訪和收集等基礎工作是由阮福完成，此時的阮福，是阮元的左膀右臂，在父親的引導和幫助下，他游歷名川，遍訪金石文物及名勝古迹，收集整理，父子倆齊心協力，爲雲南金石學研究做出了重要的貢獻。

1. 尋訪金石，收集考證

在雲南期間，阮元、阮福父子對雲南地區的金石文物進行了大量的搜訪、收集和考證。這其中雲南地區最爲重要的金石文物，阮元、阮福父子幾多尋訪。

道光六年（1826 年）六月，阮元入滇，道光七年（1827 年）阮元、阮福父子就來到雲南曲靖府陸涼州（陸良）之東南二十里的貞元堡，找到了立于荒阜之上的“爨龍顔碑”。“爨龍顔碑”全稱爲“宋故龍驤將軍護鎮蠻校尉甯州刺史邛都縣侯爨使君之碑”，爲南朝劉宋大明二年（458 年）刻，存于爨君墓前，爨君諱名龍顔，故稱爲“爨龍顔碑”。碑高近丈，廣四尺許。楷書 24 行，行 45 字。該碑系研究我國古代西南少數民族地區，特别是爨氏家族政治、文化的重要資料[3]。阮元從書法藝術的角度認爲：“此碑文體書法皆漢晋正傳，求之北地亦不可多得，乃雲南第一古石，其永寶護之。”[4]阮福更是對“爨龍顔碑”進行詳盡的記録，包

---

[1] ［清］阮福：《滇南古金石録》，北京：商務印書館，1936 年 12 月，第 1 ~ 2 頁。

[2] ［清］張鑒等撰，黄愛平點校：《阮元年譜》附録一，《御製晋加太傅銜致仕大學士阮元祭文》，第 172 頁。

[3] 李光德編譯：《中華書學大辭典》，北京：團結出版社，2000 年，第 976 頁。

[4] 跋位于“碑之右下方有無字隙處”。［清］阮福：《滇南古金石録》，第 9 頁。

括碑的發現地點、尺寸大小、形制特點以及文字風格等。阮福還對碑文也進行了考證、補録和比較，提出碑文以“斑”爲“班”，以“瑛”爲“英”，以“纇”爲“顯”，皆與北魏碑字體相同，認爲該碑：“字體方正，在楷隸之間，畢肖北魏各碑北派書法，碑文體制古茂，亦得漢人碑文遺法，非唐宋人所及。”[1]此外，阮福對爨氏家族的歷史也進行考證梳理，還對“爨龍顔碑”進行精拓。

“爨龍顔碑”雖在元代李京的《雲南志略》中已著録，明代周弘祖的《古今書刻》及《大明一統志》均有著録，清乾隆姚元之在《竹葉亭雜記》中也曾提及，嘉慶時桂馥在《紮樸》也作過考證[2]，然直至阮元、阮福父子重新訪獲此碑後，憑藉阮元的政治地位和學術聲望，在其宣導之下，諸多學者文人競相傳拓考釋，“爨龍顔碑”才大顯于世。很多文人學者更是受阮元或阮福所贈拓片後，對該碑進行了大量的考證。在《滇南古今石録》中就有對此的記載：“家大人（阮元）蒞滇迺偵其所在，募工精拓多本，分貽嗜古君子。”如嘉慶、道光年間著名學者浙江臨海人洪頤煊就是阮福以拓片相贈後，在《平津讀碑記》三《續卷上》中有對該碑的考證。阮元將自己所著《揅經室集》和拓片贈于著名文獻學家武威人張澍。張澍將對該碑的考證也收録于《養素堂文集》中。類似還有仁和人王言等，他受贈于阮福後，將對該碑的考證收録在《金石萃編補略》卷一中。此後對“爨龍顔碑”的褒揚一直不絶于耳，晚清時期的康有爲在其書法專著《廣藝舟雙楫》中推崇該碑“下畫如昆刀刻玉，但見渾美，布勢如精工畫人，各有意度，當爲隸、楷極則”，乃“雄强茂美之宗”、“神品”。

阮元對爨龍顔碑十分珍愛，除親自撰寫題跋“永寶護之”外，還督促知州張浩建亭加以保護，開啓了清代到民國，雲南對文物保護的先河。

此後阮元、阮福父子還對較爲著名的“唐王仁求碑”、“南詔德化碑”等加以收集、考釋，募工拓印并贈與文人學者共同研究，他還提出要以“覆瓦亭”等方式對石碑進行原地保護。

阮元在滇任職期間，還十分重視名勝古迹的考證、修繕和利用。道光七年丁亥年（1827年），即阮元到滇第二年，便來到黑龍潭，隸書留下七律二首，刻成石碑，現保存在上觀“碑亭”中。詩文雖是讚賞黑龍潭的千歲唐梅，但可以看出，

---

〔1〕李春龍審訂，劉景毛、文明元、王珏、李春龍點校：《新纂雲南通志（五）·卷八四·金石考四》，昆明：雲南人民出版社，2007年，第59頁。

〔2〕張世傑：《〈爨龍顔碑〉的鑒賞》，《青海師專學報（教育科學）》，2005年第2期。

阮元到滇僅一年，就已對黑龍潭及雲南的歷史很熟悉。《游黑龍潭看唐梅二律》詩文如下：

千歲梅花千尺潭，春風先到彩雲南。
香吹蒙鳳龜兹笛，影伴天龍石佛龕。
玉斧曾遭圖外劃，驪珠常向水中探。
祇嗟李杜無題句，不與逋仙季迪談。
鐵石心腸宋開府，玉冰魂魄古梅花。
邊功自壞鮮于手，仙樹遂歸南詔家。
今日太平多雨露，當年萬里隔煙霞。
老龍如見三滄海，試與香林較歲華。[1]

阮元還據《漢書》考證了黑龍潭的歷史，在黑龍潭上觀書"漢黑水祠"匾，并作題記："《漢書·地理志》，滇池縣有黑水祠，蓋此地也，或者唐梅宋柏之間爲祠故址，龍神廟乃下遷者，阮元識。"根據阮元考證，黑龍潭被譽爲"滇中第一古祠"。

道光十五年（1835年），阮元離任前，在翠湖蓮華禪院放生池築堤，在湖心島建"蓮笑樓"，放生池畔建觀魚樓。觀魚樓竣工，阮元題額"濠上觀魚"，并撰寫樓聯：

子産舍魚，溯放生之始。
莊周知樂，開轉偈之機。

以《孟子》記載鄭大夫子産"舍魚放生"及《莊子》記載莊周、惠子"濠梁觀魚"的典故，喻蓮華禪院放生池觀魚之樂趣。可見，阮元爲官一任，十分重視地方名勝古迹的修葺開發[2]。

對于一些小件金石文物，祇要是帶銘文者，阮元、阮福父子同樣有濃厚的興趣。道光十年（1830年），迤西銅廠發現有銅兵器24件，似刀，長約二尺，其首回屈如鈎。因爲發現時24件兵器放置于一石匣中，石匣蓋上有"諸葛"二字，阮元翻閱典籍將此兵器定名爲"諸葛鈎"。

阮福對大理崇聖寺銅鐘鐘款和鑄像也進行拓印及考證，并將拓本上的款識與

---

[1] ［清］阮元：《揅經室詩録》卷四，粵海堂叢書單行本，雲南省圖書館藏本，第22頁。
[2] 羅康敏、石玉順：《阮元咏黑龍潭唐梅詩賞析》，《北京林業大學學報》2007年S1期。

《金石萃編》之上加以核實，還對持國天王所持的弓箭與漢畫像上的弓箭進行比較，認爲基本無异。阮福對彌渡的建極年號鐵柱不僅記録詳細，還將鐵柱題款親自臨摹保存下來。道光十年（1830 年），阮福在永昌（今保山）見到了有字塔磚，根據其文字風格、翻閱史籍、就地拜訪求證，考證其爲唐代所造的塔磚。

2. 整理彙編，開雲南金石文獻專著之先河

清代至民國時期，雲南地區金石學進入到一個較爲繁榮的時期。乾隆年間，著名學者王昶編纂《金石萃編》，其中設有南詔、大理金石專卷，收録部分碑刻銘文并撰題跋。阮元、阮福父子來滇之後，阮福奉父命在雲南安寧、陸良、大理等地尋訪碑刻，募工精拓。在阮元的建議和指導下，阮福將“爨龍顔碑”、“唐王仁求碑”、“南詔德化碑”、“崇聖寺鐘款”、“彌勒鐵柱款”、“前漢貨布”、“有字塔磚”等重要金石文物的前人題跋和自己之考證整理彙編成爲《滇南古金石録》。

在《滇南古金石録》中，阮福尤其注意銘文之書體、内容及紋飾的臨摹和記録，這應該是受到父親阮元編撰《積古齋鐘鼎彝器款識》臨摹器物款識的影響。爲了讓世人體會“北派字體猶近于隸，非比晋帖之僞”[1]，阮福將“爨龍顔碑”碑額“宋故龍驤將軍護鎮蠻校尉甯州刺史邛都縣侯爨使君之碑”等二十四字臨摹附上；臨摹“唐王仁求碑”碑文二十九字，以示古意。另外，阮福還將大理崇聖寺鑄佛銅鐘上下二層六面鑄像，上層金剛、智寶、大輪、妙法、勝業、慧音等六波羅蜜，下層增長天王、大梵天王、廣目天王、多聞天王、天主帝釋、持國天王等鑄像摹繪附上；將彌渡建極年號鐵柱款、大理磚塔等款識全文臨摹附上。這些圖録後來爲阮元主編的《（道光）雲南通志稿》、李春龍審訂，劉景毛、文明元、王珏、李春龍點校的《新纂雲南通志》（2007 年版）所刊用，成爲研究雲南地區南詔大理國時期的金石、宗教、文化、歷史等方面，不可多得的圖録資料。

《滇南古金石録》成書于道光八年（1828 年）秋，衹是阮元、阮福父子入滇第三年。從時間上看，阮元、阮福父子對金石搜尋、整理的時間較短，成書略顯匆忙；從體量和内容上，全書僅一卷，體量較小，内容較爲單薄，也不甚全面和詳盡，然而這是雲南歷史上第一本系統地著録、研究雲南地區自漢至南詔大理國時期碑刻及帶銘文金石文物的專業書籍，它開啓了雲南金石文獻專著之始。該書也是阮元、阮福父子與雲南金石結下不解之緣的見證。

阮元、阮福父子對雲南金石的研究，雖受到厚古薄今，崇尚古代，不重視宋元之後的金石文物思想的影響，受到衹重視帶銘文、題款等金石文物思想的影響，

---

〔1〕［清］阮福：《滇南古金石録》，第 9 頁。

但這絲毫不能影響阮元、阮福父子對雲南金石的貢獻，也不能動摇《滇南古金石録》堪稱雲南第一部金石文獻專著的地位，1936 年，上海商務印書館《文選樓業書》將《滇南古金石録》影印出版。

此後，阮元主編的《（道光）雲南通志稿》中在《藝文志》中設立“金石”一門，以時代先後爲序，内容雖大體是抄録阮福的《滇南古金石録》，但開創了雲南地方志著録金石的體例[1]。這爲此後，金石部分在雲南通志中占據重要地位奠定了基礎。1949 年刊印出版由龍雲主修，周鐘岳、趙式銘等編纂的《新纂雲南通志》，金石部分是在王昶《金石萃編》、阮福《滇南古金石録》、阮元《（道光）雲南通志稿·金石》、李根源《景邃堂題跋》、《雲南金石目略》的基礎上，廣搜前人題跋，逐件撰寫跋文，還將“金石”從附屬于“藝文”，改爲獨立列爲一門，使得《新纂雲南通志·金石考》成爲雲南古今金石集大成者[2]。

總之，阮元、阮福父子在雲南僅數載，但對雲南金石研究引領和開創性貢獻是功不可没的。

作者簡介：李曉帆，女，昆明人，畢業于武漢大學歷史系考古與文物鑒定專業，現任昆明市博物館副館長，文博副研究館員，長期致力于田野考古、資料整理、歷史研究、文物保管、博物館學等方面的研究工作。曾參加 1999 年度全國考古十大發現“昆明羊甫頭墓地”的考古發掘、資料整理和報告編寫工作，出版《昆明羊甫頭墓地》大型考古報告，參與完成多個考古調查簡報的編寫工作，參與或主持完成多部圖録、畫册或書籍的編寫工作。在《文物》《考古》《文物天地》《科學世界》等期刊上發表論文二十餘篇。

Ruan Yuan，Ruan Fu and Yunnan Epigraphy

Li Xiaofan

Abstract：Ruan Yuan came Yunnan as the Yunnan Guizhou governor while his son Ruan Fu come with him. Ruan Yuan，Ruan Fu stayed in Yunnan nearly nine years. They traveled to many places，visited the cultural relics，found many stone tablets and bronze－wares. They collected，set the textual researched and compile books . Under the guidance

〔1〕 陳子丹：《雲南金石文獻研究評述》，《思想戰綫》1997 年第 3 期。
〔2〕 林超民：《〈新纂雲南通志點校本〉弁言》，《大理文物》2007 年 6 期。

of Ruan Yuan, Ruan Fu finished *Diannan gujin shilu*. The book was called Yunnan first monograph about epigraphy. Ruan Yuan, Ruan Fu has gone down "the indissoluble bound" with Yunnan epigraphy. They made an important contribution for the study of Yunnan epigraphy.

Keywords: Ruan Yuan, Ruan Fu, Yunnan, Epigraphy, Stone Tablet of Cuan Longyan, *DianNan Gujin ShiLu*

書學研究

從“二論”看阮元的書學思想

金　丹

内容摘要：阮元的書學思想集中體現在《南北書派論》和《北碑南帖論》這兩篇文章中，“二論”在書法史學觀、確立北碑地位、地域書風的建立等方面的貢獻尤爲卓著，而他的復古思想更爲明顯地貫穿于他書學思想的始終，這種復古與整個清代學術思潮緊密相關。阮元所尋求“魏齊墜業”、拯救“漢魏古法”的復古態度，實際上是一種革新精神，對清代碑學的形成和發展起著至關重要的作用。

關鍵詞：阮元；書法；流派；思想

中國書法史上，清代是一個變革的時代，由于清代學術思潮的影響，清代中、後期書壇漸成碑學興盛、帖學衰微的格局，從而影響到近現代乃至當代的書法觀念和創作。在這個轉折時期，清代學者阮元以其顯赫的政治和學術地位，對清代碑學的形成和發展起著至關重要的作用，我稱他的“二論”（即《南北書派論》和《北碑南帖論》）爲清代碑學正式形成的標志。

阮元（1764～1849年），初字梁伯[1]、後字伯元，號雲臺（一作芸臺），又號雷塘庵主、揅經老人、節性老人、頤性老人、怡志老人、北湖跛叟等。江蘇揚州人，占籍儀徵[2]。乾隆五十四年（1789年）進士，身歷乾隆、嘉慶、道光三朝，官至浙

---

〔1〕阮元初字梁伯，見凌廷堪《校禮堂文集》卷二二：“又有儀徵阮君，名元，字梁伯者，年逾弱冠，尚未采芹，其學問識解俱臻極詣。”

〔2〕《清史稿》《中國美術家人名辭典》等均載江蘇儀徵人。今人考爲“江蘇揚州人，占籍儀徵”，實際上是其祖父阮玉堂參加科舉時而改籍。

江、河南、江西巡撫，湖廣、兩廣、雲貴總督，兵部、禮部、户部、工部侍郎，體仁閣大學士，太子太保，致仕歸田後又晋加太傅銜，卒謚文達。著有《揅經室集》等。《清史稿》稱其“身歷乾嘉文物鼎盛之時，主持風會數十年，海内學者奉爲山斗焉”。

阮元的書學思想集中體現在《南北書派論》和《北碑南帖論》這兩篇文章和一些題跋中，“二論”均見于《揅經室三集》卷一。《南北書派論》作于嘉慶十六年（1811 年）七月，時阮元四十八歲。正是這一年，他撰成《漢延熹西嶽華山碑考》四卷，也正是這一年，他完成了《四庫未收百種書提要》，同樣是這一年，他的職務正好回到他二十年前的詹事府少詹事，因爲兩年前浙江巡撫任上的阮元受浙江學政劉鳳誥科場舞弊案牽連被革職，這是他仕途上唯一一次處于低谷期的一年，却是奠定他在書法史上地位最重要的一年。

本文認爲“二論”在書法史學觀、確立北碑地位、地域書風的建立等方面的貢獻尤爲卓著，而他的復古思想更爲明顯地貫穿于他書學思想的始終，他的復古與整個清代學術思潮緊密相關，梁啓超説：“綜觀二百餘年之學史，其影響及于全思想界者，一言以蔽之曰‘以復古爲解放’。”[1]推之及書學亦然，這正是阮元書學思想的核心所在。阮元所提倡的碑派書法在帖派書法之外找到了一條全新的道路，使得書法審美觀有了極大的改變，由此變得豐富而多元。儘管阮元推崇漢碑和北碑的舉動很成功，人們在撫掌稱善之時，并没有對他在論述中用來支撑的證據能否成立提出質疑，他的理論中也常有矛盾之處，其實從阮元——包世臣——康有爲，碑派理論一直充滿了重重矛盾，不能自圓其説之處甚多。碑學發展到最後帶來的缺憾在于它以完全拋棄帖學爲代價了，康有爲的觀點便是典型。本文力圖對阮元“二論”作客觀的評價，以期引起書法界對清代碑學有新的闡釋。

一　碑帖兩大流派的提出與地域書風理論的創建

阮元的《南北書派論》和《北碑南帖論》首先有兩個重大突破，他將書法分爲碑、帖兩大類，是中國書法史上第一次將書法明確分爲兩大流派，具有十分重要的意義。他的南北書派觀，可視爲地域書風理論創立的標志，這是他對書法史的又一大貢獻。“書分南北”一詞，并非阮元首創，宋人趙孟堅就有過片言隻語：“晋、宋而下，分而南北……北方多樸，有隸意，無晋逸雅。”[2]明人馮班也僅有

---

[1] 梁啓超：《清代學術概論》，上海：上海古籍出版社，1998 年，第 7 頁。

[2] [宋] 趙孟堅：《論書法》，《歷代書法論文選續編》，上海：上海書畫出版社，1993 年，第 157 頁。

“畫有南北，書亦有南北”[1]一句，清初陳奕禧、何焯都略有提及，均未作闡述。阮元確是第一個系統闡述南北書派問題的學者。地域書風作爲一種文化現象一直存在著，但在阮元之前并没有人提出系統理論，因此我將阮元稱爲地域書風理論的創建者。

阮元在《南北書派論》中說：

> 蓋由隸字變爲正書、行草，其轉移皆在漢末、魏、晋之間；而正書、行草之分爲南、北兩派者，則東晋、宋、齊、梁、陳爲南派，趙、燕、魏、齊、周、隋爲北派也。南派由鍾繇、衛瓘及王羲之、獻之、僧虔等，以至智永、虞世南；北派由鍾繇、衛瓘、索靖及崔悦、盧諶、高遵、沈馥、姚元標、趙文深、丁道護等，以至歐陽詢、褚遂良。南派不顯于隋，至貞觀始大顯。然歐、褚諸賢，本出北派，洎唐永徽以後，直至開成，碑版、石經尚沿北派餘風焉。南派乃江左風流，疏放妍妙，長于啓牘，減筆至不可識。而篆隸遺法，東晋已多改變，無論宋、齊矣。北派則是中原古法，拘謹拙陋，長于碑榜。而蔡邕、韋誕、邯鄲淳、衛覬、張芝、杜度篆、隸、八分、草書遺法，至隋末唐初（貞觀、永徽金石可考）猶有存者。兩派判若江河，南北世族不相通習。至唐初，太宗獨善王羲之書，虞世南最爲親近，始令王氏一家兼掩南北矣。然此時王派雖顯，縑楮無多，世間所習，猶爲北派。趙宋《閣帖》盛行，不重中原碑版，于是北派愈微矣。[2]

阮元從書法史的角度考察，將書法分爲兩大流派——碑與帖，但他的這兩大流派是建立在地域基礎上的，并連爲一體，密不可分，一爲南派（即帖派），一爲北派（即碑派），以東晋、南朝爲南派，以十六國、北朝、隋代爲北派，并列出各自代表人物，認爲南北兩派早就存在，是不以人們意志爲轉移的，同時對碑、帖兩派的成因和發展的不平衡作出闡釋。從成因上看，南北朝時期是中國歷史上的分治期，由于地域的差异，南朝文人注重各方面的文化素養，崇尚風流藴藉，并且“敕禁刻碑之事，是以碑碣絶少，惟帖是尚”[3]，而北朝“族望質樸，不尚風流，拘守舊法，罕肯通變”，加上“東漢山川廟墓，無不刊石勒銘，最有矩法。降

[1] ［清］馮班：《鈍吟書要》，《歷代書法論文選》下册，上海：上海書畫出版社，1979年，第552頁。
[2] ［清］阮元：《南北書派論》，《揅經室三集》卷一，道光三年（1823年）文选楼刻本。
[3] ［清］阮元：《北碑南帖論》，《揅經室三集》卷一，道光三年（1823年）文选楼刻本。

及西晋北朝，中原漢碑林立，學者慕之，轉相摩習"[1]。南北書風差异的原因由此可見一斑。他認爲南北兩派均出于鍾繇、衛瓘，至王羲之、王獻之等形成南派，至索靖、崔悦等形成北派，且一直并行發展，自唐以後由于太宗的推崇，"始令王氏一家兼掩南北矣"，加上宋代《閣帖》盛行以後，世間更不知有北朝書法了。他還進一步提供典籍依據來説明北派書法淵源有緒：

> 南朝諸書家載史傳者，如蕭子雲、王僧虔等，皆明言沿習鍾、王（蕭傳云："子雲自言善效元常、逸少，而微變字體。"王傳云："宋文帝謂其迹逾子敬。"），實成南派。至北朝諸書家，凡見于北朝正史、《隋書》本傳者，但云"世習鍾、衛、索靖，工書、善草隸，工行草、長于碑榜"，諸愈而已，絶無一語及于師法羲、獻。正史具在，可按而知。此爲北派所分，非敢臆爲區别。[2]

他在肯定書法史上存在兩派的同時，主觀上偏向北派，他認爲北派是中國書法的主流。在論述兩派的風格時，他認爲魏晋南北朝之間已出現地域書風的明顯差异，并將南北風格作出總結，所謂"南派乃江左風流，疏放妍妙，長于啓牘。……北派則是中原古法，拘謹拙陋，長于碑榜"。他在《北碑南帖論》中也説："短箋長卷，意態揮灑，則帖擅其長。界格方嚴，法書深刻，則碑據其勝。"儘管阮元在"二論"中對帖派頗有微詞，但在這裏，他對碑、帖的評價還是客觀公允的，他承認碑、帖各有千秋，不像後來的康有爲那樣偏激。

康有爲對阮元的南北分派是持反對態度的，他説：

> 阮文達《南北書派》，專以帖法屬南，以南派有婉麗高渾之筆，寡雄奇方樸之遺，其意以王廙渡江而南，盧諶越河而北，自兹之後，畫若鴻溝。……故書可分派，南北不能分派，阮文達之爲是論，蓋見南碑猶少，未能竟其源流，故妄以碑帖爲界，强分南北也。[3]

康有爲認爲書法可以分派，而不能以碑帖爲界，强分南北。换句話説，康有爲承認碑帖兩大流派，而不承認地域書風的存在。他列舉出北碑中有虚和婉麗者，

---

[1] ［清］阮元：《北碑南帖論》，《揅經室三集》卷一。

[2] ［清］阮元：《南北書派論》，《揅經室三集》卷一。

[3] ［清］康有爲：《廣藝舟雙楫》卷三《寶南第九》，《廣藝舟雙楫注》，上海：上海書畫出版社，1981 年，第 130 頁。

南碑中也有戈戟森然者，來支撑自己的觀點。他以阮元“見南碑猶少”是不能成爲理由的，儘管在阮元之後又出土了大量碑版，但康氏在文中盛贊的南碑中《天發神讖》之奇偉、《爨龍顔》之渾美，阮元不僅都見過，而且《爨龍顔》是其在雲南訪得，《天發神讖》他也常臨。地域風格是一個大的趨勢，但不是絶對的，我們不能以偏概全，如果有人考證出四川某家菜館做了幾道甜食而否認川菜的特色，甚至不承認四大菜系的存在，我們會有如何感受。但阮元偏執地認爲“兩派判若江河，南北世族，不相通習”，實際上，南北書風有交融的一面，“王導初師鍾、衛，攜《宣示表》過江，此可見書派南遷之迹”，他們受二王的影響是必然的，籠統地將歐、褚定爲北派是不切實際的，事實上他們的書風已經有南北交融的痕迹。因此將兩派看作是判若江河，就引來了康有爲的挑剔。我們認爲書法的發展不僅受政治、經濟、文化的影響，而且受地理、民族、人格、環境、習俗等多方面的制約，地域書風理論是應該成立的。它不僅存在著南北的差异，而且也存在地區間的差异，這在漢代的簡書中已有明顯表現，西北漢簡和江淮漢簡因地域差异而形成的風格差异十分明顯，再如明代的吴門書派和雲間書派也是一個明證。時至今日，當代書壇因地區間的差异而形成的地域書風特徵也是顯而易見的，河南與江浙有差异，江浙之間又有差异。這些地域書風的現象都是值得研究的，阮元開了一個頭。

儘管阮元的地域書風理論顯得很不成熟，僅是一個大致的輪廓，但他第一次在紛繁複雜的書史中，以其過硬的史學功底和敏鋭的藝術直覺理清綫索，其創造性的成果在書法史上的貢獻是不可抹煞的。

二　確立漢碑地位、推重北碑書風

縱觀中國書法史，帖學一派源遠流長，直至清代初期，師碑風氣漸盛，前碑派的實踐是以漢碑爲主體的，儘管在嘉慶以前有人關注和實踐北碑，但畢竟没有形成大氣候，我們認爲清代碑學的正式形成是以阮元“二論”劃界的，實際上清代碑學的建立是以北碑地位的確立爲標志的，這一點應予明確。由此可見，阮元在書法史上的最大貢獻就是確立北碑地位，爲在二王帖學之外開闢新徑提供了理論依據。

清代前、中期的隸書創作已漸成爲氣候，阮元在“二論”中正式爲漢碑確立地位，爲隸書創作尋找屬于正統的理由。他首先從史學角度作分析：

古石刻紀帝王功德，或爲卿士銘德位，以佐史學，是以古人書法未有不托金石以傳者。秦石刻曰“金石刻明白”，是也。前、後漢隸碑盛興，書家輩

> 出。東漢山川廟墓無不刊石勒銘，最有矩法。降及西晋、北朝，中原漢碑林立，學者慕之，轉相摩習。〔1〕

接著他又説：

> 唐人修《晋書》、南北《史》傳，于名家書法，或曰善隸書，或曰善隸草，或曰善正書、善楷書、善行草，而以善隸書爲尊。當年風尚，若曰不善隸，是不成書家矣。故唐太宗心折王羲之，尤在《蘭亭敘》等帖，而御撰《羲之傳》，惟曰"善隸書，爲古今之冠"而已，絶無一語及于正書、行草。蓋太宗亦不能不沿史家書法以爲品題。《晋書》具在，可以覆案。而羲之隸書，世間未見也。〔2〕

史學、典籍、皇帝、書聖，這樣足以使清代前、中期的隸書創作歸入正統道路，爲他們的隸書實踐提供理論依據。但這個依據能否成立却一直没有人去追究，清代如此，現當代也是如此。

我想先就"隸書"一詞提出質疑，隸書是秦隸和漢隸的總稱，後來有所引申，曾指楷書的别稱——今隸，中唐以前曾一度沿用舊法，稱楷書爲隸書，并時有混用，于是常發生歧義。唐孫過庭在《書譜》中説："且元常專工于隸書，伯英尤精于草體，彼之二美，而逸少兼之。擬草則餘真，比真則長草，雖專工小劣，而博涉多優。"又説："至如鍾繇隸奇、張芝草聖，此乃專精一體，以致絶倫。伯英不真，而點畫狼藉，元常不草，使轉縱横。"〔3〕這是一篇闡述正、草二體書法的文章，其中的隸書當指楷書無疑。啓功在《古代字體論稿》中也認爲唐人將真書稱爲隸書，他舉出多例，宋趙明誠《金石録》卷二二《東魏大覺寺碑陰》條説"碑題'銀青光禄大夫臣韓毅隸書'蓋今楷字也"。又隋大業元年舍利函銘，字是真書，款爲"趙超越隸書謹上"。又《唐六典》卷一〇："五曰隸書，典籍表奏及公私文疏所用。"〔4〕可見隋、唐人有將楷書稱爲隸書的習慣，典籍具在，可以覆案。而羲之隸書，世間確未見也。唐太宗所説的善隸書，實際上就是善楷書，看來阮元的推測是錯了。清人將此搞錯是常有的事，但他同時代的包世臣却很清楚："唐

---

〔1〕［清］阮元：《北碑南帖論》，《揅經室三集》卷一。

〔2〕［清］阮元：《北碑南帖論》，《揅經室三集》卷一。

〔3〕［唐］孫過庭：《書譜》，《歷代書法論文選》上册，上海：上海書畫出版社，1979 年，第 124～126 頁。

〔4〕啓功：《古代字體論稿》，北京：文物出版社，1979 年，第 36 頁。

韓方明謂八法起于隸字之始，……隸字即今楷書。”[1]儘管如此，阮元爲當時寫隸書的潮流找支撑是做出貢獻的。

阮元確立了漢碑地位，繼而又宣導北碑，開碑學之先。阮元的理論實際上是總結前人實踐的結果，其時師法漢碑之風已經風靡，而師北碑也初露端倪，但未形成大的氣候。阮元第一次爲師法北碑尋找借口，除了他提供的北碑與南帖同時發生的綫索外，將人們以往普遍的認識作了糾正，他認爲歐陽詢、褚遂良、李邕均爲北派，甚至將顔真卿也列入北派，他在《顔魯公争座位帖跋》中説：“即如魯公楷法，亦從歐、褚北派而來。其源皆出于北朝，而非南朝二王派也。……甚至如魯公此等書亦欲强入南派，昧所從來。是故李固搔頭，魏徵嫵媚，殊無學識矣”[2]。他又在《北碑南帖論》中將蔡襄、趙孟頫、董其昌這些帖學大師的楷書也列入北派：“宋蔡襄能得北法，元趙孟頫楷書模擬李邕，明董其昌楷書托迹歐陽，蓋端書正畫之時，非此則筆力無立卓之地，自然入于北派也。”[3]他的這一闡述説明一個問題，即説明古人雖無碑帖之分，但他們在寫“碑”和寫詩文、手札時所用的技法不一樣，阮元的頭腦很清楚，到後來的包世臣、康有爲以至現當代，對此認識則越來越模糊。阮元在這裏提出的用意很明顯，不僅要爲北派尋找正統淵源，而且要爲北派尋找名家，這樣才能使北派具有立足之地。

他的南北分派顯然也是爲推出北碑鳴鑼開道，他在《南北書派論》中闡述他的南北分派觀點後終于道出他的目的：

> 所望穎敏之士，振拔流俗，究心北派，守歐、褚之舊規，尋魏、齊之墜業，庶幾漢、魏古法不爲俗書所掩，不亦褘歟！[4]

此外，我們不妨從“二論”中抽取出一些具有美學意義的辭彙，這裏面流露出他對北碑的審美取向：拘謹拙陋——方嚴遒勁——方正勁挺——格法勁正——質樸——勁正遒秀——隸古遺法——界格方嚴——法書深刻。其中“拘謹拙陋”一詞尤爲重要，經考察，我們現在所見到的《南北書派論》這個版本是道光三年《揅經室集》中所收的，與嘉慶十九年（1814 年）三月錢泳所見并記録的本子有

---

[1] ［清］包世臣：《藝舟雙楫·述書下》，《歷代書法論文選》下册，上海：上海書畫出版社，1979 年，第 647 頁。

[2] ［清］阮元：《顔魯公争座位帖跋》，《揅經室三集》卷一。

[3] ［清］阮元：《北碑南帖論》，《揅經室三集》卷一。

[4] ［清］阮元：《南北書派論》，《揅經室三集》卷一。

不少出入[1]，“拘謹拙陋”一詞原是“厚重端嚴”，究竟是阮元在初稿中就是這樣，還是錢泳記憶的出入，已無從考證，因爲其中字詞的出入不是少數。不過“厚重端嚴”倒確實像出自阮元之手，與上述一組詞彙極爲相似，如果説是阮元本人的修改，就很有價值，這便是他審美觀改變的痕迹。“拘謹拙陋”本爲顔之推對北碑的貶斥，從“厚重端嚴”到“拘謹拙陋”的改動，一説明阮元實事求是地正視客觀事實和前人的評價，二説明他已經敢于將“拘謹拙陋”認爲是另一種美，如同傅山的“寧醜毋媚”，他如此竭力推崇北碑，此處當不是貶義。從他的一組詞彙來看，他在帖學審美範疇之外找到了另一條審美途徑，這是相對與二王、趙、董而言的，從美學概念上看，這是一條由優美向壯美轉換的道路，他的“方”“正”“勁”“拙”的北碑體會，又不同于康有爲“雄强”、“奇逸”的審美取向，畢竟他經歷過帖學時期，審美思維也没有完全走向帖學的反面。阮元處于一個社會狀况複雜多元的時期，各種衝擊接踵而至，西學東漸對中國傳統文化的衝擊，崇尚醜拙的審美觀對帖學審美定式的衝擊，使得具有深厚傳統文化底藴的阮元複雜的心理和兩面性凸現出來，具有新思維的阮元以其具有前瞻性的研究成果始終走在潮流的前面。他的目的不是反帖，而是欲在二王之外開闢新徑，打破一種陳舊的審美定式，他説：“元、明書家，多爲《閣帖》所囿，且若《禊序》之外，更無書法，豈不陋哉！”[2]他爲書法實踐走向豐富和多元起到了呼籲以及理論支撑作用，同時又爲清末及現、當代書壇一味追求醜、拙的極端思想種下了根苗。阮元（包括他同時代人）的審美取向在後人的認同和發揮過程中，逐漸形成一種定式。我們可以這樣説，在他那個時代，他的這種思維是具有前瞻性的，而我們這個時代眼目爲清人所障，將醜、拙走向極端，一味追求金石氣，使書法藝術丢失很多豐富的内藴，但這不能怪罪于阮元。當代書壇的創作走向是清代的延續，書法藝術要發展、要突破，首先要跳過清代、超越清代。阮元是聰明人，他跳越了前代，從這個角度看，對我們是不是有一些啓示呢？

三　“返古論”闡釋

乾嘉時代，是一個復古的時代。乾嘉學派注重求真、求古，阮元自謂：“余之説經，推明古訓，實事求是而已，非敢立异也。”[3]在書法上，他提出南北書派和推重

---

〔1〕 詳見［清］錢泳：《履園叢話》一一上《書學》，北京：中華書局，1979年，第288頁。
〔2〕 ［清］阮元：《南北書派論》，《揅經室三集》卷一。
〔3〕 ［清］阮元：《揅經室集》自序。

北碑，就是在經學背景下的産物，他都認爲是實事求是地還歷史本來面目，并非异言。梁啓超所謂"以復古爲解放"是對整個清代學術而言，也正言重阮元書學思想的要害。從書法發展史來看，"借古開今"是自古以來人們傳承和發展傳統書法的重要手段，阮元也未能例外，這種尚古精神正是中國幾千年來的文化精神所决定的。

阮元的復古，與趙孟頫、董其昌的復古初看以爲相似，其實不是一回事，并有着本質的區别。趙孟頫在南宋書法江河日下的情形下，舉起復興古法的旗幟，使得元代書法在南宋書法一百多年的蕭條之後重新復蘇，并且呈現出欣欣向榮的景象。趙孟頫的書法觀是以向晋唐之書出色的回歸爲指向的，他反對沿襲宋人，提出直溯二王，并在實踐中全面復古。他的復古是從筆法入手，他强調"學書在玩味古人法帖，悉知其用筆之意，乃爲有益"。他將筆法看成是最重要的核心，視其爲書法作爲傳統藝術得以傳承的重要條件。董其昌的復古在本質上與趙孟頫同調，他在學書之始，就將目光瞄準祝允明、文徵明，曾説："凡三年，自謂逼古，不復以文徵明、祝希哲置之眼角。"企圖超越吴門書派。中年以後，他很快將欲超越的物件定格在趙孟頫，并多次表現出超越趙氏的自信，他的復古實際上跳過元明追溯晋唐之風。阮元則不同，他的復古是在帖派之外梳理出一條碑派系統，他所追溯的不是晋唐之風，而是漢魏之風。我們不妨將阮元在書法中的復古思想稱爲"返古論"。他在《南北書派論》中説：

書法遷變，流派混淆，非溯其源，曷返于古？[1]

他認爲要返于古，先溯其源，他所説的溯源，是對書法史的重新梳理，來確認北碑這個源頭，"返于古"是貫穿于他書學思想的核心，他在篇幅不長的"二論"中不斷提及"古法"：

北派則是中原古法，拘謹拙陋，長于碑榜。

北朝族望質樸，不尚風流，拘守舊法，罕肯通變。

守歐、褚之舊規，尋魏、齊之墜業，庶幾漢、魏古法不爲俗書所掩。

而其書碑也，必有波磔雜以隸意，古人遺法猶多存者，重隸故也。

蓋登善深知古法，非隸書不足以被豐碑而鑿貞石也。

且以南朝敕禁刻碑之事，是以碑碣絶少，惟帖是尚，字全變爲真行草書，無復隸古遺意。

[1] [清] 阮元：《南北書派論》，《揅經室三集》卷一。

即以焦山《瘞鶴銘》與萊州鄭道昭《山門》字相較，體似相近，然妍態多而古法少矣。

李邕碑版名重一時，然所書《雲麾》諸碑，雖字法半出北朝，而以行書書碑，終非古法。[1]

他所崇尚的“古法”來源于篆隸，來源于碑版，來源于北朝。他所上溯的“古法”不是董、趙所上溯的古法——晉人書風，而是漢、魏舊碑。實際上，阮元也是從筆法出發的，他要在傳統的帖派筆法之外尋找“新”的筆法，這個筆法就是他所謂帖派之前的“古法”，他認爲帖派不古，古法到東晋已多改變，無復隸古遺意。他在《復程竹盦編修邦憲書》中說：“竊謂書法自唐以前多是北朝舊法，其新法南派，多分别于貞觀、永徽之間。”[2]可見他的北派“古法”是相對于南派“新法”的。從他所留文字來看，他所説的“古法”實際上是以隸法爲基調的，“北魏、周、齊、隋、唐，變隸爲真，漸失其本。而其書碑也，必有波磔雜以隸意，古人遺法猶多存者，重隸故也。”“蓋登善深知古法，非隸書不足以被豐碑而鑿貞石也。”“……惟帖是尚，字全變爲真行草書，無復隸古遺意。”“李邕……以行書書碑，終非古法。”“大約歐、褚北法從隸而來，其最可見者，爲乙字捺脚飛出，内圓外方，全是隸法，無論一字畫末出鋒矣。若江左王法，乙字則多鈎轉作乙，此其分别之迹。此外，南遠于隸、北沿于隸之處蹤迹甚多。”[3]還有一段《唐魏棲梧書善才寺碑跋》，未載入《揅經室集》，今從日本二玄社影印件中抄出有關部分：“……北派出于索靖之隸法，何嘗出于鍾、王哉。凡字中微帶隸意者，皆是北派。……而第十葉‘掃’字‘和’字猶存隸意，與登善之常帶隸意者淵源顯見。”[4]阮元所謂“字中微帶隸意者皆是北派”一説并不準確，江左章草即用隸法，被他稱爲北派的褚遂良鈎轉也作“乙”。阮元爲了推出北碑，找出一切理由來支撑，儘管其中不乏推測和附會，但他充滿變革的心情是可以想見的。

“返古論”的提出，表明阮元要尋求“魏齊墜業”、拯救“漢魏古法”的復古態度，從表面上看，他是一個復古主義者，實際上，他是一個革新派，無論是經學、文學、文獻學，還是金石學、書學，他都走在前面，在他復古思想的深層充滿了革新意識。在經學上，他主張“推明古訓”，恢復古典經學的本來面目，同時

---

〔1〕以上幾條見［清］阮元：《北碑南帖論》，《揅經室三集》卷一。
〔2〕［清］阮元：《復程竹庵編修邦憲書》，《揅經室三集》卷一。
〔3〕［清］阮元：《復程竹庵編修邦憲書》，《揅經室三集》卷一。
〔4〕［清］阮元：《唐魏棲梧書善才寺碑跋》，日本三井文庫藏，二玄社版。

又反對教條和空洞，對乾嘉學派有所發展，并孕育著改革。在文學上，他有“達之者守古之法，無守古之迹”的主張[1]，他所提出“以駢救散”的號召遭到桐城派的反對，并引發了一場論戰。在文獻學上，他總結了前人整理文獻的方法，又加以科學的發展，并創立了靈隱書藏、焦山書藏，打破歷代藏書家的舊規，訂立《書藏條例》，供人閱覽，成爲中國最早的公共圖書館。這些都說明阮元“以復古爲解放”的思想實質，在書學上的表現也不例外。

作者簡介：金丹，男，1966年5月生，江蘇揚州人。文學博士。南京藝術學院教授，書法系主任，碩士生導師。中國書法家協會會員，江蘇省書法家協會理事，江蘇省篆刻研究會副會長。致力于清代書法篆刻史論研究，論著獲教育部第五屆高等學校科學研究（人文社會科學）優秀成果三等獎。著有《中國書法史》《阮元書學研究》《包世臣書學批評》《中國書法家全集·伊秉綬、陳鴻壽》等。

From the “Two Discussions” to See Ruan Yuan’s Calligraphy Thoughts

Jin Dan

Abstract: Ruan Yuan, his appropriation thought theory of calligraphy is primarily expressed and embodied in his two treatises – Discussions of the Calligraphy Schools in the South and the North, and Discussions of the Stelae in the North and Model Books in the South. The ‘Two Discussions’ have greatly impacted on the theory of art history, establishing the northern stelae as a pivotal figure, and thus, promoted a regional – stylistic development in the history of calligraphy. Clearly enough, Ruan Yuan’s back – to – the – ancients ideology has been deeply penetrated by his thought theory of calligraphy, and such a ‘restoration’ is closely connected with an intellectual climate in the Qing Dynasty. In other words, Ruan Yuan’s searching for the ‘Weakness’ during Wei and Qi Dynasty, but practising ‘Old Thoughts’ of the Han and Wei periods, to some extent, these attitudes represent a kind of transformation, and have been taken as important references in terms of shaping modules of calligraphic works and developing the study of the stelae in the Qing Dynasty.

Keywords: Ruan Yuan, Calligraphy, Schools, Thoughts

---

[1] ［清］阮元：《王西莊先生全集序》，《揅經室二集》卷七。

阮元《南北書派論》的執筆背景

［日本］草津祐介　著
王力軍　譯

内容摘要：清代考證學名家阮元，在中國書法史上以《南北書派論》《北碑南帖論》而聞名。但是，阮元的主要研究方向其實是考證學，其金石學研究也是以考證學爲視點的。而且，阮元在金石學研究以及其他學術活動中，積極而有效地運用了"幕府"系統。

本文首先探明阮元《南北書派論》的執筆原委，明晰阮元幕府收集金石資料的内容。然後確認其幕友在《南北書派論》形成過程中所提出的"南北書派説"。進而將《南北書派論》與南北朝時期的經學流派進行比對，同時對以漢隸爲品鑒重要因素的阮元的漢隸感進行確認，深入剖析《南北書派論》背景中隱藏有哪些要素。最後判明阮元幕府的金石學活動特徵中的摹刻及其目的，解明包括阮元《南北書派論》在内的書法學、金石學活動的意圖。

關鍵詞：阮元；金石學；南北書派論；幕府

清代考證學大家阮元，在中國書法史上以《南北書派論》《北碑南帖論》而聞名。但是，阮元的主要研究方向其實是考證學，其金石學研究也是以考證學爲視點的。而且，阮元在金石學研究以及其他學術活動中，積極而有效地運用了"幕府"系統。

本文首先探明阮元《南北書派論》的執筆原委，明晰阮元幕府收集金石資料的内容。然後確認其幕友在《南北書派論》形成過程中所提出的"南北書派説"，進而將《南北書派論》與南北朝時期的經學流派進行比對，同時對以漢隸爲品鑒重要因素的阮元的漢隸感進行確認，深入剖析《南北書派論》背景中隱藏有哪些要素。最後判明阮元幕府的金石學活動特徵中的摹刻及其目的，解明包括阮元《南北書派論》在内的書法學、金石學活動的意圖。

一 阮元幕府對金石資料的搜集與金石書的編撰和刊行

所謂幕府，是清代官廳長官或地方長官私人召集的幕友，可以助言政策、處理文件、財務業務等實際操作業務，同時也輔助學術活動。清代利用幕府系統，收集、整理和總結了大量豐富的金石學資料。像這樣的資料也衹有成爲幕友後方可利用，因此對于清代的金石學和考證學，幕府具有極其重要的意義。

阮元擁有多達120餘人的清代最大規模的幕府，并且，其幕府在自身的學術活動中被有效地運用。可以説阮元大規模的書籍編撰和刊行事業都是由其幕府完成的。那麼，阮元幕府所編撰、刊行的金石書，與其幕友又有怎樣的關係？下面筆者以《阮元幕府與金石學研究》[1]、《阮元與朱爲弼——以〈積古齋鐘鼎彝器款識〉編撰活動爲中心》[2]、尚小明[3]、王新宇[4]、金丹[5]等先行研究爲參考，考察如下。

（一）幕友對《山左金石志》的參與

首先來確認一下幕友對《山左金石志》的參與，《山左金石志》由阮元和畢沅所編撰，考證了太行山以左，即山東地區1300餘種碑刻的金石書籍，但幾乎都是阮元和其幕友完成的。《山左金石志》序中："元在山左，卷犢之暇，即事改覽，引仁和朱朗齋文藻、錢塘何夢華元錫、偃師武谷億、益都段赤亭松苓爲助。"即朱文藻、何元錫、武億、段松苓等當時著名的金石學者都作爲幕友協助過《山左金石志》的編撰。阮元利用黄易以及孫星衍的收集成果，利用展文脉《泰山金石志稿本》和段松苓《益都金石志》所收録的内容編撰了《山左金石志》。還收録了顔崇槼、桂馥、李鐵橋、江鳳彝、陸繩、李東琪以及郡守、州牧、縣令、學博、生徒等收藏品[6]。此外，阮元還命幕友顔崇槼、馮策就《魯王墓二石人》拓本中新出數文字進行判讀[7]，請幕友段松苓赴嶽鎮訪碑及搜集山東金石資料[8]。段松苓帶着拓

---

〔1〕《大學書道研究》第2號，東京：全國大學書道學會，2009年。

〔2〕《大學書道研究》第4號，東京：全國大學書道學會，2011年。

〔3〕尚小明：《學人游幕與清代學術》，北京：社會科學文獻出版社，1999年。

〔4〕王新宇：《阮元與金石學》，首都師範大學碩士學位論文，2002年。

〔5〕金丹：《阮元書學研究》，北京：榮寶齋出版社，2012年。

〔6〕《山左金石志》序。

〔7〕《山左金石志》卷八《魯王墓二石人題字小記》。

〔8〕《雷塘庵主弟子記》。

工（即專門從事采拓的工匠）取拓數百枚，據説得到了以往著録中從未提及過的數十本拓本[1]。

由此可知，《山左金石志》中所收拓本的搜集、鑒定與解讀等工作，得到了幕友的協助，并且在編撰時還利用了幕友及其友人的藏品。也就是説在編撰《山左金石志》時，阮元請幕友幫助搜集資料進行研究，并采用了幕友和其友人的學術成果。在編撰《山左金石志》時，雖然他把校勘工作委托給幕友趙魏等人，但阮元在《山左金石志》的編撰工作上也用心頗多。

（二）幕友對《兩浙金石志》的參與

《兩浙金石志》爲阮元所撰，選兩浙（即浙東和浙西地域，錢塘江以南和以北地域）之金石658種，對全文予以收録并加以考察。《兩浙金石志》的編撰始于嘉慶元年（1769年）九月，得到了幕友何元錫的幫助[2]。此後，朱爲弼執筆《兩浙金石志》序。之後，再次請何元錫編撰，但完成後并未馬上刊刻，持續編撰和校正耗時九年多才完成。

根據《兩浙金石志》序"爾時助余搜訪考證者，則有趙晋齊魏、何夢華元錫諸君子，許周生兵部宗彦亦多考訂增益，且録全稿以去。匆匆十餘年矣"的記載。《兩浙金石志》的編撰，雖以何元錫爲中心，但趙魏、許宗彦等幕友也參與了金石資料的搜集、考證及編撰。

（三）幕友對《積古齋鐘鼎彝器款識》的參與

嘉慶七年（1802年）秋，阮元得《王復齋鐘鼎款識》，借幕友吴東發、錢沾、朱爲弼之力進行考證，引用了幕友錢大昕、程瑶田、焦循、段玉裁之説以隸書來記載。并且根據《積古齋鐘鼎彝器款識》序的記載：

> 友人之與余同好者，則有江侍御德量、朱右甫爲弼、孫觀察星衍、趙銀臺秉冲、翁比部樹培、秦太史恩復、宋學博葆醇、錢博士坫、趙晋齋魏、何夢華元錫、江鄭堂藩、張解元廷濟等，各有藏器，各有拓本，余皆聚之，與余所自藏自拓者，集爲《鐘鼎款識》一書，以續薛尚功之後。薛尚功所輯共四百九十三器，余所集器五百五十，數殆過之。

他集江德量、朱爲弼、孫星衍、趙秉冲、翁樹培、秦恩復、宋葆醇、錢坫、趙魏、何元錫、江藩、張廷濟等幕友的收藏，編撰了《積古齋鐘鼎彝器款識》。其

〔1〕《授堂文鈔》卷八，以及《小滄浪筆談》卷三。
〔2〕王章濤：《阮元年譜》，合肥：黄山書社，2003年。

中從“朱椒堂兵部爲弼、錢獻之坫、宋芝山葆淳、趙晋齋魏、何夢華元錫、趙農聞彦曾、張芑堂燕昌，同有金石之癖，曾爲文達公摹輯《鐘鼎彝器款識》”[1]這段記載來看，他還請朱爲弼、錢坫、宋葆淳、趙魏、何元錫、趙彦曾、張燕昌等皆有金石愛好的同好編輯《積古齋鐘鼎彝器款識》[2]。

另外，《積古齋鐘鼎彝器款識稿本》中的朱善旂識説：“此即積古齋鐘鼎彝器款識稿本也。”再從《積古齋鐘鼎彝器款識稿本》所言：“太夫子自填者，則此書先成而積古齋之名轉爲後起矣。”來看，則稿本早于《積古齋鐘鼎彝器款識》完成。因此可以説將稿本加筆修正後的結果就是《積古齋鐘鼎彝器款識》。也就是説《積古齋鐘鼎彝器款識》是以幕友朱爲弼所編《積古齋鐘鼎彝器款識稿本》爲基礎，阮元對此進行了加筆改訂完善而成的著作。

二　針對“南北書派説”與幕友之間的争議

澤田雅弘在《關于焦循〈里堂道聽録〉所録〈南北書派論〉與〈北碑南帖論〉》[3]中，依據《里堂道聽録》稿本“嘉慶辛未，阮芸臺侍郎在京師，以新撰南北書派論寄。余録此”及《揅經室集》四集卷九所收嘉慶十六年所作詩中自注“時著南北書派論”的記載，進而將阮元《南北書派論》和《北碑南帖論》的撰寫年代特定爲嘉慶十六年（1811 年）。另外，王章濤在《阮元年譜》[4]中也提到嘉慶十六年（1811 年）“七月，阮元著《南北書派論》”，也是將阮元所著《南北書派論》的時間定于嘉慶十六年（1811 年）七月，但并未出示其依據。

關于阮元《南北書派論》和《北碑南帖論》的理論形成期，澤田雅弘曾指出“在錢泳《縮本唐碑》跋文三、四年後的嘉慶十四年（1809 年）左右，其理論在某種程度上已經較爲成熟了”[5]。

真田但馬也曾指出在錢泳《履園叢話》一一上《書法分南北宗》裏“嘉慶甲戌春三月，余至淮陰謁阮芸臺先生。時先生爲七省漕務總督，款留者竟日，論及

[1] ［清］阮充：《雲莊印話》。
[2] 清光緒三十三年有石印本單本刊行，其後，香港明石文化國際有限公司發行的《金文文獻集成》第十一卷影印收入。
[3] 《書學書道史研究》第十三號，東京：書學書道史學會，2003 年。
[4] 王章涛：《阮元年谱》，合肥：黄山書社，2003 年。
[5] ［日］澤田雅弘：《焦循關于〈里堂道聽録〉所録〈南北書派論〉與〈北碑南帖論〉》，《書學書道史研究》第十三號，2003 年。

書法一道，先生出示南北書派論一篇。”的記述中有過關于《南北書派論》的記載[1]。

嘉慶十九年（1814年）錢泳從阮元處看到的（《履園叢話》所載）《南北書派論》有“書法變遷、流派混淆、非溯其源、曷反于古”的記載，與《揅經室集》所收《南北書派論》的冒頭是一樣的。但錢泳《履園叢話》所收《南北書派論》祇是大要，無法與《揅經室集》所收《南北書派論》做嚴密的比較，而其中有關“太宗獨喜羲、獻之書、至歐陽、虞、褚皆習蘭亭、始令王氏一家兼掩南北”一段頗爲重要記述，《揅經室集》中却没有。但是《履園叢話》所載《南北書派論》中“不知南北兩派，判若江湖，不相通習。南派乃江左風流，疏放妍妙，宜于啓牘。北派中原古法，厚重端嚴，宜于碑榜。宋以後學者、昧于書有南北兩派之分”已經明確記載了《揅經室集》中《南北書派論》關于南派與北派的區别特徵了。另外，王章濤也指出，同年“辱賜《書派論》一册、仰窺撰述、以證從容、是等身一品之集”[2]。即是説阮元曾贈予蕭文業《書派論》一册[3]。

《揅經室集》三集卷一收録有《復程竹盦編修邦憲書》，王章濤《阮元年譜》[4]中記有嘉慶十五年（1810年）“八月，阮元復函程邦憲、與之論南北書派”，阮元曾回信幕友程邦憲論及過“南北書派”。其根據是“是函、阮元未提及所撰《南北書派論》一文，然通篇論及“南北書派”，知是函先于論文。故係于嘉慶十五年。又依函中“秋初接奉還云”推算、復函當在八月[5]。但僅憑此依據并無法斷定，因此《復程竹盦編修邦憲書》是否爲嘉慶十五年（1810年）還有待商榷。但是，從内容的成熟度來看，《南北書派論》和《北碑南帖論》的起草時間的確應在嘉慶十六年（1811年）以前。

《復程竹盦編修邦憲書》中言：“書法自唐以前多是北朝舊法。其新法南派，多分别于貞觀、永徽之間。”[6]又説：“大約歐、褚北法從隸而來，其最可見者，爲‘乙’字捺腳飛出，内圓外方，全是隸法，無論‘一’字畫未出鋒矣。”[7]在《揅經室集·南北書派論》中最重要的品鑒標准則是有無“隸意”。“南遠于隸，

---

[1] ［日］真田但馬：《關于阮元的南北書派論》，《東洋研究》八號，東京：大東文化大學東洋研究所，1964年。

[2] 《永慕廬文集》卷一《寄阮制府箋》。

[3] 王章涛：《阮元年譜》，合肥：黄山書社，2003年10月。

[4] 王章涛：《阮元年譜》，合肥：黄山書社，2003年10月。

[5] 王章涛：《阮元年譜》，合肥：黄山書社，2003年10月。

[6] ［清］阮元：《揅經室集》三集卷一《復程竹盦編修邦憲書》。

[7] ［清］阮元：《揅經室集》三集卷一《復程竹盦編修邦憲書》。

北沿于隸之處，蹤迹甚多。若不持成見以求之、皆朗然可見。幸今北石尚多存者，再過數百年，更無人見矣。"[1]指出了南與北其隸書痕迹在數量上的不同。還有"行書如顔氏《争座位》等石，皆是北派"[2]。阮元將顔真卿《争座位稿》等碑石也歸爲北派。另外從"乃二公一生不知南北之分"[3]來看，也討論過南與北的分派問題。

雖然《復程竹盦編修邦憲書》中也使用了"北朝舊法"、"新法南派"、"南法"、"北法"、"北派"、"南派"、"妍妙"等與《揅經室集·南北書派論》中相關聯的術語，但是與《揅經室集》所收《南北書派論》,《里堂道聽録》所收《南北書派論》,《履園叢話》所收《南北書派論》相比較，并非系統總結的文章，并且所使用的術語也未做整理。因此，衹能説是《揅經室集》《里堂道聽録》《履園叢話》前一階段的南北書派説。

按阮元與幕友論及"南北書派説"的年代順序進行整理，最早總結了"南北書派論"的應該是嘉慶十五年（1810 年）以前的《復程竹盦編修邦憲書》里揭載的"南北書派説"，其次是嘉慶十九年（1814 年）《履園叢話》所收《南北書派論》，然後是嘉慶 1816 年《里堂道聽録》所收《南北書派論》。阮元就自己所認爲的"南北書派説"向幕友程邦憲、錢泳、蕭文業、焦循等人徵求意見，并根據與幕友的討論整理出論旨，進一步深化了内容。

三　書論、畫論中的"南"與"北"

那麼，阮元《南北書派論》中的南北區别在書、畫論史上有怎樣的意義呢?阮元在《南北書派論》中提出若追溯書派源流，晋以後分立成南派和北派，東晋、宋、齊、梁、陳爲南派，趙、燕、魏、齊、周爲北派。并且南派始于鍾繇、衛瓘、王羲之、王獻之，北派始于鍾繇、衛瓘、索靖，而將書法派分爲南北兩派更加系統化。那麼，阮元《南北書派論》是否是書派劃分南北之濫觴? 我們可以回顧一下歷代書論。最早宋趙孟堅《論書》有記述如下[4]：

> 晋宋而下，分而南北，有丁道護襄陽啓法寺興國寺二石。啓法最精，歐虞之所自出。興國麤甚，如出兩手。天不壽精，而壽麤，良可歎也。北方多

---

〔1〕［清］阮元:《揅經室集》三集卷一《復程竹盦編修邦憲書》。
〔2〕［清］阮元:《揅經室集》三集卷一《復程竹盦編修邦憲書》。
〔3〕［清］阮元:《揅經室集》三集卷一《復程竹盦編修邦憲書》。
〔4〕各本中名稱略有异同，本稿沿用《佩文齋書畫譜》本作《論書》。

樸，有隸體，無晋逸雅，謂之氈裘氣。至合于隋，書同文軌。開皇大業，以逮武德之末、貞觀之初，書石無一可議，此古今集大成之時也。于是歐虞大宏厥聲。始者虞于龍聖道場，歐于姚辦等刻，亦未臻極詣也。及孔子廟堂碑、飛來白鶴詩，虞爲法于世矣。化度九成，歐獨步于時矣。今求楷法，舍此三者，是南轅北轍矣。

所謂“晋宋而下，分而南北”即國分南北的同時書派也分爲南北。北方書法形制多質樸，具有氊裘氣。而“至合于隋，書同文軌”是説到了隋王朝時，國家南北統一，同時書法南北書派也相互融合。因此可以説宋趙孟堅《論書》已經闡述了書法分南北之别。

此外，清馮班《鈍吟書要》中有“畫有南北，書亦有南北。”這也是關于書畫分南北的記載[1]。

在畫論中有關“南北”的記述最早始見于明董其昌《畫禪室隨筆》，引述如下：

禪家有南北二宗，唐時始分。畫之南北二宗，亦唐時分也。但其人非南北耳。北宗則李思訓父子著色山水。流傳而爲宋之趙幹趙伯駒伯驌。以至馬、夏輩。南宗則王摩詰始用渲淡，一變鈎斫之法，其傳爲張璪、荊、關、郭忠恕、董、巨、米家父子。以至元之四大家，亦如六祖之後，有馬駒、雲門、臨濟兒孫之盛，而北宗微矣。

上文闡述了禪有南北二宗，唐代分成兩派，同樣畫在唐代也分南北二宗，并進一步將南北二宗系統化了。

由此可知書論中有關書分南北的記述，最早始見于宋趙孟堅《論書》，其後清馮班《鈍吟書要》中也談及過書畫分有南北。

趙孟堅《論書》、馮班《鈍吟書要》皆論述有書分南北之别，但都未系統劃分書派的南北。然而在畫論中，明董其昌《畫禪室隨筆》却詳細闡述了畫分南北，并把南北二宗系統化。也就是説，對書派分南北的認識可見于阮元《南北書派論》以前的書論中。而將流派系統化進行詳細説明，在畫論裏也早已經有了，可以肯定并不是阮元的獨創。

---

〔1〕《馮班與鈍吟書要》，《東洋藝林論叢 中田勇次郎先生頌壽記念論集》，東京：平凡社，1985年5月28日。［日］中杉村邦彦氏認爲《鈍吟書要》裏雖有關于書法地域性的記載，但阮元《南北書派論》位置更加重要。

四　經學和《南北書派論》

下面，我們從經學的角度看看阮元是如何分類《揅經室集》所收《南北書派論》中的南派和北派。其實他已經在《南北書派論》中對“南”和“北”[1]做了總結。另外，金丹曾在《經學與阮元書學思想的淵源》[2]中指出：“阮元書學思想的形成與其經學研究不可分割，他的南北書派論的提出，既不是偶然的，也不是無根無蒂的。”他認爲不應該把阮元書學思想的形成與阮元的經學研究分開來看待，阮元提出《南北書派論》并非偶然，也絶非毫無根據，阮元的南北書派和碑學思想來自于經學。對此，筆者在《南北書派論中的“南”與“北”》[3]一文中做過論述，并附加了資料及觀點作以總結。

首先，關于阮元經學的立場及中國南北朝時代的經學中南學和北學，通過比對研究《南北書派論》的南派與北派，可知《南北書派論》中南派與北派的分類背景，并能瞭解到《南北書派論》重要的品鑒基准及品鑒背景。下面再看看《六朝經術流派論》中阮元經學中關于南北流派的認識。

（一）南派和南學、北派和北學

阮元在《南北書派論》中以朝代及人物進行區分的有關南派和北派的論述如下：

> 而正書行草之分爲南北兩派者，則東晋、宋、齊、梁、陳爲南派，趙、燕、魏、齊、周、隋爲北派也。南派由鍾繇衛瓘，及王羲之獻之僧虔等，以至智永虞世南。北派由鍾繇、衛瓘、索靖，及崔悦、盧、諶、高遵、沈馥、姚元標、趙文、深丁道護等，以至歐陽詢、褚遂良。[4]

阮元認爲南派是繼承了東晋、宋、齊、梁、陳等南朝的書派，而北派是承襲了趙、燕、魏、齊、周、隋等五胡十六國、北朝、隋代的書派。關于具體人物，王羲之、王獻之、王僧虔、智永、虞世南等爲南派。索靖、崔悦、盧諶、高遵、沈馥、姚元標、趙文深、丁道護、歐陽詢、褚遂良等爲北派。并説“兩派判若江

[1]《平成十六年度全國大學書道學會紀要》，東京：全國大學書道學會，2004 年 10 月。

[2]《書法研究》總 112 期，2003 年第 2 期，上海：上海書畫出版社，2003 年 3 月。其後被收録于《阮元書學研究》第二章《以經學爲生命：阮元書學思想的淵源》，北京：榮寶齋出版社，2012 年。

[3]《平成十六年度全國大學書道學會紀要》，東京：全國大學書道學會，2004 年 10 月。

[4]［清］阮元：《揅經室三集》卷一。

河，南北世族，不相通習。”如長江與黄河一帶的名士，南北之間判然分明，相互并無交流。

關于南派，阮元講過：“南派乃江左風流、疏放妍妙、長于啓牘、減筆至不可識。”是長江下游的流派，雖然奔放自由，流于華美適用于書信，但因筆畫簡略而難以識讀。又云：“而篆隸遺法，東晋已多改變，無論宋齊矣。”篆書和隸書的遺法，在東晋時期已多有改變，更不用説宋齊了。

南北朝時代經學中的南學，相比深究經學本身，更注重發展和解説儀禮、作法[1]。

關于北派書法，有“拘謹拙陋”、“方嚴遒勁”、“勁正遒秀”、“方正勁挺”等種種評語。此外，“北朝族望質樸，不尚風流，拘守舊法，渥肯通變”是講北朝名族不加修飾，不尚風流，恪守舊法，不求變通。

南北朝時代經學中的北學，雖然質樸粗野，不善文藝，但對經學却研究的細如枝葉，傳統守舊，將漢代古文學置于重要地位。因而北派以質樸爲宗，不尚風流，恪守舊法，不求通變，嚴守漢法[2]。

關于南派與北派之不同，有“唐時南派字迹，但寄縑楮。北派字迹，多寄碑版”的記載，南派書于絹或紙上，北派多書于碑版。至于北派，“北派則是中原古法，拘謹拙陋，長于碑榜。”北派書法是傳承于中原之地的古法，拘謹樸素，多見于碑石。另外，“惟是遭時離亂，體格猥拙，然其筆法，勁正遒秀，往往畫右出鋒，猶如漢隸。”北朝書法可見漢隸之趣，將古風留存下來。相對而言，南派疏放妍妙，即奔放自由，流于華美。

《北史・儒林傳》卷八一有如下記載：

> 大抵南北所爲章句，好尚互有不同。江左《周易》則王輔嗣，《尚書》則孔安國，《左傳》則杜元凱。河洛、《左傳》則服子摡，《尚書》《周易》則鄭康成。《詩》則并主于毛公，禮則同遵于鄭氏。南人約簡，得其英華。北學深蕪、窮其枝葉。考其終始，要其會歸，其立身成名，殊方同致矣。

經學在經典的選擇、治學過程和方法上，江左（長江下游流域）与河洛（黄河和洛水流域）截然不同，南人“簡約，得其英華”，北學“深蕪，窮其枝葉”，兩者有性質上的差异。此外，《隋書・儒林傳》卷七五中也有關于南北朝時代經學

[1] ［清］皮锡瑞：《經學歷史》，湖南：思賢書局，1907年。
[2] ［清］皮锡瑞：《經學歷史》，湖南：思賢書局，1907年。

“南北”的記述：

> 南北所治，章句好尚，互有不同。江左《周易》則王輔嗣，《尚書》則孔安國，《左傳》則杜元凱。河洛、《左傳》則服子抵，《尚書》、《周易》則鄭康成。《詩則》并主于毛公，《禮則》同遵于鄭氏。大抵南人約簡，得其英華。北學深蕪，窮其枝葉。考其終始，要其會歸，其立身成名，殊方同致矣。

雖然文句上多少有些异同，但與《北史》儒林傳的記載相同。可見南北朝時期的經學在經典的選擇、治學過程和方法上，已經清楚地認識到南學和北學性質上的差异。

阮元本身也在《國史儒林傳》序中對南學與北學的性質有過敘述：

> 兩晋玄學盛興，儒道衰弱，南北割據，傳授漸殊。北魏、蕭梁、義疏甚密，北學守舊而疑新，南學喜新而得僞。至隋唐五經正義成，而儒者鮮以專家古學相授受焉。

關于北學和南學，阮元認爲，北學守古疑新，南學喜新得僞。關于南派和北派，他還指出南派是“篆隸遺法，東晋已多改變”，北派是“中原古法”，是傳承中國中原地域的古法。

南北朝時期，經學認爲北學是漢學，即後漢古文學支流。而南學則融入了佛教和老莊思想，阮元認爲延續了後漢以來正統的經學是北學。此外，北學源于北方人淳樸的氣質，不染于清談之理，以鄭玄、服虔的學説爲宗研究深入，故南北朝時期，北朝的北學勝于南朝的南學。阮元在《南北書派論》中説明了北派保留古風優于南派，相對南派而言的北派的優勢與南北朝時代經學中的北派優于南派是共通的。可以肯定《南北書派論》中書法的南派和北派，與南北朝時代經學中南學和北學的性質較爲類似。

（二）《南北書派論》中南派與北派的分類

下面，關于阮元在《南北書派論》中南派與北派的分類基准，我們參照其本文的記述來加以分析。

《南北書派論》中記有：“元二十年來，留心南北碑石，證以正史。”阮元研究南北碑石是根據正史加以驗證的。那麼根據正史驗證書派的記述在本文中還有多處。“其書家著名，見于北史魏齊周書，水經注金石略諸書者，不下八十餘人。”是參考了《北史》《北魏書》《北齊書》《北周書》《水經注》《金石略》等史書和其他相關書籍的記述。如《南北書派論》中所記“南朝諸書家，載史傳者，如蕭子雲、王僧虔等，皆明言沿習鍾、王。”實際上是按史傳的記載來説明蕭子雲和王僧虔是南派。并且《南北書派論》中有：

至北朝諸書家，凡見于北朝正史《隋書》本傳者，但云世習鍾、衛、索靖，工書、善草隸、工行草、長于碑榜諸語而已，絶無一語及于師法羲、獻。正史具在，可按而知。此實北派所分，非敢臆爲區别。譬如兩姓世系，譜學秩然，乃强使革其祖姓，爲後他族，可歟?

依據北朝正史和《隋書》本傳中可見記載的北朝的書家中，并没有師法王羲之、王獻之的記載，根據正史的記述，從北派産生過程中可見南北兩派的分化，以此對北派加以説明。通過詳細分析正史，可以判然分明南派與北派。“兩姓世系，譜學秩然，乃强使革其祖姓，爲後他族，可歟?”是説在學問上有嚴密的順序，不能勉强改變書法的系統。又説“南北朝經學、本有質實輕浮之别，南北朝史家亦每以夷、虜互相詬詈。書派攸分、何獨不然”。在南北朝時代，經學已經以質實、輕浮來分南北之别，南北兩朝的歷史學家也是南北分立。阮元認爲，既然在南北朝時期已可看出經學、歷史學家有南北之别，那麼就不應該祇有書派未分。再如“元筆札最劣，見道已遲，惟從金石、正史得觀兩派分合，别爲碑跋一卷，以便稽覽”。也是説依據金石和正史可知南北已分。

實際上看了正文的記述，《南北書派論》中書派的分類風格，雖然是經學中的南北認識，但同時也是發現書派南北分派的直接契機。

（三）《南北書派論》中品鑒的標准

阮元《南北書派論》中品鑒的重要標准是繼承古風的程度。南派書法，在使用省略較多的行草體的過程中漸失漢隸風格。相對而言，北派書法較南派近于古風，完好地保留了書法的古法和舊法的痕迹。

阮元還把有無漢隸意趣作爲評價的重要標准。阮元在《南北書派論》中説：“北派則是中原古法，拘謹拙陋，長于碑榜。”北派傳承于中原古法，嚴謹恪守古法，樸素拘謹，多見于碑石。而關于北派，《南北書派論》中記有：

北朝族望質樸，不尚風流，拘守舊法，罕肯通變。……然其筆法，勁正遒秀，往往畫右出鋒，猶如漢隸。其書碑志，不署書者之名，即此一端，亦守漢法。

北朝貴族不加修飾，不尊風流，恪守舊法，不求變化，北朝筆法勁正遒秀，横畫的右側出鋒如漢隸，嚴守漢法。總之，漢隸是北派中原古法的根源。此外，

《北碑南帖論》中還有：

> 唐人修《晋書》南、北史傳，于名家書法，或曰“善隸書”，或曰“善隸草”，或曰“善正書”“善行草”，而皆以善隸書爲尊。當年風尚，若曰不善隸，是不成書家矣。

唐人編撰史書時，將名家的書法評價爲“善隸書”、“善草隸”、“善正書”或“善行書”等。其中“善隸書”爲較高的評價。阮元認爲作爲當時的風格，若被評價爲“不善隸書”的話，是作爲書家不被認可的象徵。

《南北書派論》云：“竊謂隸字至漢末如元所藏漢《華嶽廟碑四明本》、物亢之也，等字、全啓真書門徑。”以阮元所藏《西嶽漢華嶽廟碑四明本》中的數字來判斷，隸書爲真書，即楷書發生的源頭，至漢末時可見其變化。

後漢在經學上，古文學派相對當時作爲官學的今文學派而言，是處于優勢的時代，而清代古文學派才是經學的典範時代。并且阮元本身也排斥宋學，他采取的是重視漢學，即後漢鄭玄和許慎等人的學問態度。因此阮元在《南北書派論》中將後漢時期所使用的公用體隸書作爲品鑒的重要標准。

（四）《六朝經術流派論》與《南北書派論》

浙江巡撫阮元在浙江省西湖畔設立詁經精舍書院。嘉慶六年（1801年）編撰的《詁經精舍文集》[1]收録了詁經精舍學員及相關人員文章。《詁經精舍文集》卷一由汪家禧、錢福林、邵保初、胡敬、吴文健、徐鯤、周中孚、金廷棟、洪震煊、嚴傑、孫同元、陸堯春、李遇孫等人著述，收録了阮元親自訂正的十三篇《六朝經術流派論》。在《南北書派論》以前刊行的《詁經精舍文集》中收録有描述南北朝時代經學流派的文章《六朝經術流派論》，其意味著六朝經學流派已成爲詁經精舍的重要學術課題。不難想象其中蘊藏著詁經精舍創始者阮元的用意吧。

汪家禧在《六朝經術流派論》中講到：

> 至貞觀作《正義》，遂據以爲本三經漢學之亡，不亦江左之失歟。李延壽謂南人約簡，得其英華，北學深蕪，窮其枝葉。蓋未知簡約之可蹈空也，十九家師傳之蔑，南北均有誤焉。至信俗學之失，夫固南人所獨也，不亦可惆哉。

由于唐貞觀年間撰修《五經正義》而導致漢學滅亡，引用李延壽《北史·儒

〔1〕《叢書集成初編》所收。

林傳》卷八一“北學深蕪，窮其枝葉”、“南人約簡，得其英華”來概括北學和南人的特徵，并認爲俗學南學的失敗是南人造成的。關于流派，“流派之异同，固北得而南失矣。”從阮元的學術立場上來講，理所當然是肯定北學。經學中將北學置于優位的思想，似乎在阮元及詁經精舍處都是共通的。

（五）阮元幕府在金石學方面的活動特點

阮元幕府在金石學方面的最大的活動特徵要屬大量摹刻，下面我們就圍繞“阮元的摹刻活動”〔1〕加以考察。

要説阮元都摹刻了什麼？幾乎都是漢隸和篆書的碑石。那麼，他到底爲什麼要摹刻那些篆書或隸書的石鼓文、天發神讖碑、泰山殘篆、西嶽華山廟碑等碑石呢？從設嵌位置來看，都是設置在杭州和揚州學府的明倫堂、揚州北湖祠塾等學問要地。而且，關于阮元摹刻的石鼓文，松村茂樹曾指出：“或許正因爲吴昌碩選擇了古文學派學者的立場，因而一生臨習母校創始人即鼻祖阮元重刻的石鼓文。”〔2〕這雖然是論述吴昌碩臨習阮元摹刻的石鼓文的文章，但阮元也從考證學的立場上，摹刻了石鼓文、天發神讖碑、泰山殘篆、西嶽華山廟碑，也有推廣正統學問的用意。因而府學的明倫堂、北湖祠塾等學問重地設嵌有石鼓文、天發神讖碑、泰山殘篆、西嶽華山廟碑。

阮元在《摹刻天發神讖碑跋》〔3〕文中的“以昭絶學”就是爲發揚絶學而摹刻了《天發神讖碑》，《杭州、揚州重摹天一閣北宋石鼓文本》〔4〕中有“使諸生究心史籀古文者有所師法。”即是爲篆書研究者提供範本。此外，阮亨《瀛洲筆談》中“近復于揚州學宫重摹十石，俾學者推究字體，以證宋元以來諸家傳刻之誤、實觀摩之一助也”。也是説再次于揚州學府重摹石鼓文十石，是爲學習者研究字體，證明宋元以來諸家傳刻之誤，而提供參考。綜上所述，摹刻周、吴、漢時代的篆書和漢隸的碑石，設嵌于府學明倫堂、北湖祠塾這樣的學問之所，應是阮元通過摹刻活動來敷衍古文學派的正統之用意。

正因如此，松村茂樹所指出：

> 詁經精舍中，《阮刻本》（正式名稱爲《儀徵阮氏重摹天一閣北宋石鼓文

---

〔1〕《金壺集——石田肇教授退休紀念金石書學論叢》，東京：石田肇教授退休紀念事業會，2013年3月。

〔2〕［日］松村茂樹：《關于吴昌碩的石鼓文臨書》，《中國文化》第六十號，東京：中國文化學會，2002年6月。

〔3〕《揅經室三集》卷三所收。

〔4〕《揅經室三集》卷三所收。

> 本》）是學術性對象，阮元訂正的《詁經精舍文集》卷三中收録了趙春沂《重摹天一閣北宋石鼓文本考》、吴東發《重摹天一閣北宋石鼓文本序》、嚴傑《重摹天一閣北宋石鼓文考》三篇論文。原本這些就不是作爲書法範本的石鼓文，衹是作爲古文學派的教材來論述《阮刻本》的文章。[1]

在詁經精舍等學問之所，阮元摹刻的石鼓文被用作古文學派的教材，因而阮元所摹刻的東西會成爲阮元所認爲的正統派的學術資料吧。

阮元命張燕昌二次摹刻石鼓文，分别置立于杭州學府和揚州學府的明倫堂。天發神讖碑是吴國寶摹刻的，設置于揚州的北湖祠塾。泰山殘篆是根據阮元所藏舊拓本摹刻的，同樣設置于揚州的北湖祠塾中。西嶽華山廟碑是吴國寶據阮元所藏四明本摹刻而成，刻于北湖祠塾及西嶽廟中。這些篆書和漢隸的碑石都是受阮元之命所摹刻的，對于具有漢學一脉揚州學派的指導性立場的阮元而言，漢隸是恪守中原古法的書體，而篆書即是中原古法其本身。阮元作爲古文學派的學者，摹刻漢隸和篆書的碑石，并將摹刻的碑石設置于學問重地，正是阮元欲敷衍正統學問之意。這也許就是阮元摹刻的意圖所在。

五　結　語

阮元在幕友的幫助下編撰并刊行了《山左金石志》《兩浙金石志》《積古齋鐘鼎彝器款識》等金石書籍。阮元幕府所進行的資料搜集、研究和金石書籍的編撰等學術情報的積累，爲《南北書派論》《北碑南帖論》的執筆奠定了基礎工作。并且，執筆《南北書派論》時，阮元就自己所認爲的南北書派説向幕友程邦憲、錢泳、蕭文業、焦循徵求意見，并以此來整理論旨，進一步深化了内容。

在《南北書派論》以前的書論及畫論中已有書派分南北的記述，并系統地細分了南北的流派。而阮元在《南北書派論》中將"書分南北"定位于書論、畫論的延長綫上，似乎有些勉强。《南北書派論》中南北的區别，以經學中南北的認識爲背景，可能是援用了後漢、北朝的正統性。并且在清朝考證學中阮元作爲漢學一脉揚州學派的重要人物，將漢代公用體隸書看作《南北書派論》中品鑒的重要要素，應該是受了阮元在經學上的立場和認識的影響。加之《詁經精舍文集》收録了《六朝經術流派論》十三篇，阮元創立的詁經精舍裏六朝經學的流派已經成爲重要的學術課題等，皆可作爲佐證。

---

〔1〕［日］松村茂樹：《關于吴昌碩的石鼓文臨書》，《中國文化》第六十號，東京：中國文化學會，2002年6月。

作爲漢學一脉揚州學派定位的阮元，摹刻了恪守中原古法的漢隸和本身即中原古法的篆書碑石，并將摹刻的碑石設立于學問重地。這些都可以説明阮元有意敷衍正統的學問，或者説這正是包括撰寫《南北書派論》在内的阮元金石活動的真實意圖。

注：本稿《阮元〈南北書派論〉的執筆背景》日文版原載于《書論》第四十號（2014 年 8 月 25 日、書論研究會），在此對杉村邦彦老師的支持與厚愛，深表謝意。

作者簡介：草津祐介，都留文科大學講師、華東師範大學中國書法與心理健康中心助理研究員。2005 ~2007 年榮獲中國政府獎學金、于華東師範大學美術學院公費留學。2009 年東京學藝大學大學院修了教育學碩士。

The Background of Ruan Yuan's "NanBei ShuPaiLun" Wrote

Yusuke Kusatsu

Abstract: Ruan Yuan who is an authority of Textual Study in Qing dynasty is well known as an author of "NanBei ShuPaiLu" "BeiBei NanTieLun" in the history of chinese calligraphy. But actually Ruan Yuan is a qingchaokaozhengxue majoy, and the activity of the epigraphy of Ruan Yuan is a thing as the qingchaokaozhengxue. And it may be said that Ruan Yuan utilized a system called the mufu for activity of the epigraphy, academic activity very fruitfully.

At first, in this study, I clarify one end of document collection by Ruan Yuan mufu as process to lead to "NanBei ShuPaiLu" writing of Ruanyuan. And I confirm the process from theory of Nanbeishupai to "NanBei ShuPaiLu" that showed to muyou . Furthermore, I compare the school of the study of confucianism of period of the northern and southern with the school of "NanBei ShuPaiLu", and I confirm Ruan Yuan's feeling of hanli that is an very important element, and investigate what there was in the background of "NanBei ShuPaiLu" . Furthermore, I confirm the purpose about muke which can be called the characteristic of the activity of the epigraphy of Ruan Yuan mufu and want to clarify one end about an intention of the activity of the calligraphic studies and epigraphy including "NanBei ShuPaiLu" .

Keywords: Ruan Yuan, metal and Stone (JinShi), NanBai ShuPaiLun

阮元“二論”與其書法實踐的依存關係

王章濤

内容摘要：阮元以經學大師問鼎書法，撰成“二論”，提出“北派書法”和“北朝石碑”兩種標識，并加以界定。經此考證和辯難，重新激發起書家對先秦至北朝時期先後出現的篆、隸、分、魏碑的濃烈興趣，形成一場書法變革運動。阮元在總結前人書法實踐的基礎上，創立“二論”，并終其一生實踐其中，取得不可小視的成績。惜爲一定比例的書家、學者僅視阮元爲碑學的伐木開道者，而非碑學的實踐者。本文以阮元大量的書法實踐案例，説明阮元“二論”的重點，不單純落實在爲魏碑正名，而是重新擺正篆、隸，即先秦至東漢末年金石及一切制式的文字痕迹在中國書法史上的地位，理順中國書法源流，以及文字的書寫在工具和藝術兩個層面上的價值觀。從而認識到，阮元不但是二論的創立者，也是偉大的實踐者。稱之爲倡導碑學的領袖是當之無愧的。

關鍵詞：阮元；二論；北派書法；北朝石碑；書法實踐

阮元以經學大師問鼎書法，撰成《南北書派論》《北碑南帖論》，提出“北派書法”和“北朝石碑”兩種標志，并條分縷析，加以界定。他以史家的睿識、精闢的考證、大膽的辯難、科學的實踐，把原來奉爲書壇圭臬的“二王”納入流派體系，重新激發起書家對先秦、漢、魏、晋、北朝時期先後出現的篆、隸、分、魏碑的濃烈興趣，并漸行漸盛，昂揚到一定的高度，直達碑學救帖學的境界。阮元登高一呼，影從者甚衆，成爲中國書法史上首位提出碑學理論的學者，謂爲倡導碑學的領袖是理所當然，不容置疑的。唯有一定比例的書家、學者，衹承認阮元是碑學的伐木開道者，而非碑學的實踐者，他們孤立地看待“二論”，兼及并不清楚阮元的書法實踐履歷，未能立體的看清阮元的書法理論與實踐結合的具體情況，造成這種錯覺也就在所難免。

在普遍且嚴格掌控書寫標准的清代三級科舉考試，入庶常館的考核，及隨之將經歷的翰詹大考，哪一次的文、賦、詩不以具備堅實功底的書體寫好，是過不了關的。一般論者無不貶斥上述書寫歷程所使用的館閣體，即舉清代爲例，有哪一位名書家寫不出一手極佳的館閣體；反之，寫不出極佳的館閣體者，也絶不可能成爲名書家。此處非致力于爲館閣體正名，衹是説阮元是靠館閣體起家的，否則他完成不了上述艱難歷程中的書寫任務，也從一個側面，説明他在書寫上下過苦功。傳統的書法教習，强調臨摹名家法帖，即便今日也不可破壞這種傳統。筆者編撰《阮元年譜》時，基本上未發現譜主任何臨池摹帖的文獻資料，但依然可以肯定他學習書法是認真而有成效的。這種推論合情合理，當予以認可，就阮元學書事，應確認無疑。但又不得不承認這依然屬于考證“缺失”。對此，探尋蛛絲馬迹，從其他資料中推導出可信性極强的例證，才是消彌存疑者某些認知的唯一方法。

嘉慶五年（1800 年）四月十八日，阮元奉到上諭云：“朕觀卿之折奏，皆系自繕，若此則不勝其勞，恐有妨公事。俟後密奏之折應自行繕寫，尋常例奏應令人代寫，稍省精神。”[1]這段嘉慶帝關愛疆臣的情節，反映出阮元的書寫功力和水平。此時身爲浙江巡撫、年届 37 歲的阮元，尚能筆耕硯田，以小楷親筆書寫奏章，引起嘉慶帝的關注，不能不説其書體是很板紮的。早在十年前，即乾隆五十六年（1791 年），乾隆帝就發現了他的超凡的書畫才藝，所以于二月十三日，升授詹事府少詹事，奉旨南書房行走，兼修《石渠寶笈續編》。五月十八日，乾隆帝召見阮元于乾清宫西暖閣，詢問有關書畫、天文算法等事。上述一系列事見載于《阮元年譜》相關係時譜中。這種信息提供了綫索，更深層、更實在的依據，從阮元著《石渠隨筆》中得到資料支撑。阮元是受命編纂《石渠寶笈續編》的十人團中一員，但在歷時兩年多的編纂過程中，掛名的多，提前離崗，延後入館的多，而自始至終，專心致志于此《續編》編纂的也就是阮元等少數人。阮元職責其中，遍覽内府秘藏，選其菁華，鑒别真贋，將所得見聞與己心得隨時筆録，終成《石渠隨筆》一書。《石渠隨筆》中的諸多考證，後多録入《石渠寶笈續編》中。《隨筆》篇幅雖小，但體例完備，實爲《續編》之菁華的匯萃，内容豐富，其文獻、

[1] ［清］張鑒等：《雷塘庵主弟子記》卷一，咸豐年間琅嬛仙館刊本。

史料價值極高，足資采用；從中探索阮元的書法旨趣、書法認知、書法理論的形成，也有不可小覷的參考作用。

乾隆五十八年（1793年）六月，可視爲阮元完成《石渠寶笈續編》的收尾工作的同時，接受到書寫御製《續纂〈秘殿珠林〉〈石渠寶笈〉序》的崇高使命。此序雖稱乾隆帝御製，但極可能爲阮元代作。此序墨迹後爲日本神奈川高島槐安氏收藏，東京平凡社1931年版《書道全集》第二二卷輯録；另見中國展望出版社1987年版《中國歷代書法家名人墨迹·清代部分（下）》輯録。這是今見阮元最早的隸書作品，書寫之年三十歲，臨寫漢隸有年，看得出已很成熟，否則編纂班子裏的重臣不會推薦他，乾隆帝也不可能委派他。今目驗印本確認計12頁，頁6行，行5字，總346字；落款“臣阮元敬書”以顔體楷書爲之。該墨迹筆法遒勁，結體謹嚴，遵循“紀帝王功德”的用意，工整、大度，頗具雄渾之氣慨。至于稍欠靈動之風采，略顯絲微之呆板，實與書寫内容有極大的關係，阮元是不能完全按照藝術標准放手書寫的，靈性有所衰減，在所難免。但作爲以書法作品解説阮元倡導“北派書法”的顯證的價值是客觀存在的。

阮元書寫御製《序》之時，正是奉到接替山東學政翁方綱任的諭旨之日，這是一件很有意義的交接班，因爲將阮元推入金石學、碑學研究的大環境中，就是從翁方綱的囑咐開始的，隨之而起的是掀起一場大規模的搜尋鐘鼎彝器、碑石（含拓片、金石專著）的舉動。該年（乾隆五十八年，1793年）七月二十三日，翁、阮這對師生握手于滄浪亭。交接畢，又餞别于石帆亭。臨行，翁方綱對阮元説：“去年夏，按試青州時，尋訪琅邪臺秦篆，詢諸學官、弟子，獲知此篆刻在諸城縣海濱懸崖，極難拓。當地有段松苓擅氈蠟，允諾爲之拓取，惜時值夏秋，海水盛長無法前往，事未果。今將此事轉托于你。”這本是翁、阮心心相印之事，一拍即合，故有《山左金石志》編纂之舉。

學政之責，乃爲王朝儲備人才計，檢查、督促、優化一省之教育，端正文風，培養、遴選國家棟梁之才。學政在三年任期内，將兩巡全省各地學校，參預各級考核。阮元此任頗有成績，特意總結性地編有《山左詩課》《山左考卷》。又以所編《經籍舉要》一卷，臚列較詳，多經解、考據，便于當時學子參考學習，利于後人師資，爲人稱許。該《舉要》稱勝處尚附列“書法”一門。該門分篆、隸、楷、行草四類。以《石鼓文》、唐李陽冰《城隍廟碑》，又《謙卦》等石刻爲習篆碑，并注云：“篆字當全以《説文》爲主，考訂六書偏旁，始可下筆，否則俗體斥散，不成聲意。”以東漢諸隸碑，又魏隸碑爲習隸碑，并注云：“入手以《史晨》《禮器》爲淺便，唐隸不必學。”以褚遂良臨王羲之《樂毅論》、王獻之《洛神賦十三行》、虞世南《夫子廟堂碑》、歐陽詢《九成宫醴泉銘》、鍾紹京《靈飛經》、顔真卿《多寶佛塔碑》《麻姑仙壇記》、柳公權《玄秘塔碑》、蔡襄《荔枝譜》，趙孟頫小楷石刻，如《閑邪公家傳》之類，爲習楷碑，并注云："各就筆性相近者臨寫。"云云。以定武摹本王羲之《蘭亭詩序》、顔真卿《争座位稿》、《淳化閣》潭、鼎以下諸法帖爲行草書碑，前有示云："所有删本經書、小本高頭講章、策略考、墨卷、律詩等，已經前院翁［方綱］奏禁在案。"云云。劉聲木在《萇楚齋四筆》卷八"阮元《經籍舉要》"條[1]記載上述情況後，論道："光緒元年（1875年），南皮張文襄之洞任四川學政時，撰《輶軒語》一卷，後亦教人習篆隸等字，其例實始于文達［指阮元］而書中無一語道及，殊不可解。先河後海，例應于書中説明，文襄何諱言之，轉近于掠美矣。"

劉聲木所記阮著《經籍舉要》附"書法"一門事，爲張之洞傳承，可見阮説"教人習篆隸"已形成極大的影響，而阮元操作乃八十年前事，不能不説其先見之明。此處筆者所論，并不注重劉聲木所指摘處，意在反映阮元據"北派書法"、"北朝石碑"的實況，撰成"二論"，其創意最起碼地説草創于山東學政任上；甚至更早，在編纂《石渠寶笈續編》任上；與之相提并論的還有阮元在篆體、東漢諸隸碑、魏隸碑（即魏碑）方面的書寫實踐。

阮元的書法實踐，是與其書法理論相輔相成的，在討論該話題前，加一插曲，方能證筆者所説不誣。阮元在《通儒揚州焦君（循）傳》中評曰："焦君與元年相若，且元族姊夫也，弱冠與元齊名，自元服官後，君學乃精深博大，遠邁于元矣。今君雖殂而學不朽，元哀之切，知之深，綜其學之大指而爲之傳，且名之爲通儒，諗之史館之傳儒林者：'斯一大家，曷可遺也！'"[2]此評上半段以自謙語反襯下半段"傳儒林者，斯一大家"説。今日較多的焦循研究者，皆抓住此説，强調阮元之學術成就遠遜于焦循。以阮元爲領袖，焦循、凌廷堪爲輔臣的三巨頭時期是揚州學派將乾嘉學術推向巔峰的時期，成爲乾嘉學派的集大成者。筆者對揚州學派成員多有涉獵，尤鍾情于阮、焦、凌的研究，處于這種狀況，豈能存在親疏。故每每對阮元的謙詞被一些研究者抓作阮不如焦的實證，豈不謬哉！此處非討論阮、焦之學術地位，意在研究者不要爲阮元謙詞所誤，或想當然地過度解釋。

阮元論書法，有兩句頗爲人深思的話，皆出自《揅經室三集》卷一。其一云：

---

〔1〕 劉聲木：《萇楚齋四筆》，北京：中華書局，1988年，第834～835頁。
〔2〕［清］阮元：《揅經室二集》卷四，北京：中華書局，1993年，第481頁。

"元筆札最劣，見道已遲，惟從金石、正史得觀兩派分合，别爲《碑跋》一卷，以便稽覽。"[1]其二云："生筆札極劣，議論武斷，屬在至契，敢以奉商。"[2]此處所言之"筆札"，并非指其書寫簡牘、文稿的行草書，而是指其論書文章，亦即指以"二論"爲代表的書論。阮元對"二論"費二十年功，豈願不將之高自標置，終因其修養與性格所然，作此謙詞，望研究者切勿誤會。二十年的理論積累，豈能無二十年的實踐歷程，故而視阮元衹有理論而無實踐者，亦望能歷史地、系統地審視阮元的書學進程。

阮元的書法實踐，在真草隸篆行五體上皆有建樹。他的旨趣不在乎將自己打造成與劉墉、翁方綱相類的大書家；即便用力勤而多的隸書，也没有像鄭簠、金農、鄧石如、伊秉綬輩形成的獨特的藝術風格，自成一派；但無法否認阮元確實是有相當成就、踐履實行的一大家。阮元學書之師從，習哪家碑帖，惜未見記載。前述其科舉、作吏經歷，已證其書法功底。推想其師承、源流，不外乎兩個方面，一是他受教的幾位名塾師的傳統的臨帖要求；一是隨著年齡的增長，對書法認識逐步提高，兼及興趣之使然，而由宋入唐，由唐入漢魏，復由漢魏入秦。今日能探其書學走勢的，僅得其《題北湖摹碑圖》詩所流露出來的書體情結，有云："吾愚未學繇與羲，唐陵宋閣多然疑。但曾手摹十石鼓，刻畫史籀誇湃岐。下此秦碑立泰岱，石刻明白丞相斯。延熹蔡郭華嶽廟，江都皇象神讖碑。"[3]阮元坦誠地説自己未學鍾繇、王羲之，對唐碑、宋閣帖大多持半信半疑。隨後筆鋒一轉，拈了其親歷石刻四事：《石鼓文》《泰山殘字石》《漢延熹西嶽華山廟碑》《吴天發神讖碑》。

樂石四事，前後週期十三年，始終于阮元浙江學政、巡撫任。首先是嘉慶二年（1797 年）夏，阮元登臨寧波天一閣，細審所藏北宋石鼓文拓本，屬張燕昌摹刻。刻成，嵌置杭州府學明倫堂壁間。十年後，又摹刻石鼓文十石，嵌置揚州府學明倫堂壁間。并爲之撰《杭州揚州重摹天一閣北宋石鼓文跋》。是時，伊秉綬加跋，張鑒賦詩記其事。又兩年，即嘉慶十四年八月二十七日左右，阮元赴京祝嘏，途經家鄉揚州，將是年所刻《秦泰山殘字石》《漢延熹西嶽華山廟碑》《吴天璽天發神讖碑》刻石安置在祖居地公道鎮阮氏宗祠附屬書塾中。復將舊藏王原祁山水小幀改畫成《北湖摹碑圖》，題七古二十二韻記翻刻三碑之原委。上引詩句截自此

[1] [清] 阮元：《南北書派論》，《揅經室三集》卷一，第 596 頁。
[2] [清] 阮元：《復程竹盦編修邦憲書》，《揅經室三集》卷一，第 602 頁。
[3] [清] 阮元：《揅經室四集》詩卷八，第 891 ~ 892 頁。

詩。以創作此詩時間爲界，排比阮元與此四石之相關情事，能看出他的書法實踐的軌迹。

阮元兩次翻刻《石鼓文》，其意“使諸生究心史籀古文者有所師法”，從文字學和書法兩個層面向青年學子灌輸《石鼓文》價值之所在，倡導之用心昭然。此自敘，存前述《重摹石鼓文跋》中[1]。除此意之外，推想阮元是懷著對該書體的興趣和研究書法源流之目的，故于此十分用心。時見阮元《石鼓文》臨本流傳世間，非一二本所限，真僞莫辨，但有一點是肯定的，他曾多次臨摹。要找一相對可參考的依據，當從其長子阮常生亦臨《石鼓文》，且水准尚高，頗能説明問題。道光十年（1830 年）正月，阮常生臨《石鼓文》寄贈其父弟子、朝鮮金正喜。此幅臨畢，適巧朱鶴年來會，見所臨《石鼓文》甚佳，又是贈金正喜，甚喜。朱是與阮同時接受金爲弟子的畫師，故朱囑常生用小字記下“此幅臨畢，適朱野雲［鶴年號］處士至，屬書于此，以告秋史［正喜號］一粲”[2]。此幅臨本爲書畫大家朱鶴年稱許，絶非“差貨”或“稚嫩之筆”。

阮元于《吴天璽天發神讖碑》的關注度極大，究其原因有二：一是他推崇“北派書法”，而篆、隸、八分、魏碑歸屬其間，他既喜好精研吉金樂石，故對其主體書體篆、隸極感興趣，而該碑是篆法中含隸法、隸筆中夾篆筆的一種極完美的混合體，在金石文字中極罕見，增加了他的興趣度和好奇心；二是上述原因又激發他的研究力度，將此篆隸相間的書體與歷朝書家一直疑惑不解、茫然無知的八分書放在同一考量點上，探個究竟。阮元曾臨摹《尹宙碑》碑頭“從銘”二字，及《神讖碑》“天發神讖”四字，并與陳慶鏞探討道：“古人所謂八分書者，吾未之見，今之漢碑皆隸字也。唯《尹宙碑》碑頭二字，似有八分之意。而皇象《神讖碑》或即八分歟？蔡伯喈（邕）八分更未之見，《華山碑》碑頭六字純乎篆也。”[3]有關“八分”之辨，非本篇交待之事，此處重點反映的是阮元對《神讖碑》的研究力度及超凡的想象力（雖是一家之説，也非定論，但好學深思則是可取的）。阮、陳論《神讖碑》之年，當在阮元入京出任大學士，至歸田之間，即道光十五年（1835 年）八月中旬至十八年（1838 年）八月二十四日，而較妥的時間點定在十八年爲是。算來離其翻刻該碑已時隔三十年。老而彌篤，深憾人心。

伍崇曜在《石渠随筆跋》中評道：阮元“所作書鬱盤飛動，間仿《天發神讖

[1] ［清］阮元：《揅經室三集》卷三，第 650 頁。
[2] 東京工藤壯平藏。
[3] 《書法叢刊》1988 年第 14 輯，北京：文物出版社，第 85～86 頁。

碑》，嘗書‘學海堂’匾二，一懸堂中，一懸文瀾講［書］院，前後不同，如出一轍，則法度存也”[1]。伍崇曜（1810～1863年），廣州著名洋商十三行怡和行行主、《粤雅堂叢書》的出版者。阮元與他的父親伍秉鑒（又名敦元）打過交道。伍崇曜是“三親”之人，其説可信。細審伍説，可明了二事：一是嘉慶二十五年（1820年）三月初二日，阮元借文瀾書院房屋辦新校，謂之“學海堂”，書匾懸其上以示開辦；另道光四年（1824年）十二月，粤秀山學海堂落成，阮元復書“學海堂”匾。二是兩匾書寫僅隔四年，“前後不同，如出一轍”，看似自相矛盾，但“法度存”則説明阮元書寫時追求神似，且糅合自己對篆、隸書體的體會，作某種實驗。今見浙江博物館藏《五言聯》：“書者校故典，神宇觀天文。”引首注：“集《天發神讖碑》字。”上款爲“筠軒二兄雅鑒”。落款“阮元”。筠軒當指洪頤煊，筠軒其字。阮元遴選入詁經精舍深造之佳弟子。道光初權新興知縣，不擅爲官，于道光四年被阮元邀入其兩廣總督幕府。綜合各事實，道光初是阮元熱衷摹寫、研究《天發神讖碑》的活躍期，此聯當書于道光四年至六年離粤督任期間。

道光十七年（1837年）八月，阮元率陳慶鏞、汪喜孫、何紹基諸弟子赴龍泉寺，借寺屋檢校程恩澤遺稿。隨後請錢塘戴熙繪《龍泉寺檢書圖》，次年初秋繪成。阮元以《天發神讖碑》體書“龍泉檢書圖”，引首鈐“丁酉”朱文方印；下署伯元題，鈐“阮元伯元之印”、“實事求是”兩朱文方印[2]。圖成之次月，阮元致仕歸裏，離京前夕，拈花寺僧覺性請書匾，爲書“元萬柳堂”四字。阮元《揚州北湖萬柳堂詩并序》（《揅經室再續集》卷五）之序言；何紹基《同湯海秋、李梅生游萬柳堂》（《東洲草堂詩鈔》卷六）詩中夾注皆記其事。震鈞在《天咫偶聞》卷六中介紹萬柳堂時，感歎其“正藉拈花寺而存”，并言及“寺中尚存御書樓，阮文達榜曰：‘元萬柳堂。’以神讖體書之”。爲確認書體的記載。更幸今國家圖書館藏“元萬柳堂”匾之拓片，上款“覺性開士屬”；下署“阮元留題，戊戌”。明明白白神讖體，爲諸家説增一實證。當然，阮元書寫的神讖體已不再是單純的摹仿，金文古籀、秦磚漢瓦的藝術因素的滲透是潛在的。

阮元以大半生伴隨着《天發神讖碑》的研究和實踐、實驗，其用心在他摹刻《天發神讖碑》時已經形成，故于刻成後《跋》中論道：“其字體乃合篆、隸而取方折之勢，疑即八分書也。八分書起于隸字之後，而其筆法多于隸，是中郎［蔡邕］所造，以存古法，惜人不能學之也。北朝碑額往往有酷似此者。魏、齊諸碑

[1]［清］阮元：《石渠隨筆》，《粤雅堂叢書》本卷末。
[2]《書法叢刊》2010年第5期，北京：文物出版社，第40～41頁。

出于漢、魏、三國，隋、唐以後，歐、褚諸體實魏、齊諸碑之苗裔，而《神讖》之體亦開其先，學者罕究其原流矣[1]”。該《跋》被阮元附隨“二論”輯入《揅經室集》同卷，細審并加分析，分明是與“二論”相呼應故也。

阮元篆書，于秦《泰山殘字石》也有較深的認識和摹寫的經歷。今見阮元于嘉慶九年（1804年）春在浙江麗水銀場岩壁上篆書題“栝蒼古道”四字；另在道光二十三年（1843年）夏，爲揚州節孝祠書題“盡節成仁”篆書橫幅；皆有秦篆之筆意。身爲小學家，又極其崇奉漢儒許慎的阮元，于篆書十分强調它的標准性，故對許慎《説文解字》是肯定的。唐代以詩取士，又定楷書爲字體正宗，《切韻》《玉篇》流行，以小篆爲主體的《説文》日趨湮没。大曆年間（766～779年），李陽冰爲弘揚《説文》，中興篆籀，欲刊定《説文》。但《説文》歷經數百年傳寫，訛誤已多，校勘有難度；李氏雖精于篆書，是著名的書法家，但不是小學家，欠缺這方面的功力，謬誤較多。但在宋徐鉉、徐鍇兄弟校訂作系傳前，李陽冰手定的《説文》還是有價值的；尤其是他的書法功底，其篆書的標准性、藝術性是得到肯定的，尤以《城隍廟碑》《謙卦》爲優。阮元不但教導各府縣學生員不廢唐篆，自己也身體力行。今從他在道光元年（1821年）春書寫《篆書十言聯》：“學如逆水行舟，稍縱即逝；心似平原走馬，易放難追。”（揚州博物館藏）無論從筆勢、筆法、字體看，皆出自李陽冰，大體是不錯的。

阮元對金文的接觸，是確認他的篆書書寫水准和研究力度的重要組成部分和依據。他對金文的深入研究，以其編撰《積古齋鐘鼎彝器款識》，校勘、翻刻《王復齋鐘鼎彝器款識》《薛尚功鐘鼎款識》爲專爲廣；另有編撰《山左金石志》《兩浙金石志》之舉，其中吉金部分也是不可小覷的富含金文資料的重要載體。阮元于此有廣泛的無聲交流。若要例舉一二個體論之，當數爲阮元鍾情的散氏盤、齊侯罍。嘉慶十二年（1807年），兩淮巡鹽御史額勒布以五千金購得散氏盤，阮元以爲此乃東南重寶，當獻于朝廷。貢前，阮元墨拓數紙，并模鑄二盤，極肖之，一藏揚州府學，一藏自家隋文選樓。如此用心，豈有不摹寫之情。齊侯罍，是阮元從宋葆淳處購歸。嘉慶十九年（1814年）十二月，阮元以其拓片寄示長子常生，命其考辨。父子考辨有得，興致正濃之時，各賦《齊侯罍歌》，記其感知。阮常生是助其父編撰、考證《積古齋鐘鼎彝器款識》的朱爲弼的入室弟子，在前述《石鼓文》中有所涉，惜其早卒，又因循吏身份下甚優的官聲，其很有成就的金石、篆刻家的名聲被淹没。兩詩是當時甚流行的學問詩，皆能道出齊侯罍之原委。

---

[1] ［清］阮元：《摹刻天發神讖碑跋》，《揅經室三集》卷一，第600頁。

今見《揅經室四集》詩卷十中輯存。時隔二十二年，阮元赴京師大學士任。此時京師又聚集了一批學有建樹的青年學者，如龔自珍、陳慶鏞、吴式芬、劉寶楠、丁晏、陳奂、陳用光、徐寶善、徐有壬、汪喜荀、俞正燮、張穆、張成孫、許瀚、沈子敦、黄玉階、何紹基、徐懋、曹載奎等。這批青年友人，既是當時政壇上的精英，也是各擅其長的著名學者，且多爲鑒别金石文字的高手。若干年來，早爲阮元所賞識。惜其多未受到朝廷的識拔和重用，充其量爲小京官，英雄無用武之地，反倒有暇常陪阮元探討碑版刻石、鐘鼎彝器，其中用力最多的吉金當爲齊侯罍，樂石則是《漢延熹西嶽華山廟碑》。

道光十八年（1838 年）正月，一面告假休養，一面陳情致仕的阮元，病休無他事，命次子福拓取家廟所藏齊侯罍新本考辨。及夏，蘇州又有一齊侯罍拓本寄來京師。阮元見銘篆與家藏大同小异。蘇州藏罍，銘文十九行，一百四十二字，較阮氏藏少二十餘字。何紹基、龔自珍、陳慶鏞、許瀚、徐懋、曹載奎、吴式芬等人皆追隨于左右，對齊侯罍作熱烈的研討和論證。阮元憶往昔摩挲齊侯罍，而與子常生長歌的情景，仿效蘇軾《石鼓歌》有字三十韻，賦《後齊罍歌》。（《揅經室續集》卷一一）七月二十六日，阮元致函吴榮光，隨函附其新作《後齊侯罍歌》，并與之討論《齊侯罍銘文》。吴榮光旋步阮元原韻和作一首回饋之。吴詩載其《石雲山人詩集》卷二十。阮、吴兩詩文繁，不轉載，但此情足證阮元關注吉金及其所包含之金文的力度。

目前世上流傳的阮元篆書作品不在少數，真贋難辨，筆者不敢妄加評論，但却幫助筆者從另一個側面獲知阮元對篆書諸體上下過的功夫，可循着書法史的軌迹理解出自阮元筆下的這些書體，對認識他的"二論"有足資參考、輔助的作用。

綜評，阮元在隸書上下的功夫最深。他以隸書爲乾隆帝、翰林院前輩所賞識。"二論"出，已體現他對隸書研究的深度，他的用心在于探究由篆到隸，由隸到楷的演變過程和規律，也就是"二論"的支柱論證、論點。既有此深心，自然不乏實踐，尤爲人稱奇的是，他涉獵的隸書碑帖基本上囊括了常行説法的"五大流派"：1. 工整精細、端莊遒勁、法度謹嚴、纖而能厚，謂爲隸書正統派，如《乙瑛碑》《史晨前後碑》《禮器碑》等。2. 飄逸流動、秀麗典雅、圓潤豐姿，謂爲逸品的一派，代表作有《曹全碑》《孔宙碑》《韓仁銘》等。3. 風神縱逸，新奇多姿，天真爛漫的一派，其中經典有《石門頌》《楊淮碑》《封龍山頌》等。4. 方整寬厚、樸茂雄强、端莊雅練的一派，著名的有《張遷碑》《鮮于璜碑》《衡方碑》等。5. 氣度寬闊、豐腴雄偉、厚重古樸、多含篆意的一派有《郙閣頌》《魯竣碑》《夏承碑》等。漢隸碑刻，千碑千面，各具特色，謂之"五大流派"衹是相對而言，姑且就此而言，以見阮元書隸的大概。

乾隆五十九年（1794年）春，阮元發現曲阜魯恭王墓前二石人埋折土中，再不保護將毁，就委派教授顔崇槼、縣尉馮策，徙置瞿相圃中。洗拓其文，于“門”下見“卒”字，“亭”下見“長”字，皆向來拓本所未見，牛運震《金石圖説》亦未輯録。阮元書題八字刻石記其事。嘉慶五年（1800年）春夏間，阮元創立詁經精舍于杭州，爲之書四字匾。這相隔五年的兩次題字，引起晚清工篆、隸的書家方朔的重視，他認真比照後認爲：“阮文達公中年亦力學此碑［指《乙瑛碑》］，魯孝［“孝”字依阮元説爲“恭”］。王石人，有‘乾隆甲寅阮元移置’八字，尚未臻極。至西湖‘詁經精舍’横額擘窠四大字，則縱横排蕩，無一不神合此碑也。”[1]《百石卒碑》，全稱《漢魯相乙瑛請置孔廟百卒史碑》，俗稱《乙瑛碑》。方朔的點評應視爲很到位的。魯恭王墓二石人今藏曲阜漢魏碑刻陳列館，能見阮元題字；惜“詁經精舍”書題面貌不獲見，幸得香港藝術館虚白齋藏阮元《臨乙瑛碑》墨迹，終證方朔説不誣。

阮元指教諸生習隸，“入手以《史晨》《禮器》爲淺便，唐隸不必學”。此説，從山東博物館藏阮元《臨史晨後碑》墨迹得到證實。細審該臨本，是脱帖、跳出其窠臼的作品，糅入了他博臨漢隸得來的結體和筆法上的技巧。此臨本比拓本寫得圓潤厚重，在字形和筆法上多有變异，一言以蔽之，具神似，而比拓本更多渾厚凝重感。同時，在臨寫時補缺失之字，剪輯又得當，使語言表達完整，從字到内容，謂之佳構不爲過。幾近在書寫“詁經精舍”匾之時，即嘉慶五年（1800年）四月，重修會稽大禹陵廟竣工，阮元撰碑文，并以隸書書寫上石，旋鎸立廟中。南京圖書館藏有該碑嘉道間的拓本。另見故宫博物院藏《素襟、清琴隸書五言聯》；吴石潛縮摹《明清名家楹聯書法集粹》所輯阮元贈錢泳《與古、天懷八言聯》；又見《砥德、篤福八言聯》；凡此種種，風格皆在《史晨》《乙瑛》《禮器》之間。因阮元的正統觀，在所有自視爲有嚴肅、正規要求的書寫内容時，多以此種書風展現這類内容，這是阮元隸書的主體部分。

阮元本是性情中人，除了書寫《石渠寶笈續編序》《大禹陵廟碑》之類的工整端莊、法度謹嚴的作品之外，也頗多灑脱、張揚、輕松、自然、率真的墨迹。道光八年除夕（1829年2月3日），阮元借觀劉喜海藏長垣本《西嶽華山廟碑》，品賞良久，感慨而書：“道光八年除夕，阮元再觀于京師寓齋，距前題十七年矣！不勝舊感。”以大字書寫，滿頁僅作四行，行八字，計二十六字，頗得《石門頌》

〔1〕［清］方朔：《百石卒碑跋》，《枕經堂題跋》。

真髓。方朔在《枕經堂題跋·石門頌跋》中所論可與之印證。《跋》中有云："此碑近日學者少，得者亦少。姜玉溪先生藏有阮文達公舊贈一聯，波瀾無二，始知公之寢饋于此刻者久矣。"由于筆者的實際困難，造成文物資料的缺失，未能目睹其他帶有或純屬《石門頌》一類書風的阮元墨迹，深引爲憾。幸得其晚年《〈禮記〉〈左傳〉十二言隸書聯》，帶來些許佐證，書該聯時，阮元已是八五老人。聯云："《禮記》曰期頤，《易卦》之頤，口自實；《左傳》云養福，《書範》之福，身其康。"已欠奔放，張度亦不够，或許受篇幅限制，但以耄耋之年書此，能保《石門頌》之骨架，灑脱、自然、率真之書風依存，實屬不易。此幅爲小莽蒼蒼齋舊藏，今歸國家博物館。細審行書款識，行系不齊，結體欠佳，已少了昔時的靈動、雅逸。此情與梁章鉅實録相合，他说："時吾師［指阮元］年八十三，……近以老眼模糊，懶于作字，有以書畫求題者，輒草草應之，與人來往小簡，往往狂草錯互，有須以意會通者。惟有求擘窠榜書者，則無不應，蓋不甚費目力，且易于縱腕力也。"〔1〕據此對照，以此聯證實阮元于《石門頌》的領會、實踐歷程，是可信的。

另見世間尚存《〈左傳〉〈禮記〉十六言隸書聯》。十六言聯與十二言聯相异處：一是上下聯位置對换。二是十六言聯上聯末增"養者以之"四言，下署"道光戊申（道光二十八年，1848 年）秋仲八月"；下聯末增"期焉而已"四言，下署"頤性老人書于林泉"。三是十六言聯絶少《石門頌》氣息和韻味。四是十六言聯寫得拘謹、呆板，欠天然、老辣、古拙。五是十六言聯行書款識整齊、清晰、結體尚佳，秀氣、纖弱有餘，爲十二言聯所不具備。贅上此段文字，意在爲研究阮元隸書者提供一參考資料。

對飄逸流動、秀麗典雅、圓潤豐姿一派的隸書，阮元也有深入的研究和勤博的實踐。前述其探討《天發神讖碑》時，論及《尹宙碑》額頭字，這一信息，明示阮元與《尹宙碑》有頻繁的接觸，排除不了觀摩、臨寫的實行、實踐。今見阮元傳世《臨曹全碑》墨迹，與他八十歲後所書《含和、年豐隸書八言聯》、《祇德、駕福隸書八言聯》比照，如出一轍。再細審阮元在嘉慶十七年（1812 年）六月十五日書寫的《葉縣、周南隸書五言聯》；八十歲後書寫的《閑中、世外隸書八言聯》；皆出自《曹全碑》《孔宙碑》《尹宙碑》《韓仁銘》一派，衹是偏好的慣性，潛意識的自然流露，略增雄渾厚重之感。

阮元一生于書法最傾心于隸書，于隸書各流派的碑刻皆有關注，具有或多或

〔1〕［清］梁章鉅：《雲臺師唱和詩》，《浪迹叢談》卷一，中華書局，1981 年，第 14 頁。

少的臨摹、應用實踐，而與之相伴終生，醉心于兹，潛心研究的當數《華山廟碑》。嘉慶十四、十五年間（1809～1810年），阮元撰《金石十事記》（《揅經室三集》卷三）。十事，可謂中國金石學史上可點評的盛事，在金石學研究中具有重大意義。以四明本全拓《漢延熹華山廟碑》摹寫刻石，置于祖居地揚州公道鎮阮氏宗祠，事之一。隨後關聯此碑的系列活動不斷，舉其盛者，有嘉慶十五年十月二十一日，阮元聚《華山廟碑》長垣本、關中（華陰）本、四明本于京師龍泉寺，與朱錫庚、朱錫經、朱文翰、言朝標等觀賞、品評終日。嘉慶十八年，阮元編著《漢延熹西嶽華山廟碑考》刊成。如此等等，不勝枚舉，筆者撰有《阮元跋〈漢延熹西嶽華山廟碑〉佚文考釋》，有詳略得當的論述，此處不再贅記。惟是强調：阮元通過對《華山廟碑》的研究，得出這樣的結論："隸字至漢末，如元所藏《漢華嶽廟碑》四明本'物、亢、之、也'等字，全啓真書門徑。"[1]則與同篇所載"蓋由隸字變爲正書、行、草，其轉移皆在漢末、魏、晋之間"説相呼應。由此可論定阮元視此爲結點，此結點前，上溯到先秦，囊括金石及其他制式的文字痕迹，都視爲"北派書法"；此後大一統的北派書法開始由隸變楷、行、草，而楷、行、草自此分南、北兩派。北派主體是魏隸碑，即"北朝石碑"，簡稱"北碑"，亦通常所説的魏碑。

對阮元"二論"頗多辯難的一要點，是指摘他未能臨寫大量的魏碑，理論與實踐脱節，或根本無實踐，未能形成自己的碑派書法風格。本文自開篇至此，都力圖説明"北派書法"與"北朝石碑"的相互關係，如若不清楚阮元界定的劃分綫，則絶對不明白"二論"的重點不單純落實在爲魏碑的正名，而是重新擺正篆隸，即先秦至東漢末年金石及一切制式的文字痕迹在中國書法史上的地位，并在這一過程中搞清楚中國書法源流。這一問題解决後，就不會受百餘年來"直至康有爲才完全將'碑學'理論和創作結合爲一體"的并不全面、客觀的説法所左右。

阮元"二論"的中心問題是"北派書法"，而"北朝石碑"僅是階段性出現的一大分支，雖非"中心"，但阮元圍繞主題，依然對魏碑作勤博的研究。自述："所見、所藏北朝石碑不下七八十種。其尤佳者，如《刁遵墓志》《司馬紹墓志》《高植墓志》《賈使君碑》《高貞碑》《高湛墓志》《孔廟乾明碑》《鄭道昭碑》《武平道興造象藥方記》，建德、天保諸《造象記》……"（《南北書派論》《揅經室三集》卷一，第591～596页）并翻閲《北史》《魏書》《齊書》《周書》《水經

[1] ［清］阮元：《南北書派論》，《揅經室三集》卷一，第592頁。

注》《金石略》等書，檢索到著録書家“不下八十餘人”，列出姓名。（同上。人名繁，略。）分析道：“北朝族望質樸，不尚風流，拘守舊法，罕肯變通，惟是遭時離亂，體格猥拙，然其筆法勁正遒秀，往往畫右出鋒，猶如漢隸。”（同上）瞭解到這一步，難道因未見阮臨魏碑一紙半縑，就否認他未摹寫過魏碑嗎？筆者雖力持引用阮摹《乙瑛》《史晨》《曹全》諸墨迹爲其説作證，但不得不承認這種證據頗多偶然性，推而論之，不該因諸多臨本缺失而否認阮元的書法實踐，包括阮元臨摹魏碑及以魏碑體書寫的實踐。

在“阮元是否臨魏體、書魏體”這一問題上，諸多持“是”而去“否”的研究者苦無實證，争辨乏力之時，金丹的推演確實給“持‘是’派”帶來驚喜和釋懷。他論道：“從阮元《隱山銘》《華山碑‘四明本’跋》等楷書來看，筆畫肥厚，氣勢雄渾，結體偏扁，時見隸意，頗有《吕望表》之意。關于《吕望表》，畢沅在《中州金石志》卷一中認爲：‘此碑書法方正，筆力透露，爲顔真卿藍本，魏齊刻石之字，無能比其工者。’可以這樣認爲：阮元的楷書作品，在學習顔真卿的基礎上，進一步上溯到《吕望表》，因而他的楷書更具古意。”[1]金丹卓識處，在評定阮元楷書從顔體出，顔體從《吕望表》出，堪稱畫龍點睛之筆。當然，金丹説非空穴來風，實源自阮元自敘。阮元説：“唐人書法多出于隋，隋人書法多出于北魏、北齊，不觀魏、齊碑石，不見歐、褚之所從來。……即如魯公楷法，亦從歐、褚北派而來，其源皆出于北朝，而非南朝‘二王’派也。”[2]進而舉證：“試觀北魏《張猛龍碑》後有行書數行，可識魯公書法所由來矣。”（同上）阮元的論證對應于金丹的推演，理順了自西晋（266～316年）《吕望表》到北魏正光三年（522年）《張猛龍碑》，再到唐顔真卿（709～785年）的演變、遞進關係，直接支撑了阮元“二論”的框架，及阮元楷書主要的藝術形式的基礎。

惜上一自然段闡説“演式”，早在百餘年前就遭到一些學者的否認，其代表人物是同光間人平步青（1832～1896年）。他説：“近人好模北魏殘碑，及新出造像。其説始于阮文達之《南北書派論》《北碑南帖論》，然文達作隸、正書，尚守前人矩矱，不專用北派也。其後武進張婉紃女史出，始專門名家。涇包安吴諸君和之，至今日而益盛，甚至取造像惡札而臨模之，亦豈真得旃裘遺法乎。”[3]平氏

---

[1] 金丹：《阮元書學研究》，北京：榮寶齋出版社，2012年，第262～263頁。

[2] ［清］阮元：《顔魯公争坐位帖跋》，《揅經室三集》卷一，第598～599頁。

[3] ［清］平步青：《北朝造像不必學楷書不可寫古字》，《霞外攟屑》卷三，上海：上海古籍出版社，1982年，第187～188頁。

表達的：一是反對魏碑（魏體）；二是指出首倡魏碑的阮元并“不專用北派”；三是點出最早寫出相對純正的魏體書法的專門名家是張綸英；四是承認包世臣響應阮元提倡，但有違阮元初衷，誤入歧途，如迷信、佞愛“造像惡札”等。若此看來，平氏持論所據惟有“造像惡札”四字，餘者幫了倒忙，成了對方的幫辦：一是指出阮元“不專用”，即承認其“糅後魏體技法于書法創作中”，這正是筆者希望得到認可的重點項目。二是昭告天下，魏體書法最早的實踐者是道咸間成大名的張綸英。三是包世臣響應之不力、不足，更加凸顯了阮元在“北派書法”、“北朝石碑”倡導中的主導作用。爲解析平步青所幫的“倒忙”，就必須將一關鍵人物擺出來，方起神效。其人就是何紹基。

何紹基（1799～1873 年）與阮元的關係很特殊，其父何凌漢，嘉慶十年（1805 年）進士，爲阮元翰林院後輩；阮元出任文穎館國史館總纂時，充纂修，爲其副手；道光十五年（1835 年），阮元入閣，位居大學士，何凌漢時任尚書，皆爲皇帝身邊的重臣，有同僚之誼。何凌漢逝後，其《神道碑》即爲紹基扶柩歸葬過揚州時，請阮元撰寫。道光十六年（1836 年），何紹基中進士，阮元爲讀卷官；旋入庶常館深造，阮元充總教習；紹基例稱弟子。紹基少阮元三十五歲，然于文章詩賦、金石書畫無不與之旨趣相投，是阮元晚年在京師結爲忘年交的諸多青年學者中一重要成員。尤其于碑學，更是忠實的宣揚者、實踐者。何以爲證？其書法實踐固然是鐵證，而見諸于文獻，也不乏這方面的記載。咸豐八年（1858 年）初春，何紹基爲汪藻藏歐陽詢《虞恭公温公碑》舊拓本《跋》中論道：“書家有南北兩派，如説經有西、東京，論學有洛、蜀黨，談禪有南、北宗，非可强合也。右軍南派之宗，然而《曹娥》《黄庭》則力足以兼北派，但絶無碑版矩迹，抑亦望中原而却步耳。”[1]何紹基基于這一書論，當他看到張綸英的墨迹時，眼前一亮，阮、包二氏，即便自己未及做到的，已經張綸英做得淋漓盡致。

張綸英（1798～?），字婉紃，陽湖（今常州人）。張琦三女，張仲遠姐，孫劼妻。同治中隨子需次武昌，年七十餘，賣書、畫自給。尤善學北碑，筆力超勁，備篆隸之法。日本、朝鮮使者來華，輒出重價購其作品。能詩。推算之，張綸英在阮、包健在的道光朝晚期已成大名，阮、包有獲觀之可能，何紹基亦在道咸之交目睹。不久，張仲遠向何紹基出示其姐《肄書圖》，紹基觀而有感，爲之題圖，

[1] ［清］何紹基：《跋汪鑒齋藏〈虞恭公温公碑〉舊拓本》，《東洲草堂文鈔》卷一〇，長沙：岳麓書社，1992 年，第 886～887 頁。

有云:"今士大夫皆習簪花格,惟恐不媚不澤,塗脂傅粉,真氣茶然。江浙儒雅之邦,此風尤盛。今夫人[指張綸英]克承家學,寫北碑運腕,擘窠騣騣入古,余每觀其書,未嘗不歎所志之特,所趨之堅,惜不得隔紗幔一縱談此事也。"[1]如此說來,平步青評張綸英語,當得自三十年前何紹基説。勿論何、平之説孰先孰後,總比康有爲魏體書法實踐要早三五十年。

論及包世臣,論者與被論者都處于兩難狀態。一般的評論,都將包世臣供奉在"碑學運動"的高位上,最起碼贊譽他"創造性地發展了"阮元的"碑學理論"。其實不然,談書法理論,他并没有超越阮元,尤其是未能深悟"二論"的主旨,及對"北派書法"與"北朝石碑"的界定;論魏體書法實踐,他没有康有爲的經歷和成就。即便少包世臣二十四歲的何紹基也未把他放在眼中。何紹基説:"包慎翁[世臣號慎伯,故得此稱]之寫北碑,蓋先于我二十年,功力既深,書名甚重,于江南從學者相矜以'包派',余以横、平、豎、直繩之,知其于北碑未爲得髓也。記問浩博,口如懸河,酒後高睨大談,令人神王[通旺,謂精神旺盛]。今不可復得矣。"[2]咸豐七年(1857年)十月,何紹基臨寫《張黑女墓志》有感,跋道:"余既性嗜北碑,故摹仿甚勤,而購藏亦富,化篆、分入楷,遂爾無種不妙,無妙不臻,然遒厚精古,未有可比肩《黑女》者。每一臨寫,必回腕高懸,通身力到,方能成字,約不及半,汗浹衣襦矣。"[3]《何紹基詩文集》中有關書論,特别是與阮元"二論"桴鼓相應的論説甚多,此處僅選兩則評述如下。

《張黑女墓志》,北魏普泰元年(531年)刻。書體駿利疏朗,嚴格之中寓有變化。原石已佚。何紹基藏有原石原拓之天下孤本。跋二則即題其上,亦見何之用心。于"碑學運動"而言,包世臣從中表現不僅是好大喜功,而是登峰造極到貪天功爲己有的地步。何紹基年富氣盛,毫不留情地戳穿了包世臣的虚假、虚榮面,批駁其大言不慚,以碑學領袖自居,竟然"打到阮元的家門口",其實"于北碑未爲得髓"。何氏自敘其性嗜北碑,臨寫有年,收藏富,讀魏碑拓本多而勤,且于"北派書法"有精深研究,臨寫"北朝石碑"自然游刃有餘,能"化篆、分

[1] [清]何紹基:《張婉紃女史〈肄書圖〉,張仲遠屬題》,《東洲草堂文鈔》卷一二,第937頁。
[2] [清]何紹基:《跋〈魏張黑女墓志〉拓本六則之三》,《東洲草堂文鈔》卷九,第883頁。
[3] [清]何紹基:《跋〈魏張黑女墓志〉拓本六則之五》,《東洲草堂文鈔》卷九,第884頁。筆者注:張宛鄰即張琦。

入楷，遂爾無種不妙”。説這些話時，何紹基五十九歲。二十歲時，他在北京結識精擅魏碑的張琦，即張綸英父，時相往來，論書談藝，受益良多。道光二年（1822年）八月十三日至五年（1825年）八月初三日，何凌漢出任山東學政。何紹基侍父視學各府、州、縣，曾過鄒平縣，喜遇時任該縣縣令張琦，得便向張琦求教書學。三十年後，何紹基回憶這段往事，感慨地説：“先生［指張琦］以方勁直下爲主，而余以筆鋒殺紙爲樞。先生歎曰：‘二義殆不可偏廢，聞君［指何紹基］能書久矣，能勤習北碑，所造非可量也。’以後余肄書日深。”[1]可見何紹基之書學淵源。他是真正理解阮元“二論”，并付諸實踐的大書法家，尤以其自述“化篆、分入楷”爲學阮之精到之處；此也是分清“北派書法”與“北朝碑石”之相互關係的重中之重。

阮元復古改革，從篆、隸中挖掘出中國書法的本源，再從演變成楷書過程中發現北雄南秀的差异，而形成南、北書派，這種差异是相對平衡、相輔相成、相得益彰的，度過了從唐到宋元（唐武德元年至元至正二十八年，618～1368年）的相對平穩的時期。待到明清，因館閣體、簪花格泛濫成災，使中國書壇日見其衰，幾近走入絶境。而阮元“二論”出，雖阻力重重，真正擁戴并實踐者如何紹基等大有人在。此處單選何紹基議論，其用心既在于此，更在于阮元想説、想做，而礙于身份不好説的話，無暇實踐的事，統統由何紹基説出來、做出來，且有勝藍之效，這是阮元樂觀其成的。

此篇是圍繞阮元的“二論”，論其書法實踐，抓住以上重點論之，以尋出“二論”的基礎所在。因受篇幅限制，有關行草書實踐、對《瘞鶴銘》、“二爨”等的識見，凡此種種，當另擬專稿論之。

作者簡介：王章濤，長期從事中國園林史、書畫史、建築史、清代學術史和揚州地方文化的研究。亦專心于人物傳記的創作；致力于清代、民國文學史的研究和文學評論。現爲揚州學派研究會理事、副秘書長；江蘇省作家協會會員、民間文藝家協會會員。主要著述有《阮元傳》《阮元評傳》《阮元年譜》《王念孫王引之傳》《王念孫王引之年譜》《凌廷堪傳》《揚州學術史話》等。與他人合著若干種。另有論文數十篇、五十餘萬字。

---

〔1〕［清］何紹基：《跋張宛鄰先生臨〈書譜〉爲仲遠作》，《東洲草堂文鈔》卷一一，第926頁。筆者注：張宛鄰即張琦。

The Interdependence between Ruan Yuan's "Er Lun" and His Calligraphy Practice

Wang Zhangtao

Abstract: As a master of the study of confucian classics, Ruan Yuan also explored calligraphy and wrote "Er Lun (Two discussions)", created two symbols which are "Northern school calligraphy" and "Northern dynasties' inscriptions". His study and analysis, once again, inspired calligraphers' big interest on Zhuan, Li, Fen and Wei scripts, which appeared from Pre-Qin to Northern dynasties, and finally caused a calligraphy reform movement. Ruan Yuan created "Er Lun" based on predecessor's calligraphy practices, continued to practice it through his whole life and made a great achievement. Unfortunetely, quite a few calligraphers and scholars only regard Ruan Yuan as the pioneer of epigraphy but not the practitioner. This thesis uses a large amount of examples to show the key point of Ruan Yuan's Er lun, not only rectificating the name of Wei Bei (Wei Scrips), but putting Zhuan, Li, namely all the script symbols from Pre-Qin to the Estern Han dynasty to the right position in the calligraphy history. Make clear the origin of Chinese calligraphy, emphasize the value of writing characters both as tool and art. Thus, We can come to this conclution: Ruan Yuan is not only the founder of "Er Lun", but also a great pratitioner. He can definitely be called the leader of the people who advocated epigraphy.

Keywords: Ruan Yuan, "Er Lun", Northern School Calligraphy, Northern dynasties' inscriptions, Calligraphy Practice

阮元書文藝術探索

——以山東存六件阮元精品爲例

鮑豔囡

内容摘要：阮元是清代傑出的思想家、學者和文學家，是清代嘉道時期的學界泰斗。他淹貫群書，在小學、經學、史學、金石學、史志、文獻學等方面都有非凡的建樹，是一位頗具人格魅力的歷史人物。他將魏晋直至隋唐的書法分爲“南”、“北”兩派，并在書法史上首次系統梳理“北派”書法的發展脉絡，率先提出了碑學的主張，并身體力行地實踐。他的隸書顯示了對雄强陽剛書風的追求，取法漢碑又加以創新。他在文學創作方面也頗有成就，其詩文内容充實，典雅平正，不事雕琢，温柔敦厚。本文試對山東存六件阮元的書法和詩文進行客觀評價。

關鍵詞：阮元；書法；碑學；詩文

阮元（1764～1849年），字伯元，號芸臺。乾隆五十四年（1789年）進士，官至體仁閣大學士，加太傅銜，卒謚“文達”。阮元是清代中期著名的學者兼顯宦，曾利用充任學政、督撫的有利條件，組織文人學士編纂《經籍籑詁》，校勘并重刻宋本《十三經注疏》，彙刻《皇清經解》，對清代前期的學術做了一次比較全面的總結。阮元在金石學方面也有很大的貢獻，曾和畢沅同纂《山左金石志》、自纂《兩浙金石志》《積古齋鐘鼎彝器款識》等。阮元以大量珍貴的金石資料爲基礎，自撰《南北書派論》和《北碑南帖論》，對幾千年的書法家作系統的整體的研究，發表了自己的書法理論及關于北碑、南帖的見解。

阮元一生與文字打交道，致力于古文字研究，可謂文字人生。雖然書法衹是他的業餘愛好，但研究文字，必要書寫文字，這就自然形成了他的書法醇古沉厚之味。許多有成就的古文字學家，如吴大澂、羅振玉、容庚等先生，他們同時也是書法家，阮元也不例外，他是有清三百年書法史上融合南北書派、領袖群倫的一代人物。阮元的書法在清代極負盛名，以行草、隸書居多，大都醇稚清古，自見功力。其行草多清勁，似非金石之氣，其實是帖中有碑、碑中有帖。他的隸書得力于《乙瑛碑》，結體寬博規整，綫條遒勁沉穩，給人以醇雅、清古、厚重之感。阮元的篆書，取法《天發神讖碑》，此碑摹本甚多（原碑嘉慶十一年毀于火），其中以阮元和端方（1861～1911年）的摹本最爲著名。由于長期接觸吉金、碑石，精鑒金石，其書金石味頗濃。他的書法功底，對其臨摹、傳拓青銅器銘文大有裨益。晚清學者伍崇曜（1810～1863年）在《石渠隨筆》跋文中稱阮元的書法"鬱盤飛動"，持論則"獨有千古"，"不常作畫，而獨精畫理"。阮元以經學大師問鼎書法，提出"南北書派"之説。在《南北書派論》和《北碑南帖論》中頻頻使用"古"、"古意"、"古法"等字，他不遺餘力地推崇漢碑，并標舉它爲後世書碑不可逾越的典範。阮元、包世臣（1775～1855年）、康有爲（1858～1927年）同被譽爲"清代碑學運動的三大重鎮"，"鄭燮、金農發其機，阮元導其流，鄧石如揚其波，包世臣、康有爲助其瀾，始成巨流爾。"[1] 阮元被康有爲譽爲"伐木開道、作之先聲"的先驅。

1. 三副楹聯的意趣与格調

圖1和圖3爲山東博物館藏《阮元行書聯》，前者縱127厘米，横31.5厘米，寫于乙酉（1825年）初春，他任兩廣總督期間。該行書聯用筆純熟有力，或凝重、或飄逸，筆斷意連，各具神態。使轉縱横，法度嚴謹，結體平穩，意蘊清遠，是一幅成功的佳作。後者縱128.5厘米，横31.5厘米，"鑪香茗椀别嗜好，劉略班藝供搴搜。"出入規矩，端正方嚴，字裏行間透露出歐字的氣息。"劉略班藝"指的是古代目录学著述：劉歆以《别録》爲基礎，撰成《七略》，班固編寫的《漢書·藝文志》是中國現存最早的一部文獻目録。聯語道出了阮元的愛好：品茶和讀書。平時自不必説，據文獻記載，每年生日時，他總是避客獨自到離家不遠的或山中或湖舟中或竹林中，烹茗或讀碑或觀畫或賞景，自稱"茶隱"："道光三年，癸未正月二十日，阮元六十壽辰，避客于撫署東園竹林中，畫有竹林茶隱圖，自題一律"[2]。圖2縱175厘米，横40厘米，"名題列宿郎官壁，家拓檽星禮器

---

[1] 丁文雋：《書法精論》，北京：中國書店出版社，1983年，第168頁。
[2] 王章濤：《阮元年譜》，合肥：黄山書社，2003年，第727頁。

碑。”爲山東博物館藏《阮元隸書聯》，精謹純稚。阮元本身“未致力于書，然偶爾落筆，便見醇雅清古，不求工而自工，亦金石書籍之所成也”，“中年力學百石卒史碑，作擘窠大字，縱横排蕩，無一不與神合。”〔1〕阮元的這些書法墨迹，具體展現了他的書法成就，豐富了他的書法理論。他能够今由古化，運用自如。三副楹聯均爲阮元贈給他人之物，圖 1 送年兄朋友，充滿惺惺之情；圖 2 送親戚，充滿家族榮譽感和自豪感；圖 3 送姻親長輩，充滿濃郁的生活氣息和人生志向。蘇軾云“古之論書法者，兼論其生平，苟非其人，雖工不貴也”。書法的價值并不單單取决于作品字形的工拙和書家技藝的高低，更取决于書法作品内在的意趣、格調，它是書家道德學問和人品素質在書作中的反映。阮元便是這樣一位書法技巧、道德學問和社會影響力都足以彪炳史册的學者仕宦型書家。他的書法無不是他的精神、氣質、學識、人品和學養的真實反映。

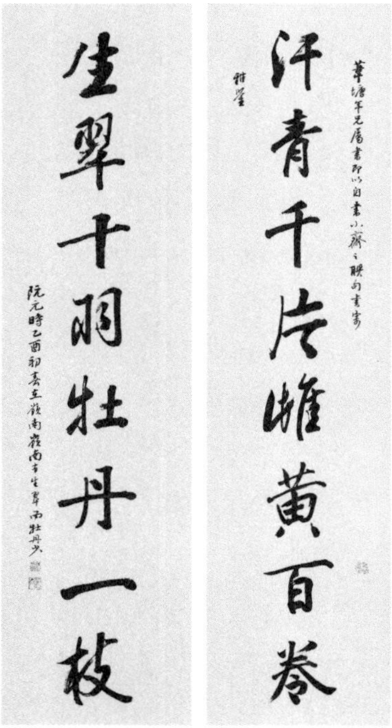

圖 1　阮元行書聯

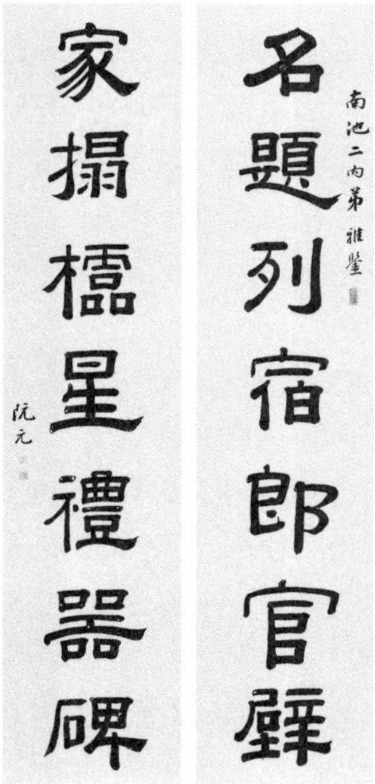

圖 2　阮元隸書聯

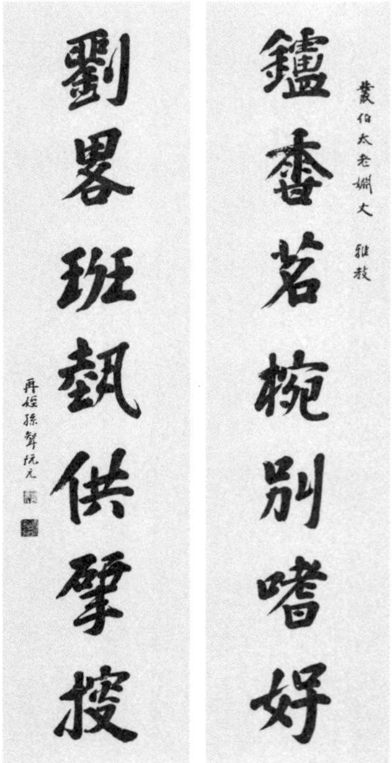
圖 3　阮元行書聯

2. 阮元《“唐岱槎河山莊圖”跋文》“沿于隸”

山東博物館館藏一級文物：唐岱《槎河山莊》圖卷，縱 29 厘米，横 532 厘

〔1〕 马宗霍辑：《書林藻鑒》卷一二，商务印书馆，1935 年。

米，體現了阮元和山東諸城劉墉（1719～1804年）[1]三代人“我往公來，交乃愈深，欿歟久要，學海文林”[2]的情誼（圖4）。畫面爲劉墉家族的別鄴——槎河山莊。由于諸城劉氏家族的顯赫身世，槎河山莊在有清一代名聞遐邇，是上至帝王將相，下至平民百姓嚮往的一方聖地。唐岱（1675～1752年）是乾隆時期著名的宮廷畫家，四王之一王原祁（1642～1715年）的學生。劉墉在卷前寫了序和五首詩[3]（圖5），表明自己對山莊的感念之情。卷後有二十二位名人的題跋，其中親王兩人、軍機大臣三人、大學士八人、總督四人、尚書四人、侍郎和巡撫各一人，一品以上的官員多達十六人。這些人均是在某項或多項藝術領域卓有建樹的飽學之士，足當一流學者之名的有紀昀（1724～1805年）、阮元、朱珪（1731～1807年）、程恩澤（1785～1837年）等；一流書家有永瑆（1752～1823年）、陳官俊（？～1849年）等；著名畫家有王原祁（1642～1715年）、瑛寶（生卒年不详）、黄鉞（1750～1841年）等。阮元是題寫跋文的第十五位作者（圖6）。

---

〔1〕［清］劉墉（1719～1804年），字崇如，號石庵，山東諸城人，官至體仁閣大學士、加太子少保。能詩賦，擅長書法。學顔、蘇諸名家法帖，而自稱宗鍾繇，其書有重墨，貌豐骨勁，別具面目，爲乾隆四家之一。

〔2〕［清］劉墉語，阮元：《嵇文恭公家訓墨迹跋》，《揅經室再續集》卷三。

〔3〕［清］劉墉序的釋文：東坡詩中九仙山有二，其云在東武，奇秀不減雁宕者。余家實依其麓，曾大父西溪農部之別墅也，以付大父青岑方伯亦爲別業，傳至第二伯父家焉。草堂有二，齋廬倍之，樓爲内室者三。先文正公嘗讀書其中之錦秋亭，逮後兄弟七人，析而居之。雞棲豚柵，略無隙地，食指漸多而産不加昔，勢固尔尔。由九仙而東爲大勞小勞，前人謂榮成縣之榮即勞字之誤，蓋勞山成山也。又有五蓮山，明神宗時僧醫目有效，敕建光明寺，其額尚在。游九仙山者必游五蓮，坡詩未及，殆以爲一山耳。圖中蒼翠綿亘可數百里，傍海諸峰面目斯在。唐生畫此卷，王麓臺前輩題，謂可爲元明人後勁，是其生平合作，向在第十六叔父善溪先生處。間以授余，因爲五詩附入書卷中，以求題咏，而敘其緣起如此（士人目爲槎河山莊）。

有墅頗蕭爽，依山傍海濱。相逢採藥侶，仿佛種桃人。
服餌藷兼术，蚕絲槲又椿。資生聊取具，俗朴未言貧。
兩世作別業，閑中時一過。藩蘺從缺漏，書史自駢羅。
但覺幽栖好，寧論歲入多。到今勤菽麥，無地借煙蘿。
畫裏山容古，尋真日月長。靈仙何縹緲，雲海自蒼茫。
僧舍鐘魚近，田家匕筯香。錦秋亭畔路，陳迹未能忘。
故物今餘幾，叢殘雪後鴻。良工心獨苦，哲匠語還公。
往事浮雲外，流年逝水中。園亭童稚見，華髮已成翁。
諸父一人在，年來稀信音。平生惟筆硯，久矣謝朝簪。
付囑知偏惜，流傳意共深，待求篇什富，持慰老人心。
乾隆甲辰十月廿二日東武劉墉書

圖 4　《槎河山莊》圖卷

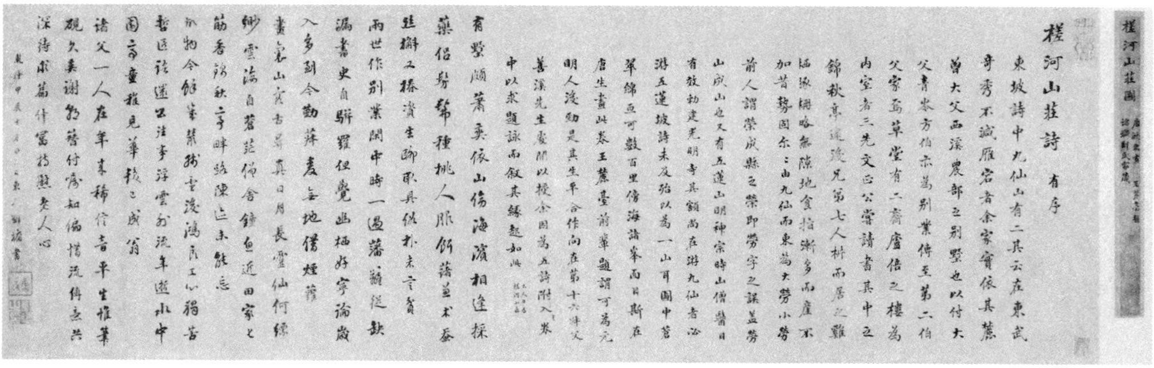

圖 5　劉墉槎《河山莊序》

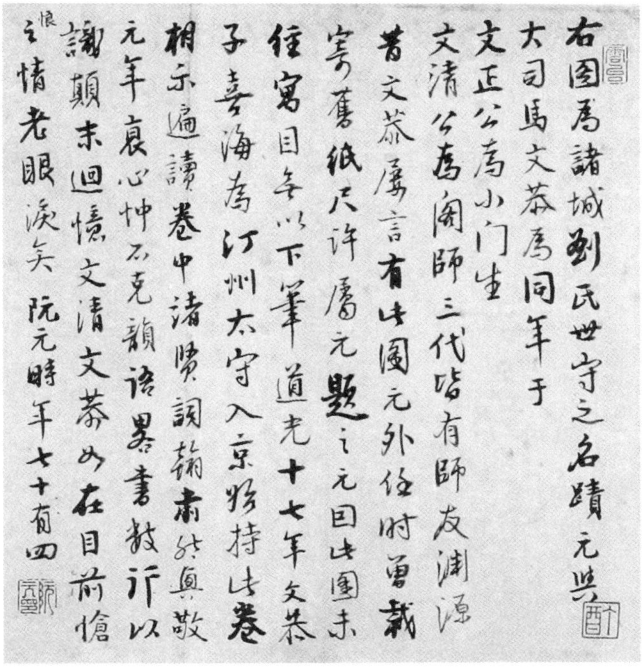

圖 6　阮元題《槎河山莊》跋文

右圖爲諸城劉氏世守之名蹟。元與大司馬文恭爲同年，于文正公爲小门生，文清公爲阁師，三代皆有師友渊源，昔文恭屢言有此圖，元外任時曾裁寄舊紙尺許，屬元題之。元因此圖未徑寓目，無以下筆。道光十七年文恭子喜海爲汀州太守，入京特持此卷相示，遍讀卷中諸賢詞翰，肅然興敬。元年衰心忡，不克韻語，略書數行以識顛末，迴憶文清文恭如在目前，愴恨之情，老眼泪矣。阮元時年七十有四。

由于作者和手卷主人劉喜海[1]（1793～1852年）極爲相熟，字寫得比較輕鬆隨意。因是飽含情感而寫，字裏行間流露的深情厚誼感人至深。從阮元的題跋中可以讀出：他和劉鐶之（1760～1821年，謚號文恭，劉墉從子）[2]爲同年進士。

---

〔1〕［清］劉喜海（1793～1852年），字吉甫，號燕庭，山東諸城人，劉墉姪劉鐶之之子。道、咸間著名金石學家、古泉學家、藏書家。其所補編《古泉匯考》爲當時古泉學集大成之巨著；《三巴金石苑》爲巴蜀地區歷代金石圖文并蓄之第一部著録。劉喜海還是四川宋代鐵錢研究的拓荒人。

〔2〕［清］劉鐶之（1760～1821年），字佩循，號信芳，山東諸城人，官至吏部尚書。父親劉堪是劉墉胞弟。乾隆五十四年（1808年）進士，工山水，喜收藏古物。他恪守了“清廉做官”的家訓。

據文獻記載，乾隆五十四年（1789 年），阮元會試中式第二十八名，同年圓明園復試，欽取一等第十名。殿試二甲第三名，賜進士出身，入翰林院爲庶起士；劉鐶之會試第四十九名，殿試三甲十二名，爲翰林清書院庶起士。阮元是文正公（劉統勳，1699～1773 年，劉墉之父）[1]的小門生，文清公（劉墉）是他的閣師。乾隆四十四年（1779 年）五月，劉墉按試揚州。"乾隆己亥夏五月，諸城劉文清公時以侍郎督學江蘇，按試至揚州，公課試簡肅，惡浮僞之習，試經與詩賦尤慎重，用是試者甚罕。"[2]劉墉按試揚州那年，十六歲的阮元應童子試，自然成了劉墉的學生。乾隆五十五年（1790 年），阮元因預備第二年二月大考翰詹，寄居在劉墉家數月，和劉鐶之一起備考。第二年如願以償考取第一，升授詹事府少詹事，南書房行走。由此可以看出劉墉兩代和阮元有師生、學侶與友朋的淵源。阮元少年早達，與衆多師友的交游獲益是其中一個有利因素。阮元在題跋中講到：文恭公（劉鐶之）曾跟他講過有這樣一張家傳長卷，自己外出就任時，劉鐶之還曾裁下尺許舊紙要他題跋。當時阮元還未曾見過此圖，不知從何處下筆，所以没有題成。道光十七年（1837 年），劉鐶之之子劉喜海做了汀州太守，到京城後，拿出此卷出示給阮元。他遍讀卷中諸位名賢題跋内容與書法後，肅然起敬。由于此時阮元已七十四歲高齡，深感自己年邁力衰，唯恐因爲内心憂慮心神不定而無力完成題咏之詩。但感念恩師的教誨和提携、同窗劉鐶之的共勉，惆悵愴然之情油然而生，于是簡略地寫下幾行文字，表達自己對劉氏家族的敬仰。

此段跋文雖由行書寫就，但透露出阮元對隸書正體文字書寫的强調，而形成的書寫習慣侵入日常草稿書寫的迹象。字的結體有歐體和顔體等楷書之意，阮元將它們用于行書書寫，與他早年所書草稿的趙、董行草清雋、流美之風有明顯的不同。因而，儘管屬于行書作品，但作者用筆踏實凝重，一絲不苟，取勢屬于"平畫寬結"類型，寬綽敞豁，雍容大度。章法上字字獨立，字迹之間排列整齊，絶少出現行草書中常見的牽絲連帶，確實符合隸書書寫中界格方嚴、法書深刻和端正筆劃的標準，符合阮元《南北書派論》中所説"沿于隸"的北派的審美範疇。阮元此後直至晚年的作品一直沿襲并越發體現這種審美意趣。作爲一身二任的學者和朝廷政要，在五十餘年的宦海生涯中，阮元追捕海盜，殲滅夷艇，查辦虧空，緝拿走私，鎮壓反叛，興修水利，大辦學堂，清剿鴉片，清代的各個政治

[1] ［清］劉統勳（1699～1773 年），字延清，號爾鈍，山東諸城人，劉墉的父親。雍正二年（1724 年）進士，任刑部尚書、四庫館總裁等。有文集、書作傳世。

[2] 王章濤：《阮元年譜》，合肥：黄山書社，2003 年，第 10 頁。

領域幾乎都留下了他的身影，加之他重視文教，因而他的某些書學論述便不僅出于學術考訂和藝術喜好的考慮，而是源于書法的禮儀用途和書法在維護道德統治的政治功用等方面的切身體驗。他的書論不是對傳統“二王”審美標準的否定，而是在清代乾嘉學術背景下，由于阮元自身的學術和政治經歷形成的藝術審美習慣對“二王”一系“銘石”楷書的强調。

3. 阮元隸書《小滄浪亭雅集詩序》盡得漢隸風神

清代是書法復興的時期，無論是書法創作還是書法研究，都有超越古人之處。作爲書法學分支、交叉學科的金石學，在清代獲得了巨大發展，學者輩出，著述雲集。濟南作爲文會之地，此間在金石考據學上也取得了一些成績，這主要得益于外地來濟的一些著名學者的有力影響，雖然他們在濟時間不長，但對濟南書壇的影響却是巨大的，成爲濟南書法史上的亮點。阮元是其中的一位。

乾隆五十八年至乾隆六十年間（1793～1795 年），阮元在濟南擔任山東學政，編纂了奠定其金石學學術地位的《山左金石志》二十四卷，彙集了包括濟南在内的山東十三府州之碑碣，又收録了山東收藏家所藏的青銅器、璽印、古錢。期間廣游歷下山水，尤其鍾情大明湖，稱“每至此，令人渺然有江湖之思”。故而在離任赴浙江後，與當地士人談及歷下及山左風物，感念大明湖風月無邊，于是作紀游式詩歌散文集《小滄浪筆談》一書，深情懷念在濟南的美好時光，記録提學山東時的見聞和與友人、幕客的唱和。當時的學署即在濟南大明湖南岸，與小滄浪亭隔湖相望，阮氏爲此題了“小滄浪”和“水木明瑟”匾額。夏秋間，阮元常偕友游小滄浪亭。他在離任時，特邀馬履泰（1746～1829 年）、桂馥（1736～1835 年）、顔運生（1714～1811 年）、朱文藻（1735～1806 年）五名士前來飲酒賦詩，後合成詩集，并用隸書寫下了《小滄浪亭雅集詩序》，刻在碑上，今存鐵公祠回廊壁間。整個西牆、北牆上嵌清人題刻二十六通。阮書爲第一塊碑石（圖 7）。共三十二行，滿行十五字，得古雅勁秀之致。全文如下：

> 小滄浪亭在明湖西北隅，即昔之北渚也。魚鳥沉浮，水木明瑟，白蓮彌望，青山嚮人，每至此，渺然有江湖之思。乙卯夏，馬秋藥前輩、桂未谷、顔連生兩廣文同在濼源書院，武虛谷寓此亭，朱朗齋寓四照樓，二君與元同纂山東金石。適孫淵如同年前輩，拜兖沂曹濟，觀察之命，元以詩促其速之官。云：“濟南池館傍湖開，湖上西風且漫催。萬朵荷華五名士，一時齊望使君來。”觀察報詩云：“扶容池館報華開，驛騎傳詩一夕催。不爲時需訪碑使，也應天與聚星來。”未谷和詩云：“湖裏蓮花四照開，道旁驛騎遞相催。人間天上中秋近，可

圖 7　小滄浪亭雅集詩序

要乘槎犯斗來。”緣湖中華事將殘，最後得碧蓮一枝，四朵并蒂。適觀察以足疾遲至秋半始由天津泛舟來濟南。未谷詩後二語似豫爲兆者。八月中旬，元又奉命移任浙江。與觀察諸君子屢宴此亭，惟未谷以銓北上，而余伯扶、周曼亭兩同年，元和陸直之、錢唐何夢華、歙縣吴南薌、鄭研齋、益都段赤亭、歷城郭小華，一時同爲坐上之客，斯時秋蘆作華，湖山清斂，相與捧手題襟，極一時詩酒之盛。此後觀察與曼亭將之兖州，元與朗齋、夢華南下，秋藥、運生北行，虚谷、伯扶諸君多有去歷下者，湖亭風月屬之後來者管領，虚谷聚散之感最多，斯其一矣。因屬小華作圖并記事蹟，凡有作者，繼此書之。儀徵阮元書。

阮元書法傳世常見的爲行書，鮮見隸書，又是如此標準漢隸的鴻篇巨作，實在珍貴。此碑文保存了隸書的古意，工穩淳樸，厚重古拙，整嚴潤健、遒勁有力，單字體勢端正，筆劃排布整齊，字與字之間大小匀稱、排列有序。阮元的隸書長期浸潤于漢碑，可謂盡得漢隸風神之典範，他的隸書更多表現的是學者的理智和謹嚴，筆墨技巧應規入矩，結字工穩平實。在阮元的書學體系中，篆隸等正體文字具有最高典範意義。他將漢代隸書作爲探索書法遷變的源頭，把漢隸從其他諸體中凸現出來。在阮元看來，是否具有“篆隸遺法”是判定一件書法作品藝術高下的標準，因爲篆隸是“紀帝王功德，或爲卿士銘德位，以佐史學”的最佳字體。因其最有矩法，所以，“非隸書不足以被豐碑而鑿真石也。”他在任職地所留、出于禮儀用途和政治功用的書碑、撰碑、題匾不可勝數。書法本身包涵很多非藝術因素，阮元强調諸多功用性等非藝術因素的書學審美標準直接導致了他的審美觀念。

《小滄浪亭雅集詩序》通過描寫具體的場景，創造出一種閒適安逸，樂于自在的意境，從中表達和寄托了阮元的生活情趣和理想。詩文語言優美，自始至終縈繞著濃得化不開的友情，真切感人：馬履泰、桂馥、顔運生、武億（1745～1799年）、朱文藻五人和阮元經常一起齊聚小滄浪。聽説學者孫星衍（1753～1818年）即將到濟南，十分希望能和他一起唱和湖畔，于是寄詩催促孫星衍快來，把每天聚會所寫的詩派使者騎馬向孫星衍報傳，希望能够在大明湖"花殘"之前相見。結果孫星衍却因爲脚病直到八月十五纔到濟南。全篇流動著自己醉心于與友人唱和湖畔、惆悵于與會諸人紛紛離濟，憧憬將來能够"日日滄浪亭上來"的思緒。

4.《歷山銘》文辭優美、氣勢恢宏

乾隆六十年（1795年）七月，阮元在離任前曾登歷山（即千佛山），并即興寫下文辭優美、氣勢恢宏的《歷山銘》（圖8）：

登此翠微，堂基戴石。岱麓分陰，嬀田啓陌。雷雨坐生，峰巒竞碧。樓駕三重，崖懸百尺。繞牆虹落，穿閣雲飛。碑頭六代，松要十圍。岑苔藉屐，天華滿衣。磴隨客意，嵐成佛輝。下湧泉原，清交水木。湖平鏡揩，城回帶曲。野氣沈郚，林煙隱屋。兩窗同秋，千塍共緑。平原似海，曉日開天。燕齊道直，蓬萊景圓。山栖壽佛，臺降飛仙。後之來者，亦百千年。

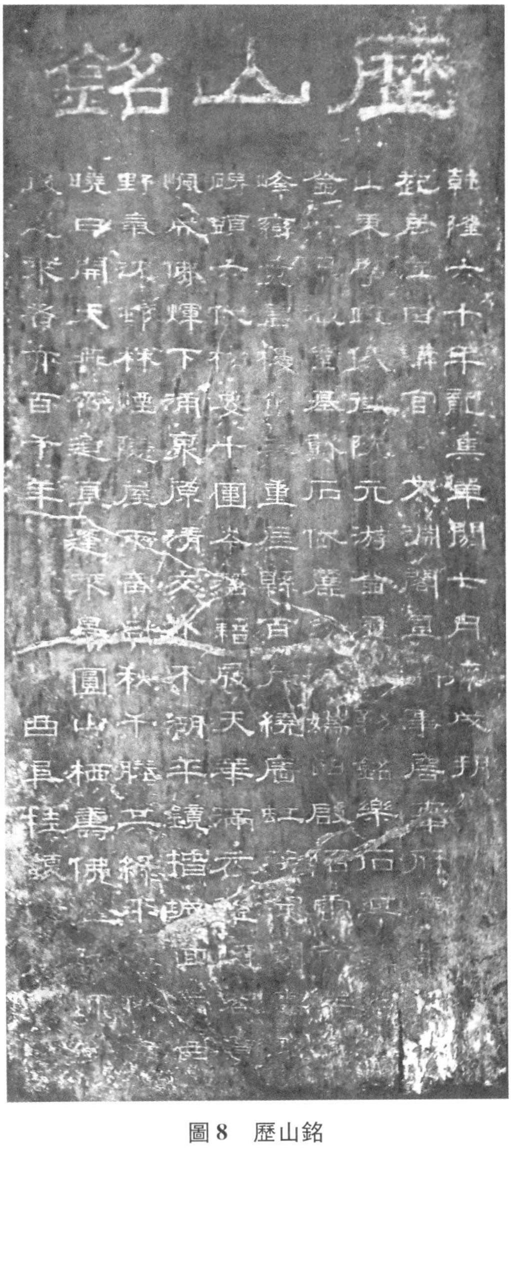
圖8 歷山銘

1926年印行的《續修歷城縣志》曾記載：《歷山銘》刻石“高三尺五寸五分，寬一尺六寸。文十行，行二十字，字徑一寸三分。額横列三字，字徑四寸，俱八分書。在千佛山。”阮元雖然以餘力爲詩，不以詩名世，但其詩歌創作却也不容小覷，在乾嘉詩壇有著重要的地位。朱庭珍《筱園詩話》有云：“本朝漢學最盛，皆經術深湛，考據淹博，宗康成而不滿程、朱，詩文則非所長也。兼能詩者，顧寧人、毛西河、朱竹垞、阮芸臺諸公而已。芸臺先生詩，長于古體，近體殊弱，七古似韋、柳，五古似蘇、陸，佳作頗有可傳，亦清才也。”[1]洪亮吉《北江詩話》：“阮侍郎元詩如金莖殘露，色晃朝陽。”[2]錢仲聯《夢苕盦詩話》：“有清一代，巨公能詩者，首推王文簡、阮文達、祁文端、曾文正、張文襄諸公。”[3]

該銘文經同代書法家桂馥以隸書字體書丹後，刻石爲念，爲一代文宗與一代書家聯袂合璧之作。此碑镌刻年代距今已二百多年了，青石壁上斑駁陸離，給人厚重的歷史感，但碑文中字字蒼遒有力，歷經兩個多世紀的風雨滄桑，仍然昭示于後人，可謂意味深長，才思無量。銘文對歷山之來歷、地勢、意境做了精闢的概括和贊美，特别最後兩句“山栖壽佛，台降飛仙。後之來者，亦百千年”堪稱絶句，這深山裏棲息著長壽的佛祖，靈台降臨御風的神仙，後世將有無數游人登臨于此，歷山的勝境也將會綿延千年。難道正是應了先人的這句吉言，才有了千佛山今日的勝境？銘文及落款共計185字，其用筆方圓兼備，剛健勁秀，布局嚴整端莊，富有廟堂之氣。兩位學者的文筆交相輝映，這是他們著意要傳之後世的刻石，可視爲平生力作。

阮元在長期的仕宦生涯中，始終堅持學術研究，不僅于宦迹所到之處，提倡經學，獎掖人才，整理典籍，刊刻圖書，而且勤奮不懈地鑽研學問，撰寫了大量的著作，在經學、史學、金石、書畫乃至天文曆算方面，都有相當造詣，在清代後期歷史發展中占有重要地位。阮元深通經史、金石考證，標領文壇數十年，海内尊之爲學界泰斗。他著書八十余種，曾校刊《十三經注疏》，编著有《皇清經解》《揅經室集》《兩浙金石記》《積古齋鐘鼎彝器款識》以及與畢沅合著的《山左金石志》等。阮元的《北碑南帖論》，討論了魏晋南北朝至隋唐書法源流問題，開啓碑學之先聲。阮元主持重刊石鼓文以及翻鑄散氏盤，推動了鑒古、傳古風尚。

---

〔1〕錢仲聯主编：《清詩紀事·乾隆朝卷》，南京：江蘇古籍出版社，1989年，第6682頁。
〔2〕錢仲聯主编：《清詩紀事·乾隆朝卷》，南京：江蘇古籍出版社，1989年，第6681頁。
〔3〕錢仲聯主编：《清詩紀事·乾隆朝卷》，南京：江蘇古籍出版社，1989年，第6683頁。

龔自珍稱其“古之不朽有三，政聲、德望、學問，公實兼之”[1]。

（本文圖片攝影：阮浩　周坤）

作者簡介：鮑豔囡，山東博物館副研究館員，長期致力于文物保管、藏品資料整理、明清書畫、博物館陳列展覽等方面的研究工作，在《山東美術》《文物天地》《文物鑒定與鑒賞》《收藏》《中國收藏》《齊魯文物》《書法叢刊》等發表論文二十餘篇，2014 年以《館藏丁佛言遺珍的整理與研究》爲題獲得“2014 年度山東省藝術科學重點課題”立項。

Ruan Yuan Texts Explore：Art in Shandong to Save Six Ruan Yuan High Quality Works

Bao Yannan

Abstract：RuanYuan is outstanding thinker，scholar and writer in the Qing Dynasty，is the period of the Qing Dynasty as well as the academic circles. He flooded the penetration of books，in elementary school，Confucian classics，history，epigraphy，local Chronicles，philology and other aspects have a remarkable accomplishment，is a very personality of historical figures. He until the sui and Tang dynasties of Wei and Jin Dynasty calligraphy can be divided into two schools，“south”，“north” and for the first time in the history of Chinese calligraphy system combing the development of the horth schools Chinese calligraphy，first proposed the stone inscription rubbings，practice and practice. His official script shows the pursuit of Calligraphy features which is XiongJiang masculine，learning from han tablet and innovation. He has also accomplished in literary creation，its poetry content enrichment，elegance，not carve，tender and gentle. This article tries to evaluate objectively the RuanYuan calligraphy and poetry.

Keywords：RuanYuan，calligraphy and poetry，stone inscription rubbings

---

[1] ［清］龔自珍：《阮尚書年譜第一序》，［清］張鑒等撰，黄愛平點校：《阮元年譜・附録三》，北京：中華書局，1995 年，第 274 頁。

從《浯溪題名殘石拓本》中阮元的題跋探討阮元的書法理論和實踐

徐忠文

内容摘要：阮元提出“南北書派論”，本意是提倡書法的百花齊放，追求書法發展時代局限的突破。他個人的書法實踐就是一個實證，尤其本文中提及的題跋，更是其書法理論指導實踐的佳作。

關鍵詞：阮元；書法；題跋；理論；實踐

書法學上帖與碑之争，是自乾嘉以來的事，提倡者各自站在本陣營的角度去攻擊對方，在不同時期還各占上風。在本人看來，從書法發展總體趨勢實在毫無意義。爲此，我們首先得清楚什麽叫“碑”，什麽叫“帖”。碑者，立石叫做碑；以文字勒石叫做碑。寫在碑上的文字是書者丹書的，然後刻成，其内容無外乎紀功、墓志、摩崖等等，其意欲留千古而不朽。帖者，古代人没有紙，書于帛上者叫做帖。帛難以保存久遠，因之把古人的書迹，摹刻到石或木上去的叫做帖。據此碑與帖的區别就在于書與刻的關係了，書于石，刻之，爲碑。書于帛或紙，摹于石或其他介質者，刻之，爲帖。前者書與刻是直接的，後者書與刻是相對間接的。

就書法的類别論，有以書體分的，有以朝代分的，有以器物分的，如《散氏盤》《毛公鼎》《齊侯罍》等等。以碑帖來分優劣，以南北來分派别，離我們并不遠，其中發端此論之一的重要人物，就有揚州歷史名人阮元（1764～1849 年）。他的目的何在，基本上業界認同的看法是：自明代以來，書學囿于閣帖，至清代，更因康熙、乾隆酷愛董其昌、趙孟頫。上行下效，亦是中國傳統糟粕之一。致使一般書家的書法，毫無骨氣，秀媚橫行。阮元既是經學大師，又熱衷翰墨，以振弊起衰爲己任的人，即欲尋一條解題之徑，于是寫下了《南北書派論》和《北碑南帖論》對後世書法有很大影響、富有革命性的文章。他對碑帖長短論説得是非常開明："短箋長卷，意志揮灑，則帖擅其長；界格方嚴，法書深刻，則碑據其勝。"然而，二百多年來，誰又能按照南北地理區域把帖碑劃分得清清楚楚呢？正如白蕉在《書法十講》中所舉例："我們試就碑帖的本題來説，比方拿顔魯公的作品來講，《家廟碑》《麻姑仙壇記》《顔勤禮》等，是碑；《裴將軍》《争座位》《祭侄稿》等，是帖。就人説，他是山東人，屬北派；就字體説，他的字體近《瘞鶴銘》，應屬南派。"

細細研讀阮氏的書法論兩篇文章似又很難就南北派在人員和風格上有涇渭分明的界定。

書法的美是百花齊放的，因群體、個人的審美，有極大的區别是正常的。我們不能因爲牡丹的國色天香，而捨棄芍藥的美麗，更不能不要茉莉花的芳香。在書法百花園裏，我們應提倡"各有靈苗各自探"，去創造自己心儀的，有源流的書法，開出讓自己愉悦，别人讚歎的一支獨特的"花"。

一方水土養一方人，審美總是有一些局限，能得到全中國人認可的書法家，從歷史長河中又有幾人呢？一地有一地的主流風格和審美習慣。但我們又不能否認書法有基本的審美的標準，這個標準在歷史長河的積澱中，有帖和碑兩個支流，是可作一説的，但和長江、黄河是同一源頭一樣，帖和碑的源頭也是一個，就是書寫漢字的藝術。我想阮元提出"南北理論"的初衷，就是爲了提倡書法的"百花齊放"。

言歸正傳，"浯溪題名殘石"位于湖南省永州市祁陽縣浯溪鎮，距離永州市區五十多公里。浯溪是一個美麗的地方，唐大曆二年（767 年）詩人元結在此先後修建了浯台、浯廎、浯溪，合稱"三浯"，還分别撰寫銘文摹勒于浯溪崖壁上。大曆六年（771 年），元結再次撰文并由顔真卿楷書《大唐中興頌》，并刻于浯溪崖壁之上，此後千百年，文人墨客紛至沓來，吟詩作賦，題名，刻崖不輟，成就浯溪石奇、文奇、字奇……

《浯溪題名殘石拓本》（圖 1）是乾隆年間梁敦書（1725～1786 年，梁同書之弟）在湖南爲官時所拓，寬 29 厘米，高 51 厘米。有翁方綱"覃溪"、梁同書"頻羅庵"印章。此拓片後歸春塍先生收藏，裝裱成卷軸，畫芯寬 45. 8 厘米，高 102. 5 厘米。道光年間，留有阮元、張廷濟、朱善旂、徐楙、嚴傑、張開福、錢杜、龔自珍題記觀款。光緒戊申（1908 年）除夕，此拓爲甘翰臣以重金購得，據

圖1　浯溪題名殘石拓本

傳是喜其碑文中有“吾欲求退”四個字。宣統年間又有楊守敬、陳伯陶題跋。該件現藏上海圖書館，館藏號：J4571。阮元的題識在此拓片的右上角：“余兩過溪下，惜未摩及此石。”（圖2）

初看此款，讓我爲之心動，印象深刻，不能釋懷。顔真卿《祭侄稿》的氣息撲面而來，信手而爲，却精氣神獨到，令人贊歎。阮元的書法實踐十分豐富，真、行、隸、篆都善，且各體亦有諸多面貌，是一位善學之人。“十全老人”乾隆八十歲賞識之人——阮元，更是一位完人，在書法上更是追求全面發展之人。我們欣賞的這十一個字，起首兩個字端莊有力，墨色濃厚，起到穩定全篇之效，至“兩”字最後一筆開始提速，情緒有所調動。“過”字草法自然流暢的寫出，一種愉悦跳動的心情展現在我們面前，結字的險絶均衡掌握得恰到好處，是平時豐厚積累的勃發。“溪下”兩字綫條瘦了下來，并爲一體，與上面三字的粗綫條形成對比，讓人一下子輕鬆下來，一行字之間字體、綫條、節奏

圖2　阮元題記

變化是多麼的豐富，確是音樂的旋律、舞蹈的節奏、自然的風景、情緒的抒發。“惜”字已到竭筆階段，依然以起始行最末端的節奏在運筆，但在筆性上與“余”字有一定呼應，一氣之下似乎到了需要停頓一下的時候，“未”字行筆至後兩筆慢了下來，稍稍換了一口氣，“摩及”兩字又是通篇的一朵浪花，興致所至“摩”字的後幾筆與“及”字完全是一個節奏，暢快之氣躍然紙上，行筆者似覺快要到達彼岸，穩定了情緒，變慢了行筆的速度，以筆劃不多，但綫條較厚實的“此”字穩住了此行，并以此筆勢和餘墨把“石”字寫完，最後一筆緩緩收筆。舒一口氣，舔了一下筆，“阮元”落款一揮而就，常寫的這二字，間架結構，上下開合已到了化境，自然天成。略顯不足的是兩方印章顯得“霸氣”。分析許過于苛求，阮元也不可能，時間也不允許爲此碑拓的空間特製兩章。

書法創作往往在特定情況下，一揮而就，却是作者多年在此域積澱的一次集中展示。筆者認爲此幀作品，應是阮元衆多書法中的驚豔之作，是一朵璀璨的花朵，應是他在書法藝術上達到較高境界的代表作。所謂揮灑落墨、跌落起伏、一氣呵成、篇小氣足……由此筆者認爲，阮元善書，各體皆能，對碑體猶爲重視，然而其書法成就最高的還是其行書、行草。

阮元《南北書派論》和《北碑南帖論》的精髓是提倡碑與帖互補的，以白蕉先生的解讀應是：“碑沉著、端厚而重點畫，帖穩秀，清潔而重使轉；碑宏肆，帖瀟散。宏肆務去粗獷，瀟散務去側媚。書法宏肆而瀟散，乃見神采。單學帖者，患不大；不學碑者，缺沉著、痛快之致。”取長補短，本是學習的不二法則，于藝術也是其精神所在。唯此，才有源頭活水，才有提高、有發展、有自己的氣象……基于此論，碑學、帖學提倡者之争就是無意義的了。以上小幀阮元的手迹，小中見大，率性而書，沉着穩秀，當是他書法理論指導實踐的一幅難得佳作。

作者簡介：徐忠文，揚州博物館常務副館長，文博副研究館員。1992年進入揚州博物館工作至今，從事博物館學研究。在書法實踐及理論方面用力不輟，發表專業文章和論文三十餘篇。

A Study on Ruan Yuan's Calligraphy, Based on Ruan Yuan's Postscript to the Rubbing of Wuxi Timing Residual Stone

Xu Zhongwen

Abstract: The issuesonthe North and South Calligraphy Burification sproposed by Ruan Yuan intends to promote the acknowledgement of diversitiesin calligraphy and to break the time limitations. His calligraphy efforts, especially the very postscript mentioned in this article, have made themself excellent theories for calligraphy practice.

Keywords: Ruan Yuan, Calligraphy, Postscript, Theory, Practice

阮元《摹朱珪篆書十言聯》解析

宗蘇琴

内容摘要：阮元是清代著名的學者型官員，他身經乾隆、嘉慶、道光三朝，宦迹多地，政績斐然，學術成就卓著，藝術造詣深厚；一生以學聞名，在清代學界有“海内泰斗”之稱，藝術創作頗豐，尤以書法居多。本文通過解析阮元的書法作品《摹朱珪篆書十言聯》，探讨阮元與朱珪的關係，以及阮元清慎持躬的爲官之道和經世致用的治世之法。

關鍵詞：阮元；朱珪；篆書十言聯

阮元（1764～1849 年），字伯元，號芸臺，又號雷塘庵主，晚號怡性老人，揚州學派代表人物，身經乾隆、嘉慶、道光三朝，宦高迹多地，政績斐然，在經學、史學、文學、金石學、天文、曆算等方面造詣頗高，有“一代名儒，三朝閣老，九省疆臣”之譽。阮元一生以學聞名，在清代學界有“海内泰斗”之稱，藝術創作卓然有成，尤以書法創作較多。

一　感念師恩之聯

揚州博物館珍藏文物中有阮元《摹朱珪篆書十言聯》書法作品：

阮元書《摹朱珪篆書十言聯》

1821 年

縱 87 厘米，横 13.8 厘米

紙本

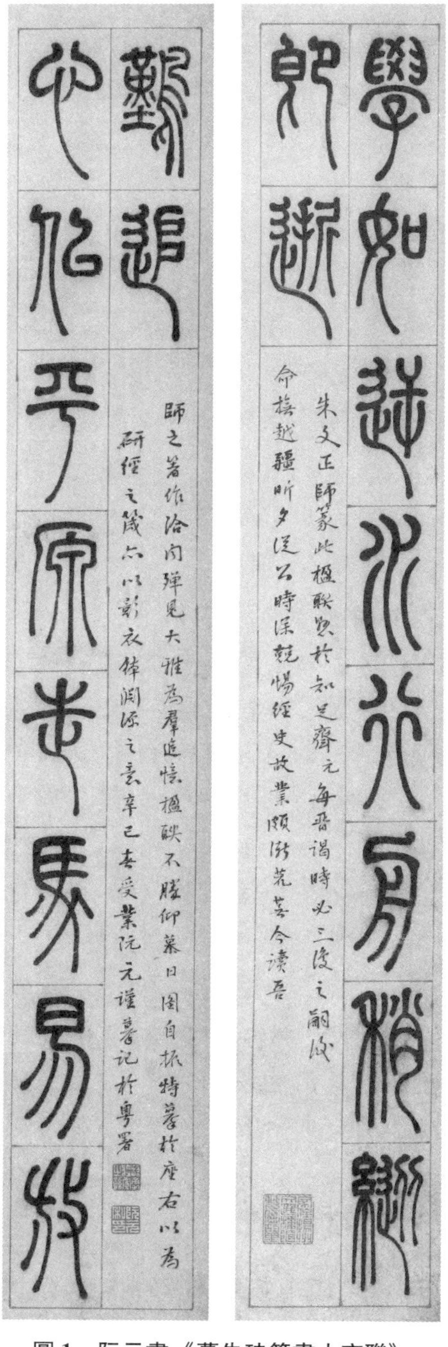

圖 1　阮元書《摹朱珪篆書十言聯》

釋文：學如逆水行舟稍縱即逝
　　　心似平原走馬易放難追

朱文正師篆此楹聯，懸於知足齋。元每晋謁時，必三復之，嗣後命撫越疆，昕夕從公，時深兢惕，經史故業，頗漸荒蕪，今讀吾師之著作，洽聞殫見，大雅爲群，追憶楹聯，不勝仰慕，日圖自振，特摹於座右，以爲研經之箴，亦以彰衣缽淵源之意，辛巳春受業，阮元謹摹記於粤署。

鈐印：朱文“家住揚州文選樓隋曹憲故里”；白文“招章將軍之孫”；“阮元私印”

十言聯作者是朱珪（1730～1806 年）。道光元年（1821 年），在兩廣總督署，阮元摹寫對聯作爲座右銘，其意有三：一是警示自己惜時如金、勤勉讀書；二是通過摹寫對聯，追憶恩師，表達對恩師的感激之情；三是通過摹寫對聯，緬懷恩師，督促自己在兩廣總督任上，發展教育，獎掖人才，造福于民。

二　金石碑版之書

阮元雖不以書法家自居，但其書體多樣，真、草、隸、篆樣樣皆能，目前存世墨迹較多。他所處的乾、嘉、道時期，是中國書法史由帖派向碑派轉變的重要時期。清代中期（雍正至嘉慶），是帖派向碑派轉换的初期；清代後期（道光至宣統），碑派占據主導，一統天下。阮元正是書法史轉變的關鍵性人物和碑派書法的提倡者。他的《南北書派論》和《北碑南帖論》是系統闡述南北書派的名著。根據金丹的考證，阮元篆書“意在秦漢之間”，曾在《石鼓文》《泰山石刻》《天發神讖碑》及秦漢瓦當等金石碑版中得到啓示。這完全符合阮元所處的時代背景及其对金石考據學的濃厚興趣和深厚造詣。此十言聯摹寫于道光元年，正是阮元書風轉變成碑派的早期作品。整幅對聯古意盎然，骨氣洞達，有金石氣息，却不失秀雅靈動之氣，帶有書風過渡期的色彩。

無獨有偶，除此聯之外，此時阮元還以篆書體作“學海堂”匾額，可見其對篆書體的喜愛。對于一直敬佩有加的恩師座右銘，阮元以篆體書之，足見其對此聯的珍視和對恩師的敬慕之情、追念之意。

三　秉承師願之志

朱珪，字石君，號南崖，晚號盤陀老人。原籍浙江蕭山，後隨父朱文炳僑居北京大興縣，入籍順天府。與兄朱筠，時稱“二朱”。經乾隆、嘉慶兩朝，朱珪先後任福建糧道、湖北按察使、山西布政使、上書房行走、禮部侍郎、兩廣總督、吏、兵、户部尚書、協辦大學士、太子太保、太子太傅等。朱珪一生在朝爲官五十多年，以“養心、勤業、敬身、虚已、致誠”爲箴言。朱珪堪稱阮元的“良師益友、嚴師慈父”，他對阮元的影響主要有以下三個方面。

1. 知遇之恩

乾隆五十一年（1786 年），朱珪任禮部侍郎，典江南鄉試，以精博求真才實學之士。“朱石君先生每握文銜，必合觀經策，以精博求士。乾隆丙午典試江南，一榜多名士宿學。嘉定李許齋方伯庚其以第二人中式，儀徵阮文達公以第八人中試，尤爲先生所奇賞。”[1]由此可知，阮元參加了這次考試，雖然衹得了第八名，但却很受朱珪賞識，這爲二人日後的師友關係奠定了基礎。阮元感恩于老師的慧眼，并繼承恩师良好品德，日後也做到了以真才實學取士。

嘉慶四年（1799 年）三月初六日，阮元奉旨充會試副總裁，總裁是朱珪。會試二三場文策，朱珪囑咐阮元一人批閱試卷，選拔人才。阮元十分感戴，乃振奮精神，謹慎從事，經三日三夜，先選出一千三百餘卷，再從中篩選出二百卷，分爲三等，加以録取。最終，該科取士成功，以致後人評價“珪文章奥博，取士重經策，鋭意求才。嘉慶四年典會試，阮元佐之，一時名流搜拔殆盡，爲士林宗仰

[1] ［清］陳康祺著，晋石點校：《郎潛紀聞初筆二筆三筆·初筆》卷一四，北京：中華書局，1984 年，第 292 頁。

者數十年。"[1]關于這一段師徒合作獎掖人才的經歷，阮元作《會試闈中夜雨和石君師韻》記之："人才昭代盛，淵藪盡充贏。鑒别推先輩，師資得老成。風流歸古籍，雷雨菈清照。况有文昌氣，銀河洗甲兵。"[2]這首詩是阮元和朱珪的詩歌，作于嘉慶四年（1799 年），阮元時年三十七歲。縱觀全詩，阮元一方面宣講恩科目的和戰略部署，指出清除和珅之後，嘉慶帝特設恩科（含文科和武科），選拔優秀的文官弘揚"文昌氣"，選拔優秀的武官"銀河洗甲兵"，以推新政、"菈清盟"；另一方面表達了在選拔人才方面，要"鑒别推先輩，師資得老成"，對朱珪的尊敬之情躍然紙上。然而，朱珪能把會試閱卷取士的重要工作，交給阮元一人承擔，可見他對阮元的學識和人品都是非常信任的。

除了共同的取士標準之外，朱珪對阮元的仕途有重要的提攜作用。朱珪是嘉慶的老師，當年侍學時，爲顒炎講解經史詩文，出言純正，"上五箴于仁宗曰養心、曰敬身、曰勤業、曰虚己、曰致誠。"[3]相教，顒炎終身作爲座右銘而力行之。嘉慶親政後，重用劉墉、王傑、朱珪等一班清正廉潔的元老重臣，尤其對朱珪十分倚重，"命直南書房，管户部三庫，加太子少保，賜第西華門外。時召獨對，用人行政悉以諮之。"[4]而作爲阮元座師的朱珪，對阮元則十分器重。再者，乾隆生前對阮元又很賞識。由于這兩層關係，嘉慶皇帝對阮元自然是另眼看待，恩寵有加。正月十九日，詔禮部侍郎阮元兼署兵部左侍郎，命其隨朱珪在南書房掌御製詩文稿本。三月初四日，詔阮元充經筵講官，可謂恩寵有加。

2. 爲官之道

朱珪在朝爲官五十多年，一生清廉不言錢，愛國愛民，品格端方，光明磊落，關心庶民百姓的疾苦，爲國事嘔心瀝血，不惜個人一切利益，是古代官吏之楷模。嘉慶帝對他高度評價，稱他爲"有内有守，無偽無私，心款款以效忠，政優優而著績"，又稱"以古爲鏡，其直如繩"。

朱珪雖早年隨父在京爲官，但他不忘故地原籍族親，牢記祖宗，乾隆五十四年（1789 年），曾置"圭田"（古代卿大夫祭田）百畝于蕭山，作爲族中祭祖，修理祠堂和培養族人辦學之用。在安徽任巡撫時，北部遭受百年一遇的水災，民房冲倒，糧食無收，有的家破人亡，妻離子散，一派慘景。朱珪深入災區，體察

---

〔1〕［清］趙爾巽等：《朱珪傳》，《清史稿》列傳一二七，1914 年關外鉛本，第 6 頁。

〔2〕［清］阮元：《會試闈中夜雨和石君師韻》，《揅經室四集·詩》卷四，道光三年刻本，第 13 頁。

〔3〕［清］趙爾巽等：《朱珪傳》，《清史稿》列傳一二七，1914 年關外鉛本，第 4 頁。

〔4〕［清］趙爾巽等：《朱珪傳》，《清史稿》列傳一二七，1914 年關外鉛本，第 5 頁。

災民，瞭解實情，後飛書朝廷，開倉賑災，穩定民心。爲民同築决堤，修建民房，發放穀種，搞好備耕，爲百姓生産生活作好安排。後調任户部尚書時，對于長蘆鹽政進行全面整頓。廣東藩司升濱海沙地之疏，倉場衙門予納錢糧四五十倍等……朱珪均以庶民百姓利益爲重，想盡辦法造福于民。

阮元自走上仕途後，便深受恩師朱珪清廉正直品質的影響，養成了清儉仁厚的品性。任巡撫之後，嘉慶又以“古大臣之風”相勉勵。因此，他立志清慎持躬，以恩師爲榜樣，做一個廉政愛民的賢良大臣。

嘉慶初年，阮元任浙江巡撫期間，浙江多地遭受自然災害，阮元每遇災害都是采取各種措施不遺餘力地救災濟民，或蠲免緩徵，或給賑災民，或捐金助賑，或開倉平糶，或設粥廠，或建普濟堂，甚至親赴災區辦理災民賑務，“親策輕騎過之，就鄉村及遠僻山谷，以册核榜，以榜查民，保甲門牌悉與賑册户口符合，核畢乃去。”[1]并賦《浙東賑災記事》一詩記之。

除此之外，阮元一直嚴于律己，在生辰方面，“茶隱”避客傳爲佳話。每逢正月二十日生辰當日，阮元即避客于山林或竹園，獨游觀景，品茶賦詩，數十年如一日，不收朝中官員、門生弟子一縑一燭。家中父親、妻子的生辰之時，亦是同樣避客山中。在兩廣總督任上，阮元就曾避客山中，以詩明志：

> 隱山三章，章四句。余生辰在正月廿日，近十餘年所駐之地，每于是日，謝客獨往山寺。嘉慶二十四年，余歲五十有六，駐于桂林。是日，策數騎避客于城西李渤所辟之隱山。登峰周回，串列六洞，煮泉讀碑，竟日始返，竊以爲一日之隱也。
>
> 隱山之峰，薖軸可容。一日之隱，客不能從。
> 隱山之北，覆岩幽澤。一日之隱，棲此泉石。
> 隱山之中，雲岫四通。一日之隱，我辰所同。[2]

從以上内容可以看出，無論是政事還是家事，阮元都是與恩師有著驚人的相似之處，時刻以古賢臣爲榜樣，做到清慎持躬、施行德政、造福于民，足見朱珪對阮元爲官之道的影響之深。

3. 治世之法

乾隆五十九年（1794 年），朱珪六十四歲，任兩廣總督。英帝國主義妄圖以

---

〔1〕［清］張鑒等撰：《雷塘庵主弟子記》卷一，咸豐年間琅嬛仙館刻本，第 45、46 頁。
〔2〕［清］阮元：《隱山三章》，《揅經室四集·詩》卷一一，道光三年刻本，第 4、5 頁。

鴉片毒害中國人民，還妄想武裝入侵我國近海領域。朱珪督軍堅守，抓獲了許多企圖登陸竄犯的英軍。仁宗對他的功績十分贊賞，準備升朱珪爲大學士。由于當時戰船强度差，不能出海抗擊，朱珪已將自己平時節儉下來的銀子五千兩捐出用于建造戰船，一時還未完工。此時和珅向太上皇乾隆反映，兩廣總督朱珪，對夷寇在浙、廣沿海的搶劫活動不聞不問，没有出海督帥緝捕。乾隆信以爲真，把朱珪從兩廣總督任上撤下，調安徽巡撫。儘管未能升上大學士，且連降數級，朱珪毫無怨言，離任前又捐出一万五千兩銀子，交廣東官庫，爲製造兵船打擊夷寇之用。嘉慶皇帝知道此事後很受感動，認爲蕭山籍名臣朱珪是“文臣不愛錢”的楷模。

無獨有偶，阮元于嘉慶“二十二年，調任兩廣總督……道光元年，兼署粤海關監督”[1]。他和恩師朱珪一樣，在兩廣地區看到了内憂外患的大勢。嘉慶、道光兩朝，國勢江河日下，國内吏治日趨腐敗。海外殖民勢力虎視眈眈，鴉片走私更是猖獗一時，兩廣地區也成爲國内外兩種經濟體“交鋒”的戰場和鴉片走私的重災區。自擔任兩廣總督伊始，阮元就意識到了形勢的嚴峻，采取了内外兼治的措施：對外，加强海防，嚴禁鴉片，抗禦外侮；對内，施行仁政，造福于民。這些措施在很大程度上緩解了内部矛盾，增强了兩廣地區的抗擊能力。

除了這些直接措施外，阮元還發揚實事求是的求實治學精神，改建貢院，開辦學海堂，修編《廣東通志》，輯刻《皇清經解》，發展廣東地區的文化教育事業，建立了廣東的智囊庫，爲廣東地區的長期發展提供了後備力量。

此幅篆書十言聯書于1821年春日，恰爲學海堂建成不久，運營伊始。想必阮元將此篆書十言聯既作爲個人治學的座右銘，同時也作爲推動廣東文化教育發展的原動力，更結合廣東當時所處的社會形勢，亦將此作爲廣東的治政良方。阮元在浙江任職期間，建立了詁經精舍，在通過發展教育，推動地方各項事業，尤其是政治發展方面取得了一定經驗，于是在廣東地區繼續推廣；另一方面，在清代一直以八股取士，無法跟上時代發展對多樣性人才的需求，而阮元雖是經科舉入仕，却身處江浙等文化發達地區，經個人努力博聞强識，加之爲官多年，深知“教育體系和地方官員中存在的問題”和廣東當地發展的人才需求，于是期待“通過教育改革來改變地方官員腐敗和無能的現狀”。[2]

---

[1] ［清］趙爾巽等：《阮元傳》，《清史稿·列傳一五一》，1914年關外鉛本，第2頁。

[2] 孫健：《阮元創辦學海堂與近代百年嶺南學風的變遷》，揚州市哲學社會科學界聯合會、揚州文化研究會編：《紀念阮元誕辰250周年學術研討會論文集》，2014年6月，第90頁。

據記載，他親自爲學海堂選址，撰寫對聯，制訂章程，選拔學長，爲學海堂教學活動的健康發展指明方向。學海堂課程設置，豐富多彩，亦博亦精，實施教學，因材施教。學海堂于1820年建立，終于1903年，歷時83年之久，使清代中後期廣東的學術文化發展出現新面貌。學海堂的出現，使得廣東士子争相研習樸學，并以“推明古訓，實事求是”爲宗旨，在一定程度上改變了當時腐朽的科舉教育以及空談風氣，培養了許多“經世致用”的實踐人才，對嶺南一帶學風的變遷起到重大作用。梁啓超稱讚：“近代廣東百年之風氣，皆由阮元一人開出。”而美國歷史協會會長、著名中國學家魏斐德（Frederic Wakeman，Jr，1937～2006年）在《中華帝國的衰落》（*The Fall of Imperial China*）（紐約，1975年）中，更將廣州學海堂作爲廣東高級官僚的智庫。

通過以上分析，可知阮元作爲儒生和封疆大吏，已经看到嘉道之後清朝國勢衰微，試圖通過自己的努力改變現狀。與恩師朱珪壯志難酬不同，阮元針對現狀，信守實事求是的原則，從經學中將考據聯繫實踐，以解決教育體系和地方官員中存在的問題。但他深知僅憑一人之力無法解決，必須通過創辦新式學堂，改革教育，培养新型人才，爲貪腐無能的官場注入新鮮血液，由内而外地整頓吏治，以禦外敵入侵。事實證明，英人“終元任，兵船不至。”[1]在擔任兩廣總督期間，阮元通過發展教育、整頓吏治等方式，增强了廣東甚至中國抗擊外敵的能力，在廣東地區成功地實現了經世致用的理念。

通過解析阮元的書法作品，解讀朱珪與阮元的密切關係，以及分析阮元對朱珪知遇之恩的感戴之情，受朱珪影響而産生的爲官之道和治世之法，可以看出阮元雖是摹寫恩師朱珪的篆書十言聯，但實際是摹寫朱珪的人生道路。他明確表示要在學術上、政治上以恩師爲榜様。通過分析，我們也得知阮元在兩廣總督任上，完成了恩師朱珪未完成的夙願，通過發展教育，匡正時弊，經世致用，挽救“日薄西山”的大清朝。由此，一幅篆書十言聯，寫就了阮元的一腔忠正愛民之情，世人爲學、爲人、爲官皆可從中受益無窮。

作者簡介：宗蘇琴，女，1980年出生，江蘇揚州人，畢業于南京師範大學歷史系，揚州博物館館員，主要從事中國古代史、博物館陳列展覽、社會教育等領域研究。

[1] ［清］趙爾巽等：《阮元傳》，《清史稿・列傳一五一》，1914年關外鉛本，第2頁。

Ruan Yuan's Seal Character Couplets Facsimiled from Zhu Gui's Calligraphy

Zong Suqin

Abstract: Ruan Yuan is one of the few official scholars in the Qing dynasty. He experienced the emperor Qianlong, Jiaqing and Daoguang, made distinguished political records, academic achievements and artistic attainments. Known as the " learning", he was the leaders among scholars in the Qing dynasty. He made a great deal of artistic creations, especially in the majority with calligraphy. Through appreciation Ruan Yuan's seal character couplets, facsimiled from Zhu Gui's Calligraphy, this article unscrambles the close relationship between Zhu Gui and RuanYuan, the influence of Zhu Gui on RuanYuan's official concepts and policies.

Keywords: Ruan Yuan, Zhu Gui, Seal Character Couplets

阮元與萬柳堂

——揚州博物館館藏阮元相關書法作品解讀

田　野　封　冰

内容摘要：阮元致仕後，遵聖諭“怡志林泉”，修建了湖莊萬柳堂。揚州博物館館藏幾幅阮元晚年游賞萬柳堂的書法作品，從中不僅可以對阮元晚年的書風做一番瞭解，更可從詩詞内容窺見頤性老人平和淡然的心境。

關鍵詞：阮元；萬柳堂；書法

揚州博物館館藏文物中有一組阮元晚年的書法作品。

《阮元書軸》，1840 年，縱 59、横 27.9 厘米，紙本（圖 1）

春深何處古人情，十幅輕帆半雨晴。萬樹桃花萬楊柳，南江春治北湖清。

兄弟相邀共放舟，湖中游過又芳洲。絶勝十日小樓坐，不見一人閑待愁。

庚子莫春，坐宗舫游萬柳堂，復入江，回真州看桃花，同敬齋、慎齋兩弟并子孔厚。伯元

鈐印：頤性老人（白文）

《阮元行書團扇》，1840 年，徑 25.3 厘米，絹本（圖 2）

萬柳堂东廿里池，汪汪千頃動晴漪。绝無人見鷗波畫，似有鶯歌驟雨詞。

稻葉緑時閑避暑，荷花紅樹獨題詩。衰年僅得滄州趣，北斗京華愴夢思。

和趙松雪萬柳堂七律原韵。趙松雪爲廉野雲作《萬柳園圖》，自題句于上左方

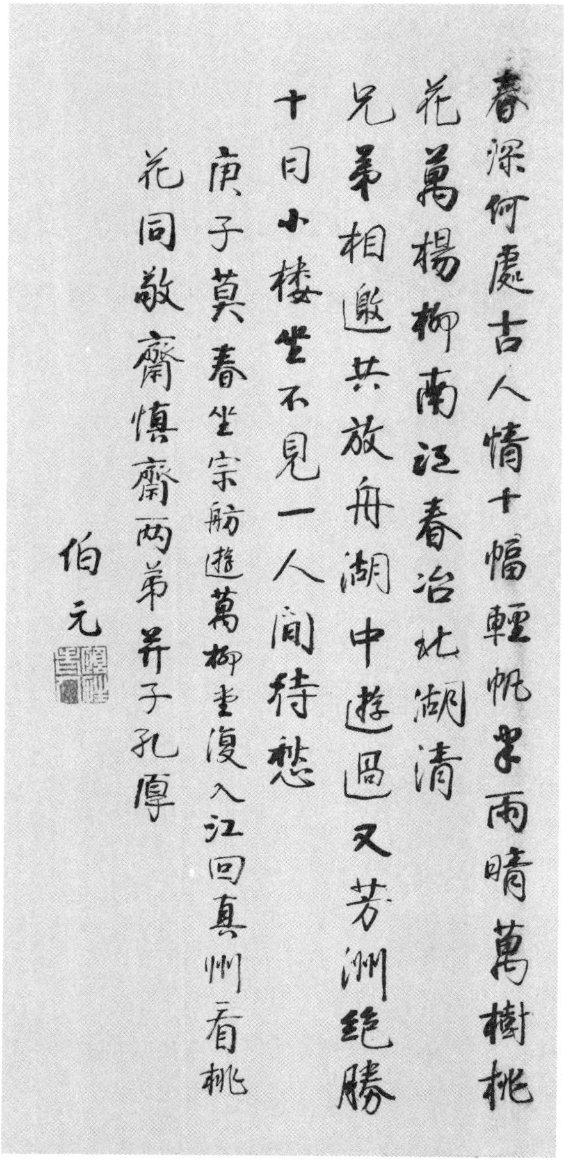

圖 1　阮元書軸

云："萬柳堂前數畝池，平鋪雲錦蓋漣漪。主人自有滄州趣，游女仍歌白雪詞。手把荷花來勸酒，步隨芳草出尋詩。誰知咫尺京城外，便有無窮千里思。"余曾見松雪畫并詩題，和一律。庚子夏至，節性老人。

鈐印：節性齋（朱文）

阮元（1764 ~ 1849 年）字伯元，號芸臺、雷塘庵主，晚號怡性老人，謚文達，江蘇揚州人，占籍儀徵。清乾隆五十四年進士，經歷乾隆、嘉慶、道光三朝，封疆大吏，三朝元老。同時又是學識淵博的經學家、思想家，在經學、文字、金石、書畫、校勘、文學乃至輿地、曆算等領域都有很深造詣，尤善訓詁考據之學，是乾嘉學派的後起之秀和揚州學派的中堅人物。

清代書法的總體走向，是由帖派向碑派的轉變，可分爲三個時期：清代前期，傳承晚明書法大勢，帖派一脉爲主流，同時蘊育著碑派的萌芽。清代中期，是書法史上由帖派主流向碑派爲主流的過渡期。一方面，帖學繼續發展，出現一批取法帖學的大家，如乾隆、嘉慶年間的劉墉（1719 ~ 1804 年）。另一方面，古代的吉書、貞石、碑版大量出土，金石學盛行一時。鄧石如（1743 ~ 1805 年）開創了碑學，成爲碑派之宗；阮元宣導"南北書派論"，以碑學爲北派，帖學爲南派；包世臣（1775 ~ 1855 年）提倡北碑，崇碑之風一時大盛。清代後期，帖派一脉急劇衰落，碑派一統天下，成爲書壇主流。

圖 2　阮元行書團扇

而阮元正是主流書派過渡期的關鍵人物。他既受董趙書風的影響，寫得一手優雅流美的行草書，又深受金石碑派的侵染，擅長隸書的創作。

如果説鄧石如是一位學碑的典範，那麼阮元則是一位宣導碑學的領袖。他的《南北書派論》和《北碑南帖輪》是清代碑學建立的標志，他是清代碑學的代言人。阮元宣導的碑學與他身體力行的書法實踐是一致的，他的書法是在從帖向碑轉换的基礎上，來不斷實現自己的觀點。阮元憑藉深厚的學識而兼及書法，但是他終身的大部分精力并没有放在書法的創作上，没有去臨寫大量的北碑，與其理論相比，明顯的滯後。因而没有在其書法風格上有突破性的表現，未能形成自己的碑派書法風格。這是清代碑學初始階段的重要特性，即使稍後的包世臣亦是如此，直至康有爲（1858 ~ 1927 年）才完全將理論與創作合爲一體。因此，我們可以認爲，阮元的書法是時代特定的産物，具有碑派書法來臨前夜的普遍特徵，有書法史的研究價值。[1]

道光十八年（1838 年），阮元七十五歲，道光批准他以大學士致仕。自此阮元榮歸故里，第二年修建湖莊萬柳堂，據落款鈐印，這兩幅作品當爲阮元七十七歲所作。書寫輕鬆自在，用筆十分自如，粗筆，瘦筆，枯筆相間使用，書法技藝水到渠

〔1〕 參見金丹：《阮元書學研究》，北京：榮寶齋出版社，2012 年。

成，爐火純青。墨色隨著用筆而變化，結體比中年時期略微收緊，比大字作品精緻耐看，兩幅作品正是他晚年悠閒生活的寫照，當爲阮元行書作品的晚年代表之作。

立軸本事見《阮元年譜》："暮春，阮元與阮克等人連袂游萬柳堂，復至真州看桃花，阮元賦七絶兩首。阮克、先、充三從弟各和二首。"〔1〕詩見道光二十六年刊《揅經室集再續集》卷五，扇面題詩亦見于此卷〔2〕。

兩件文物均與萬柳堂有關。萬柳堂，原本是北京一處元代私家園林，爲名臣廉希憲（1231～1280年）與大書法家趙孟頫（1254～1322年）宴飲之地，後來敗落。但荷花碧柳的園林風格被清康熙年間大學士益都馮公溥繼承，其別業亦名萬柳堂。阮元也曾游賞，其流變見阮元《揚州北湖萬柳堂詩并序》：

> 京師萬柳堂者，元平章廉文正（希憲）、趙文敏（孟頫）宴集之地，朱氏《日下舊聞》載之。康熙時爲馮益都相國之亦園，鴻博名流多集于此，今改拈花寺。嘉慶十五年，余與朱野雲處士常游此地，補栽花柳，頗致延春。道光十八年，予告出都，僧請書匾，爲書"元萬柳堂"四字。此京城東南隅之萬柳堂也。〔3〕

揚州另有一處萬柳堂。阮元原于"揚州郡城北四十里，僧道橋橋東八里赤岸湖"〔4〕有一處舊湖莊，名曰"珠湖草堂"，是其先祖釣游之地，後田産湮没于洪湖下泄之水，樓莊多半傾圮。珠湖草堂見焦循（1763～1820年）《北湖小志·珠湖草堂》〔5〕。

道光十八年（1838年），阮元致仕歸里。第二年年初，爲防治水患，阮元與諸子弟商議湖莊圍堤之事。議定，在地勢低處選擇良田五百畝圍堤。"又慮與露筋祠、召伯隸相對，湖寬二十里，宜多栽柳以禦夏秋之水波。取江州細柳二萬枝遍插之，兼伐湖岸柳幹插之。"〔6〕于是築堤栽柳的新的湖莊格局形成。阮元慕京師萬柳堂之風，爲相區别，爲湖莊題名"南萬柳堂"，并分爲八景：

> 今因咏萬柳堂，分爲八咏，一曰"珠湖草堂"，二曰"萬柳堂"，三曰"柳堂荷雨"，四曰"太平漁鄉"，五曰"秋田歸獲"，六曰"黄鳥隅"，七曰

---

〔1〕王章濤：《阮元年譜》，合肥：黄山書社，2003年，第956頁，版本下同。
〔2〕［清］阮元：《揅經室集再續集》卷五，第4、11頁，道光二十六年刊。
〔3〕［清］阮元：《揚州北湖萬柳堂記》，阮先輯《北湖續志》卷三，第1～2頁，道光二十七年刊，版本下同。
〔4〕［清］阮元：《揚州北湖萬柳堂記》，阮先輯《北湖續志》卷三，第1～2頁。
〔5〕［清］焦循：《北湖小志》卷二，第9頁，嘉慶十三年刊。
〔6〕［清］阮元：《揚州北湖萬柳堂記》，阮先輯《北湖續志》卷三，第1～2頁。

“三十六陂亭”，八曰“定香亭”。此揚州北湖萬柳堂也。[1]

萬柳堂修成後，不僅一解水患，更成爲新的游賞之所。查《阮元年譜》與《再續集》卷五，阮元晚年，特别是湖莊新成的道光十九、二十年，多次或陪同友人或獨自赴萬柳堂一游并多有題咏[2]。文物展示的《暮春游萬柳堂七絶二首》與《和趙松雪萬柳堂七律原韵》正是作于此時。

圖 3　阮元行書七言詩扇面

《暮春游萬柳堂七絶二首》爲我們呈現了一幅兄弟子侄幾人，暮春同游湖光山色，賞花看柳的游春圖卷。而《和趙松雪萬柳堂七律原韻》和趙孟頫題畫詩，欣賞眼前景色，但仍心系朝廷。趙詩著眼咫尺京城外便有如此美景，而和詩自得于暮年歸里可以重現并享有眼前景致。二詩同用“滄州趣”這一典故，應是主旨所在。南齊謝朓（464～499 年）《之宣城郡出新林浦向板橋》詩中云“既

---

〔1〕［清］阮元：《揚州北湖萬柳堂記》，阮先輯《北湖續志》卷三，第 1～2 頁。

〔2〕見《阮元年譜》：（道光十九年）七月，阮元游北湖萬柳堂（道光二十年）暮春，阮元與阮克等人連袂游萬柳堂，復至真州看桃花，阮元賦七絶兩首。阮克、先、充三從弟各和二首。四五月間，阮元作《揚州北湖萬柳堂詩并序》。復委汪廷儒繪《南萬柳堂》，圖成，阮元賦七律一首題圖。五月，吴榮光爲阮元書題《南萬柳堂圖》五月，阮元偕慎齋弟乘舟至萬柳堂，五日晨起，聽堂前鳴鶯。六月初九，阮元入湖，宿萬柳堂。有七律一首。（道光二十一年）六月初六日，夜宿南萬柳堂，有七律一首。（道光二十二年五月十四日）同日，阮元宿萬柳堂。是時王開業以《望湖草堂圖》索題，阮元題圖，并另紙書詩贈之。（道光二十三年）六月十一日前，阮元坐船游南萬柳堂，賦七律四首。王章濤《阮元年譜》，黄山書社，2003 年。

歡懷禄情，復協滄州趣。”《文選》吕延濟注：“滄洲，洲名，隱者所居。”李善注：“楊雄《檄靈賦》曰：世有黄公者，起于蒼州，精神養性與道浮游。”〔1〕雖然“滄”、“蒼”，“洲”、“州”因版本不同，但此典大致表示隱逸之趣應是不差。陸游亦有“心在天山，身老滄州”的悲憤的吶喊。趙孟頫後明沈周（1427～1509年）有畫《滄州趣圖》，雖所畫乃河北滄州的北方山水，但其筆意深得山水之真性情，亦可謂“滄州趣”之真諦了。和詩再用“滄州趣”的典故，同兩首七絶一樣，從中不難窺見阮元晚年“怡志林泉”和“頤性延齡”的悠游心境。

揚州博物館另有一件文物，是阮元獨游萬柳堂的題咏。

阮元行書七言詩扇面

泥金箋

鐵石心腸宋開府，玉冰魂魄古梅花。詩見蘇

邊功自壞鮮于手，仙樹遂歸南詔家。白香山《新豐折臂翁》詩，言宋璟不賞邊功。

今日太平多雨露，當年萬里隔煙霞。老龍如見三滄海，試與香林較歲華。

游黑龍潭看唐梅二律之二

蘆芽戢戢柳毿毿，一水瀠洄染蔚藍。但是鷺絲飛到處，管教風景似江南。獨游萬柳堂，尉軒屬。阮元

鈐印：怡志林泉（朱文）

扇面録詩兩首，其一爲阮元雲南舊詩，《阮元年譜》：“（道光七年）十二月，阮元游黑龍潭及潭上龍王廟，考證爲漢時黑水池遺址，爲之題寫石刻横額，并有七律兩首記事，復撰成《雲南黑水圖考》。”〔2〕詩載《揅經室續集》卷八和《揅經室詩録》〔3〕。第二首爲《獨游萬柳堂詩》，不見記載。值得注意的是，作爲題寫扇面，看唐梅七律很罕見的出現了小字注釋。查《揅經室續集》和《揅經室詩録》，注釋基本相同。唯有“白香山新豐折臂翁詩，言宋璟不賞邊功”一條扇面不完整，應作“白香山新豐折臂翁詩，言宋璟不賞邊功，楊國忠貪邊功，鮮于仲通喪師南詔事”，想是空間局限所致。“尉軒”此人無考，落款僅有姓名，不知作于何時。猜測爲詩題注或者照顧學詩小輩的理解，或者照抄詩集。

〔1〕［唐］六臣注：《文選》，北京：中華書局，2012年，第504頁。

〔2〕王章濤：《阮元年譜》，第804頁。

〔3〕道光十九年刊《揅經室續集》卷八，第13～14頁；《揅經室詩録》，北京：中華書局，1985年，第93～94頁。

《游黑龍潭看唐梅二律》其一：

千歲梅花千尺潭，春風先到彩雲南。
香吹蒙風龜兹笛，影伴天龍石佛龕。
玉斧曾遭圖外劃，驪珠常向水中探。
祇嗟李杜無題句，不與逋仙季迪談。[1]

對比其二，是一首比較純粹的寫景詩。而其二化用蘇軾"玉雪爲骨冰爲魂"來吟咏梅花高潔的品格，又引白居易《新豐折臂翁》敘述的唐歷史事實，不是單純的咏梅，而融抒情咏史于一爐。時任雲南總督的阮元面對眼前之景，思索歷史邊患，最終發出了"今日太平多雨露"的喟歎。

獨游萬柳堂詩與兄弟同游兩首七絶類似，是一首游湖寫景詩。但是把扇面上兩首詩聯繫起來理解，却别有一番滋味：三朝元老，一朝歸里，録舊詩認同"不賞邊功"，蒙恩"太平雨露"，在淮左名都營造"風景似江南"的勝景安享晚年，表現了阮元"風乎舞雩"的政治理想與平和心態。

萬柳堂作爲防治水患的農耕水利工程，最後却成了游玩閒適之地。且看落成時的題咏：

萬柳堂

舊屋令新立名，老屋水痕層疊，不加修飾，門外有二石鼓，百年外物。

昔訪野雲堂，元時柳號萬。我不謀良田，馮園亦休論。
戊年許歸田，鋤犁可操券。耐田盡沉水，望洋又何怨。
群從素明農，有策向我勸。曷不圩此田，可得十餘畹。
江州多細柳，栽之護土堰。剪取二萬枝，茸茸見枝蔓。
夏水又複來，圩若城受困。圩堅柳復多，農力護勤健。
秋田稻若熟，共嘗新米飯。賀蘭乞湖曲，淵明獲下潠。
來年萬柳春，繞堂黄亦嫩。我家居湖鄉，本與城市遠。
豈有午橋心，豈有萬柳願。不料竹林賢，一策解舊悶。
出門同看柳，春風致繾綣。直待賦《歸來》，始學廉希憲。[2]

---

〔1〕道光十九年刊《揅經室續集》卷八，第13~14頁；《揅經室詩録》，北京：中華書局，1985年，第93~94頁。

〔2〕《北湖續志》卷三，第2~3頁。

從“栽之護土堰”的初衷到“共嘗新米飯”對秋田獲稻的喜悦，從誠惶誠恐“我不謀良田，馮園亦休論”到賦一首《歸去來兮辭》，學陶靖節歸隱田園、廉希憲寄情山水，終成就“太傅風流柳萬株”[1]，阮元的心態也發生了微妙的變化。

道光十八年（1838 年），阮元請辭，道光帝諭復阮元《回籍日期折》，曰“從兹怡志林泉，善自静攝”。[2]阮元敬尊聖諭，賦五古十韵明志[3]，其中有“性節今勉彌，志怡誠逸休”、“出城即緑野，林泉非遠求”的句子，并自號“怡性老人”。道光二十三年（1843 年），阮元八十壽辰，道光帝賜御書“頤性延齡”匾。阮元在《張卡未眉壽圖説》文末注：“元二三十年來，自署節性齋、節性老人。今年蒙恩賜‘頤性延齡’匾，改署‘頤性老人’。卡未侄卒在此，爲余刻‘頤性老人’印。”[4]因此才有晚年的湖光山色阮公樓、赤岸湖畔萬柳堂，阮元更常偕友人放舟瘦西湖，宴集平山堂，并多有唱和。“天恩恤老臣，詔許歸揚州”[5]，文物所記録和印證的正是這樣一段歲月。

但阮元的暮年并非衹有寄情山水。雖已年過古稀，身在江湖，阮元仍心繫朝廷。英夷犯境，阮元多次上奏，憂心忡忡，無奈策不見用。政治上的無所作爲并没有影響他在文化學術活動上的活力。阮元與林則徐、龔自珍等名流交游，談古論今；提掖後進，以他爲首，在揚州集結了如劉文淇（1789～1854 年）、劉寶楠（1791～1855 年）等一大批後起的漢學精英。阮元晚年還喜刻書，其中刻印《文選樓叢書》，匯刻揚州學人的著作，刻印皆精，無疑對後世影響最大；仍筆力雄健，所作詩詞、序文、碑傳不可勝數[6]。

道光二十九年（1849 年）十月三日，阮元辭世，時年八十六歲。時至今日，南萬柳堂也早已蕩然無存。但我們仍能透過卷軸和扇面上的水墨一窺當時的揚州風物和頤性老人對故鄉和山水的眷戀。

---

[1] 阮先：《赤湖雜詩》，轉引自王章濤《阮元年譜》，第 958 頁。

[2] 王章濤：《阮元年譜》，第 929 頁。

[3] 王章濤：《阮元年譜》，第 933～934 頁。郭明道《阮元評傳》，北京：社會科學文獻出版社，2005 年，第 145 頁。

[4] 《阮元姓名、字型大小、齋館、印鑒》，轉引自王章濤《阮元年譜》，第 5 頁。

[5] 王章濤：《阮元年譜》，第 933～934 頁。郭明道：《阮元評傳》，北京：社會科學文獻出版社，2005 年，第 145 頁。

[6] 參見陳居淵：《焦循阮元評傳》之《阮元評傳》第二章第四節：《榮歸故里與〈文選樓叢書〉》，南京大學出版社，2011 年。

作者簡介：田野，南京大學中國古典文獻學碩士，揚州博物館助理館員。
封冰，2007 年入職揚州博物館，目前從事書畫保管工作。

Ruan Yuan and the Wanliu Mansion: an Interpretation of Ruan Yuan's Calligraphy Preserved by Yangzhou Museum

Tian Ye, Feng Bing

Abstract: RuanYuan built the Wanliu Mansion after he retired, according to the imperial edict which advice him to enjoy his retirement. A number of calligraphy and paintings of Ruan Yuan produced during his retirement are preserved by Yangzhou Museum. We could not only take a glimpse of the calligraphy genre in his old age, but also observe the innerpeace of an old man from these arts.

Keywords: Ruan Yuan, Wanliu Mansion, Calligraphy

阮元研究述評（1803～2013年）

伍野春　阮　榮

内容摘要：1803～2013年，在中國（含大陸、臺灣、香港）、法國、比利時、美國、德國、日本、韓國，澳大利亞有637位學者，從經學、哲學、法學、社會學、教育學、文學、歷史學、理學的視角研究阮元的生平、文化教育、著述及其學術思想，出版專著25部、論文集1部，發表論文949篇。在975篇部論著中，有580篇部是在2000～2013年發表出版的，占總數的59.49%，阮元研究已經成爲國際性熱點課題。本文首先使用定量的方法，對1803～2013年中國大陸阮元研究的論文、作者、期刊與專書以及主題的分布進行統計分析，以揭示阮元研究發展的趨勢；其次從宏觀的角度，概述中國臺灣、香港以及國外研究阮元的概況和主題；最後評價國内外阮元研究的特點與不足。

關鍵詞：阮元研究；述評

二百一十年來，一代代阮元（1764～1849年）研究者薪火相傳、開拓創新、精益求精，取得了豐碩的成果。根據我們的統計，1803～2013年，在中國（含内地、臺灣、香港）、法國、比利時、美國、德國、日本、韓國、澳大利亞[1]，有637位學者，從經學、哲學、法學、社會學、教育學、文學、歷史學、理學的視角研究阮元的生平、文化教育、著述及其學術思想，出版專著25部、論文集1

[1] 本文以論著發表出版的先後爲序進行述評。

部，發表論文949篇。[1]在975篇部論著中，有580篇部是在2000~2013年發表出版的，占總數的59.49%，阮元研究已經成爲國際性熱點課題。對于阮元研究取得的成果，大陸、香港均有學者從一定的時間段、某個區域、不同類别進行定性的述評[2]，深刻闡述了研究的本質。本文首先使用定量的方法，對1803~2013年中國大陸阮元研究的論文、作者、期刊與專書以及主題的分布進行統計分析，以揭示阮元研究發展的趨勢；其次從宏觀的角度，概述境外（含中國臺灣、香港以及國外，下同）研究阮元的概况和主題；最後評價中國大陸與境外研究的特點與不足。本文的上限設在1803年，是因爲這年王昶（1724~1806年）在其《湖海詩傳·阮元》中，論述了阮元的生平與貢獻，香港學者孫廣海認爲，這是“阮元生平研究的濫觴之作”[3]，下限設在2013年是出于統計上的方便。

一　中國大陸的統計分析（1803~2013年）

根據我們的統計，1803~2013年，大陸有512位學者，從經學、哲學、教育學、文學、歷史學、理學的視角研究阮元的生平、文化教育、著述及其學術思想，出版專著19部、論文集1部、發表論文754篇。在754篇論文中，期刊論文372篇，專書論文213篇，報紙論文20篇，博士學位論文12篇，碩士學位論文49篇，傳記33篇，各種通史、斷代史以阮元爲主題的55個章節。以下對上述阮元研究的論文、作者、期刊與專書以及主題的分布進行統計分析，并探討阮元研究發展的趨勢。

（一）論文分布

爲了從總體上把握阮元研究的發展趨勢，我們將1803~2013年的阮元研究論文，按年度進行統計，結果見表1。

---

[1] 參見拙輯《阮元研究論著索引（1799~2012）》，趙昌智主編《揚州文化研究論叢》第11輯，廣陵書社2013年6月，第165~204頁；阮榮、陳東輝、伍野春輯《阮元研究文獻索引（1803~2013）》，見本書。需要説明的是，該數據不涉及《阮元研究文獻索引（1803~2013）》中，省級以下報紙論文、會議論文，各種通史、斷代史、專題研究、碩博士學位論文等論著中的段落，以及通俗讀物、非公開出版物、網絡中涉及阮元的文章。

[2] 參見宋巧燕《20世紀的阮元研究》，《中州學刊》2003年第4期，第88~93頁；王新宇《阮元碑學研究概述》，《書法世界》2004年第4期，第12~14頁；孫廣海《阮元研究回顧》，《漢學研究通訊》（臺北），第25卷第3期（總99期）2006年8月，第1~14頁；王瑜《阮元思想研究述評》，《廣西社會科學》2006年第6期，第112~115頁；宋巧燕、張承剛《詁經精舍、學海堂兩書院研究綜述》，《漳州師範學院學報（哲學社會科學版）》2012年第3期，第111~116頁。

[3] 孫廣海：《阮元研究回顧》，《漢學研究通訊》（臺北）第25卷第3期（總99期），2006年8月，第1~14頁。

表 1　1803～2013 年阮元研究論文年度統計表

單位：篇

年份	論文量	年份	論文量	年份	論文量	年份	論文量	年份	論文量	年份	論文量	年份	論文量
1803	1	1886	1	1919	1	1937	5	1981	4	1992	12	2003	53
1824	1	1888	1	1925	2	1939	3	1982	4	1993	12	2004	21
1838	3	1904	1	1926	1	1940	3	1983	5	1994	15	2005	23
1850	1	1907	1	1928	6	1941	1	1984	5	1995	11	2006	28
1852	1	1908	1	1929	2	1943	1	1985	2	1996	12	2007	31
1855	1	1909	2	1930	1	1944	1	1986	9	1997	13	2008	40
1857	2	1911	1	1932	2	1947	1	1987	9	1998	13	2009	47
1865	1	1913	1	1933	2	1962	1	1988	7	1999	19	2010	49
1866	1	1914	2	1934	1	1963	2	1989	15	2000	17	2011	38
1874	1	1915	2	1935	4	1964	2	1990	13	2001	24	2012	53
1875	2	1917	1	1936	4	1980	4	1991	13	2002	18	2013	40

根據表 1 統計可知，在 1803～1979 年的 177 年間，阮元研究論文計 75 篇，平均每年 0.42 篇，特點是間斷多、數量少。在 1980～2002 年的 22 年間，阮元研究論文計 256 篇，平均每年 11.64 篇，是前一階段的 27.79 倍，并在起伏中上升。在 2003～2013 年的 11 年間，阮元研究論文計 424 篇，平均每年 38.55 篇，是前一階段的 3.32 倍，在起伏中再上一個臺階。就數量而言，1803～2013 年阮元研究論文的增長趨勢，呈現爲三個階段，三個臺階，逐步上升，成爲熱點。

（二）作者分布

阮元研究的繁榮是每一位作者心血結晶的積累。爲了探討阮元研究者的分布情況，我們對 752 篇論文的作者進行了統計。根據國際慣例，對多作者的論文，衹取第一位進行統計。每位作者的論文量見表 2，發表 5 篇以上的作者見表 3。

表 2　1803～2013 年阮元研究者論文量統計表

單位：篇

人　數	1	1	2	1	2	2	1	4	5	18	64	413
論文量	40	17	12	11	8	7	6	5	4	3	2	1

表 3　1803～2013 年阮元研究核心作者論文量統計表

單位：篇

作　者	論文量	作　者	論文量	作　者	論文量	作　者	論文量	作　者	論文量
陳東輝	40	宋巧燕	12	王章濤	8	劉　琪	5	顔廣文	5
郭明道	17	戚學民	11	鍾玉發	7	陳居淵	5	——	–
金　丹	12	黄愛平	8	於梅舫	6	李步嘉	5	——	–

根據表 2 統計可知，1803～2013 年，有 512 位作者發表阮元研究論文。發表 1 篇論文的作者計 413 位，占全部作者的 80.66%，他們發表的論文占全部論文的 54.92%。他們大都是在自己的研究方向内涉及阮元而做的研究，發表 1 篇論文後，就中止了這方面的研究，通常稱其爲客串作者。發表 2～4 篇論文的作者計 87 位，占全部作者的 16.99%，他們發表的論文計 200 篇，占全部論文的 26.53%。他們可能是學術興趣的轉移，或者是後起之秀的蓄勢待發，通常稱其爲一般作者。發表 5 篇及以上論文的作者計 13 位，占全部作者的 2.54%，他們發表的論文計 141 篇，占全部論文的 18.73%，通常稱其爲核心作者。需要説明的是，有 16 位學者出版了阮元研究的專著，他們是傅斯年（1896～1950 年）、孫詒讓（1848～1908 年）、王章濤、李成良（1947～2004 年）、余新華、陳東輝、葉鵬飛、郭明道、張立、陳居淵、陳澤泓、周斌、戚學民、金丹、宋巧燕、鐘玉發。我們認爲，他們的專著對阮元進行了系統的研究，理應是核心作者。將發表 5 篇論文及以上的作者加上出版專著的作者，去其重復，阮元研究的核心作者計 21 位，占全部作者的 4.10%。值得注意的是，在 21 位核心作者中，1985 年以後畢業的碩士、博士占 61.90%，這證明，年輕的高學歷作者，已經成爲阮元研究核心作者的主要成員。

衆所周知，學術水準主要是看論文的質量，有的人雖然發表的論文不多，但質量很高，做出了重要貢獻。例如：劉毓崧（1818～1867 年）、王國維（1877～1927 年）、劉師培（1884～1919 年）開創了阮元生平、哲學、文筆論的研究局面；梁啓超（1873～1929 年）、錢穆（1895～1990 年）、侯外廬（1903～1987 年）、張舜徽（1911～1992 年）、楊向奎（1910～2000 年）、錢寶琮（1892～1974 年）、柴德賡（1908～1970 年）的清代學術史著作，確立了阮元的學術地位；1949～1979 年，受政治思想的影響，僅發表出版了侯外廬、張舜徽、王紹楹、楊向奎、錢寶琮的阮元研究成果，雖然數量少，但是質量都很高，對 1980 年以後的阮元研究有直接而巨大的影響。

1980～2013 年，在思想解放、文化熱、國學熱的背景下，阮元研究逐步成爲熱點。在這個過程中，揚州學者做出了重要的貢獻。1980 年 9 月，卞孝萱（1924～2009 年）發表的《曹寅·〈紅樓夢〉·阮元》[1]，是 1964 年後發表的第一篇阮元研究的論文，標志著阮元研究新時期的開始，具有重要的開拓意義；王章濤 107 萬字的《阮元年譜》[2]，已經成爲阮元研究者必備的參考書；郭明道的《阮元評傳》[3]，是一部全面探討阮元的力作；戚學民的《阮元〈儒林傳稿〉研究》[4]開拓了阮元研究一個新的領域；金丹的《阮元書學研究》[5]則是富于創新的高水平之作；趙昌智不但發表多篇高質量的阮元研究論文，更重要的是，他于 2003 年 8 月創建了揚州文化研究會和揚州學派研究會，2008 年 9 月開始主編的《揚州文化研究論叢》每年出版兩輯，已經出版 14 輯，爲推動揚州文化與阮元研究，發揮了重要的作用。他們都是揚州籍學者。

廣東是阮元研究的另一個重鎮。1999 年 12 月 25～26 日，廣東炎黄文化研究會、廣州炎黄文化研究會在廣州主辦了“廣府文化與阮元對廣府文化貢獻學術研討會”。2003 年 12 月，上述兩研究會編輯的《嶺嶠春秋：廣府文化與阮元論文集》由中山大學出版社出版。該論文集收集了廣州市委、中山大學、暨南大學、華南師範大學、廣州大學、廣東省中山圖書館、廣東省地方史志編纂委員會、廣州市地方志編纂委員會等學者的 18 篇論文，是 21 世紀初阮元研究的代表作，也促成了阮元研究熱點的到來。

1982 年 9 月 25 日至 2008 年 7 月 4 日，烏鵬廷、陳漢民、鄭吾三等 22 位作者在《杭州日報》《浙江日報》《錢江晚報》《都市快報》就阮公墩、靈隱書藏、詁經精舍、阮公祠等发表论文 26 篇，爲宣傳、推動阮元研究做出了貢獻。浙江長期研究阮元的僅陳東輝一人，但其 40 篇阮元研究論文及其專著《阮元與小學》[6]令人矚目。

1985～2013 年，在老一輩的指導下，一批通過系統地專業訓練的碩士、博士，發表出版了一批高質量的阮元研究論著，例如：劉琪的阮元教育研究、郭明道的阮元綜合研究、黄愛平的阮元學術研究、陳東輝的阮元綜合研究、陳居淵的阮元

---

〔1〕 卞孝萱：《曹寅·〈紅樓夢〉·阮元》，中國社會科學院文學研究所編：《紅樓夢研究集刊》第 4 輯，上海：上海古籍出版社，1980 年，第 407～416 頁。

〔2〕 王章濤：《阮元年譜》，合肥：黄山書社，2003 年。

〔3〕 郭明道：《阮元評傳》，北京：社會科學文獻出版社，2005 年。

〔4〕 戚學民：《阮元〈儒林傳稿〉研究》，北京：生活·讀書·新知三聯書店，2011 年。

〔5〕 金丹：《阮元書學研究》，北京：榮寶齋出版社，2012 年。

〔6〕 陳東輝：《阮元與小學》，北京：中國文聯出版社，1999 年。

思想研究、尚小明的阮元幕府研究、余新華的阮元學術研究、金丹的阮元書學研究、張立的阮元科學思想研究、宋巧燕的詁經精舍與學海堂文學教育研究、李緒柏的阮元對廣東學術文化貢獻的研究、鍾玉發的阮元學術思想研究、戚學民的《儒林傳稿》研究、李帆的阮元理學思想研究、於梅舫的學海堂研究、李慧玲的阮元刻《毛詩注疏》研究、沈瑩瑩的《揅經室集》研究、周斌的阮元書學思想研究、孟凡港的《山左金石志》研究、林久貴的阮元經學研究等，他們的論著無論是在領域的拓展上，還是在研究的深度上，都有很大的推進。在大部分人都向錢看的社會背景下，他們甘于清貧、埋頭苦幹，以自己的成果深化了阮元研究，并將其水準推到一個新的高度，功德無量。

（三）期刊與專書分布

瞭解阮元研究的期刊與專書，有助于掌握研究信息，提高閱讀效果。我們對1803～2013年發表阮元研究的期刊與專書進行了統計，每種期刊與專書的發文量見表4，發表阮元研究論文5篇以上的期刊與專書見表5。

表4　1803～2013年發表阮元研究論文的期刊與專書發表論文統計表

單位：篇

期刊與專書	1	1	1	1	1	2	2	3	10	14	41	300
發　文　量	23	18	17	14	8	7	6	5	4	3	2	1

表5　1803～2013年阮元研究核心期刊與專書發表論文統計表

單位：篇

期刊與專書	發文量	期刊與專書	發文量	期刊與專書	發文量
揚州大學學報[1]	23	學術研究	8	文教資料	6
嶺嶠春秋：廣府文化與阮元論文集	18	中國典籍與文化	7	清史研究	5
揚州文化研究論叢	17	古漢語與古文獻論叢	7	歷史文獻研究	5
古籍整理研究學刊	14	廣東史志	6	嶺南文史	5

根據表4統計可知，1803～2013年，有377種期刊與專書發表了585篇阮元研究論文。1981～2007年，《揚州大學學報》發表23篇；2008～2013年，《揚州文化研究論叢》發表17篇，這兩種都在阮元的出生地。2003年，《嶺嶠春秋：廣府文化與阮元論文集》發表18篇；1996～2010年，《學術研究》發表

〔1〕《揚州大學學報》含1997年以前的《揚州師院學報》的社會科學版和自然科學版。

8篇；1994～2011年，《廣東史志》發表6篇；1993～2012年，《嶺南文史》發表5篇。這4種都在阮元任總督9年的廣州。發表阮元研究論文較多的期刊與專書具有明顯的地域性。需要説明的是，在中國大陸，除了西藏外，其他省市自治區都有阮元研究的論文發表，而近5年來，發表阮元研究論文最多的是《揚州文化研究論叢》。

令人欣慰的是，很多重要期刊曾先後發表阮元研究的論文，如：《文史》《華東師範大學學報》《史學月刊》《武漢大學學報》《中山大學學報》《中國人民大學學報》《文史哲》《北京大學學報》《中國哲學史》《浙江大學學報》《清華大學學報》《北京師範大學學報》《文學評論》《中華文史論叢》《四川大學學報》《哲學研究》《近代史研究》《文藝研究》《復旦學報》等，這也從一個方面證明了阮元研究的學術水準。

（四）主題分布

爲了探討阮元研究在過去210年中的結構變化，我們將1803～2013年分爲9個時間段，將阮元研究論文分爲26個主題進行統計，以反映各主題在不同時間段的變化，詳見表6、7。

表6　1803～2013年阮元生平、文化教育研究論文統計表

單位：篇

主題 / 篇數 / 时间	傳記	生平研究	交游	幕府	文化科技研究	文獻收藏研究	靈隱焦山書藏研究	教育研究	詁經精舍研究	學海堂研究
1803～1948	19	6	–	–	–	2	–	–	2	6
1949～1979	–	–	–	–	–	–	–	–	–	–
1980～1984	–	3	–	–	1	–	1	–	–	1
1985～1989	3	4	2	–	3	–	2	6	–	1
1990～1994	4	2	–	–	1	–	2	6	1	3
1995～1999	5	5	1	2	1	–	4	2	2	2
2000～2004	1	13	3	1	11	4	–	4	2	9
2005～2009	1	11	6	1	2	6	1	6	11	9
2010～2013	–	7	15	1	1	2	5	6	4	5
小　計	33	51	27	5	20	14	15	30	22	36

表 7　1803 ~ 2013 年阮元著述、學術思想研究論文統計表

單位：篇

主題 / 篇数 / 時間	揅經室集與軼文考辨	經籍籑詁研究	十三經注疏及校勘記研究	皇清經解研究	儒林傳稿研究	疇人傳研究	廣東雲南通志研究	宛委別藏研究	其他著述研究	學術思想總論	經學研究	小學研究	思想研究	文學研究	文獻學研究	書學研究
1803 ~ 1948	3	1	–	5	–	–	–	2	–	3	3	1	3	11	–	2
1949 ~ 1979	1	–	1	–	–	1	–	–	–	2	–	–	–	–	–	–
1980 ~ 1984	1	5	–	–	–	4	–	–	1	2	–	–	–	2	–	1
1985 ~ 1989	–	3	4	1	–	3	1	–	1	2	–	3	1	–	–	–
1990 ~ 1994	2	1	1	4	–	3	1	3	1	10	3	3	2	3	4	5
1995 ~ 1999	–	7	5	3	–	–	2	2	1	3	1	6	4	1	3	5
2000 ~ 2004	2	8	6	2	–	2	6	1	1	9	3	1	12	11	4	17
2005 ~ 2009	5	2	18	1	7	4	6	1	3	8	4	4	13	11	10	21
2010 ~ 2013	6	2	47	4	6	3	3	2	9	7	4	4	5	17	3	13
小　計	20	29	82	20	13	20	19	11	17	46	18	22	42	56	24	64

根據表 6、7 可知，清代中後期，阮元傳記、生平與學術論文較多，其作者主要是阮元的門生幕僚等。民國時期，在劉師培的影響下，出現一次文筆論研究熱；在各種清史中，阮元的學術地位被確立。1949 ~ 1979 年，受政治思想的影響，發表出版的阮元研究成果很少。1980 年思想解放以後，在文化熱的環境中，阮元逐漸受到關注。在 90 年代國學熱的背景下，阮元的傳記、生平、學術，特別是經學、思想、書學等得到學界的重視，近十幾年來，成爲熱點。阮元研究的冷熱，受到政治和學術思潮的影響。

1980 ~ 2013 年，許多學者開拓了阮元研究的新領域，例如：1985 年，劉琪的阮元教育研究；1991 年，陳東輝的阮元學術地位與成就研究；1998 年，尚小明的阮元幕府研究；2007 年，戚學民的《儒林傳稿》研究；2012 年，孟凡港的《山左金石志》研究等，他們的探索爲阮元研究的繁榮做出了重要貢獻。

二　境外述評（1904 ~ 2013 年）

根據我們的統計，1904 ~ 2013 年，在法國、比利時、美國、德國、日本、中國臺灣和香港、韓國、澳大利亞有 125 位學者，從經學、哲學、法學、社會學、

教育學、文學、歷史學以及理學的視角研究阮元的生平、文化教育、著述及其學術思想，出版專著7部，發表論文195篇。在195篇論文中，期刊論文97篇，專書論文60篇，報紙論文4篇，博士學位論文12篇，碩士學位論文14篇，各種通史、斷代史以阮元爲主題的8個章節。境外阮元研究的優長大體是，視野獨特、方法新穎、學風嚴謹、規範科學等。

（一）概況

我們將境外的阮元研究，劃分爲歐美澳大利亞、日本、中國臺灣、中國香港、韓國五個區域，分別概述如下。

1. 歐美澳大利亞。1904～2013年，歐美澳大利亞有10位學者出版阮元研究專著兩部、發表論文23篇（含博士學位論文3篇），占境外阮元研究成果的11.79%。歐美澳大利亞學者研究阮元分爲兩個階段。第一階段是1904～1944年。第一位在中國大陸以外發表研究阮元論文的是法國微席葉（Arnold Jacques Antoine Vissiére，1858～1930年）。微席葉是西方早期漢學家，他于1882年以法國公使館翻譯來華，曾任上海總領事，1899年回法國後，主持巴黎現代東方語言學校的漢語講座近30年。第一位在比利時發表研究阮元論文的是赫師慎（Louis van Hée，1873～1951年）。赫師慎是比利時耶穌會士，中算史專家，他于1892～1911年寓居中國。第一位在美國發表研究阮元論文的是美籍華裔房兆楹（Fang Chao－ying，1908～1985）。房兆楹是國際著名明清民國史專家，他于20世紀30年代初應邀赴美，參加《清代名人傳略（*Eminent Chinese of The Ching Period*，1644～1912年）》的撰寫。德國第一位發表研究阮元論文的是傅吾康（Wolfgang Franke，1912～2007年）博士。傅吾康是德國著名的漢學家和戰後漢堡學派的主要代表人物，他于1937～1950年在中國訪學、教學。第二階段是1979～2013年。美國普林斯頓大學教授本傑明·艾爾曼（Benjamin A. Elman）博士研究了學海堂、《疇人傳》及阮元的思想，香港大學亞洲研究中心研究員美籍華裔魏白蒂（Wei Peh T'i）博士研究了阮元的生平，美國聖路易斯華盛頓大學副教授麥哲維（Steven B. Miles）博士研究了學海堂，美國約翰霍普金斯大學教授梅爾清（Tobie Meyer－Fong）博士、澳大利亞墨爾本大學教授安東籬（Antonia Finnane）博士研究了文選樓與阮元，法國索邦大學易凱（Eric Lefebvre）博士研究了阮元的收藏。21世紀以來，美國、澳大利亞、法國學者已經發表出版了13篇部阮元研究成果，占其總數的65.22%，有8篇部美國和澳大利亞學者的阮元研究論著已經被譯爲中文發表出版。歐美澳大利亞學者的研究特點是，使用社會學、人類學等多種方法研究阮元。

2. 日本。1927～2013年，日本有32位學者發表研究阮元的論文60篇，占境外阮元研究成果的30.77%。在60篇論文中，研究阮元金石學、書學的計20篇，占其總數的33.33%；研究《十三經注疏》及其《校勘記》的計11篇，占其總數的18.33%。日本學者研究阮元的偏好非常明顯。進入21世紀後，日本每年都有阮元研究論著發表，計26篇，占日本阮元研究總數的43.33%。

日本第一位發表研究阮元論文的是三上義夫（Mikami. Yoshio，1875~1950）博士。三上義夫是國際科學史研究院通訊院士，他爲西方瞭解中國傳統數學做了開拓性的重要貢獻。在33位日本學者中，有6位發表多篇研究阮元的論文。1933~1949年，京城帝國大學教授藤塚鄰（1879~1948年）博士從清代中外文化交流的視角研究阮元，發表論文5篇。1963~1987年，御茶水女子大學教授近藤光男從清代學術史的視角研究阮元，發表論文4篇。1987~2006年，京都産業大學教授橋本高勝從思想史的視角研究阮元，發表論文4篇。1993~2013年，琉球大學教授水上雅晴以阮元《十三經注疏校勘記》和幕府爲研究中心，發表論文7篇。2000~2011年，筑波大學准教授菅野智明博士研究阮元的書學，發表論文5篇。2004~2013年，都留文科大學講師草津祐介研究阮元的書學，發表論文5篇。日本學者阮元研究的特點是，選題小，分析精細。

3. 中國臺灣。1960~2013年，臺灣有63位學者出版阮元研究專著4部，發表論文89篇（含7篇博士學位論文、11篇碩士學位論文），占境外阮元研究成果的45.64%。1960年杜負翁（1891~1983年）在《中央日報》發表的兩篇概論性論文是臺灣最早的阮元研究。20世紀60、70年代，臺灣學者主要是從經學史的視角研究阮元，其次是研究阮元的著述。1974~1982年，中央研究院近代史研究所研究員王萍的《疇人傳》研究；1985~1986年，臺灣師範大學教授劉德美博士的阮元學術研究；1994~2009年，中央研究院近代史研究所研究員張壽安博士的阮元學術研究；1995~2009年，東吴大學副教授劉玉國博士的《揅經室集》研究；1996~2010年，彰化師範大學教授張麗珠博士的阮元思想研究；2002~2013年，中央研究院歷史語言研究所研究員陳鴻森的阮元文獻研究；2004~2010年，長庚科技大學副教授吴德玲博士的阮元的綜合研究，2009~2010年，高明一博士的阮元書學研究都取得了重要的成果。進入21世紀以來，臺灣學者發表阮元研究論文47篇，占其總數50.54%。臺灣學者既有深厚的中國傳統文化根基，又能重視使用西方的研究方法。

4. 中國香港。1960~2011年，香港有12位學者出版研究阮元的專著1部，發表論文15篇（含2篇博士學位論文、1篇碩士學位論文），占境外阮元研究成果的7.69%。20世紀60年代初，香港《大公報》副刊“藝林”發表了宇翁、桐花有關阮元的三篇概論性論文，1962 年 1 月，香港商務印書館將其編入《藝林叢録》第三編出版，這是香港最早研究阮元的成果。香港的阮元研究中，梁文錦（Leung Man Kam）的博士學位論文、孫廣海（Suen，Kwong－hoi）的專著《阮元學術思想研究》以及李貴生博士對阮元文論的研究是最重要的成果。在香港學者的 16 篇部論著中，8 篇都是 21 世紀發表的，占 50.00％。香港學者既關注大陸的研究動態，又重視境外的研究前沿，研究課題頗爲深入。

5. 韓國。1981～2012 年，韓國發表研究阮元的論文 8 篇，占境外阮元研究成果的 4.10％。徐坰遥、曺秉漢、柳浚弼、尹元鉉、徐漢庸、장정임從樸學、實學、文筆論、思想、名物、《儀禮注疏》等視角發表研究阮元的期刊論文 6 篇，而柳在學和견영자的碩士學位論文都是研究阮元《南北書派論》的。值得注意的是，韓國學者的 8 篇論文中，有 5 篇是 21 世紀發表的，占 62.50％。迄今爲止，韓國學者都是在自己的研究方向内對阮元進行研究的，因此涉及面較廣，但尚無核心者。

（二）研究的主題

我們將境外研究阮元的主題分爲生平、文化教育、著述、學術思想四類，以博士學位論文和專著爲例，分别述評如下。

1. 生平研究。境外研究阮元生平的論著計 37 篇部，占境外阮元研究的 19.17％，學者們主要探討了阮元的生平和交游。微席葉的法文阮元傳記、房兆楹的英文阮元傳記、傅吾康的德文阮元傳記[1]，被後來研究阮元的論著經常引用，具有深遠而廣泛的影響。

境外研究阮元生平的有 3 篇博士學位論文、1 部專著。

1977 年，梁文錦在夏威夷大學的英文博士學位論文題目是《阮元，1764～1849：他的生平、著作與政治生涯》（*Juan Yuan*，1764～1849：*Yhe Life*，*Works and Career of a Chinese Scholar－Bureaucrat*），論文導師是郭穎頤（D. W. Y. Kwok）教授。該論文前有致謝、摘要、縮寫列表、序言，正文計 273 頁，第一部分是，學者：阮元的生活和思想，1764～1849 年；第二部分是，官員：阮元的省級官員職業研究，1800～1842 年；第三部分是結論，政治：在中國南部和東南部的學術與社會危機；附録Ⅰ：學海堂的組織結構；附録Ⅱ：學者與書院：——對書院在困難時期在大都市廣州地區的作用研究，1834～1840 年；參考書目第 286～302

---

〔1〕 Arnold Jaques Vissiere，Le Biographie de Juan Yuan，*T'oung Pao* 通報，Ⅱ：5，1904，pp. 561－596. Fang Chao－ying，Juan Yuan，Arthur William Hummel，*Emrinent Chinese of The Ching Period*，Washington DC Government Printing Office，1944，pp. 399 － 402. Wolfgang Franke，Juan Yuan，1764－1849，*Monumenta Serica*，Ⅸ，1944，pp. 53－80.

頁。作者論述了阮元的學術和事功，但學術方面衹研究了阮元的《疇人傳》、人性論及文學論。作者没有參考此前日本學者的論著。該論文是第一篇以阮元爲研究對象的博士學位論文，對歐美學者有一定的影響，篳路藍縷，實屬不易。

1981 年，魏白蒂在香港大學的英文博士學位論文題目是《阮元：一個有特殊價值的傳記研究，關于清代中期南中國的安全與控制，1799 ~ 1835》（*Juan Yuan*：*A Biographical Study with Special Reference to Mid - Ching Security and Control in Southen China* 1799 ~ 1835）。2006 年 6 月，作者的英文專著《阮元，1764 ~ 1849：19 世紀鴉片戰争前一位重要學者官員的私人生活和政治生涯》（*Ruan Yuan*，1764 - 1849：*The Life and Work of a Major Scholar - Official in Nineteenth - Century China before the Opium War*），由香港大學出版社出版。該書計 409 頁，目録是：導言，第一部分學者官員的形成，第二部分工作中的省級官員，第三部分閑暇時的阮元，第四部分作爲個人的阮元，第五部分高級政治家，總結，附録，參考書目，術語與索引。袁劍認爲："作者著力通過對阮元人際社會關係網絡的探究，使我們對于阮元的生活狀態及其背後的清代學術紛争及政治流變有了更進一步的瞭解。"[1] 艾爾曼强調："特别是中國近世史專家將在本書找到許多資源和豐富的信息。"[2] 該書的特點是，使用大量的檔案資料，對阮元生平細節進行述評。該書在國際學術界已經産生一定的影響。

2007 年 2 月，吴德玲在東吴大學的博士學位論文題目是《阮元之經世思想與經世措施》，指導教授是胡楚生。該論文正文計 418 頁，第一章緒論，第二章阮元的時代背景及生平事迹，第三章阮元的社會思想與社會措施，第四章阮元的教育思想與教育措施，第五章阮元的經濟思想與經濟措施，第六章阮元的政治思想與政治措施，第七章阮元的文獻思想與文獻措施，第八章阮元的科技思想與科技措施，第九章結論，參考文獻第 419 ~ 432 頁。作者從清代學術史的視角指出："清代學術重考據、重文獻，學者少有事功、經世方面的表現，而阮元不但具有學術思想的創見，也有推展文化的志業，更有實質從政經世的貢獻，因此，阮元具有

---

[1] 袁劍：《阮元研究及其國際化的新進展——簡評魏白蒂（Betty Peh - T'i Wei）：*Ruan Yuan*，1764 ~ 1849 一書》，曹虹、蔣寅、張宏生主編《清代文學研究集刊》第 2 輯，北京：人民文學出版社，2009 年，第 422 ~ 431 頁。

[2] Benjamin A. Elman，"*Ruan Yuan*，1764 ~ 1849：*The Life and Work of a Major Scholar - Official in Nineteenth - Century China before the Opium War*. By Betty Peh - T'i Wei. Hong Kong：Hong KongUniversity Press，2006." *The Journal of Asian Studies*（JAS），69，2010，pp. 543 - 546.

不可替代的歷史地位。”[1]該論文是阮元生平研究的一個里程碑。

2. 文化教育研究。境外研究阮元文化教育方面的論著計18篇部，占其研究阮元總量的9.33%。其中，研究學海堂8篇部、詁經精舍2篇、阮元藏書輯書刻書2篇部、阮元推廣文教3篇、阮元收藏3篇。

境外研究阮元文化教育的有博士學位論文2篇，專著2部。

1995年6月，黄慶雄在臺灣東海大學的碩士學位論文題目是《阮元輯書刻書考》，指導教授是潘美月。2007年3月，臺灣花木蘭文化出版社將該論文修訂版出版。該書計220頁，目録是，緒論，第一章阮元傳略，第二章《經籍籑詁》之編刻，第三章《十三經注疏校勘記》之校刻，第四章《皇清經解》之輯刻，第五章其他輯刻書籍——經、史，第六章其他輯刻書籍——子、集，結語，參考書目第254~261頁。作者認爲：“《經籍籑詁》《十三經注疏校勘記》及《皇清經解》三部大書，反映了當時經學、小學、校勘學域的成就，也囊括了清代前期的成果，提供經學研究的方便途徑及寶貴的資料，而三部書廣泛流傳海内外，于學術傳播之貢獻，更是無人能及。而所輯刻諸書對學術文化之保存，具有積極的意義。”[2]除三部大型圖書外，作者還考證了阮元其他或輯或刻書籍近60本，較全面地展示了阮元在文獻學上的成就與貢獻，并于書末附原版的存世書影54種。該書是一部歷史文獻學著作，作者在阮元著述的版本等方面取得了許多重要成果。

2000年，麥哲維在華盛頓大學的英文博士學位論文題目是《地方事務：宗族、學術和學海堂與華南地方認同的建構，1810~1880》（*Local Matters*：*Lineage*，*Scholarship and the Xuehaitang Academy in the Construction of Regional Identities in South China*，1810－1880）。2006年10月，作者的英文專著《學海：十九世紀廣州的社會流動性與身份認同》（*The Sea of Learning*：*Social Mobility and Identity in Nineteenth-Century Guangzhou*），由哈佛大學出版社出版。該書計450頁，目録是，導言，第一章省城與珠江三角洲腹地，第二章謝蘭生的城市：1810~1830年間廣州文化精英的社交行蹤，第三章省城新地標：建造學海堂（1820~1830年），第四章重塑文化景觀：歷史、詩詞、文集，第五章危機與重建中的學海堂、省城和珠江三角洲（1830~1870年），第六章我本江南客：陳澧與廣州的漢宋調和之風，第七章朱“九江”：另類認同與珠江學人對省城的批評，第八章總結。程美寶認爲，該書“以道光年間兩廣總督阮元在廣州建立的學海堂爲中心，考察了19世紀

[1] 吴德玲：《阮元之經世思想與經世措施》，臺北：東吴大學圖書館，第414~418頁。
[2] 黄慶雄：《阮元輯書刻書考》，新北：花木蘭文化出版社，2007年，第159頁。

聚集在廣東省城和珠江三角洲的文化精英在家庭背景、治學途徑、事業選擇等方面的種種面相，由此牽扯出衆多歷史人物的浮沉升降，并在這歷史場景下重現他們的自我表現，這就是此書的副題的兩個關鍵詞——‘社會流動性’和‘身份認同’的關懷所在。”[1]該書在國際學術界已經産生一定的影響。

2010 年6 月，易凱（Eric Lefebvre）的博士學位是由中国北京大學和法国索邦大學聯合培養的，指導教授是：孟華、白蓮花（Flora Blanchon），其法文論文題目是，《阮元（1764～1849）的收藏——中國文化遺産傳承的一種體現（La collection de Ruan Yuan（1764～1849），un cas de transmission du patrimoine culturel en Chine)》，正文計 306 頁，徵引書目第 307～335 頁，附録 174 頁。論文的第一部分是，收藏與認識：考古遺迹瞭解古代（Collection et connaissance：l'antiquité appréhendée à la lumière des vestiges archéologiques)，第二部分是，保護與傳承：對文化遺産的定義（Conserver et transmettre：la définition d'un patrimoine）。作者认为，阮元是乾嘉時期著名學者和高級官員。他的收藏依據中國金石學的傳統收集構成。主要包括青銅器，古磚瓦，古鏡，古印，碑帖，拓本等。論文的第一部分專門分析藏品。反映阮元根據音韵學的新發展，以及考證學的成就對文物采用科學的方法進行分類與收集的過程。而除了這些藏品，另一部分收藏如“石類”則被作爲賞玩之物。阮元把它們改成硯臺或石畫，反映他豐富的想象力和創造力。論文的第二部分介紹了阮元的收藏活動是如何成爲文物傳承過程的一部分。其一，阮元在各省爲官時積極主持編纂刊印地方銘文，如《山左金石志》《兩浙金石志》。其二，他使用修復技術，如裝裱，或複製技術如摹刻，拓印，對文物進行保護并傳播。其三，除作爲家族傳承部分的收藏之外，于名寺創立書藏，則超越了私人收藏的範圍，可看作爲邁向中國現代文化遺産觀念的一個重要步驟[2]。作者开拓了阮元研究一个新的领域。

3. 著述研究。境外研究阮元著述的論著計 62 篇，占其研究阮元總量的 32.12%。其中，研究《揅經室集》及其佚文 11 篇，《經籍籑詁》1 篇，《十三經注疏校勘記》23 篇，《皇清經解》3 篇，《儒林傳稿》2 篇，《疇人傳》10 篇，《廣東通志》3 篇，《宛委别藏》4 篇，其他著述 5 篇。

境外研究阮元著述的有 1 篇博士學位論文。

---

[1] 程美寶《從思想史到思想家的歷史——評麥哲維〈學海：第十九世紀廣州的社會流動性與身份認同〉》，《清史研究》2007 年第 2 期，第 120～124 頁。

[2] Eric Lefebvre，*La Collection de Ruan Yuan*（*1764～1849*）：*un cas de transmigsion du Patrimoine Culturel en Chine*，http：//www. theses. fr/2010PA040051.

1995 年，劉玉國在香港大學的博士學位論文題目是《〈揅經室集〉釋詞例釋》，指導教授是單周堯（C. Y. Sin）。該論文正文計 203 頁，第一章導論，第二章本論，第三章結論，參考書目第 204 ~ 220 頁。第二章對阮元《揅經室集》中的 11 篇釋詞論文（進退維谷、易之彖解、玉欲玉女解、釋心、釋訓、釋皾、釋頌、釋佞、釋矢、釋且、釋門）進行析論。作者從清代訓詁史的視角指出，“阮元《揅經室集》中釋詞之作，若以‘量’論，的確難與《説文解字注》《廣雅疏證》《經義述聞》《爾雅義疏》等相比。然從‘質’著眼，……阮元之訓詁理念與實踐，不僅繼承了戴、段、王氏之精髓，更有青出于藍之表現。”[1]該論文是一部訓詁學著作，作者對阮元訓詁方法和成果的研究，取得了重要的成果。

4. 學術思想研究。境外研究阮元學術思想的論著計 83 篇部，占境外研究阮元總量的 43.01%。其中，學術思想總論 16 篇，經學研究 20 篇，小學 9 篇，文學 7 篇，書學 31 篇。

境外研究阮元學術思想的有 5 篇博士學位論文和 4 部專著。

1986 年 7 月，劉德美在臺灣師範大學的博士學位論文題目是《阮元學術之研究》，指導教授是陸寶千。該論文正文計 264 頁，第一章緒論，第二章阮元學術的背景，第三章阮元在考據學上的内部成就，第四章阮元在考據學上的外部成就，第五章阮元在考據學以外的工作（一）史學，第六章阮元在考據學以外的工作（二）文學，第七章結論，附録阮元學術年表，徵引書目第 265 ~ 278 頁。2012 年 9 月，臺灣花木蘭文化出版社將該論文修訂版出版。作者在總結時指出，阮元學術的核心是考據學，“内部成就主要表現于《揅經室集》中，他由考據以明古學，詮釋古代的器物、制度、水道、金石，……并由訓詁究文字的本義，追求儒家學術的原始觀念，闡揚漢學家的義理；外部成就爲編纂《皇清經解》《經籍籑詁》《十三經注疏校勘記》等工具書，嘉惠士子；……在史學方面，編纂《疇人傳》《國史儒林傳稿》《廣東通志》《雲南通志稿》《山左金石志》《兩浙金石志》，匯刻《文選樓叢書》，搜羅《宛委别藏》等，皆有保存文獻之功，學術經世之意；文學方面，提出文言説、文筆説，主張詩文皆須根柢經史，重視文選學，由形式與内容來批評桐城派之古文，建立揚州派注重駢文之理論，他撰寫的詩文即爲對其文學主張的實踐，編纂《淮海英靈集》《兩浙輶軒録》，發幽闡微，弘揚教化。”[2]關于阮元的地位，作者指出：阮元“在清代學術史上居承前啓後的地位，

---

[1] 劉玉國：《〈揅經室集〉釋詞例釋》，香港：香港大學圖書館，第 193 頁。
[2] 劉德美：《阮元學術之研究》，新北：花木蘭文化出版社，2012 年，“提要”，第 1 页。

不失爲清代學術文化史上的一位巨人。"[1]該論文是第一篇系統研究阮元學術的博士學位論文，是阮元學術研究的奠基之作，此後，臺灣研究阮元的論著都將該論文作爲參考文獻，具有較大的影響。

2000年11月，楊錦富在高雄師範大學的博士學位論文題目是《阮元經學之研究》，指導教授是方俊吉。該論文正文計508頁，第一章緒論，第二章阮元之行誼，第三章阮元之著述，第四章阮元之訓詁，第五章阮元之經學，第六章阮元之道學，第七章總結，主要徵引書目第509~523頁。2010年3月，臺灣花木蘭文化出版社分上、下册將該論文修訂版出版。作者認爲，廣義而言，阮元經學即訓詁及其道學。阮元通過經注的讎校、金石的勘定、訓詁的釋義，一是推明孔孟微意，直指聖賢本心，以古訓抒發義理，不止于訓釋字句；二是心性論，提倡節性；三是漢宋之争，折衷諧調；四是建立書院，編輯叢刊，嘉惠士林，滋益杏壇。該論文對阮元經學提出許多創新的見解。

2002年，孫廣海在香港大學的博士學位論文題目是《阮元學術思想研究》。指導教授是S. K. Leung。該論文正文計421頁，第一章前言，第二章阮元研究概述，第三章阮元的生平和著述，第四章阮元學術思想綜論，第五章阮元對清代學術的貢獻，第六章結語，第七章附録，參考文獻第422~478頁。2013年9月，臺灣花木蘭文化出版社分上、下册將該論文修訂版出版。作者强調，"在清代學術思想史衆多的人物中，阮元毋容置疑是其中最值得注意的一位。"作者"對阮元作出全方位考察和研究。"[2]該論文的寫作歷時七年，資料非常豐富，觀點頗多創新。

2010年7月，高明一在臺灣大學的博士學位論文題目是《積古焕發：阮元(1765~1849年)對"金石學"的推動與相關影響》，指導教授是傅申。該論文正文計226頁，第一章"金"、"石"在阮元之前的發展，第二章阮元《金石十事記》的學術活動，第三章清代金石書法：學術乎？藝術乎？第四章阮元對"金石學"的相關影響，第五章結論，參考書目第227~240頁，附表第241~328頁，圖版第329~360頁。作者以阮元對金石研究的推動，來考察在清代金石成爲獨立學門，以及書體研究對于書法藝術與學術議題的影響。作者從金石學史的視角强調："阮元的出現，對于金石學的發展産生了質的改變。就圖像而言，阮元之後出現一系列表述收藏'金'或'石'的肖像畫，這是過去没有的。同時，阮元將

---

[1] 劉德美：《阮元學術之研究》，第155頁。

[2] 孫廣海：《阮元學術思想研究》，香港：香港大學圖書館，第4頁。

‘金’與‘石’視爲整體的概念來推動，并引發後來的學者思考金石要成爲一個獨立的學門。阮元的金石學活動主要是編纂書籍，《積古齋鐘鼎彝器款識》的重要性是清代皇室之外的另一條古器收藏系統，二者幾乎無關聯性，該書呈現了當時的收藏與最高的學術成就。《山左金石志》則代表了山東訪碑文化的成熟與地方人士努力的學術成果。阮元的《南北書派論》《北碑南帖論》其實是考據史學下，依據石刻材料所得到的研究成果。”[1]金石學是傳統課題，作者的上述觀點富于創新，頗見功力。

2011年7月，邱培超在臺灣大學的博士學位論文題目是《自“文以載道”至“文道分離”——學術史視域下阮元學圈的文統觀及其意義》，指導教授是何澤恒。2012年8月，臺灣大安出版社將該論文修訂版出版，書名爲《自“文以載道”至“沈思翰藻”——學術史視域下阮元學圈的文統觀及其意義》。該書計431頁，第一章緒論，第二章文以載道——宋明道學影響下的文學發展，第三章文麗日月號曰文——凌廷堪的文統觀及學術史意義，第四章沈思翰藻始名爲文——阮元的文統觀及學術史意義，第五章古文小學與辭賦同源共流——阮元學圈“文選學”的提倡及其學術史意義，第六章非偶詞儷語弗足言文——阮元學圈文統觀的影響與傳承，第七章結論，附録，參考書目399～431頁。作者從“學術史視域，探討清代18世紀末葉以降，阮元學圈針對‘文學’所做的‘辨章學術、考鏡源流’之分疏，馴致擺脱‘文以載道’的束縛，進而促使文學獨立，成爲清末民初純文學萌發的潛流。”[2]該書的選題具有開創性，視野開闊、資料翔實、論證縝密。

2013年6月，林俞佑在臺灣暨南國際大學的博士學位論文題目是《阮元經學的義理進路》，指導教授是李威熊、陶玉璞。該論文245頁，第一章緒論，第二章清代乾嘉治經風尚，第三章阮元生平及其著述，第四章阮元的經學社會教化思想，第五章阮元經學社會教化思想的實踐，第六章阮元“器學”與其教化哲學，第七章結論，徵引書目233～244頁，附録。作者探討了阮元獨特的經學觀點“仁”、“孝”、“禮”三者的交叉立體的經世光譜。從縱向分析了阮元經學理論的成因，探究他在清代經學史的地位，并尋繹二者的關聯；在横向探討了阮元每一個經學觀點彼此形成的思想脉絡，瞭解他對于經世理念的落實有何影響。作者强調：“阮元以實踐義體現仁的精神，强調了‘仁’與‘孝’之間的必然關係。他利用

[1] 高明一：《積古焕發：阮元（1765～1849）對“金石學”的推動與相關影響》，臺北：臺灣大學圖書館，第219～226頁。

[2] 邱培超：《自“文以載道”至“沈思翰藻”——學術史視域下阮元學圈的文統觀及其意義》封底，臺北：大安出版社2012年8月。

‘孝’連結仁與禮的關係，確立社會道德實踐的内在原則，再進一步地以禮器、禮制等實物的考訂，爲實踐原則找尋一個理論依據，因此特别闡明‘器以藏禮’的理念，認爲經由制定器物便能探索聖人的治世理念，這便是阮元一生學術與事功的結合。”[1]作者對阮元經學的研究既有深度、也有拓展、更有貫通，是一部富于創新的精品之作。

三　特點與不足

阮元研究已經成爲國際性熱點課題，爲了使阮元研究深入發展，我們對中國大陸與境外的研究特點與不足提出拙見，以供參考。

我們認爲，中國大陸值得重視的問題有四少一多。

1. 核心作者的論著少。阮元研究的核心作者21人，他們的論文計148篇，占阮元研究論著總數的19.17%。根據國際慣例，核心作者的論文總數，一般應占50%以上。因此，阮元研究核心作者及其論著有較大的增長空間。

2. 考證與深入研究的少。近十餘年來，在量化考核的背景下，學界的浮躁現象頗受詬病。浮躁之風在阮元研究中也有反映，具體表現爲，概述性評介多，選題與内容大同小异的多，而考證和深入研究的比例偏少。

3. 參考境外論著的少。總體而言，境外的阮元研究質量較高，值得借鑒。大陸的研究者理應具有全球視野，參考境外阮元研究的論著。

4. 研究資料出版少。阮元的著述近80種[2]，1981年以來，點校出版的僅有《廣東通志》的部分内容、《揅經室集》《十三經注疏》《疇人傳》等7種[3]，同時，收集整理發表的《揅經室集》佚文零散而不系統，這種現狀遠遠不能滿足研

---

[1] 林俞佑:《阮元經學的義理進路》，南投：暨南國際大學圖書館，第225~229頁。

[2] 參見王章濤:《阮元年譜》，第1037~1061頁。

[3] 李默校點:《廣東通志·前事略》，廣州：廣東人民出版社1981年12月；華人德注《〈南北書派論〉、〈北碑南帖論〉注》，上海：上海書畫出版社1987年3月；鄧經元點校《揅經室集》，北京：中華書局1993年5月；李學勤主編《十三經注疏》(1~13册)，北京：北京大學出版社1999年12月；王明發點校《廣陵詩事》，揚州：廣陵書社2005年5月；蔣志華等點校《道光廣東通志·瓊州府》，海口：海南出版社2006年10月；彭衛國、王原華點校《疇人傳匯編》，揚州：廣陵書社2009年3月；王愛亭、趙嫄點校、杜澤遜審定《文選樓藏書記》，上海：上海古籍出版社2009年9月；梁中民點校《廣東通志·金石略》，廣州：廣東人民出版社2011年3月；錢偉彊、顧大朋點校《石渠隨筆》，杭州：浙江人民美術出版社2011年12月；夏勇等整理《兩浙輶軒録》，杭州：浙江古籍出版社2012年4月；馮立升、鄧亮、張俊峰校注《疇人傳合編校注》，鄭州：中州古籍出版社2012年12月。

究的需要，并已成爲研究發展的瓶頸。編輯出版《阮元全集》，可以使學界更全面、准確地瞭解阮元，奠定阮元研究的基礎，方便研究者的探索，支撑阮元研究的持續發展。

5. 研究空白多。例如：阮元交游、阮元幕府、阮元學圈尚有很多空白；阮元著述的研究集中在9部，還有數十部無人問津；阮元文化教育、學術思想的研究有待深入。

我們認爲，境外研究阮元的特點有六，不足大致有三。其特點是：

1. 在起伏中緩慢增長并不斷深化

1904～2013年，境外就研究阮元的論著數量而言，可劃分爲三個階段與三個臺階。第一階段與臺階爲1904～1979年。這期間突出的現象是，間斷多、數量少。第二階段與臺階爲1981～1999年，表現爲連續性和論著數量上了一個臺階，每年發表的論著在1～6篇。第三階段與臺階爲2000～2013年，表現爲連續性和論著數量再上一個臺階，每年發表的論著在3～12篇部，計95篇部，占境外阮元研究論著總數的48.22%，這證明近十四年來，境外阮元研究也已成爲熱點。由此可見，境外阮元研究的趨勢與中國大陸幾乎同步，在起伏中緩慢增長。

境外對于阮元研究的不斷深化是非常明顯的。以阮元生平研究爲例，微席葉、房兆楹、傅吾康的阮元傳記都是編年體的；梁文錦和魏白蒂的阮元的論著是分類寫的，梁文錦按學者和官員敘評阮元，魏白蒂以學者官員、省級官員、閑暇時的阮元、個人的阮元、高級政治家評介阮元；而吴德玲采用章節體，以經世爲統領，從社會、教育、經濟、政治、文獻、科技六個方面，敘評阮元的思想與措施，使阮元的思想和事功融爲一體，這樣的安排既展示了作者對阮元深刻的理解，也體現了作者謀篇布局的能力，更使讀者深化了對阮元的認識，是重要的研究成果。

2. 以中國傳統的治學方法爲主，以西方理論研究爲輔

境外研究阮元的方法主要是中國傳統的治學方法，這從許多博碩士學位論文的敘述中可以得到證明。孫廣海“以閱讀文獻資訊爲主，利用了目録學、文獻學、圖書館學的資訊，……鈎稽阮元的學術和思想。”[1]吴德玲的研究方法是：“根據阮元著作文本等原始資料，進行詳細分析、綜合歸納，并作爲論述的依據，而得出可信的敘述及結論。”[2]

---

[1] 孫廣海：《阮元學術思想研究》，第319頁。
[2] 吴德玲：《阮元之經世思想與經世措施》，第10頁。

近十年來，境外青年學者也有使用西方理論研究阮元的。2004年，彰化師範大學的林翠華在其碩士學位論文《阮元碑學研究》中，在采用文獻分析法、歸納法、風格分析法的同時，還采用美學接受法。作者自稱："使用美學接受法的收獲是，一則可以比較清楚阮元審美觀點的轉化進程，考察其鑒賞帖學書法與碑學書法的差异；二則可發掘阮元接受碑學書法文本的鑒賞意向，明瞭其期待視野的變化，并表明書法藝術是多元文本，在道德和美學上的潛藏含意，經過歷代鑒賞者接受過程，必將更充實而豐富。"[1]

境外使用範式研究阮元的代表作是，麥哲維的《學海：十九世紀廣州的社會流動性與身份認同》。黎恩認爲，該書是"通過探索過去文化觀念的形成和演進來解構觀念和記憶的權威性，以此理解當時真實的社會文化狀況，……優异之作。本書圍繞清代廣東書院學海堂的建立和發展過程，探討處于邊緣地位的廣東學者如何通過一次外來學術傳統的傳入，確立他們在當地學術文化圈中的精英地位。……其研究範式上最大的特點是在社會史研究中引入人類學的視角，用歷史過程解釋歷史關係。"[2]

3. 重視原始資料的收集整理

境外學者非常重視收集整理阮元研究的資料，他們的成果有三類：一是編輯各種年表。1942年，齊佰守編《阮元編著編年》。[3]1986年，劉德美編《阮元學術活動年表》[4]。二是在全球收集阮元研究資料。魏白蒂歷時30年，不辭艱辛到美國國會圖書館、哈佛大學哈佛燕京圖書館、普林士頓大學Gest圖書館、英國倫敦大英圖書館、荷蘭萊頓大學圖書館東方學部、香港大學圖書館、香港大學馮平山圖書館、臺灣故宫博物院圖書館、臺灣清史文獻檔案處、臺灣中央研究院歷史語言研究所傅斯年圖書館、臺灣近代史研究所檔案收藏處、臺灣國立圖書館、臺灣大學圖書館、中國第一歷史檔案館、中國人民大學清史研究所圖書館、中國國家圖書館善本書庫等圖書館、檔案館收集研究阮元的資料。三是公布輯録的《揅經室》

---

[1] 林翠華:《阮元碑學研究》，高雄：高雄師範大學圖書館，第321~332頁。

[2] 黎恩，麥哲維:《學海：十九世紀廣州的社會流動性與身份認同》（Miles，Steven B，*The Sea of Learning*：*Mobility and Identity in Nineteenth-Century Guangzhou*），中山大學歷史人類學研究中心、香港科技大學華南研究中心聯合主辦《歷史人類學學刊》第五卷第一期，香港：香港科技大學華南研究中心2007年4月，第192~196頁。

[3] 齊伯守:《阮元編著編年》，東京:《支那研究》臨時號，1942年5月，第309~324頁。

[4] 劉德美:《阮元學術之研究》，第169~179頁。

遺文。2001～2012年，陳鴻森12次公布輯佚的《揅經室》遺文280篇[1]。他追憶自己收集的經歷説，1987年以來，“凡覽書城，有見輒手録之，如是者十數年。……勞勞二十載，晨抄露纂，手檢群籍，不下一二萬種，以有涯追無涯，力亦殆矣。”[2]孫廣海兩次公布輯録的《揅經室》遺文數十篇。[3]他們都用功甚勤，成果卓著，功德無量。

4. 尊重前人的勞動和研究成果

境外阮元研究者始終堅持尊重前人的勞動和研究成果。早在1904年，微席葉發表的《阮元傳略》，就注明主要參考李元度的《國朝先正事略》；1944年，房兆楹發表的《阮元》，在文末參考文獻中注明參考了《三十三種清代傳記綜合引得》《雷塘庵主弟子記》、微席葉《阮元傳略》、赫師慎《阮元著〈疇人傳〉》；傅吾康發表的《阮元》注明的參考文獻，除上述外，還有梁啓超的《清代學術概論》、胡適的《戴東原的哲學》、錢穆的《中國近三百年學術史》、蕭一山的《清代通史》、藤塚鄰的《阮元與朝鮮的金正喜》。這種尊重前人勞動和研究成果的傳統，在博碩士學位論文中已經成爲學術規範。境外研究阮元的博士、碩士學位論文的前面都有致謝，在緒論中有對前人研究成果的述評，在論文中凡是引用前人的論述都注明出處，在論文之末分類列出參考文獻。根據我們的統計，境外研究阮元的碩士學位論文參考文獻最少的6頁，最多的26頁；博士學位論文參考文獻最少的14頁，最多的是孫廣海的博士學位論文，參考書目57頁，計1120則。在這種

---

[1] 陳鴻森：《阮元揅經室遺文輯存》，臺北：《大陸雜志》一〇三卷第1期，2001年7月，第44～47頁；第2期，2001年8月，第38～48頁；第3期2001年9月，第26～48頁；第4期，2001年10月，第1～10頁；第5期，2001年11月，第14～22頁；第6期，2001年12月，第3～7頁。《錢大昕、王鳴盛、阮元三家遺文續輯》，林慶彰主編《經學研究論叢》第11輯，臺灣學生書局2003年6月，第285～315頁。《阮元揅經室遺文輯存（增訂本）》，楊晋龍主編《清代揚州學術》，中央研究院中國文哲研究所專刊2005年4月，第653～777頁。《阮元揅經室遺文再續輯》，《中國典籍與文化論叢》第九輯，北京：北京大學出版社2007年4月，第271～280頁。《錢大昕、王鳴盛、阮元三家遺文拾補》，《中國文哲研究通訊》（臺北）第一七卷第4期，2007年12月，第155～185頁。《阮元揅經室遺文續補》，林慶彰主編《經學研究集刊》第6期，高雄師範大學2009年5月，第93～114頁。陳鴻森、潘妍豔：《阮元揅經室遺文拾遺》，虞萬里主編《傳統中國研究集刊》第九、十輯合刊，上海人民出版社2012年3月，第456～482頁。

[2] 陳鴻森、潘妍豔：《阮元揅經室遺文拾遺》，虞萬里主編：《傳統中國研究集刊》，第456頁。

[3] 孫廣海：《阮元佚著輯録》，《阮元學術思想研究》附録三，花木蘭文化出版社，2013年；《〈阮元揅經室遺文再續輯〉補》，林慶彰主編《經學研究論叢》第17輯，臺灣學生書局，2009年。

學術規範中，前人的勞動得到尊重，成果得到彰顯，史料的解讀得以延續并深入。境外阮元研究的逐步深入是承前啓後、薪火相傳的。

5. 在全球發表研究成果

學術成果能否在全球發表，是學術生態的一個重要指標。我們將境外阮元研究者成果首次在异域發表的情况統計列表如下。

表8　1904~2013年境外阮元研究者論文首次异域發表統計表

年份	1904	1928	1957	1975	1981	1981	1996	2001
作者	[法國]微席葉	[日本]三上義夫	[日本]宇野哲人	[香港]馬國維	[美國]魏白蒂	[香港]蕭國健	[日本]城地茂	[臺灣]張壽安
發表地	荷蘭	比利時	臺北	臺北	香港	臺北	臺北	石家莊
年份	2002	2005	2005	2005	2005	2006	2006	2006
作者	[韓國]柳浚弼	[臺灣]陳鴻森	[臺灣]張麗珠	[美國]梅爾清	[香港]單周堯	[美國]艾爾曼	[香港]孫廣海	[香港]李貴生
發表地	臺北	北京	桂林	上海	北京	長沙	臺北	臺北
年份	2007	2007	2008	2010	2010	2010	2013	——
作者	[澳大利亞]安東籬	[臺灣]張寶三	[臺灣]楊儒賓	[日本]水上雅晴	[臺灣]高明一	[香港]鄧國光	[日本]野間文史	——
發表地	北京	上海	韓國	桂林	北京	上海	桂林	——

根據上表可知，阮元研究成果的發表，在全球是開放包容的，這樣的相互交流，可以起到啓發和促進作用，有利于阮元研究的深入發展。

6. 有良好的學術批評

境外阮元研究始終堅持學術批評的傳統。1927年，三上義夫對赫師慎提出的，中國數學家得到的數學公式和方法普遍來源于印度、阿拉伯和歐洲等觀點一一進行辯駁[1]。2002年，孫廣海對管培蘭、鄧實、梁啓超、柯劭忞、劉師培、姜廣輝、蔡雲萬、顧頡剛、岑溢成、錢穆、陳學超貶抑阮元的觀點一一進行點評[2]。2005年，陳鴻森對王國維《觀堂集林》關于阮元纂刻《古韻廿一部》的原委進行了辨正；2008年，陳鴻森對李步嘉、駱瑞鶴關于《經籍籑詁》的成書年月、修纂

[1] Van Hée. Louis, The Chhou - Jen Chuan of Yuan Yuan, *ISIS*, 8: 1, 1926, pp. 103 - 118. Mikami. Yoshio, The Chhou - Jen Chuan of Yuan Yuan, *ISIS*, 11: 1, 1928, pp. 123 - 126.

[2] 孫廣海：《阮元學術思想研究》，第6~8頁。

地點進行辯正[1]。2012 年，黄聖修指出，戚學民《阮元〈儒林傳稿〉研究》“先未能清楚厘清各傳稿間的學術异同，爾後更混淆各傳稿的流變，將其皆視爲阮元《儒林傳稿》來討論其影響，從而産生了誤解。”[2]學術批評既深化了研究，又在切磋中形成良性的互動，還可以預防學術不端。

境外阮元研究的不足之處大致有三：

一是阮元研究的核心作者少，核心作者發表論著的比例低。境外阮元研究者大都是在自己的研究方向，根據興趣愛好研究阮元的，他們發表 1～4 篇論文後，就中止了這方面的研究，而發表 5 篇以上論著的核心作者僅有 5 位，占這些地區研究阮元者的 4.03%；發表論著 28 篇部，占境外研究阮元論著的 14.29%。

二是研究空白多。如阮元的大部分著述及教育思想、杭州靈隱書藏、鎮江焦山書藏等尚無學者專門研究。

三是各説各的話，没有形成論争。實際上，在學術研究中，由于價值觀念和學術背景的不同，存在分歧是自然的，也是正常的，甚至是必要的，衹有通過論争才能使研究更加深入，觀點更趨合理。

學術研究貴在創新，創新的前提之一是全面瞭解前人的研究成果。阮元研究是國際性課題，要做出高質量的成果，理應具有全球視野，參考全球論著，瞭解全球研究動態，掌握全球研究深度與廣度。

阮元研究方興未艾，研究生已經成爲阮元研究核心作者的主要成員，在讀研究生在學位論文選題時，根據自己的專業和興趣，關注阮元研究，深入細致地研讀阮元著述，并將阮元置于更大的時代背景之下，一定會有意想不到的收獲。

注：本文在寫作的過程中，得到臺灣師範大學教授劉德美博士、浙江大學教授陳東輝博士、法國索邦大學易凱（Eric Lefebvre）博士、日本都留文科大學講師草津祐介、美國英特爾（Intel）公司卞旻博士、英國伯明翰大學陳堅博士、日本京都大學研究生祝世潔、臺灣暨南國際大學林俞佑博士的幫助，謹致謝忱！本文

---

[1] 陳鴻森：《阮元刊刻〈古韵廿一部〉相關故實辨正》，《中央研究院歷史語言研究所集刊》（臺北）第七十六本第三分，2005 年，第 427～466 頁；《阮元〈經籍籑詁〉纂修考》，虞萬里主編《傳統中國研究集刊》第 4 輯，上海：上海人民出版社 2008 年 1 月，第 247～264 頁。

[2] 黄聖修：《清兩卷本〈國史儒林傳〉考述——兼論道光二十四年以前〈儒林傳〉稿本之變化》，《故宫學術季刊》（臺北）第二九卷第 4 期，2012 年 6 月，第 227～236 頁；《評介戚學民：阮元〈儒林傳稿〉研究》，《臺灣師大歷史學報》（臺北）第 48 期，2012 年 12 月，第 411～422 頁。

的境外研究部分對已經發表的拙稿進行了較多的修改。拙稿《港臺與國外學者的阮元研究述評（1904~2012）——以博士學位論文和專著爲中心》，趙昌智主編《揚州文化研究論叢》第13輯，廣陵書社2014年7月，第38~51頁。

作者簡介：伍野春，男，1955年生，江蘇揚州人，華中師範大學歷史文獻研究所碩士，曾就職于中國第二歷史檔案館，從事科研工作。在魏晉南北朝史、中華民國史領域，出版《裴松之評傳》《中華民國史研究綜述》等，在《民國檔案》《南京師大學報》《學海》《古籍整理研究學刊》《民俗研究》《東方論壇》《中國史研究動態》等發表論文十餘篇。

阮榮，女，1957年生，江蘇揚州人，畢業于揚州師範學院（現揚州大學）歷史專業，本科學歷，現任職于揚州市博物館協會，原揚州市新華中學高級教師，學工處主任，發表歷史學論文十餘篇。

An Overview of the Research of Ruan Yuan（1803~2013）

Wu Yechun, Ruan Rong

Abstract: From 1803 to 2013, 637 scholars from China (including the mainland, Taiwan, Hongkong), France, Belgium, the United States, Germany, Japan, South Korea and Australia, studied the life, culture and education, writing and academic thoughts of Ruan Yuan from the different perspectives including Confucian classics, philosophy, law, sociology, pedagogy, literature, history, science. 25 monographs, 1 Proceeding and 945 research papers were published. 576 publications, 59.32% of the total 971 publications were published during 2000 – 2013. Research on Ruan Yuan has become a highlight and an international topic. In this paper, a quantitative statistical analysis was firstly used to analysis of the paper, author, journal and book, and topic, in order to discover the research trends. Secondly, the general situation and topics of the research outside the mainland (including Taiwan, Hongkong and other countries) were introduced from a macro standpoint. Finally, the characteristics and insufficiency of Ruan Yuan study in China was discussed.

Keywords: Ruan Yuan research, overview

阮元研究文獻索引（1803～2013 年）

阮榮　陳東輝　伍野春輯

内容摘要：本索引收録研究阮元及其著述的文獻，時間起迄是 1803～2013 年；國家爲中國（含内地、臺灣、香港、澳門）、日本、韓國、新加坡、美國、加拿大、法國、德國、荷蘭、比利時、澳大利亞；文獻包括著作、期刊論文、專書論文、報紙論文、碩博士學位論文、會議論文、傳記，各種通史、斷代史、專題研究、碩博士學位論文等論著中以阮元爲主題的章節段落，以及通俗讀物、非公開出版物、網絡中涉及阮元的文章。

關鍵詞：阮元研究；文獻；索引

凡　例

一、本索引收録研究阮元及其著述的文獻，時間起迄是 1803～2013 年；國家爲中國（含内地、臺灣、香港、澳門）、日本、韓國、新加坡、美國、加拿大、法國、德國、荷蘭、比利時、澳大利亞；文獻包括著作、期刊論文、專書論文、報紙論文、碩博士學位論文、會議論文、傳記，各種通史、斷代史、專題研究、碩博士學位論文等論著中以阮元爲主題的章節段落，以及通俗讀物、非公開出版物、網絡中涉及阮元的文章。

二、本索引分爲生平研究、文化教育研究、著述研究、學術思想研究、附録五個部分，各個部分視情形再分一、二層小類，并按時間排序。

三、本索引的著作條目注明作者、書名、出版地、出版者、出版時間；論文條目注明作者、篇名、期刊（專書、報紙）名、出版時間與卷期，臺灣、香港報刊前注明出版地；碩博士學位論文條目注明作者、篇名、學校、畢業時間；專書中的章節及傳記等條目注明作者、章節（傳記）名、書名、出版地、出版者、出版時間；無章節名者，則統一以“關于阮元”注明，網絡文章注明作者、篇名、網頁、時間；外文論著附譯文，外國學者在條目首注明國籍。同一論著有不同版本者，以①②③④⑤⑥……注明。

四、本索引采用公元紀年。

一　生平研究

（一）傳記

王昶：《湖海詩傳·卷四〇·阮元》　①嘉慶八年（1803年）三泖漁莊刻本　②同治四年（1865年）刻本　③長沙：商務印書館，1936年　④北京：商務印書館，1958年　⑤臺北：臺灣商務印書館，1968年　⑥毛慶善編：《湖海詩人小傳》，周駿富輯：《清代傳記叢刊》第24册，臺北：明文書局，1985年　⑦周維德輯校：《蒲褐山房詩話新編》，山東：齊魯書社，1988年　⑧《續修四庫全書》第1622~1626册，上海：上海古籍出版社，1995~2002年　⑨北京：人民文學出版社，2011年9月。

李元度：《國朝先正事略·卷二一·阮文達公事略》　①循陔草堂同治五年（1866）刻本　②上海：上海圖書集成印書局，光緒二十五年（1899年）　③《四部備要》，上海：中華書局，1935年　④臺北：臺灣中華書局，1965年　⑤沈雲龍主編：《近代中國史料叢刊（第12輯）》臺北：文海出版社，1967年　⑥北京：中華書局，1989年　⑦易孟醇點校，長沙：嶽麓書社，1991年5月、2008年11月　⑧《續修四庫全書》第538~539册，上海：上海古籍出版社，1995~2002年　⑨天津圖書館歷史文獻部編：《三十三種清代人物傳記資料匯編》，濟南：齊魯書社，2009年4月。

方浚頤監修、晏端書等纂：《同治續纂揚州府志·卷九·阮文達公傳》　①同治十三年（1874年）刻本　②《中國地方志集成·江蘇府縣志輯》第42册，南京：江蘇古籍出版社，1991年。

諸可寶：《疇人傳三編·卷三·阮元》　①南菁書院光緒十二年（1886年）叢書本　②《叢書集成續編》第36册，上海：上海書店，1994年　③《續修四庫全書》第516册，上海：上海古籍出版社，1995~2002年　④董治安主編：《二十五史外人物總傳要籍集成》第3册，濟南：齊魯書社，2000年　⑤彭衛國、王原華點校：《疇人傳匯編》，揚州：廣陵書社，2009 年 ⑥馮立昇、鄧亮、張俊峰校注：《疇人傳合編校注》，鄭州：中州古籍出版社，2012 年。

劉毓崧：《通義堂文集・卷六・阮文達公傳》 ①青溪舊屋光緒十四年（1888 年）刻本 ②張檢心監修：《（道光）重修儀徵縣志・卷三一》，光緒十六年（1890 年）刻本 ③《求恕齋叢書》，劉承幹 1918 年刻本 ④《續修四庫全書》第 1546 册，上海：上海古籍出版社，1995 ~2002 年 ⑤《清代詩文集匯編》第 670 册，上海：上海古籍出版社，2010 年。

［法國］Arnold Jacques Antoine Vissiére（微席萊）：*Le Biographie de Jouan Yuan*（《阮元傳略》），*T'oung Pao*（《通報》）第五卷，荷蘭萊頓：Brill（布里爾）出版社，1904 年。

趙爾巽主編：《清史稿列傳・一五一・阮元》 ①趙氏刻本 1928 年 ②北京：中華書局，1977 年。

佚名：《清史列傳・卷三六・阮元》 ①上海：中華書局，1928 年 ②王鍾翰點校：《清史列傳》，北京：中華書局，1987 年。

江蘇研究社：《阮元》，《江蘇研究》第一卷第 4 期，1935 年 8 月。

江蘇研究社：《阮元》，《江蘇鄉賢傳略初稿》，南京：正中書局，1936 年。

蔡冠洛：《清代七百名人傳・第四編・阮元》 ①上海：世界書局，1936 年 7 月 ②香港：遠東圖書公司，1963 年 ③沈雲龍主編《近代中國史料叢刊》第 63 輯，臺北：文海出版社，1966 年 ④臺北：廣文書局，1978 年 ⑤北京：中國書店，1984 年 ⑥周駿富輯：《清代傳記叢刊》第 73 册，臺北：明文書局，1986 年 ⑦全國圖書館文獻縮微复制中心，2006 年 ⑧《民國文獻資料叢編》，北京：北京圖書館出版社，2008 年。

仰彌：《阮文達事述》 ①《中和月刊》第一卷第 9 期，1940 年 ②存萃學社編：《中國近三百年學術思想論集（第二編）》，香港：崇文書店，1971 ~ 1978 年③謝剛主：《中和月刊論文選集・四書目論文集・叢書刊刻源流考》，臺北：臺聯國風出版社，1974 年。

［美國］Fang Chaoying（房兆楹）：*Juan Yuan*，*Arthur William Hummel*：*Enrinent Chinese of The Ching Period*（《阮元、恒慕義：清代名人傳略》）①Washington DC（華盛頓）：Government Printing Office（政府出版社），1944 年 ②中國人民大學清史研究所譯：《清代名人傳略》，西寧：青海人民出版社，1990 年。

［德國］Wolfgang Franke（傅吾康）：*Juan Yuan*，*1764 ~ 1849*（《阮元，1764 ~1849 年》），*Monumenta Serica*（《華裔學志》）第 9 期，1944 年。

杜負翁:《阮元》,臺北:《中央日報》,1960年4月2日。

清國史館:《阮元》,《清國史(嘉業堂抄本)》,北京:中華書局,1993年。

王章濤:《阮元傳》,合肥:黄山書社,1994年。

李小松、陳澤泓:《阮元》, 《歷代入粵名人》,廣州:廣東人民出版社,1994年。

周遠廉、孫文良主編:《阮元》,白壽彝總主編《中國通史18》,上海:上海人民出版社,1996年。

陳澤泓:《阮元》,《廣東歷史名人傳略》,廣州:廣東人民出版社,1998年。

丁勇剛:《乾嘉後勁——阮元》,《百家姓書庫·阮》,西安:陝西人民出版社,2003年。

劉永龍:《太傅阮元的故事》,天津:天津古籍出版社,2003年。

郭明道:《阮元"品端學醇"》,朱正海主編:《揚州歷史名人》,揚州:廣陵書社,2003年9月。

陳澤泓:《阮元》,廣州:廣東人民出版社,2008年。

揚州市邗江區公道中學:《阮元(公道中學校本教材)》,揚州:揚州市邗江區公道中學,2008年。

《阮元與公道鎮》編纂委員會:《阮元與公道鎮(公道小學校本教材)》,揚州:揚州市邗江區公道小學,2010年。

(二)生平研究

張維屏:《粵東紳士公請前兩廣總督太傅阮文達公入祀名宦祠啓》,《國朝詩人徵略二編》卷四五,①時間不詳 ②周駿富輯《清代傳記叢刊》第23册,臺北:明文書局,1985年 ③陳永正點校,廣州:中山大學出版社,2004年。

桂文燦:《阮文達與京師、揚州萬柳堂》,《經學博采録》卷四,①咸豐七年(1857年)家刻本 ②王欣夫輯《辛巳叢編·經學博采録》,1941年 ③王曉驪、柳向春點校,上海:華東師範大學出版社,2010年 ④陳居淵校注,桂林:廣西師範大學出版社,2011年。

佚名:《阮文達圓光》,《繁華雜志》第6期(1915年2月)。

佚名:《阮文達定變》,《繁華雜志》第6期(1915年2月)。

梁鼎芬等:《過學海堂有懷阮文達公》,《廣州大學圖書館季刊》第一卷第2期(1933年)。

佚名:《雅片戰爭中之阮文達》,《申報月刊(上)》1935年第3號。

沈康身:《數學家的故鄉(二)》,《杭州日報》1957年6月12日。

杜負翁:《阮元四器》，臺北:《中央日報》1960 年 10 月 1 日。

桐花:《阮元在粤二三事》，《藝林叢録（第三編）》，香港：香港商務印書館，1962 年。

南湖:《阮芸臺倡研金文》，臺北:《中央日報》1963 年 5 月 3 日。

杜負翁:《阮元退休後“榮”與“樂”》 ①臺北:《藝文志》第 63 期（1970 年 12 月）②臺北:《江蘇文物》第 9 期（1978 年）。

高越天:《大觀園長聯與阮元》，臺北:《新生報》1972 年 4 月 11 日。

Leung Man Kam（梁文錦）: *Juan Yuan, 1764 ~ 1849: The Life, Works and Career of a Chinese Scholar – Bureaucrat*（《阮元，1764 ~ 1849 年：他的生平、著作與政治生涯》），夏威夷大學博士學位論文，1977 年。

姚垚:《阮元倡讀〈孝經〉之背景與影響》，臺北:《孔孟月刊》第一八卷第 3 期（1979 年 11 月）。

［美國］Wei Peh T'i（魏白蒂）: *Internal Security And Coastal Control: Juan Yuan And Pirate Suppression in ZheJiang, 1799 ~ 1809*（《内部安全和沿海控制：阮元在浙江肅清海盜的活動（1799 ~ 1809 年）》），*Ch'ing – Shih Wen – T'i*（《清史問題》）第四卷第 2 期，1979 年。

卞孝萱:《曹寅·〈紅樓夢〉·阮元》，《紅樓夢研究集刊》第 4 輯，上海：上海古籍出版社，1980 年。

［美國］Wei Peh T'i（魏白蒂）: *Juan Yuan's Managcment of Sino – British Relations in Canton, 1817 ~ 1826*（《阮元在廣東管理的中英關系（1817 ~ 1826 年）》），Journal of the Hong Kong Branch of the Royal Asiatic Society（JRAS，香港：《皇家亞洲學會香港分會會刊》），第二二卷，1981 年。

［美國］Wei Peh T'i（魏白蒂）: *Juan Yuan: A Biographical Study with Special Reference to Mid – Ching Security and Control in Southen China 1799 ~ 1835* 年（《阮元：一個有特殊價值的傳記研究，關于清代中期南中國的安全與控制（1799 ~ 1835 年）》），香港大學博士學位論文，1981 年。

張滌雲:《阮公墩和阮元》，《杭州日報》1982 年 9 月 25 日。

鄭吾三:《阮元拯救女嬰》，《浙江日報》1983 年 12 月 3 日。

陳新元:《阮文達保護女嬰的啓示》，《婦女之友》1984 年第 6 期。

喬甫興:《蕭何、阮元給我們的啓示》，《杭州日報》1986 年 7 月 18 日。

阮衍喜:《阮元籍貫正》，《揚州師院學報（社會科學版）》1986 年第 3 期。

王德亞:《阮元卒年質疑》，《湘潭大學學報（社會科學版）》1987 年第 4 期。

柏蘇泰、黃慶華:《清代傑出的出版家:阮元》,《圖書館員》1987年第6期。

馮爾康:《清代名臣阮元》①《故宮博物院院刊》1989年第1期 ②《嘉道名臣阮元》,《清代人物三十題》,長沙:嶽麓書社,2012年。

阮冠三:《留得功德報湖山——阮元在杭州》,周峰主編《元明清名城杭州》,杭州:浙江人民出版社,1990年、1997年。

黃愛平:《阮元:一代名儒的探索與困惑》,范炯主編《偉人的困惑》,沈陽:遼寧人民出版社,1992年。

王旻、王牧:《阮元功績著杭州》,《西湖名人》,杭州:浙江攝影出版社,1992年。

張明葉:《與阮元有關的女詩人》,《中國古代婦女文學簡史》,沈陽:遼寧教育出版社,1993年。

錢時霖:《阮元與茶》,《福建茶葉》1995年第3期。

宋憲章:《阮元的失誤》,《杭州日報(下午版)》1996年2月3日。

周長源:《介紹阮元側室唐氏玉柩記》,《文物》1996年第2期。

[美國] Wei Peh T'i(魏白帝):*Ruan Yuan and Patronage of Scholarship During The Mid - Qing Period*(《清中葉阮元資助的學術》),Journal of the Hong Kong Branch of the Royal Asatic Society,(《皇家亞洲學會香港分會會刊》),1996年。

榮斌、徐世典主編:《阮元與杭州》,《中國歷史文化名城》,濟南:山東友誼出版社,1996年。

江蘇省地方志學會編:《阮元買書》,《江蘇掌故》,南京:江蘇古籍出版社,1997年。

[美國] 魏白蒂:《〈四庫全書〉纂修外一章:阮元(1764~1849年)如何提挈與促進嘉道時代的學術研究》,淡江大學中國文學系主編《兩岸四庫學——第一屆中國文獻學學術研討會論文集》,臺北:臺灣學生書局,1998年。

彭林:《從〈疇人傳〉看中西文化冲突中的阮元》,《學術月刊》1998年第5期。

邵鋒:《阮元與鴉片貿易》,《廣東史志》1999年第4期。

王章濤:《阮元與隋文選樓》,《揚州文學》1999年第6期。

趙葦航:《揚州學派學者遺迹概要——阮元遺迹》,臺北:《中國文哲研究通訊》第九卷第3期(1999年)。

[日本] 澤田雅弘:《阮元・包世臣・趙之謙像札記》,《群馬大學教育學部紀要》,《人文・社會科學編》第48號(1999年)。

李緒柏：《兩廣總督阮元》，《清代廣東樸學研究》，廣州：廣東省地圖出版社，2001 年。

吴定安：《阮元題詞的書》，《中國文物報》2001 年 10 月 31 日。

焦大明：《阮元與阮元銘硯》，《東南文化》2002 年第 11 期。

顧農：《讀〈己亥雜詩〉二題》，《中國典籍與文化》2003 年第 3 期。

孫躍：《宏才通六藝的阮元》，《杭州的名人》，杭州：杭州出版社，2003 年。

李金松：《阮元"師從孫梅"辨》，《學術研究》2003 年第 11 期。

［美國］Tobie Meyer－Fong（梅爾清）：*Building Culture in Early Qing Yangzhou*（《清初揚州文化》）①Stanford：Stanford University Press（美國：斯坦福大學出版社），2003 年 ②朱修春譯《關于阮元》，上海：復旦大學出版社，2004 年。

歐初：《下車施教化，興學重人才》，《嶺嶠春秋：廣府文化與阮元論文集》，廣州：中山大學出版社，2003 年。

李成良：《應當重視對阮元的研究》，《嶺嶠春秋：廣府文化與阮元論文集》，廣州：中山大學出版社，2003 年。

程美寶：《"嶺學"正統性之分歧——從孫璞論阮元説起》，《嶺嶠春秋：廣府文化與阮元論文集》，廣州：中山大學出版社，2003 年。

易淑瓊：《此即蓬萊，此即瀛洲——試析阮元在廣東的用人育人本土化及其它》，《嶺嶠春秋：廣府文化與阮元論文集》，廣州：中山大學出版社，2003 年。

劉鈞鴻：《阮元的政治風格與學術成就》，《嶺嶠春秋：廣府文化與阮元論文集》，廣州：中山大學出版社，2003 年。

胡巧利：《阮元對廣州地區經濟發展的貢獻》，《嶺嶠春秋：廣府文化與阮元論文集》，廣州：中山大學出版社，2003 年。

張南：《清朝揚州奇巧設計者——阮元》，《老揚州遺事》，濟南：山東人民出版社，2004 年。

宋傳水、袁成毅主編：《阮元》，《杭州歷代名人》，杭州：杭州出版社，2004 年。

楊萬翔：《阮元在廣州》 ①《羊城晚報》2004 年 4 月 29 日 ②《羊城舊事》，廣州：廣東人民出版社，2007 年。

楊萬翔：《説不盡的阮元》，《羊城晚報》2004 年 5 月 13 日。

歐陽薇蓀：《阮公墩隨想》，《杭州科技》2004 年第 3 期。

黄季耕主編《習武善文阮元世家》，《中國文化世家·江淮卷》，武漢：湖北教育出版社，2004 年。

王章濤:《阮元評傳》,揚州:廣陵書社,2004年。

趙昌智:《阮元的價值》 ①王章濤:《阮元評傳》,揚州:廣陵書社,2004年 ②趙昌智:《揚州文化叢談》,揚州:廣陵書社,2010年。

馮爾康:《阮元的家庭生活》,《生活在清朝的人們:清代社會生活圖記》,北京:中華書局,2005年。

張維坤:《阮元的四步讀書法》,《華夏文化》2005年第1期。

王青路:《阮元硯》 ①《雕蟲小記》,北京:人民美術出版社,2005年3月 ②《文藝生活(藝術中國)》2010年第5期。

佚名:《儀徵名人阮元》,http://bbs.yizheng.gov.cn/Archiver.asp?ThreadID=88003,2005年4月4日。

吴元真:《阮文達公積古圖》,《鑒藏》2005年第4期。

姜麗麗:《阮元》,王汝豐主編:《清代宣南人物事略初編》,北京:燕山出版社,2006年。

[美國]魏白蒂:《試探清中葉婦女學術生活——以阮元女眷爲例》,王俊義主編:《炎黄文化研究》第3輯,鄭州:大象出版社,2006年。

《公道鎮志》編纂委員會編:《阮元》,《公道鎮志》,北京:方志出版社,2006年。

《江蘇廉政文化叢書》編委會編:《阮元廉潔奉公二三事》,《清官故事》,南京:江蘇美術出版社,2006年。

陳東輝:《阮元在中朝關係史上的若干事迹考述》 ①《湖南大學學報(社會科學版)》2006年第2期 ②《中日典籍與文化交流史研究》,臺北:文聽閣圖書有限公司,2010年。

[美國]Wei Peh T'i(魏白蒂):*Ruan Yuan, 1764-1849: The Life and Work of a Major Scholar-Official in Nineteenth-Century China before the Opium War*(《阮元,1764~1849年:19世紀鴉片戰争前一位重要學者官員的私人生活和政治生涯》),香港:香港大學出版社,2006年。

袁玉紅:《阮元與〈積古圖〉》,《文物天地》2006年第11期。

吴德玲:《阮元之經世思想與經世措施》,臺北:東吴大學博士學位論文,2007年。

林克光、佟洵:《阮元的詼諧風趣》,《清代宰相趣聞軼事(圖文本)》,鄭州:河南人民出版社,2007年。

傅伯星:《阮元書跋》,《杭州街巷舊聞録》,杭州:杭州出版社,2007年。

趙陽：《阮元評傳》，趙昌智主編《揚州學派人物評傳》，揚州：廣陵書社，2007 年。

阿雅：《阮元僅是天才嗎?》，http：//blog. sina. com. cn/s/blog－4ee681e101007u9j. html，2007 年 12 月 8 日。

何黎萍、李仕：《爲官清正的清代漢學家——阮元》，《正説清代風雲人物・2》 北京：九州出版社，2008 年。

丁雲川：《阮元與半山》，《杭州日報》2008 年 4 月 20 日。

佚名：《阮芸臺："軟煙袋"改長聯惹惱昆明人》，《都市時報》2008 年 4 月 21 日。

李春光：《略論阮元的政績及其學術成就》，《學術問題研究》2008 年第 2 期。

［美國］魏白蒂：《從倫敦出現的阮元畫像談鴉片戰爭前後廣東之中英關係》澳門：《神州交流》2008 年第 4 期。

劉大培：《阮元在杭州》，《杭州通訊（下半月）》2008 年第 5 期。

沈示春：《宏才通六藝 功德報湖山——一代經師阮元》，《如數家珍——浙江名人名迹》，杭州：浙江科學技術出版社，2008 年。

吴德玲：《阮元科技經世的研究》，桃園：《長庚科技學刊》第 9 期（2008 年 12 月）。

瞿林東：《阮元的爲政、爲學、爲人》，《讀書》2009 年第 4 期。

江南桓進：《西湖阮公墩史迹隨想》，http：//blog. sina. com. cn/s/blog－5d53b49e0100du0v. html，2009 年 5 月 25 日。

鄭晨曦：《移風易俗看阮元》，《金華日報》2009 年 5 月 31 日。

甘偉珊、周文濤：《阮元：勤政廉潔的一代文宗》，蔣欽揮、肖建華主編《寓桂歷史人物》，桂林：廣西師範大學出版社，2009 年。

李福傑：《阮元不仗勢欺人》，《信不信由你——你可能不知道的 1000 個歷史細節・清代卷》，北京：時代文藝出版社，2009 年。

唐偉華、黄玉：《關于阮元》，《清代廣州涉外司法問題研究（1644～1840 年）》，北京：中國社會科學出版社，2009 年。

趙昌智：《阮元建隋文選樓之動因考述》 ①趙昌智主編：《揚州文化研究論叢》第 4 輯，揚州：廣陵書社，2009 年 ②《揚州文化叢談》，揚州：廣陵書社，2010 年 ③趙昌智、顧農主編《第八届文選學國際學術研討會論文集》揚州：廣陵書社，2010 年。

湯志鈞：《阮元與〈味經齋遺書〉》，趙昌智主編《揚州文化研究論叢》第 4

輯，揚州：廣陵書社，2009年。

劉梅先編注、趙昌智點校：《阮文達公遺事雜咏》 ①趙昌智主編《揚州文化研究論叢》第4輯，揚州：廣陵書社，2009年 ②《阮文達公遺事二百四十咏》,《揚州雜咏》，揚州：廣陵書社，2010年。

瞿林東：《阮元的“學海”之志與“二通”之論》,《群言》2010年第1期。

陶敏：《專家質疑阮元“南萬柳堂”印章》,《揚州晚報》2010年6月22日。

王維友：《青衣洞、青衣泉、阮公祠》，http：//blog. sina. com. cn/s/blog－648bb7410100jpis. html，2010年6月25日。

佚名：《阮元雲南文事兩公案》，http：//www. 360doc. com/content/10/0716/12/191190－39391012. shtml，2010年7月16日。

柳亞平：《阮元平海盜》,《文史天地》2010年第7期。

陳明超：《阮元的濟南情思》,《濟南時報》2010年8月9日。

劉梅先著，趙昌智整理：《阮芸臺先生遺事補咏（六十首）》，《揚州雜咏》，揚州：廣陵書社，2010年。

佚名：《阮元》，http：//blog. sina. com. cn/s/blog_5d9b1bb40100lq9y. html，2010年10月1日。

袁滿：《曾國藩與阮元之比較》,《天水師范學院學報》2010年第6期。

吴德玲：《阮元社會經世落實研究》，桃園：《長庚科技學刊》第13期（2010年12月）。

佚名：《清代阮元些事》，http：//club. chaoxing. com/bbs/viewthread. php？tid＝236541，2010年12月22日。

公道文、姜濤：《探訪阮元公道鎮的生活足迹》，《揚州晚報》2011年2月19日。

風在石頭上行走：《三朝寵遇，一代完人——阮元》，http：//fengzaishitoushang. blog. hexun. com/61617269－d. html，2011年2月23日。

《西湖天下叢書》編輯部編：《阮元》,《西湖名人》，杭州：浙江攝影出版社，2011年。

孫忠焕：《阮元治理城内諸河》，《杭州運河史》，北京：中國社會科學出版社，2011年。

郭明道：《阮元賑濟災民戒溺女嬰》,《揚州晚報》2011年7月30日。

郭明道：《阮元施行德政》,《揚州日報》2011年8月13日。

郭明道：《阮元興修水利》,《揚州日報》2011年8月20日。

郭明道：《阮元扶助寒俊》，《揚州日報》2011 年 8 月 27 日。

顧雲卿：《“第一先學壽”》，《新民晚報》2011 年 9 月 22 日。

揚州市邗江區公道鎮人民政府・歷史文化，http：//www. yzgongdao. com/list. php？ fid =72&page =43，2011 年 9 月 27 日。

揚州市邗江區公道鎮人民政府・省級非遺，http：//www. yzgongdao. com/bencandy. php？ fid =76&id =3253，2011 年 9 月 28 日。

揚州市邗江區公道鎮人民政府・公道名人，http：//www. yzgongdao. com/list. php？ fid =74&page =5，2011 年 9 月 28 日。

Yzlhy：《阮元傳》，http：//blog. yzjy. com. cn/yzlhy/archives/194716. aspx，2011 年 10 月 25 日。

郭明道：《阮元抗御外侮》，《揚州晚報》2011 年 11 月 23 日。

揚州市公道阮元文化研究會：《揚州北湖阮元家族史》，http：//www. yzgongdao. com/bencandy. php？ fid =76&id =11970，2011 年 12 月 4 日。

柯平：《阮元：一代文化巨匠的雲南背影》，《藝術雲南》2012 年第 1 期。

阮錫安：《淺談阮元文化產業的構建與開發》，《揚州學刊》2012 年第 1 期。

羅家嶺：《詩文“偕行”阮家風》，《揚州日報》2012 年 3 月 1 日。

青燕：《邂逅阮元家廟》，《揚州晚報》2012 年 4 月 21 日。

陳雪嬌：《千年公道，阮元故里》，《揚州晚報》2012 年 5 月 20 日。

時進：《千年公道名人輩出，清代大學士阮元故里》，《揚州日報》2012 年 5 月 21 日。

孔茜：《公道鎮現阮元“濟困房”遺迹》，《揚州日報》2012 年 5 月 30 日。

佚名：《阮元過瀟湘合流處》，http：//lib. huse. cn/lzy/news_ view. asp？ news-id =6584，2012 年 7 月 11 日。

羅家嶺：《愛茶的阮氏父子》，《揚州晚報》2012 年 8 月 23 日。

羅家嶺：《阮氏父子與大理石畫》，《揚州晚報》2012 年 10 月 25 日。

李蓉君：《弁冕群材，領袖一世——從八十自述看阮太傅傳奇人生》，《揚州日報》2013 年 3 月 28 日。

潮白：《煬帝墓，還該聽聽阮元怎麼説》，《南方日報》2013 年 4 月 16 日。

邢譽田：《關于阮元》，《道光朝總督群體研究》，蘭州大學碩士學位論文，2013 年。

湯水源：《阮元與世業洲——阮元與鎮江之一》，《鎮江日報》2013 年 5 月 31 日。

高洪波：《清官阮元的痕迹》，《北京青年報》2013 年 6 月 15 日。

湯水源：《阮元與焦山——阮元與鎮江之二》，《鎮江日報》2013 年 7 月 19 日。

龐學銓：《西湖也留阮公名》，《杭州（生活品質版）》2013 年第 4 期。

劉平：《嘉慶時期的浙江海盜與政府對策》，《社會科學》2013 年第 4 期。

高洪波：《阮元的痕迹》，《人民文學》2013 年第 10 期。

佚名：《阮元與天然大理石畫》，http：//www. douban. com/group/topic/44705688/，2013 年 10 月 11 日。

陸亞洲、孟儉、陶敏：《平山鄉發現阮元牌坊碎塊》，《揚州晚報》2013 年 11 月 7 日。

公道鎮人的博客，http：//blog. sina. com. cn/s/articlelist－3214390062－0－13. html，2013 年 11 月 14 日。

朱春華：《阮元與康山草堂》，《揚州晚報》2013 年 11 月 16 日。

［美国］魏白蒂著，朱茜、劉丹彤譯：《從政之餘的阮元——清中葉的學者及學術倡導者和贊助人》，趙昌智主編《揚州文化研究論叢》第 12 輯，揚州：廣陵書社，2013 年。

王章濤：《阮元與北、南兩萬柳塘》，趙昌智主編《揚州文化研究論叢》第 12 輯，揚州：廣陵書社，2013 年 12 月。

佚名：《阮元》，http：//www. guoxue123. com/new/0002/ljwx/0318. htm，時間不詳。

佚名：《阮元》，http：//www. mrzl. com/mingren/ys/shufajia/8008－2. html，時間不詳。

（三）交游研究

［日本］小澤文四郎：《阮元と方東樹（要旨）》（《阮元與方東樹（要旨）》），東京：《斯文》第 24 編第 12 號（1932 年）。

［日本］藤塚鄰：《金秋史の入燕と翁、阮二經師——清朝文化東漸の一斷面（《金正喜出使燕京與翁方綱、阮元二經師——清朝文化向東方傳播的一個斷面》）①京城帝國大學文學會論纂《東方文化史叢考》第 1 號，東京：大阪屋號書店，1935 年　②恕齋譯：《朝鮮金秋史入燕與翁阮兩經師》，《新民》第二卷第 2 期（1936 年）　③藤塚鄰：《日鮮清の文化交流》（《日本朝鮮清朝的文化交流》），東京：中文館書店，1947 年　④藤塚鄰著、藤塚明直編：《清朝文化東傳の研究：嘉慶、道光學壇と李朝の金阮堂》（《清朝文化向東方傳播研究：嘉慶、道光學界

與朝鮮的金正喜》)，東京：圖書刊行會，1975 年。

［日本］藤塚鄰：《金阮堂と阮芸臺父子——皇清經解を中心として》(《金正喜與阮元父子——以〈皇清經解〉爲中心》) ①《祝賀服部先生七十歲紀念論文集》，東京：富山房，1936 年 ②藤塚鄰著、藤塚明直編《清朝文化東傳の研究：嘉慶、道光學壇と李朝の金阮堂》(《清朝文化向東方傳播研究：嘉慶、道光學界與朝鮮的金正喜》)，東京：圖書刊行會，1975 年。

［日本］藤塚鄰：《〈阮堂集〉誤入文の再檢討と淸儒阮元、梁章鉅の展望》(《誤入〈金正喜集〉文的再檢討與清儒阮元、梁章鉅的展望》)，京城（首尔）：朝鮮第 279 號，朝鮮總督府，1938 年。

［日本］藤塚鄰：《阮雲臺と李朝の金阮堂》（《阮元與朝鮮的金正喜》)，①東京：《書苑》第六卷第 2 號，三省堂，1942 年 ②《清朝文化東傳の研究：嘉慶》，《道光學壇と李朝の金阮堂（清朝文化向東方傳播研究：嘉慶、道光學界與朝鮮的金正喜)》，東京：圖書刊行會，1975 年。

宇翁：《阮元・曾釗・陳澧》，《藝林叢録》第三編，香港：香港商務印書館，1962 年。

杜負翁：《阮元與汪中平議》，臺北：《暢流》第四二卷第 2 期（1970 年 9 月)。

陳振風：《阮元的交游與哲學》，臺南：《臺南家專學報》1981 年第 3 期。

周家驊：《孫髯翁與阮芸臺》，《史與志》1988 年第 1 期。

張景山口述、久均、朝剛整理：《阮元與汪中》，《廣陵文史》第 4 輯，政協揚州市廣陵區委會文史資料組，1988 年。

譚彦翹：《紀昀與阮元》，《紫禁城》1989 年第 5 期。

王章濤：《阮元與揚州學派》 ①馮爾康等：《揚州研究——江都陳軼群先生百齡冥誕紀念論文集》，臺北：聯經出版事業公司，1996 年 ②蘇晨主編《學土》第二卷，廣州：廣東高等教育出版社，1996 年。

［日本］渡久地龍雲：《阮元と何紹基：琉球と中國の往來の中で書と風土：近世冲縄の書道文化》(《阮元與何紹基：琉球與中國的往來中書與風土：近代冲繩的書道文化》)，龍雲書道會，2000 年。

何兆武：《阮元與李善蘭》，《中西文化交流史論》 ①北京：中國青年出版社，2001 年 ②武漢：湖北人民出版社，2007 年 ③《思想與歷史：何兆武自選集》，北京：首都師範大學出版社，2008 年。

卞孝萱：《孤本〈石鼓齋印譜〉跋》 ①《藏書家》第 3 輯，濟南：齊魯書社，2001 年 ②《阮元與張肇岑——孤本〈石鼓齋印譜〉跋》，周勳初主編《重五集錦：江蘇省文史研究館建館五十五周年紀念文集》，南京：鳳凰出版社，2008年③《冬青書屋文存》，西安：陝西人民出版社，2008 年 ④《卞孝萱文集》，南京：鳳凰出版社，2010 年。

［韓國］尹任植：《阮元與金正喜的實學思想》，《韓中學術與藝術交流的使者金正喜》，首都師範大學碩士學位論文，2002 年。

金丹：《阮元與浙派印人交游考》，《百年名社西泠千秋印學·國際印學研討會論文集》，杭州：西泠印社出版社，2003 年。

陳東輝：《阮元與段玉裁之恩怨探析》，《浙江大學學報（人文社會科學版）》2005 年第 3 期。

陳東輝：《阮元與朝鮮學人交往考略》，金健人主編《中國江南與韓國文化交流》，北京：學苑出版社，2005 年。

陳東輝：《阮元與朝鮮學者金正喜之交往》，《揚州史志》2006 年第 2 期。

黄國信：《阮元與慶保關于熬鍋問題的進一步争論》，《區與界：清代湘粵贛界鄰地區食鹽專賣研究》，北京：生活·讀書·新知三聯書店，2006 年。

靳舉：《阮元和凌廷堪交游考》，《消費導刊》2007 年第 7 期。

王章濤：《揚州學派邊緣人物與揚州學派研究——黄文暘對阮元、焦循、凌廷堪的影響》，趙昌智主編《揚州文化研究論叢（第 1 輯）》，揚州：廣陵書社，2008 年。

王章濤：《雙峰并峙兩通儒——阮元與焦循的學術關係》，趙昌智主編《揚州文化研究論叢（第 2 輯）》，揚州：廣陵書社，2008 年。

柳向春：《劉大觀與阮元交游考略》，http://blog.sina.com.cn/s/blog_51ef5f350100cdz3.html，2009 年 2 月 28 日。

庚寅：《阮元的價值僅靠一個總督頭銜嗎？——讀〈劉大觀與阮元交游考略〉有感》，http://www.literature.org.cn/Article.aspx?id=44304，2009 年 10 月 11 日。

孫祥慶、半知：《一方記載古代文人相知相遇故事的端硯——清代錢坫、伊秉綬、阮元硯銘考》，《東方收藏》2010 年第 9 期。

陳東輝：《阮元與段玉裁》，《古漢語與古文獻論叢》，北京：中華書局，2010 年。

趙國平：《阮元善待〈个園記〉作者劉鳳誥》，《揚州晚報》2010 年 10 月 9 日。

錢藝兵：《龔自珍會晤阮元》，《揚州晚報》2010 年 11 月 30 日。

陳東輝：《金正喜與阮元交往考略》，白承鎬主編《韓國研究（第 11 輯）》，北京：國際文化出版公司，2010 年。

文炳贊：《朝鮮時代的韓國以及清儒學術交流——以阮元、金正喜爲主》，《船山學刊》2011 年第 1 期。

孫祥慶、半知：《“隋文選樓”藏硯——賞包世臣贈阮元硯》，《東方收藏》2011 年第 2 期。

王章濤：《從兩篇序文談阮元與段玉裁的關係》，趙昌智主編《揚州文化研究論叢》第 7 輯，揚州：廣陵書社，2011 年。

盧興民：《阮元與小滄浪亭雅集》，《泰安教育學院學報》2011 年第 3 期。

吕雙偉：《孫梅與阮元的關係略析》，《清代駢文理論研究》，北京：人民出版社，2011 年。

董鑫、何麗雯、王鵬：《韓國 KBS 來阮元故居拍攝金正喜專題片——揭“韓國王羲之”與阮元之誼》，《揚州日報》2011 年 10 月 19 日。

董鑫、何麗雯、喬雲：《“韓國王羲之”曾師從阮元》，《揚州晚報》2011 年 10 月 19 日。

三風堂堂主：《阮元與韓國學者金正喜》，http：//www. bokeyz. com/user1/sfttz/211199. html，2011 年 10 月 20 日。

余立：《錢泳與翁方綱、阮元交游考》，《中國書畫》2011 年第 11 期。

三風堂堂主：《阮元的“粉絲”》，http：//www. bokeyz. com/user1/sfttz/224563. html，2012 年 4 月 10 日。

方尤瑜：《殷殷良馬情 拳拳知遇心——李黼平和阮元的情誼》，《嶺南文史》2012 年第 4 期。

蔡雅如：《阮元》，《劉文淇〈左傳舊疏考正〉研究》 ①臺北大學碩士學位論文，2012 年 ②新北：花木蘭文化出版社，2013 年。

蔡清德：《梁章鉅與〈華山碑〉及其交游論略》，《美術學報》2012 年第 6 期。

揚州市公道阮元文化研究會：《阮元與金正喜》，http：//www. yzgongdao. com/bencandy. php？ fid = 87&id = 14724，2013 年 1 月 21 日。

温兆海：《李尚迪與宣南詩社及阮元學派文人》，《朝鮮詩人李尚迪與晚清文人交流研究》，北京：中國社會科學出版社，2013 年。

孫豔玲：《關于阮元》，《18 ~ 19 世紀樸齊家與清朝文人的交流研究》，山東大學碩士學位論文，2013 年。

賴貴三：《阮元與韓儒金正喜師生情緣與學術交流探論》，《海峽兩岸清代揚州學派學術研討會論文集》，揚州：广陵書社，2013 年。

王章濤：《從阮元佚文〈致法式善函〉及其他解讀阮、法交誼》，《海峽兩岸清代揚州學派學術研討會論文集》，揚州：广陵書社，2013年。

劉仲華：《朱錫庚治學轉變及其與章學誠、阮元的學術交往》，《安徽史學》2013年第4期。

張雪蓮：《〈授經圖卷〉——記載阮元與吴榮光的師生情》，http：//www.foshanmuseum.com/wbzy/fssh－disp.asp？xsyj－ID＝87，時間不詳。

（四）幕府研究

尚小明：《阮元幕府及其對清代學術的貢獻》，《學術論叢》1998年第2期。

尚小明：《阮元幕府》，《學人游幕與清代學術》，北京：社會科學文獻出版社，1999年。

李炳泉：《阮元督粤幕府考論》 ①《煙臺師范學院學報（哲學社會科學版）》2001年第4期 ②《嶺嶠春秋：廣府文化與阮元論文集》，廣州：中山大學出版社，2003年。

［日本］水上雅晴：《清代の幕府と學術交流——許慎の官銜をめぐる議論を中心として》，（《清代的幕府與學術交流——以圍繞許慎的官銜的討論爲中心》），《北海道大學文學研究科紀要》第一〇七卷，2002年。

尚小明：《阮元幕府》，《清代士人游幕表》，北京：中華書局，2005年。

刁美林、邵岩：《從幕府到書院看乾嘉漢學大吏阮元的尷尬與無奈》，《貴州文史叢刊》2012年第1期。

二 文化教育研究

（一）文化科技研究

徐伯春：《〈疇人傳〉的編著者阮元》，《江蘇古代科學家》，南京：江蘇科技出版社，1983年。

朱家生、邱兆璋、吴裕賓：《試論阮元的科技史觀》，《揚州師院學報（自然科學版）》1987年第4期。

郭明道、田漢雲：《清代傳播民族文化的巨擘——阮元》 ①《揚州師院學報（社會科學版）》1988年第3期 ②宗金林主編《揚州印迹・人物》，揚州：廣陵書社，2011年。

尹協理：《略論中國古代文化巨匠——阮元》，《運城師專學報》1989年第3期。

傅祚華：《阮元》，杜石然主編《中國古代科學家傳記》，北京：科學出版社，

1993 年。

沈毅：《阮元、李锐等人的研究》，《中国清代科技史》，北京：人民出版社，1994 年。

關漢華：《試論阮元對廣東文化發展的貢獻》，《廣東社會科學》1996 年第 6 期。

陳沅淵：《阮元與廣東文教》 ①臺北：《廣東文獻季刊》，1996 年 12 月 ②《茶香齋詩文稿》，臺北：臺灣商務印書館，2004 年。

張立：《從傳統走向近代——中國科學文化史上的阮元》 ①北京大學博士學位論文，2003 年 ②合肥：安徽教育出版社，2005 年。

顏廣文：《論阮元的自然科技活動與科技思想》，林中澤主編《華夏文明與西方世界——蔡鴻生教授七十華誕祝壽論文集》，香港：香港博士苑出版社，2003 年。

胡凡、王建中：《阮元與嘉道時期嶺南文化的發展》，《大連大學學報》2003 年第 3 期。

顏廣文：《論阮元在中國近代自然科技史中的地位及作用》 ①《廣東社會科學》2003 年第 4 期 ②《古代廣東史地考論》，廣州：中山大學出版社，2007 年。

李緒柏：《清後期廣東學術文化的奠定者——阮元》 ①《嶺嶠春秋：廣府文化與阮元論文集》，廣州：中山大學出版社，2003 年 ②《廣東社會科學》2005 年第 5 期。

陳華新：《阮元督粵與廣府文化》，《嶺嶠春秋：廣府文化與阮元論文集》，廣州：中山大學出版社，2003 年。

李錦全：《阮元實學思想對廣府學風的影響》，《嶺嶠春秋：廣府文化與阮元論文集》，廣州 ：中山大學出版社，2003 年。

林子雄：《學海堂師生以及對近代廣東文化興起與發展的貢獻》，《嶺嶠春秋：廣府文化與阮元論文集》，廣州：中山大學出版社，2003 年。

關漢華：《論阮元督粵的文教政策與措施》，《嶺嶠春秋：廣府文化與阮元論文集》，廣州：中山大學出版社，2003 年。

張榮芳：《“廣府文化與阮元對廣府文化貢獻”學術研討會述評》，《嶺嶠春秋：廣府文化與阮元論文集》，廣州：中山大學出版社，2003 年。

胡凡、李鳳飛：《論阮元對嶺南文化發展的貢獻》 ①趙春晨、何大進、冷東主編《中西文化交流與嶺南社會變遷》，北京：中國社會科學出版社，2004 年 ②胡凡：《中國古代文化史探研》，北京：中國社會科學出版社，2007 年。

趙春晨：《清代廣東兩次文化突進的成功經驗》，《廣東社會科學》2005年第5期。

陳其泰：《阮元與清代廣東學術——清代學術文化史的新探討》，《光明日報》2006年2月10日。

阮元文化網，http：//www.rywh.net/index.asp，2008年10月22日。

鍾玉發：《徐光啓與阮元科技思想之比較》，《清史論叢》2012年號，北京：中國廣播電視出版社，2011年。

佚名：《公道鎮阮元文化研究成果豐碩》，http：//www.hj.gov.cn/xwzx/zcsy/201208/2012-08-02-94845.htm，2012年8月2日。

夏和順：《阮元督粤引領文化廣東》，《深圳商報》2012年8月16日。

（二）文獻等收藏研究

葉昌熾：《阮文達元》，《藏書紀事詩》卷五 ①葉氏宣統元年（1909年）家刻 ②臺北：世界書局，1961年 ③上海：上海古籍出版社，1989、1999年 ④北京：北京燕山出版社，1999、2008年。

楊立誠、金步瀛：《阮元》，《中國藏書家考略》 ①杭州：杭州青白印刷社，1929年 ②臺北：文海出版社，1971年 ③臺北：新文豐出版公司，1978年 ④俞運之校補，上海：上海古籍出版社，1987年。

吴春晗（吴晗）：《阮元》，《江蘇藏書家小史》 ①《圖書館學季刊》第八卷第一期（1933年） ②《江浙藏書家史略》，北京：中華書局，1981年 ③北京市歷史學會：《吴晗史學論著選集》第一卷，北京：人民出版社，1984年 ④常君實編：《吴晗全集》第三卷，北京：中國人民大學出版社，2009年。

虞浩旭：《阮元與天一閣藏書樓》，《東南文化》2000年第7期。

任繼愈主編：《阮元與文選樓》，《中國藏書樓（中編）》，沈陽：遼寧人民出版社，2001年。

王桂雲：《清代揚州三大藏書樓》，《圖書館工作》2003年第3期。

韋力：《文選樓》，《光明日報》2003年6月18日。

趙河清、王英智：《阮元送楊忠滑公墨迹歸焦山的啓示》，《新世紀圖書館》2006年第2期。

錢宗武、陳樹：《阮元文選樓藏書考述》，《湖南城市學院學報》2007年第3期。

徐蘇：《試論阮元對藏書事業的貢獻》，虞浩旭主編《天一閣文叢》第5輯，寧波：寧波出版社，2007年。

［法國］ Eric Lefebvre（易凱）：*L'Image des antiquités accumulées" de Ruan Yuan*：*La représentation d'une collection privée en Chine à l'époque pré-moderne*，（《阮元及〈積古圖〉——中國前現代時期私人收藏的代表性映射》），巴黎：*Arts asiatiques*《亞洲藝術》第 63 期，2008 年。

［法國］ Eric Lefebvre（易凱）：*Collectionner pour transmettre*：*Ruan Yuan*（《收藏與傳承：阮元》），Flora Blanchon，*La Question de l'art en Asie*（白蓮花編《亞洲藝術探究》），巴黎：索邦大學出版社，2008 年。李雲：《阮元與文選樓》，肖東發主編《中國私家藏書（下）》，貴陽：貴州人民出版社，2009 年。

李雲：《琅嬛仙館》，肖東發主編《中國私家藏書（下）》，貴陽：貴州人民出版社，2009 年。

高琦：《阮元文獻收藏研究》，中山大學碩士學位論文，2009 年。

［法國］ Eric Lefebvre（易凱）：《阮元（1764～1849）的收藏——中國文化遺產傳播的一種體現》（*La collection de Ruan Yuan*（1764～1849）：*un cas de transmission du patrimoine culturel en Chine*），法國索邦大學與中國北京大學聯合培養博士學位論文，2010 年。

高琦：《阮元文獻收藏途徑及有利條件研究》，《圖書情報工作》2011 年第 S1 期。

郭明道：《阮元推廣"天一閣"經驗》，《揚州晚報》2011 年 11 月 12 日。

張翼：《積古齋圖與阮元的金石收藏》，《揚州晚報》2012 年 7 月 12 日。

朱軍：《阮元與文選樓》，《揚州書院和藏書家史話》，揚州：廣陵書社，2012 年。

（三）杭州靈隱書藏與鎮江焦山書藏研究

雪子：《靈隱曾有"藏書樓"》，《杭州日報》1984 年 3 月 31 日。

余興也：《靈隱大悲閣藏書樓》，《浙江日報》1984 年 4 月 16 日。

徐蘇：《阮元與兩大書藏》，《圖書館研究與工作》1989 年第 3 期。

何煒：《焦山書藏》，《鎮江史志通訊》1989 年第 4 期。

何煒：《焦山書藏史話》，《圖書館雜志》1989 年第 5 期。

劉兆祐：《有功寺院藏書的阮元》①臺北：《"中央日報"》1990 年 3 月 12 日 ②《認識古籍版刻與藏書家》，臺北：臺灣書店，1997 年 ③《認識古籍版刻與藏書家》，臺北：臺灣學生書局，2007 年。

陳東輝：《杭州靈隱書藏述要》，《中國典籍與文化》1994 年第 2 期。

徐蘇：《鎮江焦山書藏述要》，《中國典籍與文化》1994 年第 4 期。

沈津:《靈隱書藏與翁方綱〈復初齋詩集〉》 ①臺北:《中央圖書館館刊》第二八卷第1期(1995年6月)②《書韻悠悠一脉香:沈津書目文獻論集》,桂林:廣西師範大學出版社,2006年。

王新田:《焦山書藏述略》,《圖書館論壇》1998年第4期。

陳東輝:《杭州靈隱的書藏與經藏》,《北京圖書館館刊》1998年第4期。

陳東輝:《清代杭州靈隱書藏及經藏考略》 ①《東南文化》1999年第3期 ②《臺北書目季刊》第三四卷第2期(2000年)。

諸葛計:《阮元與焦山書藏》,《江蘇地方志》2009年第4期。

陳東輝:《靈隱書藏話舊》,《文瀾》2011年第1期。

姚柏年:《雲林書藏源流考》,《圖書館研究與工作》2011年第1期。

王蕾:《靈隱書藏》,《清代藏書思想研究》,桂林:廣西師範大學出版社,2013年。

王蕾:《焦山書藏》,《清代藏書思想研究》,桂林:廣西師範大學出版社,2013年。

性恩行者:《阮元靈隱建"書藏"》,http://www.lingyinsi.org/detail-5844.html,2013年8月3日。

董小梅:《杭州靈隱寺歷代藏書考略》,光泉主編《靈隱寺與中國佛教——紀念松源崇嶽禪師誕辰880周年》,北京:宗教文化出版社,2013年。

王紅蕾:《靈隱書藏與寺院藏書》,光泉主編《靈隱寺與中國佛教——紀念松源崇嶽禪師誕辰880周年》,北京:宗教文化出版社,2013年。

(四)教育研究

劉琪:《阮元的教育實踐與教育思想》,華東師範大學碩士學位論文,1985年。

劉琪:《阮元的教育實踐述評》,《華東師範大學學報(教育科學版)》1986年第2期。

尹旦侯:《阮元——清中葉的教育實幹家》,《湖南師範大學社會科學學報》1986年第2期。

程禹文:《阮元的辦學特色》,《教育評論》1986年第6期。

李國鈞:《詁經精舍和學海堂》,毛禮鋭、沈灌群主編《中國教育通史》第三卷,濟南:山東教育出版社,1987年、2005年。

劉琪:《清代書院發展史上的里程碑——詁經精舍和學海堂》,湖南大學嶽麓書院文化研究所編《書院文化史研究文集(第二集)》,長沙:湖南大學出版社,

1988 年。

尹旦侯：《阮元》，沈灌群、毛禮鋭主編《中國教育家評傳》，上海：上海教育出版社，1989 年。

［日本］大谷敏夫：《阮元と詁經精舍・學海堂》 ①《清代政治思想史研究：経世學との関連において》（《清代政治思想史研究：經世學及其相關領域》），京都大學博士學位論文，1989 年 ②《清代政治思想史研究》，東京：汲古書院，1991 年。

郭明道：《清代教育改革家阮元》，《揚州師院學報（社會科學版）》1990 年第 4 期。

丁鋼：《論舊學重整與顔元、阮元的書院改革》，《教育評論》1992 年第 2 期。

孫培青主編：《詁經精舍和學海堂》，《中國教育史》，上海：華東師範大學出版社，1992 ~ 2009 年。

楊布生、彭定國：《阮元與詁經精舍和學海堂》，《中國書院與傳統文化》，長沙：湖南教育出版社，1992 年。

張學成：《阮元的教育活動和教育思想初探》，《山東教育學院學報》1993 年第 2 期。

劉琪：《乾嘉學派與詁經精舍、學海堂》，李國均主編《中國書院史》，長沙：湖南教育出版社，1994 年、1998 年。

劉琪：《阮元的教育思想》 ①田正平主編《中國教育思想通史（第三卷）》，長沙：湖南教育出版社，1994 年 ②孫培青、李國鈞主編《中國教育思想史（第二卷）》，上海：華東師範大學出版社，1995 年。

杭州市教育委員會编：《阮元》，《杭州教育志》，杭州：浙江教育出版社，1994 年。

黄海妍：《清代廣州書院與地方社會》，中山大學碩士學位論文，1995 年。

程禹文：《從詁經精舍和學海堂看阮元的辦學特色》 ①《教育史研究》1998 年第 1 期 ②中國地方教育史志研究會《紀念〈教育史研究〉創刊二十周年論文集（2）——中國教育思想史與人物研究》，中國地方教育史志研究會，2009 年。

馬鏞：《博習經史詞章的書院》，李國鈞、王炳照總主編《中國教育制度通史》第五卷，濟南：山東教育出版社，2000 年。

宋巧燕：《詁經精舍與學海堂的文學教學研究》 ①北京師範大學博士學位論文，2003 年 ②《詁經精舍與學海堂兩書院的文學教育研究》，濟南：齊魯書社，

2012年。

鄧洪波:《詁經精舍、學海堂與乾嘉漢學的鼎盛》,《中國書院史》 ①上海:東方出版中心,2004年 ②臺北:臺灣大學出版中心,2005年 ③武漢:武漢大學出版社,2012年。

《浙江省教育志》編纂委員會編:《阮元》,《浙江省教育志》,杭州:浙江大學出版社,2004年。

郭明道:《阮元的教育思想和實踐》,《洛陽師范學院學報》2004年第6期。

吴德玲:《阮元教育經世之研究》,桃園:《長庚科技學刊》第3期(2004年12月)。

羅雄飛:《俞樾與經學人才的培養——俞樾、阮元經學教育之比較》,《山西師大學報(社會科學版)》2005年第1期。

張曉紅:《阮元與張之洞對廣州書院發展的貢獻》,《清代廣州書院藏書刻書事業研究》,中山大學碩士學位論文,2005年。

周玲:《阮元教育思想探析》,《張家口職業技術學院學報》2005年第4期。

葉光庭:《關于阮元》,《西湖史話》,杭州:杭州出版社,2006年。

宋巧燕:《詁經精舍和學海堂的樸學教學》,《南京曉莊學院學報》2008年第1期。

劉玉才:《詁經精舍與學海堂的學術示范》,《清代書院與學術變遷研究》,北京:北京大學出版社,2008年。

宋巧燕:《清代書院文學教育制度述論——以詁經精舍、學海堂爲考察對象》,《學術研究》2008年第7期。

周德昌、王建軍:《阮元的教育思想和活動》,陳學恂主編《中國教育史研究·明清卷》,上海:華東師範大學出版社,2009年。

宋巧燕:《詁經精舍、學海堂兩書院的駢文教學》,《河北師範大學學報(教育科學版)》2010年第7期。

宋巧燕:《阮元"文筆論"在清代書院中的流播與遺響》,《湖北大學學報(哲學社會科學版)》2010年第5期。

於梅舫:《科考與經解——詁經精舍、學海堂的設置與運思》,《中山大學學報(社會科學版)》2010年第6期。

郭明道:《阮元改革書院教育》,《揚州晚報》2011年9月14日。

宋巧燕、張承剛:《詁經精舍、學海堂兩書院研究綜述》,《漳州師範學院學報(哲學社會科學版)》2012年第3期。

宋巧燕:《詁經精舍和學海堂的文學教育制度》,郭英德主編《中國古代文學與教育之關係研究》,北京:北京大學出版社,2012 年。

趙佳花:《别樣的清代書院——詁經精舍與學海堂》,《才智》2012 年第 22 期。

楊伶:《後期的詁經精舍和學海堂書院》,《揚州學派書院初探》,四川師範大學碩士學位論文,2013 年。

陳春華:《詁經精舍、學海堂與乾嘉漢學的鼎盛》,《清代書院與桐城文派的傳衍》,蘇州大學博士學位論文,2013 年。

(五)詁經精舍研究

張崟:《詁經精舍志史徵》,《東南日報》1935 年 11 月 2 日。

張崟:《詁經精舍志初稿》 ①《文瀾學報》第二卷第 1 期(1936 年 3 月) ②趙所生、薛正興主編《中國歷代書院志第八册》,南京:江蘇教育出版社,1995 年 ③《書院·文瀾閣·西泠印社專輯》,王國平主編《西湖文獻集成(第 20 册)》,杭州:杭州出版社,2004 年。

黄克武:《詁經精舍與 19 世紀中國教育、學術的變遷》,臺北:《食貨月刊》一三卷第 5、6 期(1983 年 9 月)。

陳東輝:《阮元與詁經精舍》,《浙江學刊》1991 年第 4 期。

[日本]水上雅晴:《詁經精舎と乾嘉の學》(《詁經精舍與乾嘉之學》),《札幌北海道中國哲學會編:《中國哲學》第 22 號(1993 年 10 月)。

張壽安:《阮元、孫星衍與詁經精舍之崇禮説》,《"以禮代理"——凌廷堪與清中葉儒學思想之轉變》 ①臺北:《中央研究院近代史研究所專刊》第 72 號(1994 年 5 月) ②石家莊:河北教育出版社,2001 年。

駱鬱民:《阮元創辦詁經精舍》,《杭州日報》1994 年 12 月 23 日。

陳東輝:《阮元創設詁經精舍考略》 ①《中國文化研究》1997 年第 4 期 ②《古典文獻學論考》,北京:中國文史出版社,2002 年。

陳東輝:《清代浙江"詁經精舍"考略》,《浙江日報》1997 年 5 月 26 日。

陳東輝:《杭州詁經精舍教學效應》 ①《杭州研究》2000 年第 2 期 ②史及偉主編:《杭州歷史文化叢覃》,北京:中央文獻出版社,2006 年。

王建梁:《詁經精舍與浙江漢學之風》,《清代書院與漢學的互動研究》 ①北京師範大學博士學位論文,2002 年 ②武漢:武漢出版社,2009 年。

張立:《杭州詁經精舍的科學教育》,《浙江大學學報(人文社會科學版)》2005 年第 5 期。

金敏、周祖文:《阮元與詁經精舍》,《儒家大學堂:長江流域的古代書院》,杭州:浙江大學出版社,2005 年。

孫運君、楊振姣:《從書院祭主變化看晚清學術思想之轉圜——以詁經、南菁兩書院爲例》,《船山學刊》2006 年第 2 期。

陳東輝:《詁經精舍對 19 世紀浙江學術發展之重要影響》,《杭州師範學院學報(社會科學版)》2006 年第 6 期。

張彬:《阮元、俞樾與詁經精舍》 ①《浙江教育史》,杭州:浙江教育出版社,2006 年 ②《浙江教育發展史》,杭州:杭州出版社,2008 年。

徐雁平:《詁經精舍的學術與文學:從阮元到俞樾》 ①《清代東南書院與學術及文學》,合肥:安徽教育出版社,2007 年 ②《詁經精舍:從阮元到俞樾》,程章燦主編《古典文獻研究(第 10 輯)》,南京:鳳凰出版社,2007 年。

陳東輝:《詁經精舍對清代中後期浙江經學之重要貢獻》,吴秀明主編《浙江大學中文系教師學術論文選》,杭州:浙江大學出版社,2007 年。

劉玉才:《阮元與詁經精舍的學術崇尚》,虞萬里主編《傳統中國研究集刊》第 3 輯,上海:上海人民出版社,2007 年。

余九紅:《以詁經精舍爲代表的發展、興盛階段》,《十八世紀江浙漢學書院構建及其影響》,山東大學碩士學位論文,2008 年。

金玲:《遠去的書聲》,《浙江日報》2008 年 7 月 4 日。

趙連穩:《詁經精舍》,肖東發主編《中國書院藏書》,貴陽:貴州人民出版社,2009 年 1 月。

張欣:《阮元的書院改革》,《詁經精舍與晚清浙江學術文化研究——以俞樾爲中心》,北京:中國文聯出版社,2009 年。

宋巧燕:《從詁經精舍的文學教育考察其科舉色彩》,張三夕主編《華中學術(第二輯)》,武漢:華中師範大學出版社,2010 年。

宋巧燕:《論詁經精舍文學教學中的考據學特色》,《漳州師範學院學報(哲學社會科學版)》2010 年第 3 期。

劉閩霞:《詁經精舍》,《説儒:儒學入門 300 講》,北京:中國婦女出版社,2011 年。

劉靖淵:《詁經精舍詩人群論》,《山東師範大學學報(人文社會科學版)》2012 年第 3 期。

宋巧燕:《清代書院詁經精舍文學教育中的現實關注》,《教育與考試》2012 年第 4 期。

邵玉貞:《詁經精舍》,《西湖孤山》,杭州:杭州出版社,2013 年。

佚名:《清代嘉慶時期著名書院:詁經精舍》,http://ru.qq.com/a/20131014/015560.htm,2013 年 10 月 14 日。

(六)學海堂研究

林柏桐:《學海堂志初稿》 ①道光十八年(1838 年)刻本 ②《學海堂志》,香港:香港龍門書店,1964 年 ③臺北:廣文書局,1971 年 ④趙所生、薛正興主編《中國歷代書院志》第三册,南京:江蘇教育出版社,1995 年。

桂文燦:《阮元與學海堂》,《經學博采録》 ①咸豐七年(1857)家刻本 ②王欣夫輯《辛巳叢編·經學博采録》,1941 年 ③王曉驪、柳向春點校,上海:華東師範大學出版社,2010 年 ④陳居淵校注,桂林:廣西師範大學出版社,2011 年。

陳澧:《學海堂志續編》 ①同治五年(1865 年)刻本 ②《學海堂志》,香港:香港龍門書店,1964 年 ③趙所生、薛正興主編《中國歷代書院志(第三册)》,南京:江蘇教育出版社,1995 年 ④黄國聲主編《陳澧集(第五册)》,上海:上海古籍出版社,2008 年。

容肇祖:《學海堂考》,《嶺南學報》第三卷第 3 期(1934 年 5 月)。

古公愚:《學海堂述略》,《新民月刊》第一卷第 7、8 期(1935 年 12 月)。

渠彌(瞿兑之):《學海堂沿革》 ①《中和月刊》第一卷第 4 期(1940 年) ②《杶廬所聞録》,《養和室隨筆》,沈陽:遼寧教育出版社,1997 年。

宇翁:《阮元與學海堂》,《藝林叢録(第三編)》,香港:香港商務印書館,1962 年。

劉希:《記學海堂》,臺北:《暢流》第四四卷第 7 期(1971 年 11 月)。

佛朗:《學海堂志略》,臺北:《廣東文獻季刊》第二卷第 3 期(1972 年 9 月)。

[美國] Elman. Benjamin A(本傑明·艾爾曼):*The Hsueh – Hat T'Ang And The Rise of New Text Scholarship in Canton*(《學海堂與廣東今文經學的興起》) ①Ch'ing – Shih Wen – T'i(《清史問題》)第四卷第 2 期(1979 年) ②車行健譯:《學海堂與今文經學在廣州的興起》,《湖南大學學報(社會科學版)》2006 年第 2 期。

張淑雅:《清末廣東四大書院的研究》,臺灣大學碩士學位論文,1982 年。

馬迅:《廣東學海堂始末記》,《教育導刊》1983 年第 2 期。

楊榮春、王建軍:《廣州學海堂考略》,湖南大學岳麓書院文化研究所編《岳麓書院一千零一十周年紀念文集》,長沙:湖南人民出版社,1986 年。

常紹温:《阮元創辦學海堂與廣東學術風氣的轉變》,常紹温主編《歷史文獻與傳統文化》第1輯,廣州:廣東人民出版社,1990年。

李稚甫:《學海堂培育人才之盛》,《嶺南文史》1993年第2期。

何國華:《清代嶺南的高等學府——廣東學海堂》 ①《廣東史志》1994年第2期 ②《嶺嶠春秋:嶺南文化論集(二)》,北京:中國社會科學出版社,1995年。

陳東輝:《阮元與學海堂》 ①《文史》總第41輯,北京:中華書局,1996年 ②《古典文獻學論考》,北京:中國文史出版社,2002年。

劉成禺:《曾釗與學海堂》,《中國典籍與文化》1997年第3期。

陳澤泓:《學海堂考略》 ①《廣東史志》2000年第1期 ②《嶺嶠春秋:廣府文化與阮元論文集》,廣州:中山大學出版社,2003年。

[美國] Steven B. Miles(麥哲維):*Local Matters*:*Lineage*,*Scholarship and the Xuehaitang Academy in the Construction of Regional Identities in South China*,*1810~1880*(《地方事務:宗族、學術和學海堂與華南地方認同的建構(1810~1880年)》),華盛頓大學博士學位論文,2000年。

李緒柏:《學海堂》,《清代廣東樸學研究》,廣州:廣東省地圖出版社,2001年。

陳澤泓:《學海堂尋蹤》,《羊城今古》2002年第1期。

林子雄:《學海堂師生及其學術成就》,《羊城今古》2002年第1期。

任珺:《古代書院機制運作與審美的關係——淺談清代廣州學海堂審美教育對人品性的塑造》,新加坡:《新世紀學刊》2002年第2期。

王建梁:《學海堂與廣東漢學的傳播》,《清代書院與漢學的互動研究》 ①北京師範大學博士學位論文,2002年 ②武漢:武漢出版社,2009年。

羅焕好、徐泳:《阮元與學海堂及其刻書》,《廣東史志》2003年第2期。

宋巧燕:《嶺南學海堂書院的文學教學》,《學術研究》2003年第4期。

鄭連聰:《阮元與學海堂研究》,華中師範大學碩士學位論文,2003年。

任珺:《中國書院審美文化研究:清代廣州學海堂案例》,深圳大學碩士學位論文,2003年。

陸勇强:《學海堂刻書考略》,《嶺嶠春秋:廣府文化與阮元論文集》,廣州:中山大學出版社,2003年。

鄺穗雄、明明:《清代學海堂位置之謎揭開》,《羊城晚報》2004年7月14日。

蘇啓敏：《清代著名高等學府學海堂的教學特色》，《湖北成人教育學院學報》2006 年第 1 期。

董鐵柱：《阮元創辦學海堂之因初探》，《揚州大學學報（人文社會科學版）》2006 年第 3 期。

［美國］ Steven B. Miles（麥哲維）：*The Sea of Learning*：*Mobility and Identity in Nineteenth – Century Guangzhou*（《學海：第十九世紀廣州的社會流動性與身份認同》），Harvard University Asia Center（哈佛大學亞洲中心），Harvard University Press（哈佛大學出版社），2006 年。

［美國］ Steven B. Miles（麥哲維）：*Establishing Authority through Scholarship*：*Ruan Yuan and the Xuehaitang Academy*（《通過學術建立權威：阮元與學海堂》），in Peter D. Hershock and Roger T. Ames，ed.，Confucian Cultures of Authority（彼得 D. Hershock、羅傑 T. 艾姆斯主編《儒家文化的權威》），Albany：SUNY Press，（奧爾巴尼：紐約州立大學出版社），2006 年。

盧銀蘭：《學海堂》，《清代廣東醫書出版狀況初探——基于目録及廣州市館藏書版的考察》，廣州中醫藥大學碩士學位論文，2007 年。

方志欽、蔣祖緣主編：《阮元與學海堂》，《廣東通史（古代下册）》，廣州：廣東高等教育出版社，2007 年。

朱琳：《談談廣州學海堂的首任八位學長》，《今日南國（理論創新版）》2008 年第 12 期。

翁筱曼：《清代學海堂課卷中的嶺南風情畫》，《嶺南文史》2009 年第 1 期。

翁筱曼：《學海堂與嶺南文化》，中山大學博士學位論文，2009 年。

於梅舫：《學海堂與“漢宋”學的浙粤遞嬗》，中山大學博士學位論文，2009 年。

朱琳：《學海堂研究》，厦門大學碩士學位論文，2009 年。

汪祖澤：《廣州學海堂》，http：//blog. sina. com. cn/s/blog – 613c64b20100dy4r. html，2009 年 7 月 24 日。

佚名：《學海堂書院——阮元》，http：//blog. sina. com. cn/s/blog_613c64b20100dz4n. html，2009 年 7 月 25 日。

翁筱曼：《蘇軾與嶺南文學——由清代學海堂之文學教學談起》，《汕頭大學學報（人文社會科學版）》2009 年第 6 期。

翁筱曼：《“黄牡丹狀元黎遂球”的經典化——從清代學海堂課卷談起》，《嶺南文史》2011 年第 4 期。

辛麗:《學海堂和漳南書院教育活動之比較》,山西師範大學碩士學位論文,2012 年。

於梅舫:《學海堂與近代嶺南學術的淵源流變》,《中國社會科學報》2012 年 9 月 14 日。

張超傑:《學海堂與近代嶺南文化變遷》,《北京電力高等專科學校學報(社會科學版)》2012 年第 12 期。

陳海燕、程嫩生:《清代學海堂中的小學教育與小學研究》,《南昌大學學報(人文社會科學版)》2013 年第 1 期。

三　著述研究

(一)《揅經室集》研究與佚文考辨

夏炘:《與友人論〈論語論仁論〉書》　①《景紫堂文集》卷一一,咸豐五年(1855 年)刻本　②同治四年(1865 年)刻本　③嚴一萍選輯《叢書集成三編》,臺北:藝文印書館,1971 年　④沈雲龍主編:《近代中國史料叢刊》第 94 輯,臺北:文海出版社,1973 年　⑤《清代詩文集匯編》第 565 册,上海:上海古籍出版社,2010 年。

[日本]桂五十郎:《揅經室集》,《漢籍解題》,東京:明治書院,1903 ~ 2005 年。

魏建功:《關于阮元揅經室文集之通訊》,《北京圖書館月刊》1928 年第 2、3 期。

吉羊:《揅經室薈談》,《光華附中》第五卷第 5 期,1937 年。

張舜徽:《揅經室集》,《清人文集别録》卷一一　①北京:中華書局,1963 年②武漢:華中師範大學出版社,2004 年。

程金造:《讀〈揅經室集·釋相〉》,《蘭州大學學報(社會科學版)》1984 年第 2 期。

楊向奎:《論"性命古訓"》,《史學集刊》1992 年第 1 期。

張清泉:《阮元〈論語論仁論〉》,《清代論語學》　①臺中:逢甲大學碩士學位論文,1992 年　②新北:花木蘭文化出版社,2008 年。

岑溢成:《阮元〈性命古訓〉析論》,《清代經學國際研討會論文集》,臺北:中央研究院中國文哲研究所籌備處,1994 年。

陳祖武:《孔子仁學與阮元的〈論語論仁論〉》　①《清史論叢》1994 年號,沈陽:遼寧古籍出版社,1994 年　②臺北:《漢學研究》第一二卷第 2 期,1994

年　③《清代學術源流》，北京：北京師範大學出版社，2012 年。

劉玉國：《〈揅經室集〉釋詞例釋》，香港大學博士學位論文，1995 年。

劉玉國：《“進退維谷”解》，饒宗頤主編：《第一屆屆際暨第三屆全國訓詁學學術研討會論文集/訓詁論叢第三輯》，臺北：文史哲出版社，1997 年。

劉玉國：《阮元釋“予仁若考”平議》，臺北：《中國文哲研究通訊》第 10 卷第 1 期（2000 年 3 月）。

劉玉國：《阮元“釋訓”析論》，祁龍威、林慶彰主編：《清代揚州學術研究》，臺北：臺灣學生書局，2001 年。

眭駿略：《評四庫未收書目提要》，《圖書館雜志》2001 年第 8 期。

王文德：《阮元〈揅經室外集〉研究》，臺北市立教育大學碩士學位論文，2002 年。

祁龍威：《讀阮元〈揅經室集〉札記》　①《考證學集林》，揚州：廣陵書社，2003 年　②楊晋龍主編：《清代揚州學術》，臺北：中央研究院中國文哲研究所 2005 年。

單周堯：《從楚簡〈詩論〉之“文王唯穀”反思阮元之“進退維穀”説》，彭林主編：《清代經學與文化》，北京：北京大學出版社，2005 年。

程鋼：《阮元〈性命古訓〉威儀説的初步研究》，彭林主編：《清代經學與文化》，北京：北京大學出版社，2005 年。

陳東輝：《從〈揅經室集〉看阮元的治學方法——以訓詁學爲中心》，《漢語史學報》第六輯，上海：上海教育出版社，2006 年。

朱岩：《〈揅經室外集〉與阮元目録之學》，《鹽城師范學院學報（人文社會科學版）》2007 年第 5 期。

孫華璟：《清代漢宋學術之探討——以阮元〈揅經室集〉爲例》，臺北：《中國學術年刊》第 30 期，2008 年。

沙志利：《〈揅經室集〉版本初探》，《古籍整理研究學刊》2009 年第 2 期。

劉玉國：《阮元“釋黻”平述》，《第九屆中國訓詁學全國學術研討會論文集》，臺北：東吴大學，2009 年。

王章濤：《阮元軼文兩篇考辨》，趙昌智主編《揚州文化研究論叢》第 3 輯，揚州：廣陵書社，2009 年。

沈瑩瑩：《〈揅經室集〉版本續考》，北京大學《儒藏》編纂中心：《儒家典籍與思想研究》第 2 輯，北京：北京大學出版社，2010 年。

沈瑩瑩：《阮元〈揅經室集〉研究》，北京大學博士學位論文，2010 年。

陳倫敦:《〈四庫未收書目提要·琴操二卷提要〉辯誤》,《圖書館理論與實踐》2012 年第 4 期。

阮錫安:《阮元與四庫未收書》,《揚州晚報》2012 年 5 月 3 日。

王章濤:《阮元軼文考釋兩篇》 ①趙昌智主編《揚州文化研究論叢》第 9 輯,揚州:廣陵書社,2012 年 ②趙昌智主編:《揚州學派研究論文選》,廣陵書社,2013 年。

王章濤:《黄奭編〈端綺集〉中阮元佚文解讀——兼論阮、黄之交》,趙昌智主編《揚州文化研究論叢》第 10 輯,揚州:廣陵書社,2012 年。

周露:《由〈揅經室集〉看阮元的訓詁研究》,渤海大學碩士學位論文,2013 年。

陳鴻森:《孫廣海君〈阮元遺文補〉書後》,臺北:《書目季刊》第四七卷第 3 期(2013 年 12 月)。

(二)《經籍籑詁》研究

胡樸安:《阮元之〈經籍籑詁〉》,《中國訓詁學史》,長沙:商務印書館,1939 年。

郭成韜:《〈方言〉、〈經籍籑詁〉和〈經傳釋詞〉》,《語文戰綫》1980 年第 7 期。

蜀屹:《一頃是十二畝半嗎? 糾正〈經籍籑詁〉及〈中文大辭典〉之誤》,《四川圖書館學報》1982 年第 3 期。

汪耀楠:《纂集派訓詁著作〈經籍籑詁〉》,《辭書研究》1982 年第 4 期。

劉葉秋:《清阮元〈經籍籑詁〉》,《中國字典史略》 ①北京:中華書局,1983、2004 年 ②臺北:漢京文化事業有限公司,1984 年。

張文建:《經籍籑詁》,《歷史教學問題》1983 年第 3 期。

武照榴:《查找古代字義的大型工具書——經籍籑詁》,《古籍整理出版情況簡報》第 109 期(1983 年 8 月)。

嚴峻:《讀〈經籍籑詁〉》,《新疆師範大學學報(社會科學版)》1985 年第 2 期。

趙振鐸:《〈經籍籑詁〉和辭書編寫》 ①《辭書研究》1986 年第 1 期 ②《辭書學論文集》,北京:商務印書館,2006 年。

林菁:《〈辭海〉和〈經籍籑詁〉對我的影響》,《辭書研究》1987 年第 2 期。

徐狀華:《〈經籍籑詁〉——我國第一部大型的訓詁詞典》,《中國典籍之最》,蘭州:甘肅教育出版社,1987 年。

朱正義：《阮元〈經籍纂詁〉》，錢曾怡、劉聿鑫主編《中國語言學要籍解題》，濟南：齊魯書社，1991 年。

姜聿華：《清阮元〈經籍籑詁〉》，《中國傳統語言學要籍述論》，北京：書目文獻出版社，1992 年。

胡裕樹主編：《關于阮元主編〈經籍籑詁〉》，《中國學術名著提要·語言文字卷》，上海：復旦大學出版社，1992 年。

陳世鐃：《從〈經籍籑詁〉到〈故訓匯纂〉》 ①《中國典籍與文化》1996 年第 4 期 ②宗福邦、羅積勇主編《〈故訓匯纂〉研究論文集》，北京：商務印書館，2006 年。

宗福邦：《〈故訓匯纂〉與〈經籍籑詁〉》 ①《武漢大學學報（哲學社會科學版）》1996 年第 5 期 ②《兩岸古籍整理學術研討會論文集》，南京：江蘇古籍出版社，1998 年。

武漢大學古籍整理研究所：《從〈經籍籑詁〉到〈故訓匯纂〉》，鄭遠漢主編《黃侃學術研究》，武漢：武漢大學出版社，1997 年。

陳東輝：《論〈經籍籑詁〉的編纂及其功過得失》，《古籍整理研究學刊》1998 年第 1 期。

李步嘉：《修〈經籍籑詁〉緣起探微》，《廣東社會科學》1998 年第 6 期。

李步嘉：《〈經籍籑詁〉疏誤評析》 ①馮天瑜主編：《人文論叢》1999 年卷，武漢：武漢大學出版社，1999 年 ②宗福邦、羅積勇主編：《〈故訓匯纂〉研究論文集》，北京：商務印書館，2006 年。

李步嘉：《〈經籍籑詁〉成書過程考略》，《武漢大學學報（哲學社會科學版）》1999 年第 1 期。

駱瑞鶴：《宋咸熙與〈經籍籑詁〉》 ①《中國典籍與文化》2001 年第 4 期 ②宗福邦、羅積勇主編《〈故訓匯纂〉論文集》，北京：商務印書館，2006 年。

宗福邦：《〈經籍籑詁〉的編纂思想及其得失》 ①《中國典籍與文化論叢》第七輯，北京：北京大學出版社，2002 年 ②宗福邦、羅積勇主編《〈故訓匯纂〉研究論文集》，北京：商務印書館，2006 年。

李步嘉：《〈經籍籑詁〉與隋唐小學三書》，《中國典籍與文化論叢（第七輯）》，北京：北京大學出版社，2002 年。

李步嘉、楊仙：《〈經籍籑詁〉正編、補遺刊行考》，《武漢大學學報（人文社會科學版）》2002 年第 6 期。

陳東輝：《〈經籍籑詁〉與漢語辭書編纂》，《古籍整理研究學刊》2003 年第 1

期。

陳東輝:《〈經籍籑詁〉在中國辭書編纂史上的地位》,《漢語史學報總》第三輯,上海:上海教育出版社,2003年。

王寧:《從〈經籍籑詁〉看〈故訓匯纂〉》,《光明日報》2003年11月13日。

陳東輝:《〈經籍籑詁〉對現當代大型語文辭書編纂的助益與啓示》,周國林主編《歷史文獻研究》總第23輯,武漢:華中師範大學出版社,2004年。

張旭:《試解〈經籍籑詁〉纂修的兩個未解之謎》,河南師範大學碩士學位論文,2005年。

陳鴻森:《阮元〈經籍籑詁〉纂修考》 ①虞萬里主編《傳統中國研究集刊(第4輯)》,上海:上海人民出版社,2008年 ②《中華字典研究(第1輯)》,北京:中國社會科學出版社,2009年。

李正輝:《〈經籍籑詁姓氏·分纂〉和〈補遺姓氏·補纂〉訓詁文獻考》,《安徽廣播電視大學學報》2009年第3期。

陳東輝:《關于〈經籍籑詁〉》,《古漢語與古文獻論叢》,北京:中華書局,2010年。

武麗梅、周冬梅:《〈經籍籑詁〉"籑""纂"考辨》,《黄山學院學報》2011年第4期。

(三)《十三經注疏》及其《校勘記》研究

1.《十三經注疏》研究

王紹楹:《阮氏重刻宋本〈十三經注疏〉考》,《文史》總第3輯,北京:中華書局,1963年。

孫詒讓著、雪克輯校:《〈十三經注疏〉校記》 ①濟南:齊魯書社,1983年 ②北京:中華書局,2009年。

李春光:《十三經注疏》,《古籍叢書述論》,沈陽:遼沈書社,1991年。

熊承滌:《阮元與十三經》,《中國古代學校教材研究》,北京:人民教育出版社,1996年。

陳東輝:《阮元與〈十三經注疏〉》,《揚州大學學報(人文社會科學版)》1997年第4期。

[日本]福木滋久:《阮本十三經注疏の爾雅音について》(《關于阮刻本〈十三經注疏〉的爾雅音》),東京:日本大學法學部編《櫻文論叢》第53號,2001年。

[日本]關清孝:《阮刻本十三經注疏所引〈爾雅音義〉の"叙昌叔"につい

て》(《關于阮刻本〈十三經注疏〉所引〈爾雅音義〉的“俶昌叔”》),東京:大東文化大學文學研究科中國學專攻編《大東文化大學中國學論集》第20號(2003年3月)。

鄭春汛:《阮元刻〈毛詩注疏〉零校》,武漢大學碩士學位論文,2004年。

姜勝:《阮刻本〈論語注疏〉校議十五則》,《圖書館雜志》2006年第2期。

姜勝:《〈論語注疏〉校議》,南京師範大學碩士學位論文,2006年。

鄭春汛:《阮元刻〈毛詩注疏〉引文校勘》,《襄樊學院學報》2006年第3期。

鄭春汛:《阮刻本〈毛詩正義〉引文校證》,《古籍整理研究學刊》2006年第6期。

張寶三:《論標點本〈十三經注疏·毛詩正義〉中的幾個問題》,虞萬里主編《傳統中國研究集刊(第3輯)》,上海:上海人民出版社,2007年。

李慧玲:《阮刻〈毛詩注疏〉底本諸説之辨正》,《中華文史論叢》2008年第1期。

王鍔:《論〈五禮通考〉對阮刻本〈儀禮正義〉的校勘價值》,周少川主編《歷史文獻研究》總第27輯,上海:華東師範大學出版社,2008年。

常虚懷:《阮刻本〈禮記正義〉校讀札記》,趙生群、方向東主編《古文獻研究集刊》第二輯,南京:鳳凰出版社,2008年。

王娜:《論〈五禮通考〉對阮刻本〈十三經注疏〉的校勘價值》,《甘肅高師學報》2009年第4期。

李索:《敦煌寫本〈春秋經傳集解〉殘卷校正阮刻本十則》,《古籍整理研究學刊》2009年第4期。

方向東:《阮刻本〈儀禮注疏〉勘誤》,趙生群、方向東主編《古文獻研究集刊》第三輯,南京:鳳凰出版社,2009年。

常相波:《阮刻本〈周禮注疏·夏官〉校讀小札》,《南京師範大學文學院學報》2010年第1期。

宗静航:《讀阮刻本〈尚書注疏〉——兼論相關問題》,香港:《新亞學報》第28期,2010年。

常相波:《阮刻本〈周禮注疏〉校讀札記》,南京師範大學碩士學位論文,2010年。

唐智燕:《〈十三經注疏〉簡體横排本校點商榷——以〈毛詩正義·毛詩音義〉爲例》,《古籍整理研究學刊》2010年第4期。

谷繼明:《〈周易注疏〉版本流變及阮刻〈周易正義〉補議》,《周易研究》

2010年第4期。

李晶、劉曉明:《阮刻〈論語注疏〉用字研究》,《河北北方學院學報(社會科學版)》2010年第4期。

邱奎:《阮刻〈十三經注疏〉本〈禮記·月令〉校讀札記》,《大學圖書情報學刊》2010年第5期。

方向東:《從阮刻〈尚書正義〉看中華書局影印本與南昌府本的差异》,王志民主編《齊魯文化研究》總第10輯,濟南:泰山出版社,2011年。

王鍔:《論〈五禮通考〉對阮刻本〈儀禮注疏〉的校勘價值》,虞萬里主編《傳統中國研究集刊》第8輯,上海:上海人民出版社,2011年。

潘忠偉:《〈周易正義〉唐宋傳本略考及阮元本之問題》,《成都大學學報(社會科學版)》2011年第4期。

李霖:《讀汪紹楹〈阮氏重刻宋本十三經注疏考〉》,《新中國六十年的經學研究(1950~2010)第二次學術研討會論文》,臺北:2011年。

陳才:《阮元本〈十三經注疏〉誤刻六則》,《船山學刊》2012年第1期。

鮑有爲:《〈爾雅注疏〉校議》,南京師範大學碩士學位論文,2012年。

林爲爲:《阮刻〈毛詩注疏〉校議》,南京師範大學碩士學位論文,2012年。

魏慶彬:《阮刻〈十三經注疏〉版本初探》,《文教資料》2012年第26期。

芮文浩:《中華書局影印阮刻本〈爾雅注疏〉指誤》,《安慶師范學院學報(社會科學版)》2012年第3期。

芮文浩:《論文淵閣〈四庫全書〉本〈春秋左傳注疏〉的校勘價值》,《長春大學學報》2012年第3期。

蔡玉英:《從阮刻本〈論語注疏〉看四庫本的校勘價值》,《文教資料》2012年第34期。

方向東:《從阮刻〈儀禮注疏〉看中華書局影印本和南昌府本的差异》,趙生群、方向東主編《古文獻研究集刊》第五輯,南京:鳳凰出版社,2012年。

[韓國] 장정임, 전세 문헌(傳世文獻)과 출토 문헌의 비교를 통한 고한어 어법연구의 예: 阮元(완원)의『儀禮注疏(의례주소)』의 경문과『武威漢簡(무위한간)』에 나타난 於(어)와 於(어)의 대응 관계(《傳世文獻的文學比較研究:以出土的中國語言爲例——阮元〈儀禮注疏〉與武威漢簡的比較研究》),《中國言語研究》第43輯(2012年12月)。

蔡玉英:《〈論語注疏〉校議》,南京師範大學碩士學位論文,2013年。

李玉嬌:《阮刻本〈春秋左傳正義〉校勘札記》,南京師範大學碩士學位論文，2013 年。

魏慶彬：《阮刻〈孟子注疏〉校勘記》，南京師範大學碩士學位論文，2013 年。

林慶彰：《揚州學者的〈十三經注疏〉研究》，《海峽兩岸清代揚州學派學術研討會論文集》，揚州：广陵書社，2013 年。

胡鳴：《阮刻、朱注〈論語〉异文考》，《湖北科技學院學報》2013 年第 3 期。

郎文行：《阮刻本〈禮記注疏〉底本改字初探》，《文教資料》2013 年第 29 期。

胡鳴：《阮元〈論語注疏〉校勘價值訴求》，《赤峰學院學報（漢文哲學社會科學版）》2013 年第 6 期。

2.《十三經注疏校勘記》研究

喬衍琯：《跋宋監本〈周易正義〉——兼論阮元〈十三經校勘記〉》　①臺北：《孔孟學報》第 6 期，1963 年　②林尹等編《易經論文集》，臺北：黎明文化事業有限公司，1981 年　③《古籍整理自選集》，臺北：文史哲出版社 1999 年。

田宗堯：《〈春秋穀梁傳〉阮氏校勘記補正》　①臺北：《孔孟學報》第 8 期（1964 年 9 月）②戴君仁等：《春秋三傳研究論集》，臺北：黎明文化事業公司，1981 年。

李紹户：《翟灝〈論語考异〉與阮元校勘記》，臺北：《建設》第二五卷第 1 期，1976 年。

夏平：《阮元〈公羊校勘記〉誤從段玉裁以不誤爲誤》，《急就集》，香港：中華書局香港分局，1977 年。

［日本］關口順、近藤光男：《十三經注疏校勘記略説》　①《埼玉大學紀要》第一九卷，埼玉大學教養部，1983 年　②《中國關係論説資料第 26 號第 1 分册（上）》，1984 年。

王欣夫：《〈十三經注疏校勘記〉的協作和總成文獻學講義》　①上海：上海古籍出版社，1986 年、2005 年　②《王欣夫説文獻學》，上海：上海古籍出版社，2000 年。

盧國屏：《阮元〈爾雅注疏校勘記〉》，《清代〈爾雅〉學》　①臺北：政治大學碩士學位論文，1987 年　②新北：花木蘭文化出版社，2009 年。

馮浩菲：《阮元〈毛詩注疏校勘記〉一類校例辯證》　①《毛詩訓詁研究》，武漢：華中師範大學出版社，1988 年　②《古籍整理與研究》1990 年第 5 期。

［日本］橋本高勝：《阮元論語注疏校勘記について》（《關于阮元〈論語注疏校勘記〉》），京都：《京都産業大學論集》第一八卷第 3 號，《外國語與外國文學

系列》第 16 號，1989 年。

羅孟禎：《阮元〈十三經注疏校勘記〉》，《古典文獻學》，重慶：重慶出版社，1989 年。

韓格平：《讀阮元校〈爾雅・釋詁〉札記》，《古籍整理研究學刊》1989 年第 6 期。

陳東輝：《略論〈十三經注疏〉及〈校勘記〉》，《文教資料》1997 年第 6 期。

林威宇：《日本正宗寺藏舊鈔〈左傳正義〉校記》，臺中：東海大學碩士學位論文，1997 年。

劉文强：《阮元〈十三經校勘記〉研究——〈禮記〉篇》　①高雄：中山大學中國文學系主編《第五届清代學術研討會論文集》，1997 年　②高雄：中山大學清代學術研究中心編《清代學術論叢》第 2 輯，臺北：文津出版社，2001 年。

王輝：《阮元〈儀禮注疏校勘記〉補正》，《中國典籍與文化論叢（第四輯）》，北京：中華書局，1997 年。

吕友仁：《阮元〈禮記注疏校勘記〉平議》，周國林主編《歷史文獻研究》第 18 輯，武漢：華中師範大學出版社，1999 年。

蔣宗福：《〈春秋公羊傳注疏〉阮校辨誤》　①《古籍整理研究學刊》2001 年第 3 期　②《語言文獻論集》，成都：巴蜀書社，2002 年。

唐光榮：《〈十三經注疏校勘記〉圈（○）後案語作者問題考論》，西南大學碩士學位論文，2001 年。

趙燕：《〈論語注疏校勘記〉研究》，北京師範大學碩士學位論文，2003 年。

［日本］水上雅晴：《段玉裁と十三經注疏校勘記》（《段玉裁與〈十三經注疏校勘記〉》），札幌：北海道中國哲學會編《中國哲學》第 31 號，2003 年。

［日本］水上雅晴：《阮元と〈十三経注疏校勘記〉——〈儀禮〉の校勘を中心に》（《阮元與〈十三經注疏校勘記〉——以〈儀禮〉的校勘爲中心》），札幌：北海道中國哲學會編《中國哲學》第 33 號，2004 年。

唐光榮：《阮元、段玉裁與〈十三經注疏校勘記〉》　①《達縣師范高等專科學校學報》2004 年第 3 期　②《楚雄師范學院學報》2004 年第 2 期。

唐光榮：《〈十三經注疏校勘記〉中的兩類校勘記》　①《古籍整理研究學刊》2004 年第 3 期　②陶新民主編：《古籍研究》2004 年卷下，合肥：安徽大學出版社，2004 年。

甘良勇：《阮元〈十三經注疏校勘記序〉箋證》，河南師範大學碩士學位論文，2005 年。

洪湛侯：《〈十三經注疏校勘記〉，阮元撰《徽派樸學》，合肥：安徽人民出版社，2005 年。

文廷海：《阮元〈春秋穀梁傳注疏校勘記〉論析》，《清代春秋穀梁學研究》①華中師範大學博士學位論文，2005 年　②長沙：嶽麓書社，2006 年。

［日本］野間文史：《阮刻の嘉慶本と道光重刊本》，《十三經注疏の研究：その語法と傳承の形》（《阮刻的嘉慶本與道光重刊本》，《十三經注疏研究：語法和傳承的形態》），東京：研文出版，2005 年。

錢宗武、陳樹論：《阮元〈十三經注疏校勘記〉兩個版本系統》　①《揚州大學學報（人文社會科學版）》2007 年第 1 期　②朱萬曙主編《古籍研究》2008 卷上，合肥：安徽大學出版社，2008 年。

李慧玲：《阮刻〈毛詩注疏（附校勘記）〉研究》，華東師範大學博士學位論文，2008 年。

陳樹：《〈十三經注疏校勘記〉研究的語言學視角》，揚州大學碩士學位論文，2008 年。

李慧玲：《阮元〈毛詩注疏校勘記〉的兩個版本辨析》，《華東師範大學學報（哲學社會科學版）》2009 年第 1 期。

李慧敏：《〈毛詩注疏校勘記〉古今字研究》，寧夏大學碩士學位論文，2009 年。

袁媛：《阮元〈十三經注疏校勘記〉文選樓本和南昌府學本比較研究——以〈周易〉、〈毛詩〉、〈爾雅〉爲例》，北京大學碩士學位論文，2010 年。

劉娟：《〈春秋左傳正義〉校勘札記》，南京師範大學碩士學位論文，2010 年。

劉娟：《〈春秋左傳正義〉校讀小札》，《文教資料》2009 年第 18 期。

［日本］水上雅晴：《〈十三經注疏校勘記〉的編纂以及段玉裁的參與》，彭林主編《中國經學》第 6 輯，桂林：廣西師範大學出版社，2010 年。

倪梁鳴：《阮元校勘學成就探賾——以〈論語校勘記〉爲例》，虞浩旭主編《天一閣文叢》第 8 輯，杭州：浙江古籍出版社，2010 年。

陳東輝：《關于〈十三經注疏〉及其〈校勘記〉》，《古漢語與古文獻論叢》，北京：中華書局，2010 年。

西山：《阮元〈十三經注疏〉稿本研究第一篇文章》，http：//blog. sina. com. cn/s/blog_ 4b981a200100n9wh. html，2010 年 12 月 24 日。

陳功文：《〈儀禮正義〉所引〈儀禮注疏校勘記〉之版本考》，《大學圖書情報學刊》2011 年第 2 期。

陳功文:《對阮元〈儀禮注疏校勘記〉校勘之比較》,《胡培翬〈儀禮正義〉研究》,揚州大學博士學位論文,2011年。

陳功文:《〈儀禮正義〉與阮元〈儀禮注疏校勘記〉之校勘》,《胡培翬〈儀禮正義〉研究》,揚州大學博士學位論文,2011年。

陳濬寬:《阮元〈毛詩注疏校勘記〉探析》,臺中:東海大學碩士學位論文,2011年。

孫錫芳:《阮元〈春秋左傳注疏校勘記〉研究》,《圖書情報工作》2011年15期。

毛承慈:《阮元〈毛詩注疏校勘記〉判定异文正誤的原則》,《南陽師范學院學報》2011年第10期。

曾曉梅、毛遠明:《阮元校勘〈禮記正義〉存在的問題》,《圖書情報工作》2011年第23期。

金良年:《毛詩阮校補正》,《文史》2011年第四輯,北京:中華書局,2011年。

王坤:《〈十三經注疏校勘記〉與〈七經孟子考文〉之〈禮記〉校勘考釋》,浙江大學碩士學位論文,2012年。

劉玉才:《〈十三經注疏校勘記〉研究芻議》,徐鼎一主編《藝衡》第七輯,北京:中國文聯出版社,2012年。

唐田恬:《由〈周禮注疏校勘記〉看阮元〈十三經注疏校勘記〉的成就與價值》,徐鼎一主編《藝衡》第七輯,北京:中國文聯出版社,2012年。

袁媛:《南昌府學本〈左傳注疏校勘記〉平議》,徐鼎一主編《藝衡》第七輯,北京:中國文聯出版社,2012年。

王耐剛:《試論〈孟子注疏校勘記〉的不足》,徐鼎一主編《藝衡》第七輯,北京:中國文聯出版社,2012年。

吴昱昊:《阮元〈十三經注疏校勘記〉引據〈史記〉訂補》,趙生群、方向東主編《古文獻研究集刊》第六輯,南京:鳳凰出版社,2012年。

陳東輝、王坤:《〈十三經注疏校勘記〉與〈七經孟子考文補遺〉之關係探微》,東亞儒學國際學術研討會論文,上海:2012年。

陳功文:《〈儀禮正義〉與〈儀禮注疏校勘記〉校勘之比較》,《淮北師範大學學報(哲學社會科學版)》2012年第6期。

[日本]水上雅晴:《顧広圻與〈十三経注疏校勘記〉——以〈毛詩釈文校勘記〉爲考察中心》(《顧廣圻與〈十三經注疏校勘記〉——以〈毛詩釋文校勘記〉

爲考察中心》)，北京大學國際漢學家研修基地編：《國際漢學研究通訊》第 6 期，北京：北京大學出版社，2012 年。

袁媛：《阮元〈毛詩注疏校勘記〉文選樓本與南昌府學本比較研究》，《北京大學中國古文獻研究中心集刊》第 12 輯，北京：北京大學出版社，2012 年。

李慧玲：《試論阮元〈十三經注疏校勘記〉得以問世的客觀條件》，《東南學術》2013 年第 1 期。

［日本］水上雅晴：《顧廣圻と〈毛詩釋文校勘記〉:〈十三經注疏校勘記〉と分校者の關係（《顧千里與〈毛詩釋文校勘記〉:〈十三經注疏校勘記〉與分校者的關係》)，《東洋古典學研究》第 35 號（2013 年 5 月）。

唐田恬：《阮元〈周禮注疏校勘記〉探析》，北京大學碩士學位論文，2013 年。

董洪利、王耐剛：《從〈孟子注疏校勘記〉看段玉裁與〈十三經注疏校勘記〉修纂之關係》，《國學學刊》2013 年第 3 期。

［日本］野間文史撰、童嶺譯：《近代以來日本的十三經注疏校勘記研究》，彭林主編《中國經學》第 11 輯，桂林：廣西師範大學出版社，2013 年。

井超：《阮元〈禮記·曲禮〉之〈校勘記〉校讀札記》，《文教資料》2013 年第 31 期。

吴昱昊：《讀阮元〈十三經注疏校勘記〉札記》，《大理學院學報》2013 年第 7 期。

陳文和：《段玉裁校勘記引起阮校誤讀札記》，趙昌智主編《揚州文化研究論叢》第 12 輯，揚州：廣陵書社，2013 年。

（四）《皇清經解》研究

沈豫：《皇清經解淵源録》，《蛾術堂集》　①蕭山沈氏漢讀齋道光十八年（1838 年）刻本　②嚴一萍選輯《叢書集成續編》，臺北：藝文印書館，1971 年　③李萬健、鄧咏秋編《清代私家藏書目録題跋叢刊》，北京：國家圖書館出版社，2010 年。

沈豫：《皇清經解提要》　①蕭山沈氏漢讀齋道光十八年（1838 年）刻本　②嚴一萍選輯《叢書集成續編》，臺北：藝文印書館，1971 年　③臺北：廣文書局，1977 年　④李萬健、鄧咏秋編《清代私家藏書目録題跋叢刊》，北京：國家圖書館出版社，2010 年。

徐時棟：《分類重編〈學海堂經解〉贊廿一首序》，《煙嶼樓文集》卷三六，①葛氏松竹居同治十四年（1875 年）刻本　②《續修四庫全書》第 1542 册，上海：上海古籍出版社，1995～2002 年　③《清代詩文集匯編》上海：上海古籍出版社，2010 年。

梁格：《〈皇清經解〉分析目録》，《中大圖書館報》第七卷第 4、5 期，1929 年。

孫著聲：《清經解論略（上篇、續）》，《民意》第一卷第 9、10 期，第二卷第 1 期，1941 年。

［日本］藤塚明直：《皇清經解の編纂とその影響》（《〈皇清經解〉的編纂及其影響》）　①東京帝國大學畢業論文，1941 年　②《東洋文化（無窮會）》復刊第 46～48 號（總第 280～282 號），1979～1981 年。

段生珍：《正續經解所收〈穀梁〉注述提要》，《斯文》第三卷第 7 期，1943 年。

楊伯峻：《（皇）清經解正續編影印縮本序》　①《清經解、清經解續編》，上海：上海書店出版社，1988 年　②《楊伯峻治學論稿》，長沙：嶽麓書社，1992 年。

王瑾：《〈皇清經解〉札記》，《晋圖學刊》1993 年第 1 期。

陳祖武：《阮元與〈皇清經解〉》　①《第三屆國際清代學術研討會論文集》，高雄：中山大學中國文學系所，1993 年　②《乾嘉學派研究》，石家莊：河北人民出版社，2005 年　③《清代學術源流》，北京：北京師範大學出版社，2012 年。

陳祖武：《〈皇清經解〉與古籍整理》，《傳統文化與現代化》1993 年第 6 期。

虞萬里：《〈正、續清經解〉述略》，林慶彰主編《經學研究論叢》第 1 輯，臺北：聖環圖書公司，1994 年。

虞萬里：《〈正續清經解〉編纂考》　①王元化主編《學術集林》第四卷，上海：遠東出版社，1995 年　②傅傑編：《二十世紀中國文史考據文録》，昆明：雲南人民出版社，2001 年　③《榆枋齋學術論集》，南京：江蘇古籍出版社，2001 年　④彭林編《經學研究論文選》，上海：上海書店出版社，2002 年　⑤《清經解 清經解續編》，南京：鳳凰出版社，2005 年。

陳東輝：《〈皇清經解〉輯刻始末暨得失評騭》，《古籍整理研究學刊》1997 年第 5 期。

謝祥皓、劉宗賢：《阮元、王先謙與〈清經解〉及〈續編〉》，《中國儒學》，成都：四川人民出版社，1998 年。

竺静華：《從正續〈清經解〉的比較論清代經學的發展趨勢》，臺灣大學碩士學位論文，1999 年。

陳東輝：《阮元與〈皇清經解〉》，《故宫博物院院刊》2001 年第 4 期。

周峥嶸：《〈皇清經解〉與〈皇清經解續編〉的編刻——兼論清代中晚期書院與刻書》，復旦大學碩士學位論文，2002 年。

徐复：《重印〈清經解、清經解續編〉序》，《清經解、清經解續編》南京：鳳凰出版社，2005 年。

劉祥元：《〈皇清經解〉編纂研究》，中國人民大學博士學位論文，2010 年。

陳東輝：《關于〈皇清經解〉》，《古漢語與古文獻論叢》，北京：中華書局，2010 年。

董恩林：《清經解類型及價值分析——以〈皇清經解〉正續編爲例》，《人文雜志》2011 年第 3 期。

鄧國光：《阮元和〈皇清經解〉》，《經學義理》，上海：上海古籍出版社，2011 年。

任利榮：《〈皇清經解〉本焦循〈孟子正義〉平議》，臺北：《書目季刊》第四五卷第 4 期（2012 年 3 月）。

（五）《儒林傳稿》研究

戚學民：《"儒林列傳"與"漢學師承"——〈漢學師承記〉的修撰及漢宋之争》 ①《清華大學學報（哲學社會科學版）》2007 年第 1 期 ②人大複印報刊資料《明清史》；2007 年第 4 期 ③桑兵、關曉紅主編《先因後創與不破不立：近代中國學術流派研究》，北京：生活·讀書·新知三聯書店，2007 年。

戚學民：《論阮元〈儒林傳稿〉對李元度〈國朝先正事略〉的影響》，首爾大學東亞文化研究所編，首爾：《東亞文化》第 45 輯（2007 年 12 月）。

王汎森：《清代儒者的全神堂——〈國史儒林傳〉與道光年間的顧祠祭的成立》，臺北：《中央研究院歷史語言研究所集刊》第七十九本第一分（2008 年 3 月）。

戚學民：《論阮元對戴震學術地位的貢獻——讀阮元撰〈儒林傳擬稿〉札記之一》，趙昌智主編：《揚州文化研究論叢（第 1 輯）》，揚州：廣陵書社，2008 年。

戚學民：《李元度〈國朝先正事略〉與阮元〈儒林傳稿〉》，趙昌智主編《揚州文化研究論叢》第 2 輯，揚州：廣陵書社，2008 年。

陳居淵：《清代儒林與漢宋學術：以阮元〈國史儒林傳〉爲中心》，蔡方鹿主編：《經學與中國哲學》，上海：華東師範大學出版社，2009 年。

馬延煒：《纂修與粗成：清國史館〈儒林傳〉研究》，中國人民大學博士學位論文，2009年。

戚學民：《論阮元撰二卷本〈國史儒林傳〉》，趙昌智主編《揚州文化研究論叢》第3輯，揚州：廣陵書社，2009年。

戚學民：《阮元〈儒林傳稿〉與清代漢宋學術之争》 ①《清華大學學報(哲學社會科學版)》2009年第6期 ②《高等學校文科學術文摘》2010年第1期 ③人大复印報刊資料，《歷史學》2010年第2期 ④桑兵、趙立彬主編《轉型中的近代中國》，北京：社會科學文獻出版社，2010年。

戚學民：《〈學案小識〉與〈儒林傳稿〉》，《近代史研究》2010年第1期。

戚學民：《〈儒林傳稿〉與〈宋學淵源記〉》，《社會科學研究》2010年第1期。

戚學民：《〈漢學商兑〉與〈儒林傳稿〉》，《學術研究》2010年第7期。

戚學民：《"國史儒林"與"浙東學術"——阮元〈儒林傳稿〉敘學成就管窺》 ①《中山大學學報(社會科學版)》2010年第6期 ②人大複印報刊資料《明清史》2011年第3期 ③趙昌智主編《揚州學派研究論文選》，廣陵書社，2013年。

陳居淵：《漢學與宋學：阮元〈國史儒林傳〉考論》，《復旦學報(社會科學版)》2011年第4期。

戚學民：《阮元〈儒林傳稿〉研究》，北京：生活·讀書·新知三聯書店，2011年。

黄聖修：《清兩卷本〈國史儒林傳〉考述——兼論道光二十四年以前〈儒林傳〉稿本之變化》，臺北：《故宫學術季刊》第二九卷第4期(2012年6月)。

戚學民：《沿著歷史發展順序看清代學術史——阮元及〈儒林傳稿〉在清代學術史上的地位》，《團結報》2012年8月9日。

(六)《疇人傳》研究

[比利時] Van Hée. Louis (赫師慎)：*The Chou - Jen Chuan of Yuan Yuan*，(《阮元著〈疇人傳〉》)，ISIS(比利時：《愛雪斯》)，第八卷第1期，1926年。

[日本] 三上義夫：《疇人傳論——并せてVan Hée氏の所説を評す》(《論〈疇人傳〉——兼譯赫師慎氏之説》) ①東京：《東洋學報》第一六卷第2號，1927年 ②《三上義夫博士研究集録》，全國珠算教育聯盟、全國珠算教育聯盟收集出版委員會編，京都：全國珠算教育連盟，1960年。

[日本] Mikami. Yoshio (三上義夫)：*The Chou - Jen Chuan of Yuan Yuan*，(《阮元著〈疇人傳〉》)，ISIS(比利時：《愛雪斯》)，第一一卷第1期，1928年。

錢寶琮：《阮元〈疇人傳〉與羅士琳〈續疇人傳〉》 ①《中國數學史》，北京：科學出版社，1964 年 ②《李儼、錢寶琮科學史全集》第五卷，沈陽：遼寧教育出版社，1998 年。

王萍：《關于阮元》，《西方曆算學之輸入》，臺北：中央研究院近代史研究所，1966 年、1980 年。

王萍：《阮元與〈疇人傳〉》，臺北：《中央研究院近代史研究所集刊》第 4 期下册（1974 年 12 月）。

王萍：《〈疇人傳〉中的蓋天論與渾天論》，臺北：《中華文化復興月刊》第八卷第 3 期（1975 年 3 月）。

吴裕賓：《我國第一部科學家傳記——〈疇人傳〉》，《書林》1980 年第 3 期。

王樹民：《〈疇人傳〉和續編》，《史部要籍解題》 ①北京：中華書局，1981 ~ 2003 年 ②《晋圖學刊》1988 年第 3 期。

李瑶：《從〈疇人傳〉的編輯思想看它的科學價值和局限》，《廣西民族學院學報（社會科學版）》1981 年第 4 期。

王萍：《阮元與〈疇人傳〉》，臺北：《科學史通訊》第 1 期（1982 年 5 月）。

管成學：《標點本二十四史、〈清史稿〉、阮元〈疇人傳〉中誤斷與錯訛舉要》 ①《史學集刊》1984 年第 2 期 ②人大複印報刊資料《歷史學》1984 年第 6 期 ③國務院古籍整理出版規劃小組編《古籍點校疑誤匯録（二）》，北京：中華書局，1990 年。

劉德美：《〈疇人傳〉研究》，臺北：《臺灣師大歷史學報》第 13 期（1985 年 6 月）。

黄愛平：《從〈疇人傳〉看阮元的西學思想》，《清史研究通訊》1989 年第 3 期。

左步青：《一代名儒的失誤——阮元〈疇人傳〉反映了什麼?》，《人民日報》1989 年 4 月 10 日。

張文建：《阮元和〈疇人傳〉及其續編》 ①《歷史教學問題》1989 年第 6 期 ②仓修良主編《中國史學名著評介》，濟南：山東教育出版社，1990 年 ③仓修良主編《中國史學名著評介》第三卷，臺北：里仁書局，1994 年。

黄漢平：《阮元主編〈疇人傳〉》，《科技日報》1990 年 5 月 11 日。

傅祚華：《〈疇人傳〉研究》，梅榮照主編《明清數學史論文集》，南京：江蘇教育出版社，1990 年。

張召奎：《我國第一部科學家傳記〈疇人傳〉》，《中國書籍之最》，合肥：安徽人民出版社，1991年。

姜義華主編：《關于（清）阮元等〈疇人傳〉》，《中國學術名著提要·歷史卷》，上海：復旦大學出版社，1994年。

韓文寧：《我國科學家傳記的開山之作——阮元與〈疇人傳〉》，《圖書與情報》2000年第1期。

郭明道：《試論〈疇人傳〉》，《蘇州科技學院學報（社會科學版）》2004年第3期。

武際可：《阮元與他的〈疇人傳〉》，《近代力學在中國的傳播與發展》，北京：高等教育出版社，2005年。

羅中琦：《阮元〈疇人傳〉之科學思想論析》，臺中：《弘光人文社會學報》第二卷，2005年。

曾學文：《中國古代科技史巨著——〈疇人傳〉》，《文史知識》2007年第2期。

葉赟：《〈疇人傳〉新探》，復旦大學碩士學位論文，2008年。

沈偉：《〈疇人傳〉及其續編研究》，中國人民大學碩士學位論文，2009年。

［美國］Elman. Benjamin A（本傑明·艾爾曼）：《阮元與〈疇人傳〉》 ①王紅霞等譯《中國近代科學的文化史》，上海：上海古籍出版社，2009年 ②復旦大學文史研究院譯《經學·科舉·文化史：艾爾曼自選集》，北京：中華書局，2010年。

林俞佑：《論阮元〈疇人傳〉之科學觀》，臺北：《輔仁國文學報》第33期（2011年10月）。

葉農：《從〈利瑪傳〉到〈疇人傳〉——明清時期耶穌會士利瑪竇傳記探略》，《北京行政學院學報》，2013年第1期。

錢永紅：《錢寶琮的阮元研究》，http：//yonghong. qian. blog. 163. com/blog/static/2252548020138611243474/，2013年9月6日。

沈偉：《〈疇人傳〉及其續編學術思想考析》，《理論界》2013年第9期。

屈寧、王曼：《阮元與中國科技史撰著的開端》，《人文雜志》2013年第11期。

（七）《廣東通志》與《雲南通志稿》研究

馬國維：《廣東省史地上最重要之典籍——廣東通志》，臺北：《廣東文獻季刊》第五卷第2期（1975年9月）。

祝秀俠：《談阮元〈廣東通志〉及民國以來續修工作》 ①臺北：《中國地方

文獻學會年刊》，1977 年　②臺北：《廣東文獻季刊》第一三卷第 3 期（1983 年 9 月）。

蕭國健：《阮元〈廣東通志〉與圖中所見之香港》，臺北：《廣東文獻季刊》第一一卷第 4 期（ 1981 年 12 月）。

王葆心：《關于阮元》，《方志學發微（注析本）》，武漢：湖北省地方志編纂委員會辦公室，1984 年編印。

李默：《〈阮通志·藝文略〉失載方志補》，《廣東圖書館學刊》1986 年第 4 期。

楊惠卿、梓翰：《話説阮元〈廣東通志〉中的古粵園林》，《廣東史志》1994 年第 2 期。

王承文：《明清〈廣東通志〉幾則唐人傳的嚴重失誤》，《學術研究》1996 年第 7 期。

郭培忠：《李昴英與〈南海志〉——兼正黄佐、郭晅、阮元〈廣東通志〉之誤》，《中山大學學報（社會科學版）》1997 年第 2 期。

顔廣文、關漢華：《論阮元與〈廣東通志〉的編纂》　①《華南師範大學學報（社會科學版）》2000 年第 3 期　②《嶺嶠春秋：廣府文化與阮元論文集》，廣州：中山大學出版社，2003 年　③《古代廣東史地考論》，廣州：中山大學出版社，2007 年。

郭明道：《論阮元主修的兩部名志》，《江蘇地方志》2001 年第 5 期。

侯月祥：《阮元修志與其人才觀》，《嶺嶠春秋：廣府文化與阮元論文集》，廣州：中山大學出版社，2003 年。

甄人（甄炳昌）：《略論阮元與道光〈廣東通志〉》，《嶺嶠春秋：廣府文化與阮元論文集》，廣州：中山大學出版社，2003 年。

羅志歡：《阮元〈廣東通志·藝文略〉文獻信息概説》，《嶺嶠春秋：廣府文化與阮元論文集》，廣州：中山大學出版社，2003 年。

曾昭旋、曾新、曾憲珊：《論阮元〈廣東通志〉與各〈廣東通志〉的得失》，《嶺嶠春秋：廣府文化與阮元論文集》，廣州：中山大學出版社，2003 年。

王濤：《略論阮元修〈廣東通志〉對廣東方志的影響及啓示》，陳強主編《2007 廣東省地方志理論研究優秀論文集》，廣州：嶺南美術出版社，2007 年。

韓富文：《道光〈雲南通志稿·藝文志〉管窺》，北京師範大學碩士學位論文，2008 年。

周振宇：《道光〈廣東通志·金石略〉研究》，暨南大學碩士學位論文，

2008年。

仓修良:《阮元和〈雲南通志稿〉》,周少川主編《歷史文獻研究》總第27輯,上海:華東師範大學出版社,2008年。

羅志歡:《阮元〈廣東通志〉中的説粤文獻》,《中國地方志》2009年第11期。

劉慶華:《論阮元〈廣東通志·謫宦録〉之得失》,《中國地方志》2009年第11期。

吕子遠:《從謝蘭生〈常惺惺齋日記〉看道光〈廣東通志〉的修纂》,《廣東史志》2011年第2期。

林璜:《道光〈廣東通志〉對嘉慶〈廣西通志〉體例的繼承與發展》,周少川主編《歷史文獻研究總》第31輯,上海:華東師範大學出版社,2012年。

舒習龍:《〈雲南通志稿〉的編纂與成就》,《史學史研究》2013年第2期。

(八)《宛委别藏》研究

袁同禮:《〈宛委别藏〉現存書目》 ①《北大圖書部月刊》第二卷第1、2期合刊,1932年 ②《袁同禮文集》,北京:北京圖書館出版社,2010年。

袁同禮:《〈宛委别藏〉現存書目及其版本》 ①《圖書館學季刊》第六卷第2期,1932年 ②蔣復璁等:《中國書籍考論集》,香港:中山圖書公司,1972年 ③《袁同禮文集》,北京:北京圖書館出版社,2010年。

吴哲夫:《〈宛委别藏〉簡介》 ①《故宫圖書季刊》第一卷第2期,1970年 ②王國良、王秋桂編:《中國圖書文獻學論集》,臺北:明文書局,1983~1986年。

[日本]島田正郎:《清宛委别蔵鈔本〈宋律〉について》(《關于清〈宛委别藏〉抄本〈宋律〉》) ①東京:明治大學法律研究所編《法律論叢》第46號,1973年 ②《清末における近代的法典の編纂》(《清末近代法典的編纂》),東京:創文社,1980年。

吴哲夫:《阮元與〈宛委别藏叢書〉》,臺北:《故宫文物月刊》第15期(1984年6月)。

盧仁龍:《〈宛委别藏〉編纂始末》,《文獻》1990年第1期。

翁連溪:《養心殿藏書——〈宛委别藏〉》,《紫禁城》1991年第6期。

俞信芳:《〈宛委别藏〉提要拾補》,《寧波師院學報(社會科學版)》1993年第1期。

陳東輝:《阮元與〈宛委别藏〉》,杭州師范學院學報1997年第5期。

陳東輝：《〈宛委别藏〉考略》，《故宫博物院院刊》1998年第2期。

張樹忠：《阮元與〈宛委别藏〉》，《圖書館雜志》2001年第7期。

郭慶章：《宛委别藏》，《羅士琳及其數學研究》，臺灣師範大學碩士學位論文，2006年6月。

曾佳鈺：《〈宛委别藏〉研究》，臺北大學碩士學位論文，2007年。

李更：《宛委别藏本〈平庵悔稿〉小識》，《中國典籍與文化》2009年第3期。

楊明：《論〈陸士衡文集〉之〈宛委别藏〉本》，《中華文史論叢》2012年第1期。

丁治民：《宛委别藏本〈集篆古文韻海〉爲删節本考》，王寧主編：《民俗典籍文字研究（第10輯）》，北京：商務印書館，2012年。

（九）《天一閣書目》研究

鮑國強：《阮氏文選樓刊〈天一閣書目〉的編者》，《文獻》第14輯，1982年。

吴平：《〈天一閣書目〉初探》，《廣東圖書館學刊》1989年第3期。

李世愉：《清代編録〈天一閣書目〉考》，《清史研究》1999年第3期。

（十）《山左金石志》研究

孟凡港：《〈山左金石志〉纂修者述論——兼對“畢沅、阮元同撰”的辨正》，《古籍整理研究學刊》2012年第4期。

孟凡港：《阮元〈山左金石志〉研究》，北京師範大學博士學位論文，2013年。

孟凡港：《析阮元金石學成就之因——以〈山左金石志〉爲例》，《光明日報》2013年6月17日。

（十一）《詁經精舍文集》研究

孫淑芳：《〈詁經精舍文集〉論語一貫説詮評》，新竹：《玄奘人文學報》第1期（2003年7月）。

於梅舫：《〈詁經精舍文集〉與詁經精舍早期學風》，《湖南大學學報（社會科學版）》2008年第5期。

陳小華：《〈詁經精舍文集〉研究》，華中師範大學博士學位論文，2013年。

（十二）其他著述研究

楊忠：《〈皇清經解〉與〈十三經注疏附校勘記〉非全出江西文人之手》，《江西大學學報（人文社會科學版）》1980年第3期。

常元敬、陳慶惠、黄華童：《點校〈兩浙輶軒録〉前言》，《浙江師範大學學報（社會科學版）》1988年增刊。

姜聿華:《清阮元〈積古齋鐘鼎彝器款識〉》,《中國傳統語言學要籍述論》,北京:書目文獻出版社,1992年。

德明(郭明道):《阮元史學撰著述評》,《揚州師院學報(社會科學版)》1995年第2期。

[日本]城地茂:《清代抄本〈諸家算法〉初探:著録者阮元與藏書家莫與儔、莫友芝》,龍村倪、葉鴻灑編《第四届科學史研討會匯刊》,臺北:國際科學史與科學哲學聯合會科學史組中華民國委員會,1996年。

陳鴻森:《阮元與王引之書九通考釋》 ①《龍宇純先生七秩晋五壽慶論文集》,臺北:臺灣學生書局,2002年 ②《中國典籍與文化論叢》第八輯,北京:北京大學出版社,2005年。

林子雄:《〈學海堂集〉研究》,《廣東學者的經學研究第二次學術研討會論文》,臺北:2004年。

錢毅、王傳東、嵇銀宏:《阮元著述文本的總貌及其整理的現狀和意義》,《古籍整理研究學刊》2007年第1期。

吴凱、周星瑩、錢宗武:《〈積古齋鐘鼎彝器款識〉考述》,趙昌智主編《揚州文化研究論叢》第3輯,揚州:廣陵書社,2009年。

吕光華:《論阮元〈廣陵詩事〉》,彰化:《彰化師大國文學志》第二一卷第12期(2010年12月)。

[日本]草津祐介:《阮元と朱爲弼:〈積古斎鐘鼎彝器款識〉の編纂活動を中心として》(《阮元與朱爲弼:以〈積古齋钟鼎彝器款識〉的編撰活動作为中心》),全國大學書法學會:《大學書法研究》第4號,2011年。

楊洪升:《〈文選樓藏書記〉考實》,《文獻》2011年第4期。

張嘉顯:《學人詩話:阮元〈小滄浪筆談〉〈定香亭筆談〉〈廣陵詩事〉研究》彰化:彰化師範大學碩士學位論文,2011年。

吕晶:《〈文選樓藏書記〉的分類特點及其原因探微》《文藝生活》下旬刊,2012年第2期。

王曼:《阮元史學研究》,河北師範大學碩士學位論文,2013年。

朱則傑:《〈兩浙輶軒録〉張宗泰跋文訂補》,《厦門廣播電視大學學報》2012年第3期。

幽山書生:《拜謁阮元——讀清嘉慶珠湖草堂刻本〈石渠隨筆〉筆記(上)》,http://blog.sina.com.cn/s/blog_998cbbe60101f76o.html,2013年10月18日。

中國書店來薰閣:《阮元摹刻〈宋王復齋鐘鼎款識〉及其道光翻刻本》,http：//blog. sina. com. cn/s/blog_ 5597a9140101asqv. html，2013 年 10 月 22 日。

鄧祝仁：《阮元和他的幾件桂林作品》，《學術界》2013 年第 12 期。

四　學術思想研究

（一）總論

龔自珍：《阮尚書年譜第一序》，張鑒等：《雷塘庵主弟子記》　①琅嬛仙館道光三十年（1850 年）刻本　②王佩諍校《龔自珍全集》第三輯，北京：中華書局，1959 年　③上海：上海古籍出版社，1975～1999 年　④黄愛平點校《阮元年譜》，北京：中華書局，1995 年　⑤謝飄雲、閔定慶選注評點《龔自珍文選》，蘇州：蘇州大學出版社，2001 年。

劉師培：《關于阮元》，《清儒得失論》　①《民報》第 14 號，1907 年 6 月 8 日　②《劉師培論學雜稿》，北京：中國人民大學出版社，2004～2011 年。

梁啓超：《關于阮元》，《近代學風之地理的分布》　①《清華大學學報（自然科學版）》1924 年第 1 期　②臺北：臺灣中華書局，1956～1971 年　③汪學群編《清代學問的門徑》，北京：中華書局，2009 年 11 月。

蕭一山：《阮元》，《清代通史》中卷　①上海：中華印刷局，1925 年　②上海：華東師範大學出版社，2006 年。

葉衍蘭：《阮元》，《清代學者像傳集》第三册　①上海：商務印書館，1928 年　②葉衍蘭、葉恭綽合編：《清代學者像傳合集》，上海：上海古籍出版社，1989 年。

［日本］森本杉雄：《阮元》，《清朝儒學史概説》，東京：文書堂，1928～1930 年。

錢穆：《阮芸臺》，《中國近三百年學術史》　①上海：商務印書館，1937 年　②臺北：臺灣商務印書館，1957～1997 年　③北京：中華書局，1986 年　④《錢賓四先生全集》臺北：聯經出版事業公司，1998 年　⑤《錢穆先生全集》，北京：九州出版社，2011 年。

楊蔭深：《阮元》，《中國學術家列傳》第三九九　①香港：文淵書局，1937 年　②上海：光明書局，1939～1948 年　③臺北：德志出版社，1968 年　④香港：實用書局，1969 年　⑤臺北：廣城書局，1972 年　⑥臺北：西南書局，1979 年　⑦《民國叢書》第 5 編，上海：上海書店，1996 年。

徐世昌等編纂：《阮元》，《清儒學案》卷一二一　①北京：修綆堂書店，1939 年　②臺北：燕京文化事業有限公司，1976 年　③臺北：世界書局，1979 年

④北京：中國書店，1990年 ⑤北京：知識産權出版社，2008年 ⑥沈芝盈、梁運華點校，北京：中華書局，2008年 ⑦石家莊：河北人民出版社，2008年 ⑧北京：人民出版社，2011年。

張舜徽：《阮元》，《清代揚州學記》 ①上海：上海人民出版社，1962年 ②揚州：廣陵書社，2004年 ③《張舜徽集》第二輯，武漢：華中師範大學出版社，2005年。

楊向奎：《阮元的學術思想研究》，《中國古代社會與古代思想研究》下册 ①上海：上海人民出版社，1964年 ②朱士光、上官鴻南主編《史念海先生八十壽辰學術文集》，西安：陝西師範大學出版社，1996年。

曹聚仁：《關于阮元》，《中國學術思想史隨筆》第九部分 ①香港：《晶報》1970年1月2日至9月15日 ②北京：生活・讀書・新知三聯書店，1986~2005年。

［韓國］徐坰遥：《청유（清儒）완원（阮元）의 박학정신》（《清儒阮元的樸學精神》），首爾：韓國東洋哲學研究會編，《東洋哲學研究（第2輯）》，1981年。

朱戢：《清代揚州學者阮元》，《揚州師院學報（社會科學版）》1981年第4期。

趙航：《名位著述冠群才》，《揚州師院學報（社會科學版）》1984年第2期。

劉德美：《阮元學術之研究》 ①臺灣師範大學博士學位論文，1986年 ②新北：花木蘭文化出版社，2012年。

張翼之：《阮元》，張舜徽主編《中國古代學者百人傳》，北京：中國青年出版社，1986年。

［日本］近藤光男：《阮元其人其學》，《清朝考證學の研究》（《清朝考證學研究》），東京：研文社，1987年。

尹協理：《略論阮元的"實事求是"之學》，《江淮論壇》1987年第5期。

梅季：《阮元》，《古代學者百人傳》，廣州：廣州文化出版社，1989年。

葛榮晋、默明哲：《阮元的"實事求是"之學》，陳鼓應、辛冠潔、葛榮晋主編《明清實學思潮史》，濟南：齊魯書社，1989年。

李柏霖：《阮元》，林正秋主編《中國地方志名家傳》，合肥：黄山書社，1990年。

嚴文鬱：《阮元》，《清儒傳略》，臺北：臺灣商務印書館，1990年。

顧頡剛：《阮元》，《創溝通漢、宋學風》，《顧頡剛讀書筆記・卷一・侍養録

(三)》 ①臺北：聯經出版事業公司，1990年 ②《顧頡剛全集》，北京：中華書局，2011年。

胡志偉：《論阮元的學術思想及其對清代學術的貢獻》，香港中文大學碩士學位論文，1990年。

陳東輝：《阮元的學術地位與成就》 ①《杭州師范學院學報（社會科學版）》1991年第2期 ②《古典文獻學論考》，北京：中國文史出版社，2002年。

王雪玲：《阮元的學術成就》，陝西師範大學碩士學位論文，1991年。

南炳文、李小林、李晟文：《關于阮元》，《清代文化——傳統的總結和中西大交流的發展》，天津：天津古籍出版社，1991年。

言遜：《阮元研究系列論文綜述》，《揚州師院學報（社會科學版）》1991年第3期。

張舜徽：《阮元》，《清儒學記》 ①濟南：齊魯書社，1991年 ②《張舜徽集》第二輯，武漢：華中師範大學出版社，2005年。

趙航：《沾溉于士林——阮元》，《揚州學派新論》 ①南京：江蘇文藝出版社，1991年 ②揚州：廣陵書社，2003年。

黄愛平：《阮元學術述論》，《史學集刊》1992年第1期。

郭明道：《論阮元對乾嘉漢學的貢獻》，《史學月刊》1992年第2期。

黄愛平：《阮元的學術思想、成就及其學術活動》，王俊義、黄愛平《清代學術與文化》，沈陽：遼寧教育出版社，1993年。

楊向奎：《阮元》，《清儒學案新編》第五卷，濟南：齊魯書社，1994年。

張越：《阮元對乾嘉學術的總結》，《中國清代思想史》，北京：人民出版社，1994年。

［韓國］曺秉漢：《乾嘉考證學派의 體制統合理念과 漢．宋折衷思潮——阮元．焦循．凌廷勘의 古學과 實學 명청사학회 명청사연구》（《乾嘉考證學派的體制統合理念與漢宋折中思潮——阮元、焦循、凌廷堪的古學與實學》），明清史學會編《明清史研究》第3輯，1994年。

包尊信：《阮元與清代漢學（上、下）》，香港：《文化中國》第3、4期，加拿大文化更新研究中心，1994年12月、1995年3月。

張錫輝：《凌廷堪與阮元》，《清代“漢宋之争”的主要問題及其檢討》，臺灣東海大學碩士學位論文，1995年。

陳居淵：《阮元》，龐樸主編《中國儒學（第二卷）》，上海：東方出版中心，1997年。

劉師培：《關于阮元》，《揚州前哲畫像記》，《劉申叔先生遺書》，南京：江蘇古籍出版社，1997 年。

楊念群：《關于阮元》，《儒學地域化的近代形態——三大知識群體互動的比較研究》，北京：生活・讀書・新知三聯書店，1997 年、2011 年。

潘宝明：《清代阮元、王念孙和扬州学派》，《維揚文化概論》，南京：南京師範大學出版社，1997 年。

余新華：《阮元的學術淵源和宗旨》，《中國人民大學學報》1998 年第 3 期。

潘静超：《阮元的治學方法及其對後世學術的影響》，中山大學碩士學位論文，1999 年。

黄愛平：《阮元與揚州學派：漢學的終結》，戴逸主編《18 世紀的中國與世界・思想文化卷》，沈陽：遼海出版社，1999 年。

許道勳、徐洪興：《關于阮元》 ①《中華文化通志・經學志》，上海：上海人民出版社，1999 ~ 2010 年 ②《中國經學史》，上海：上海人民出版社，2006 年。

李春光：《阮元》，《清代學人録》，沈陽：遼寧大學出版社，2001 年。

王記録：《阮元的學術成就和史學思想》，吴懷祺主編《中國史學思想通史・清代卷》，合肥：黄山書社，2002 年。

孫廣海：《阮元學術思想研究》 ①香港大學博士學位論文，2002 年 ②新北：花木蘭文化出版社，2013 年。

黄愛平：《乾嘉漢學治學宗旨及其學術實踐探析——以戴震、阮元爲中心》，《清史研究》2002 年第 3 期。

黄愛平：《阮元與揚派學者：樸學的總結》，《樸學與清代社會》，石家莊：河北人民出版社，2003 年。

馮乾：《關于阮元》，《揚州學派研究》，南京大學博士學位論文，2003 年。

劉建臻：《阮元："求是"與"實踐"》，《清代揚州學派經學研究》 ①揚州大學博士學位論文，2003 年 ②南京：江蘇人民出版社，2004 年。

宋巧燕：《20 世紀的阮元研究》，《中州學刊》2003 年第 4 期。

許蘇民：《"十八世紀漢學的總結者"阮元》，《樸學與長江文化》，武漢：湖北教育出版社，2004 年。

宋麗群、孟鷗：《阮元取得輝煌學術成就的原因》，《青島大學師范學院學報》2004 年第 3 期。

黄愛平：《試析乾嘉學者的文獻研究與義理探索——以凌廷堪、阮元爲中心》，

《理論學刊》2004 年第 9 期。

［澳大利亞］Antonia Finnane（安東籬）：*Speaking of Yangzhou：A Chinese City，1550 – 1850.*（《説揚州：1550 ~ 1850 年的一座中國城市》 ①Harvard University Press. 2004（哈佛大學出版社，2004 年） ②李霞譯、李恭忠校：《閼于阮元》，北京：中華書局，2007 年。

陳其泰、李廷勇：《阮元》，張立文主編《中國學術通史・清代卷》，北京：人民出版社，2004 年。

洪湛侯：《阮元》，《徽派樸學》，合肥：安徽人民出版社，2005 年。

郭明道：《阮元的學術淵源和治學宗旨》，《揚州大學學報（人文社會科學版）》2005 年第 5 期。

郭明道：《阮元對清代學術的貢獻》，《求索》2005 年第 10 期。

郭明道：《阮元評傳》北京：社會科學文獻出版社，2005 年。

漆永祥：《阮元》，《江藩與〈漢學師承記〉研究》，上海：上海古籍出版社，2006 年。

於梅舫：《從“詁經精舍”到“學海堂”——以漢宋關係的區域嬗遞爲中心》，中國人民大學碩士學位論文，2006 年。

陳居淵：《焦循 阮元評傳》，南京：南京大學出版社，2006 年。

孫廣海：《阮元研究回顧》，臺北：《漢學研究通訊》總 99 期（2006 年 8 月）。

韓星：《焦循與阮元的思想學術》，《中國古代思想簡史》，西安：陝西師範大學出版社，2006 年。

郭明道：《阮元與清代學風》，《江海學刊》2006 年第 5 期。

［日本］橋本高勝：《文化史的學問方法の確立者——阮元》，《中國思想の流れ（下）明清・近現代》（《文化史學術方法的確立者——阮元》，《中國思想的流變（下）明清・近現代》），京都：晃洋書房，2006 年。

步近智、張安奇：《乾嘉漢學的集大成者阮元》，《中國學術思想史稿》，北京：中國社會科學出版社，2007 年。

余新華：《阮元》，王壽南主編《中國歷代思想家》16 ①臺北：臺灣商務印書館，2007 年 ②北京：九州出版社，2011 年。

汪小洋、周欣：《清代阮元、王念孫和揚州學派》，《江蘇地域文化導論》，南京：東南大學出版社，2008 年。

梁宇廣：《一代文宗阮元》，《南國早報》2009 年 7 月 15 日。

張壽安：《龔自珍論乾嘉學術——從〈阮尚書年譜第一序〉談起》 ①趙昌

智主編,《揚州文化研究論叢》第 3 輯,揚州:廣陵書社,2009 年 ②《龔自珍論乾嘉學術:專門之學》,《學海》2010 年第 2 期。

仓修良:《乾嘉精神的傳承者阮元及其學術貢獻》,《中國古代史學史》,北京:人民出版社,2009 年。

譚家健:《焦循、阮元》,《中國文化史概要》,北京:高等教育出版社,2010 年。

曹永森:《一代文宗是阮元》,《揚州日報》2010 年 5 月 8 日。

劉家楝:《一代文宗阮文達》,《揚州晚報》2010 年 5 月 8 日。

葉致均:《阮元與清代廣東學術》,高雄:高雄師範大學碩士學位論文,2010 年。

范立舟:《阮元的學術思想及漢宋學術史觀》 ①梅新林、王嘉良主編《江南文化研究》第 4 輯,北京:學苑出版社,2010 年 ②《社會科學戰綫》2013 年第 5 期。

洪櫻芬:《論阮元的治學訓詁與節性順情》,高雄:《高應科大人文社會科學學報》第七卷第 1 期(2010 年 7 月)。

姜廣輝:《乾嘉漢學的殿軍——阮元》 ①《文史哲》2010 年第 4 期 ②《中國經學思想史(第四卷)》,北京:中國社會科學出版社,2010 年。

阮錫安:《阮元研究的現狀及思考》,《揚州日報》2011 年 1 月 27 日。

阮錫安:《芻議阮元研究的現狀及其對策》,《揚州史志》2011 年第 1 期。

黄繼林:《阮元》,趙昌智主編《揚州文化通論》,揚州:廣陵書社,2011 年。

韓榮鈞:《揚州學派代表人物略論》,《濱州學院學報》2011 年第 2 期。

李慶:《阮元的悲哀——從龔自珍的〈阮尚書年譜第一敘〉談起》,趙德潤主編,《炎黄文化研究(第 12 輯)》,鄭州:大象出版社,2011 年。

汪學群:《阮元的務實之説》,湯一介、李中華主編《中國儒學史・清代卷》,北京:北京大學出版社,2011 年。

白玉林、曾志華、張新科:《阮元作爲朝廷大員在學術上有什麼貢獻?》第 12 輯《清史解讀(上)》,昆明:雲南教育出版社,2011 年。

徐道彬:《漢學的護法:阮元對戴學的傳承與弘揚》,《皖派學術與傳承》,合肥:黄山書社,2012 年。

陳居淵:《闕于阮元》,《漢學更新運動研究——清代學術新論》,南京:鳳凰出版社,2013 年。

知白守黑:《清代廣東漢學的源流總述》,http://blog.tianya.cn/blogger/post_

read. asp? BlogID = 13116&PostID = 52033805，2013 年 7 月 27 日。

白紅兵：《近代嶺南學術與中原學術的離合關係——以朱次琦與阮元爲中心》，《甘肅社會科學》2013 年第 4 期。

（二）經學研究

張星鑒：《阮元》，《國朝經學名儒記》，光緒元年（1875 年）刻本。

皮錫瑞：《論明堂、辟雍、封禪，當從阮元之言爲定論》，《經學通論》 ①光緒三十三年（1907 年）刻本 ②北京：中華書局，2011 年。

王棻：《讀阮文達性命古訓》，《柔橋文鈔》卷一一，上海：上海國光書局，1914 年。

顧頡剛：《阮元明堂論》 ①《中山大學語言歷史學研究所周刊》第 11 集第 121 期（1928 年 3 月） ②《民國期刊資料分類匯編・三禮研究》，北京：國家圖書館出版社，2009 年。

皮錫瑞著、周予同注釋《關于阮元》，《經學歷史》 ①上海：商務印書館，1928 ~ 1934 年 ②北京：中華書局，1959 ~ 2011 年 ③《民國叢書（第 5 編）》，上海：上海書店，1996 年。

傅斯年：《性命古訓辯證》 ①長沙：商務印書館，1940 年 ②南京：中央研究院歷史語言研究所，1947 年 ③臺北：新文豐出版公司，1985 年 ④臺北：中央研究院歷史語言研究所，1992 年 ⑤歐陽哲生主編：《傅斯年全集（第二卷）》，長沙：湖南教育出版社，2003 年 ⑥桂林：廣西師範大學出版社，2006 年 ⑦上海：上海古籍出版社，2012 年。

何佑森：《阮元的經學及其治學方法》 ①臺北：《故宫文獻》第二卷第 1 期，（1970 年 12 月） ②《清代學術思潮——何佑森先生學術論文集》下册，臺北：臺灣大學出版中心，2009 年。

古國順：《關于阮元》，《清代尚書學》，臺北：文史哲出版社，1981 年。

［日本］橋本高勝：《性命古訓の文化史觀——阮元經學の立場と理論》（《性命古訓的文化史觀——阮元經學的立場與理論》），京都：《京都産業大學論集》第一六卷第 4 號（1987 年 3 月）。

顧頡剛：《阮元〈孝經郊祀宗祀説〉》，《顧頡剛讀書筆記・卷五・法華讀書記（十）》 ①臺北：聯經出版事業公司，1990 年 ②《顧頡剛全集》，北京：中華書局，2011 年。

顧頡剛：《評阮説》，《顧頡剛讀書筆記・卷五・法華讀書記（十）》 ①臺北：聯經出版事業公司，1990 年 ②《顧頡剛全集》，北京：中華書局，2011 年。

郭明道:《傑出的經學家》,《揚州師院學報(社會科學版)》,1992 年第4 期。

馬文大、陳堅:《關于阮元》,《清代經學圖鑒》,北京:國際文化出版公司,1998 年。

潘静超:《師儒异派而持其平——談阮元的治經方法》,陳少明主編《經典與解釋》,廣州:廣東人民出版社,1999 年。

余新華:《阮元的經解》,《文史哲》2000 年第 1 期。

章權才:《阮元與清代經學》 ①《學術研究》2000 年第 8 期 ②《嶺嶠春秋:廣府文化與阮元論文集》,廣州:中山大學出版社,2003 年 ③楊晋龍主編《清代揚州學術》,臺北:《中央研究院中國文哲研究所專刊》,2005 年。

楊錦富:《阮元經學之研究》 ①高雄師範大學博士學位論文,2000 年 ②新北:花木蘭文化出版社,2010 年。

季旭升:《關于阮元》,《群經總義著述考(一)》,臺北:編譯館,2003 年。

鍾玉發:《阮元與清代今文經學》,《史學月刊》2004 年第 9 期。

唐君毅:《阮元之性命古訓之陋》,《中國哲學原論・導論篇》 ①臺北:學生書局,2004 年 ②北京:中國社會科學出版社,2005 年。

曹美秀:《"訓詁明則義理明"的反思——從朱一新到對阮元的批評談起》,浙江學者的經學研究第一次學術研討會論文,臺北:2005 年。

張麗珠:《清代經學名臣一重鎮:阮元》,彭林、鄭吉雄主編《清代學術講論》,桂林:廣西師範大學出版社,2005 年。

李貴生:《阮元文論的經學義蘊》 ①臺北:《漢學研究》第二四卷第 1 期,2006 年 ②《傳統的終結——清代揚州學派文論研究》,上海:復旦大學出版社,2009 年。

李江輝:《阮元的禮學研究》,《晚清江浙禮學研究》 ①西北大學博士學位論文,2007 年 ②西安:陝西人民出版社,2011 年。

黄嬌:《阮元〈論語〉研究成就略論》,湖北大學碩士學位論文,2008 年。

鍾玉發:《阮元治經中的"違注"之舉及其得失》,《史學月刊》2008 年第 8 期。

佚名:《揚州學派的著名經學家——阮元》,http://www.rgbb.ws/article/1003/2017/3056/4959.html,2008 年 9 月 2 日。

丁四新:《生、眚、性之辨與先秦人性論研究之方法論的檢討——以阮元、傅斯年、徐復觀相關論述及郭店竹簡爲中心》 ①劉笑敢主編《中國哲學與文化(第 6、7 輯)》,桂林:廣西師範大學出版社,2009 年、2010 年 ②丁四新、夏進華主編：《楚地簡帛思想研究第四輯》，武漢：崇文書局，2010 年。

郭寶文：《阮元人性論之荀學特色》，臺北：《鵝湖月刊》第 423 期（2010 年 9 月）。

郭寶文：《阮元、凌廷堪與荀學之關係戴震及其後學與孟荀思想异同研究》，臺灣大學博士學位論文，2011 年。

林久貴：《阮元經學述論》，華中師範大學博士學位論文，2012 年。

陳盈瑞：《阮元“格物義”探析》，臺北：《孔孟學報》第 91 期（2013 年 9 月）。

梁晨：《論阮元研究〈尚書〉的成就與方法》，《蘭臺世界》2012 年第 36 期。

林久貴：《阮元經學研究的特色》，《光明日報》2013 年 10 月 21 日。

王法周：《乾嘉學者對傳統忠孝觀念意義的調整——以錢大昕、阮元爲中心的討論》，鄭大華主編《近代思想史研究》，北京：社會科學文獻出版社，2013 年。

（三）小學研究

支偉成：《阮元》，《清代樸學大師列傳》 ①上海：泰東書局，1925 年 ②周駿富輯《清代傳記叢刊》第 8 册，臺北：明文書局，1985 年 ③夏祖堯校點，長沙：嶽麓書社，1986 年、1998 年。

胡樸安：《阮元言聲韻流變有三》，《中國訓詁學史》 ①長沙：商務印書館，1939 年 ②臺北：臺灣商務印書館，1965～1988 年 ③北京：商務印書館，1976～1998 年 ④臺北：正中書局，1980 年 ⑤北京：中國書店，1983 年 ⑥上海：上海書店，1984 年 ⑦《民國叢書》第 3 編，上海：上海書店，1991 年 ⑧許錟輝主編《民國時期語言文字學叢書》第 1 編，臺北：文聽閣圖書有限公司，2009 年。

［日本］濱口富士雄：《阮元の考據學上の位置について》（《關于阮元在考據學上的地位》） ①《倫理思想研究》第 5 號，1981 年 ②《清代考拠學の思想史的研究》（《清代考據學的思想史研究》），（日本）筑波大學博士學位論文，1994 年 ③《清代考據學的思想史研究》，東京：國書刊行會，1994 年。

劉德美：《阮元的考據學》，臺北：《臺灣師大歷史學報》第 14 期（1986 年 6 月）。

胡奇光：《阮元論語言與文化》，《中國小學史》，上海：上海人民出版社，1987 年。

錢玄：《阮元校勘学》，南京：江蘇古籍出版社，1988 年。

郭明道、田漢雲：《阮元的訓詁方法和成就》，《揚州師院學報（社會科學版)》1989 年第 3 期。

劉詩平:《阮元與金石考據》,《歷史大觀園》1990 年第 4 期。

郭明道:《阮元的校勘思想和方法》,《揚州師院學報》(社會科學版)》1991 年第 2 期。

顧之川:《阮元的小學成就及治學方法》 ①《青海師範大學學報(哲學社會科學版)》1991 年第 2 期 ②人大初複印報刊資料《語言文字學》1991 年第 12 期。

李開:《阮元尋找複音節同源詞的〈釋門〉》,《漢語語言研究史》,南京:江蘇教育出版社,1993 年。

[日本] 濱口富士雄:《 阮元と王念孫〈古韻廿一部〉》(《阮元與王念孫的〈古韻二十一部〉》),《清代考拠學の思想史的研究》)(《清代考據學的思想史研究》) ①(日本)筑波大學博士學位論文,1994 年 ②東京:國書刊行會,1994 年。

陳東輝:《試論阮元在訓詁學上的貢獻》 ①《古籍整理研究學刊》1997 年第 2 期 ②《古漢語研究》1999 年第 3 期。

陳東輝:《論阮元與小學》 ①杭州大學博士學位論文,1998 年 ②《阮元與小學》,北京:中國文聯出版社,1999 年。

林海俊:《清代古文字學家阮元》,《揚州大學學報(人文社會科學版)》1998 年第 5 期。

陳東輝:《由訓詁以考文化:阮元訓詁學成就研究之二》,《揚州大學學報(人文社會科學版)》1999 年第 2 期。

陳東輝:《試論阮元在金石文字學領域的成就》,杭州大學古籍所編《古典文獻與文化論叢》第 2 輯,杭州:杭州大學出版社,1999 年。

陳東輝:《由訓詁以明義理——阮元訓詁學成就研究之三》,浙江省語言學會編《98 語言論叢》,杭州:杭州大學出版社,1999 年。

劉玉國:《阮元訓詁特色及其貢獻》,蔣秋華主編《乾嘉學者的治經方法》,臺北:中央研究院中國文哲研究所籌備處,2000 年。

馬偉成:《阮元與訓詁學》,《第七屆近代中國學術研討會論文集》,桃園:“中央大學”中國文學系所,2001 年。

程克雅:《阮元“以古訓求義理”訓詁方法析論》,花蓮:《東華人文學報》2001 年第 3 期。

宋麗群、孟鷗:《阮元的校勘學和編纂學成就》,《青島大學師范學院學報》2002 年第 1 期。

李海生：《阮元：掇拾校勘之學的大家》，尹繼佐、周山主編《中國學術思潮史・樸學思潮》，上海：上海社會科學院出版社，2006 年。

劉勇：《關于阮元》，《清人〈尚書〉訓詁方法研究》，揚州大學碩士學位論文，2007 年。

鍾玉發：《論阮元“西學中源”説的考據特色》，《黄山學院學報》2008 年第 1 期。

陳文和：《阮元的校勘學》 ①趙昌智主編《揚州文化研究論叢》第 1 輯，揚州：廣陵書社，2008 年 ②趙昌智主編《揚州學派研究論文選》揚州：廣陵書社，2013 年。

周生傑：《阮元、鮑崇城校勘》，《太平御覽研究》，成都：巴蜀書社，2008 年。

陳東輝：《阮元的小學研究理論及治學方法》，《古漢語與古文獻論叢》，北京：中華書局，2010 年。

陳東輝：《阮元在訓詁學領域之成就》，《古漢語與古文獻論叢》，北京：中華書局，2010 年。

陳東輝：《阮元在金石文字學領域之成就》，《古漢語與古文獻論叢》，北京：中華書局，2010 年。

［韓國］徐漢庸：《18，19 세기 한중 학자의 명물고증（名物考証）– 이덕무（李德懋）와완원（阮元）의 규（葵）에 대한 고증을 중심으로》（《18、19 世紀的朝鮮與中國著名學者的名物考証——以李德懋與阮元的葵爲中心的研究》），首爾：《漢文學論集》第 32 輯（2011 年 2 月）。

陳樹：《論阮元〈尚書注疏〉校勘的語文學方法》，《焦作大學學報》2012 年第 3 期。

陳樹：《朱彬與阮元〈尚書〉古訓研究之比較》，海峽兩岸清代揚州學派學術研討會論文，揚州：2013 年 5 月。

（四）思想研究

王國維：《國朝漢學派戴阮二家之哲學説》 ①《教育世界》第 8 期（1904 年） ②傅傑編校《王國維論學集》，北京：中國社會科學出版社，1997 年 ③昆明：雲南人民出版社，2008 年 ④《王國維全集》，杭州：浙江教育出版社，2009 年 ⑤徐洪興編選《王國維文選》，上海：上海遠東出版社，2011 年。

胡適：《關于阮元》，《戴東原的哲學》 ①上海：商務印書館，1927 年 ②安徽教育出版社，1999 年 ③嶽麓書社 2006 年、2010 年。

袁樹珊：《阮元》，《命譜》 ①上海：潤德堂書局，1940 ~ 1944 年 ②香港：

潤德堂書局，1958年 ③臺北：五洲出版社，1981年 ④臺北：武陵出版社，1987年 ⑤鄭州：中州古籍出版社，1995年 ⑥北京：北京理工大學出版社，2008年 ⑦北京：北京燕山出版社，2010年。

侯外廬：《阮元的思想》 ①《中國近世思想學説史》上卷，重慶：三友書店，1944年 ②《近代中國思想學説史》，上海：生活書店，1947年 ③《中國思想通史》第五卷，北京：人民出版社，1956年。

趙紀彬：《阮元的哲學思想》，《中國哲學思想》 ①上海：中華書局，1948年②《民國叢書》第2編，上海：上海書店，1990年。

［日本］藤塚鄰：《阮元及び學海堂諸學士の〈論語〉義疏に對する研究附〈論語〉義疏の廣州新版》(《阮元及學海堂諸學士對〈論語〉義疏的研究：附〈論語〉義疏的廣州新版》)，《 論語総説》(《論語總説》)，東京：弘文堂，1949年。

［日本］宇野哲人著、馬福辰譯：《阮元》，《中國近世儒學史》 ①臺北：中華文化出版事業委員會，1957年 ②《現代學苑》第二卷第5期（1965年8月） ③臺北：中國文化大學出版社，1982年。

［日本］近藤光男：《阮元》，東京大學中國哲學研究室編《中國の思想家：宇野哲人博士米壽記念論集》下册（《中國的思想家：宇野哲人博士八十八歲紀念論集》下册） ①東京：勁草書社，1963年 ②《清朝考證學の研究》(《清朝考證學研究》)，東京：研文社，1987年。

［日本］下門米晟：《漢土儒者の仁解——阮元》(《中國儒者的仁解——阮元》)，《仁の研究》(《仁的研究》)，東京：大東文化大學東洋研究所，1966年。

［日本］橋本高勝：《阮元》，日原利國編《中國思想史》下册，ぺりかん社，1987年。

張豈之主編：《焦循與阮元的思想》，《中國思想史》，西安：西北大學出版社，1989年。

盧善慶：《阮元》，《中國近代美學思想史》，上海：華東師範大學出版社，1991年。

王茂：《阮元的仁學新義》，王茂等《清代哲學》，合肥：安徽人民出版社，1992年。

葛榮晋主編：《關于阮元》，《中國實學思想史》下卷，北京：首都師範大學出版社，1994年。

蕭箑父、許蘇民：《洪榜、凌廷堪、阮元的理欲觀》，《明清啓蒙學術流變》，沈陽：遼寧教育出版社，1995年。

郭明道：《阮元的哲學思想》，《揚州師院學報（社會科學版）》1996 年第 1 期。

張麗珠：《從阮元之“相人偶”仁论谈“仁学”向“群学”之过渡》①《乾嘉時期的义理学趋向研究》，高雄：高雄師範大學博士學位論文，1996 年 ②《阮元向“群學”過渡的“相人偶”仁論》，《清代義理學新貌》，臺北：里仁書局，1999 年。

蔡馥穗：《阮元的人性论》，《清儒人性论研究》，高雄：高雄師範大學碩士學位論文，1996 年。

周大任：《阮氏〈校勘记〉说》，《試論近代有关性字字源语意之讨论及所牵动之观念史研究》，高雄：中山大学碩士學位論文，1996 年。

李成良：《阮元思想研究》，成都：四川人民出版社，1997 年。

陳居淵：《焦、阮、凌禮學思想合論》，任繼愈主編《國際漢學》第二輯，鄭州：大象出版社，1998 年。

彭林：《阮元實學思想叢論》，《清史研究》1999 年第 3 期。

趙雲田：《阮元的哲學思想》，鄭師渠總主編《中國文化通史・清前期》①北京：中共中央黨校出版社，2000 年 ②北京：北京師範大學出版社，2009 年。

祁龍威：《清乾嘉後期揚州三儒學術發微》，《揚州大學學報（人文社會科學版）》2000 年第 2 期。

王川：《西洋望遠鏡與阮元望月歌》 ①《學術研究》2000 年第 4 期 ②黄時鑒主編《東西交流論譚》第二集，上海：上海文藝出版社，2001 年。

李錦全：《阮元實學思想述評——兼論阮元對人生“三不朽”的價值取向》①饒宗頤主編《華學》第 4 輯，北京：紫禁城出版社，2000 年 ②《李錦全自選》二集，北京：中國文聯出版社，2001 年。

許蘇民：《“天既生人血氣心知，則不能無欲”——阮元對戴震人性論和理欲觀的闡發》，《戴震與中國文化》，貴陽：貴州人民出版社，2000 年。

葛榮晋主編：《關于阮元》，《韓國實學思想史》，北京：首都師範大學出版社，2002 年。

張立：《科學“乃儒流實事求是之學”——略論阮元科學思想的實學精神及其局限》，《北京大學學報（哲學社會科學版）》2002 年第 3 期。

吴通福：《阮元論性命與仁》，《清代新義理觀之研究》 ①香港：香港中文大學博士學位論文，2002 年 ②南昌：江西人民出版社，2007 年。

吴鋒:《阮元對中國傳統孝觀念的新闡揚》,《揚州大學學報(人文社會科學版)》2002 年第 4 期。

林慶彰:《對阮元〈論語論仁論〉的批評》,《方東樹對揚州學者的批評》,《清代經學研究論集》,臺北:中央研究院中國文哲研究所,2002 年。

殷善培:《從相人偶到達——論阮元的仁學》,林慶彰、張壽安主編《乾嘉學者的義理學》,臺北:中央研究院中國文哲研究所,2003 年。

顏廣文、闞漢華:《論阮元的西學思想》 ①《華南師範大學學報(社會科學版)》,2003 年第 2 期 ②趙春晨、何大進、冷東主編《中西文化交流與嶺南社會變遷》,北京:中國社會科學出版社,2004 年。

莊家敏:《阮元仁學思想研究》,彰化:彰化師範大學碩士學位論文,2003 年。

陳居淵:《論阮元的經學思想》,《中國哲學史》2004 年第 1 期。

鍾玉發:《阮元調和漢宋學思想析論》,《清史研究》2004 年第 4 期。

王世光:《清代中期"以禮代理"説芻議》,《孔子研究》2004 年第 2 期。

鍾玉發:《阮元學術思想研究》 ①北京師範大學博士學位論文,2005 年 ②北京:中國社會科學出版社,2013 年。

王瑜:《阮元思想研究述評》,《廣西社會科學》2006 年第 6 期。

張壽安:《打破道統·重建學統——清代學術思想史的一個新觀察》 ①臺北:《中央研究院近代史研究所集刊》第 52 期,2006 年 ②《中國文化》2010 年秋季號。

王瑜:《阮元學術思想生成探源》,《北方論叢》2006 年第 6 期。

李帆:《阮元的義理新解》,龔書鐸主編《清代理學史》中卷,廣州:廣東教育出版社,2007 年。

曹旻:《阮元倫理思想初探》,南京大學碩士學位論文,2007 年。

李帆:《從"仁"和"性命"之解説看阮元的理學思想》,《北京師範大學學報(社會科學版)》2007 年第 3 期。

鍾玉發:《論阮元經世致用思想的學術特色》,《肇慶學院學報》2007 年第 3 期。

顏廣文:《阮元的實踐觀》,《古代廣東史地考論》,廣州:中山大學出版社,2007 年。

岑溢成:《阮元哲學思想中的"性"與"仁"》,臺北:《鵝湖學志》第 39 期(2007 年 12 月)。

沈淑芳、范立舟：《阮元的學術思想》，張岂之主編《中國思想學説史·明清》卷下，桂林：廣西師範大學出版社，2008年。

柳宏：《阮元：建構孔子仁學體系》，《清代〈論語〉詮釋史論》，北京：社會科學文獻出版社，2008年。

崔發展：《漢宋之争與經典解釋——以阮元、李翺的“性命”爲例》，《四川大學學報（哲學社會科學版）》2008年第3期。

吴根友：《試論阮元哲學思考的語言學路徑及其得失》 ①《哲學研究》2008年第9期 ②《比較哲學視野里的中國哲學》，北京：中國社會科學出版社，2012年。

楊儒賓：《相偶性 윤리학으로서의仁説——丁若鏞과 阮元》（《作爲相偶性倫理學的仁説——丁若鏞與阮元》），首爾大學主辦《韓國文化》第43期（2008年9月）。

［韓國］윤원현：《추사와 완원（阮元）철학사상의 기반 비교》，（《金正喜與阮元哲學思想的比較研究》），《秋史연구회》（《金正喜研究》），2008年卷。

張曉芬：《阮元情理論探索》，《天理與人欲之争——清儒揚州學派“情理論”探微》 ①新北：輔仁大學博士學位論文，2009年 ②新北：花木蘭文化出版社，2010年6月。

［美國］Elman. Benjamin A（本傑明·艾爾曼）：《從戴震到阮元》，復旦大學文史研究院譯《經學·科舉·文化史：艾爾曼自選集》，北京：中華書局，2010年。

［美國］Elman. Benjamin A（本傑明·艾爾曼）：《從阮元到焦循》，復旦大學文史研究院譯《經學·科舉·文化史：艾爾曼自選集》，北京：中華書局，2010年。

劉雲柏：《阮元“仁學”的管理理性思辨》，《中國管理思想通史》，上海：上海人民出版社，2010年。

李慶：《關于阮元的兩條資料——論阮元晚年的思想傾向及其局限性》 ①《歷史文獻》第14輯，上海：上海古籍出版社，2010年 ②《關于阮元的兩條資料——論阮元晚年的思想傾向》，《國際漢學研究通訊》第二期，北京：中華書局，2010年。

張麗珠：《阮元的“節性説”與“相人偶”仁論》，《中國哲學史三十講》，北京：北京師範大學出版社，2010年。

張雪蓮：《從吴榮光〈授經圖卷〉看阮元思想影響》，《嶺南文史》2011年第

1 期。

陳居淵：《阮元》，復旦大學哲學系中國哲學教研室編著《中國古代哲學史》，上海：上海古籍出版社，2011 年。

吴曉番：《乾嘉思想的倫理新向度——以阮元、凌廷堪爲中心的解讀》，《華東師範大學學報（哲學社會科學版）》2012 年第 1 期。

舒習龍：《水地之學 曠古無儔——阮元歷史地理學思想與實踐》，《鹽城師范學院學報（人文社會科學版）》2012 年第 3 期。

阮錫安：《淺談阮元的孝悌思想及其現實意義》，海峽兩岸清代揚州學派學術研討會論文，揚州：2013 年 5 月。

林俞佑：《阮元經學的義理進路》，南投：暨南國際大學博士學位論文，2013 年。

（五）文學研究

1. 文筆論研究

劉師培：《廣阮氏文言説》，《左盦集》第八卷 ①北京：國光印刷所，宣統元年（1909 年） ②《中國學報（複刊）》第 4 期（1916 年）。

劉師培：《文筆詞筆詩筆考》 ①《四川國學雜志》第六號（1913 年） ②《左盦雜著》，成都：存古書局，1914 年 ③《中國學報（複刊）》第 1 期（1916 年）。

劉師培：《文筆之區别》，《中國中古文學史講義》，北京：國立北京大學，1917 年。

王肇祥：《文筆説》，《國故》第一期（1919 年）。

胡懷深：《文筆辯》，《小説世界》一四卷 7 期（1926 年）。

鍾應梅：《文筆辯》，《厦門大學文科半月刊》第 1 期（1928 年）。

郭紹虞：《文筆與詩筆》 ①《睿湖》1930 年第 2 期 ②《照隅室古典文學論集》，上海：上海古籍出版社，1983 年。

朱自清：《〈文選序〉"事出沉思，義歸乎翰藻"説》 ①《國立北京大學國學季刊》第六卷第四號（1936 年） ②《朱自清古典文學論文集》，上海：上海古籍出版社，1981 年。

朱東潤：《阮元》，《中國文學批評史大綱》 ①桂林：開明書店，1943 年 ②上海：古典文學出版社，1957 年 ③臺北：開明書店，1960 年 ④上海：上海古籍出版社，2001～2005 年 ⑤武漢：武漢大學出版社，2009 年。

逯欽立：《説文筆》 ①《中央研究院歷史語言研究所集刊》第 16 本，1947

年　②《逯欽立文存》，北京：中華書局，2010 年。

［日本］青木正兒：《阮元》，《清代文學評論史》　①東京：岩波書店，1950 年　②楊鐵嬰譯，北京：中國社會科學出版社，1988 年。

敏澤：《阮元及“文筆論”》，《中國文學理論批評史》　①北京：人民文學出版社，1981 年　②長春：吉林教育出版社，1993 年。

［日本］近藤光男：《阮元の文選學》（《阮元的文選學》）　①《お茶の水女子大學中國文學會報》（《御茶水女子大學中國文學會報》）第 4 號（1985 年 4 月）　②《清朝考證學の研究》（《清朝考證學研究》），東京：研文社，1987 年。

［日本］近藤光男：《論學海堂弟子梁昭明文選序注〈梁昭明文選序注〉》（《論學海堂弟子〈梁昭明文選序注〉》）　①《古田教授退官紀念·中國文學語學論集》，東京：東方書店，1985 年　②《清朝考證學の研究》（《清朝考證學研究》），東京：研文社，1987 年。

郭明道：《阮元的文筆論》，《揚州師院學報（社會科學版）》1994 年第 2 期。

周振甫：《駢文——阮元》，《中國文章學史》　①北京：中國文聯出版公司，1994 年　②南京：江蘇教育出版社，2006 年。

鄔國平：《阮元與清代駢文理論》，王運熙、顧易生主編《中國文學批評通史·清代卷》　①上海：上海古籍出版社，1996 年　②上海：復旦大學出版社，2006～2007 年。

王齊洲：《文筆之分與六朝文學觀念》，《南京師範大學文學院學報》2002 年第 2 期。

［韓國］柳浚弼：《前近代文論의 近代的屈折과繼承——阮元의〈文言說〉을中心으로》（《前近代文論的近代轉折與繼承——以阮元的“文言說”爲中心》），臺北：《韓國學報》第一七卷第 6 期（2002 年 6 月）。

馬睿：《阮元的“文言説”》，《從經學到美學：中國近代文論知識話語的嬗變》，成都：四川民族出版社，2002 年。

劉再華《漢宋之争與清代文筆之辨》，《求索》2003 年第 6 期。

范志新：《阮元〈南宋淳熙尤本文選序〉所謂翻張本何指》，《文選版本論稿》，南昌：江西人民出版社，2003 年。

王立群：《阮元〈文選序〉研究與現代〈文選〉學中的〈文選序〉研究》，《現代〈文選〉學史》，北京：中國社會科學出版社，2003 年。

李亞：《阮元“沈思”“翰藻”説再思考——兼及〈文選〉選文標准》，陳飛主編《中國古典文學與文獻學研究》第 2 輯，北京：學苑出版社，2003 年。

王鞏:《阮元"文統"的提出及其意義》,周勳初等主編《文學評論叢刊》第七卷第2期,南京:南京大學出版社,2004年。

劉奕:《清代中期的"文筆説":産生、發展與演變》,《天津社會科學》2006年第4期。

李亞:《論阮元"沉思翰藻"説對〈文選序〉的某些誤讀——以阮元、蕭統對"文"的不同理解爲着眼點》,《鄭州大學學報(哲學社會科學版)》2006年第6期。

穆克宏:《阮元與〈文選〉學研究》 ①《福建師範大學學報(哲學社會科學版)》2007年第2期 ②吴曉峰主編《〈文選〉學與楚文化——紀念李善逝世1317周年國際學術研討會》,武漢:武漢出版社,2008年。

陳志揚:《阮元駢文觀嬗變及歷史意義》,《文學評論》2008年第1期。

劉玉才:《從學海堂策問看文筆之辨》 ①《清華大學學報(哲學社會科學版)》2008年第2期 ②人大複印報刊資料《中國古代、近代文學研究》2008年第6期。

馮乾:《清代文學駢、散之争與阮元"文言"説》,程章燦主編《古典文獻研究》第11輯,南京:鳳凰出版社,2008年。

劉東皓:《阮元與駢文復興》,《現代語文(上旬)》2008年第8期。

黄雅雯:《論阮元的〈文選〉研究》,臺北:《輔大中研所學刊》第20卷第10期(2008年10月)。

松柏居士:《阮元和他的〈文言説〉中關于周易的哲學》,http://blog.sina.com.cn/s/blog_4c6f08610100b959.html,2008年11月19日。

顧農:《魯迅與阮元父子的文筆之辨》,《中華讀書報》2009年2月6日。

李貴生:《阮元文論的發展與完成》,《傳統的終結——清代揚州學派文論研究》,上海:復旦大學出版社,2009年。

李文輝:《李兆洛、阮元與清中後期駢散之争》,中山大學碩士學位論文,2010年。

趙陽:《阮元的駢文觀與文筆辨》,《清代中期揚州學派文學思想研究》,南京大學博士學位論文,2010年。

趙陽:《阮元的"性情論"與創作的"性情之正"》,《清代中期揚州學派文學思想研究》,南京大學博士學位論文,2010年。

趙陽:《在學與文之間——清乾嘉年間"〈文選〉派"辨》,《貴州社會科學》2010年第7期。

於梅舫:《阮元文筆説的發軔與用意》,《學術研究》2010 年第 7 期。

許振東:《簡述阮元駢文理論的主要内容》,《中國古代文論題解》,天津:南開大學出版社,2010 年。

莫山洪:《阮元的駢文理論及其對駢散對立互融的影響》,《駢散的對立與互融》,濟南:齊魯書社,2010 年。

卿磊、謝謙:《“沉思翰藻”錐指——兼論阮元釋義同蕭統原序之區别》,《四川大學學報(哲學社會科學版)》2011 年第 1 期。

邱培超:《自“文以載道”至“沈思翰藻”——學術史視域下阮元學圈之文統觀及其意義》 ①臺灣大學博士學位論文,2011 年 ②臺北:大安出版社,2012 年。

顔建華:《阮元等人的駢文創作》,《清代乾嘉駢文研究》,北京:光明日報出版社,2011 年。

曹虹:《學術與文學的共生——論儀徵派“文言説”的推闡與實踐》 ①陳慶元主編《中國古代散文國際學術研討會論文集》(中國散文研究),南京:鳳凰出版社,2011 年 ②《文史哲》2012 年第 2 期。

翟景運:《阮元文筆論:寓新意于舊説》,《中國社會科學報》2012 年 9 月 28 日。

范洪傑、宋瑞婷:《阮元“選學”觀中的“文筆之辨”問題》,王澤龍、段維主編《華中人文論叢》第三卷第 2 期,武漢:華中師範大學出版社,2012 年。

趙運濤:《“文筆論”初探》,《參花(上)》2013 年第 14 期。

2. 詩歌、散文等文學研究

陳垣:《跋阮元引痘詩》 ①《醫學衛生報》第 6 期(1908 年 9 月) ②《陳垣全集》第 1 册,合肥:安徽大學出版社,2009 年。

[日本] 書苑:《阮元雜詩卷釋文》,《書苑》第六卷第 2 號,東京:三省堂,1942 年。

文海出版社:《〈琅嬛仙館詩〉影印説明》,《清代稿本百種匯刊》,臺北:文海出版社,1974 年。

阮衍寧、楊朝全、李希言:《阮元“晋真子飛霜鏡拓本”跋和詩試析》,揚州師院學報(社會科學版)》1987 年第 5 期。

田漢雲、古明:《論阮元的詩》,《揚州師院學報(社會科學版)》1991 年第 3 期。

宋效永:《阮元的眼鏡詩》,《詩詞話趣》,南京:江蘇古籍出版社,1991 年。

宋效永、宋立誠:《和珅與阮元的眼鏡詩》,《詩詞話趣》,南京:江蘇古籍出版社,1991年。

張少康、劉三富:《章學誠和阮元的文學觀》,《中國文學理論批評發展史》,北京:北京大學出版社,2000年。

金齒張力:《阮元咏哀牢》,《雲南日報》2001年9月5日。

李歐:《清代阮元題聯題款端硯賞析》,《吉林廣播電視大學學報》2003年第1期。

劉靖淵:《阮元論》,《泰山學院學報》2003年第4期。

[日本]日外アソシエーツ株式會社:《阮元》,《中國古典文學案内(中國古典文學指南)》,東京:紀伊國屋書店,2004年。

張少康:《章學誠和阮元的文學觀》,《中國文學理論批評史教程》,北京:北京大學出版社,2004年。

羅康敏、石玉順:《阮元咏黑龍潭唐梅詩賞析》,《北京林業大學學報》2007年第S1期。

趙雨:《阮元楹聯趣亦多》 ①郭傑、秋芙總主編《圖文本·中國文學史話:清代文學》第八卷,沈陽:吉林文史出版社,2008年 ②郭傑、秋芙主編《文學名家名著故事全集·中國卷·清代文學》上,沈陽:吉林文史出版社,2009年。

楊慧中:《雲貴總督阮元詩咏雲南》,《雲南日報》2009年2月19日。

侯冬:《阮元詩歌研究》,西北師範大學碩士學位論文,2009年。

梁申威:《雲貴總督阮元對聯賞析》,《對聯(民間對聯故事)》2009年第6期。

漆子揚:《錢大昕、阮元等題咏邢澍〈謝文靖公墓考〉述論》,《淮南師范學院學報》2010年第1期。

譚安東:《阮元宦浙期間文學創作與交游研究》,浙江大學碩士學位論文,2010年。

周麗丹:《詩人阮元研究》,蘇州大學碩士學位論文,2010年。

李知文:《即興巧對》,《新民晚報》2010年7月14日。

劉巍:《從阮元的一首七言長律看當代古籍的標點問題》 ①《中國社會科學報》2010年10月14日 ②《出版史料》2011年第2期。

嚴迪昌:《從李文藻、桂馥到阮元》,《清詩史》,北京:人民文學出版社,2011年。

羅家嶺:《阮元:文藝多面手》,《揚州晚報》2012年2月23日。

劉奕：《阮元的總結》，《乾嘉經學家文學思想研究》，上海：上海古籍出版社，2012 年。

余莉：《論嶺南形式審美風尚與阮元散文思想的建構》，《文學與文化》2013 年第 1 期。

（六）文獻學研究

李遇孫：《阮元》，《金石學録》 ①芝省齋道光四年（1824 年）刻本 ②《清代稿本百種匯刊》，臺北：臺灣商務印書館，1970 年 ③《叢書集成續編》第 36 册，上海：上海書店 1994 年 ④《續修四庫全書》第 894 册，上海：上海古籍出版社，1995～2002 年。

張舜徽：《關于阮元》，《中國文獻學》 ①鄭州：中州書畫社，1982 年 ②武漢：華中師範大學出版社，2004 年 ③上海：上海古籍出版社，2005～2011 年。

申暢：《阮元》，《中國目録學家傳略》，鄭州：中州古籍出版社，1987 年。

彭衛國：《阮元文獻學研究》，華東師範大學碩士學位論文，1990 年。

瞿林東：《阮元和歷史文獻學》，白壽彝主編《清史國際學術討論會論文集》 ①沈陽：遼寧人民出版社，1990 年 ②張家口：《師專學報》1991 年第 1 期 ③人大複印報刊資料《歷史學》1991 年第 7 期 ④《中國史學散論》，長沙：湖南教育出版社，1992 年 ⑤《中國歷史文化散論》，重慶：重慶出版社，2008 年。

陳東輝：《阮元與編刻書籍》，《圖書館學刊》1991 年第 3 期。

鄒逸麟：《〈輿地紀勝〉的流傳及其價值》 ①《古籍整理與研究》第 7 輯，北京：中華書局，1992 年 ②《輿地紀勝》，北京：中華書局，1992 年 ③《椿廬史地論稿》，天津：天津古籍出版社，2005 年。

黄慶雄：《阮元輯書刻書考》 ①臺中：東海大學碩士學位論文，1995 年 ②新北：花木蘭文化出版社，2007 年。

花放：《阮元》，張家璠、閻崇東主編《中國古代文獻學家研究》，桂林：廣西師範大學出版社，1996 年。

洪湛侯：《阮元》，《文獻學》，臺北：臺灣藝文印書館，1996～2004 年。

來新夏主編：《關于阮元》，《清代目録提要》，濟南：齊魯書社，1997 年。

陳東輝：《阮元編刻書籍考略》，《古籍整理研究學刊》1997 年第 3 期。

張臨生：《文王方鼎與仲駒父簋》，臺北：《故宫學術季刊》第一五卷第 1 期（1997 年 9 月）。

諶三元：《阮元與圖書編撰學》，《江蘇圖書館學報》1999 年第 2 期。

鄭偉章:《阮元》,《文獻家通考》,北京:中華書局,1999年。

瞿林東:《阮元在歷史文獻學上的成就》,《中國史學史綱》 ①北京:北京出版社,1999~2005年 ②臺北:五南圖書出版公司,2002年 ③北京:北京師範大學出版社,2010年。

劉寶玲:《略論阮元在文獻學上的成就》,《圖書情報工作》2001年第10期。

宋麗群:《論阮元及其文獻學成就》,吉林大學碩士學位論文,2001年。

張峰:《阮元與清代文獻學》,南開大學碩士學位論文,2003年。

袁鍾仁:《阮元整理、刊印古籍和重修通志的貢獻》,《嶺嶠春秋:廣府文化與阮元論文集》,廣州:中山大學出版社,2003年。

陳鴻森:《阮元刊刻〈古韻廿一部〉相關故實辨正——兼論〈經義述聞〉作者疑案》,《中央研究院歷史語言研究所集刊》第七十六本第三分,臺北:中央研究院,2005年。

崔紅健:《阮元》,徐傳武主編《中國歷代文獻學家論考》,北京:群言出版社,2005年。

林香祖:《閑話阮刻〈石鼓文〉》,彭衛國主編《博古叢刊》第10輯,揚州:廣陵書社,2006年。

羅炳良:《文獻學家阮元的重大貢獻》,白壽彝主編《中國史學史》第五卷,上海:上海人民出版社,2007年。

羅炳良:《阮元在歷史文獻學上的貢獻》,《清代乾嘉歷史考證學研究》,北京:北京圖書館出版社,2007年。

黄永年:《跋阮元校本〈説文解字〉》,《黄永年古籍序跋述論集》,北京:中華書局,2007年。

李海燕:《論阮元在文獻纂刻方面的成就》,《圖書與情報》2008年第2期。

彭敏惠:《阮元與圖書編撰》,《新世紀圖書館》2008年第2期。

郭明道:《論阮元對檔案文獻事業的貢獻》,《檔案學通訊》2008年第4期。

張長琳:《阮元對清代圖書編撰的貢獻》,《檔案》2009年第5期。

張志漢:《阮元在編纂學領域中的卓越貢獻》,《船山學刊》2009年第4期。

[法國] Frédéric Wang(王論躍):*Ruan Yuan*(1764-1849)*and the Transmission of Classical Texts between the 18th and 19th Centuries*(《十八、十九世紀間阮元與經典文本的傳輸》),The 5th Biennial Tasan International Conference(第五届雙年茶山(丁若鏞)國際會議),Paris,October 2009(巴黎:2009年10月)。

江曦:《阮元〈十三經注疏〉》 ①《清代版本學史稿》,山東大學博士學位論文，2011 年 ②《清代版本學史》，北京：中國社會科學出版社，2013 年。

牛宣岩：《阮元的歷史文獻學思想研究》，首都師範大學碩士學位論文，2011 年。

高菲菲：《關于阮元》，《清代經解文獻繫年考——嘉慶、道光時期》，華中師範大學碩士學位論文，2012 年。

文婷：《關于阮元》，《〈詩三家義集疏〉的主要輯佚成就及與〈三家詩補遺〉的對比研究》，南京師範大學碩士學位論文，2012 年。

高婷婷：《阮元〈三家詩補遺〉》，《嘉慶時期〈詩經〉文獻研究》，沈陽師範大學碩士學位論文，2012 年。

婁冰：《阮元與圖書文獻編纂》，《内蒙古科技與經濟》2013 年第 10 期。

（七）書學研究

竇鎮：《阮元》，《國朝書畫家筆録》卷二，文學山房刻本，1911 年。

［日本］山本悌二郎、紀成虎一：《阮雲臺》，《宋元明清書畫名賢詳伝》卷一五 ①東京：田中慶太郎，1927 年 ②京都：思文閣，1973 年。

［日本］藤原楚水：《阮元と南北書派論》（阮元與《南北書派論》），《書道》第二卷第 6 號，東京：泰東書道院出版部，1933 年。

［日本］西川吉陽、河井荃廬、西川吉陽編：《關于阮元》，《支那名家墨迹解説卷》東京：晚翠軒，1935 年。

［日本］平凡社：《關于阮元》，《書道全集漢字部》第一七卷，東京：平凡社，1936 年。

麥華三：《阮元的商周銅器論》，《古今書法匯通》 ①廣州：石印局，1937 年②［日本］芳賀雄譯《支那古今書道通史》上編，東京：大阪屋號書店，1942 年。

麥華三：《南北書派論》，《古今書法匯通》 ①廣州：石印局，1937 年 ②［日本］芳賀雄譯《支那古今書道通史》，東京：大阪屋號書店，1942 年。

［日本］書菀：《阮芸臺の書學》（《阮元的書學》），《書菀》第六卷第 2 號，東京：三省堂，1942 年。

［日本］神田喜一郎：《阮元の〈南北書派論〉》（《阮元的〈南北書派論〉》），《中國書法の二大潮流》（《中國書法的兩大潮流》），ハーバード燕京同志社：《東方文化講座》第 13 輯，1959 年。

［日本］真田但馬：《阮元の南北書派論について》（關于阮元的《南北書派論》），東京：大東文化大學東洋研究所編《東洋研究》第 8 號（1964 年 8 月）。

［日本］會津八一:《阮元の〈北碑南帖論〉について》(《關于阮元的〈北碑南帖論〉》),《會津八一書論集》(《會津八一書論集》) ①東京:二玄社,1967 年 ②《會津八一全集》第三卷,東京:中央公論社,1969 年。

何丙仲:《阮元》,臺北:《書譜》第八卷第 4 期(1982 年 2 月)。

余紹宋:《關于阮元》,《書畫書録解題》 ①杭州:浙江人民出版社,1982 年 ②北京:北京圖書館出版社,2003 年 ③江興祐點校,杭州:西泠印社出版社,2012 年 ④杭州:浙江人民美術出版社,2012 年。

侯鏡昶:《論南碑書風——北碑南帖論駁議》,《南京大學學報(哲學社會科學版)》1982 年第 4 期。

［韓國］柳在學:《阮元의 南北書派에 關한 研究》(《阮元與〈南北書派論〉研究》),영남대 대학원학위논문(석사)(嶺南大學校碩士學位論文),1984 年。

王鎮遠:《阮元的南北書派論》,《中國書法理論史》 ①合肥:黄山書社,1990 年 ②上海:上海古籍出版社,2009 年。

茆帆(欒國藩):《 北碑南帖之説與上海書風》,《書法研究》1990 年第 4 期。

顧頡剛:《阮元摹漢、唐東西京圖》,《顧頡剛讀書筆記》卷四 ①臺北:聯經出版事業公司,1990 年 ②《顧頡剛全集》,北京:中華書局,2011 年。

廖新田:《阮氏的美學觀》,《清代碑學書法研究》 ①臺灣師範大學碩士學位論文,1992 年 ②臺北:臺北市立美術館,1993 年。

周長源:《阮元摹刻的〈西嶽華山廟碑〉和摹補碑中缺字的巨硯》,《文物》1992 年第 8 期。

梁繼:《碑貼之辨——兼及阮元》,《書法賞評》1993 年第 3 期。

杜裕明:《阮元書論及其書法之研究》,臺北:《中華書道研究》第 1 期(1993 年 11 月)。

鄭幼生:《清代碑學三家“阮元、包世臣、康有爲”述評》,臺北:《中國文化月刊》第 169 期(1993 年 11 月)。

金開誠、王嶽川主編:《阮元的南北書派論》,《中國書法文化大觀》,北京:北京大學出版社,1995 年。

黄光武:《阮元題款伯簋全形圖》,《文物天地》1995 年第 2 期。

劉瑞軒、管斌:《金石學家阮元》,《山東古代書法論》,濟南:山東大學出版社,1995 年。

雷志雄、賀飛白:《阮元》,《中國歷代書法家像贊》,武漢:湖北美術出版社,1995 年。

王慶忠：《阮元〈南北書派論〉的歷史意義》，《書法賞評》1999年第3期。

王雪玲：《略論阮元的書法理論與碑學派的興起》，《渭南師專學報》1995年第3期。

何孟侯：《阮元的碑學理論》，《何紹基及其書法之研究》，臺北：中國文化大學碩士學位論文，1999年。

閻浮、鄭樹青：《阮元〈圓明園圖〉貢墨》，《内蒙古文物考古》2000年第1期。

王慶忠：《縱横排蕩，手與心會——阮元名刺上書法賞析》，《書法賞評》2000年第5期。

［日本］菅野智明：《近代における南北書派説の展開》（《近代南北书派说的展开》），《青山杉雨記念賞第三回学術奨励論文選》（《杉雨青山纪念奖第三回学术奖励论文选》），青山杉雨記念賞実行委員会（青山杉雨纪念奖委员会），2000年。

葉鵬飛：《阮元的書學與書法》　①浙江省博物館編《中國書法史學國際學術研討會論文集》，杭州：西泠印社出版社，2000年　②《書法研究》2002年第5期。

李鳳琴：《淺談阮元的篆書八言聯》，《書法叢刊》2001年第1期。

丁永剛、茅雲峰：《論阮元的書法理論及其碑學成就》，《西安電子科技大學學報（社會科學版）》2001年第2期。

金丹：《阮元書學思想研究》　①南京藝術學院碩士學位論文，2001年　②《歷届書法專業碩士學位論文選》，北京：榮寶齋出版社，2009年。

冼劍民：《阮元〈北碑南帖論〉與清代書風的革新》　①《書法研究》2001年第3期　②《嶺嶠春秋：廣府文化與阮元論文集》，廣州：中山大學出版社，2003年。

金丹：《阮元與〈蘭亭序〉》，《東南文化》2001年第7期。

李慕南主編《阮元》　①《書法與篆刻藝術》，鄭州：河南大學出版社，2001~2005年　②邢春如、劉心蓮、李穆南主編《中國文化知識大觀園·文學藝術卷》，沈陽：遼海出版社，2007年。

金丹：《阮元與〈南北書派論〉〈北碑南帖論〉》，《南京藝術學院學報（美術與設計版）》2002年第2期。

王新宇：《阮元與金石學》　①首都師範大學碩士學位論文，2002年　②《歷届書法專業碩士學位論文選》，北京：榮寶齋出版社，2010年。

雲志功等:《南北書派論——阮元對碑派書法理論的貢獻》，王世徵主編《中國書法理論綱要》，北京：首都師範大學出版社，2003 年。

金丹:《經學與阮元書學思想的淵源》,《書法研究》2003 年第 2 期

金丹:《阮元與〈淳化閣帖〉》,《上海文博論叢》2003 年第 3 期。

郭明道:《阮元對金石書畫研究的貢獻》,《洛陽師范學院學報》2003 年第 4 期。

葉鵬飛:《中國書法家全集・阮元、包世臣》，石家莊：河北教育出版社，2003 年。

［日本］澤田雅弘:《焦循〈里堂道聴録〉所録の南北書派論・北碑南帖論について》(《關于焦循〈里堂道德録〉所録的〈南北書派論〉〈北碑南帖論〉》),《書學書道史研究》第 13 號（2003 年）。

洪丕謨:《阮元和〈南北書派論〉》,《點擊中國書法》，上海：上海人民美術出版社，2004 年。

楊開飛:《阮元書法品評標准》　①《書法研究》2004 年第 1 期　②《書法賞評》2008 年第 2 期。

金丹:《阮元碑學思想考論》，全國第六届書學討論會論文，鄭州：2004 年 4 月。

王新宇:《阮元碑學研究概述》,《書法世界》2004 年第 4 期。

林翠華:《阮元碑學研究》，彰化師範大學碩士學位論文，2004 年。

［日本］草津祐介:《阮元〈南北書派論〉における“南”と“北”》(《阮元〈南北書派論〉中的“南”與“北”》),《全國大學書道學會紀要》，2004 年。

孫洵:《阮元》,《清代乾嘉學派與書法》，天津，天津人民美術出版社，2005 年。

［日本］志村恵美:《清朝碑學の研究：阮元を中心として》(《清朝碑學之研究：以阮元爲中心》)，大東文化大學編《畢業研究梗概集・書道學科》第 16 號，2005 年。

葉鵬飛:《碑學先聲：阮元、包世臣的生平及其藝術》，上海：上海書畫出版社，2005 年。

金丹:《以復古爲解放：阮元“二論”的内涵》，碑學與康有爲書法學術研討會論文，南海：2005 年 9 月。

［日本］菅野智明:《阮元における東晋書法観の変遷》(《阮元東晋書法觀的變遷》)，書學書道史學會編:《書學書道史研究》第 15 號（2005 年）。

周伯益：《舟齋所藏阮元〈石畫記〉底稿》，《書法叢刊》2006 年第 1 期。

衡正安：《從阮元的金石交游看他在清代碑學發展中的作用》，《衡正安書學論集》，上海：百家出版社，2006 年。

崔樹强：《從阮元的碑帖觀論南北書風問題》，《崔樹强書學論集》，上海：百家出版社，2006 年。

張志偉：《浩然正拙與游刃有馀——從傅山和阮元的書論看中國書法品鑒的三個路向》，《美術觀察》2006 年第 4 期。

孫學峰：《阮元書學研究》，北京師範大學碩士學位論文，2006 年。

金丹：《經學與阮元書學思想的淵源》 http：//blog. sina. com. cn/s/blog_572141050100044y. html，2006 年 7 月 6 日。

［日本］菅野智明：《阮元の北碑観——北派観との関わりから》（《阮元的北碑觀——北派觀的開始》），筑波大學藝術學系圖書・研究報委員會編《藝術研究報》第 27 號（2006 年）。

張函：《褚遂良書法南北歸屬問題——兼談阮元劃分的南北書派》，《美與時代》2007 年第 3 期。

林佩瑾：《阮元的〈南北書派論〉及〈北碑南帖論〉》，《論清代乾嘉以前帖學書法的發展與衰微》，臺北：中國文化大學碩士學位論文，2007 年。

洪松木：《阮元的書學理論》，《趙之謙的書學思想研究》，新北：臺灣藝術大學碩士學位論文，2007 年。

許秀娟：《阮元碑學及其書法研究》，高雄：高雄師範大學碩士學位論文，2007 年。

孫學峰：《對阮元書學屬于“碑學”之觀點的檢討》，《中國書畫》2007 年第 10 期。

［日本］鈴木洋保、弓野隆之、菅野智明：《阮元》 ①《中國書人名鑒》，東京：二玄社，2007 年 ②王丹丹譯《中國書家名鑒》，濟南：山東畫報出版社，2012 年。

隱山清：《阮元〈隱山銘〉與“三元及第”碑》，http：//www. guilinline. com/2007/11 - 9/2007119111329. html，2007 年 11 月 9 日。

葉鵬飛：《論阮元、包世臣的書學貢獻與書法藝術》，《第六屆中國書法史論國際研討會論文集》，北京：文物出版社，2007 年。

金丹：《理論的啓示：來源于阮元》，《包世臣書學批評》，北京：榮寶齋出版社，2007 年。

黄惇、李彤：《阮元〈北碑南帖論〉》，《書法》，上海：上海人民美術出版社，2008年。

孫學峰：《清代漢學思潮與阮元書學的形成》，《文藝理論與批評》2008年第1期。

何炳武：《阮元》，《中國書法思想史》，西安：陝西人民出版社，2008年。

胡泊：《關于阮元》，《清代碑學的興起與發展——一個"范式"轉換的研究》①中國人民大學博士學位論文，2008年 ②廣州：南方出版社，2009年 ③新北：花木蘭文化出版社，2013年。

於學勇：《阮元書學思想芻議》，《中國書畫》2008年第6期。

祁志祥：《阮元：標舉北碑，扭轉書風》，《中國美學通史》，北京：人民出版社，2008年。

陳方既：《阮元〈南北書派論〉、〈北碑南帖論〉揭開了碑學興起的扉頁》，《中國書法美學思想史》，鄭州：河南美術出版社、北京人民美術出版社，2009年。

［日本］菅野智明：《翁方綱の北碑観——兼ねて阮元説との関係に及ぶ》（《翁方綱的北碑觀——兼評與阮元説的關係》），東京：中國近現代文化研究會編《中國近現代文化研究》第10號，2009年。

任軍偉：《求實開儒宗 結習成遷論——阮元及其書學思想淺論》，《中國書法》2009年第3期。

宋潤芝：《阮元其人與他的隸書八言聯》，《文物世界》2009年第5期。

高明一：《阮元的上古文字摹刻影響何紹基與吴昌碩的金石書風》 ①《中國書法簡明史》，臺北：《雄獅美術叢書》，2009年 ②《大家讀的中國書法史》，北京：文化藝術出版社，2010年。

姜壽田：《阮元〈南北書派論〉——史學的分疏與重構》，《中國書法理論史》，鄭州：河南美術出版社，2009年。

許宏泉：《儒林祭酒功鑄鼎：阮元書法》 ①《書法》2009年第7期 ②《管領風騷三百年：近三百年學人翰墨·初集》，合肥：黄山書社，2010年 ③《近三百年學人翰墨．清中卷》，北京：中華書局，2013年。

李慧斌、于寧：《從補史到新證——試論阮元〈南北書派論〉的學術基礎》，《沈陽師範大學學報（社會科學版）》2009年第4期。

薛帥傑：《論清代以幕府爲中心的碑刻搜集及著録——以畢沅、阮元、端方幕府爲例》，西安碑林博物館編《第七届中國書法史論國際研討會論文集》，北京：

文物出版社，2009 年。

周斌：《從阮元的視角論陳振濂先生在當代書壇的地位》，http：//www. freehead. com/forum. php？ mod = viewthread&tid = 6737038&page = 1，2009 年 11 月 6 日。

［日本］草津祐介：《阮元の幕府と金石學研究》（《阮元幕府與金石學研究》），《大學書道研究》第 2 號，2009 年。

佚名：《阮元與金石學的關係》，http：//www. douban. com/group/topic/9490804/，2010 年 1 月 15 日。

黄世錦：《阮元之書法理論》，《清代金石學對書法的影響》，臺灣大學博士學位論文，2010 年。

姜壽田主編：《碑學的前奏：阮元與二〈論〉》，《中國書法批評史》，天津：天津古籍出版社，2010 年。

金丹：《論阮元金石學研究的新視域》 ①《西泠印社重振金石學國際學術研討會論文集》，杭州：西泠印社出版社，2010 年 ②《榮寶齋》2011 年第 3 期。

高明一：《清代金石書法藝術的開花結果——阮元的理論與鄧石如的技法》，《大家讀的中國書法史》，北京：文化藝術出版社，2010 年。

蕭建民：《黄易的金石之癖對阮元的影響》，陳振濂主編《西泠印社・黄易專輯》總第 27 期，北京：榮寶齋出版社，2010 年。

高明一：《積古焕發：阮元（1765 ~ 1849）對“金石學”的推動與相關影響》，臺灣大學博士學位論文，2010 年。

花嶺居士王立印：《文房吉金——阮元刻銅墨水匣珍賞》，http：//hualingjushi. blog. 163. com/blog/static/663078602010101855534568/，2010 年 11 月 18 日。

范斌：《董其昌“南北宗論”與阮元“南北書派論”》，《 文藝研究》2011 年第 1 期。

［日本］菅野智明：《南北書派説の是非》（《南北書派説的是非》），《近代碑學の書論史的研究》（《近代碑學的書論史研究》），東京：研文社，2011 年。

阮錫安：《阮元珍貴書法條屏“現世”》，《揚州日報》2011 年 2 月 24 日。

［日本］草津祐介：《阮元と西嶽華山廟碑——四明本を介した金石の交わり》（《阮元與西嶽華山廟碑——貫穿四明本的金石之交》），東京：中國近現代文化研究會編，《中國近現代文化研究》第 12 號（2011 年 3 月）。

周斌：《阮元書學思想研究》，上海：華東師範大學出版社，2011 年。

孫守真 ：《翁方綱書學思維探論——與阮元〈南北書派論〉、〈北碑南帖論〉

等文作一較論》，臺北：《中國文化大學中文學報》第 22 期（2011 年 4 月）。

韋力：《阮元：南皮高韻 先人清芬》，《收藏》2011 年第 4 期。

鄒偉文：《芻議阮元“二論”碑學主張之薄弱性及其成因》，《書法賞評》2011 年第 4 期。

朱樂朋：《阮元》，《乾嘉學者書法研究》，北京：榮寶齋出版社，2011 年。

佚名：《阮元的〈南北書派論〉》，《揚州日報》2011 年 8 月 31 日。

丁建順：《阮元的悖論》，《古典書法的人文意蘊》，上海：上海人民出版社，2011 年。

陶敏：《讀者淘得阮元所藏〈狀元四書〉?》，《揚州晚報》2012 年 1 月 11 日。

［韓國］견영자：《碑와 帖의 서예 심미특징에 관한 연구：阮元의 南北 書派論을 中心으로》（《碑學與帖學書法的審美特徵研究：以阮元〈南北書派論〉爲中心》），韓國：水原大學碩士學位論文，2012 年。

蔣懷坦：《阮元對包世臣書學思想的先導之功》，《包世臣書學思想探微》，海南師範大學碩士學位論文，2012 年。

沈文中：《是“南北書派”還是“無間南北”？——兼論二王行草對北朝楷書的影響》，《書畫藝術》2012 年第 5 期。

金丹：《由金石涉書法：阮元金石學研究的貫通》，《中國書法》2012 年第 3 期。

童正倫、王巨安：《〈阮元自書詩册〉釋讀》，《書法》2012 年第 9 期。

趙昌智：《阮元與金石篆刻》 ①趙昌智、趙陽《印壇揚州溮：揚州篆刻藝術》，揚州：廣陵書社，2012 年 ②海峽兩岸清代揚州學派學術研討會論文，揚州：2013 年。

金丹：《游幕與刻印——陳鴻壽在阮元幕府之游歷與篆刻考述》，《吴門印風：明清篆刻史國際學術研討會論文集》，杭州：西泠印社出版社，2012 年。

金丹：《阮元書學研究》，北京：榮寶齋出版社，2012 年。

洪丕謨：《阮元與“南北書派論”》，《看懂中國書法》，上海：上海人民美術出版社，2013 年。

［日本］草津祐介：《阮元の摹刻活動について》（《關于阮元的摹刻活動》），《金壺集：石田肇教授退休記念金石書學論叢》（《金壺集：石田肇教授退休紀念金石書學論叢》），2013 年。

韋淵：《唐楷的南北分派：阮元碑學理論的突破口》，《清代唐楷：帖學到碑學的橋梁》，浙江大學博士學位論文，2013 年。

金丹：《清代阮元書法金石交游考（上）——阮元與劉墉、翁方綱、鐵保之師生交誼考》，《榮寶齋》2013 年第 8 期。

金丹：《清代阮元書法金石交游考（下）——阮元與錢大昕、畢沅、黄易之師生交誼考》，《榮寶齋》2013 年第 9 期。

附録 1：年譜、年表與研究資料

1. 年譜、年表

容肇祖：《阮元簡譜》，《嶺南學報》第三卷第 3 期（1934 年 6 月）。

麥仲貴：《阮元》，《明清儒學家著述生卒年表》，臺北：學生書局，1975 年。

來新夏：《阮元》，《近三百年人物年譜知見録》　①上海：上海人民出版社，1983 年　②北京：中華書局，2010 年。

張慧劍：《阮元》，《明清江蘇文人年表》　①上海：上海古籍出版社，1986 ~ 2008 年　②北京：人民文學出版社，2008 年。

劉德美：《阮元學術年表》，《阮元學術之研究附録 》　①臺灣師範大學博士學位論文，1986 年　②新北：花木蘭文化出版社，2012 年。

張鑒等：《雷塘庵主弟子記》　①黄愛平點校《阮元年譜》，北京：中華書局，1995 年　②鄭曉霞、吴平點校《揚州學派年譜合刊》，揚州：廣陵書社，2008 年。

童一鳴：《阮元年表》，《書法研究》1997 年第 4 期。

孫廣海：《阮元年譜補訂》，《阮元學術思想研究附録二》　①香港大學博士學位論文，2002 年　②新北：花木蘭文化出版社，2013 年。

王章濤：《阮元年譜》，合肥：黄山書社，2003 年。

陳澤泓：《阮元督粵紀事年系》，《嶺嶠春秋：廣府文化與阮元論文集》，廣州：中山大學出版社，2003 年。

金丹：《阮元金石書法年表》　①《書法研究》2004 年第 1 期　②《阮元書學研究附録》，北京：榮寶齋出版社，2012 年。

陳祖武、朱彤窗：《關于阮元》，《乾嘉學術編年》，石家莊：河北人民出版社，2005 年。

郭明道：《阮元年表》，《阮元評傳附録》，北京：社會科學文獻出版社，2005 年。

陳居淵：《阮元年表》，《焦循阮元評傳附録》，南京：南京大學出版社，2006 年。

周斌：《阮元主要經歷與書法活動年表》，《 阮元書學思想研究附録》，上海：華東師範大學出版社，2011 年。

俞樟華、毛策、姚成榮：《關于阮元》，梅新林、俞樟華主編《中國學術編年・清代卷》，上海：華東師範大學出版社，2013 年。

2. 研究資料

錢泳：《關于阮元》，《履園叢話・二十三雜記上》　①虞山錢氏述德堂道光三年（1823 年）刊本　②臺北：新興書局，1960 年　③臺北：廣文書局，1961 年④沈雲龍主編《近代中國史料叢刊》第 82 輯，臺北：文海出版社，1966 年版　⑤《筆記小説大觀》，臺北：新興書局，1979 年　⑥北京：中華書局，1979 年　⑦臺北：大立出版社，1982 年　⑧揚州：江蘇廣陵古籍刻印社，1984 年　⑨《四部刊要子部・雜家類》，臺北：漢京文化事業有限公司，1984 年　⑩《叢書集成三編》，臺北：新文豐出版公司，1985 年　⑪北京：中國書店，1991 年　⑫《傳世藏書子庫・雜記》　⑬海口：海南國際新聞出版中心，1996 年　⑭西安：陝西人民出版社，1998 年　⑮《明清筆記史料叢刊》，北京：中國書店，2000 年　⑯濟南：山東畫報出版社，2004 年　⑰揚州：廣陵書社，2007 年　⑱傅謹主編，陳恬、谷曙光本卷主編《京劇歷史文獻匯編》清代卷，南京：鳳凰出版社，2011 年。

潘衍桐輯：《靈隱書藏紀事》　①丁丙輯《武林掌故叢編》，光緒間錢塘丁氏嘉惠堂刻本　②臺北：臺聯國風出版社，1967 年　③《叢書集成續編》第 5 册，臺北：新文豐出版公司，1989 ~ 1991 年　④《叢書集成續編》第 66 册，上海：上海書店，1994 年　⑤揚州：廣陵書社，2008 年。

孫星衍：《詁經精舍題名碑記》，《平津館文稿》卷下　①《孫淵如先生全集》，光緒中吴縣朱氏槐廬家塾刻　②湖南思賢書局，光緒二十年（1894 年）刻本　③長沙：商務印書館，1935 年　④《叢書集成》初編，長沙：商務印書館，1937 年　⑤北京：中華書局，1985 ~ 2010 年。

［日本］田口米舫君藏：《淸人阮元真迹雪浪石詩》（縮寫），東京：《書菀》第二卷第 8 號（1913 年 4 月）。

何則賢：《藍水塾筆記：阮芸臺題古磚詩》，《文藝雜志》第 11 期（1914 年）。

［日本］山本悌二郎纂：《朱鶴年亦園補柳圖卷・翁方綱、阮元、秦瀛、樂鈞、宋湘等諸名流題咏》，《澄懷堂書畫目録》卷九，日本：文求堂，1932 年。

［日本］山本悌二郎纂：《阮元草書宣和御題詩軸》，《澄懷堂書畫目録》卷九，日本：文求堂，1932 年。

［日本］山本悌二郎纂：《阮元七律詩卷》，《澄懷堂書畫目録》卷九，日本：文求堂，1932年。

［日本］山本悌二郎纂：《阮元詩册》，《澄懷堂書畫目録》卷九，日本：文求堂，1932年。

［日本］《書菀》編：《阮元雜詩卷釋文》，《書菀》第六卷第2號（1942年2月），東京：三省堂。

傅以禮重編：《四庫未收書目提要》，北京：商務印書館，1955年。

［日本］飯島稲太郎編：《阮元詩稿》，《書道名品大系》第11期，東京：書藝文化院，1956年。

文海出版社：《琅嬛仙館詩》，《清代稿本百種匯刊》，臺北：文海出版社，1974年。

［日本］墨美社編：《阮元書西樓帖題字》，《墨美》，東京：書道出版社，1975年。

汪兆鏞：《阮元逸事》，《碑傳集三編》　①香港：香港大東圖書公司，1978年　②《清代碑傳全集》，上海：上海古籍出版社，1987年。

［日本］書道出版：《阮元筆詩稿》，《書道古典名品集》第5卷第4號，東京：書道出版，1981年。

［日本］書道出版：《清人阮元真迹雪浪石詩》，《書道古典名品集》第5卷第6號，東京：書道出版，1981年。

李默校點：《廣東通志・前事略》，廣州：廣東人民出版社，1981年。

徐珂：《關于阮元》，《清稗類鈔》，北京：中華書局，1984～1986年。

王蘧常主編：《關于阮元》，《中國歷代思想家傳記匯詮（南宋－近代）》，上海：復旦大學出版社，1986年。

華人德注：《〈南北書派論〉〈北碑南帖論〉注》，上海：上海書畫出版社，1987年。

陳柾治、謝慧暹編：《皇清經解正續編書題索引》，臺北文史哲出版社，1991年。

鄧經元點校：《揅經室集》，北京：中華書局，1993年。

况周頤著、張秉戍選編：《阮元軼事》，《蕙風簃小品》，北京：北京出版社，1998年。

况周頤著、張秉戍選編：《蒙聖諭阮元擢第一》，《蕙風簃小品》，北京：北京出版社，1998年。

李學勤主編：《十三經注疏》，北京：北京大學出版社，1999 年簡體字版、2000 年繁體字版。

陳先行等編著 ：《六書音韻表》五卷（清阮元校注），《中國古籍稿鈔校本圖録・校本》，上海：上海書店出版社，2000 年。

李性忠主編：《阮元》，《浙江圖書館館藏名人手札選》，杭州：浙江人民出版社，2000 年。

陳鴻森：《阮元揅經室遺文輯存》 ①臺北：《大陸雜志》一〇三卷第 1 ~ 6 期，2001 年 7 ~ 12 月 ②《阮元揅經室遺文輯存》（增訂本），楊晋龍主編《清代揚州學術》下册，臺北：中央研究院中國文哲研究所，2005 年。

孫廣海：《阮元佚著輯録（58 篇）》，《阮元學術思想研究附録三》 ①香港大學博士學位論文，2002 年 ②新北：花木蘭文化出版社，2013 年。

中國歷史博物館保管部：《阮元》，《中國歷代名人畫像譜》，福州：海峽文藝出版社，2003 年。

陳鴻森：《錢大昕、王鳴盛、阮元三家遺文續輯》 ①林慶彰主編《經學研究論叢》第 11 輯，臺北：臺灣學生書局，2003 年 ②《阮元揅經室遺文輯存》（增訂本），楊晋龍主編《清代揚州學術》下册，臺北：中央研究院中國文哲研究所,2005 年。

安徽省圖書館：《關于阮元》，《館藏歷史人物手札選》，杭州：西泠印社出版社，2003 年。

吴民貴：《清阮元書京邸小園雜詩》，上海：上海書畫出版社，2004 年。

王明發點校：《廣陵詩事》，揚州：廣陵書社，2005 年。

顏建華：《阮元〈研經室集〉集外文輯佚》，《湖南大學學報（社會科學版）》2005 年第 6 期。

羅瑛：《阮元佚文一篇》，《中國典籍與文化》2006 年第 2 期。

蔣志華等點校：《道光廣東通志・瓊州府》，海口：海南出版社，2006 年。

馮克誠主編：《焦循、阮元、章學誠乾嘉漢學教育思想與教育文論選讀》，《乾嘉漢學的教育思想與論著選讀》上册 ①北京：中國環境科學出版社，2006 年 ②北京：人民武警出版社，2010 年。

顏建華、廖妮婭：《阮元〈研經室集〉集外文輯佚（續）》，《湖南大學學報（社會科學版）》2006 年第 6 期。

俞冰主編：《阮文達書札》，《名家書札墨迹》，北京：綫裝書局，2007 年。

陳鴻森：《阮元揅經室遺文再續輯》，《中國典籍與文化論叢》第九輯，北京：

北京大學出版社，2007 年。

房弘毅書寫，蕭鑫、姚宇亮注釋：《阮元〈南北書派論〉〈北碑南帖論〉》，《歷代書法精論·清代卷上》，北京：中國書店，2007 年。

陳鴻森：《錢大昕、王鳴盛、阮元三家遺文拾補》，臺北：《中國文哲研究通訊》第一七卷第 4 期（2007 年 12 月）。

彭衛國、王原華點校：《疇人傳匯編》，揚州：廣陵書社，2009 年。

王愛亭、趙嫄點校，杜澤遜審定：《文選樓藏書記》，上海：上海古籍出版社，2009 年。

陳鴻森：《阮元揅經室遺文續補》，林慶彰主編《經學研究集刊》第 6 期，高雄師範大學，2009 年。

陳先行、石菲：《阮元》，《明清稿鈔校本鑒定》，上海：上海古籍出版社，2009 年。

祁龍威：《阮元遺事輯録（四則）》，趙昌智主編《揚州文化研究論叢》第 4 輯，揚州：廣陵書社，2009 年。

孫廣海：《〈阮元揅經室遺文再續輯〉補》，林慶彰主編《經學研究論叢》17 輯，臺北：臺灣學生書局，2009 年。

張在軍、張金玲：《阮元〈吴興雜詩〉》，《新課標小學生必備古詩詞·四年級》，北京：石油工業出版社，2010 年。

龐鐵堅：《阮元和郝浴的書法作品》，《推開桂林的門扉》，桂林：廣西師範大學出版社，2010 年。

藍光中：《阮元〈吴興雜詩〉》，《歷代詩歌選讀》下卷，廣州：中山大學出版社，2011 年。

梁中民點校：《廣東通志·金石略》，廣州：廣東人民出版社，2011 年。

紀昀等：《阮元》，《大清名賢百家手札》，南京：鳳凰出版社，2011 年。

楊振中：《阮元〈吴興雜詩〉》，《新編初中古詩文讀本·初中高年級》，合肥：安徽文藝出版社，2011 年。

錢偉彊、顧大朋點校：《石渠隨筆》，杭州：浙江人民美術出版社，2011 年。

喬志强：《清·阮元〈南北書派論〉》，《中國古代書法理論解讀》，上海：上海人民美術出版社，2012 年。

王長民：《阮元揅經室遺文一篇》，《書品》2012 年第 1 輯。

陳鴻森、潘妍豔：《阮元揅經室遺文拾遺》，虞萬里主編《傳統中國研究集刊》第九、十輯合刊，上海：上海人民出版社，2012 年。

夏勇等整理:《兩浙輶軒録》,杭州:浙江古籍出版社,2012 年。

張林傑:《〈皇清經解〉收録書籍概覽》,http://blog.sina.com.cn/s/blog_63e891e40101aju1.html,2012 年 10 月 18 日。

馮立昇、鄧亮、張俊峰校注:《疇人傳合編校注》,鄭州:中州古籍出版社,2012 年。

阮家仁:《阮元詩集》,揚州:揚州市邗江區公道鎮詩詞協會,2012 年。

顔建華:《阮元〈研經室集〉未録詩文三篇》,《歷史檔案》2013 年第 1 期。

伍野春、阮榮:《阮元研究論著索引(1799~2012)》,趙昌智主編《揚州文化研究論叢》第 11 輯,揚州:廣陵書社,2013 年。

喬志忠、朱洪斌:《關于阮元》,《增訂中國史學史資料編年·清代卷》,北京:商務印書館,2013 年。

陳鴻森:《阮元揅經室遺文輯存賸稿》,臺北:《書目季刊》第四七卷第 3 期(2013 年 12 月)。

附録 2:阮亨、阮常生、阮福

王志娟:《〈文選樓叢書〉成書述略》,趙昌智主編《揚州文化研究論叢》第 7 輯,揚州:廣陵書社,2011 年。

徐世昌等編纂:《阮常生》,《清儒學案》卷一二二 ①北京:修綆堂書店,1939 年 ②臺北:燕京文化事業有限公司,1976 年 ③臺北:世界書局,1979 年 ④北京:中國書店,1990 年 ⑤北京:知識産權出版社,2008 年 ⑥沈芝盈、梁運華點校,中華書局,2008 年 ⑦石家莊:河北人民出版社,2008 年 ⑧北京:人民出版社,2011 年。

支偉成:《阮福》,《清代樸學大師列傳》 ①上海:泰東書局,1925 年 ②夏祖堯校點,長沙:嶽麓書社,1986 年。

徐世昌等編纂:《阮福》,《清儒學案》卷一二二 ①北京:修綆堂書店,1939 年 ②臺北:燕京文化事業有限公司,1976 年 ③臺北:世界書局,1979 年 ④北京:中國書店,1990 年 ⑤北京:知識産權出版社,2008 年 ⑥沈芝盈、梁運華點校,北京:中華書局,2008 年 ⑦石家莊:河北人民出版社,2008 年 ⑧北京:人民出版社,2011 年。

[日本]藤塚鄰:《圖の流傳と阮福·焦循·沈樹鏞及びわが望漢廬》(《圖的流傳與阮福·焦循·沈樹鏞及我們的望漢廬》),《日鮮清の文化交流》(《日本朝鮮清代的文化交流》),東京:中文館書店,1947 年。

陳妍晶:《阮福與〈滇筆〉》,《雲南政協報》2010 年 12 月 5 日。

陳妍晶:《阮福滇雲事略及著述》,《孔學研究》第 17 輯《雲南孔子學術研究會第十七次學術研討會暨第四届理事會换届大會論文集》,昆明:雲南人民出版社,2011 年。

張付東:《簡論阮福的〈孝經義疏補〉》,《孝感學院學報》2013 年第 4 期。

説明:在本索引之前,分别有伍野春、阮榮輯的《阮元研究論著索引(1799～2012)》(載趙智昌主編:《揚州文化研究論叢》第 11 輯,廣陵書社,2013 年)和陳東輝編纂的《阮元研究文獻目録》(載陳東輝:《清代學術與文化研究新論》,臺灣經學文化事業有限公司,2014 年),其中後者是在《阮元(1764～1849)研究論著目録》(載陳東輝主編:《清代學者研究論著目録初編》,臺灣經學文化事業有限公司,2012 年)之基礎上增補而成。二者是各自獨立編纂的,并無相互參考之關係,在體例等方面各有千秋,在一定程度上還可以互補,對于清代學術史尤其是阮元研究均有重要參考價值。在獲悉揚州文化研究會、揚州博物館、揚州市邗江區公道鎮政府、揚州學派研究會、揚州博物館協會將于 2014 年 11 月主辦"阮元研究國際學術研討會"之後,雙方均有將原有索引(目録)加以增補并向會議提交之意向。爲了給學術界提供一份盡可能收録齊全的《阮元研究文獻索引》,雙方經過友好協商,决定共同編纂,由陳東輝將其編纂的《阮元研究文獻目録》之電子版提供給阮榮、伍野春,由阮、伍二位加以整合,最後經雙方審閲、修改後定稿。雖然雙方都爲此投入了大量精力,但我們還是不敢保證本索引完全没有疏漏,竭誠歡迎廣大讀者給予指正和補充。

Ruan Yuan Literature Index (1803～2013)

Ruan Rong, Chen Donghui, Wu Yechun

Abstract: This index covers the literature on Ruan Yuanand his works between 1803 and 2013. The countries are China (including the mainland, Taiwan, HongKong, Macao), Japan, Korea, Singapore, the United States, Canada, France, Germany, Holland, Belgium and Australia. The literature includes books, journal articles, Proceeding papers, master and doctoral thesis, conference papers, biography, general history, dynastic history, thematic research, related chapters and paragraphs in thesis, and also popular books, non-published works, network articles involving Ruan Yuan.

Keywords: Ruan Yuan research, literature, index